教育部人文社会科学重点研究基地北京师范大学史学理论与史学史研究中心重大项目

·白话本·

资治通鉴

（全十册）

第一册

卷第一至卷第二十九（周纪一至汉纪二十一）

（宋）司马光　编著
张大可　语译

创于1897
商务印书馆
The Commercial Press

图书在版编目（CIP）数据

资治通鉴：白话本：全十册 /（宋）司马光编著；张大可语译 .—北京：商务印书馆，2019（2023.6 重印）
ISBN 978－7－100－16067－4

Ⅰ . ①资…　Ⅱ . ①司…　②张…　Ⅲ . ①中国历史—古代史—编年体　②《资治通鉴》—译文
Ⅳ . ① K204.3

中国版本图书馆 CIP 数据核字（2018）第 096643 号

白话本
资治通鉴
（全十册）
（宋）司马光　编著
张大可　语译

商　务　印　书　馆　出　版
（北京王府井大街36号　邮政编码100710）
商　务　印　书　馆　发　行
北京文昌阁彩色印刷有限责任公司印刷
ISBN 978－7－100－16067－4

2019 年 4 月第 1 版　　开本 710×1000　1/16
2023 年 6 月第 5 次印刷　　印张 352 1/4

定价：698.00 元

作者简介

二〇一二年八月二十八日作者
信步于壶口瀑布（七十二岁）

张大可，1940年12月7日生，重庆市人。1966年毕业于北京大学中文系古典文献专业。历任兰州大学历史系教授、北京外国语大学中文系教授兼系副主任、中央社会主义学院教授。现任北京师范大学历史学院特聘教授。社会职务：中国史记研究会会长、中国历史文献研究会常务理事、中华伏羲文化研究会常务理事。享受国务院政府特殊津贴。

长期从事中国历史文献学与秦汉三国史方向的研究，发表学术论文近200篇，主要著作有《史记研究》、《史记新注》、《史记文献学》、《史记论赞辑释》、《史记精言妙语》、《史记十五讲》、《史记史话》、《司马迁评传》、《三国史研究》、《三国史》、《三国十二帝》等。主编高校教材《中国历史文选》、《中国历史文献学》、《史记教程》等。并整理注译《史记》、《资治通鉴》等多种。其中有六部学术专著获省部级优秀图书奖。2014年商务印书馆出版《张大可文集》1—10卷。

凡　例

一、《资治通鉴》（白话本），即语译《资治通鉴》，以白话直译为主，个别地方意译或串释，力求信、达、雅。

二、历史人物最核心的是各朝各代的国君，只按随文直译为某王、某帝、皇上、皇帝，行文展开，往往不辨东西。时代、国别、身份变化要有明确的专称标识。本书语译的技术处理大体上是：对话中随文语译按当时说话人口吻称谓某王、某帝、皇上、皇帝，而在陈述语的译文中，按《资治通鉴》称谓的基础上参照通行的《中国历史纪年表》人物专称增补朝代、国名等作规范语译，如汉朝皇帝用汉高帝、汉惠帝、汉文帝、汉景帝、汉武帝等，增补了“汉”字，余类推。大段陈述语，第一次用了专称，随后也可用皇上、皇帝指代，使行文简洁而又等同专称。特殊专称，随文加注，如吕太后。此外，译文逐年补上了王公纪年与年号。如此处理，译文畅达、鲜明、历史线索清晰，读者随文认识历史人物而不致淆乱。

三、辅助阅读，语译者增加了四项辅助资料。书前“导读”，评介《资治通鉴》；行文中有三项：每卷开头有“大事提要”，卷后有“点评”，行文中插入结构段意。“大事提要”与“点评”，有话则长，无话则短，行文自如，不拘一格，起到提示作用即可。

四、译文的年、月、日，按陈垣的《二十史朔闰表》一一对照推出，用公元与干支双轨标识。干支指代中国历史的年、月、日。纪日的规范译文作“某月某日某干支”，例：“七月初五丙申”。原文纪日有误，译文即作“某月某干支日”，例：“七月丁卯日”，即指七月没有“丁卯”这一天，原文有误，存疑待考，译文不作考证。若加有方括号的译文，即已对原文作了修正。

五、排版技术处理。译文简体横排，《资治通鉴》原文宋体，原文中“臣光曰”等评论用仿宋体，前后空一行。辅助资料四项，书前“导读”用宋体；行文中三项：“大事提要”、“段意”、“点评”均用楷体。书眉直排，标识目录，如此处理，行文阅读，脉络清晰，读者查询，一目了然。

《资治通鉴》导读

《资治通鉴》是北宋大政治家、大史学家司马光领衔修撰的一部历史名著，是我国历史上第一部编年体通史，有着巨大的历史价值，以及知往鉴今的借鉴价值，值得所有人阅读。本导读旨在引领读者怎样读《资治通鉴》，着重点是评介编年体史书的特点，了解《资治通鉴》一书的内容、体制及价值。此外，该导读还涉及编年体史书的源和流的相关内容，以助治史者透彻了解《资治通鉴》的特点。

一、编年体史书的源流与特点

《资治通鉴》，简称《通鉴》，全书294卷，不计标点约有330万字。该书上起周威烈王二十三年（公元前403年），下迄后周世宗显德六年（公元959年），记载了战国初年迄于五代末叶一千三百六十二年错综复杂的历史，是一部贯通古今的编年体史巨著，其气势与规模，不仅在古代中国，就是在世界中世纪史坛上，都堪称高视独步、无与伦比之作。如此一部伟大的历史巨著，不是凭空产生的，它是编年体史书发展到成熟时期水到渠成之作。大体说来，编年体史书的发展经历了三个历史阶段（编年体史书以下行文简称编年史书）：商周迄秦，即先秦时期，是编年史书的草创时期，可称之为源；两汉迄唐，即汉唐时期是编年史书的确立时期；两宋迄清是编年史书的成熟时期，《资治通鉴》是其成熟的标志。这后两个时期，可通称为流。本节简括地评介《资治通鉴》产生前的编年史书的源和流，即先秦时期与汉唐时期，《春秋》和《汉纪》分别是这两个时期的代表之作，重点说这两部书，以了解编年史书的特点。

（一）先秦时期：编年史书的草创

编年体是按时间发展顺序记叙历史的一种史学体裁形式，是我国上古记载史事普遍使用的一种体裁，所以《隋书·经籍志》称为古史。上古事简，低下的生产力限制了人们的眼光，加之书写条件极其困难，负责记叙历史的史官或档案人员，只能用简练的文字记下他们认为重要的事，为使所记载的资料更具使用价值，往往冠之以时间单位，因而很自然地创造了编年记事的形式，此不独中国为然，世界各国亦多循由此途拉开各自史学发展的序幕。原始社会结绳记事、刻木为志，就是最早的以时间为顺序的编年体式。我国现存最早的记事文献为商朝甲骨文。甲骨文又称卜辞。卜辞记事就已标明年月日的顺序，只是一般以日、月在前，而年代居后。现存西周的文献，也有只记日、月而不记年的，或者只记年、月、日其中之一项的，缺乏完整准确的时间观念，说明编年记事体制尚处于原始阶段。

《汉书·艺文志》载，西周时“左史记言，右史记事”。但从传世文献来看，西周史书记事很不完备，不重时间观念，以记言体为主，记事编年体处于附属地位。春秋战国时期群雄竞起，称霸争雄。为在变动的社会中掌握历史主动权，统治者招延名师攻习历史，不仅是时髦，而且更是实际需要，从而推动了史学的发展。记言体史书，因大多无时期位置可以对比，日益不受重视，如《国语》就被目为《春秋外传》，地位在《左传》之下。这时，编年体史书，由于有时间作为界标，便于考察时事，抑恶劝善，进一步发展起来，成为史书编纂的主导形式。此时期编年记事方式有了发展，按年、时（季）、月、日记事的程式已固定下来，所以内容也丰富充实得多了。编年体的史书编纂体例已略具定式。周代王室和各诸侯国都设有专门的史官，有左史、右史、内史、外史、大史之类，负责编年记载史事，所成之书，通称“春秋”。《墨子·明鬼篇》所谓“百国春秋”，犹言各国春秋，乃合指周王室和各诸侯国的大事记式的编年史。也有少数诸侯国不称春秋的，如晋之《乘》、楚之《梼杌》等，据《孟子》书解释，都是春秋的别称，也就是各国自己的编年史。

秦始皇焚书，“诸侯史记尤甚，为其有所刺讥也”[①]。“史记”是“春秋”的又一通称，指为史官所记。先秦编年史书劫后复见者，仅存孔子所修鲁史《春秋》，这是极为遗憾的事，相传是孔子以鲁国的《春秋》为主，参照其他诸侯国的记载整理删定而成。从此以后，《春秋》成为对一书的专称。《春秋》用鲁国年号，按年、时、月、日分条记事，以展示自鲁隐公元年（公元前 722 年）至鲁哀公十四年（公元前 481 年）共二百四十二年的春秋列国史。[②]文字极简略，每事只记结果或结论，没有过程的描述和事态的展开，且措辞隐晦，往往使人不知所云，又对于社会情况及重大事件多有缺漏。于是，为《春秋》作注解的所谓“传”便相继出现了。汉代传《春秋》的有五家，即《左传》三十卷，《公羊传》、《穀梁传》、《邹氏传》、《夹氏传》

①《史记》卷十五《六国年表·序》。

②《春秋》三传，《公羊传》、《穀梁传》记事至鲁哀公十四年（公元前 481 年），《左传》则延至鲁哀公二十八年（公元前 467 年），全书记事为二百五十七年。

各十一卷。《邹氏》、《夹氏》两传早亡，剩下的就是著名的《春秋》三传。其中《公羊》、《穀梁》两传，重在阐释微言大义，向不被目为史学著作。但细考二传，都是严格遵循编年体式，按时间顺序以阐释《春秋》义旨的，其中着重阐释避讳书法理论及大一统思想之类，对后世史学影响甚巨，且在编年释义中，亦偶有史料的补充，因之，仍具有某种编年史书性质，应该在史部典籍中占有一定的地位。至于《左传》，因作了大量的史料补充和在史学上的重大探索而成为我国第一部比较完备的编年体史书，则是举世皆知的了。

《左传》原名《左氏春秋》，形式上虽也以鲁国隐、桓、庄、闵、僖、文、宣、成、襄、昭、定、哀十二公记事，但其内容追溯到周宣王二十三年（公元前805年），较《春秋》记事提前八十三年，又下延记事至智伯之灭（公元前453年），后延十八年，前后共计多出百年以上。其记事特点，不仅尽力充实史料，更注意过程的叙述，场面的描写，人物的刻画，同时又新创史论，于人物事件有分析，有评说，文辞更是着意求工，曲尽其妙，使人读之兴味盎然。凡此诸端，遂使《左传》成为我国古代第一部独立的史著。换言之，《左传》虽属解释《春秋》的“传”，但它却可以离开《春秋》而显示史学著作的功能，但《春秋》如离开《左传》，不少地方将使人难明所指。由于《左传》不仅记述了春秋时期政治、军事、社会、文化等各方面的重大史实，而且集录了很多有关春秋以前的历史事实和传说，因而成为研究先秦历史的重要资料。

《左传》与《春秋》相比，史体有了重大改进，大体说有三个方面。一是丰富了史料。《春秋》宣公二年“秋九月乙丑，晋赵盾弑其君夷皋”此条史事寥寥十三字，《左传》则衍为五百三十四字，详细地予以记述，才使得事件真相大白，读者明其所以。二是注意了文采。《左传》记事渊懿美茂，其语生气勃勃，文章优美，便易习诵，有利流传。三是新创了史论。《左传》记事用评论来表现是非，或以“君子曰”发端，或借引“孔子曰”代己立言，或系判断语于事尾，巧妙地将各种形式的史论，组合交织于记事之中，是述史的一种“书法”。这种书法，左丘明发端于前，司马迁弘扬于后，理论概括称之为“寓论断于序事”，比《春秋》的“书”与“不书”或一字褒贬之“书法”上升不可同日而语的境界。《左传》编年记事的成就，对《资治通鉴》产生重大的影响。上述《左传》改造《春秋》史体的三大特点，在《资治通鉴》中有淋漓尽致的发扬。

（二）汉唐时期：编年史书的确立

到了汉代，编年史书结束了它的草创时期而进入确立时期。具体说有两大标志。

其一，《史记》、《汉书》创立的“本纪”编年记事的创造，是这一时期编年体确立的第一个标志。总体上，纪传体与编年体是各为一体互相争胜于史坛，但细致分析，纪传体实际是把编年记事、人物传记、年表谱录与制度专史熔于一炉的综合体。其中“本纪”明确采用编年体为全书之纲。《史记》、《汉书》的“本纪”以年、时、月、日为经，以载录大事为纬，广泛涉及政治、经济、军事、文化、民族关系乃至中外交通无不备载，强调揭示一定时期历史发展的重要线索和基本轮廓，故能成为全书之总纲，其余列传、表、志所述，无不据以为依归。这种述史体制，较之《春秋》基本不录社会经济文化史料是一个巨大的进步。《左传》载政治军事又囿于常事不书、非告无录、斤斤于礼、叙存细事、讳饰含混，乃至于黑白颠倒，有害实录。《史记》、《汉书》本纪编年对先秦编年体所作的重大改造，也为《资治通鉴》所吸收。

其二，此时期出现了改编纪传史而成的新型断代编年史书《汉纪》，是编年体确立的第二个标志。《汉纪》为东汉末荀悦所编。起因是汉献帝读《汉书》，苦其“文繁难省”，乃命荀悦删之，荀悦在建安五年（公元200年）完成改编《汉书》的编年史书《汉纪》三十卷。是书以“辞约事详，论辩多美”[①]著称于世。

所谓改编，并非就《汉书》各帝本纪加以简单串联，而是统驭全书材料，分类排比，再撷其精要，足以显示历史发展脉络者，用编年之法表现出来。荀悦改编《汉书》的成功为后世编年史书，特别是《资治通鉴》的修撰提供了宝贵的经验。此外，荀悦还有三大创新：一是首创了断代编年史书，其后专写一个王朝的编年史书接踵而起，《汉纪》所起的开山引导作用，不能被低估。二是首开以“纪”名编年之例，即改“春秋”为“纪”，它不只是一个称谓问题，实则寓有纲纪的深意。“盖纪者，纲纪庶品，网罗万物”[②]，取纪以名编年之史，表明其纪事原则不是有闻必录，洪纤靡失，而是突出重大事件，纲纪万物，以表现一代之史。三是首为自立凡例与著书意图以统驭全书。综上，《汉纪》在史体方面的创新，使编年体正式确立，后世史家给予了高度评价。刘知幾在《史通》中论史体的发展，提出了“六家”、“二体”

①《后汉书》卷六十二《荀悦传》。

②《史通》卷二《本纪》。

之说，就是以班固断代的《汉书》和荀悦断代的《汉纪》作为纪传，编年二体的代表总结理论，肯定了荀书确立编年体的历史地位。近代学者亦给予《汉纪》高度评价。梁启超称《汉纪》是“现存新编年体之第一部书”[①]。金毓黻说《汉纪》为司马光修《通鉴》之所本[②]，都是很有见地的。

在东汉末年荀悦《汉纪》的影响之下，魏晋南北朝时期，断代编年史书大兴。一国之史，往往一部纪传史出，旋即有一部编年史与之相配，更有先出编年后出纪传，乃至仅有编年而无纪传者。编年史书蜂起，与纪传史书争胜于史坛，形成自春秋、战国以后编年史书发展史上的又一次高潮。其中，影响较大的有袁宏《后汉纪》、孙盛《晋阳秋》、干宝《晋纪》、王韶之《晋安帝阳秋》、裴子野《宋略》、何之元《梁典》以及王邵《齐志》等。因种种原因，流传下来的只有袁宏《后汉纪》一种。袁书对编年体又有丰富与发展，是编年体确立时期堪与《汉纪》相媲美的一部力作。

二、《资治通鉴》的特点与成就

唐初修《晋书》、《梁书》、《陈书》、《北齐书》、《周书》、《隋书》、《南史》、《北史》，确立纪传体为正史编修体例，编年体的发展势头相对低落。至北宋《资治通鉴》出，编年体又重振雄风，进入了编年史书的成熟时期。

《通鉴》总结了以往编年史家的经验，发展和完善了这种古老的体裁，使编年体得以重振，代表了我国古代编年史的最高成就。兹从以下六个方面略述其体制特点与成就。

（一）预先制定严密的工作程序和体例细则以指导编纂全过程

司马光修纂《资治通鉴》，开创了主编全面负责的集体分工合作制。司马光为全书主编，刘恕、刘攽 、范祖禹为主要的协编。《通鉴》编书程序，分为三大环节，先作丛目，次成长编，最后定稿。前两步工作由协编者分段负责，大体分工是刘攽负责汉史长编，刘恕负责魏晋南北朝史、隋史及五代史长编，范祖禹负责唐史长编。五代史也归刘恕。刘恕中途病死，未完的南北朝部分归为刘攽，五代部分归为范祖

① 梁启超:《中国历史研究法》，华东师范大学出版社 1995 年版，第 25 页。

② 参见金毓黻:《中国史学史》，商务印书馆 1999 年版。

禹。最后定稿由司马光一人独立完成。丛目制作之法，首先在广泛阅读原始文献的基础之上，按时间顺序列出事题目录，叫作“事目”，然后为事目作注，即将收入各目之资料，注明篇卷出处，因事目繁多，故谓之“丛目”。长编又称“草卷”，实即初稿，制作之法，是根据丛目提供的线索，将史料重新检阅一次，然后经过取舍、综合、诠次，写出编年史雏形。长编写成后，交由主编“笔削”，作进一步加工，又有“粗删”、“细删”的程序，以期定稿趋于完美。司马光在修《通鉴》之前先拟定出《通鉴释例》一卷，确定全书用语、格式等方面凡例三十六条，后又与刘恕反复商讨，定出纪元、薨卒等多项义例，又对范祖禹工作指示，全面申述丛目及长编修撰细则。这些规则，为所有编写人员所遵守，成功地体现在整个编书实践中。以上种种措施，皆为编书质量提供了保证，使《通鉴》在结构谨严、体例统一方面，能够卓然高出于传统编年史书。

（二）主干材料与辅翼材料交相为用，使编年体书体制一新

为什么要编《资治通鉴》？司马光自道原因说：“每患迁、固以来，文字繁多，自布衣之士，读之不遍，况于人主，日有万机，何暇周览！臣常不自揆，欲删削冗长，举撷机要，专取关国家盛衰，系生民休戚，善可为法，恶可为戒者，为编年一书，使先后有伦，精粗不杂。”[①] 可见《通鉴》之修，实存在满足士子学史需要和提供君主治国借鉴两方面的原因。由于前者，必须写成“举其大略”的比较全面反映历史内容的通史，由于后者，必须强调政治史，以便从“国家盛衰”与“生民休戚”中引出“善可为法，恶可为戒”的历史借鉴，二者的综合，遂造成了主干材料与辅翼材料相交为用的述史体制应运而生。《通鉴》着重叙述历代重大政治事件和战争，以“穷探治乱之迹”，同时对于重要历史人物的言论事迹，各类典章制度的沿革，民族间的交往，经济的发展，习俗的变迁，历法的进步之类，皆有扼要的记述，以为“生民休戚”之表证和“治乱兴衰”之基托。所以胡三省说：“温公作《通鉴》，不特纪治乱之迹而已。至于礼乐、历数、天文、地理，尤致其详。读《通鉴》者，如饮河之鼠，各充其量而已。”[②] 纪传体广载史事，各类史料按纪、传、表、志，分体著录，做到分而不散。《通鉴》则熔纪、传、表、志材料于一炉，用编年线索加以贯穿，使之统而不分。如此述史，于中心突出之际，兼收包罗宏富之功，既便于总结历史治乱兴衰的经验教训，又便于全面表现社会历史的概貌。此例之设，为编年体

---

① 司马光：《进资治通鉴表》。

②《资治通鉴》卷第二百一十二胡注。

注入了新的血液，使编年史书真正建立起了与纪传史书并驾齐驱的体制基础。

（三）首创史料考异之法以取信，使编年述史体制臻于精善

《通鉴》载述一千三百六十二年的历史，面对史料极其浩繁，如何考订鉴别，成为一大难题。为了准确记事，对相互矛盾的史料，必须有所去取，对各有短长的记载，必须综合诠次。司马光将此等去取诠次的情形，写成《通鉴考异》三十卷，随附《通鉴》并行，由此创造了史料考异之法，也开启了修史之家“自著一书，明所以去取之故”的先例，遂使古老编年体臻于精善。考异之例一开，对后世史家震动甚大，有作为而又实事求是的史家，争相效仿之。如《通鉴》协编者之一范祖禹之子范冲，南宋高宗朝时重修北宋《神宗实录》，即著《神宗实录考异》五卷，以明对旧录删改去取之由。此外，李焘等一些史家，在他们的编年著作中，更将考异文字直接附于正文有关史事条下，体式又有所推进。

（四）系年方法进一步改进

时间本位是编年史书最根本的特征，也是它区别于其他史体的最主要依据。在标准编年体式中，被记载下来的所有史实，无不一一与其确定的时间相联系，并被嵌入相应的日、月、时、年、年号、君主、朝代的严密序列当中。如此述史，便于把握大势，使一定时期历史发展的概貌，由远及近地展现在读者面前。如何编年记事，前节评述了《春秋》、《汉纪》，乃至《史记》、《汉书》的本纪已经奠定了基础，至《资治通鉴》又有改进。具体说，系年的改进，主要有以下三项。

1.《通鉴》纪年吸取了当时历法的最新成就。古代用干支纪年，要推定朔闰，必然牵涉历法，而历法精粗不一。自然导致纪年的准确程度呈现差异。北宋著名天文历法专家刘羲叟著《长历》一书，相当精密。司马光即采用《长历》辨定典籍所载史事的朔闰、甲子，因使纪年错误较少。

2.《春秋》、《左传》记事叙次的原则，如注家杜预所概括，乃“以事系日，以日系月，以月系时（季），以时系年”。《通鉴》因系通史，又加上“以年（号）系君主，以君主系朝代”，则其纪年体式为“以事系日，以日系月，以月系时，以时系年，以年系号，以号系朝”。例如曹操之死，《通鉴》记为“魏记·世祖文皇帝（曹丕）·黄初元年：春季，正月，武王（曹操）至洛阳；庚子，薨”。汉武帝以前，没有年号，鲁庄公某年，秦始皇某年，汉高祖某年之类，是当时通行的纪年法，还不属“以年号系君主”，《通鉴》以前没有编年体通史，断代编年，自然没有在行文中标明朝代的必要。可见，《通鉴》改进纪年法，也是时代变化、史学发展的必然结果。

3. 诸侯并立，王朝分裂，各国对峙时期，《通鉴》纪年，只取一国、一帝年号；又更号改元之岁，皆取最后一个年号。这种纪年方法，容易示人主从亲疏，并产生“头齐脚不齐”的感觉，有待进一步改进，但能使行文简明。体例划一，也是无法否认的。

（五）叙论分出，突出史论地位，创新史论体式

所谓叙论分出，是指在编年史书中，史事的叙述与撰史者的评论明确分开，并突出史论的地位。一般来说，史事的叙述，严格依据有关史料来写，“悉从论纂，皆有凭依”[①]，不得向壁虚造。史而有论，乃是史学著作区别于单纯史料汇编的重要标志。我国古人撰史，向来重视“事”、“文”、“义”的有机联系。《通鉴》史论，即是为“义”而发之作。自《左传》创立史论体式以来，有作为的史家，无不致力于此，写出脍炙人口的力作。《通鉴》既以“资治”为重要编书目的，则发掘、阐发史义的文字，便不能不提到突出地位。表现在数量方面，据精确统计，《通鉴》全书设史论218篇，其中有不少千言以上的大论，这在我国古代史书编撰中是空前的。内容方面，除一般的讨论为政得失、赏善惩恶外，更围绕以礼治国思想反复宣扬，并对史学功能、经史关系乃至编修凡例之类，展开广泛评说。《通鉴》突出史论地位，是与它主要作为政治史的体制相吻合的。

《通鉴》史论，分为两大类型：一是司马光自撰之论，以“臣光曰”发端；一是借引前人成说之论，以借引史家姓名或著作名发端。前者可称“自论”，后者可称“借论”。《通鉴》对欲评之事，一般一事一论，或自论，或借论。间亦有同时借引两则成说，或借引一则成说之后又作“臣光曰”，即以二论共评一事者。《通鉴》全书，共设借论99篇，征引作者35家，其中：

孟轲1篇　荀况2篇　贾谊1篇　司马迁2篇　扬雄6篇　班彪3篇
班固15篇　仲长统1篇　荀悦8篇　傅玄1篇　华峤1篇　陈寿5篇
徐众1篇　孙盛5篇　习凿齿6篇　鱼豢1篇　虞喜1篇　干宝1篇
荀崧1篇　袁宏3篇　袁准1篇　范晔3篇　崔鸿2篇　沈约4篇
裴子野11篇　萧子显1篇　萧方1篇　颜之推1篇　陈岳2篇

① 司马光:《进稽古录表》,《稽古录》，商务印书馆印明翻宋刊本。

李延寿 2 篇　权德舆 1 篇　李德裕 1 篇　柳防 1 篇　苏冕 1 篇　欧阳修 2 篇

借引成说立论，发自左丘明，司马光加以弘扬，广泛借引成说，将借论与自论有机地结合起来，构成遍布本书为之经络，无疑应是对编年体式的一种创新。

（六）主体著作与成套系列著作联为一气，使编年史体气象万千

《通鉴》因记事时限太长，虽极简要之能事，亦洋洋三百万余言，颇难掌握。为便阅读，提高史著的社会效益，司马光以《通鉴》为中心，先后编写了一系列著作，以与主体互相发明。除《通鉴考异》三十卷起辨析增广史料的作用外，“又略举事目，年经国纬，以备检寻，为《目录》三十卷”①。

《通鉴目录》与一般书籍的标题目录不同，其特点是“年经国纬，著其岁阳岁名于上，而各标《通鉴》卷数于下，又以刘羲叟《长历》朔闰月及列史所载七政之变著于上方，复撮书中精要之语散于其间。次第厘然，具有条理”②。实为一内容提要性的大事年表。《目录》与《考异》随《通鉴》同时上奏宋神宗，是《通鉴》的两部主要的辅翼之作。此外，又恐《目录》过于简略，复有《通鉴举要历》八十卷，《通鉴节文》六十卷，以为简编。加上修《通鉴》之前撰写的《通鉴释例》一卷，载录修书凡例及与协编者来往信札，又《历年图》五卷，“上自周威烈王二十三年，下尽周世宗显德六年，略举每年大事，编次为图”③。总上六种辅翼著作，共一百八十六卷，与《通鉴》正文二百九十四卷交相辉映，从不同侧面增强了《通鉴》这部编年体通史巨著的表现力。可以说这是编年体的一项重大革新。

《资治通鉴》引领编年体史书蓬勃发展，仿其体制继起者，或添前，或续后，自宋迄清，逐步形成了一套从古到今的编年史系统丛书，举其要者，有十二种，书目如次：

1.《通鉴外纪》十卷，目录五卷　北宋刘恕撰。

2.《汉纪》三十卷　东汉荀悦撰。

3.《后汉纪》三十卷　东晋袁宏撰。

4.《资治通鉴》二百九十四卷　北宋司马光等撰。

5.《续资治通鉴长编》五百二十卷　南宋李焘撰。

6.《建炎以来系年要录》二百卷　南宋李心传撰。

---

① 司马光:《进资治通鉴表》。

②《四库全书总目》卷四七“资治通鉴目录”条。

③《温国文正司马公集》卷五一《乞令校定资治通鉴所写稽古录劄子》。

7.《宋元资治通鉴》六十四卷　明薛应旂撰。

8.《明纪》六十卷　清陈鹤生撰。

9.《明通鉴》一百卷　清夏燮撰，亦为明代编年史。

10.《国榷》一百零八卷　明末清初谈迁撰。

11.《资治通鉴后编》一百八十四卷　清徐乾学撰。

12.《续资治通鉴》二百二十卷　清毕沅撰。

这就是与二十四史纪传史系统相辅相补的编年史系列，不一一备述。但没有一部编年史书可与《资治通鉴》相颉颃。胡应麟《史书占毕》说："编年之史，备于司马氏。"这个"备"字，应视为对《通鉴》完善编年体历史功绩的确评。

三、《资治通鉴》的内容与价值

（一）《资治通鉴》的主要内容

中国传统史学强调经世致用，《资治通鉴》把这一主旨发挥到极致。书名《资治通鉴》虽然是宋神宗所赐，实为司马光之本旨，顾名思义，即史学要"鉴于往事，有资于治道"。既然是"垂鉴资治"，所以司马光选用材料以及叙述内容，"专取关于国家盛衰，系生民休戚，善可为法，恶可为戒者"[①]。这就决定了《资治通鉴》全部内容落实在"治、乱、兴、衰"四字上，用今语说，是一部政治军事史。司马光着墨于国家治乱，写得最多的是君主的贤愚，官吏的好坏。司马光认为"国亡治乱，尽在人君"[②]，因此特别重视为君之道。司马光把历史上的君主，依据他们的才能与功业，分为创业、守成、衰替、中兴、乱亡五类。"创业之君"，如汉高祖、光武帝、隋文帝、唐太宗等，削平群雄，统一中夏，"智勇冠一时"，乃非常之人，干非常之事。这些君主的光辉业绩，《资治通鉴》写得很详细，供人敬仰与效法。"守成之君"，能把创业之君留下的家业发扬光大，如汉文帝、汉景帝、北魏孝文帝等，他们是守成的代表人物。司马光说，守成之君"必兢兢业业，以奉祖考之法度，弊则补之，倾则扶之，不使耄老有叹息之音，以为不如昔日之乐，然后可以谓之能守成矣"[③]。司马光称美文景，借引班固的话说："扫除烦苛，与民休息，移风易俗，黎民

① 司马光：《进资治通鉴表》。

② 司马光：《稽古录》卷十六，《稽古录》，商务印书馆印明翻宋刊本。

③ 司马光：《稽古录》卷十六，《稽古录》，商务印书馆印明翻宋刊本。

醇厚，周云成康，汉言文景，美矣。”① 中兴之君，指能拨乱反正，把处于危机或急剧衰落的国家引导上正轨，转危为安，使政治重新归于治。汉宣帝是中兴之君的典型，司马光借班固的话赞颂说：“孝宣之治，信赏必罚，综核名实。政事、文学、法理之士，咸精其能。至于技巧、工匠、器械，自元成间鲜能及之。亦足以知吏称其职，民安其业也。”② 衰替之君，即昏庸之主，他们“习于宴安，乐于怠惰”，“人之忠邪混而不分，事之得失置而不察，苟取目前之佚，不思永远之患”，以至“祖考之业”日益衰微。西汉元帝、成帝、东汉桓帝、灵帝，都是昏庸之主。最坏的是乱亡之君。他们“心不入德义，性不受法则，舍道以趋恶，弃礼以纵欲，谗谄者用，正直者诛，荒淫无厌，刑杀无度，神怒不顾，民怨不知”，结果是“敌国丧之”，“下民判之”，③ 只有破家亡国了。亡国之君十之八九都是昏暴淫逸的乱亡之君，秦二世、陈后主是其尤者。创业、守业、中兴三类之君，是贤圣的明君，是司马光提供学习的榜样。衰替、乱亡之主，是司马光提供借鉴、警世的标识，在叙述中给予揭露和鞭挞。司马光发扬传统史学惩恶劝善的思想，应予肯定。

战争是政治斗争的最高形式。古代国之大事，在祀与戎。司马光在《资治通鉴》中用力写各种战争，有改朝换代群雄逐鹿的战争，创业之主平乱诛暴的战争，雄主御辱与开拓的对外战争，农民起义与王朝镇压的战争，《资治通鉴》都作了绘声绘色的描写。司马光总结战争经验，各种战争，在不同年代、不同地域、不同将帅指挥下有不同的结果。有国有家者，不可以不知兵。写战争就是要总结强国用兵的兵法。顾炎武评论说：“《通鉴》承左氏而作，其中所载兵法甚详。凡亡国之臣，盗贼之佐，苟有一策，亦具录之。朱子《纲目》大半削去，似未达温公之意。”④

司马光轻文学，明人李因笃说“《通鉴》不载文人”指此。大诗人屈原，《通鉴》只字未提。司马迁写《史记》，为文学家立专传，大量录载文学作品，评价屈原《离骚》“虽与日月争光可也”，认为司马相如赋“虽多虚词滥说，然其要归引之节俭，此与《诗》之风谏何异”。两司马的态度大相径庭。文人参与的政治活动，与王朝、社会有重大关系的涉政文章，司马光仍不遗弃。如录载司马相如的《谏猎书》，录载唐宋八大家唐韩愈的《谏佛骨表》、《送文畅师序》，柳宗元的《梓人传》、《种树郭橐驼传》。司马光轻文学家及文学的政治作用，既不必为之讳，也不必为之病，这就是

① 司马光：《稽古录》卷十六，《稽古录》，商务印书馆印明翻宋刊本。

② 司马光：《稽古录》卷二十七，《稽古录》，商务印书馆印明翻宋刊本。

③ 司马光：《稽古录》卷十六，《稽古录》，商务印书馆印明翻宋刊本。

④ 顾炎武：《日知录》卷二十六。

他的立场。

《资治通鉴》对于正史诸志中关于礼仪、刑罚、职官、食货等方面的内容，颇多采录，如西汉除肉刑、东汉立石经、曹魏九品官人法、西晋罢州郡兵、北周创府兵等。涉及土地制度与民生的财赋制度亦纳入为重要的政治内容。如商鞅变法，文景时期的轻徭薄赋，北魏孝文帝的均田制，唐德宗实行的两税法，以及水、旱丰歉等记载不遗余力。当然，比起纪传史来，综合史的内容大大减少，突出的是政治军事，这是编年史书的一个特点。

由于《资治通鉴》吸收《左传》、《汉纪》，以及纪传史之“本纪”叙事的优点，在政治军事中关注礼乐、历数、天文、地理、经济、文化等内容，因此《通鉴》是一部内容宏富的古代政治编年通史。简括条列其述史内容，主要有以下十个方面：

1. 帝王的即位、治绩与丧葬、评说；

2. 重要历史人物的活动与卒年；

3. 经济、政治制度的变革与重要的法令颁布；

4. 社会各阶级、阶层尖锐复杂的矛盾斗争；

5. 重大的军事活动与战争；

6. 民族关系；

7. 中外关系；

8. 重要的科技文化的发明与发现；

9. 生产工具和生产技术的改进；

10. 重大的自然变化与灾害。

（二）《资治通鉴》的史学价值

《资治通鉴》的史学价值，在史学、史体、史料三个方面都有突出的创造，试简析之如次。

1. *史学方面*。史学价值，指帮助人们了解历史，认识历史，总结历史。作为鸿篇巨制的《资治通鉴》，它较为详尽地反映了中国古代从战国周威烈王二十三年至五代后周显德六年，公元前403年至公元959年共一千三百六十二年的历史，熔铸于史事内容中的史学价值有三个方面。

第一，贯通古今。《通鉴》一书在手，历代大事囊括其中，兴衰得失汇聚眼前。这一优点，其他任何一部史籍无可比拟。清人张之洞、近人梁启超作了画龙点睛的评价。张之洞说:“若欲通知历朝大势，莫如《资治通鉴》及《续通鉴》。”[①] 梁启超说:“司马温公《通鉴》亦天地亦一大文也。其结构之宏伟，其取材之丰赡，使后世有欲著通史者，势不能不据为蓝本，而至今卒未能有逾之者焉。”[②]

第二，政治史为中心。司马光《进资治通鉴表》明确其著书目的说:“专取关国家盛衰，系生民休戚，善可为法，恶可为戒者，为编年一书。”知往鉴今，其要在政治，《通鉴》的价值亦在此，这是读《通鉴》要牢牢把握的。

第三，以史为鉴。这一点经历了历史的考验，正如胡三省所说:“为人君不知《通鉴》，则欲治而不知自治之源，恶乱而不知防乱之术。为人臣不知《通鉴》，则上无从事君，下无以治民。为人子不知《通鉴》则谋身必至于辱先，作事不足以垂后。乃如用兵行师，创法立制，而不知迹古人之所以得，鉴人之所以失，则求胜而败，图利而害，此必然者也。”[③]

2. *史体方面*。在我国史体发展史上，编年体占有重要位置，一是开众体之先，二是奠众体之基。无论是中国还是世界，按年月日记事，是人类最早用于编写史书的方法，也就是人类创造的最古老的史体。在这个意义上，可以说编年体乃开众体之先，即史体之祖。中国编年体经历了自草创、确立直至成熟的过程。在其自身发展的同时，又给后起其他史体以普遍的深刻影响。《资治通鉴》追附交错的叙事，编年之中带纪事本末的辅助，对一些事件的前因或过程加以补叙，多用“初”字起笔，避免了割裂。《通鉴》已经达到史家叙事得心应手的境界。由《通鉴》又派生出袁枢的《通鉴纪事本末》，以及朱熹的《资治通鉴纲目》成为南宋以后流行的史书体裁。特别是《通鉴》完备的时间本位叙事，为各种史体奠定了基础。

3. *史料方面*。司马光对史料的处理，考异取信已如前述，这里补述搜罗宏富。司马光说，他搜集史料“遍阅旧史，旁及小说，简牍盈积，浩如烟海”[④]。后人考证司马光采用的资料有300余种。宋人高似孙《纬略》说:“《通鉴》采正史之外，其用杂史诸书凡二百二十二家。”清人胡元常录《通鉴考异》所载书名，作《通鉴引书考》凡得272种。近人张煦侯据《资治通鉴》和《通鉴考异》所引各书加以考索，分为正史、编年、别史、杂史、霸史、传记(附碑碣)、秦汉(附别集)、地理、小说、诸子共十类，得301种。《河北师范学院学报》1987年第2期载陈光崇先生的

① 张之洞:《輶轩语》，清光绪三年刻本。

② 梁启超:《新史学》，商务印书馆2014年版，第90页。

③ 胡三省:《新注资治通鉴序》。

④ 司马光:《进资治通鉴表》。

《通鉴引用书目的再检核》，拾遗补缺，考定为359种。司马光实际引用的书目不只此数，足见其用力之勤，为后进述史者树立了榜样。

司马光从宋英宗治平三年（公元1066年）奉命编写《资治通鉴》，到宋神宗元丰七年（公元1084年）完成，历时19年，耗尽了司马光的一生心血。在这19年中，司马光“研精极虑，穷竭所有，日力不足，继之以夜”，把全部精力投入到这部书上。由此可见，要写出一部历史名著，作者要付出何等高昂的代价。司马光的付出，换来了《资治通鉴》的永垂不朽。《资治通鉴》自问世以来，一直享有很高的声誉。宋神宗钦赐书名《资治通鉴》。明人胡应麟说：“自有书契以来，未有如《通鉴》者。”清人王鸣盛说：“此天地间必不可无之书，亦学者必不可不读之书也。”[①] 清人浦起龙对《资治通鉴》产生的影响作了高度评价，浦氏说，国史“上起三国（指韩赵魏列为诸侯），下终五季，弃编年而行纪传，史体偏缺者五百余年，至宋司马光始有《通鉴》之作，而后史家二体，到今而行，坠绪复续，厥功伟哉”[②]。这是说《资治通鉴》带动了编年史书的复兴，产生了贯通中国历史的编年史书系列，与纪传体全史交相辉映。司马光对中国史学的贡献，铸就了他在中国史学史上崇高的历史地位。

最后，还须交代一下司马光写《资治通鉴》既不写上古，又不写后周之灭，止于禅让之前，一部通史，无头无尾，总给人以遗憾，其实这正是司马光的用心处。《资治通鉴》始于周威烈王命韩、赵、魏三家为诸侯，由此写了一篇史论，批评周王违背了名与器不可假人的礼，开启了礼坏乐崩，表明司马光维护帝王权威，臣下不可越礼犯分的思想。《资治通鉴》下限不书宋周禅代，既为本朝回护，隐讳赵匡胤从孤儿寡母手中夺权的尴尬，也为自己避免触讳，少惹麻烦。中国历史上的文字狱，历史学家首当其冲，因此我们不能苛责司马光去效法南史氏吧。由此可知，《资治通鉴》无头无尾，皆寓意良深，这也是曲折地反映了中国封建社会的某种特色吧！著名史学大家有如司马光者，也未敢轻越禁区雷池一步！

---

① 参见王鸣盛：《十七史商榷》卷一百，中国书店1937年版。

② 参见浦起龙：《史通通释》卷十二，商务印书馆1930年版。

总 目

第一册目录

周纪一

周威烈王二十三年至烈王七年（公元前403—前369）

【起著雍摄提格（戊寅，公元前403年），止玄黓困敦（壬子，公元前369年），凡三十五年】

【大事提要】

本卷为《资治通鉴》开篇，记事自公元前403年到公元前369年，凡三十五年。当周威烈王二十三年至周烈王七年。本卷所载大事，主要有五个方面：其一，周威烈王册封韩、赵、魏三家为诸侯，周王室丢失了名分，受到司马光的批评，这标志德义时代的终结，王室权威坠地。其二，韩、赵、魏三家灭智氏而分晋，智伯最强，却恃才傲物，不修德义而必亡，也受到了司马光的批评。其三，魏文侯任贤使能而称霸。吴起遇贤君得以发挥才智为国立功，带兵打仗，天下无敌。后来，吴起遇昏君，声名受诽谤，最终以悲剧结局。其四，写魏武侯不立嫡子，死后诸子争位导致魏国差点灭亡，说明家天下太子为国本的道理。其五，本卷穿插豫让报知己，聂政刺韩相侠累，颂扬义士。总之，本卷记事以德义二字贯穿始终。

威烈王

周威烈王二十三年（戊寅，公元前403年）

本年起始册命晋国大夫魏斯、赵籍、韩虔为诸侯。

臣司马光评论说：臣听说天子职掌的事务，没有什么比礼还要重大的；说到礼，没有什么比规定上下名分更重大的；说到名分，没有什么比名位更重要的。什么是礼呢？作为规矩法度的纪纲就是礼。什么叫名分呢？君臣上下就是名分。什么叫名位呢？公、侯、卿、大夫就是名位。

全天下广阔的疆土，生活着的亿万民众，都要接受天子一个人的统治，即使有超凡绝伦的气力，盖过一世之人的才智，没有不为天子奔走服役的，难道不是用礼的纪纲维系吗？所以天子统带三公，三公率领诸侯，诸侯制控卿大夫，卿大夫治理士人和庶民。尊贵的高高在上，临视低贱的，而低贱的奉承尊贵的；在上位的指使在下位的，如同心腹使唤手脚动作、树根树干控制树枝树叶一样；而下位的侍奉在上位的，如同手脚护卫心腹、树枝树叶庇荫树干树根一样。只有这样，才能上下相保，国家才能得到治理、安定。所以说天子的职事没有比维护礼更重要的啊！

周文王编次《周易》卦位，把乾、坤两卦放在首位，孔子作《系辞》说：“天高地低，乾尊坤卑的地位便安定了。地卑天尊已经排定，天贵地贱也就定位了。”这就是说君在上臣在下的位置如同天尊地卑一样是不可改变的。《春秋》贬抑诸侯，尊重王室，周王室的势力虽已衰微，而地位仍在诸侯之上，由此可见圣人对君臣的上下关系从来都是念念不忘的。如果没有像夏桀、商纣的残暴，商汤、周武王的仁厚，人心归附，天意安排，君与臣的名分，只能是君辱臣死而已。所以如果让微子启替代纣为商王的话，那么成汤就永远是商的祖先，享受与天同样的祭祀，如果以季札为吴国国君，那么太伯就永远被供奉在宗庙享受血食。然而这两个人宁愿亡国也不做国君的原因，实在是因为礼的规矩不可以被扰乱。所以说，礼之中没有什么比上下名分更重要的。

礼，是用来分辨贵贱等级，序列亲疏关系，裁定一切事物，规定各种事务的，没有名号就无法称谓，没有器物就不能显现；所以用名号来称呼，用器物来分别，然后上下尊卑井然有序，这就是礼的大义。如果名号和器物都抛弃了，那么礼制又怎么能够独自存在呢？先前仲叔于奚有功于卫国，他辞去赏赐给他的食邑，而请求赏一个马腹带上的装饰繁缨。孔子认为宁可多赏给他食邑，只有名号和器物不可以随便给人，这是国君要牢牢掌管的。如果政治权力丢失了，那么国家随后将被灭亡。卫国国君把国政交给孔子治理，孔子要做的首先就是正名分，认为名分不正则民连手脚都不知道该放在哪里。

说到繁缨，只是一个小器物，而孔子十分珍惜它；正名分，只是一件小事务，而孔子却要首先实行它。实在是因为如果把名分和器物的规矩搞混乱了，那么君臣上下的正常关系就不可能保持啊。一切事物没有不是从细微处发生而日益壮大的。圣人考虑长远，所以才能谨慎地在事态隐微时就治理它；一般人的见识浅薄，所以一定要等到事态显现之后才去救治它。在隐微时就着手治理，那么用力少而功效大；在显现时才去救治，那么竭尽力量也往往不能奏效。《周易》说：“当踩在下霜的地面时，就知道结冰的严寒快到了。”《尚书》说：“每天都有隐微的苗头发生。”说的就是这类情况。所以说名分之中没有什么比名位更重大的。

唉！周幽王、周厉王失去大德，周朝的政治一天天衰败，纲纪破坏，居下位的侵凌居上位的，居上位的权力衰落，诸侯专擅征伐大权，大夫专擅诸侯的国政，礼制的规范十之七八已经丧失。然而周文王、周武王的宗庙祭祀仍能绵绵不断，原因是周朝的子孙们还能恪守名分啊。为什么这样说呢？从前，晋文公为周王室立有大功，向周襄王请求死后能像周王一样享用由隧道下葬棺柩的礼仪，周襄王不允许，说："这是下葬天子的规矩啊。没有取代周室的德行而有两个天子，这也是叔父你所厌恶的。不然的话，叔父你自己在辖地上挖一条下葬的隧道，又何必来请示呢！"晋文公因此惶惧而不敢违抗。所以，论周王的辖地不比曹国、滕国大，说到周王的民众不比郑国、莒国多，然而经历了几百年，仍旧为天下宗主，即使像晋、楚、齐、秦那样的强国也不敢侵凌它，是什么原因呢？只是因为名分还存在的缘故啊。

说到鲁国的季氏、齐国的田常、楚国的白公、晋国的智伯，他们的势力都足以驱逐国君而自立，然而最终没敢这样做，难道是他们势力不够或良心不忍吗？只不过是惧怕冒犯名分而招致全天下的共同讨伐啊。现如今晋国大夫侵凌、蔑视他们的国君，瓜分晋国，天子既不能讨伐他们，反而宠爱、授给他们爵秩，让他们位列诸侯，就这样，周王连这一点点名分也守不住，把它丢弃了，先王的礼制也就完全丧失了。

有人认为那个时候周王室衰微积弱，三晋韩、赵、魏强大力盛，虽然想不给他们名号，但哪能做得到呢！这种说法大错特错。韩、赵、魏虽然强盛，假如他们不顾忌全天下人的诛讨而侵犯礼，那么就不会向周天子请示而直接自立为诸侯。不向周天子请示而自立，那就成为犯上作乱的悖逆之臣。天下如果有齐桓公、晋文公那样的国君，一定会尊奉礼而征讨他们。如今是他们请示了周天子而得到允许，接受天子的册命被立为诸侯，谁也不能够去讨伐他们了。所以韩、赵、魏列为诸侯，不是韩、赵、魏破坏了礼制，而是周天子自己破坏了礼制。唉！君臣上下的礼制已经破坏了，那么天下的人就以智谋实力互相争雄争长了。于是使圣贤的后代原来为诸侯的，国家没有不被灭亡的，天下民众离散死亡差不多全完了，这难道不使人哀痛吗！

（以上为第一段，写公元前403年周烈王册命韩、赵、魏三家为诸侯以为《资治通鉴》的开端。"臣光曰"批评周天子丢失名分，是德义时代的终结。）

起初，智宣子将以儿子智瑶为继承人，族人智果说："不如智宵。智瑶超过别人有五个方面，他不如别人只有一个方面。鬓发好看身材高大超过别人，射箭驾车力气大超过别人，技能全面娴熟超过别人，巧于文辞能言善辩超过别人，刚强果断超过别人。有这些优点却不仁爱宽厚。智瑶用这五个方面的优势欺压人而却不仁爱宽厚，还有谁能够宽容他？如果立智瑶为继承人，智氏宗族一定遭到灭亡。"智宣子不听从智果的意见。智果便在掌管族氏的太史那里另外登记了族氏，叫作辅氏。

赵简子的儿子，长子名叫伯鲁，幼子名叫无恤，赵简子将要确立继承人，不知道立谁为好，便把训诫写在两个竹简上，分别交给两个儿子，说道："认真记住这诫辞。"过了三年问他们，伯鲁不能背诵出训诫的文辞；要他交出书写训诫的竹简，伯鲁已经丢失了。再问无恤，无恤流利地背诵了训诫；要他交出竹简，他在衣袖里拿出来交给赵简子。于是赵简子认为无恤贤能，确立他作为继承人。

赵简子委派尹铎去治理晋阳，尹铎请示问道："是要像抽取茧丝一样，不停地征收百姓的赋税呢？还是像筑堡垒屏障一样，不断地加固它，使百姓财物日益丰厚呢？"赵简子回答说："那就筑堡垒屏障吧！"尹铎便减少晋阳的居民户数，以减少税额。赵简子对无恤说："晋国一旦有危难，你一定不要小看尹铎，不要认为晋阳远，一定要把它当作依靠。"

智宣子死了之后，智襄子掌管国家政事，有一次，他与韩康子、魏桓子在蓝台宴会。智伯瑶戏弄韩康子而且侮辱韩康子的家相段规。智果听到这件事，便规劝智伯瑶说："您不防备祸难，祸难一定要到来！"智伯瑶回答说："祸难将由我发起。我不发起祸难，谁敢兴起祸难！"智果又说："不是这样。《夏书》里说：'一个人有了多次失误，就埋下了积怨，难道积怨是明显地产生吗？积怨是悄悄发生的。'君子能在小事上谨慎，就能避免大的祸难。现今主公在一次宴会上就羞辱了别人家的君和相，而又不防备，还说'谁敢兴起祸难，恐怕是不可以的吧！蜹、蚁、蜂、虿这些小虫都能毒害人，何况是人家的君和相呢！'智伯瑶没有听取。"

智伯瑶向韩康子索要土地，韩康子不想给他。段规说："智伯贪利而且固执，不给他土地，他就要侵伐我们，不如给他土地。他得了土地而贪婪傲慢，一定还会向别人索要土地，别人不给，他一定对其用兵强取，然后，我们能够免除祸患而等待事态的变化。"康子说："好。"就派使者割让给智伯万家的县邑。智伯很高兴，又向魏桓子索要土地，魏桓子不想给。魏桓子的相任章说："为什么不给他？"桓子说："无缘无故索要土地，所以不给。"任章说："智伯无缘无故索要土地，各位大夫必然惧怕，我们给了智伯土地，他一定骄傲，他骄傲而后轻敌，各位大夫却因惧怕而互相团结；以互相团结的兵众对付轻敌的人，智氏的命运一定不会长久。《周书》上说：'要想打败他，一定要先辅助他。要想取得，一定要先给予。'您不如给他土地，以使智伯骄慢，然后我们可以选择同盟而图谋智伯。为什么要把我们魏氏当作智伯的箭靶子呢！"魏桓子说："很好。"这样魏桓子又给了智伯一万家的县邑。

智伯又向赵襄子索要蔡、皋狼两邑的土地，赵襄子不给他。智伯大怒，率领韩、魏的甲卒进攻赵氏。襄子将要出逃，问身边的人："我到哪里去呢？"随从的人说："长子县路程最近，而且城墙厚实完好。"襄子说："那里的民众竭尽全力修筑好城邑，又要他们拼死命去守护它，还有谁会与我同心同力！"随从的人又说："邯郸的仓库充实，可以到那里去。"襄子说："榨取了人民的脂膏而充实了仓库，又因仓库充实而让战争杀死他们，还有谁会与我同心同力！恐怕还是去晋阳好，先主嘱咐过的，尹铎治理宽厚，那里的民众一定团结。”于是便逃往晋阳。

智伯、魏桓子、韩康子三家联合包围并放水淹灌晋阳，晋阳城墙没有被淹没的只剩下三版六尺高，城中的炉灶被淹没并聚集了青蛙，城里的民众却没有背叛的意思。智伯乘车察看水势，魏桓子为他御车，韩康子手持武器坐在车子的右边为骖乘。智伯得意地说：“我今天才知道水可以灭亡别人的国家。”魏桓子听了这话后，用胳膊肘顶触了一下韩康子，韩康子也用脚踩了一下魏桓子的脚背，因为汾水可以淹灌魏氏的安邑，而绛水可引去淹灌韩氏的平阳城。𫄨疵对智伯说：“韩、魏一定会反叛。”智伯问道：“你怎么知道他们要反叛？”𫄨疵说：“从人情事理推知的。我们胁迫韩、魏的兵众随从我们攻打赵氏，赵氏灭亡后，灾难一定会转到韩、魏头上。现在我们约定战胜了赵氏，三家瓜分赵氏的土地，晋阳城墙没有淹浸的只剩三版六尺高，城里的人宰食马肉，晋阳城的投降指日可待，而韩康子、魏桓子却没有高兴的表情，反而有忧虑的神色，这不是反叛的迹象又是什么呢？”第二天，智伯把𫄨疵的话告诉了韩康子、魏桓子，他们两人听了之后说：“这是说坏话的人在替赵氏游说，使大夫您怀疑我们两家，而松懈对赵氏的围攻。不是这样的，我们两家难道对早晚都会到手的赵氏土地不关心，而要想去做危险又不可能成功的事吗？”韩康子、魏桓子出来后，𫄨疵进去对智伯说：“主公为什么把我的话告诉他们二人？”智伯回答说：“你怎么知道的？”𫄨疵说：“我见他们二人打量我之后迅速地走开了，这是他们猜到我已察觉到了他们的想法的缘故。”智伯依然满不在乎。𫄨疵便请求出使到齐国去。赵襄子派自己的宰臣张孟谈为使，暗地里出城见韩康子、魏桓子，说：“我听说唇亡齿寒。现今智伯率领韩、魏攻击赵氏，赵氏灭亡了，就要轮到韩、魏了。”韩康子、魏桓子说：“我们心里明白是这样，但是恐怕要做的事情还没有成算，计谋就泄露了，那样祸患立刻就会来临。”张孟谈说：“谋划出自你们二位大夫之口，入于我的耳，这有什么妨害？”韩康子、魏桓子便暗中与张孟谈约定了行动的日期，送张孟谈回到晋阳城。赵襄子在夜里派人杀死了守堤的官吏，决堤放水淹灌智伯的军队。智伯的军队忙于救水而散乱，韩、魏军从侧翼攻击智伯军，赵襄子率领士卒进击智伯军的前锋，把智伯的部众打的大败，杀了智伯，诛灭智氏全族。只有辅果因别立了族氏而得以保全。

臣司马光评论说：智伯的灭亡，是因为他的才干超过了品德。说到才与德是一个人两种不同的属性，而世俗的人没有谁能分辨，把才和德一并称之为贤，这正是把人看错的原因。耳聪目明、性情刚强果决叫有才能，性情正直、中庸和顺叫有品德。才能是品德的凭借，品德是才能的统帅。云梦泽出产的竹箭，是天下最强劲的好箭，然而箭杆不经过揉曲矫直，不安箭翎，不制括端，那么就不可能射穿坚硬的东西。棠谿出产的铁剑，是天下最锐利的宝剑，然而不经铸造，不经磨砺，就不能击刺强韧的东西。因此，才德全备的人称之为圣人，才德两缺的人称之为愚人，品德多于才能的人称之为君子，才能多于品德的人称之为小人。大体说来选取人才的原则是，假使不能有圣人、君子这样的人才供选取，与其得到小人，不如得到愚人。这是为什么呢？因为君子凭借才能而行善，小人凭借才能而作恶。凭借才能做善事的，善事没有做不到的；凭借才能做恶事的，恶事也没有做不到的。愚人虽想做不善的事，但他的智力不周全，才能不胜任，做不了恶，这如同尚在哺育幼子的母狗冲击人，人们能够制服它。小人的智力足以做成奸邪之事，勇力足以造成横暴，这是猛虎增添翅膀，他们的危害难道不是更大吗！品德是人们所敬重的，才能是人们所爱慕的；爱慕的东西人们容易去亲近它，敬重的事物人们容易疏远它，因此考察人才的人多数被才能所蒙蔽而对品德不留意。从古到今，邦国的乱臣，家庭的败子，他们都是才能有余而品德不足，以致亡国败家的实在太多了，难道只是智伯这一个人吗？所以治国理家的人如果能够明察才能与品德的区分，并知道把哪个放在首位，哪个放在后边，那么，哪有看错人的事发生呢！

（以上为第二段，追书公元前453年，韩、赵、魏三家共灭智伯而分晋。至此，晋六卿只剩韩、赵、魏三家。继以“臣光曰”评论作结，指出智氏之灭，德不继其才故也，是以德重于才。）

韩、赵、魏三家瓜分了智氏的土地。赵襄子把智伯的头颅涂上油漆，作为饮酒的器皿。智伯的家臣豫让想替智伯报仇，于是扮成受了刑罚的犯人，带着匕首，混进赵襄子的住宅中涂刷厕所。赵襄子走进厕所时，心中有异样的感觉，便让人搜查厕所，抓到了豫让。赵襄子身边的人想要杀死豫让，赵襄子说：“智伯死了没有后代，这个人想为他报仇，是真正的义士啊，我小心回避他罢了。”于是放走了豫让。豫让又在身上涂上油漆长满癞疮，把炭吞进咽喉变成哑巴，在市上乞讨，他的妻子也认不出来。他后来在市上乞讨时，遇见了朋友，认出了他，朋友为他的惨状而哭泣，说：“凭你的才能，臣服而侍奉赵襄子，一定会得到亲近宠信，你就这样去做你想报仇的事，难道不是很容易吗？你何必自讨苦吃成这样？还想报仇，不是很难的吗！”豫让说：“既然舍身做了人家的臣属，而又想要杀死人家，这就是怀有二心啊，凡是我已经做过的都是堂堂正正的事，这是极难做到的。然而我之所以要这样做，就是要让天下后世做了人臣而又怀二心的人感到惭愧。”有一天赵襄子外出，豫让埋伏在桥下。当赵襄子到了桥上时，拉车的马惊恐起来，赵襄子搜查出豫让，终于把他杀了。

赵襄子因为哥哥伯鲁没有被立为主君，自己虽然有五个儿子，但不肯确立自己的儿子为继承人，就封伯鲁的儿子在代地，称为代成君。代成君死得早，又立代成君的儿子浣作为赵氏的继承人。赵襄子死了之后，赵襄子的弟弟桓子驱逐浣而自立为赵氏主君，一年之后便死了。赵氏的族人说："桓子自立不是赵襄子主君的本意。"于是，便共同杀死了桓子的儿子，又迎接浣回来为赵氏主君，浣就是赵献子。献子生赵籍，赵籍就是赵烈侯。魏斯，是魏桓子的孙子，他就是魏文侯。韩康子生武子，武子生虔，虔就是韩景侯。

（以上为第三段，写豫让为知己报仇，赵哀子让国。）

魏文侯尊崇卜子夏、田子方为老师，每次车驾经过段干木的庐舍前一定手扶车轼俯首致敬，因此四方贤士多来归服他。

魏文侯与众臣一起喝酒，十分快乐，这时天却下起雨来，魏文侯命令车驾赶往郊外。他身边的人都说："今天饮酒正快乐，何况天又下起了雨，主君您想去哪里？"魏文侯说："我已和管山林的虞官约定了要打猎，即使现在很快乐，但怎么可以失约呢？"于是乘车前去，亲自告诉管山林的虞官因为下雨取消打猎。

韩国派人向魏国借兵要攻打赵国，魏文侯说："我与赵国是兄弟之邦，不能答应你们的要求。"赵国派人向魏国借兵去攻打韩国，魏文侯也像回答韩国的请求一样回答赵国。韩、赵二国的使者都气愤地离开魏国。不久都明白了魏文侯对邻国的友好，便都朝服魏国。魏国于是便在三晋中开始当了老大，诸侯国没有谁能与他争雄。

魏文侯派乐羊去攻打中山国，灭了中山，把它封给自己的儿子击。魏文侯问臣子们："我是怎样的国君？"臣子们都回答说："是仁爱的国君。"任座说："国君您取得了中山，不把它封给您的弟弟而把它封给自己的儿子，怎么能说是仁爱的国君！"魏文侯听了十分愤怒，任座赶快退出朝堂。魏文侯接着问翟璜，翟璜回答说："是仁爱的国君。"魏文侯说："你凭什么知道我是仁爱的国君？"翟璜回答说："我听说国君仁爱臣子就正直。刚才任座的话是那样的正直，我由此知道您是仁爱的国君。"魏文侯听后十分高兴，便派翟璜去将任座请回朝堂，并亲自下堂迎接任座，待他为上客。

魏文侯与田子方一起饮酒，魏文侯说："钟声好像不和谐，编钟左边的音偏高。"田子方听后发笑。文侯问："你笑什么？"田子方说："我听说，国君应当明察追究乐官，不必去审订乐音。现今国君您对乐音明察秋毫，我担心您放松对乐官的管理。"文侯说："你说得好。"

魏文侯的儿子击一次外出，在路上遇见了田子方，便下车拜见问好。田子方不回礼，子击愤怒地对田子方说："是富贵的人以傲慢待人呢？还是贫贱的人以傲慢待人呢？"田子方说："只能是贫贱的人才可以傲慢待人罢了，富贵的人怎么敢以傲慢待人！身为国君而以傲慢待人就会失去国家，身为大夫而以傲慢待人就会失去家邦。失去国家的人没有听说有人以国家之礼对待他，失去家庭的人没有听说有人拿家庭之礼对待他。至于贫贱之士，他们的言论不被采用，他们的行事不合要求，就穿上鞋子一走了事，走到哪里都少不了的不就是贫贱罢了。”子击这才向田子方道歉。

魏文侯对李克说：“先生你曾经说过这样的话：‘家贫时依靠贤良的妻子；国乱时依靠贤能的丞相。’现今选择一位丞相不是魏成就是翟璜，这两位哪个更好些？”李克回答说：“卑下的人不参与尊长的事务，疏远的人不参与亲近的事务。我远在宫廷之外，不敢参与评论。”魏文侯说：“先生你对国家大事可不要推让！”李克说：“这是主君不详细考察的缘故啊。对于臣下，平时要了解他所亲近的人，富有时要了解他所相交的人，显达时要了解他所举荐的人，卑贱时要了解他不谋求钻营，贫困时要了解他不贪取财物。了解这五个方面就足以选定丞相了，哪里还要等我李克来插嘴！”魏文侯说：“先生你回府上休息吧，我的丞相已经选定了。”李克退出后，遇见翟璜。翟璜说：“刚才听说主君请先生去商议选择丞相的事，究竟哪一位被选定？”李克说：“魏成。”翟璜听后愤愤不平变了脸色，说：“西河的守令吴起，是我推荐任用的。主君担忧国内的邺，我推荐了西门豹。主君想要攻伐中山国，我举用乐羊。中山攻克之后，缺一个守护的人，我举用先生你。主君的儿子没有老师辅导，我举荐了屈侯鲋。以这些大家听得见看得见的事实，我哪一点不如魏成呢！”李克说：“你之所以在主君面前推荐我李克，难道是要结党营私谋取大权吗？主君现在向我李克询问谁可以当丞相，我李克就是如此回答的。我之所以能知道主君他一定会任用魏成为丞相，是因为魏成的食禄有千钟，其中十分之九使用在外结交贤士，只有十分之一使用在家内作生活费用。因此他在东边结交了卜子夏、田子方、段干木，这三个人，主君都把他们尊为老师。你所举荐的五个人，主君都把他们当作臣子。你怎能与魏成相比！”翟璜听后惭愧地踱步两次拜谢说：“我翟璜是个粗鄙的人，刚才对话失礼，希望终身做先生的学生！”

吴起是卫国人，在鲁国做官。齐国攻鲁国，鲁国想任用吴起为将，但是吴起娶了齐国女子为妻，鲁国人起了疑心，吴起就杀了妻子来换取担任鲁国的将军，他把齐军打得大败。有人向鲁侯说他的坏话：“吴起最初侍奉曾参，母亲死了也不回家去守丧，曾参于是与吴起绝交赶走了他；现今他又杀了妻子来换取担任您的将帅。吴起，是一个残忍刻薄的人！何况以小小的鲁国竟有战胜敌国的声名，那么诸侯国就会合谋来攻伐鲁国了。”吴起知道后恐怕招致罪过，听说魏文侯贤明，于是前往归附他。魏文侯向李克询问吴起的为人，李克说：“吴起这个人贪婪而又好女色，然而用兵打仗，就是司马穰苴也不能超过他。”于是魏文侯以吴起为将，攻打秦国，攻取了五座城。

吴起做了将军，他和最下级的士兵穿一样的衣服，吃一样的饭。睡觉时不铺置床席，行军时不骑马不乘车，亲自背负粮食，与士兵同甘共苦。有个士兵患痈疽，吴起为他吮吸脓血。那个士兵的母亲听到这个消息悲伤哭泣。有人问她：“你的儿子是普通士兵，而将军亲自为他吸吮痈疽脓血，还哭什么呢？”士兵的母亲说：“不是这样。从前吴公吸他父亲的脓疽，他父亲作战时勇往直前，从不退却，被敌人杀死。吴公现在又吸吮我儿子的脓疽，我不知道儿子又将死在哪里，因此为他哭泣。”

燕湣公死了，他的儿子僖公继立。

周威烈王二十四年（己卯，公元前402年）

周威烈王死了，他的儿子安王姬骄继位。

强盗杀死楚国声王，楚国人拥立声王的儿子为悼王。

（以上为第四段，写魏文侯励精图治，选择贤相良将。）

安　王

周安王元年（庚辰，公元前401年）

秦国进犯魏国，进军到了阳孤。

周安王二年（辛巳，公元前400年）

魏、韩、赵联合攻打楚国，攻进桑丘。

郑国围攻韩国的阳翟。

韩景侯死了，他的儿子取继位，是为韩烈侯。

赵烈侯死了，赵国人立他的弟弟继位，是为赵武侯。

秦简公死了，他的儿子惠公继位。

周安王三年（壬午，公元前399年）

王子姬定出奔到晋国。

虢山崩塌，堵塞黄河。

周安王四年（癸未，公元前398年）

楚军围攻郑国，郑国人杀死了国相驷子阳。

周安王五年（甲申，公元前397年）

发生了日食。

三月，强盗刺杀了韩国的国相侠累。侠累与濮阳人严仲子有仇。严仲子听说轵邑人聂政勇敢，便以黄金一百镒送给聂政的母亲祝寿，想依靠聂政去报仇。聂政不接受，说：“老母在世，我聂政不敢把自身许诺给别人！”等到聂政的母亲死了，严仲子就派聂政去刺杀侠累。侠累正坐在相府厅堂上，卫护的士兵很多，聂政径直冲上台阶，杀死了侠累，并用刀挖出自己的眼睛，剖腹出肠。韩国人将他的尸体暴露在街市上，悬赏征求辨识的人，没有人能够辨认出来。聂政的阿姊聂妾听到消息后前往暴尸的街市，抚着尸体哭泣说：“这是轵邑深井里的聂政，他因为我还在人世的缘故，所以伤害自己来断绝线索。我怎能因怕死被杀头，就永远埋没我贤弟的声名呢！”于是就自杀，死在了聂政尸体的旁边。

周安王六年（乙酉，公元前396年）

郑国驷子阳的党徒杀死郑繻公，拥立繻公的弟弟乙，即郑康公。

宋悼公死了，他的儿子田继位为宋休公。

周安王八年（丁亥，公元前394年）

齐国攻打鲁国，占领了最地。

郑国的负黍背叛郑国，重新归附韩国。

周安王九年（戊子，公元前393年）

魏国攻打郑国。

晋烈公死了，他的儿子倾继位为晋孝公。

周安王十一年（庚寅，公元前391年）

秦国攻打韩国的宜阳，夺取了六个邑的地方。

当初，田常生了襄子田盘，田盘生了庄子田白，田白生了太公田和。这一年，齐国的田和把齐康公迁徙到海上，给了他一座城的食邑，用以供奉祭祀他的姜氏先人。

周安王十二年（辛卯，公元前390年）

秦国和晋国在武城开战。

齐国攻打魏国，占领了襄陵。

鲁国军队在平陆击败了齐军。

周安王十三年（壬辰，公元前389年）

秦国侵犯魏国的阴晋。

齐国的田和，在浊泽会见魏文侯、楚国人、卫国人，请求列为诸侯。魏文侯替田和向周安王及其他诸侯请求，周安王答应了这一请求。

（以上为第五段，写周安王之时，魏文侯任贤使能，称霸诸侯。）

周安王十五年（甲午，公元前387年）

秦国攻打蜀国，夺取了南郑。

魏文侯死了，太子击继位，这就是武侯。

魏武侯坐船沿西河顺流而下，船行驶到河的中流时，魏武侯对吴起说：“华山、黄河天险坚固，多么美好啊，真是魏国的大宝！”吴起回答说：“国家的大宝在于施行德政，而不在于依靠天险。古代三苗氏，西有洞庭湖，东有彭蠡泽，但不施行德义，夏禹把它灭亡了。夏桀所统治的疆域，东边有黄河、济水，西边有华山，伊阙山在它的南边，羊肠坂在它的北面，但不实行仁政，商汤就把他放逐了。商纣的国境内，西边有孟门山，东边有太行山，常山在它的北境，黄河流经它的南境，但施政不仁德，周武王就把他杀了。由此看来，国家的大宝在于施行德政而不在于依靠山河天险。假使主君你不施行德政，那么这船中的人都是敌国人呢！”武侯说：“这话说得很好。”

魏国任用田文为相。吴起不高兴，对田文说：“请允许我同你比比功绩可以吗？”田文说：“行。”吴起说：“统帅全国的军队，使士兵作战英勇，视死如归，敌国不敢来侵犯，你能和我比吗？”田文说：“我不如你。”吴起又说：“管理众多的官员，安定广大百姓，使府库充实，你能和我比吗？”田文回答说：“我不如你。”吴起接着又说：“守卫西河，秦国的军队不敢向东进攻魏国，韩、赵两国都来臣服，你能和我比吗？”田文说：“我不如你。”吴起说：“这三个方面你都不如我，而官职地位却在我之上，这是为什么？”田文说：“主君年少，国家不稳定，大臣们不亲近，老百姓猜疑不安，在这样的时候，是把相的职务交给你，还是交给我呢？”吴起沉默了一阵说：“该交给你！”

过了很长时间，魏国的国相公叔娶公主为妻，他想陷害吴起。公叔的仆人说：“除掉吴起很容易。吴起为人刚愎自用。相公你到主君面前说：‘吴起是贤能的人，而主君你的国家小，我担心吴起没有长远留在魏国的想法，主君你何不用招他为婿的办法试一试。吴起如果没有留在魏国的想法，那就一定会推辞的。’相公你便邀请吴起一块儿回家，让公主羞辱你。吴起看见公主如此看不起相公你，就一定会辞谢娶公主为妻，那么相公你的计谋就成功了。”公叔听从了仆人的计策，吴起果然推辞娶公主为妻。魏武侯怀疑吴起，因此不信任他，吴起担心被杀头，便投奔楚国。

楚悼王一向听说吴起贤能，吴起到了楚国就被任用为国相。吴起严明法律，审理政令，除去冗杂的官员，废除疏远公族的爵禄，用来抚慰士卒，实施强国战略，破除游说之士宣扬的合纵连横言论。于是在南方平定了百越，在北方逼退三晋，向西方攻伐秦国，诸侯各国都害怕楚国的强大，但楚国国内的贵戚和大臣多怨恨吴起。

秦惠公死了，他的儿子出公继位。

赵武侯死了，赵国人又拥立赵烈侯的太子章，即赵敬侯。

韩烈侯死了，他的儿子文侯继位。

周安王十六年（乙未，公元前 386 年）

这一年册命齐国大夫田和为诸侯。

赵国的公子朝作乱，出奔到魏国，伙同魏国偷袭邯郸，没有成功。

周安王十七年（丙申，公元前 385 年）

秦国名叫改的庶长到河西迎接秦灵公的儿子，将其立为国君，即秦献公。秦献公杀了出子和他的母亲，把尸体沉没在深潭里。

齐国攻打鲁国。

韩国攻打郑国，夺取了阳城；又攻打伐宋国，逮捕了宋公。

齐太公田和死了，他的儿子桓公田午继位。

周安王十九年（戊戌，公元前 383 年）

魏国军队在兔台打败了赵国军队。

周安王二十年（己亥，公元前 382 年）

发生日全食。

周安王二十一年（庚子，公元前 381 年）

楚悼王死了。楚国贵戚大臣们作乱，吴起遭到围攻。吴起奔走伏卧在楚悼王尸体旁，攻击吴起的人用乱箭射击，吴起和楚悼王尸体都中了箭。丧葬完毕，楚肃王即位，命令令尹将作乱的人全都杀掉，因攻打吴起而被诛灭宗族的有七十余家。

周安王二十二年（辛丑，公元前 380 年）

齐国攻打燕国，夺取了桑丘。魏、韩、赵三国救燕攻打齐国，也进兵到了桑丘。

周安王二十三年（壬寅，公元前 379 年）

赵国偷袭卫国，没能取胜。

齐康公死了，没有儿子，姜氏至此灭亡，田氏于是取代姜氏占有齐国。

这一年，田氏齐桓公也死了，他的儿子田因齐继位。

周安王二十四年（癸卯，公元前 378 年）

狄人在浍地打败了魏国军队。

魏、韩、赵攻打齐国，到达灵丘。

晋孝公死了，他的儿子晋靖公名叫俱酒的继位为国君。

（以上为第六段，写吴起在魏而魏强，功高遭忌而奔楚，楚悼王任吴起为相推行改革，以悲剧终。田氏代姜姓为齐诸侯。）

周安王二十五年（甲辰，公元前 377 年）

蜀国攻打楚国，夺取了兹方。

子思在卫侯面前举荐苟变说：“他的才干可以统帅五百乘兵车。”卫侯说：“我知道他可当将领，可是苟变曾经做过官吏，他收取百姓的赋税，竟然白吃民家两个鸡蛋，因此我没有任用他。”子思说：“圣人任人为官，就像匠人用木料，要用他的长处，扬弃他的短处。即使是良好的杞梓树有几人合抱那么粗大，可也有几尺的朽材，而精良的工匠也不抛弃它。现在主君你身处大混乱环境，选拔爪牙要有勇武的人才，却因为白吃两个鸡蛋而抛弃能捍卫国家的将才，这样可笑的事不可让邻国知道。”卫侯再三拜谢说：“恭敬地接受你的教诲。”

卫侯说的计谋不对，可是臣子们却随声附和，如出一口。子思说：“在我看来，卫国就是所谓的‘君不像君，臣不像臣’的情况！”公丘懿子说：“何至于这样？”子思说：“人主自以为谋略高明，众人就不会说话。即使人主的谋略是对的，也会堵塞言路，更何况是使人附和自己错误的谋略，这岂不是助长邪恶吗？不考察事理的对错只喜欢别人吹捧自己，没有比这更糊涂的了；做臣子的不忖度事理的对与错，只一味奉承以求得宠爱，没有比这更糟糕的了。主君糊涂而臣子拍马屁，如此君臣高居在百姓之上，民众是不会支持这样的国家的。这样的情况不停止，国家就要灭亡了！”

子思对卫侯说：“主君的国家将一天天坏下去！”卫侯说：“什么缘故呢？”子思回答说：“这是有原因的。主君你说话自以为是，而卿大夫们没有谁敢纠正你说得不对的地方；卿大夫们说话也自以为是，而士庶平民没有谁敢纠正他们说得不对的地方。既然君臣都自以为是，那民众也就同声赞扬君臣。赞扬君臣，顺从而有福，纠正错误便违逆而有祸。像这样，良好的政治又从哪里产生！《诗经》说‘都说自己是圣人，谁能辨明乌鸦的雄与雌？’这说的大概也就像主君的君臣吧！”

鲁穆公死了，他的儿子奋继位为鲁共公。

韩文侯死了，他的儿子哀侯继位。

周安王二十六年（乙巳，公元前 376 年）

周安王死了，他的儿子喜继位，是为周烈王。

魏、韩、赵共同废掉晋靖公，使他成为平民，并瓜分了他的土地。

（以上为第七段，写卫小国君臣浑浑噩噩，坐以待亡。韩、赵、魏三家灭晋后嗣。）

烈　王

周烈王元年（丙午，公元前 375 年）

发生日食。

韩国灭亡郑国，于是迁都到郑国都城新郑。

赵敬侯死，他的儿子种继位为赵成侯。

周烈王三年（戊申，公元前 373 年）

燕国在林狐打败了齐国军队。

鲁国攻打齐国，进入阳关。

魏国攻打齐国，抵达博陵。

燕僖公死了，他的儿子桓公继位。

宋国休公死了，他的儿子辟公继位。

卫慎公死了，他的儿子训继位为卫声公。

周烈王四年（己酉，公元前 372 年）

赵国攻打卫国，夺取都鄙大小城邑七十三个。

魏国在北蔺打败了赵国军队。

周烈王五年（庚戌，公元前 371 年）

魏国攻打楚国，夺取了鲁阳。

韩国人严遂杀了韩哀侯，韩国人立哀侯的儿子为韩懿侯。当初，哀侯任用韩廆为相而又宠爱严遂，于是韩廆、严遂两人争权互生仇恨。严遂派刺客在朝堂上刺杀韩廆，韩廆奔向哀侯，哀侯抱住韩廆，刺杀了韩廆，也一并杀了哀侯。

魏武侯死了，没有立太子，武侯的儿子罃与公仲缓争夺君位，国内大乱。

周烈王六年（辛亥，公元前370年）

齐威王朝见周烈王。这时王室衰微，诸侯没有谁来朝见的，只有齐国来朝见周王，天下的人更加认为齐威王贤明。

赵国攻打齐国，进兵到了鄄地。

魏国在怀地打败了赵国军队。

齐威王召见即墨大夫，对他说："自从你在即墨任职以来，说你的坏话天天都能听到。然而我派人到即墨巡视，看到田野开辟出来，人民生活富足，官府廉明，东方得以安宁。你是不奉承我身边的人以求得到帮助啊！"于是将食邑万户封给即墨大夫。齐威王又召见阿邑大夫，对他说："自从你掌管阿邑以来，赞誉你的话天天都听得到。我派人巡视阿地，看到的是田野没有开辟，人民贫穷饥饿。前些时赵国进攻鄄地，你不去救援；卫国占领了薛陵，你竟然不知道。你是用丰厚的财物贿赂我身边的人以求得赞誉！"当天，烹杀了阿邑大夫以及身边曾经赞誉阿邑大夫的人。于是臣子们十分惊恐，没有谁再敢作伪欺诈，都能竭诚供职，齐国因此得到大治，称强于天下。

楚肃王死了，没有儿子，国人拥立了他的弟弟良夫，这就是楚宣王。

宋辟公死了，他的儿子叫剔成的继位。

周烈王七年（壬子，公元前369年）

发生日食。

周烈王死了，他的弟弟姬扁继位，这就是周显王。

魏国大夫王错逃奔到韩国。公孙颀对韩懿侯说："魏国内乱，可以去攻取它。"懿侯便与赵成侯联合出兵攻打魏国，在浊泽开战，大败魏军，并包围了魏国都城。赵成侯说："把罃杀了，立公中缓，要魏国割让土地，我们即可退兵，这是我们韩、赵两国共同的利益啊！"韩懿侯说："不能这样。杀魏君，是残暴的行为；要魏国割让土地我们才退兵，这是贪心的表现。不如把魏国一分为二，这样，它就不会比宋、卫小国强，那么我们就再也不会有来自魏国的祸患了。"赵成侯不同意这个办法。韩懿侯很不高兴，把他的军队连夜撤走。赵成侯也带领自己的军队撤离魏国。罃便杀了公中缓自立为国君，他就是魏惠王。

太史公说：魏惠王之所以未被杀死、国家也没有被瓜分，原因是韩、赵两国的谋略不一致。假如依从一家的谋略，魏国必然被瓜分了。所以说："国君死后，没有嫡生子，他的国家是可以灭亡的。"

（以上为第八段，写周烈王初年，魏武侯死后，因为没有立嫡，诸子争位而内乱，魏国差一点被韩、赵瓜分。）

【点评】

司马光名分论。周威烈王册命韩、赵、魏三家为诸侯，王室名分丧失。《资治通鉴》以周威烈王册命韩、赵、魏三家为诸侯开端，突显司马光名分不可丢失的历史观，故以“臣光曰”评论为述史起笔。幽厉之后，周王室东迁，王室权威式微，东周襄、惠之后，王室权威进一步衰落。周威烈王册命韩、赵、魏三家为诸侯，名分丢失，王权坠地，德义终结，暴力滋起，历史时势为之一变，也就是由春秋时代进入战国时代。“臣光曰”之后，追述三家分晋，在公元前453年，也就是说，册命三家为诸侯，已由三家分晋注定了。暴力取代了德义，周王室名分不守是没办法的事，也可以说是用手中的名分换取苟延残喘。“臣光曰”讲的是大道理，周威烈王遵守的是现实，即便是做傀儡，也还有一个王室的名义。

资治通鉴（白话本） 卷第二

周纪二

周显王元年至四十八年（公元前 368—前 321）

【起昭阳赤奋若（癸丑，公元前 368 年），尽上章困敦（庚子，公元前 321 年），凡四十八年】

【大事提要】

本卷记事起公元前 368 年到公元前 321 年，凡四十八年。当周显王元年至显王四十八年，即周显王之一代天子。本卷所载大事，主要有五个方面：其一，战国初期的霸主魏国在齐、秦两大国夹攻下衰落。魏惠王好战，任用庞涓，想重振魏国雄风，由于惠王才能平庸，不能任用大才，既失商鞅，又失孙膑，结果东败于齐，丧失太子申；西败于秦，失地河西。魏国离开安邑，迁都大梁，国土缩小，从此国势式微。其二，秦孝公求贤，任用商鞅变法，秦国迅速崛起，东向争雄，战国逐鹿中原，秦国成为主导。其三，商鞅变法取得富国强兵的成功，给历史留下改革的成功经验，无疑应予高度评价。但商鞅暴力施政，外交用诈，悲剧下场给历史留下负面清单，亦应吸取深刻的教训。其四，周显王时代，战国进入中期，七国争雄，合纵连横兴起，公元前 333 年苏秦拜六国相印，同年张仪入秦开启连横，保持秦国强大，两人为当时策士之代表人物，可以说是时代的弄潮儿。其五，孟尝君率先登上历史舞台，开养士之风，乃当时列国争夺人才，时势使然。

显　王

周显王元年（癸丑，公元前 368 年）

齐国攻打魏国，夺取了观津。

赵国侵犯齐国，攻占了齐国的长城。

周显王三年（乙卯，公元前 366 年）

魏国、韩国按约定在宅阳会盟。

秦国军队在洛阳打败了魏、韩两国联军。

周显王四年（丙辰，公元前 365 年）

魏国攻打宋国。

周显王五年（丁巳，公元前 364 年）

秦国军队在石门打败了魏、韩、赵三国联军，斩首六万。周显王把有黼黻文彩的礼服赏赐给秦献公。

周显王七年（己未，公元前 362 年）

魏国军队在浍地打败了韩、赵两国联军。

秦国和魏国在少梁开战，魏国军队大败。秦军俘虏了魏国的将军公孙痤。

卫声公死了，他的儿子速继位为卫成侯。

燕桓公死了，他的儿子燕文公继位。

秦献公死了，他的儿子秦孝公继位。孝公出生已有二十一年了。这时黄河、华山以东有六个强国，淮水和泗水之间有十多个小国，楚国、魏国与秦国是邻国。魏国修筑长城，从郑邑开始延伸到洛水之滨，往北置有上郡；楚国则从汉中郡起始，往南则有巴郡、黔中郡之地，与秦接壤。东方各国都把秦国当夷狄看待，排斥它，不让它参与中原各国的约会和订盟，于是秦孝公发愤图强，实施德政，想使秦国强大。

（以上为第一段，写战国七雄并立混战，秦国受到东方六国轻视，秦孝公继位，发愤图强，布德修政以强秦。）

周显王八年（庚申，公元前 361 年）

秦孝公在国都下令说："从前我们的祖先穆公，在岐山、雍都之间发展，施行德政，建立武备，向东平定了晋国的祸乱，以黄河为国界，在西方称霸于戎狄，扩大了千里土地，周天子册封我们为方伯，诸侯们都来庆贺，为后代的发展开创了美好的基业。不幸后来厉共公、躁公、简公、出子这几代政局不宁，国家内有忧患，没有时间处理外部事务。三晋进攻我秦国并夺取了先君已有的河西地方，没有什么比这更使人羞愧耻辱的了。到了献公即位之后，安抚边境，迁都到了栎阳，并且打算向东攻伐，恢复穆公时的原有国土，实施穆公时的政令。我思念先君复兴秦国的本意，时常悲痛于心。宾客们、臣子们，凡是能够出奇计使秦国强大的，我将给他加官晋爵，并给他分封土地。"卫国的公孙鞅听到秦孝公下了这样的求贤令，就向西进入秦国。

公孙鞅是卫国公族，庶出儿孙，爱好刑名之学，侍奉魏国的国相公叔痤。公叔痤知道公孙鞅贤能，但还没有来得及向魏王推荐进用。正巧公叔痤身患重病，魏惠王前来看望公叔痤，并询问说："公叔你的病若有什么意外，我们的国家该怎么办？"公叔说："我的属下中庶子卫鞅，虽然年轻，却是一个奇才，希望君王把国家大政交给他。"魏惠王沉默不说话。公叔痤接着说："君王如果不任用卫鞅，一定杀掉他，不要让他离开国境。"魏惠王应允后便离开了。公叔痤召见卫鞅，并向卫鞅致歉说："我先忠于国君，后对臣僚负责，所以我首先替国君谋划，然后告知你，你一定要赶快逃走。"卫鞅说："国君如果不能听相公的话任用我，又怎么会听你的话杀掉我呢？"卫鞅终于没有离开魏国。魏惠王出了相府，对身边的人说："公叔病得太严重了，真使人难过啊！他要我把国家大政交给卫鞅，过了一会又劝我杀掉卫鞅，这难道不是荒唐糊涂吗？"卫鞅于是就到了秦国，通过秦孝公的宠臣景监求见秦孝公，用富国强兵之术游说秦孝公，秦孝公非常高兴，于是和卫鞅讨论国家大事。

周显王十年（壬戌，公元前 359 年）

卫公孙鞅想变法，秦国人不高兴。卫公孙鞅对秦孝公说："平民百姓不能与他们谋划创业，只可同他们共享成功。因此追求高尚德行的人不去迁就习俗，成就大事的人不与平凡的人谋划。所以圣人只要达到强国的目的，就不必遵守旧有的典章制度。"甘龙说："不是这样，沿用旧法来治理国家，不但官吏熟习，而且民众安于现状。"卫鞅说："平庸的人安于守旧，迂腐的学究拘泥于自己的见闻，依靠这两种人，要他们占着官位遵守法制是可以的，但不能够同他们讨论法律之外的事情。聪明的人建立法制，愚蠢的人只会死守着它；贤能的人更改礼制，而不肖的人只能默默遵守。"秦孝公说："说得好。"于是任命卫鞅为左庶长，终于制订了变法的命令。命令民户建立什伍组织，实行互相检举和连坐法，告发奸邪的人可以得到如同斩杀敌人首级一样的赏赐；不告发奸邪的人与投降敌人的人一样论罪。立有军功的人，按其所达到的标准得到国家的封爵；结仇私斗的人，按其情节的轻重处以不同的刑罚。尽力从事农桑本业的人，按照耕织所得的粟和帛的数量，多的人，免除他本人的徭役；从事工商末业营利的人，以及因怠惰陷于贫困的人，受到检举后，全家人的妻子、儿女都被拘捕为官府奴婢。宗室中没有军功的，不能够入宗属的籍谱。辨明尊卑爵位官秩的等级，各以其级别品第享有相应的田宅、臣妾及服饰。有功的显示尊贵荣华，无功的虽富有但不可以有显示荣耀的地位。

变法命令已制订好但还没公布，担心民众不服从，于是在国都南门竖立了三丈高的木头，布告招募一个有能力把木头搬运到城北门的人，奖给十金。民众对此十分奇怪，没有谁敢去搬运。于是再一次下令说："能搬移的人奖给五十金！"有一个人前来把它搬移到了北门，当场奖给他五十金，这才公布了变法的命令。

变法命令实施一年后，秦国国都的民众议论法令不便的人数以千计。在这时，太子带头犯法。卫鞅说："新法令得不到推行，是由于位在上的人触犯了新法。太子是国君的继承人，不可以用刑。"便把太子的太傅公子虔处以刑法，把太师公孙贾处以黥刑。第二天，秦国民众全都遵守法令。新法在秦国施行了十年，秦国境内路上的东西没人捡，山中没有强盗，民众勇敢地为国作战，害怕结仇私斗，乡间、都邑得到很好的治理。秦国民众中当初有说新法不便的人，现在又说新法很好，卫鞅说："这些都是扰乱法令的刁民！"把他们全都流放到边地。从此以后，没有人敢议论国家的政令。

臣司马光评论说：说到诚信，它是国君的大宝。国家安定靠的是民众，民众安定靠的是诚信。没有诚信就没有办法驱使民众，没有民众就没有办法守卫国家。因此，古代的君王不欺骗全国民众，称霸的人不欺骗四邻，善于治国的君王不欺骗民众，善于理家的人不欺骗亲属。不善于治理的人则相反。上级不相信下级的人，下级不相信上级的人，上下离心离德，以至于败亡。所得到的利益不足以医治它所受到的创伤，所得到的收获不足以补救它所遭受的损失，这难道不是很可悲的吗？从前齐桓公不违背与曹沫订的盟誓，晋文公不贪图攻伐原国的利益，魏文侯不违背同管理山泽的人的约定，秦孝公不废止给搬移木头的人以奖赏。这四位国君的行为并不纯粹清白，商鞅尤其被称为刻薄寡恩的人，又处于战国攻伐不已的时代，天下都崇尚诈力，他们尚且不敢忘记以诚信来抚养他们的人民，何况今日治理一统天下的当政者？

韩懿侯死了，他的儿子韩昭侯继位。

（以上第二段，写秦孝公求贤，商鞅入秦变法，使秦国迅速崛起，国富兵强。“臣光曰”论诚信，是立国立身之本。）

周显王十一年（癸亥，公元前 358 年）

秦国军队在韩国的西山打败了韩军。

周显王十二年（甲子，公元前 357 年）

魏国、韩国在鄗邑会盟。

周显王十三年（乙丑，公元前 356 年）

赵国、燕国在阿邑会盟。

赵国、齐国、宋国在平陆邑会盟。

周显王十四年（丙寅，公元前 355 年）

齐威王、魏惠王在齐郊畋猎。魏惠王问：“齐国也有珍宝吗？”齐威王说：“没有。”魏惠王说：“我的国家虽然小，尚且还有直径一寸的珍珠，珠光能照亮十二乘的车队的有十枚之多，难道堂堂大齐国却没有珠宝吗？”威王说：“我看重的珍宝与惠王你看重的珍宝不相同。我有个臣子叫檀子，派他去镇守南城，楚国人就不敢来侵犯，泗水流域的十二个诸侯都来朝见齐国。我有个臣子叫盼子，派他去守卫高唐，赵国人就不敢东下黄河来捕鱼。我的属吏有个叫黔夫的，派他镇守徐州，燕国人就害怕了，燕国人在北门设祭求福，赵国人也在西门设祭求福，燕、赵两国人来归附徐州的有七千多家。我还有个臣子叫种首，派他负责防备盗贼，于是社会风气大变，民众路不拾遗。这四位臣子，他们的光芒可照耀千里，哪里只是十二乘的车队呢？”魏惠王听后露出了惭愧的神色。

秦孝公、魏惠王在杜平会盟。

鲁共公死了，他的儿子毛继位，是为鲁康公。

周显王十五年（丁卯，公元前354年）

秦军在元里城打败魏军，斩首七千级，夺取了少梁邑。

魏惠王攻打赵国，包围了邯郸。楚王派景舍去救赵国。

周显王十六年（戊辰，公元前353年）

齐威王派田忌救赵国。

当初，孙膑与庞涓一起学习兵法，庞涓在魏国任将军，自认为才能不如孙膑，就耍心眼请孙膑来魏国。孙膑到后，庞涓便陷害他，以刖刑砍断他的两脚，又以黥刑刺他的脸，想使孙膑终身残废不能出任将帅。齐国使者来到魏国，孙膑以刑徒的身份暗中求见，游说齐国使者，齐国使者偷偷地把孙膑载上车一起返回齐国。田忌十分看重孙膑，待以客礼，又推荐给齐威王。威王向孙膑请教兵法，于是任命孙膑为军师。齐威王打算出兵救赵，任命孙膑为将；孙膑辞谢，认为受过刑的人不能担任将帅。齐威王便任命田忌为将，孙膑为军师，乘坐在有篷盖的车中，为田忌出谋划策。

田忌打算领兵直驱赵国救援，孙膑说：“解开杂乱纷纠的东西，不可以用拳头猛击，解救互相打斗的人，也不可以动手直接搏斗攻击，应打击敌方要害，直捣其空虚的地方，造成形势的变化，那么打斗的人便自然和解。现在魏国和赵国交战，魏国的精兵锐卒一定全部都部署在战场，老弱的人困守在国内；你不如领兵快速奔袭魏国的都城，占领它的交通要道，冲击它防备空虚的地方，这样魏军一定会解除了赵国的围困而回师自救，这样我军既能解除赵国的围困，还可以从魏军疲败中找到战机。”田忌听从了孙膑的计谋。十月，邯郸投降了魏国。魏军回师，与齐军在桂陵交战，魏军大败。

韩国攻打东周，夺取了陵观和廪丘。

楚国的昭奚恤被任用为国相。江乙对楚王说：“有一个人喜欢自己养的狗，有一次这只狗向井里撒尿，这个人的邻居看见了，想进去告诉狗的主人，这只狗却挡在门口狂叫。如今昭奚恤不高兴我来面见大王，就像这只狗。如果有人好褒扬别人的长处，大王你就说：‘这是一个君子啊’，便亲近他。对于好张扬别人缺点的人，大王你就说：‘这是一个小人’，便疏远他。那么如果有儿子弑杀父亲，臣子弑杀君主，大王你却永远都不会知道。为什么呢？因为君王你喜欢听说人家的优点，而讨厌听说人家的缺点。”楚王说：“说得好，这两方面的情况我都愿意听。”

（以上为第三段，写齐魏桂林之战，齐救赵大败魏军。这是孙膑与庞涓斗智的第一个回合。）

周显王十七年（己巳，公元前 352 年）

秦国的大良造卫鞅攻打魏国。

诸侯国围攻魏国的襄陵。

周显王十八年（庚午，公元前 351 年）

秦国的卫鞅围攻魏国的固阳，固阳投降。

魏国人归还所占领的赵国的邯郸，与赵国在漳水上盟誓。

韩昭侯任用申不害为相。

申不害原本是郑国的一个低级官吏，学习黄、老、刑名的学说，用来游说韩昭侯求取官职。韩昭侯用为国相，在国内修明政治和教化，在国外结交诸侯。在申不害任职的十五年间，韩国得到治理，兵力强盛。

申不害曾经为堂兄请求官职，韩昭侯不允许，申不害很不高兴。韩昭侯说："寡人向先生学习的目的，是用来治理国家。现在寡人是答应先生的请求而废弃先生的学说呢，还是实践先生的学说而废弃先生的请求呢？先生曾经指教寡人奖励建功立业的人，按能力大小用人；现在先生却私求于寡人，寡人该听先生哪一种意见呢？"申不害听后离开坐席向韩昭侯请罪说："主君真是一个实践刑名学说的好国君。"

韩昭侯有一条旧裤子，他让侍从收藏起来。侍从说："主君太舍不得了，不赏赐给身边的人还要收藏起来。"韩昭侯说："我听说贤明的君主很讲究一次皱眉和一次微笑。皱一次眉和一次微笑，都要用在当用的地方，现在这条旧裤哪是一个皱眉、一个微笑所能比呢？我一定要把它赏赐给有功的人。"

周显王十九年（辛未，公元前 350 年）

秦国的卫鞅在咸阳建筑城阙和宫廷，并把国都迁徙到咸阳。下令禁止平民的父与子及兄弟居住在同一屋里，把那些小乡合并，组织为县，每县设置县令、县丞，总共有三十一个县。废除井田制度，开辟田界道路。统一斗、斛、秤衡、丈、尺的标准。

秦军和魏军在彤邑相遇。

赵成侯死了，公子缧与太子争立为国君。公子缧失败，投奔韩国。

周显王二十一年（癸酉，公元前 348 年）

秦国商鞅改革了赋税法，在全秦国施行。

周显王二十二年（甲戌，公元前 347 年）

赵公子范偷袭邯郸，战死。

周显王二十三年（乙亥，公元前 346 年）

齐国杀了大夫牟。

鲁康公死了，他的儿子偃继位为鲁景公。

卫国公爵被贬降为侯爵，臣服依附于三晋。

周显王二十五年（丁丑，公元前 344 年）

诸侯在京师洛阳会盟。

周显王二十六年（戊寅，公元前 343 年）

周显王封秦国国君为一方诸侯之长，诸侯都来祝贺秦国。秦孝公派一个公子少官率军队在逢泽与诸侯相会，并朝见周显王。

周显王二十八年（庚辰，公元前 341 年）

魏国庞涓攻打韩国。韩国向齐国求救。齐威王召集大臣们商议，说："早去救，还是晚去救，哪个办法更好？"成侯邹忌说："还是不救为好。"田忌说："不救，韩国就会被魏国吞并，不如早救为好。"孙膑说："韩国和魏国的军队还没有打得疲惫就去援救，等于是我们代替韩国去遭受魏军的攻击，这反而是听从了韩国的调遣，况且魏国有攻灭韩国的决心，韩国看到有灭亡的危险，一定会向东来告诉齐国，我们齐国既可以借此机会与韩国结交亲善，又可晚一些攻击疲惫的魏军，这样既可收到很大的利益又可取得很好的名声。"齐威王说："很好。"于是暗中答应了韩国使者的请求，让他带着救援的信息回国。韩国因此倚仗齐国与魏国交战，五战五败后，才东向投靠齐国。

齐国这才起兵，派田忌、田婴、田盼率领军队，孙膑为军师，前去救援韩国，齐军直奔魏国都城。庞涓听到消息，便撤离韩国回师魏国。魏国调集大军，由太子申统领，抵御齐军。孙膑对田忌说："三晋的军队一向很强悍勇猛，轻视齐军，齐军被认为是怯懦的。善于打仗的人要因势利导麻痹敌人。"《兵法》说："一天急行军一百里去奔袭将使主将栽跟斗，一天急行军五十里去奔袭，只有一半军队能赶到。"于是让进入魏国的齐军第一天挖了十万人吃饭的灶，第二天减为五万人吃饭的灶，第三天减为三万人吃饭的灶。庞涓追击三天，见此情况十分高兴，说："我原本就知道齐军胆小，进入我国才三天，士兵已逃亡过半数。"于是留下步兵，只率领精锐部队日夜兼程追逐齐军。孙膑估计庞涓的行程，傍晚时将到达马陵。马陵道路狭窄，而且两旁地势险要，便于埋伏士兵，孙膑就命令削掉大树的皮，露出白色树干写上一行大字："庞涓死此树下。"孙膑又命令齐军中善射的弓箭手一万人埋伏在狭道两旁，约定在夜晚看见有人举火就万弩齐发。庞涓果然在天黑时赶到削掉皮的大树下面，看见白色树干处写了字，就用火把照着看。他还没有读完这行字，齐军万弩齐发，魏军混乱四散。庞涓自己知道智穷计竭，军队溃败，便自刎而死，说："竟让孙膑这小子成名了！"齐军乘胜大败魏军，俘虏了魏国的太子申。

齐国成侯邹忌恶厌田忌，便暗中派人带着十镒黄金到街上去占卜，说："我是田忌的部下。田忌任命我为将领，三战三胜，现在想在齐国起兵夺权，这事吉利吗？"

当这个占卜的人出来后，成侯就派人把他抓了起来。田忌没有机会说明冤情，就率领自己的部下攻打临淄，想抓住邹忌。结果没有取胜，只好投奔到楚国。

（以上为第四段，写孙膑与庞涓斗智的第二个回合，孙膑凭借齐国军队救援韩国，在马陵大败魏军，史称桂陵之战。两个回合，两战之后，魏国迅速衰落。）

周显王二十九年（辛巳，公元前340年）

卫鞅对秦孝公说："秦魏两国势不两立，就好比一个人的肚子长了一个疮，不是魏国吞并秦国，就是秦国吞并魏国，为什么呢？魏国在中条山险阻的西面，它建都在安邑，与秦国以黄河为界，而独自占有华山以东的地势优势，形势有利时它就向西侵犯秦国，不利时它就向东夺取地盘。现在有主君你的贤圣，国家因此而强盛。而魏国往年被齐国打得大败，诸侯国都背叛它，可以趁这个时候进攻魏国。魏国抵挡不住秦国的进攻，一定向东迁都，然后我们就可占据黄河、中条山的险阻，向东去控制诸侯各国，这是建立帝王的大业啊。"秦孝公听从了商鞅这个计谋，派遣卫鞅率领军队去攻打魏国。魏国派公子卬统帅军队对抗秦军。

秦、魏两国军队相互对峙，卫鞅写信给公子卬说："我当初与你十分友好，现今各自担任为秦、魏两国的将领，我不忍心互相残杀，我同公子相见盟誓，快乐地饮酒撤兵，使秦、魏两国的人民安居乐业。"公子卬认为这样很好，于是就同卫鞅相会；盟誓完毕，正当饮酒祝贺之时，卫鞅埋伏的甲士袭击并俘虏了公子卬，乘机攻击魏军，魏军大败。

魏惠王很害怕，派出专使奉献河西的土地给秦国以求和。并因此离开安邑，把都城迁到大梁。魏惠王于是感叹说："我悔恨没有听从公叔痤的话。"

秦国封给卫鞅商於十五邑的土地，称他为商君，又称商鞅。

齐国、赵国攻打魏国。

楚宣王死了，他的儿子商继位为楚威王。

周显王三十一年（癸未，公元前338年）

秦孝公死了，他的儿子秦惠文王继位。公子虔这帮人上书指控商君想谋反，秦惠王派出官吏去抓他。商君逃往魏国，魏国人不接受他，又把他送回秦国。商君便同他的部属前往商於，出兵向北攻打郑县。秦国人攻打商君，并把他杀了，五马分尸以示众，诛杀了商鞅的全家。

当初，商君被任用为秦相，制订法律十分严酷，他曾在渭水边判决处斩死囚，致使渭水被血染成了红色。他担任秦相十年，很多人怨恨他。赵良见到商君，商君问他说："你看我治理秦国，与五羖大夫相比，谁更贤能？"赵良回答说："上千人的阿谀奉承，比不上一个正直人敢于直言不讳。我请求说一整天正直的话，而您不责罚我，行吗？"商君说："行。"赵良说："五羖大夫是楚国的一个粗人，秦穆公从牧养牛的奴仆中提拔任用他，地位居于百官之上，秦国人没有谁敢说句不满的话。百里奚在任秦国相的六七年中，与晋国合兵向东攻打郑国，三次参与拥立晋国的国君，一次挽救了楚国的祸难。他担任国相，疲劳时也不乘车，炎热的天，车上不加顶盖。他在国都巡视，没有随从的车辆，不带干盾戈矛等武器。五羖大夫死时，秦国全国的男女都痛哭流涕，小孩子不咏唱歌谣，舂杵的人不发出劳动的号子声。如今说到您，初次见国君，靠的是宠臣景监引见；您掌理国政，欺凌秦国的公族，残害百姓，公子虔闭门不出已经有八年了。您又杀死了祝欢而且把公孙贾处以黥刑。《诗经》上说：'得人者兴，失人者崩。'您做的这几个方面，没能得到民心啊。您在出行的时候，随从的车载着甲士，威猛和健壮的人做您车上的骖乘，手持着矛和长戟的卫士前呼后拥地跟随车子行进。这些东西缺了一样，您就不敢出行。《尚书》上说：'恃德者昌，恃力者亡。'您依靠的这些东西，都不是仁德。您的危险如同早晨的露水一样，没有多少时间了，却还贪恋商於地方的富庶，专擅秦国的政令，蓄积百姓的怨恨。假如秦王离去不再立于朝廷，秦国要加害于您的人难道会少吗？"商君不听从赵良的话，只过了五个月就大难临头了。

（以上为第五段，写商鞅伐魏，兵可诈外交不可诈，不择手段地擒公子卬，犯立身不诚信之大忌，不免下场悲剧。）

周显王三十二年（甲申，公元前 337 年）

韩国申不害去世。

周显王三十三年（乙酉，公元前 336 年）

宋国在太丘封立的社消失。

邹国人孟轲求见魏惠王，魏惠王说："先生不远千里而来，能给我的国家带来什么利益吗？"孟子说："主君为什么要说利益呢，只说仁义吧！国君说怎样有利于自己的邦国，大夫说怎样有利于我的家邑，士庶平民说怎样有利于自身，上上下下互相只讲利益，这样国家就危险了。从来没有守仁德的人会遗弃他的双亲，也从来没有讲忠义的人会怠慢他的君王。"魏惠王说："说得好！"

当初，孟子拜子思为老师，曾经询问治理百姓应先做哪一件事。子思说："先让百姓得到利益。"孟子说："君子所用以教导民众的，只讲仁义就够了，何必讲利益！"子思说："仁义本来就是用来为民众谋利的啊。居上位的不行仁德，那么下面的人便不能得到他应得的东西，居上位的人不行义，那么下面的人便全力做欺诈的事，这样带来的不利最大。所以《易经》里说：'利益与义是对应的。'又说：'利益能够安身，用以崇尚道德。'这都是利益中最重要的方面。"

臣司马光评论说：子思和孟子说的是一致的。只有行仁德的人能够明白仁义是利，不行仁德的人是不明白的。所以孟子对魏惠王只说仁义而不说利益，是因为所交谈的对象不同罢了。

周显王三十四年（丙戌，公元前 335 年）

秦国攻打韩国，攻克宜阳。

周显王三十五年（丁亥，公元前 334 年）

齐王、魏王在徐州会盟，互相推重称王。

韩昭侯建造高大的宫门，屈宜臼说："你一定不要走出这座宫门。为什么呢？是因为不合时宜。我所说的时宜不是说时机。人本来有有利的和不利的时机，过去你有过有利的时机，那时不建造高大宫门。前年秦国攻取了宜阳，今年又是天旱，你不在这时体恤人民的急难，反而更加奢侈，这恰恰是在时势艰难时办了时势顺利的事，所以说不合时宜。"

越王无强攻打齐国。齐王派人去越国游说，说攻打齐国比不上攻打楚国有利，越王便攻打楚国。楚国人把越国打得大败，乘胜占据了全部吴国旧有的土地，东进到浙江。越国从此败散，越国宗室各公族争立为王，有的称王，有的称君，居于滨海地方，全都臣服于楚国。

（以上为第六段，写义与利两者，在仁德的基础上两者是统一的。）

周显王三十六年（戊子，公元前 333 年）

楚王派兵攻打齐国，包围了徐州。

韩国的高大宫门建成。韩昭侯死了，他的儿子宣惠王继位。

当初，洛阳人苏秦以兼并天下的谋略游说秦王，秦王不采纳他的建议，苏秦于是离开秦国，前往游说燕文公，说："燕国之所以不被侵犯、不受敌军骚扰，是由于有赵国在南方作为屏蔽。如果秦国要攻打燕国，是在燕国千里之外作战；而赵国要攻打燕国，是在燕国百里之内兵戎相见。燕国不忧虑百里之内的战祸而关注千里之外的防备，没有比这更错误的谋略了，我希望大王与赵国结成合纵相亲的盟国，全天下的诸侯联合为一体，那么燕国一定就会没有忧患了。"

燕文公听从了苏秦的建议，提供车辆马匹给苏秦，苏秦前往游说赵肃侯，说："当今华山以东建立的国家没有比赵国更强大的了。秦国最害怕的也是赵国。然而秦国不敢发兵攻打赵国的原因，是害怕韩、魏在背后计算它。秦国攻打韩、魏，没有名山大川的阻挡，可以逐渐蚕食两国土地，直到逼近两国都城为止。韩、魏抵抗不住秦国，一定向秦国称臣；秦国没有韩、魏在暗中使绊，那么祸患就会降临到赵国头上。我对天下的地图进行分析，发现诸侯的土地比秦国多五倍，估计诸侯的兵力比秦国多十倍，如果六国合纵为一，合力向西去攻打秦国，秦国一定会被攻破。那些主张连横的人不过是要诸侯割让土地给秦国，秦国成功了，主张连横的人就享富贵荣耀，国家受秦国侵犯而他们却不为国家分忧。因此，主张连横的人日夜都拿秦国来恐吓诸侯各国，以迫使他们割让土地。所以我希望大王仔细考虑这件大事！我私下为大王谋划，不如联合韩、魏、齐、楚、燕、赵各国一致对付秦国，让诸侯名国将相在洹水岸上会议，相誓结盟，共同缔约，约定：‘假若秦国攻打其中一国，其他五国同时派出精锐军队，或者袭扰阻止秦军，或者前往战场救援。有不履行共同盟约的，其他五国就共同讨伐它！诸侯联合来抵抗秦国，秦国军队一定不敢出函谷关来侵害山东各诸侯国。’”赵肃侯听了很高兴，优待苏秦，尊敬宠信并赏赐他，让他去游说诸侯各国合纵结盟。

这时正当秦国派犀首率军攻打魏国，大败四万多魏军，擒获魏将龙贾，攻占魏邑雕阴，并打算向东进攻。苏秦怕秦军攻进赵国而使合纵盟约失败，想了想没有合适的人可派到秦国，于是激怒张仪，让他前往秦国。

张仪是魏国人，他与苏秦一起奉鬼谷先生为师，学习合纵连横的谋略，苏秦自认为比不上张仪。张仪游说诸侯还没有得到赏识机遇，在楚国遭受困辱，苏秦故意召他到赵国来加以侮辱。张仪发怒，想到诸侯各国中只有秦国能够攻打赵国，就去了秦国。苏秦暗地里派遣自己亲近的舍人带钱资助张仪，张仪因此得以进见秦王。秦王很高兴，任用张仪为客卿。那位苏秦亲信辞别张仪，说：“苏秦先生忧虑秦国攻打赵国会使合纵盟约失败，认为除了您没有谁能操纵秦国，所以故意激怒先生，并派我暗中给你资助，这些全是苏秦的计谋啊。”张仪说：“唉，我在苏秦先生的谋算中而不能察觉，我比不上苏秦先生是很明显的啊。请你代我感谢苏秦先生，只要苏秦先生在世，我张仪就没有说话的份！”

于是苏秦游说韩宣惠王，说：“韩国土地方圆有九百余里，披甲的兵士有几十万，天下的强弓、劲弩、利剑都由韩国制造。韩国的士兵脚踏弩机，连续发射百支箭矢而不停。以韩国士兵的勇敢，披上坚甲，足踏劲弩，携带利剑，以一当百，不在话下。大王若屈服于秦国，秦国一定会要求你割让宜阳、成皋的地方。现在献出了这些地方，明年他又要求割让别的土地。你要给他土地，却没有地方割让了；你不割让土地，那么就前功尽弃，遭受灾祸。况且大王的土地有限，而秦国的贪欲是无止境的，以有限的土地面对无止境的贪欲，这就叫作自找苦吃。未经交战而土地已先丧失了。俗谚说：‘宁可做鸡口，不要做牛后。’以大王的贤明，加上拥有强悍的韩国兵众，而有做牛后的声名，我背地里为大王感到羞愧！”韩王于是听从了苏秦的话。

苏秦游说魏王，说：“大王的土地方圆千里，地方虽说是小，然而国内田舍很多，竟至于没有长刍草放牧牲畜的空地。人民之众，车辆马匹之多，日夜川流不息。车马轰鸣，像有三军的气势。我私下估量大王你的国力不在楚国之下，现在我听到传闻说，大王的军队，武士有二十万，苍头军二十万，精悍勇士二十万，杂役徒众十万，兵车有六百辆，战马五千匹，却偏听了群臣的议论，想顺从秦国，所以赵王派我来进献浅薄的计谋，奉上切实可行的盟约，只等大王下诏答复订约之事。”魏王听从了苏秦的建议。

苏秦游说齐王，说:“齐国是一个四境有天险屏障的国家，土地方圆两千多里，披铠甲的士兵有几十万人，粮食堆积如山。军队精良，五都的兵员众多，前进时就像离弦之箭，作战有如雷霆的威势，收兵解散时像风雨扫过，即使有军役征调，不必远离泰山，渡过清河，跨过渤海去征调。在临淄城里有七万户人家，我私下计算，每户不少于三个男子，不必等待从远方县邑发兵，而临淄的士兵就有二十一万了。临淄富庶殷实，这里的百姓都以斗鸡、走狗、六博、蹋球为游戏。在临淄的道路上，行进的车辆很多，车轴头相接触，行人肩背相摩擦，衣襟连起来可成帷帐，众人挥汗如雨。韩、魏之所以十分怕秦国，是由于它们同秦国接壤。出兵相对抗，相持不到十日，胜败存亡的大势便确定了。韩、魏如果战胜了秦国，那么兵员就会损失一半，国家四周的边境也就无力防守；如果韩、魏不能战胜秦国，那么就将面临国家灭亡的危险。正是这个缘故，韩、魏便难于对秦作战，而会轻易臣服秦国。现在秦国要进攻齐国就不是这样。它要背靠韩、魏，途经卫国阳晋的道路，必过亢父的险要地段，战车不能并排前进，战马不能并排奔跑，只要有一百人扼守险要，哪怕有一千人也不敢通过啊。秦军虽然想要深入齐国但有后顾之忧，害怕韩、魏在后面谋算它，因此感到恐惧，虚张声势吓唬韩、魏，傲慢得意却不敢进兵，那么秦国难以侵害齐国是明摆着的。不认真估量秦国不能把齐国怎么样，却打算向西臣服秦国，这是齐国群臣的失策。现在齐国没有臣服秦国的名声而却有强国的实力，因此我希望大王稍加留意考虑这件事！”齐王赞同苏秦的话。

苏秦于是前往西南去游说楚威王，说:“楚国是天下的强国，土地方圆六千多里，甲士百万，战车千辆，战马万匹，积贮的粮食可供应十年，这是称霸天下的资本啊。秦国所嫉恨的国家没有哪个比得上楚国，楚国强大则秦国就弱小；反过来，秦国强大则楚国就弱小，秦与楚势不两立。所以我为大王谋划，最好的办法是合纵结盟孤立秦国，我要让崤山以东的国家向你供奉春、夏、秋、冬四季的礼品，接受大王英明的命令；各国把社稷宗庙托付于您，训练士卒，整备武器，只等大王你来调动使用。所以，合纵结盟，那么诸侯各国就割献土地来侍奉楚国；实行连横，那么楚国就要割献土地去侍奉秦国，这两种策略相差真是太大了，大王要采取哪一种策略呢？”楚王也赞同了苏秦所说的话。

于是苏秦成为合纵的盟主，同时兼任六国的国相，便返回北方向赵王报告合纵盟约的成功，他乘坐的车骑以及物资与诸侯王的气派相当。

齐威王死了，他的儿子田辟强继位为齐宣王；齐宣王知道成侯邹忌陷害田忌的事，于是召回田忌恢复了他的官职。

燕文公死了，他的儿子易王继位。

卫国成侯死了，他的儿子平侯继位。

（以上为第七段，写战国中期，秦国崛起与东方六国争雄，合纵连横之士兴起。

先是苏秦主张合纵抗秦，为六国盟主，受六国相印。）

周显王三十七年（己丑，公元前 332 年）

秦惠王派犀首去欺骗齐国和魏国，要齐、魏联合起来攻打赵国，想要败坏合纵盟约。赵肃侯责备苏秦，苏秦心中害怕，请求出使到燕国，一定要报复齐国。苏秦离开了赵国，随即合纵盟约完全瓦解。赵国挖开黄河堤用河水淹灌齐、魏两国的军队，齐、魏两国军队就撤退了。

魏国割让阴晋与秦国议和，阴晋其实就是华阴。

齐宣王派兵攻打燕国，夺取了十座城邑，不久又还给了燕国。

周显王三十九年（辛卯，公元前 330 年）

秦国攻打魏国，包围焦邑和曲沃。魏国把少梁及河西两地割让给秦国。

周显王四十年（壬辰，公元前 329 年）

秦军攻打魏国，渡过黄河，攻占了汾阴和皮氏两地，又夺取了焦邑。

楚威王死了，他的儿子名叫槐的继位为楚怀王。

宋国国君剔成的弟弟偃袭击剔成；剔成投奔齐国，偃自立为国君。

周显王四十一年（癸巳，公元前 328 年）

秦国的公子嬴华和张仪带领军队包围魏国的蒲阳邑，夺取了蒲阳。张仪向秦王进言，把蒲阳归还给魏国，还派秦公子繇去魏国当人质。张仪趁机对魏王说：“秦国这样厚待魏国，魏国不可以对秦国失礼。”魏国只好把上郡十五个县全部献给秦国。张仪回到秦国被任命为国相。

周显王四十二年（甲午，公元前 327 年）

秦国把义渠国置为县，把义渠的国君贬为秦臣。

秦国把焦邑、曲沃两地还给了魏国。

周显王四十三年（乙未，公元前 326 年）

赵国国君肃侯死了，他的儿子赵武灵王继位；武灵王设置了三位博闻师，以及左司过、右司过各三人，在这之前首先问候了肃侯时的重臣肥义，增加了肥义的俸禄。

周显王四十四年（丙申，公元前 325 年）

夏季，四月初四日戊午，秦国国君开始称王。

卫平侯死了，他的儿子卫嗣君继位。卫国有个罪犯逃亡到魏国，这个罪犯正在为魏国王后治病。卫嗣君听说这件事，派人到魏国请求用五十金赎回这个罪犯。卫国使者往返五次，魏国不让赎回罪犯，于是卫嗣君要用左氏邑去交换罪徒。嗣君身边的人劝说道：“用一邑的地方赎买一个罪犯，合算吗？”卫嗣君说：“这不是你们能够明白的！国家治理没有小事，大乱发生不是一开始起于大事。法制不健全，该处罚的不坚决，即使有十个左氏邑，那也没有什么好处。法制健全，该罚的就罚，即使失去十个左氏邑，那也没有什么害处啊。”魏王听到这消息后说：“卫国国君的这个愿望，不同意恐怕会不吉利。”于是将罪犯用囚车载回卫国，不要赎金，不要左氏邑。

周显王四十五年（丁酉，公元前 324 年）

秦国张仪率领秦军攻打魏国，夺取了陕邑。

苏秦与燕文公夫人私通，燕易王知道这件事。苏秦心中惶恐，便对燕易王说：“我留在燕国不能增加燕国的威望，而到齐国去就可以增加燕国的威望。”易王同意了苏秦的要求。于是苏秦假装在燕国犯了罪便逃到齐国，齐宣王任用苏秦为客卿。苏秦劝说齐王建造高大的宫室，扩大苑囿园池，用以彰显自己的地位，目的想使齐国国力凋敝，替燕国谋算。

周显王四十六年（戊戌，公元前 323 年）

秦国张仪与齐国、楚国的相在啮桑会盟。

韩国、燕国都称王。唯独赵武灵王不肯称王，说：“没有称王的实力，怎么敢接受王的名号呢？”下令国内的民众称自己为国君。

周显王四十七年（己亥，公元前 322 年）

秦国张仪从啮桑返回之后，表面上被免去了国相，而到魏国去任国相，想使魏国率先侍奉秦国以便诸侯各国仿效。魏王不同意，于是秦王攻打魏国，夺取了曲沃和平周两邑，而暗中却更加厚待张仪。

（以上为第八段，写张仪主张连横助秦，瓦解合纵。）

周显王四十八年（庚子，公元前 321 年）

周显王死了，他的儿子姬定继位为周慎靓王。

燕国易王死了，他的儿子哙继位。

齐王将薛地封赏给田婴，称号为靖郭君。靖郭君对齐王说：“主管事务的五官上报的簿册文书，不可不当天处理并多次审阅。”齐王听从了靖郭君的建议，但不久便厌烦了这些事务，全部交付给靖郭君。靖郭君因此得以独揽齐国大权。

靖郭君想建筑薛城，他的门客对靖郭君说：“你不曾听说海里的大鱼吗？网不能捕捉它，钓钩不能牵动它，可它游到岸上时，失去了海水，那么小小的蝼蛄、蚂蚁就能制服它。现在的齐国，也就是你所依赖的海水啊。你长期保有齐国，去建筑薛城做什么？假使失去齐国，你即使高筑薛城到天上，难道能靠得住吗？”靖郭君便没有筑城。

靖郭君有四十个儿子，他一个妾生的儿子叫田文。田文通达豪爽足智多谋，他劝说靖郭君布施钱财，招收供养宾客、士人。靖郭君便使田文主持家事接待宾客，宾客们交口称赞田文的为人，一致请求靖郭君确立田文为继承人。靖郭君死了之后，田文继承为薛公，称为孟尝君。孟尝君招收诸侯各国的游说之士和有罪逃亡者，都给他们建房舍，立居业，还接济他们的亲属。孟尝君收养的食客经常有几千人之多，这些人个个都认为孟尝君亲近自己，因此孟尝君名扬天下。

臣司马光评论说：君子收养士人，是为了民众啊。《易经》说："国君养育贤人治理国家，是要把好处推广到百姓中去。"作为贤人的才智之士，他们的品德应足以敦促教化，匡正风俗，他们的才能应足以提振纲常，匡扶风纪，他们的智慧应足以洞察隐微，考虑长远，他们的坚强应足以团结友爱，加固情谊；从大的方面讲有利于天下，从小的方面说有利于一国，所以把丰厚的俸禄给予贤人君子，使他们富有，还要高封爵位使他们受到尊重；国家养育一个贤人而能使利益惠及万人，这才是养育贤才的正道啊。现今孟尝君养育士人，不考虑士人是智还是愚，不区别善恶，盗取国君的俸禄来建立私党，虚张名誉声望，对上可以说欺骗他的国君，对下便是侵害了民众，这是奸伪者中的魁首，不值得推崇！《尚书》说："殷纣王受是天下逃亡罪人的窝主，是聚集逃亡罪人的地方。"说的就是田文这种人。

孟尝君到楚国访问，楚王赠送孟尝君用象牙装饰的床。楚王派一位当班的登徒官护送这张象牙床，这位登徒官不想送，便对孟尝君的门客公孙戌说："象牙床的价值一千金，假如它有毫毛的损伤，那我即使卖妻卖子也赔不起啊。先生你有能力不让我去护送这张象牙床，我有祖辈传下的一把宝剑，很愿意把它送给你。"公孙戌答应了登徒官的请求，便去见孟尝君说："各个小国都愿意把相印交给你的原因，是认为你能赈济贫穷，使亡国得以保存，使面临绝灭的宗室得以延续，没有谁会拒绝你的恩义，没有谁不仰慕你的清廉。现今你刚到楚国就接受楚王赠送的象牙床，那么你还没有去到的国家，他们又将拿什么来接待你呢？"孟尝君说："你说得对。"便没有接受象牙床。于是公孙戌赶快向外走，还没有走出宫中的小门，孟尝君就叫他回来，问："你为什么走起路来趾高气扬，神气十足呢？"公孙戌便将实情告诉了孟尝君。孟尝君便在门板上发出布告说："有能够宣扬我的名声，纠正我的过失，而私自接受了别人请托而馈赠宝物的人，赶快来规谏我！"

臣司马光说：孟尝君可以称得上是能够听从规谏的人。只要规谏的人的话是对的，即使他心怀欺诈，尚且还能接受；更何况那些没有私心，竭尽忠诚来侍奉上司的人呢？《诗经》里说："采葑取菲，不伤它的根。"孟尝君就有这样的风度。

韩国宣惠王想任用公仲、公叔两人共同主管政务，于是便询问缪留。缪留回答说："不好。过去晋国同时用六卿，结果国家被分裂；齐简公同时用陈成子和阚止，结果自己被杀害；魏国同时用犀首、张仪，西河之外的土地却被人占领。现今国君同时用两人管理政务，那么他们之中实力雄厚的一方便会在国内树立私党，实力弱小一方就会借用外国的势力。你的臣子中有人在国内树立私党来威胁国君，有人与国外私交来侵割国土，国君的国家就危险了。”

（以上为第九段，写战国列强争夺人才，四公子养士，齐国孟尝君首先登上历史舞台。司马光评论孟尝君，养士不择贤与不肖，有树党之私；而孟尝君从谏如流之精神风采，获得肯定。）

【点评】

魏惠王论。魏惠王好战，遭秦、齐东西夹击，魏沉沦为二等强国。本卷记事起公元前368年，讫公元前321年，凡48年，半个世纪，正是战国中段的中前期，最大事件是魏国从霸主地位衰落，成为二等强国。公元前370年，魏惠王继魏武侯即位，战国进入中期。是年早于周显王两年。《史记·六国年表》，魏惠王三十六年（公元前335年），魏惠王死，子魏襄王立；魏襄王二十三年（公元前296年），魏襄王死。依《竹书纪年》，魏惠王三十六年未死，而是改元为后元，后元十七年，即公元前319年才死。也就是据《竹书纪年》记载，魏惠王跨惠王、襄王两个时代，在位52年。魏惠王治魏，承父祖两代所积之资，任贤使能，魏国仍在中原保持霸主地位，一度伐韩攻赵，欲统一三晋，雄心可谓不小。但魏惠王志大才疏，只能任用二等贤才。他用庞涓为将而失孙膑；不听公叔痤之言而失商鞅；又四面树敌，攻韩赵而招来齐、秦东西夹击，丢失大片国土，从安邑迁都大梁，故魏惠王又称梁惠王。在整个战国时代，魏惠王仍能称得上是一个有为之君，在列国君主之中可列为中上，是一个成功者。魏惠王三十七年（公元前334年），魏惠王与齐威王会于徐州，互相推重称王，也缓和了齐魏矛盾，史称“徐州相王”。不久，魏、齐、赵、燕、中山又举行会盟，史称“五国相王”，从此进入列国称王时代。战国时代诸侯称王就是从徐州会盟开始的。五国相王，东方诸侯矛盾进一步缓解，逐渐形成联合趋势，共同抗击西边崛起的秦国，战国进入了合纵连横时代。六国联合抗秦，成为“北起燕，南至楚”的纵线联合，史称“合纵”。秦国威逼东方六国与秦联合，打破合纵，成为东西一线的双边结盟，史称“连横”。苏秦是合纵的代表人物，张仪是连横的代表人物。秦惠王要打破合纵，他选定以魏国为突破口。秦惠王连年进攻魏国，在公元前322年逼迫魏惠王接受与秦联合，张仪相魏。魏惠王并不心服，公元前319年任用主张合纵的公孙衍为相驱逐张仪出境，魏国又回到合纵阵线，与楚、赵、韩、燕联合。这一年魏惠王死，魏襄王即位。魏国从此一路衰落，降为二等强国。魏国的衰落始于魏惠王好战，在这个意义上，魏惠王又是一个失败者。魏惠王一生的升沉，留给历史深刻的教训。

资治通鉴（白话本） 卷第三

周纪三

周慎靓王元年至赧王十七年（公元前320—前298）

【起重光赤奋若（辛丑，公元前320年），尽昭阳大渊献（癸亥，公元前298年），凡二十三年】

【大事提要】

本卷记事起公元前320年迄公元前298年，凡二十三年，当周慎靓王元年至赧王十七年。本卷所载大事主要有六个方面：其一，公元前318年秦兵打败了东方楚、赵、魏、韩、燕的第一次五国合纵之兵，确立了连横的胜势。秦惠王又用司马错伐蜀，秦国力倍增，从此称雄诸侯。其二，燕王哙昏聩让国，燕国大乱，几乎亡国。其三，楚怀王继燕王哙之后是战国时代最大的一个昏君，既昏庸又贪婪，被张仪玩于股掌之上，在与强秦的外交中一再上当受骗，他绝交于齐，丧失了合纵盟主的地位，最终入秦不返，成了异国的囚徒，落得客死他乡的悲剧结局。其四，公元前310年秦武王即位逐张仪，连横瓦解，但秦国称雄东方的形势已不可逆转。其五，赵武灵王胡服骑射，赵国崛起，阻挡秦国东进，是合纵式微形势下的中坚。其时，秦昭王即位，亦是一位明主，他任甘茂伐韩，攻占了宜阳，为秦兵东进打开了一个缺口。韩国亲赵，秦赵决战将不可避免。其六，写战国四公子兴起，养士成风。孟尝君受困于秦，依靠食客鸡鸣狗盗之徒脱险。平原君养士，开诸子学说论辩之风。

慎靓王

周慎靓王元年（辛丑，公元前320年）

卫国国君再次把自己的爵位由侯降到君。

周慎靓王二年（壬寅，公元前319年）

秦国攻打韩国，夺取了鄢陵。

魏惠王死了，他的儿子魏襄王继位，孟子前去求见，出来之后对人说："远看他不像一个国君，近看他没有可敬畏的地方。他突然问道：'天下怎样才能安定？'我回答说：'统一就能安定。'他说：'谁能统一天下呢？'我回答说：'不喜好杀人的人才能够统一天下。'他又问：'谁能把国家交给他呢？'我回答说：'天下人没有谁敢不给他的。大王知道禾苗的生长吗？七八月间天旱，禾苗枯萎了，天空忽然乌云密布，突然降雨，禾苗又蓬勃生长起来了。像这样的情况，有谁能阻止它呢！’”

周慎靓王三年（癸卯，公元前318年）

楚国、赵国、魏国、韩国、燕国共同出兵攻打秦国，进攻函谷关。秦国出兵迎战，五国的军队都失败而退走。

宋国开始称王。

周慎靓王四年（甲辰，公元前317年）

秦国在修鱼打败了韩国军队，斩杀八万人，在浊泽俘虏了韩国将领鱼臾和申差，诸侯各国都很震惊害怕。

齐国大夫与苏秦争权，齐国大夫派人行刺苏秦，成功地杀死了苏秦。

张仪对魏襄王说："魏国的土地方圆不到千里，士兵不超过三十万，国土四方平坦，没有名山大川为屏障，士兵大多守卫在与楚、韩、齐、赵各国相连的边境，在国内守卫亭障的士兵不超过十万。魏国的地势本来就是战场。诸侯国订立合纵盟约，在洹水之滨结为兄弟之国，以求互相保卫。现今，同父同母的亲兄弟尚且有为争抢钱财互相残杀的，而想依靠那个反复无常的苏秦留下的合纵老套路，不可能有十分明显的成功。大王不依附秦国，秦国出兵攻打魏国的河外地方，占据卷、衍、酸枣等县邑，劫夺卫国土地，占领晋阳，那么赵军不能南下，魏兵不能北上。魏兵不能北上，那么合纵的道路便被切断了。合纵的道路被切断，那么魏国想要不危险是不可能的。所以我希望大王认真考虑做出决定，并请您准许我辞去相职。"魏襄王听了张仪的话，便背弃合纵盟约，又通过张仪向秦国请求讲和。张仪回到秦国，再度出任秦国国相。

鲁景公死了，他的儿子旅继位为鲁平公。

周慎靓王五年（乙巳，公元前316年）

巴国和蜀国出兵互相攻击，都向秦国告急求救，秦惠王想攻打蜀国，认为道路险阻难以到达，这时韩国又来进犯秦国，因此犹豫不决。司马错请求攻打蜀国。张仪说："攻打蜀国比不上攻打韩国有利。"秦惠王说："希望听听你的理由。"张仪说："亲近魏国，与楚国交好，出兵到三川，攻打新城、宜阳，到达东、西两周的郊外，据有九鼎国宝，掌握天下的户口图籍，挟制周天子来号令天下，天下没有谁敢不听从的。这样可以实现帝王大业。我听说争名要在朝廷里，争利就要到市场上。现今三川地方和周王室正是天下的朝与市啊，而大王不争这些，却要纠缠于远方的戎狄小族争斗，这样就离帝王大业太远了。"司马错说："不是这样。我听说想要国家富足就一定要扩大土地，想要兵力强盛就一定要百姓富有，想要建立帝王大业就一定要博施恩德。土地、百姓、恩德三个方面的条件具备了，那么帝王之业也就水到渠成了。现今大王的国家地少民贫，所以我希望先从容易的做起。蜀国只是一个西方偏远的国家，却是戎狄的首领，政治昏乱，如同夏桀、商纣，由我们秦国去攻伐它，好比是豺狼追逐羊群。得到蜀国的土地可以扩张国土，夺取它的财富可以使百姓殷富加强军备，不劳民伤财便可降服蜀国。攻取了一个国家，天下人却不认为残暴，获得一国的利益而天下人不认为贪婪，这是说我秦国的这次出兵名利双收，而且还有禁暴止乱的好名声。现今去攻伐韩国，劫持天子，是坏名声，而且不一定能得到实际利益，还落下不守道义的名声，攻打了全天下的人都反对攻打的对象，那是很危险的。臣请求讲明这其中的原因。周王室是全天下人敬仰的共主，又是齐国、韩国亲善的友邦。周王室知道国家重器九鼎要保不住了，韩国知道三川之地守不住了，周、韩两国将会同心合力，倒向齐国、赵国，请求与楚国、魏国和解，把九鼎送给楚国，割地给魏国，大王没办法制止，这就是秦国面临的危险。权衡比较，不如攻打蜀国取得完全的成功。”秦惠王听从了司马错的计谋，起兵攻打蜀国，在第二年的十月占领了蜀国。把蜀王贬称为侯，并派遣陈庄任蜀侯相。蜀地既然归属为秦国疆土，秦国更加强大，物资财富丰厚，更加轻视周围诸侯国。

苏秦死后，苏秦的弟弟苏代、苏厉也靠游说诸侯而扬名。燕国的国相子之与苏代结为姻亲，子之想取得燕国政权。苏代出使齐国回到燕国，燕王哙问苏代，说：“齐王能够称霸吗？”苏代回答说：“不可能。”燕王哙又问：“什么原因呢？”苏代回答说：“他不信任他的大臣。”于是燕王哙一心一意信任子之。鹿毛寿对燕王说：“人们都说尧贤明，是因为尧能禅让天下。现今燕王你把燕国让给子之，你将和尧同样有禅让的名声了。”燕王哙因此把国家大权交给了子之，子之的权势十分显要。又有人对燕王说：“夏禹推举伯益为继位人，又用自己儿子启的臣属任官吏，到年老时认为儿子启没有能力管理天下，就把王位传给伯益。启便和他的党羽攻打伯益，夺取了王位，天下的人都说禹名义上把天下传给伯益，而实际上是让自己的儿子启夺取了天子之位。现今燕王你也把国家交给了子之，而官吏全是太子的人，这是名义上把国家托付给了子之，但实际上是太子掌握大政啊。”燕王于是收回官吏的印章，把三百石以上官吏的印章全都交给了子之。任由子之选任官吏，子之坐在国君的座位上施行国家大政，燕王哙因年老，不再参加决断政事，反而成了臣子，国家大事都由子之决断。

周慎靓王六年（丙午，公元前 315 年）

周慎靓王去世，他的儿子姬延继位为周赧王。

（以上为第一段，写周慎靓王时代五年史事，着重写秦惠王命张仪连横瓦解六国合纵，公元前 318 年秦兵打败了东方楚、赵、魏、韩、燕的第一次五国合纵之兵，确立了连横的胜势。秦惠王又用司马错伐灭蜀，秦国国力倍增。）

赧王上

周赧王元年（丁未，公元前 314 年）

秦军进犯义渠，夺取了二十五座城。魏国背叛秦国。秦军攻打魏国，夺取了曲沃，却将百姓驱归魏国曲沃。秦军又在岸门打败了韩国，韩国让太子仓到秦国作人质向秦求和。

燕国的子之得到王位的第三年，国内大乱。一个名叫市被的将军与太子平合谋攻打子之。齐王派人对燕太子说："寡人听说太子你将要整治君臣上下的名位，彰明父子相守的地位，我齐国愿听候太子的命令。"太子平随即结集党羽、聚合兵众，派市被去攻打子之，但没有取胜。市被倒戈攻击太子。酿成了几个月的祸难，死亡几万人，百姓们十分惊恐。齐王命令章子率领齐国五都的士兵，又调集齐国北境的兵众去攻打燕国。燕国士兵不抵抗，大开城门迎接齐军。齐军抓获了子之，把他剁成了肉酱，一并杀死了燕王哙。

齐宣王问孟子："有人劝说寡人不要占领燕国，有人却又劝说寡人占领燕国。以拥有战车万辆的大国去攻打另一个战车万辆的大国，五十天就攻下了，只靠人力是不可能做到的，一定是天意的安排。不占领燕国，一定会受到上天的惩罚。把燕国占领了怎么样？"孟子回答说："占领了燕国而燕国的人民高兴，那么就应该占领，古代的人有这样做的，周武王就是。占领燕国而燕国人民不高兴，那么就不要占领它，古代的人也有这样做的，周文王就是。以拥有战车万辆的大国去攻打另一个战车万辆的大国，人们用筐盛着饭食，用壶盛着酒浆来欢迎大王的军队，难道还有别的用意吗？他们是为了躲避水深火热的痛苦生活罢了。假如水还要更深，火还要更热，也就只好逃向别的国家了。"

各国合谋援救燕国。齐宣王对孟子说："诸侯各国多在合谋攻伐寡人，该怎么样对付这件事？"孟子回答说："我听说只有方圆七十里的土地而能统一天下的人，商汤就是啊。没有听说有方圆千里的国家而畏惧别人的啊。《尚书》上说：'盼望我们的国君啊，他一到我们就能获救了。'如今燕国虐待它的民众，大王前往征讨，民众认为将从水深火热中被救出，使用筐盛着饭，用壶盛着酒来迎接大王的军队。如果杀死他们的父兄，抓捕他们的子弟，毁坏他们的宗庙，掠走他们的国家重宝，这怎么可以呢！天下各诸侯国的民众本来就害怕齐国的强大，如今又增加了一倍土地，却不施行仁政，这是招惹各国兴兵来讨伐齐国啊。大王立即发出命令，把抓捕的老人小孩送回去，停止掠夺燕国的国家重宝，与燕国民众协商，确立燕国的国君便撤离燕国，这样还来得及阻止各国兴兵救燕。"齐王没有听从孟子的建议。

不久，燕国人反叛齐国。齐宣王说："我十分愧对孟子。"陈贾说："大王你不必忧心这事。"于是去见孟子，说："周公是什么人？"孟子说："是古代的圣人。"陈贾说："周公派管叔去监管商国的遗民，管叔据商地叛乱，周公是事先知道管叔将要叛乱而派他去的吗？"孟子说："周公事前不知道。"陈贾又说："那么圣人也犯错误啊。"孟子说："周公是弟弟，管叔是兄长，周公犯错不也是合乎情理的吗？况且古代的君子，有了过错就改正它；现在君子，有了过错竟然将错就错。古代的君子，他们的过错就像日食月食，人们都能看见它；等到他们改正了过错，百姓都敬仰他。现在的君子对于过错，岂止是将错就错，还要另找托辞！"

这一年，齐宣王死了，他的儿子田地继位，即齐湣王。

（以上为第二段，写燕王哙昏聩，让国子之，导致燕国大乱，齐宣王趁机攻占了燕国，不听孟子劝告撤兵，为后来齐湣王遭五国进攻而身灭埋下了伏笔。）

周赧王二年（戊申，公元前 313 年）

秦国派一个名叫疾的官员率兵攻打赵国，攻下蔺邑，俘虏了赵国的将领庄豹。

秦惠王想攻打齐国，却担心齐国与楚国是会盟国，于是派张仪到楚国，游说楚怀王，说："大王你假如真能接受我的建议，跟齐国断交，终止合纵盟约，我请求秦国把商於的六百里土地奉献给大王，让秦王室之女成为大王身边洒扫庭院的婢妾，秦楚两国之间嫁女娶妇，永远结为兄弟之邦。"楚怀王很高兴就答应了。大臣们都向楚怀王祝贺，只有陈轸难过。楚怀王发怒说："寡人不费一兵一卒得到六百里的土地，为什么你还不高兴呢？"陈轸回答说："事情不是这样的。依我看，商於的六百里土地不可能得到，而齐国、秦国还会相互联合，齐、秦联合，那么祸难一定落到楚国头上。"楚怀王说："能说一说道理吗？"陈轸说："秦国之所以看重楚国，是因为楚国背后有齐国的合纵，现在与齐国断交，终止合纵盟约，楚国就孤立了，秦国怎么会看重孤立的楚国给它商於的地方六百里呢！张仪回到秦国，一定会背弃大王。大王在北面与齐国断交，西面引来了秦国的祸患，齐、秦两国之兵一定联合打到楚国来。为大王着想，不如对齐国暗中交好而表面上绝交，派人随同张仪到秦国去，假如秦国给了我们土地，那时再断绝与齐国的关系也不迟。"楚怀王说："希望你闭上嘴巴，不要说这些扫兴的话，等着看寡人取得秦国的土地！"于是楚怀王把相印送给张仪，丰厚地赏赐他，便与齐国断交，终止合纵盟约，派了一位将军随从张仪到秦国去。

张仪假装从车上掉下来摔伤，三个月不上朝。楚怀王听到张仪不上朝的消息后，说："张仪大概是认为寡人与齐国断交做得还不够真诚吗？"于是楚怀王派勇士宋遗到宋国借了一道符书，北上到齐国谩骂齐王。齐王大怒，只得委屈自己事奉秦国，这样齐、秦两国便交好联合了。张仪这才上朝，召见楚王使者说："你怎么还没有接受赠送的土地？从某地至某地，有六里多见方。"使者发怒，回来报告楚怀王。楚怀王大怒，想调集军队攻打秦国。陈轸说："我可以开口讲话吗？攻打秦国还不如送一个名都给秦国，与秦国联兵攻打齐国，这样我们虽然丢了一块地方给秦国，可以从齐国取得补偿。现今大王你已经对齐国绝交，又去责备秦国的欺骗行为，这样我们会更加推动齐秦两国交好而招来天下的强兵啊，国家一定会大受损失！”楚王不听陈轸的话，派将军屈匄率领军队去攻打秦国。秦国也派魏章任庶长，率兵迎击楚国军队。

周赧王三年（己酉，公元前312年）

春季，秦国的军队与楚国军队在丹阳大战，楚国军队大败，秦军斩杀了楚军甲士八万人，俘虏了将军屈匄以及侯爵、有执珪爵位的七十多人，还夺取了楚国汉中郡。楚王调发国内全部兵力再次打击秦军，在蓝田大战，楚军又大败。韩国、魏国听到楚国战败，处于危困，向南进兵袭击楚国，到了邓县。楚军听到这消息，便撤军返回楚国，割让了两座城邑向秦国求和。

燕国人共同拥立太子平，即燕昭王。燕昭王是在燕国被齐攻破之后即位的。他哀悼死者，慰问孤寡，与百姓同甘共苦，自己谦卑地用重金招纳贤材。燕昭王对郭隗说：“齐国趁我国内乱，出兵攻打我们国家，我很明白燕国弱小，不能够报仇。但是如果真能得到贤能的人一起来管理国家，洗雪先王被齐国残灭的耻辱，这是我的愿望啊。先生若看到可用的人才，我将亲自去事奉他！”郭隗说：“古代的国君有拿出千金让自己的侍臣去求购千里马的，这位侍臣去买时，千里马已经死了，侍臣便用五百金买了千里马的骨头回来见国君。国君大怒，侍臣说：‘死马我们尚且都要买来，更何况是活马呢？千里马就要来到了。’不到一年，国君得到了三匹真正的千里马。现在大王一定要招纳贤士，就从我郭隗开始，何况比我郭隗更贤能的人，他们难道会因千里之远而不来燕国吗？”于是燕昭王给郭隗改建宫室，又以尊师的礼节敬重他。贤士们都争着奔赴燕国：乐毅从魏国前往，剧辛从赵国前往。燕昭王任用乐毅为亚卿，把国家大政交给他管理。

韩国宣惠王死了，他的儿子仓继位为韩襄王。

（以上为第三段，写楚怀王昏庸而贪婪，绝交于齐，遗祸于楚，被张仪玩于股掌之上。燕昭王复国求贤。）

周赧王四年（庚戌，公元前311年）

秦国的附属国蜀国国相杀死了蜀国侯。

秦惠王派人去告诉楚怀王，希望用武关以外的土地换取楚国的黔中郡。楚怀王说：“不愿意交换土地，希望得到张仪后，献黔中给秦国。”张仪听到这消息后，便请求前往楚国。秦惠王说：“楚国恨不得杀了你才甘心，你为何还要去呢？”张仪说：“秦国强大楚国衰弱，有大王你在，楚国不敢加害于我。而且我与楚王的宠臣靳尚很要好，靳尚正事奉楚王的宠姬郑袖，郑袖说的话，楚王没有不听从的。”张仪于是前往楚国。楚怀王拘禁了张仪，打算杀了他。靳尚对郑袖说：“秦王十分宠信张仪，将要用上庸等六县的地方，还有秦国美女赎回张仪。大王看重这些地方而尊重秦国，秦国来的美女一定受到宠幸，而夫人就要被冷落了。”于是郑袖日夜对着楚王哭泣说：“当臣子的都不过是各为其主罢了。现今杀了张仪，秦王一定大怒。妾请求与儿子都迁到江南去，不要等秦国来凌辱宰割我们！”楚王便宽恕了张仪，并且以厚礼接待他。张仪于是游说楚王，说：“实行合纵抗秦，如同驱赶羊群去攻击猛虎一样，羊群打不过猛虎很明显。现今楚王你不事奉秦国，秦国假如挟迫韩国驱使魏国来攻击楚国，那么楚国就危险了。秦国西境有巴蜀之地，在那里建造舟船，积贮粮食，战船顺着岷江东下，一天就可行驶五百多里，不到十天便迫近扞关。扞关受到惊扰，那么扞关以东的楚国土地全都要戒严守城了，黔中和巫郡将不属于楚王了。秦国调动甲士出武关，那么楚国北方的土地便被隔绝。秦兵攻击楚国，楚国的存亡在三个月以内，然而楚国等待诸侯各国的援救却要在半年以后。等待弱国的援救，却忘记强大秦兵的威胁，这是我为大王忧虑的。大王若能听从我的意见，我可让秦国、楚国永远成为亲如兄弟的邻国，不再互相攻伐。”楚王已得到了张仪，又舍不得割让黔中地给秦国，就同意了张仪的意见。

张仪又到韩国，游说韩王说：“韩国地势险恶多山，生产的五谷不是豆类便是小麦，国家没有积存两年的粮食，现有的兵卒不过二十万人。秦国披甲的士卒就有一百余万。崤山以东各国的士兵披上铠甲戴上头盔来交战，秦国军队却丢开铠甲、赤膊上阵，他们左手提着人头，右手挟持俘虏。秦国用孟贲、乌获那样的力士来出战，攻打不顺服的弱国，就像垂挂千钧的重物在鸟卵上面一样，没有能够幸存的。大王不事奉秦国，秦国出兵占据宜阳，阻塞成皋的要道，那么大王的国家就分裂为二了，鸿台的宫殿，桑林的苑囿，就再不是大王所有了。为大王您自己考虑，不如事奉秦国去攻击楚国，这样回避祸患而使秦国欢心，没有比这办法更为可行的了！”韩王答应了张仪。

张仪回到秦国报告了秦惠王，秦惠王拿六邑的地方封给张仪，尊称他为武信君，又派张仪去东面游说齐湣王，说：“主张合纵的人游说大王，一定是这样说的：“齐国以魏、韩、赵三晋作为屏蔽，地域广大人民众多，军力强大战士勇猛，即使有一百个秦国，也不能把齐国怎么样。”大王认为他说得好而不考察这些话的实际情况。现今秦国与楚国之间互相嫁女娶妇，结为兄弟之邦；韩国向秦国奉献宜阳的地方；魏国向秦国奉献河外的地方；赵王朝见秦王，割让河间的地方事奉秦国。大王不事奉秦国，秦国驱使韩、魏攻击齐国的南境，发动赵国的全部兵力，渡过清河，直指博关，这样临淄、即墨两地就不是齐王所有的了！国家一旦受到攻击，那时即使想事奉秦国，已不可能了！齐湣王答应了张仪。

张仪离开齐国，向西到赵国游说赵武灵王，说：“大王联合并统率天下各国对抗秦国，秦国军队有十五年不敢东出函谷关。大王的威名传扬于崤山以东各国，我的国家为此而感到恐惧，整治甲胄，训练士兵，努力耕作，积贮粮食，平时都担忧惶恐，不敢轻举妄动，唯恐大王你有意追究我秦国的行为啊。现今秦国托福大王的力量，我秦国占据巴蜀之地，兼并汉中郡，包揽东西两周的地方，扼守白马津口。秦国虽地处偏远，然而心中忿恨含怒的日子已经很久了。现在秦国有破甲残兵驻扎在渑池，准备渡过黄河，越过漳水，占据番吾，与赵国军队在邯郸城下相会，希望在甲子日交战，像周武王伐纣一样。秦王郑重地派我先行告知大王的左右。现今楚国与秦国已结为兄弟友好的邻国，韩、魏对秦王称为东边的藩卫臣属，齐国向秦国奉献了盛产鱼盐的地方，这是斩断了赵国的右肩啊！断了右肩还要与人搏斗，失去了结盟之国，已到这种情况没有危险的可能吗？现今秦国要调动三路军队，一路阻塞齐、赵相交的午道，通知齐军使他们渡过清河，驻扎在邯郸的东面；另一路军驻扎在成皋，驱使韩、魏两国军队进入河外地方；还有一路军驻扎在渑池，三路大军包括秦、齐、韩、魏四国军队，将合力为一来攻打赵军，赵国降服后由四国瓜分它的土地。我私下为大王考虑，不如与秦王当面相约，作为兄弟之国。”赵武灵王答应了张仪。

张仪于是北行前往燕国，游说燕昭王，说：“现在赵王已经入朝秦王，献出河间地方事奉秦国。大王不事奉秦国，秦国出动甲兵到云中郡、九原郡，驱使赵国攻打燕国，那么易水、长城就不归大王所有了。而且现今齐国、赵国对于秦国来说，就好像是所属的郡县一样，它们不敢轻举妄动出兵攻打。现在燕王事奉秦国，就会长期不受齐国、赵国侵害。”燕昭王听后便请献出常山山后的五座城邑给秦国来求和。

张仪回到秦国报告，还没到达咸阳，秦惠王便去世了，他的儿子秦武王继位。秦武王自从身为太子时，就不喜欢张仪，等到即位之后，臣子们多来中伤张仪，指责他的短处。诸侯各国听说张仪和秦王之间有嫌隙，都背弃张仪游说建立的连横，再次实行合纵。

（以上为第四段，写张仪游说六国与秦连横，功败垂成。）

周赧王五年（辛亥，公元前 310 年）

张仪向秦武王进言，说：“替大王你谋划，东方的韩、魏等国若有战乱，大王你才可以多获得土地。我听说齐王十分憎恨我，我在哪个国家，齐国就要攻伐它。请让我这个不才的人前去魏国，这样齐国一定会攻打魏国，齐、魏两国交战各不相让，大王可趁这个时机攻打韩国，进入三川地方，挟制周天子，掌控天下的版图，就可以建立帝王的大业啊！”秦武王同意张仪的请求。齐王果然出兵攻打魏国，魏王惶恐。张仪说：“魏王不要忧虑！我可以让齐国撤兵。”张仪就派了他的舍人前往楚国，借用楚国使者去对齐王说：“大王让张仪取信于秦王，您太看重张仪了！”齐王说：

“这是为什么？”楚国使者说：“张仪离开秦国原本是与秦王谋算好了的，他们想让齐魏两国相互攻伐，而让秦国趁此机会夺取三川。现今齐王您果然攻打魏国，这是齐王您对内使国家疲惫，对外却去攻伐友好会盟的国家，让张仪更加被秦信任。”齐王便撤兵回国。张仪任魏国国相一年，便去世了。

张仪与苏秦都以合纵连横的谋略游说诸侯各国，得到了富贵的地位，天下的人都争相效法。魏国人公孙衍，号犀首，也以游说而扬名。其余的有苏代、苏厉、周最、楼缓这些人，纷纭而起，遍于天下，以论辩诡诈的游说争高下，其中张仪、苏秦、公孙衍最为著名。

孟子评论说：有人说：“公孙衍、张仪难道不是大丈夫吗？他们一发怒就使诸侯恐惧，他们安静下来天下就太平无事。”孟子说：“这样的人哪是大丈夫呢？君子站在天下最正确的位置上，走在天下最正直的道路上，得志时就与民众一起顺着这条道路走，不得志时就独自坚持走这条路，富贵的诱惑不能动摇我的心意，贫贱的处境不能改变我的志向，威武逼迫不能使我屈服，这才称得上大丈夫。”

扬雄《法言》说：有人问：“张仪、苏秦学了鬼谷子的谋略术，又会了合纵连横的游说，他们各自使中原国家安定了十多年，是这样吗？”回答说：“他们都是狡辩的人，圣人厌恶他们。”又问：“读孔子的书而做张仪、苏秦那样的事，又怎么样呢？”回答说：“太丑恶了，这好像有凤鸟的和鸣却长着凶猛鸷鸟的羽毛！”“如此说来，子贡不也做过游说的事吗？”回答说：“看见国家有祸乱却不能解救，子贡对此感到耻辱。游说而不能得到富贵，张仪、苏秦对此感到耻辱。子贡和张仪、苏秦不是一路的人。”又有人问：“张仪、苏秦他们的才能可以称得上出众吧，他们不蹈袭前人的陈迹行事。”回答说：“从前选用人才，即便是古代圣王尧舜也难以辨别。说到讲论才能，你说的才能，不是我们这些人所说的才能啊！”

秦武王派甘茂去诛杀蜀相陈庄。

秦武王与魏襄王应约在临晋相会。

赵武灵王娶了吴广的女儿孟姚，受到宠爱，立为惠后，生了儿子何。

（以上为第五段，写战国之世为纵横家提供了政治舞台，苏秦、张仪名显于世。孟子、扬雄两条借论评游说之士为了个人富贵而乱天下，不是大丈夫。）

周赧王六年（壬子，公元前309年）

秦国开始设置丞相，任用樗里疾为右丞相。

周赧王七年（癸丑，公元前 308 年）

秦武王与魏襄王相约在应邑会盟。

秦武王派甘茂到魏国相约联合攻打韩国，命令向寿作为副使同行。甘茂让向寿返回秦国，向秦王报告说："魏王已经同意了，然而臣希望大王还是不要攻打韩国！"秦王在息壤迎接甘茂，并询问不攻打韩国的原因。甘茂回答说："韩国的宜阳是大县，其实也可称郡。现今大王要越过函谷关等多重险要，行军千里去攻打韩国，这是很困难的。过去鲁国有一个与曾参同姓名的杀了人，有人去报知曾参的母亲，曾参的母亲听了后照常织布。接连等到第三个人来报知曾参杀人的事，曾参的母亲赶快丢掉梭子走下织机，翻越围墙而逃走。臣的才干比不上曾参，大王对臣的信任比不上曾参母亲对儿子的信任，怀疑我的又不止三个人，臣恐怕大王也要丢掉梭子啊。"魏文侯命令乐羊为将去攻中山国，经过三年攻下了中山国，返回魏国论功时，魏文侯出示攻击、诽谤乐羊的书信一箱。乐羊一再跪拜叩头说："这不是臣的功劳，而是国君的威力啊！现今臣是客居异乡的臣子，假如亲韩的樗里子、公孙奭来非议攻韩的事，大王一定会听从他们的，这样就等于是大王欺骗了魏王，而我却被韩国国相公仲侈认为是罪魁祸首。"秦王听后说："寡人不听从他们的议论，寡人与你一起盟誓！"于是秦王与甘茂在息壤地方盟誓。秋季，甘茂和名叫封的庶长率领队攻打韩国的宜阳。

周赧王八年（甲寅，公元前 307 年）

甘茂攻打宜阳，五个月没有攻下。樗里疾、公孙奭果然出面争论伐韩的事，秦王召回甘茂，打算撤兵。甘茂说："息壤还在吧。"秦王说："息壤是还在。"于是大举出兵援助甘茂，斩杀韩军六万，攻下了宜阳。韩国相公仲侈来到秦国求和。

秦武王喜好大力士比赛的游戏，把大力士任鄙、乌获、孟悦都提拔为大官。八月，秦武王和孟悦比赛举鼎，因血管崩断而死，于是孟悦全家都被杀死。秦武王没有儿子，他同父异母的弟弟嬴稷在燕国做人质，国人把他迎接回来立为秦王，这就是秦昭襄王。昭襄王的母亲芈八子，是楚国的女子，也就是宣太后。

（以上为第六段，写秦昭王任用甘茂为将，排除干扰，攻占了韩国的宜阳。）

赵武灵王向北侵占中山国的地方，经房子城，抵达代郡，再向北达到无穷门的地方，又西行到黄河，登上黄河岸边的黄华山，与大臣肥义谋划穿胡人的服装、练习骑射技术教化老百姓。赵武灵王说："愚蠢的人笑话的，聪明的人却能明辨。即便全天下的人都来耻笑我都无所谓，我要的是能占有胡人居住的地方和中山国。"于是改穿胡服。

赵国人不愿意穿胡服，公子成假称身体有病，不来朝见。赵武灵王派人说服他，说："家事要听从父母，国事要听从国君。现今寡人颁布命令改穿胡服，而叔父您不服从，寡人担心全国的人都要议论这件事。治理国家有章法，那就是以民众的利益为根本；管理政事有法规，那就是以执行命令为最高准则。宣扬道德首先要在百姓中实践，而推行政治却要先在显贵的人中实行，所以我希望仰仗叔父的榜样来推动改穿胡人服装的事业成功！”公子成叩头再拜说：“我听说中国的圣贤教化的地方，是实行礼乐制度的地方，是远方的人向往景仰的地方，是蛮夷人推崇效法的地方。现今君王你舍弃这些而去穿着远方的服装，更改古代以来的规则，违背民心，我希望您慎重考虑此事！”使者把这些话转告赵武灵王。赵武灵王亲自去劝说公子成，说：“我国东面有齐国、中山国，北面有燕国、东胡，西面有楼烦、秦国、韩的边境。现今没有骑射的武备，那用什么来守卫国家呢？过去中山国依仗齐国的强大军队作靠山，侵犯我国的土地，拘捕我国的人民，引来河水围灌鄗城，要是没有宗国土地神灵的保佑，那鄗城几乎不能保全了。我们先辈君王对这事感到耻辱，所以寡人改变服装，学习骑射，就是想用这个办法防备国家四方边境的危难，报中山国侵犯之仇。而叔父您却因循旧俗，厌恶改变服装，忘记了鄗城的耻辱，这不是我希望的啊！”公子成听从了赵武灵王的话，赵武灵王于是赐给他胡人的服装，第二天公子成穿上胡服上朝。于是，赵王开始颁行改穿胡服的命令，招募练习骑射的战士。

周赧王九年（乙卯，公元前 306 年）

秦昭襄王派向寿去平抚宜阳，又派樗里子、甘茂去攻打魏国。甘茂向秦昭襄王进言，把武遂归还给韩国。向寿和公孙奭争论这件事，没有达到目的，因此怨恨并诬蔑甘茂。甘茂害怕了，便停止了对魏国蒲阪的进攻，逃亡出走。樗里子只好与魏国议和撤兵。甘茂投奔齐国。

赵武灵王攻占中山国的土地，直到宁葭，又西攻占胡人的土地，到达榆中。林胡王向赵王进献马匹。赵武灵王回到赵国，派楼缓到秦国，仇液到韩国，王贲到楚国，富丁到魏国，赵爵到齐国进行外交；又派代郡的相赵固驻守胡地，赵固招收胡兵。

楚怀王与齐、韩两国合纵抗秦。

周赧王十年（丙辰，公元前 305 年）

彗星出现。

赵武灵王攻打中山国，占领了丹丘、爽阳、鸿之塞等地，又占领了鄗、石邑、封龙、东垣等地。中山国向赵王献出四座城邑来求和。

秦国宣太后有一个异父弟叫穰侯魏冉，还有一个同父弟叫华阳君芈戎；昭襄王的同母弟一位是高陵君，另一位是泾阳君。这四个人中魏冉最贤能，魏冉在惠王和武王时就管理政事。武王死后，武王的几个弟弟争立为王，只有魏冉有能力控制朝政，他拥立了昭襄王。昭王即位以后，任用魏冉为将军，戍卫咸阳。这一年，名叫壮的庶长与大臣、公子们图谋作乱，魏冉诛杀了他们；甚至昭襄王的母亲惠文王后也因作乱的事而未得幸免于死，昭襄王的嫂嫂悼武王后出居魏国，昭襄王的兄弟中凡是怀异心的，魏冉都把他们杀掉。昭襄王年少，宣太后便亲自执掌国政，任用魏冉掌管政务，声威震动整个秦国。

周赧王十一年（丁巳，公元前 304 年）

秦昭襄王与楚怀王在黄棘会盟；秦国把上庸归还给楚国。

周赧王十二年（戊午，公元前 303 年）

彗星出现。

秦国攻取了魏国的蒲阪、晋阳、封陵等地；又攻占了韩国的武遂。

齐国、韩国、魏国讨伐背弃合纵盟约的楚国，三国联合攻打楚国。楚王派太子横到秦国去做人质，请求秦国出兵救援。秦国派了一个名叫通的客卿率领军队救助楚国，齐、韩、魏三国联军于是撤离楚国。

周赧王十三年（己未，公元前 302 年）

秦王、魏王、韩国太子婴在临晋会盟。韩国太子婴访问了咸阳之后才返回韩国，秦国把蒲阪归还给了魏国。

秦国大夫同楚国人质太子横争斗，楚国太子横杀了这位秦国大夫，逃回了楚国。

周赧王十四年（庚申，公元前 301 年）

发生了日全食。

秦国军队攻占了韩国的穰城。

蜀郡守煇背叛秦国，秦国的司马错前往诛杀了煇。

秦国名叫奂的庶长会合韩、魏、齐等三国的军队攻打楚国，在重丘大败楚军，杀死了楚国的将领唐昧，又攻占了重丘。

赵武灵王攻打中山国，中山国的国君投奔齐国。

周赧王十五年（辛酉，公元前 300 年）

秦国派泾阳君到齐国做人质。

秦国的华阳君率兵攻打楚国，把楚军打得大败，斩杀三万人，还杀死了楚国的将领景缺，并攻占了楚国的襄城。楚王很害怕，派太子到齐国做人质以换取两国和解。

秦国的丞相樗里疾病死，秦王任命赵国人楼缓为丞相。

赵武灵王喜爱小儿子赵何，想在自己还在世时立赵何为王。

（以上为第七段，写赵武灵王实施胡服骑射改革，赵国兵强，灭了中山国。）

周赧王十六年（壬戌，公元前 299 年）

五月二十六日戊申，赵武灵王在东宫举行盛大朝会，把王位传给赵何。新王赵何拜祀祖庙的礼仪完毕之后，便身居王位主持朝政，大夫们全都向赵惠王称臣。肥义被任用为相国，并为新王太傅。赵武灵王自称“主父”。主父想让儿子治理国政，自己身穿胡服，率领士大夫向西北攻占胡地。计划从云中、九原等地迂回向南袭击咸阳。假扮为赵国使者，进入秦国，亲自考察秦国地形以及秦昭襄王的为人。秦昭襄王不知他是赵国的主父，相见之后觉得他气度非凡，不像一个为臣子的人，赶紧派人追逐主父，主父一行也急行赶路离开了秦国边关。秦昭王仔细察问赵国使臣的身份，原来是主父，秦国人十分震惊。

齐湣王、魏哀王在韩国会盟。

秦军攻打楚国，占领了八座城邑。秦昭襄王给楚怀王写信说：“当初寡人和楚王你相约结为兄弟，在黄棘盟誓，楚太子来秦国做人质。楚太子杀死了我亲近的大臣，不道歉就逃离秦国，寡人实在是非常愤怒，所以派了军队去攻占你的边境。现今听说你竟让太子到齐国当人质以求修好。寡人与楚国边境相连，是互通婚姻的亲近国家；现今秦楚两国不融洽，就不可能号令诸侯各国。我希望与你在武关相会，当面结盟，然后离开，这是寡人的愿望。”

楚怀王很害怕到武关去，担心去了受骗，不去又担心秦国更加愤怒。昭睢说：“不要到武关去，楚国要部署军队加强边防罢了！秦国就像虎狼，有并吞诸侯的野心，不要相信它。”楚怀王的儿子子兰劝说楚怀王到武关去，楚怀王于是进入秦国。秦昭王命令秦国一员将军假扮为王，在武关埋下伏兵，楚怀王一进关就被绑架，被秦兵劫持向西，到达咸阳，在章台宫朝见秦昭襄王。秦昭襄王用藩臣的礼仪接待楚怀王，要求楚国割让巫郡、黔中郡的土地。楚怀王要求订立盟约，秦昭襄王却要先得到土地。楚怀王愤怒地说：“秦国欺骗我，还强迫我割让土地。”楚怀王始终不答应割地，秦昭襄王便扣留了楚怀王。

楚国大臣十分忧虑这件事，就一起商量对策说：“我们的大王在秦国回不来，要求割地，而太子在齐国做人质，如果齐秦两国合谋对付楚国，楚国将会被灭亡。”楚国大臣打算拥立楚怀王的儿子为楚王。昭睢说：“楚王与太子都被困在外国，现今如果又违背楚王的任命，拥立庶出的儿子为楚王，是不应当的。”于是假传楚怀王已死，给齐送去讣告。齐湣王召集群臣商议，有人说：“不如扣留楚太子，要求楚国割让淮北的土地。”齐国的国相说：“不可以！楚国郢都立了楚王，我们齐国扣留一个毫无价值的人质却做下让全天下的人都知道的不仁不义的事。”那个建议扣留楚太子的人又说：“齐相说得不对。郢都拥立了新楚王，趁这机会与新楚王做一笔交易，说：‘给我们齐国割让楚国东边的土地，齐国替楚国新王杀掉楚太子。楚国新王不同意，齐、韩、魏三国共同拥立楚太子为王。’”齐湣王最终采纳了齐相的计谋让楚太子回国。楚国人便拥立太子为楚王。

秦昭襄王听说孟尝君贤明，就派泾阳君到齐国做人质，请求换取孟尝君。孟尝君来到秦国，秦昭襄王任用他为秦国丞相。

（以上为第八段，写楚怀王昏聩糊涂，与强秦外交，一再上当受骗，最终入秦不返。）

周赧王十七年（癸亥，公元前 298 年）

有人对秦昭襄王说："孟尝君担任秦国的相，一定是先为齐国打算然后才为秦国着想。秦国正陷入危险！"秦昭襄王于是又任命楼缓为相，并囚禁了孟尝君，想杀掉他。孟尝君派人找到秦王宠姬请求她出主意，宠姬说："想要得一件白色的狐腋皮袍。"孟尝君确实有一件白色的狐腋皮袍，但已献给秦昭襄王了，没有办法满足宠姬的要求。孟尝君的门客中有一位擅长偷盗的人，他混入秦昭襄王府库中，盗出白色狐腋皮袍献给了那位宠姬。宠姬便为孟尝君的事向秦昭襄王进言，秦昭襄王便遣送孟尝君回到齐国。孟尝君刚走，秦昭襄王又后悔了，派人去追孟尝君。孟尝君早一步到了秦国的函谷关，按照关法的规定，要到鸡鸣叫时才能开关。当时天还早，追赶的人很快就要赶到，孟尝君门客中有擅长学鸡叫的，郊野的鸡听到了都叫起来。孟尝君这才出了关回到齐国。

楚国派使臣通告秦昭襄王说："依靠天地和祖宗保佑，我们的国家又有君王了！"秦昭襄王听了后十分大怒，派遣军队出武关攻打楚国，斩杀楚军五万人，占领了十六座城邑。

赵惠文王封他的弟弟赵胜为平原君。平原君喜欢养士，他门下的食客常有几千人。有一位叫公孙龙的，擅长"坚白同异"这类论题的辩说，平原君收留他为食客。

孔穿从鲁国来到了赵国，与公孙龙辩论有没有三个耳朵的问题。公孙龙十发精微的辩解，驳得孔穿哑口无言，不一会儿便告辞出来。第二天孔穿又来见平原君。平原君说："昨天公孙龙的话真是雄辩啊，先生认为怎么样？"孔穿回答说："确实是这样。他差不多真让奴婢长出三个耳朵了。话虽然是这样，但实实在在奴婢长不出三个耳朵来！我来向平原君您请教：现今辨析，把奴婢长有三个耳朵这样的难题说得头头是道，实际是假的；而奴婢只长有两个耳朵这样容易的事说得不清不楚，实际是真的，您相信哪一个呢？"平原君没法回答。第二天，平原君对公孙龙说："你不要再跟孔子高辩论了！他这个人有道理却说不清，你的说词滔滔不绝实际没道理，你最终一定会失败的。"

邹衍到赵国访问，平原君让他与公孙龙辩论"白马非马"的问题。邹衍说："不可以。辩论，是辨别不同的事类，让它们不相混淆，明列出各种不同的主张，以便不至紊乱。抒发、说明论说的主题，使人都能明白它的含义，并不是一心把问题搞得模糊不清。所以辩论取胜的一方不会失去维护的道理，不能取胜的一方也能够从中得到他所要追求的道理，这样的辩论是应当进行的。凭借繁文缛节以假乱真，用巧言饰辞来颠倒是非，用花言巧语来转移命题，使人不能捉摸它的意旨，这样就损害了公理。那些纠缠不放，用喋喋不休的争辩来占上风的人，有失君子风度，我邹衍是不参与这样的辩论的。”在座的人听了都称赞邹衍说得好。公孙龙的声誉从此便一落千丈了。

（以上为第九段，写孟尝君受困于秦，依靠鸡鸣狗盗之徒而脱险。）

【点评】

赵武灵王胡服骑射改革。本卷所载历史，赵武灵王胡服骑射改革是最大的亮点。赵武灵王，赵肃侯赵语之子，名雍，战国时赵国第六代国君，公元前 325 年—前 299 年在位。赵武灵王即位之时，正值秦国商鞅变法之后走向鼎盛的秦惠王、秦昭襄王时代。这时魏国衰落，丧失了河西之地。赵国西境与强秦相连。秦国大举东进，赵国首当其冲，北方中山国与林胡、楼烦又是赵国长期的夙敌。赵武灵王面对严峻的形势，坚决果断地实施改革。赵武灵王改革后，赵国成了中原强国。胡服骑射改革的第二年，即公元前 306 年，西攻林胡，略地至榆中（今内蒙古包头以西河套地区），接着又对中山发起了大规模进攻，五年之间灭亡了中山。赵国开拓了大片领土，国土几乎扩大一倍。

如果对照赵武灵王胡服骑射与商鞅变法，是司马迁花大力气记述的两种改革模式，供后世借鉴。赵武灵王胡服骑射是渐进式的改革，长期蓄势，化解对立面的阻力，用了二十年时间改革成功。商鞅变法，暴风骤雨，用强权高压执行，立竿见影，当年就见成效。渐进式改革必然有许多妥协，见效慢，但所花成本小，负面影响小；暴风骤雨式改革彻底除旧布新，见效快，但所花成本巨大，负面影响也大。这两场改革在《史记》中许多用语雷同，此为司马迁有意昭示读者要对照来读，后王借鉴要对照权衡利弊。《资治通鉴》记述大大简化，深入研讨则要对照《史记》。

周纪四

周赧王十八年至四十二年（公元前297—前273）

【起阏逢困敦（甲子，公元前297年），尽著雍困敦（戊子，公元前273年），凡二十五年】

【大事提要】

本卷记事起公元前297年至公元前273年，凡二十五年。当周赧王十八年至赧王四十二年。本卷所载大事主要有七个方面：其一，楚怀王与赵武灵王以悲剧谢幕，使人叹惋。楚怀王曾为六国合纵盟主，因贪利误听张仪邪说，最终入秦不返，客死于秦。赵武灵王胡服骑射，灭中山，假称使臣入秦考察，何其壮也。晚年废长立少，导致赵国内乱，饿死沙丘，又何其昏也。其二，宋康王、齐湣王穷兵黩武而丧身，宋国破，齐国亦差点灭亡。其三，田单复齐，因功高震主一度遭齐襄王疏远，后襄王纳谏，君臣相知如初。其四，蔺相如使秦，不辱君命，完璧归赵，渑池之会勇折秦昭襄王，退让廉颇演绎出将相和的历史佳话。其五，燕惠王信谗，又中齐反间计，逐走乐毅，失人才使燕国从此衰弱不振。其六，秦将白起崭露头角，用兵野蛮，破赵魏联军的华阳之战，杀降魏卒十三万，沉赵卒二万于河。其七，春申君上书秦昭襄王，说秦亲楚以图韩、魏，避免了秦、韩、魏联合攻楚。楚怀王与顷襄王两代屈身事仇，到春申君上书，反映了东方六国争相事秦，以苟延时日，从此张仪连横之策得势。

赧王中

周赧王十八年（甲子，公元前297年）

楚怀王逃回楚国，秦国人发觉后，便在他回归的路上拦截。楚怀王从偏僻的小路逃到赵国。赵主父正在代地，赵国官员不敢接纳楚怀王，楚怀王将要逃往魏国，秦国人追了上来，把楚怀王带回秦国。

鲁平公死了，儿子姬贾继位为鲁缗公。

周赧王十九年（乙丑，公元前296年）

楚怀王发病，死在秦国，秦国人把楚怀王灵柩送回楚国。楚国人都十分悲痛，像哀伤自己的亲人一样。各诸侯国对秦国非常不满。

齐国、韩国、魏国、赵国、宋国一起出兵攻打秦国，到了盐氏邑后便各自撤退班师。秦国把武遂归还韩国，把封陵归还给魏国，以求讲和。

赵主父视察刚刚灭掉的中山国地方，于是离开代郡，在西行到西河郡途中遇见楼烦王，就招收一批楼烦的士兵。

魏襄王死了，他的儿子继位为魏昭王。

韩襄王死了，他的儿子咎继位为韩僖王。

周赧王二十年（丙寅，公元前295年）

秦国一个名叫错的国尉带兵攻打魏国的襄城。

赵主父与齐国、燕国共同灭掉了中山国，把中山王迁徙到肤施县。主父回到赵国后，论功行赏，大赦罪人，允许全国民众大摆酒宴庆祝，欢乐相聚五天。

赵主父将他的大儿子赵章封到代郡，号称安阳君。

安阳君素来奢侈骄横，对他的弟弟继位为王心中不服，主父派田不礼辅佐安阳君。李兑对肥义说："公子章强悍而意气骄横，党羽多而贪欲大，田不礼为人残忍好杀又骄横，这两个人互相勾结，很投缘，一定会策划阴谋。小人有了贪欲，便会思虑轻浮、谋划浅薄，只看到能获利，不顾及将会发生的危害和后果，灾难一定很快就会到来。先生肩负重任而且权势大，将是动乱的起点也是灾祸指向的终点。先生何不托病让出权力交给公子成，不要成为招祸的阶梯，不也是很好的吗？"肥义说："先前主父把新王托付给我，对我说：'不要改变你的气度，不要改变你的思虑，坚持到底，永不变心，直到离开人世！'我肥义拜了又拜，才接受了主父委托的使命，还特地做了记录，如今因害怕田不礼发动祸乱而忘掉我自己的誓言，变节忘恩，没有比这更严重的事了。俗话说：'如果死了的人重新活过来，活着的人面对也没有惭愧。'我想保全我的誓言，怎能只考虑保全生命呢！你已经赐教于我真心为我好，尽管如此，我已有誓言在先，绝不背弃自己的诺言。"李兑说："好，那你自己保重吧，我能见到您今年为止了。"说完，李兑流着眼泪离开了。

李兑多次与公子成见面，商议防备田不礼。肥义对信期说："公子章与田不礼话说得好听，实际上十分险恶，由于内有主父做靠山，所以在外十分暴戾，假传主父命令，突然一天发动政变，他们是做得出来的。如今使我十分忧虑，夜晚睡不着觉，饿了吃不下饭，窃国大盗在主父身边，不得不防啊。从今以后，凡有人来宣召大王的一定要先来见我，我要亲自先去看一看，没有什么异常情况，大王才可进去。"信期说："好。"

主父在惠文王朝见群臣时自己在旁边察看，他看到自己的长子公子章颓丧的样子，反而北面行礼，屈尊于他的弟弟，心里可怜他，便想把赵国分割给他，让他章在代地为王，但这计划没有最终决定就停止了。主父同惠文王在沙丘巡游，不住在一个宫里，公子章、田不礼便发动自己的党徒作乱，假托主父的命令召见惠文王。

肥义按照预先的商定，先进去见公子章，结果被他们杀死。高信便与惠文王同公子章的党徒们交战，公子成和李兑从国都邯郸赶到，于是便调动四邑的官兵入宫平定暴乱，杀死了公子章和田不礼，灭了他们的党徒。公子成为国相，号称安平君；李兑为司寇。这时惠文王年轻，公子成、李兑便掌握朝政。

公子章战败时，逃往主父的行宫；主父打开宫门接纳他。公子成、李兑因此包围了主父行宫。公子章被杀后，公子成和李兑商量说："由于公子章作乱，我们包围了主父行宫；如果现在就撤走官兵，那么我们就要被加罪灭掉了！"于是继续围住主父行宫，并下令："宫中最后出来的要杀头！"宫中的人全都出来了。主父想出宫却被禁止，在宫中没有食物，只好捕捉待哺的幼鸟充饥，拖了三个月，主父饿死在沙丘宫。断定主父确实死了，就给各诸侯国发出讣告。主父最初把长子立为太子，后来娶得吴娃，十分宠爱，因此几年都不出宫门。吴娃生了儿子赵何，主父就废了太子章而立赵何为太子。吴娃死了之后，主父对太子何也就不那么偏爱了；心里怜悯原来的太子章，便想把赵何、赵章两人都立为王，但又犹豫不决，因此便发生了暴乱。

秦国楼缓被免去相位，魏冉代替楼缓为国相。

（以上为第一段，有两大历史事件。一是楚怀王客死于秦，二是赵武灵王因内乱饿死在沙丘。楚怀王曾为六国盟主，因贪地而绝齐亲秦，乃至入秦不返；赵武灵王胡服骑射灭中山，因废长立幼导致赵国内乱，两王均以悲剧终，令人叹惜。）

周赧王二十一年（丁卯，公元前 294 年）

秦军在解地打败了魏军。

周赧王二十二年（戊辰，公元前 293 年）

韩国的公孙喜联合魏国攻打秦国。秦国穰侯向秦昭襄王推荐左更白起取代向寿领兵，在伊阙打败魏、韩联军，斩杀二十四万人，活捉公孙喜，攻占了五座城邑。秦昭襄王晋升白起为国尉。

秦昭襄王送信给楚顷襄王说："楚国背叛了秦国，秦国将要联合诸侯各国攻打楚国，希望整顿好士兵，痛快地打一仗。"楚顷襄王害怕了，重新与秦国修好。

周赧王二十三年（己巳，公元前 292 年）

楚顷襄王从秦国迎妇成姻。

臣司马光说：秦国的横蛮无道真是太过分了，害死楚怀王又威逼怀王的儿子顷襄王；楚国软弱不争气，忍下杀父之仇，反与有仇的秦国通婚！唉，楚国国君假如真能治理国家，任用的大臣又都是贤能的人，那么秦国虽然强大，又怎能随意欺凌楚国呢！荀卿评论说得好："治国的方略，用得恰当，即使百里小国也可以独立天下，用得不恰当，像楚国拥有六千里土地的国家也会被仇敌国家奴役。”所以人主若不全心讲求治国的方略，空有极大的权势，这恰是危险的原因。

秦国的魏冉称病辞去丞相职务，以客卿烛寿为丞相。

周赧王二十四年（庚午，公元前 291 年）

秦军攻打韩国，夺取了宛邑。

秦国烛寿被免去丞相职位。魏冉复出任丞相，秦封给他穰和陶两地，称为穰侯。秦昭襄王又把宛封给公子，把邓封给公子悝。

周赧王二十五年（辛未，公元前 290 年）

魏国把河东四百里土地献给秦国，韩国把武遂二百里土地献给秦国。

魏国的芒卯以诈术而被重用。

周赧王二十六年（壬申，公元前 289 年）

秦国的大良造白起、客卿司马错攻打魏国，抵达轵地，夺取大小城邑六十一座。

周赧王二十七年（癸酉，公元前 288 年）

冬季，十月，秦昭襄王自称西帝，遣使拥立齐湣王为东帝，想与齐国共同攻打赵国。苏代从燕国来到齐国，齐湣王问他：“秦王派魏冉来约请我为东帝，你的意见如何？”苏代回答说：“希望齐王您接受称帝的名义，但不立即称帝。秦王先称帝，如果天下安然无事，那时齐王您再称帝也不算晚。秦王先称帝，如果天下的人都厌恶他，您由于没有称帝，趁此收揽天下的人心，这才能获得最大的利益啊！况且攻打赵国与攻打和夏桀一样有恶名的宋国相比，哪个更有利可图呢？现今齐王您不如放弃帝号以赢得诸侯的信任，调动军队去攻伐暴桀的宋国，征服宋国后，楚国、赵国、魏国、卫国都会恐惧。这是我齐国以尊秦为名，实际是让天下的人憎恨秦王，正是我们以卑为尊的计策啊。”齐湣王听从苏代的意见，称帝两天后又改称为王。十二月，吕礼从齐国回到秦国，秦昭襄王也去掉帝号，又改称为王。

秦军攻打赵国，攻克杜阳。

周赧王二十八年（甲戌，公元前 287 年）

秦军攻打赵国，夺取了新垣和曲阳。

周赧王二十九年（乙亥，公元前 286 年）

秦国派司马错进攻魏国的河内。魏国献出安邑求和，秦国将安邑百姓驱赶回魏国。

秦军在夏山打败韩军。

宋国发生麻雀在城墙角落里孵生出鹪鸟的怪事。掌管卜筮的太史对此进行占卜说：“这是吉兆。小鸟孵生出了大鸟，宋国一定会称霸天下。”宋康王很高兴，便出兵去攻打滕国，征伐薛邑，向东打败齐国，夺取五座城邑；向南进攻打败楚国，夺取了三百里的地方；又西进魏军，与齐国、魏国相敌对。于是更加自信能成为霸主，一心想要尽快成就霸业，因此箭射苍天，笞击大地；砍杀社稷神主，并把它焚毁，以显示威力能压服鬼神。又在宫中彻夜饮酒作乐，宫中的人高呼万岁，大堂上的人应声高呼，大堂下面的人又应声高呼，在门外的人又应声高呼，以至在整个国都内，没有人敢不高呼万岁的。天下的人称他为昏暴的“桀宋”。齐湣王出兵攻伐宋康王，宋国百姓四处逃散，都城失守，宋康王便逃奔到魏国，死在温邑。

周赧王三十年（丙子，公元前 285 年）

秦昭襄王在宛县与楚顷襄王会盟，在牛阳邑与赵惠文王会盟。

秦将蒙武率军攻打齐国，夺取了九座城邑。

齐湣王灭了宋国之后十分骄横，于是南进侵犯楚国，西进侵犯赵、魏、韩三国，又想并吞东周和西周，最后做天子。狐咺，被湣王杀死抛尸在檀台的要道上。陈举直言进谏，被杀死在齐都的东门外。

燕昭王日夜安抚百姓，国家因此更加富强殷实，便与乐毅商量攻伐齐国。乐毅说：“齐国保留有春秋称霸以来的雄厚基业，地方大，人口多，我燕国单独去攻打是不容易的。大王你一定要攻打它，不如联合赵国及楚国、魏国共同讨伐。”于是派乐毅去邀请赵国，另外派使者联络楚国、魏国，又让赵国出面以伐齐有大利来引诱秦国。诸侯各国都害怕齐湣王的骄横强暴，都争着与燕国结盟攻打齐国。

周赧王三十一年（丁丑，公元前 284 年）

燕昭王大举出兵讨伐齐国，任命乐毅为上将军。秦国派出名叫斯离的国尉统帅军队与魏、韩、赵三国的军队会合。赵惠王还把赵国相印交给了乐毅，乐毅统领秦、魏、韩、赵各国的军队去攻打齐国。齐湣王出动全国兵力抵抗各国联军，双方在济水的西岸大战，齐军大败。乐毅送走秦、韩两国军队，分派魏国军队去进攻原宋国的土地，部署赵国军队收取河间地方，自己率领燕国军队长驱直入，追击溃乱的齐军。燕军将领剧辛说：“齐国大，燕国小，依靠诸侯各国军队的帮助才打败了齐军，应该及时攻取它的边境城邑来扩大燕国领土，这是长久之利啊。现今只是行军绕过齐国的城邑而不攻占它，名为深入齐国腹地，实际上对齐国没有什么损害，对燕国没有好处却又结下深仇，日后一定会后悔的。”乐毅说：“齐王夸耀个人的功劳和才能，刚愎自用，不与下属沟通，废黜贤良人士不用，信任阿谀奸诈之徒，政令暴虐，百姓怨恨，现今齐军失败溃散，如果乘胜追击，齐国百姓一定会叛乱，祸乱将在齐国内部兴起，那么齐国就可以占领了。如果不在这时乘势前进，等到齐王悔悟过失，改正错误，关心和安抚他的民众，到那时形势的发展就难以预料了。”于是继续进军深入齐国。齐国百姓果然大乱，不遵守法制的约束，齐湣王只得逃走。乐毅进入临淄，掠取齐国的宝物、祭器，运送到燕国。燕昭王亲自到济水上慰劳军队，论功行赏犒劳士卒；封乐毅为昌国君，并让乐毅留在齐国继续攻打那些尚未攻下的城邑。

齐湣王逃往卫国，卫国国君让出宫室给他居住，向他称臣，供奉酒食器具。齐湣王傲慢不逊，卫国人气愤地攻击他。齐湣王离开卫国，投奔邹国、鲁国，态度依旧自高自大，邹国、鲁国不接纳他，齐湣王于是逃到莒邑。楚国派淖齿率领军队援助齐国，被任命为齐国国相。淖齿想与燕国瓜分齐国领土，便囚禁了齐湣王，当面数落他的罪状说："千乘和博昌之间方圆几百里地，天降血雨沾湿了百姓的衣裳，齐王你知道吗？"齐湣王说："知道的。"又问："在嬴和博之间，大地裂开的深沟直达泉水涌出的地方，齐王你知道吗？"齐湣王回答说："知道。"又问："有人对着阙门哭泣，当人们到阙门去寻找时见不到人，离开阙门时又能听到哭泣的声音，你知道吗？"齐湣王回答说："知道。"淖齿说："天降血雨沾湿人们的衣裳，是天给你的警告；大地裂开深沟直达泉水涌出的地方，是大地给你的警告；有人对着阙门哭泣，是人给你的警告。天、地、人都警告了，而齐王你却不知道自我约束、警戒，怎么能说你不该死呢！"于是在鼓里地方杀害了齐湣王。

（以上为第二段，写宋康王、齐湣王穷兵黩武而丧身。）

荀子评论说：国家，就是集中了天下最高的利益和权势。运用正确的规则来管理它，那么就会出现大安定、大繁荣，是积聚美好事物的源泉。不运用正确的规则管理它，那就会有大灾难、大负担，掌握有国家的大权还不如没有。等到形势极度恶化，想要做个平民百姓，都不可能。齐湣王、宋康王就是这样。

所以治理国家的人，遵循道义的就可称王，实践诚信的就可称霸，用权术诈谋治理国家就会灭亡。

治理国家倡导礼义，没有谁能加害他、动摇他。做一件不义的事、杀一个无罪的人就能换取天下，仁德的人不会这样做。像磐石一样坚定地用礼义约束心志和管理国家，那么国家的稳定也坚如磐石。凡是和他一道这样做的人，这些人都是仁义之士。能把国家刑法的内容公布于众，那刑法的全部内容都是合于仁义的。君主极力如此主张，就是率领臣子们向往礼义为终极目标。真是这样，那么在下位的臣属和百姓都用礼义来敬仰国君，这样国家的根基就稳固了。根基稳固国家就稳定，国家稳定天下就安定。所以说举国上下都推行礼义，一天就能推向全国，商汤、周武王就是这样的人，这就是所说的遵循道义的国君。

即使仁德还没达到最高境界，礼义虽然还没全部实现，但是治理天下的政理大体齐备，刑罚赏赐已成体系，得到天下人的认可和信服，臣下清楚地都知道诚信是一切的核心。政令已经颁布，得失利弊也看得明白，绝不可以欺骗民众；诸侯国之间的盟约已经缔结，得失利弊已十分鲜明，绝不可以欺骗盟国；如果真是这样，那么国家就兵力强盛，城池坚固，敌国很害怕；举国上下一致，彰显信用，盟国信赖；即使是偏远的国家，它的声威也能震动天下，春秋五霸就是这样啊。这就是所说的践行诚信就可以称霸天下。

治理国家只提倡功利，不致力于发扬礼义，坚守信用，唯利是图；对内不顾一切地欺诈老百姓以达到获利的目的，对外一样不顾一切地欺诈相交的国家以求利益最大化；不好好开发国内的土地、百姓，却时常想去占有别国的土地、百姓，正由于此，臣下和百姓没有不用欺诈的心态对待君王的。君王欺诈臣下和百姓，臣下和百姓欺诈君王，这样上下就分崩离析了。也正由于此，国家将受到敌国的轻视，盟国的怀疑，权谋诡计一天比一天盛行，国家不能避免危险削弱，达到极点就要灭亡，齐湣王和薛公孟尝君就是这样。所以齐湣王尽管掌控了强大的齐国，却不以此修行仁义，整治礼义政教，用诚信规范天下，只是不停地驾驭战车奔驰在外为要务。因此，当它强大时，兵锋南指打败了楚国，兵锋西向使秦国屈服，兵锋北向足以打破燕国，兵锋指向中土灭了宋国。等到燕国、赵国联兵进攻齐国，如同摧枯拉朽一样，齐湣王自己惨死，齐国破亡，成为全天下共同打倒的人，后世说到罪恶国君时都以齐湣王为借鉴。这样的结果不是别的原因，只是齐湣王不用礼义治国而用权谋诈术的啊。

以上所说礼义、诚信、权谋三种立国情况，是贤明国君应该谨慎选择的，仁德国君必须明白的，善于选择的人控制别人，不善于选择的人被别人所控制。

乐毅听说昼邑人王蠋很贤明，下令军中不得进入昼邑周围三十里以内。派人去请王蠋，王蠋辞谢不来。燕国人便威胁说："你不来，我们就要屠灭昼邑的全城百姓！"王蠋说："忠臣不事二主，烈女不嫁二夫。现在国家破灭，君主死亡，我不能保全，而你们又想用武力来威逼我；我与其不仁不义而偷生，还不如死！"便把脖子吊在树枝上，自己用力摆动，扭断脖子而死。燕国军队乘胜长驱直入，齐国各个城邑的民众都闻风逃跑。乐毅约束燕军，禁止侵害掠夺百姓，又寻访齐国的隐逸贤士，使他们显贵，待以厚礼。减轻赋税，取消齐国原有的暴政，实行齐国从前宽松的政策，齐国的民众都很高兴。乐毅于是调遣左路军渡过胶莱河到达胶东、东莱；前锋循着泰山东行到海滨，取得琅邪地方；右路军沿着黄河、济水方向前进，驻扎在阿、鄄两地以联络魏国军队；后路军沿着北海以安抚千乘地方；中路军占据临淄而镇守齐国的都城。又在郊外祭祀齐桓公、管仲，表彰贤者居住的村落，在王蠋的坟墓上增厚封土。齐国有二十多人得到燕国封赐的采邑，有一百多人在蓟都享有爵位。在六个月内，乐毅攻下齐国七十多座城邑，都设置为郡县。

秦昭襄王、魏昭王、韩襄王在原周朝的京师会盟。

（以上为第三段，写荀子评论礼义、诚信乃立国之本，指出用权谋诈术治国是亡乱之源。）

周赧王三十二年（戊寅，公元前283年）

秦昭襄王与赵惠文王在穰地会盟。秦军攻下了魏国的安城，进兵到大梁城才班师回国。

当齐国发生淖齿之乱时，湣王的儿子法章改名换姓，在莒邑太史敫家当佣人。太史敫的女儿惊异于法章的相貌，觉得不像是普通人的气质，就可怜他，暗地里给法章衣服和食物，还和法章私通。王孙贾是齐湣王的随从，他不知道齐湣王的下落。王孙贾的母亲说："你早上出门傍晚归来，我就靠在门口盼你回来，你黄昏时出门，我就站立在里巷的路口等待。现今你事奉齐王，齐王跑了，你却不知道在哪里，你还有脸回来。"王孙贾于是来到街市中大喊说："淖齿祸乱齐国，杀了齐王，凡是想和我一起去替齐王报仇杀淖齿的人请露出右膀！"街示上跟随王孙贾的有四百人，一起去攻击淖齿，并把他杀死。于是逃亡的齐臣互相聚在一起寻找齐湣王的儿子，要拥立他为齐王。法章害怕这些人杀害自己，过了很久才敢说出自己的身份，于是被立为齐王，保卫莒城，抗击燕军。齐王向全国发出布告，说："齐王已在莒城即位了！"

赵惠文王得到了楚国的和氏璧，秦昭襄王想要占有，就提出用十五座城邑与赵国交换。赵惠文王不想给，又害怕秦国的强大；想把和氏璧给秦昭襄王交换土地，又担心被秦昭襄王欺骗。赵惠文王询问蔺相如，蔺相如回答说："秦国用城邑来交换和氏璧，而大王您不答应，赵国理屈。若把和氏璧给了秦国，秦国却不给赵国城邑，那么理屈就在秦国一方。权衡这两个对策，我们宁可答应以璧换城，使秦国理屈。臣愿意带和氏璧前往秦国；假如秦国的城池不给我赵国，我保证使和氏璧完好无损地归还赵国！"赵惠文王便派蔺相如持璧前往秦国。蔺相如到了秦国，秦昭襄王没有把城邑交换给赵国的意思，蔺相如于是用巧言骗了秦昭襄王，取回和氏璧，派遣随从怀揣和氏璧，从小路返回赵国，蔺相如自己留在秦国听任处置。秦昭襄王赞赏蔺相如的贤能，礼送蔺相如回到赵国，蔺相如回到赵国后，赵惠文王任用蔺相如为上大夫。

卫国卫嗣君去世，他的儿子继位，即卫怀君。卫嗣君在位喜欢窥伺观察别人的隐私。有个县令在家有时掀开褥子露出了破席子，被嗣君打听到了，便赐给县令一条好席子。县令十分惊恐，把嗣君当作神。嗣君又派人暗访关市，用金钱贿赂关市主管。过了一阵便召来关市主管，责问他私收了过客的金钱，责令退还，关市主管也十分恐慌。卫嗣君很宠爱泄姬，重视大臣如耳，但又担心泄姬、如耳倚仗宠爱和重视反过来蒙蔽自己，于是提拔大臣薄疑，使他和如耳匹敌，尊崇魏妃，使她和泄姬相当，卫嗣君说："用这些办法使他们相互牵制。"

荀子评论说："卫成侯、卫嗣君是搜括民众财物斤斤计较的国君，没有赢得民心拥护。郑国子产是能够招揽民心的人，但还没有管理好国家政务。管仲是管理好国家政务的人，但还没有做到倡导礼义。所以礼义上轨道的人称王，管理好政务的能使国家富强，赢得民心的人能使国家安定，而搜括财物的人只能灭亡。"

周赧王三十三年（己卯，公元前 282 年）

秦军攻打赵国，夺取了两座城邑。

周赧王三十四年（庚辰，公元前 281 年）

秦军攻打赵国，攻占了石城。

秦国的穰侯再次被任用为国相。

楚国想和齐、韩两国共同讨伐秦国，趁势想去攻占西周。周赧王派东周的武公对楚国的令尹昭子说："西周国是不可图谋占领的。"昭子回答说："想去攻占西周是没有的事。尽管没有图谋西周，倒是问一句为什么不可以占领西周。"武公说："西周现在的地方，取长补短，也不超过方圆一百里。名义上却是天下共同的君主，占据了它的土地不能使国家富足，得到它的民众不能使国家兵力强盛。尽管无利可图，但进攻它的人罪名却是臣下犯上弑君。但还是有人想攻占它，主要是古代祭祀重器还在那里的缘故。老虎身上的肉腥臊，它的爪牙如同士兵的利刃在身，但是人们还要想去猎杀它；假使野泽中的麋鹿披上诱人的虎皮，那么人们攻击麋鹿的会比攻击老虎的还要多出一万倍。占领楚国的土地，可以使国家富有，屈服楚国的美名，可以使国君享受称王的尊荣。现今你想杀掉全天下共主，据有夏、商、周三代传世的祭器国宝，把这些祭器南运到楚国，那么讨伐楚国的军队也就压境了！"于是，楚国中止了攻占西周国的计划。

周赧王三十五年（辛巳，公元前 280 年）

秦国的白起打败了赵国军队，斩杀二万人，夺取了代郡的光狼城。又派司马错调动陇西的军队，通过蜀地攻击楚国的黔中，并占领了它。楚国又被迫割让汉水以北及上庸的土地。

周赧王三十六年（壬午，公元前 279 年）

秦国的白起攻打楚国，夺取了鄢邑、邓邑、西陵等地。

秦昭襄王派出使者通告赵惠王，希望在黄河外的渑池友好会盟。赵惠文王不想会盟，廉颇、蔺相如商议说："赵王不去会盟，就显得我赵国国势衰弱而且怯懦。"赵惠文王于是决定前往渑池，蔺相如扈从。廉颇送到赵国的边境上，便与赵惠文王告别说：“大王您去渑池，计算路程以及与秦王相会的礼仪完成，到返回时间不超过三十天；假如三十天不见大王回来，那就请求立太子为赵王，以断绝秦国勒索的企图。”赵惠文王答应了这一请求。

秦昭襄王、赵惠文王在渑池会盟。秦昭襄王与赵惠文王饮酒，饮到高兴时，秦昭襄王请赵惠文王鼓瑟，赵惠文王奏了一曲。蔺相如也请秦昭襄王击缶，秦昭襄王不肯。蔺相如说：“在这五步之内，臣将用颈血溅洒大王了！”秦昭襄王的随从想抽刀杀害相如，相如瞪目大声呵斥，这些随从都畏缩地倒退了。秦昭襄王心中很是不爽，只得击了一下缶。直到宴会结束，秦国始终没能占到赵国的上风；赵国人也做了充分的防备，秦国不敢轻举妄动。赵惠文王回国后，任用蔺相如为上卿，地位在廉颇之上。

廉颇说：“我担任赵国的将领，有攻城野战的功劳。蔺相如本来是地位低贱的人，凭一张伶俐的嘴巴取得的地位却居我之上，我感到羞耻，不能忍下这口气！”还公开宣称：“我要是遇到了相如，一定要羞辱他一番！”蔺相如听到这些话，不肯与他碰面；每次朝见，常常推托有病不参加，不想跟廉颇争地位高低。出门看见廉颇，便掉转车头回避躲开。蔺相如身边亲近的人都感到羞耻，蔺相如说：“你们看廉颇的威势比起秦王来怎么样？”身边亲近人都说：“他比不上秦王。”蔺相如说：“以秦王那样的威势，我蔺相如都敢在宫廷上呵斥他，羞辱他的臣子；我虽然无能，难道单单怕一个廉将军吗！我想到的是，强横的秦国之所以不敢进军侵犯赵国，就因为有我和廉将军两人在啊。现今两虎相斗，势必不能并存。我这样做，是先把国家的利益放在第一位，然后才考虑私人的怨恨啊！”廉颇听到这些话，便袒露身体，背负荆条，到蔺相如门前请罪。廉颇和蔺相如便成了同生共死的好朋友。

（以上为第四段，写齐田单和民众拥立齐湣王之子法章为齐王，杀淖齿，为齐湣王报仇雪恨；又写赵国蔺相如使秦不辱君命，完璧归赵，渑池之会勇折秦昭襄王，退让廉颇将相和而赵强。）

当初，燕国人进攻安平邑，临淄的一个小官田单正在安平，他让自己同宗族的人都用铁皮笼罩在车轴头上。到了城邑失守人们逃散时，大家争抢拥挤出城门，都因为车轴头折断车子损坏而被燕军捉拿，只有田单宗族的人因有铁笼而得以安全逃脱，一路逃到了即墨。当时齐国的地方都被燕国占领，只剩下莒和即墨两座城邑没被攻下。燕将乐毅结集了右军和前军去包围莒城，左军与后军包围即墨。守卫即墨的大夫出战身死。即墨的人们说：“安平战役时，田单宗族的人因为车轴安装铁笼得到保全，可见田单智谋多，熟悉兵战大事。”便共同拥立田单为大将来抵御燕军。乐毅包围莒、即墨二邑，一年未能攻下，便命令燕军解除包围，两地燕军退到离城九十里的地方建立营垒，并下令说：“城里的人出来不要去抓捕，贫困的还要赈济他们，使他们能重操旧业，用这办法安抚齐国新降附的百姓。”过了三年，乐毅还是没有攻下莒和即墨两座城邑，有人向燕昭王说乐毅的坏话说：“乐毅的智谋出众，攻打齐国，一口气便攻下七十余座城邑，现今没有攻下的只有两座城邑，不是乐毅能力攻不下，而他三年攻不下的原因是想长期依靠兵力威势去镇服齐国人，然后好南面称王啊。现今齐国人心已服，乐毅还没有称王，是因为他的妻室、儿子还在燕国的缘故。而且齐国美女很多，他也许可能忘了妻室、儿子了。希望大王要有防备！”燕昭王于是摆设酒宴大会群臣，当面斥责进谗言的人说：“先王以整个燕国的名义礼敬贤士，不是为了贪得土地留给子孙，只是遇到承传继位的人德行欠缺，不能胜任管理国家的大业，国内百姓不安定。齐国不讲道义，趁我们国家内乱害死先王，自从寡人继位以来，怨恨深入骨髓，才广泛延请群臣，在外招揽宾客贤士，为的是报仇雪恨；有能够取得成功的，我愿与他共同分享燕国大权。现在乐毅将军亲自为寡人攻破齐国，铲平它的宗庙，报了我燕国先王的仇恨，齐国本来就是乐毅将军占有的，不是我燕国的领土。乐毅将军如果能够领有齐国，与燕国同为平等的国家，结为友好同盟，抵抗诸侯各国侵扰的祸难，这是燕国的大福，也是寡人的愿望啊！你为什么敢说出这样的话！”于是杀了进谗言的人。燕王把王后的服装赏赐给乐毅的妻子，把王室公子的服装赏赐给乐毅的儿子，把诸侯王乘坐的四马大车以及仪仗随从的车子一百辆送给乐毅；派遣国相将礼物奉送给乐毅，并正式封乐毅为齐王。乐毅惶恐不安，坚决不接受，敬拜燕昭王，写了一封敬拜燕昭王的书奏，表示了自己誓死不变。从此齐国人敬服乐毅的德义，各诸侯国敬畏他的诚信，没有谁敢再谋算他。

不久，燕昭王去世，燕惠王继位。燕惠王从当太子时，就不喜欢乐毅。田单听到这个消息，便对燕国施用反间计。扬言说：“齐王已经死去，齐国的城邑没有被燕国攻下的只有两座罢了。乐毅与燕国的新王有嫌隙，害怕被杀而不敢回到燕国，现在以伐齐为名，实际想继续掌控兵力来称王。因为齐国人还没有归附，所以暂时拖延进攻即墨，用来等待时机在齐国称王。齐国人害怕的是燕国别的将领到来，即墨就将被残灭了。”燕惠王原本就怀疑乐毅，又受到齐国的反间计挑拨，便派骑劫去替代乐毅。乐毅心知惠王起了杀心，于是投奔赵国，燕国的将士因此气愤惋惜，心中不平。

田单下令城里的人吃饭时，一定要在庭院中祭祀他们的祖先，四处飞鸟看见地上有食物都盘旋落到城中。燕国人看到这种情况感到很奇怪，田单借此又散布说：“一定会有天神从天上下来教导我。”有一个士卒说：“我可以做神师吗？”说完之后转身就跑。田单起身把他请回来，让他面东而坐，自己把他当作神师对待。那士卒说：“我骗了你。”田单说：“你不要这样说！”便把他当作老师。每次发布号令，一定称说是神师的意思。又扬言说：“我真担心燕军把俘获的齐兵割掉鼻子作为前导，要是这样的话，即墨就要亡了！”燕国人听到这些话，就照着去做。即墨城中的齐兵看到投降的士兵全被割去鼻子，都十分愤怒，便坚守即墨城，唯恐被燕军俘获。田单又用反间计，散布说："我害怕燕军挖掘即墨城外的先人坟墓抛尸，那样真使人寒心啊！"燕军果然把即墨城外的坟墓全都挖开，焚烧尸体，齐人从城上看见了，个个痛哭流涕，大家都想出城作战，士气倍增。田单知道士气高昂可以出战了，于是自己亲自操持板、锸工具，与士兵一起筑城；又把自己的妻妾编入到作战队伍中；散发所有食品犒飨士兵。又命令披甲的士兵都埋伏起来，只以老弱女子登城守卫。又派遣使者到燕军那里交涉齐军投降的待遇；燕军听到这些消息都高呼万岁。田单又征集民间藏金一千镒，让即墨城里的富豪送给燕国的将领，说："即墨很快就要投降了，希望不要抢劫我们的家族！"燕军将领十分高兴，答应了富豪们的请求。燕军更加松懈。田单在城中征集城中的牛，共有千余头，在牛身上披裹上用大红色的绸绢制作的彩衣，绣上五彩龙纹，又在牛角上捆绑兵刃，还在牛尾上捆绑苇条，灌上油脂，苇条末端点火燃烧，在城墙上凿开几十个洞，夜里从洞中放出牛，五千壮士跟随在牛后面。当牛尾烧着时，牛群惊恐愤怒一直冲向燕军。燕军看到牛身上都有龙纹，十分震惊，被牛角撞上的燕军士兵非死即伤。即墨城中的人，也都高呼着跟着齐军前进，守在城上的老弱妇女都敲击铜器，声音震动天地。燕军十分惊恐，溃败逃跑。齐国人杀了燕将骑劫，追杀逃亡的燕军，齐军经过的城邑都反叛燕国，又成了齐国的土地。田单的军队乘胜追击，人数一天比一天多；燕国的军队天天败逃四散，一直逃到了黄河边，齐国七十多座城池全都收复了。于是前往莒城迎接齐襄王；襄王进入齐国都城临淄，封田单为安平君。

齐襄王把太史敫的女儿立为王后，生了太子田建。太史敫说："女子不用媒人就私自出嫁，这不是我家的子女，玷污了我的家世。"终身不愿见齐王后，王后也不因为父亲不相见而失去做女儿的礼节。

赵惠文王把观津分封给乐毅，很尊敬宠信他，以此使燕、齐两国警戒。燕惠王于是派人去责备乐毅，同时表示歉意，说："将军你误听了流言，认为与寡人有嫌隙，便抛弃了燕国投奔到赵国。将军你替自己打算是可以的，但你拿什么来报答我燕国先王厚待将军的深意呢？"乐毅回信说："从前伍子胥的计谋被吴王阖闾采纳，致使吴国军队远征到了楚国的郢都；继位的夫差却不是这样，他赐死伍子胥，还把他的尸体装进皮袋里漂浮在江上。继位的夫差不明白伍子胥先前的计谋可以立功勋，所以把伍子胥沉没在江里而不悔误；伍子胥没能够及早预见到阖闾和夫差两位君主气度不同，以至于不改初衷，落得尸体被沉入江中。臣离开燕国，免遭大难，保全大功，用以显扬先王的业绩，这是我最好的计谋。遭受诽谤和羞辱，毁坏先王的名声，这是我最害怕的事。陷入深罪大恶，用来追求个人的荣幸利益，在德义上臣不会做这样的事。臣听说古代的君子，即使与人断绝了交往，也不说人家的坏话；忠臣离弃了自己的国家，也不会损害国君的声誉来标榜自己的名声。我虽然没有才能，但是已深受古今君子的教导。希望君王你注意到这些！”于是燕惠王又任用乐毅的儿子乐间为昌国君，乐毅也往返于燕、赵两国，与燕国相通，后来死在赵国，号称望诸君。

（以上为第五段，写燕惠王信谗忌惮乐毅，齐国田单施反间计使燕惠王逐走乐毅，这才大败燕军，复兴了齐国。）

田单担任齐国的国相，一次过淄水时，有一位老人因过淄水受了冻，到岸边后不能行走。田单便脱下自己的皮袍给他穿上，齐襄王听到这事很厌恶，说："田单这样给人施恩惠，是不是想要取代寡人呢？不早点防备，恐怕落了后手遭到变乱。"襄王看到周围没有人，只是殿堂下有位串珍珠的匠人，便招他过来问道："你听见我说的话了吗？"匠人回答说："听见了。"襄王又问："你认为怎么样？"匠人回答说："大王你不如把田单的善行化为自己的善行。大王你嘉奖田单的善行，下令说：'寡人忧虑百姓饿，田单收留他们给予粮食。寡人担忧人民受寒冻，田单脱下自己的皮袍给他们穿。我担忧百姓受劳苦，而田单也很忧虑这事，田单的行为很合我的心意。'田单有这些善行而大王嘉奖他，那么田单的善行也就是大王你的善行啊！"襄王说："很好。"于是赐给田单牛、酒。过了几天，串珍珠的匠人又来见襄王说："大王应当在朝见群臣的日子把田单召到殿庭上向他拱手行礼，亲口慰劳他，还要下令寻找百姓中还有受饥寒的人，收养他们。"之后又派人到民居里巷中去打探情况，宣扬的大夫们议论说："田单爱护百姓，这是齐王教他这样做的啊！"

田单向齐襄王举荐貂勃。齐襄王有九位宠信的臣子，想要中伤安平君田单，便一起对齐襄王说："燕国攻打齐国的时候，楚王派遣将军率领一万人来帮助齐国。现今国家已经安定，何不派一个使臣向楚王致谢呢？"齐襄王说："左右大臣中谁合适出使？"九位宠臣这帮人便说："貂勃可以。"貂勃便出使到了楚国，楚顷襄王接受齐襄王的礼品而宴请貂勃，貂勃过了几个月都没有返回齐国。九位宠臣又一起对齐襄王说："一个使臣能让大国的君主出面挽留，难道不是仗着安平君权大势重吗！况且安平君与大王之间，本是君臣却没有什么差异，位分上下也没有差别。而且安平君心怀不良的动机，他对内安抚百姓，对外怀柔戎狄，礼遇天下的贤士，他的志向怀有异谋，希望大王要明察啊！"这之后的一天，齐襄王说："召丞相田单来！"田单头不戴冠，脚不穿鞋，袒肩露体地进来，退出时还请赐死罪。过了五天，齐襄王对田单说："你对寡人没有什么罪过，只不过是你行你的臣子礼，我行我的君王礼罢了。"貂勃从楚国回来，齐襄工赏赐酒宴，喝到高兴时，齐襄王说："召丞相单来！"貂勃离开座席，叩头下拜说："大王跟功业高尚的周文王相比怎么样？"齐襄王说："寡人比不上周文王。"貂勃说："确实是这样，我原本知道大王比不上周文王，那与功业下一等的齐桓公相比怎么样？"齐襄王说："我寡人也比不上齐桓公啊！"貂勃说："确实是这样，我原本也知道大王比不上齐桓公。可是周文王得到吕尚，却尊他为太公，齐桓公得到管夷吾，却尊他为仲父，现今大王你得到安平君，却只叫他的名为'单'，哪能用这亡国的话语呢！况且自从天地开辟，有人类以来，做人臣而立功的，有谁能比安平君更深厚的呢？齐王没能守住国家，燕国人出兵攻袭齐国，齐王你逃往城阳山中，安平君凭借岌岌可危，周长只有三里的城墙，方圆只有五里的外城，城内只有疲惫的士兵七千人，最后杀死了燕军的司马骑劫而收复了齐国千里之地，这是安平君的功劳啊！在这个时候，安平君如果舍弃城阳而自己称王，天下没有谁能阻挡。然而，从道义上考虑，以德义为依归，安平君认为不能这样做，所以架设栈道木阁到城阳山中迎接大王和王后，大王才得以返回齐国都城，治理百姓。现今国家已安定，民众已安居，大王你竟然只是呼叫名字'单'，即便是小孩子也不这样想。请大王人赶快杀掉这九位宠臣以敬谢安平君，否则，国家就会危险了！"齐襄王于是杀了九位宠臣并驱逐了他们的家属，把夜邑的万户加封给了安平君。

田单将要去攻打狄邑，特地去问鲁仲连。鲁仲连说："将军你去攻打狄邑，是不可能攻下的。"田单说："我只用即墨城的齐国败兵余卒便打败了拥有万乘战车的燕军，收复了齐国原有的土地，现今攻打不下一座狄邑，这不可能！"田单气呼呼的，没有告辞就出门上车离开了鲁仲连，于是领兵去攻打狄邑，攻了三个月没能攻下。齐国地方的小儿唱歌谣说："高高的战帽像簸箕，长长的宝剑与人齐，攻打狄邑不能下，堆起的枯骨成丘山。"田单听到很是担忧，就去请教鲁仲连，说："先生你说我田单不能攻下狄邑，请你说说其中的道理。"鲁仲连回答说："将军你在即墨时，休息时就同士兵一起编竹筐，劳作时同士兵一样挥锹锸，你鼓动士兵们说：'没有退路了，国家宗庙已经灭亡了！今天若不齐心想，那可真是无家可归了！'当时将军你有视死如归的决心，士兵们有不求苟活的勇气，听到你的话没有谁不是挥泪奋臂求战的，这是能够打败燕国的原因。现今将军你东有夜邑封地租赋的供奉，西有淄水上的欢娱游乐，身上穿着饰有黄金的衣带，骑马驰骋在淄水与渑水之间，只想活着快乐，没有战死的决心，这是不能打胜仗的原因。"田单说："我田单已有决心了，感谢先生的激励。"第二天，田单便振奋意气，循行城下，站在容易受到弓矢弹石攻击的地方，亲自拿起鼓槌击鼓，指挥士兵前进，狄邑的守军这才投降。

当初，齐湣王灭了宋国，想驱逐孟尝君。孟尝君便投奔到了魏国，魏昭王任用孟尝君为相，联合诸侯一起打败了齐国。齐湣王死后，齐襄王恢复了对齐国的统治，而孟尝君中立为诸侯，不归属任何一个国家。襄王新立为齐王，害怕孟尝君，便与孟尝君重结和好。孟尝君死后，他的儿子们相争继承薛公，齐国、魏国就联合灭掉了薛地，孟尝君再没有继承人。

（以上为第六段，写齐襄王忌惮田单功高而疏远，因纳谏而诛佞臣，尊礼田单，君臣和好如初。）

周赧王三十七年（癸未，公元前 278 年）

秦国大良造白起攻打楚国，占领了郢都，放火焚烧了夷陵。楚顷襄王的军队溃散，终于不能再战，便把楚国的都城向东北迁移到了陈县。秦国把郢地置为南郡，以功封白起为武安君。

周赧王三十八年（甲申，公元前 277 年）

秦国的武安君白起完全控制了楚国巫和黔中地方，秦国设置了黔中郡。

魏昭王死了，他的儿子继位为安釐王。

周赧王三十九年（乙酉，公元前 276 年）

秦国的武安君白起攻打魏国，夺取了两座城邑。

楚顷襄王结集楚国东境各地方的士兵达十多万人，便又转向西境进攻，收复了长江以南十五邑的地方。

魏国的安釐王封他的弟弟无忌为信陵君。

周赧王四十年（丙戌，公元前 275 年）

秦国相国穰侯攻打魏国。韩国的暴鸢率军去援救魏国，穰侯把暴鸢打得大败，斩杀四万人。暴鸢逃奔到开封。魏国割让给秦国八座城邑来求和。穰侯再一次攻打魏国，迫使魏国相芒卯逃走，穰侯率兵进攻到了北宅，围攻大梁，魏国割让温县求和。

周赧王四十一年（丁亥，公元前 274 年）

魏国又与齐国合纵抗击秦国，秦国穰侯攻打魏国，攻下四座城池，斩杀四万。

鲁湣公死了，他的儿子雠继位为鲁顷公。

周赧王四十二年（戊子，公元前 273 年）

赵国、魏国联合攻打韩国的华阳。韩国向秦国告急求援，秦昭襄王不派兵去救援。韩国的相国对陈筮说：“战事危急，你虽然有病，还得靠你赶往秦国求援！”陈筮便前往秦国，去见穰侯。穰侯说：“战事危急了吧！因此派你到秦国来。”陈筮说：“不危急啊。”穰侯发怒说：“为何这样说？”陈筮说：“那韩国真到了危急时候就会转而去随从别的国家，现在因为战事还不危急，所以来请求援助。”穰侯说：“我决定发救兵了。”于是与武安君白起以及客卿胡阳援救韩国，急行军八日赶到了华阳，在华阳城下打败了魏国军队，芒卯逃走。白起俘虏了魏国的三位将军，斩杀十三万人。武安君白起又与赵国的将领贾偃交战，俘获赵军两万人，沉于黄河淹死。魏国的段干子请求割让南阳给秦国求和。苏代对魏安釐王说：“想得到魏国相印的，是段干子，想得到魏国土地的，是秦国。现今魏王你让想得到土地的秦国掌控大王的丞相印，让想得到相印的人支配大王的土地，那魏国的土地就快被瓜分完了。而且用土地去事奉秦国，就像抱着薪柴去救火，薪柴不烧完，火就不会熄灭。”魏安釐王说：“你说的道理是对的。即使如此，但这事已开始实施，不能改变了。”苏代回答说：

"博戏之所以看重枭棋，有利就吃子，无利就不行棋。现今为什么大王你用智谋还比不上用枭棋呢？"魏安釐王不听苏代的意见，终于让出南阳来求和，实际是割让修武这个地方。

韩国釐王死了，他的儿子继位为桓惠王。

（以上为第七段，写秦破赵、魏联军的华阳之战。）

韩国、魏国向秦国屈服后，秦昭襄王打算派武安君白起与韩、魏两国军队共同攻打楚国。军队还没有出发，楚国的使者黄歇就到了秦国，听到秦国等要攻打楚国的事，害怕秦国乘胜一举便把楚国灭掉，于是给秦昭襄王上书说："我听说事物到了极点时就要走向反面，冬天、夏天就是这样转化的；东西放到最高点，形势就很危险，就像堆叠在一起的棋子。现今秦国的土地，横跨西北，占有两个边陲，这是自古以来，任何一位万乘之君都没有过的。秦先王文王、武王以及大王三代以来一直不忘夺取各国土地与齐国接壤，以此断绝诸侯国合纵攻秦的纽带。如今大王派出盛桥在韩国任职，韩国便将他所管辖的土地交给了秦国，这样大王不动一兵一卒，也不用威胁利诱，就白白地得到百里的土地，大王真是能干啊！大王又兴兵攻魏，堵塞都城大梁的门户，攻下了河内，夺取了燕、酸枣、虚、桃等地，又挥兵进入邢丘，魏国的军队徘徊观望而不敢去救援。大王的功劳可谓多啊，大王休兵两年，再征讨，又攻下了蒲、衍、首、垣等地，兵临仁、平丘，包围了黄、济阳，魏国就屈服了。大王又割取了濮磨以北地区，打通了通往齐国和秦国的要道，断绝了楚赵之间的交通，各国诸侯多次会商互相观望而不敢去救援。大王的威望也是空前的。大王如果能保持已有的功业和威望，减少进攻的野心，而在疆土内广施仁义，巩固已占有的地盘，做到没有后顾之忧，那是可以和三王、五霸相提并论的功业。假如大王依仗人多势众，依靠甲兵的强大，乘着灭掉魏国的威势，想用武力让天下各诸侯君主臣服，臣担心这会有后患啊。《诗》里面说：'做事往往都有好的开头，但很少能做到善始善终。'《易》里面说：'小狐狸过河，沾湿了它的尾巴。'这是说开头容易，但圆满终结就很难。从前吴国听信了越国，北上攻打齐国，在艾陵已取得了胜利，回师后吴王在三江水滨却被越王捉拿。智氏听信韩、魏，用兵攻打赵氏，围攻晋阳城，到了指日可胜的时候，韩、魏背叛，在凿台之下杀了智伯瑶。现今大王对没有毁灭楚国感到不快，却忘记了毁灭楚国会使韩、魏强大，臣为大王考虑，这是不可取的。楚国是与秦国交好的国家；韩、魏邻国，是秦国敌对的国家。现今大王轻信韩、魏，这正像吴王相信越王一样，我担心韩、魏用谦卑的言辞，以此消除祸患、而实际上是要欺骗秦国。为什么这样说呢？秦王对韩、魏没有两代的恩德，却有世世代代的积怨。韩、魏两国君王的父子兄弟相继死于秦国的已将近有十代了，所以韩、魏不灭亡，实在是秦国的忧患。现今大王帮助他们联合攻打楚国，岂不是大错特错！况且你攻打楚国的路线又将怎么样出兵呢？大王若是要向敌国韩、魏借路经过，到了出兵之日就会担心秦军回不来。大王如果不向敌国韩、魏借路，就一定要进攻随水以西的地方，这些地方都是广袤的山川、大河、山林、溪谷，不能垦耕的土地。这样大王有毁灭楚国的名声而没有占得实用的土地。而且当大王攻打楚国的时候，韩、魏、齐、燕四国都一定会起兵响应大王，秦、楚两国军队交战不休，魏国就将出兵进攻留、方与铚、湖陵、砀、萧、相，过去宋国原有的土地必然被全部攻占，齐国趁机向南攻打楚国，泗水上的土地必将被占领，这一带都是四通八达的平原肥沃的土地，这样，天下诸侯各国没有谁能比齐、魏更强大的了。臣为大王设想，不如与楚国亲善为好。秦国、楚国联合进逼韩国，韩国一定拱手向秦国称臣，大王利用咸阳以东华山及崤山的险要地势，加上蜿蜒曲折奔流的黄河的便利，韩国一定成为秦国控制在关内的诸侯国，到了这一步，大王调发十万士兵戍守韩国的都城新郑，那么大梁的魏国就会寒心丧胆，魏国的许、鄢陵两座城邑将收缩防守，楚国的上蔡、召陵便被隔断，与魏国不相往来了。这样，魏国也成为秦国控制在关内的诸侯国。大王只要亲善楚国，而关内这两个拥有万辆兵车的大国的土地原本就与齐国相连，这样齐国西边的土地就可以很容易取得。大王的土地便直接从东海到西海，控制着天下，这就使燕国、赵国没有了齐国、楚国的联合，齐国、楚国没有了燕国、赵国的联合。然后危逼燕、赵，摇撼齐、楚，这四个国家等不到遭受攻打便屈服秦国了。”秦昭襄王听从了黄歇上书的意见，停止派武安君去攻打楚国，并向韩、魏两国道谢，让黄歇返回楚国，与楚国相约结为友好的邻国。

（以上为第八段，写春申君上书秦昭襄王，避免了秦韩魏联合攻楚。东方六国争相亲秦，以苟延时日。）

【点评】

廉蔺交欢，将相和而赵强。本卷所载七国争雄，是张仪连横之策得势的时期，许多英杰人物登场。著名的有乐毅、田单、廉颇、蔺相如，“战国四公子”中的两位——孟尝君、春申君登场表演。最大亮点是廉蔺交欢，将相和而赵强，演奏了一曲高扬爱国主义的赞歌。蔺相如智勇双全，出使秦国维护了赵国的利益。他用智慧和勇敢挫败了秦昭王君臣勒索的野心，完璧归赵，渑池之会强秦未能占上风。廉颇是赵国的大将，英勇善战，别国都十分畏惧廉颇。渑池之会，廉颇是蔺相如的坚强后盾，因此廉颇也是立有大功的。蔺相如心里很清楚，将相和是凝聚国民的核心，也是国家兴旺安全的保证。所以，当廉颇不服，要折辱蔺相如的时候，蔺相如退让三分使廉颇感悟，最终将相和而赵强。蔺相如面对秦王，不畏强暴，表现出他的大智大勇；蔺相如在同僚面前表示了退让，顾全大局，先国家而后私仇，同样是大智大勇。激昂是勇敢，忍辱也是一种勇敢。一个人的智勇，只有与国家利益紧密相连，为捍卫国家利益才能得到最大限度的发扬。

周纪五

周赧王四十三年至五十九年（公元前 272—前 256）

【起屠维赤奋若（己丑，公元前 272 年），尽旃蒙大荒落（乙巳，公元前 256 年），凡十七年】

【大事提要】

本卷记事起公元前 272 年到公元前 256 年，凡十七年，当周赧王四十三年至赧王五十九年。本卷所载大事主要有六个方面：其一，写秦赵阏与之战，赵将马服君赵奢大败秦军，是秦赵争雄的第一场大战。其二，写范雎入秦，说秦昭襄王实施远交近攻策略蚕食东方诸侯，荐良将白起，使秦昭王称雄于东方。范雎以忠臣事主的名义，助秦昭襄王剥夺太后及四贵权力，取得了秦国相位。其三，写秦赵长平大战，此战起于秦将白起公元前 264 年攻韩陉之战，结束于公元前 257 年楚、魏救赵解邯郸之围，前后八年。公元前 260 年秦赵长平主力决战，秦胜赵败，从此赵国一蹶不振。其四，写秦赵长平之战推动了楚、魏、赵三国合纵抗秦，赵平原君、楚春申君、魏信陵君齐聚长平之战历史舞台，合力击秦军解邯郸之围。其五，写韩国大商人吕不韦奇货可居，投机政治，催生了后来统一六国的秦始皇，秦庄襄王异人之子嬴政。其六，秦灭西周。

赧王下

周赧王四十三年（己丑，公元前 272 年）

楚国任命左徒黄歇事奉太子完出使秦国为人质。

秦国建置南阳郡。

秦国、魏国、楚国共同攻打燕国。

燕惠王死了，他的儿子武成王继位。

周赧王四十四年（庚寅，公元前 271 年）

赵国蔺相如攻打齐国，进兵到达平邑。

赵国主管征收田地租税部门的官员赵奢收取租税，平原君家不肯交纳；赵奢依据相关法令治罪，杀了平原君的九个管家，平原君发怒，将要杀死赵奢。赵奢说："平原君你是赵国的贵公子，现今放纵你的管家不奉公守法交租税，这样国家法令就要削弱；法令削弱，国家就要衰弱；国家衰弱，那么诸侯就会兴兵来侵略，赵国就保不住了，你又怎能享有这些财富呢？由于你的地位尊贵，带头奉公守法就上下公平；上下公平国家就强大；国家强大赵国就稳固，而你身为贵戚，难道会被天下人看轻吗！”平原君认为赵奢贤能，便向赵惠文王推荐他。赵惠文王任命赵奢管理国家赋税，国家赋税十分公平，民众富足而国家府库充实。

周赧王四十五年（辛卯，公元前 270 年）

秦国进攻赵国，围攻阏与城。赵惠文王召集廉颇、乐乘等询问阏与告急的事，说："可以去救援吗？"廉颇等都说："路途遥远而且险隘难行，很难救援。"又询问赵奢，赵奢回答说："路途遥远而且险隘难行，就像两只老鼠在洞穴中相斗，将是勇敢无畏的一方取胜。"赵惠文王于是命令赵奢率军去救援阏与。赵奢离开邯郸三十里便扎营驻守，下令全军说："有敢以军事进言的处死！"

秦国军队驻扎在武安城的西边，秦军操练，擂鼓呐喊，武安城的屋瓦都受震动。赵军中一位侦察军官进言要急速援救武安城，赵奢立即把他杀了，坚守营垒二十八日不出兵，还要增修营垒工事。秦国的间谍进入赵军驻地，赵奢用好饭好菜款待后放他回去。这个间谍把侦探到的情况报告给秦国将领，秦国将领很高兴地说："赵军离国都邯郸城三十里便扎营驻守，还在增修营垒工事，阏与不属于赵国了！"赵奢放走秦国间谍之后，便率领全军卷起铠甲轻装急进，行军一天一夜便赶到阏与，在距离阏与城五十里处扎下营垒。赵军营垒刚刚完成，秦军听到这消息，便出动全军甲士前来交战。赵军的军士许历请求以军事进言，赵奢接见了他。许历说："秦军没有料到赵军这样快速赶来，秦军进攻气势汹汹，士气高昂，将军一定要集中兵力来对付秦军。不这样做，就一定会失败。"赵奢说："很愿意接受你的意见！"许历请求给予他触犯军令的处分，赵奢说："等到回邯郸后处分。"许历又请进言，说："先占据北山高地的一方得胜，后到北山来争夺的失败。"赵奢赞同，就调遣一万人赶到北山。秦军随后赶到，与赵军争夺北山，仰攻而不能上；赵奢全线出击秦军，秦军大败，解除了对阏与的包围，撤退回国。赵惠文王封赵奢为马服君，与廉颇、蔺相如地位相同；任命许历为国尉。

穰侯向秦昭襄王推荐客卿灶，派灶去攻打齐国，夺取刚邑、寿邑以扩大穰侯的食邑陶邑。

（以上为第一段，写秦赵阏与之战，赵将马服君赵奢大败秦军。）

当初，魏国人范雎跟随中大夫须贾出使齐国，齐襄王听说范雎能言善辩，便私下赏赐给他黄金和牛、酒。须贾以为范雎向齐王出卖了国家机密，回魏国后他将这事报告了国相魏齐，魏齐大怒，鞭打范雎，打断了他的肋骨和牙齿。范雎装死，身体被人用席卷着，放置在厕所中，让喝醉了酒的客人轮流去向他撒尿。魏齐用这样的办法惩戒以后的人，不准随便谈论国家的机密。范雎对看守的人说："把我放出去，我一定有丰厚的酬谢。"看守的人于是向魏齐请求扔掉竹席中的死人。魏齐酒醉，说："可以扔出去。"范雎得以逃出。魏齐后悔，又下令搜捕范雎。魏国人郑安平于是带着范雎逃亡藏匿，改名为张禄。

秦国的谒者王稽正出使魏国，范雎选择在一个夜晚去见王稽。王稽暗地里载着范雎一起返回秦国，把范雎推荐给秦昭襄王，秦昭襄王在离宫召见范雎。范雎装作不知王宫中的道路而进入永巷中，管理永巷的宦官发怒驱逐范雎说："大王来了！"范雎故意说："秦国哪里有国王，秦国只有太后和穰侯罢了！"秦昭襄王警觉地听到了范雎说的话，于是要左右随从回避，向范雎长跪请教说："先生你拿什么来指教寡人？"范雎回答说："嗯。"像这样与秦王对答了三次。秦昭襄王说："先生你到底愿不愿意指教寡人呢？"范雎说："臣不敢随便说啊！臣只是客居秦国的人，与大王没有交往。臣想要说的匡助国君的事，牵涉到国君与亲属宗族骨肉之间的关系，我愿意奉献赤诚的忠心，但不了解大王的本意，这就是大王三次问臣而臣不敢回答的原因。臣知道今天向大王陈说，即使明天就会伏罪被杀，但臣也不敢回避不说啊。况且死是人们避免不了的事，假如能够对秦国稍有补益而死，这是我最大的愿望啊！臣只怕自己死后，天下的人闭口不敢陈说，止步不敢前来，没有谁肯再来归向秦国罢了。"秦昭襄王长跪着说："先生，你这是什么话！现今寡人能够见到先生，是上天替寡人烦扰先生来保全我秦国先王的宗庙啊。你要陈述的事情不论大小，上至于我的太后，下至于秦国的大臣，都希望先生毫无保留地指教寡人，不要怀疑寡人！"范雎拜谢秦昭襄王，秦昭襄王也回拜范雎。范雎说："凭着秦国的强大，士兵的勇猛，去攻取诸侯各国，就好比是放出韩卢名犬去猎取跛足的兔子。但是秦国却闭关十五年，不敢出兵华山以东，这是穰侯为秦国谋划不忠诚，而且大王的谋略也有失误的地方。秦昭襄王又长跪着说：'寡人希望听到谋略失误的地方！'"但是秦昭襄王身边有许多偷听谈话的人，范雎还不敢说朝廷内部的事，只能先说秦国外部的事，用以观察秦昭襄王的态度，便进言说："穰侯要越过韩、魏两国去攻打齐国的刚、寿两邑，不是好计谋。先前齐湣王向南攻打楚国，打败楚国，杀了楚国的将领，又扩张千里土地，结果齐国连一尺一寸土地都没有得到，难道齐国不想得到土地吗？这是形势使它不能占有啊。诸侯各国看到齐国军民疲困力乏，便起兵攻打齐国，大败齐军，齐国差点灭亡，因为它攻打楚国而肥了韩、魏。现今大王你不如与远方的国家交好而攻打邻近的国家，这样，取得一寸土地，大王就增加一寸土地，取得一尺土地，大王就增加一尺土地。现今韩、魏是中原地方的国家，也就是天下的中枢。大王想要称霸，一定要亲近中原地方的国家，控制天下的中枢，这样可以威服楚、赵。楚国强，秦国就亲附赵国削弱楚国；赵国强，秦国就亲附楚国削弱赵国。楚、赵两国都亲附秦国，齐国一定会害怕，齐国亲附了秦国，那么韩、魏便可攻取了。"

秦昭襄王说："很好。"于是任用范雎为客卿，参与谋划军事。

周赧王四十六年（壬辰，公元前 269 年）

秦国委派一个名叫胡伤的中更率兵进攻赵国的阏与邑，没有成功。

（以上为第二段，写范雎入秦，说秦昭王实施远交近攻策略蚕食东方六国。）

周赧王四十七年（癸巳，公元前 268 年）

秦昭襄王用范雎的计谋，派五大夫绾去攻打魏国，夺取了怀邑。

周赧王四十八年（甲午，公元前 267 年）

秦国的悼太子在魏国作人质死去。

周赧王四十九年（乙未，公元前 266 年）

秦国夺取了魏国的邢丘邑。范雎一天比一天亲近秦王，掌握政事，便趁势找了个恰当的机会向秦昭襄王进言说："臣在崤山以东时，听到齐国有孟尝君，没听说有齐王；听到秦国有太后、穰侯，没听说有秦王。掌控国家大权的称为王，能够决定国家利与害的称为王，掌握杀生大权的称为王。现今太后专擅国事不顾念君王，穰侯出使也不报告君王，华阳君、泾阳君拿主意，做决断，毫无忌讳，高陵君进出朝廷不请示，有这四位权贵在朝，国家不危险是不可能的。在这四位权贵的专权下，这就是臣所说的没有秦王啊。穰侯的使者凭借大王的崇高地位，对诸侯进行控制，对天下进行剖符封赏，征讨敌国，没有谁敢不听从的。战争攻取有收获，利益就归陶邑；战事失利了，百姓怨恨，这祸害便转嫁给国家。我还听说这样的事，树木的果实太多会压断树枝，压断树枝就伤害树干；封地的都邑大了就会危害国家；大臣的地位高了就会使君主卑下。淖齿掌管齐国的大权，用箭射齐湣王的大腿，抽齐湣王的筋，还把齐湣王悬吊在庙堂的梁上，折磨一夜直到死。李兑掌管赵国的大权，把主父囚禁在沙丘宫里，一百天后活活被饿死。臣现今观察四位权贵的专权程度，他们活像淖齿、李兑一类的人啊。夏、商、周三代亡国的原因，是国君把政权交给臣下，自己纵酒、射猎；而所宠信授权的人嫉贤妒能，控制臣下，蒙蔽君上，一心图谋私利，完全不为君主打算，而君主又不觉悟，所以便丧失了国家。现今从领有俸禄的最低级官吏以上至各大官吏，甚至大王你身边的侍从，没有不是相国的人。看到大王你一个人在朝廷上的孤立，臣私下里为大王忧虑，恐怕大王万世之后，拥有秦国的已经不是大王你的子孙了！"秦昭襄王认为范雎说得对，于是废掉太后，驱逐穰侯、高陵、华阳、泾阳君到关外去，任用范雎为丞相，封他为应侯。

魏景湣王派须贾出使秦国，应侯穿上破旧的衣服从便道步行前往去见须贾。须贾惊愕地说："范叔你还好吧！"又挽留范雎坐下供给饭食，拿出一件粗绨袍送给他。范雎便替须贾驾车到了秦国相府，说："我为先生先进去通报给相君。"须贾奇怪范雎进去很久不出来，便向相府的门卫询问，门卫说："这里没有范叔；刚才那位是我们的丞相张先生。”须贾知道被骗上当，于是用双膝行走，进去向范雎谢罪。应侯高高坐在上位，责备须贾，如是说：“你之所以还能活着，是因你送绨袍顾念着我，还有旧人相怜的情意！”于是大摆酒食器具，宴请各诸侯国宾客。让须贾坐在堂下，把铡碎的草料、豆子放在他面前，用喂马的饲料给他吃，让他回去报告魏景湣王说：“快快把魏齐的头送来！否则，我就要到大梁来屠城！”须贾回到魏国，把这事报告给魏齐。魏齐投奔到赵国，藏匿在平原君家中。

赵惠文王死了，他的儿子赵丹继位为孝成王，任用平原君为丞相。

周赧王五十年（丙申，公元前 265 年）

秦国的宣太后死了。九月，穰侯被迫离开秦国都城前往他的封地陶邑。

臣司马光评论说：穰侯拥立昭王，排除危及他的灾害。推荐白起担任秦国的大将，向南进军夺取了鄢城、郢都，向东扩张领土，与齐国的边界相连接，使天下诸侯都俯首事奉秦国。秦国日益强大，是穰侯的功劳。虽然穰侯专断骄横贪心招祸，但也没有都像范雎所说的那样。像范雎这样的人，也不是想为秦国尽忠出谋，只是想得到穰侯的地位，所以便要掐住他的喉咙而夺取他的地位罢了。于是导致秦王断绝了与太后的母子情义，失去与穰侯舅甥之间的恩爱。总之，范雎才是真正危险诡诈的人啊！

（以上为第三段，写范雎危言耸听游说秦昭襄王，排斥太后及四贵的权力，以忠诚事主的名义夺取了秦国相位，受到司马光的批评，司马光说范雎真是一个危险诡诈的人。）

秦昭襄王立儿子安国君为太子。

秦国攻打赵国，夺取了三座城邑，赵孝成王新立为赵王，太后掌管国家大政，向齐国请求救援。齐国人说：“一定要把长安君送来做人质。”太后不同意。齐国不派救兵，大臣们极力规劝太后。太后公开对大臣们说：“有谁再来劝说让长安君去做人质的，老妇一定朝他脸上吐口水！”左师公触龙希望进见太后，太后怒气冲冲地等待他来进见。左师公慢步走进坐下，道歉说：“臣脚有病，很久没能来见太后，臣私下原谅自己。因为怕太后身体有什么不适，所以希望能见太后。”太后说：“老妇靠人力推车行走。”左师公说：“饭量没有减少吧？”太后说：“只是喝一些粥食罢了。”太后的怒气渐渐消解。左师公说：“臣卑贱的儿子舒祺，是最小的儿子，没有才能，而臣又已衰老，臣私下疼爱他，希望能够补黑衣卫士的缺额让他卫护王宫，臣冒死向你请求！”太后说：“行。他年龄多大呢？”左师公回答说：“已经十五岁了。虽然年少，但臣希望在自己死去之前将他托付补缺。”太后说：“男人也疼爱小儿子吗？”左师公回答说：“比女人还疼得厉害。”太后笑着说：“女人疼得特别厉害。”左师公又回答说：“臣私下认为太后你疼爱女儿燕后要超过疼爱长安君。”太后说：“你错了！比不上疼爱长安君。”左师公说：“父母疼爱儿女就要为他谋划得深远。老太太送燕后走时，拉着她的脚而哭泣，是思量她离开得太远，也是在疼爱她啊。燕后既已走了，老太太也不是不思念她，每次祭祀都祝愿她说：‘一定不要让她回来！’这难道不是为她谋划长远，要让她的子孙相继都成为燕国的君王吗？”太后说：“是这样。”左师公说：“现今三代以前的赵王，再到赵国初建的国主，他们的子孙封为侯的，他们的后代还继承为侯的，现今还有吗？”太后说：“没有了。”左师公说：“这些王侯子孙，享有封侯时间短的祸殃累及自身，享有封侯时间长的则是祸殃落到了他的子孙辈。难道说国君的子孙封了侯的人都不好吗？原因是他们地位尊贵又没有功绩，俸禄丰厚又没有劳绩，拥有的国家的贵重宝器太多。现今太后你让长安君享有尊贵的地位，封给他肥沃的土地，多多地给他贵重的宝器，而又不趁现在让他为国家建功，一旦你有意外，长安君拿什么来使自己依托于赵国呢？”太后说：“好，任凭你去支使委派他！”于是左师公为长安君准备车一百乘到齐国做人质，齐国便派出援军，秦军于是撤退。

齐国安平君田单率领赵国军队去攻打燕国，夺取了中阳邑；又攻打韩国，夺去了注人邑。

齐襄王死了，他的儿子田建继位为齐王。田建年少，国家政事都由王后决定。

（以上为第四段，写赵国左师公善解人意，劝说赵太后送小儿子长安君为质于齐以抒国难。）

周赧王五十一年（丁酉，公元前 264 年）

秦国武安君攻打韩国，占领九座城，斩杀了五万人。

田单做了赵国的国相。

周赧王五十二年（戊戌，公元前 263 年）

秦国武安君攻打韩国，夺取了南阳；又进攻太行道，断绝了韩国的道路。

楚顷襄王病重。黄歇对应侯说：“现在楚王病重，恐怕不能痊愈，秦国不如把楚国太子送回去，太子要是能继位为楚王，那么他一定会尊重地事奉秦国并永远感激你相国，这将使秦国得到一个亲善友好的万乘大国。如果不让楚太子返回楚国，那么他只不过是咸阳的一个平民而已。楚国另外立的君主一定不会事奉秦国，这将失去友好的邻国，断绝了与一个万乘大国亲善的机会，这不是好办法。”应侯把这些话报告给秦昭王。秦昭王说：“让太子的老师回去探望楚王的病情，回来之后再商量这件事。”黄歇与太子谋划说：“秦国留下太子，是想从中勒索利益，现今太子你的地位还不能带给秦国什么利益，而阳文君的两个儿子在楚国国内，假如楚王辞世，太子你不在国内，阳文君的儿子一定立为继位之王，这样，太子你就不能够奉祀宗庙了。现今不如从秦国逃走，与使者一起回国。臣请求留下来，用生命来对付秦王！”太子便改换服装，替楚国使者驾车出了关；黄歇却留守在楚太子的馆舍里，常常称说太子有病以婉谢来访客人。等到估计太子已经离开秦国很远了，黄歇才亲自去对秦昭襄王说：“楚太子已经回国，离开秦国很远了。我黄歇愿意接受处死！”秦昭襄王发怒，想把黄歇处死。应侯说：“黄歇作为楚国的臣子，要把生命奉献给他的主子，太子在楚国立为楚王后，一定重用黄歇。不如免了黄歇的罪让他回到楚国，这样就可亲善楚国。”秦昭王听从了应侯的话。黄歇回到楚国之后三个月，这年秋天，顷襄王死了，考烈王即位，任用黄歇为相，封给他淮北之地，号称春申君。

周赧王五十三年（己亥，公元前 262 年）

楚国奉献州陵邑给秦国用以求和。

武安君白起攻打韩国，攻下野王邑。通上党的道路断绝，上党郡的郡守冯亭同当地的民众谋划说：“通往国都郑邑的道路已被切断，秦军一天天逼近，韩国不能来救援，不如将上党郡归附赵国，赵国接受了上党郡，秦国一定会进攻赵国；赵国受到秦军的进攻，一定会亲善韩国；韩国、赵国合力，就可以抵抗秦国了。”冯亭于是派出使者通报赵国说：“韩国没有能力守卫上党郡，让上党郡归入秦国，但上党郡的官吏和民众都安心归附赵国，不愿归入秦国。这里拥有十七座城邑，希望敬献给大王！”赵孝成王把这件事告知平阳君赵豹，平阳君回答说：“圣人把无缘无故得到的利益看作最大的祸害。”赵王说：“上党人向往赵国的德义，怎么能说是无缘无故？”平阳君回答说：“秦国一天天蚕食韩国的土地，切断中间的太行道，不让上党与韩国内地相通，原本就是要乘机占领上党郡。韩国之所以不把上党交给秦国，是想把上党的祸患转嫁给赵国。秦国付出了战争的劳苦，而赵国却获取了上党郡的利益，即便是强大者也不能轻易从弱小者那里夺得利益，难道弱小者反而能够从强大者那里夺得利益吗！怎能说这不是无故而得利呢？所以上党郡不能要。”赵孝成王把这事告诉平原君，平原君请求接受上党郡。赵王便让平原君前去接受上党郡，把拥有万户居民的三个都邑封给上党郡太守冯亭，并封其为华阳君，把拥有千户居民的三个都邑封给上党郡的县令，并封为侯，上党郡的官吏、百姓都加三等爵。冯亭流着泪不愿见赵国的使者，说：“我不忍心卖掉君主的土地而把它作为自己享有的封邑啊！”

（以上为第五段，写秦将白起公元前 264 年伐韩，拉开了秦与韩、赵长达八年的战略决战大幕，史称长平之战。第一阶段，秦伐韩，历时四年攻下野王邑，韩上党太守冯亭附赵，把战火引向秦赵决战。此时期，公元前 263 年，楚国春申君黄歇用计使入秦为人质的太子脱险回国，继位为考烈王。）

周赧王五十五年（辛丑，公元前 260 年）

秦国的左庶长王龁进攻上党郡，占领了上党。上党百姓投奔赵国。赵将廉颇驻军长平，便在长平收容安置上党百姓。王龁因此进攻赵国。赵军接连数次作战失利，一位副将和四个尉官战死。赵孝成王与楼昌、虞卿商议对策，楼昌请求派出重臣到秦国求和。虞卿说："现今掌握讲和主动权的是秦国。秦国决心要打败大王的军队，即使派使者去求和，秦国一定不答应。不如派使者用重宝去亲近楚国、魏国，楚国、魏国接受了重宝，秦国就会疑心天下诸侯又在合纵抗秦，这样求和才能成功。"赵孝成王不听虞卿的计议，派了郑朱到秦国求和，秦国接待了郑朱。赵孝成王对虞卿说："秦国已接待了郑朱。"虞卿回答说："大王你一定得不到求和，而赵军一定会大败。为什么呢？天下去祝贺战争胜利的人现今都在秦国。郑朱，是赵国的重臣，秦王、应侯一定用高规格的礼仪接待，用他来告诉天下。天下的人看到赵王你已向秦求和，一定不来援救赵王；秦国知道天下诸侯不援救赵王，那么求和也就不可能实现了。"接着秦国果然尊显郑朱而不与赵国讲和。

秦国多次打败赵军，廉颇坚守营垒不出战。赵孝成王以为廉颇因军队伤亡多而更加胆怯不敢出战，于是发怒，多次派人去责备他。秦国的应侯又派人带了千镒黄金来到赵国施行反间计，散布流言说："秦国最害怕的，只有马服君的儿子赵括为赵将，廉颇这个人好对付，他就要投降了！"赵孝成王听信了流言，便任命赵括代替廉颇为全军主帅。蔺相如说："赵王看重赵括的虚名而任用他，就像胶柱鼓瑟弹奏一样。赵括只不过能够读他父亲的兵书和论说，不知道灵活用兵的谋略。"赵王不听。当初，赵括年轻时就学习兵法，自以为天下没有谁能与他匹敌。赵括曾经与他的父亲赵奢讨论兵事，赵奢辩不过赵括，然而并不认可赵括懂兵事。赵括的母亲问赵奢这是什么缘故，赵奢说："用兵打仗是要死人的，而赵括轻率地谈论它。假如赵国不任命赵括为将便罢了，如果一定要任命他为将，使赵军覆灭的一定是赵括啊。"到了赵括任赵将就要起程时，赵括母亲向赵孝成王上书，说赵括不宜领兵打仗。赵王说："为什么？"赵括母亲回答说："我当初事奉赵括的父亲时，赵奢担任将领，亲自捧着饭去敬奉的长者有数十人，赵奢所交往的朋友有数百人，赵王及赵氏宗室赏赐给赵奢的财物，他全部分给了军吏和大夫；他接受任命的日子，不过问家里的事。现今赵括一日受命为将，便自己坐在主帅的位子，面向东方会见部属，部属们没有谁敢仰望他的；大王赐给他的黄金及礼物，他全部拿回藏在家中，而常常打听哪里有好的田产房宅，可以买到的就买回来。大王认为赵括像他父亲吗？其实他们父子志向不同，希望赵王你不要派遣赵括！"赵孝成王说："赵母您不要再提这件事了，我已经决定了！"赵括母因此便说："假如赵括不称职，我请求赵王准许我不受儿子株连！"赵孝成王答应了赵括母亲的请求。

秦昭襄王听说赵括已经担任了赵军将领，于是暗中派遣武安君白起担任秦军的上将军，任用王龁为副将，并下令军中说："有敢泄露说武安君任将军的处斩！"赵括到了军中，改变所有的军事部署和军令，撤换军吏，发动士兵冲出营垒进攻秦军。武安君假装失败退走，却部署两支奇兵，突袭赵军。赵括乘胜追赶到秦军阵地营垒，营垒里的军士坚决抵抗，使赵军不能攻进去；秦军部署在侧翼的一支二万五千人奇兵切断了赵军的后路，另外一支五千骑兵又拦截在赵军营垒之间，赵军被分割为两个部分，运粮通道被切断。武安君派出灵活轻装的部队进攻赵军，赵军战斗失利，便修建营垒坚守以等待救兵。秦昭襄王听说赵军后勤粮道被切断，便亲自前往河内坐镇，征发年龄在十五岁以上的男子，全部送往长平，拦绝赵军的救兵及粮食。齐国、楚国军队救援赵军。赵国军队缺乏粮食，向齐国请求借粮，齐王建不答应。周子说："赵国对于齐国、楚国来说，是屏障啊，就好像唇齿一样，唇亡齿寒。今天赵国灭亡，明天祸患便会降临到齐国、楚国头上了。现今援救赵国是急务，应该像捧着漏瓮向烧焦的锅上浇水一样。况且援救赵国，是高尚的义勇行动。打退秦军，可显扬名声。用义勇行动援救危亡的国家，用威势胁逼强大的秦军退却，不急着做这些事而吝惜粮食，为了国家利益，不救赵是错误的啊！"齐王建不听。九月，赵国军队断粮已有四十六天了，赵军内部暗中互相攻杀吃人肉。赵军加紧进攻秦军的营垒，想要突围，分兵四队，轮番攻击秦军营垒，反复轮番攻击四五次，始终冲不出去，赵括亲自带领精锐士卒与秦军交战，秦军射死了赵括，赵军大败，四十万士卒全部投降。武安君白起说："秦军已攻占了上党，上党百姓不愿意做秦民，而归附了赵国。赵国士卒反复无常，不把他们全部杀了，恐怕将来要作乱。"于是用欺诈的手段全部活埋了赵军，只留下弱小的二百四十人送回赵国，前后斩杀并俘虏四十五万人，赵国的百姓十分震惊。

（以上为第六段，写秦赵两军在长平主力决战，赵孝成王中秦国反间计，临阵易将，用纸上谈兵的赵括代替持重老将廉颇，赵军大败，被秦军斩杀活埋40余万人，赵国元气大伤。）

周赧王五十六年（壬寅，公元前259年）

十月，武安君白起分兵为三路：王龁一路进攻赵国的武安、皮牢，攻占了这两地。司马梗一路，向北平定太原，攻占了上党全部土地。韩、魏两国恐惧，便派苏代带着厚礼去劝说应侯范雎，说："武安君就要去围攻邯郸了吗？"应侯回答说："是这样。"苏代说："赵国灭亡，秦国就要称王于天下了，武安君将成为秦国的三公之一，应侯你能屈居于他的地位之下吗？你虽然想不屈居于他的地位之下，但那肯定是办不到的。秦国曾经攻打韩国，包围邢丘，围困上党，上党百姓全部依附赵国，天下各国百姓不乐意做秦民的日子已经很久了。现今秦国如果灭亡赵国，赵国北部的百姓加入燕国，东部的百姓加入齐国，南部的百姓加入韩国，那么你所能得到的百姓也就没有多少了。你不如趁着这有利的形势让赵国割让土地，不要都成为武安君的战功啊。”应侯便对秦昭襄王说：“秦国士兵很疲劳，请允许韩国、赵国割让土地以求和，而且可以使士兵得到休养。”秦昭襄王听从了应侯的话，使韩国割让垣雍，赵国割让六座城邑来讲和。到了正月，秦国、赵国都停止了军事行动。武安君白起从此与应侯范雎有了嫌隙。

赵孝成王将要派赵郝到秦国订立和约，割让六县土地。虞卿对赵孝成王说：“秦军攻赵要夺占土地，大王您认为秦军是因为疲惫而撤回秦国呢？还是尚有进攻能力前进，只是怜悯大王您才不进攻呢？”赵王说：“秦军不遗余力地进攻，一定是因为军队疲惫而撤兵。”虞卿说：“秦国用兵力进攻它所不能取得的土地，士卒疲倦了撤兵回国，大王你却将秦国军力所不能取得的土地奉送给秦国，这是帮助秦国来进攻自己。到明年秦军再来进攻，大王你怕是没救了。”赵孝成王还没有定下计策，楼缓来到赵国，赵孝成王便与他商量这件事。楼缓说：“虞卿只知其一，不知其二。秦、赵两国交战，天下诸侯都高兴，这是为什么？他们说：‘我们将可以依靠强国的力量去战胜弱国了。’现今赵国不如赶快割让地方给秦国来求和，以此来迷惑诸侯，让他们认为秦、赵两国已经和好，又可以安慰秦国贪婪的野心。不这样的话，各诸侯国就会就将依仗秦国的怨怒，趁着赵国疲敝，瓜分赵国，赵国将要灭亡了，还能对秦国怎么样呢？”虞卿听到了楼缓的言论，又来进见赵王说：“楼缓所说的计策很危险，这会让天下诸侯更加怀疑赵国，哪里能安慰秦国的野心啊！唯独不讲这样做其实是在向天下诸侯示弱。况且臣说的不割让土地，并不是任何情况下都不割让土地。秦国向大王索要六座城邑，而大王不如把这六座城邑送给齐国。齐国，是秦国的深仇大敌。不等大王把赵国割让六座城邑的话说完，齐王就会听从大王的。这就是大王在齐国失去六座城邑而将在秦国那里得到的补偿，而且又在天下诸侯面前显示出自己有能力。大王把齐、赵友好的消息放出去，那么齐、赵之兵还没有到达秦国边境，臣相信秦国的使者将带着厚礼来赵国，反而向大王求和了。这样与秦国讲和，韩国、魏国听到消息，一定都要看重大王，这会使大王一举使三个国家结为亲睦近邻，而与秦国变换了地位。”赵孝成王说：“这很好。”便派遣虞卿东行去见齐王建，与齐王建商讨对付秦国的事。虞卿还没有回到赵国，秦国的使者已来到赵国了。楼缓听到这消息，便逃离赵国。赵孝成王把一座城邑赏封给虞卿。

秦国最初进攻赵国时，魏安釐王向各位当政大臣询问对魏国的影响，各位大臣都认为秦国攻打赵国对魏国有好处。孔斌问：“为何这样说呢？”大臣们回答说：“秦国打败了赵国，那么魏国就此归服秦国；如果秦国不能战胜赵国，那么魏国就可利用秦国战败疲惫之时而攻击它。”子顺说：“不是这样的。秦国自孝公以来，从未打过败仗，现在又交兵权给良将，哪里有什么疲惫可利用！”大夫们又说：“即使秦国打败了赵国，对我魏国又有什么损害呢？邻国失败的羞耻，正是我们魏国的幸福啊。”子顺说：“秦国，是贪婪强暴的国家，它打败了赵国，一定又向别的国家下战书，到那时，恐怕魏国要受到它的侵略。先人说过这样的话：燕雀巢筑在房屋上，母鸟与雏鸟相哺食，响响地鸣叫相乐，自以为很安全。没想到屋里的炉灶烟囱火焰径向上冲，整座房子即将被焚毁，燕雀依然安乐如故，不知道祸患即将临头。现在各位大夫不醒悟，看不到赵国破灭的祸患即将降临到魏国自己身上，难道人可以像燕雀那样无知吗！”子顺这个人，是孔子的第六代孙。当初，魏安釐王听说子顺贤明，便派使者带上黄金和礼物，聘请子顺为魏相。子顺对使者说：“假如魏王能采用我的治国方略，一定可以实现国家的治理，即使吃蔬菜喝白水，我都会竭尽全力的。如果只是想利用我这个人，给我很高的俸禄，那我也只是一个普通人罢了。魏王怎会缺少一个普通人呢！”使者坚决请求，子顺于是前往魏国；魏安釐王到郊外来迎接子顺，任用他为魏相。子顺撤换了那些受到魏安釐王亲近宠信的官僚，而任用贤能的官员，剥夺无所事事的官员的俸禄来赏赐给有功的官员。那些失去了职务和俸禄的人都不高兴，于是制造毁谤的言论。文咨把这些谤言报告给子顺。子顺说：“一般民众，不可与他们谋划革新事业的开头不是一天两天了！古代实施善政的人，他们开始施政时没有不受毁谤的。子产任郑国的相，三年后毁谤才停止；我的先君孔子任鲁国相，三个月以后毁谤才停止。现今我治理国政一天天见成效，虽说还赶不上贤明的人，但是岂能去理会毁谤！”文咨说：“我不知道先君孔子受到的毁谤是什么？”子顺说：“先君孔子开始为鲁相，有人讽刺说：‘穿小鹿皮裘便衣弃穿黼黻朝服的那个大夫，抛弃他也无妨；穿黼黻朝服而原穿鹿皮裘的大夫，抛弃他也没错。’任鲁相到了三个月，政治教化已见成效，人们又传诵说：‘穿裘皮衣，戴礼帽的那个大夫，实在合我意。那个穿皮裘的大夫，无私地施惠给我。’”文咨听后高兴地说：“如今才知道先生与圣贤没有什么不同啊。”子顺任魏国相共九个月，向魏安釐王提出的治国大计都得不到采用，于是叹气说：“说的话得不到采用，这是我说得不恰当。说的话不合主上的心意，却做主上的官，享受主上的俸禄，这是空占位子白吃饭，我的罪过实在太重了！”所以回到家里以生病为由辞去相位。有人对子顺说：“魏王不信任你，你怎么不出走呢？”子顺回答说：“出走又能去哪里呢？崤山以东各国都将被秦国吞并，秦国政治不仁不义，施行仁义的人是不会去的。”子顺便闲居在家。新垣固请教子顺说：“贤人居位任职的地方，一定兴教化，政治清明。现今你担任魏国相，没有听到你特别的政绩便自行引退，想来是不得志吧，为什么这么快离开相位呢？”子顺说：“正是因为没有特别好的政绩，所以自己辞官。且死症是没有良医能治的。现在秦国有吞并天下的野心，用仁义去事奉它，一定得不到安全；拯救危亡都来不及，哪里还谈得上兴教化！古时伊挚在夏朝，吕望在商朝，而夏、商两国也没有得到治理，难道是伊挚、吕望不想治理好国家吗？是大势不允许啊。现在崤山以东的国家衰败不振，韩、赵、魏这三晋之国割让土地给秦国以求苟且偷安，东周、西周转向附从秦国，燕国、赵国、楚国也已经屈服了。由此看来，不过二十年，天下一定全部归秦国了！”

秦昭襄王想为应侯实现他报仇雪恨的愿望，听说魏齐躲藏在平原君家里，于是用甜言蜜语引诱平原君到秦国后把他拘留起来。又派使者对赵孝成王说：“得不到魏齐的人头，我决不让赵王您的弟弟平原君出关！”魏齐没有办法，来到虞卿那里，虞卿辞去相位，与魏齐一起逃亡。到了魏国，虞卿想通过信陵君去投奔楚国。信陵君心里怕担责，就没有接纳魏齐，魏齐很愤怒，便自杀而死。赵孝成王将魏齐的人头给了秦国，秦国便将平原君放归到赵国。九月，秦国的五大夫王陵又率领军队攻打赵国。这时武安君白起病重，不能随军出征。

（以上为第七段，写长平之战进程中，赵、魏两国面对秦兵压境的高压不能合纵抗秦，争相割地赂秦以苟延时日。魏相子顺建言合纵，魏安釐王不听，子顺辞去了相位。）

周赧王五十七年（癸卯，公元前258年）

正月，王陵进攻邯郸，战事失利，秦国增派兵力去援助王陵；王陵丧失了五校的部众。这时武安君已痊愈，秦昭襄王想派武安君白起去替代王陵。武安君说：“邯郸实在是不容易攻下的，况且救赵的诸侯援军一天天开到。那些诸侯怨恨秦国已经很久了。秦国虽然在长平打了胜仗，但是死亡的士卒超过了一半，国内空虚，秦军从遥远的地方越过黄河、太行山去争占别人的国都，这样赵国军队在内，诸侯援军在外夹击邯郸的秦军，打败秦军是必然的。”秦昭襄王亲自下命令，武安君仍不肯前行，于是派应侯去劝请武安君。武安君始终以疾病推辞，不肯去邯郸前线。秦昭襄王便任命王龁代替王陵。

赵孝成王派平原君到楚国求援，平原君要在他门下的食客中选取文武兼备的二十个随行人员一同前往。最后只选得十九人，其余食客没有可挑选的。毛遂向平原君推荐自己。平原君说：“贤能的士人处于世上，就好比锥子放在袋子里，它的尖端很快就会显现出来。先生您在我赵胜的门下已有三年了，我身边的人没有称扬过你，我赵胜也没有听说过您有何才干，这是由于先生你没有什么长处吧。先生你没有才能，还是留下来吧！”毛遂说：“臣就在今天请求放置在袋子中罢了！假如让我毛遂早放置在袋子中，锥的锋芒早就冒出来了，不仅仅是锥的末端显现而已。”平原君于是同意毛遂为随员一起去楚国，那已选定的十九人便互相使眼色讥笑毛遂。平原君到了楚国，与楚考烈王论说合纵的利害得失，从早晨太阳出来谈到了正午时还没有定下来。毛遂手按着剑快步登阶上殿，对平原君说：“合纵的利害得失，两句话便能决定！今天从太阳出来到正午还不能决断，这是为什么？”楚考烈王发怒叱斥说：“为何还不退下去！我是在与你的主君说话，你来干什么？”毛遂手按剑把向前靠近楚考烈王说：“大王之所以叱斥我毛遂，是依仗楚国人多势众。现今在这十步之内，楚王你就不能依仗楚国的人多势众了！楚王您的命掌握在我毛遂手中。我的主君就在面前，你叱斥干什么？况且我毛遂听说商汤以七十里的国土而称王天下，周文王用百里的国土而使诸侯各国臣服，难道是他们的士卒众多吗？实在是他们能够掌控当时的形势来发扬他们的威力啊。现今楚国地方方圆五千里，手持戈矛的武士有一百万人，这是实现霸王大业的资本。凭着楚国这样强大，天下各国都无法抵挡。白起，只是一个平庸小子而已，他率领几万部众来与楚国作战，只一次大战就攻下了鄢城、郢都，第二次大战就烧毁了夷陵，第三次大战竟然焚烧了楚国先王的陵庙，这是千秋百世的仇怨，也是我赵国感到羞辱的大事，而楚王您却不厌恶秦国白起的凶横。合纵这事也是为了楚国，不只是为赵国。我的主君就在面前，楚王您叱斥干什么？”楚考烈王说：“是，是，真是像先生您说的，我敬请以楚国的土地、百姓跟从赵国。”毛遂说：“合纵的事决定了吗？”楚考烈王说：“决定了。”毛遂对楚考烈王身边的臣子们说：“快取鸡、狗、马的血来！”毛遂捧起铜盘跪着进送给楚考烈王说：“大王应当先歃血以订立合纵盟约；其次歃血的是我的主君，再次歃血的是毛遂我。”于是楚王便在殿上订立合纵盟约。毛遂用左手拿着铜盘的血用右手招呼其他十九人说：“你们一同在堂下歃这些血！你们才干平平却也辛辛苦苦随从而来，‘靠着别人成大事’的啊。”平原君订立合纵条约回归赵国。到了赵国，平原君说：“我赵胜不敢自信能品鉴天下的士人了！”于是奉毛遂为上客。

（以上为第八段，写赵平原君使楚求救，门客毛遂自荐入楚立大功，立盟成功，毛遂为平原君门下上客。）

于是楚考烈王派春申君率军援救赵国，魏安釐王也派了将军晋鄙率军十万去援救赵国。秦昭襄王的使者对魏安釐王说：“我进攻赵国，早晚将要攻下。敢去援救赵国的诸侯，等我攻下赵国后，一定调转军队首先攻击它！”魏安釐王很害怕，派人去阻止晋鄙援救赵国，让军队在魏国边邑邺县扎营停下来，表面上声称援救赵国，实际上是脚踏两只船。魏安釐王又派将军新垣衍从小路进入邯郸，通过平原君去劝说赵孝成王，想共同尊秦昭襄王为帝，让秦国退兵。齐国人鲁仲连当时在邯郸，听到这消息，便前去面见新垣衍，说：“秦国是抛弃礼义，以追求杀敌砍头多的人为一等功的国家，如果它真的肆无忌惮在天下称了帝，那么我鲁仲连只有投赴东海一死，不愿做它的臣民！况且这是魏王还没有看到秦王称帝的危害罢了，我将要让秦王把魏王烹杀剁成肉酱！”新垣衍怏怏不快地说：“先生怎么能让秦王把魏王烹杀剁成肉酱呢？”鲁仲连说：“当然可以做到，我就来说说这道理。从前九侯、鄂侯、周文王，都是纣王的三公。九侯的女儿长得很漂亮，把她献给纣王，纣王认为不美，便把九侯剁成肉酱；鄂侯替九侯极力抗争，争论很激烈，纣王就把鄂侯杀死做成肉干；周文王听到这事，只不过发声叹息，纣王就把他拘禁在羑里的牢内一百天，想让文王死掉。现在的秦国，是拥有兵车万乘的国家；魏国，也是拥有兵车万乘的国家。都是拥有兵车万乘的国家，各自都有称王的名声，为什么只看到秦国打了一次胜仗，便想让它称帝，而自己却甘愿落得被杀死做成肉干肉酱的地步呢！况且秦王并不满足于只是称帝，他还要用天子的礼仪来号令天下，还要撤换诸侯各国的大臣，撤掉他认为不称职的人，而把职位给他认为称职的人，还要把自己忌贤妒能和挑拨是非的妇人做诸侯的王妃。把这些人安插在魏国的宫廷中，魏王又怎能安心度日呢！而新垣衍将军又怎么能保持魏王对你原来的宠信呢！”新垣衍听了立即起身，一再拜谢说：“我现在知道先生是天下的贤士了！我请求离开邯郸，不敢再说尊秦为帝了！”

燕武成王死了，他的儿子孝王继位。

当初，魏国公子无忌仁爱而尊重士人，他门下的食客有三千人。魏国有一位隐士侯嬴，已经七十岁了，家境贫寒，当时是魏都大梁城夷门的监守官吏。公子无忌设宴大会宾客，宾客们已纷纷入座。公子亲自带着随从去迎接侯嬴，空出坐车左边的位置给侯嬴。侯嬴整理了一下身上穿的破旧长衣，戴着破旧帽子，毫不推辞地径直坐上公子车上左边的位置。公子手拉着御马的缰绳，态度更加恭敬。侯嬴对公子说：“我有一位朋友在市场屠宰牲口的地方，希望车能绕道让我借光去看他。”公子便驾车到市场，侯嬴下车去见他的朋友朱亥，还斜眼观察公子的态度。又故意久久地站着同他的朋友谈话，暗中观察着公子。公子的态度更加和蔼，于是侯嬴告别朋友上了车，赶到了公子的府第。公子引领侯嬴坐在上座席位，向宾客一一介绍他，宾客们都很惊异。到了秦国围攻赵国邯郸时，赵国平原君的夫人，也就是魏公子无忌的姐姐，平原君派到魏国求援的使者的车马络绎不绝地到了魏国，平原君责备公子无忌说：“我赵胜之所以自愿依附高攀结亲，是因为公子您有高尚的品德，能够救助别人的急难。现在邯郸很快就要投降秦国了，而魏国的救兵却不来，即使公子嫌弃我赵胜不管，难道您不怜悯您的姐姐吗！”公子很忧愁这事，多次请求魏王下令晋鄙率兵援救赵国，宾客辩士百般劝说，魏王总是不答应。公子无忌于是结集宾客，配备车骑一百多乘，想奔赴赵国前线以死相搏共存亡。车骑经过夷门时，公子面见侯嬴。侯嬴说：“公子尽力而为吧，我老了，不能跟从！”公子离开侯嬴，行走了几里路，心里不高兴，又返回来见侯嬴。侯嬴笑着说：“我早就知道公子会回来的！现在公子没有别的办法，就想奔赴战场与秦军拼命，就好比把肉投给饥饿了的老虎，有什么好果子呢。”公子一再拜谢并询问计策。侯嬴叫别人回避之后，说：“我听说调遣晋鄙的兵符在魏王的卧室内，而如姬最得魏王宠幸，她有办法窃取兵符。我曾经听说公子你替如姬报了杀父之仇，如姬为了公子，即使去死也愿意。公子你若真的向如姬开口，就可得到虎符，夺得晋鄙的军队，开往北面救援赵国，向西打退秦国，这才是五霸的功业啊。”公子依照侯嬴说的那样去做，果然得到了兵符。公子就要上路了，侯嬴说：“将军在外，君王的命令有的可以不接受，假如晋鄙合了兵符而不把兵权交给你，他再请示魏王，那么事情就危险了。我的朋友朱亥是位大力士，可以与你一同去。晋鄙如果答应交兵权，那最好；如果不答应交兵权，那就让朱亥杀了晋鄙！”于是公子请朱亥一同前往。到了邺县，晋鄙合了兵符，怀疑这事，抬头对公子说：“我拥有十万兵众，驻屯在魏国边境上，现在你只身前来代替我，这是怎么一回事？”朱亥袖藏四十斤的铁锥，击杀晋鄙，公子便集合兵众下令全军说："父子两人都在军中的，父亲回家去！兄弟两人都在军中的，哥哥回家去！独生子没有兄弟的，回去供养父母！"经挑选合格的兵众有八万人，公子带领这些军队向邯郸进发。

王龁围攻邯郸好久没能攻下，诸侯派兵来援救赵国，王龁攻打多次失利。武安君听到这消息，说："秦王不听我的计划，现在怎样呢？"秦昭襄王听到武安君说的话，十分震撼，强令武安君前去统领军队。武安君假称病重，不接受命令。

（以上为第九段，写楚相春申君领兵救赵，魏国信陵君窃符救赵。楚、魏、赵三国合纵抗秦，赵平原君、楚春申君、魏信陵君齐聚长平之战的历史舞台。）

周赧王五十八年（甲辰，公元前 257 年）

十月，秦昭襄王削夺了武安君的爵位，贬为士武，把他流放到阴密。十二月，增调军队开赴至汾城旁。武安君因有病，没有前往，诸侯军打得王龁军一再退却，王龁派出求援的使者一天天到来，于是秦昭襄王派人驱赶武安君，不让他留居咸阳城。武安君走出咸阳西门十里，到了杜邮邑。秦昭襄王与应侯及臣子们商议说："白起迁出咸阳，心里露出怏怏不满，还有怨言。"秦昭襄王便派使者赐剑给白起，让他自己了断，武安君于是自杀。秦国人十分同情白起，城乡各地百姓都祭祀他。

魏公子无忌的军队在邯郸城下大败秦军，王龁解除了对邯郸的包围退走。郑安平被赵军围困，带领两万人投降赵国，应侯因此受到株连。

公子无忌援救保全了赵国，却不敢回魏国，与宾客们留在赵国居住，派遣将领率领魏军回国。赵孝成王与平原君商议，把五座城邑封给公子无忌。赵孝成王亲自打扫台阶迎接公子，实行主人的礼节，领着公子无忌从西阶而上。公子无忌侧着身子行走，谦虚礼让，随主人从东阶而上，说自己有罪过，既亏负了魏国，对赵国也无功。赵孝成王与公子无忌共饮到了太阳落山时，无法说出献五城给公子的事，因为公子谦退辞让的缘故。赵孝成王奉献鄗城为公子无忌的住处。魏国仍将原来的信陵封邑供奉给公子无忌。公子无忌听说赵国有位不做官的士人毛公隐居在赌徒中，薛公隐居在卖酒浆的人家里，便很想见到他们。这两人不肯见面，公子于是秘密地跟他们交游。平原君听到后批评公子无忌，公子无忌说："我听说平原君是一位贤人，所以才背着魏国来救赵国。现在平原君所交游的人，只是一些空有豪侠名声的人罢了，原来平原君不是追求真正的人才啊。拿我无忌的身份与这两人交游，还恐怕他们不情愿同我交游呢。平原君竟然认为丢了面子。"于是收拾行装想离开赵国。平原君脱帽道歉，公子无忌才留了下来。

平原君想赏封鲁仲连，派去的使者往返三次，鲁仲连终究不肯接受。又用千金给鲁仲连祝寿送礼，鲁仲连笑着说："天下贤士所看重的，是替人排除祸患、消除危难、解决纠纷，而不取报酬。假如索取报酬，那是商贾买卖的行为！"他辞别了平原君，终生不再相见。

秦国太子的妃子华阳夫人没有儿子。复姬生的儿子叫异人。异人在赵国做人质，秦国多次进攻赵国，赵国人对待异人不友好，异人以非嫡亲孙子的身份在诸侯国中做人质，平时使用的车乘财物都不充裕，生活穷困，很不得意。

阳翟的大商人吕不韦来到邯郸，看见异人的情况，说："这真是稀有货物，可以囤积起来谋利！"于是登门拜访异人，对他说："我能够使您的门第光大！"异人笑着说："还是让您自己的门第光大吧。"吕不韦说："您不明白啊，我的门第要等到您的门第光大了才能光大。"异人心中明白他所说的意思，于是请吕不韦一同进坐深谈。吕不韦说："秦王已年老了。太子宠爱华阳夫人，夫人没有儿子。你的兄弟有二十多人，其中子傒有继承秦国王位的资格，他又得到丞相士仓的辅佐。你在兄弟中排行居中，又不怎么受宠，长时期在诸侯中做人质。等到确立即位的太子时，你无力争做太子。"异人说："那该怎么办呢？"不韦说："能够立嫡为继嗣的人，只有华阳夫人。我吕不韦虽然贫穷，但极愿意用千金为您西行去秦国奔走，立您为继嗣人。"异人说："真的实现了你的计谋，我愿意分一半秦国与你共享。"不韦于是拿出五百金给了异人，要他结交宾客。又用五百金买珍奇宝物，自己携带西行到秦国，面见华阳夫人的姐姐，把珍奇宝物献给夫人。趁着见面的机会赞誉异人贤能，结交的宾客遍布天下，他经常日夜伤心流泪思念太子和夫人，说："我异人唯一的依靠是夫人，夫人就是我的亲生母亲！"夫人十分高兴。吕不韦于是趁热打铁，鼓动夫人的姐姐劝说夫人："用美色事奉别人的，到了年老色衰时宠爱就淡了。现今夫人受到宠爱而没有儿子，不趁着年轻，早早地从众多儿子中挑一个贤明孝顺的儿子做嫡子，如果真到色衰，所受宠爱淡薄时，想开口说一句话，还有人听吗？现今异人贤明，他自己也明白是排行中间的儿子，不能够被立为嫡子做继承人。夫人真能在这时提拔异人，这就是把他当作亲生儿子，使异人本没有国家而有了国家，夫人您本没有儿子而有了儿子，那么夫人在秦国就终生受宠了。"夫人认为吕不韦说得对，便找机会对秦昭襄王太子安国君说："儿子异人最贤明，来往的人都称赞他。"于是哭泣着说："我很不幸没有儿子，希望能把异人当成自己的儿子，以托付我的终生！"太子答应了她的要求，便与夫人刻了玉符，约定立异人为嫡嗣，将丰厚的财物送给异人，并请吕不韦辅导他。异人的好名声也在诸侯中盛传开来。

吕不韦娶了邯郸城中最美丽的女人，知道她已怀了孕。异人与吕不韦一同饮酒，看见这位美人，便想得到她。吕不韦假装发怒，后来把美人献给异人。这位美人怀孕十二个月，生下儿子嬴政，异人便把这位美人立为夫人。邯郸被围困时，赵国人想杀掉异人，异人和吕不韦共同行贿，花了金六百斤给看守的人，脱身逃亡到秦军中，得以返回秦国。异人穿着楚人的衣服去见华阳夫人，夫人说："我是楚国人，要把你当作自己的儿子。"因此改了异人的名字叫子楚。

周赧王五十九年（乙巳，公元前256年）

秦国一位名叫摎的将军率军攻打韩国，攻占了阳城、负黍，斩杀四万人。又攻打赵国，攻占了二十多个县邑，斩杀俘虏九万人。周赧王害怕，背叛了与秦国的盟约，同诸侯相约合纵抗秦，率领天下诸侯精锐的军队出伊阙去攻打秦国，要切断秦国通达阳城的道路。秦昭襄王派将军摎进攻西周，周赧王进入秦国，叩头认罪，把他的三十六邑和三万人口全部进献给秦国。秦国接受了他的进献，把赧王送回西周国。这一年，赧王去世。

（以上为第十段，写信陵君窃符救赵后，留赵不归。吕不韦奇货可居，投机政治。秦灭西周。）

【点评】

一场提速历史转折的秦赵八年长平大决战。本卷所述史事处于战国中期的后段，时间只有十七年，起自公元前272年，止于公元前256年，值得评述的最大事件是秦赵主力决战。这一时期，东方六国赵国最强，是阻挡秦国东进的最大障碍。秦赵决战是不可阻挡的历史大势。秦赵决战又总是从秦伐韩开始。东方六国，韩国最弱，又挡在秦国东进的最前沿，秦国东进首先灭掉的是韩国。韩最弱，又最好下手。但是唇亡齿寒，秦伐韩，赵救韩是必然之势。加之韩与赵渊源密切。晋六卿当政时，韩赵两家在政治斗争中就紧密联手，韩厥救赵孤，就是家喻户晓的故事。韩赵世代联姻，实际就是同盟关系。公元前270年阏与之战，起于秦伐韩，赵救韩。此役赵胜秦败。公元前264年，秦伐韩攻陉，开启了长达八年的长平之战。秦国经过长期准备，委派白起为主帅，复仇雪恨，加之蚕食土地，志在必得。公元前260年，韩国上党不保，赵救韩，并非平原君利令智昏，这只是一个导火索，唇亡齿寒才是赵救韩的本质。其后信陵君的窃符救赵，平原君使楚，楚春申君救赵，实现韩、赵、楚、魏四国结盟。楚、魏、赵三国联军大败秦军于邯郸城下，赵国才死里逃生，但从此一蹶不振。

秦赵长平之战，赵国的失败并不是输在军事上，而是输在政治和外交上。赵韩联军以逸待劳，又在内线作战，天时地利人和都占优。廉颇持重，避敌锋芒，用持久战拖垮秦军。即使有善战的白起也必为败军之将。无奈赵孝成王昏庸，中敌反间，临阵换将，已是兵家大忌，更何况换了一个纸上谈兵之将，军事上也输给了秦国。政治上，秦国上下一心，举国一致，浇灌农田的水也用来作运输，十五岁的男子全部征发上战场、保运输。赵国政治腐败，小人当道，未见有举国一致的动员。外交上，赵孝成王和战举棋不定，未能在长平军事决战之时做好与魏、楚合纵的准备。齐国置身事外，坐看赵军粮草断决而不伸援手。假如赵孝成王听得进蔺相如、虞卿的意见，军事上听信廉颇，外交上听信虞卿，政治上听信蔺相如，赵国人才济济，加上合纵盟国的支援，完全可以打败秦军，历史或许是另一番模样，赵国几近于称霸。长平战后，三晋削弱，东方六国失去了屏障，争相割地与秦以求和，只不过是苟延残喘罢了。长平之战，是战国时代的转折点，秦并六国已成为不可逆转之势。

秦纪一

秦昭襄王五十二年至秦始皇帝十九年（公元前 255—前 228）

【起柔兆敦牂（丙午，公元前 255 年），尽昭阳作噩（癸酉，公元前 228 年），凡二十八年】

【大事提要】

本卷记事起于公元前 255 年，到公元前 228 年，凡二十八年，当为秦昭襄王五十二年至秦始皇帝十九年。本卷所载的大事，主要是以下几个方面：其一，秦灭周朝。公元前 256 年，秦国出兵攻打西周，西周非常恐惧，以西周三十六城、人口三万降秦，秦尽收其地，周赧王悲愤而死。从公元前 255 年开始，《资治通鉴》便以秦历纪年。公元前 249 年，东周君合纵攻秦，秦攻东周，执东周君而归，周朝彻底灭亡。其二，嬴政即位。公元前 251 年，执政 56 年的秦昭襄王嬴稷去世，其子孝文王嬴柱即位。可怜的是，秦孝文王即位三天后就死了，大概是历史上最短命的帝王。其太子子楚即位，是为秦庄襄王。三年后，庄襄王也一命呜呼。其子嬴政继位，是为秦始皇帝，开启了帝国统一的征程。其三，嬴政平乱。公元前 238 年，秦王嬴政举行冠礼。长信侯嫪毐因私通太后的丑事暴露，便矫诏发动叛乱，嬴政早有防备，很快平定叛乱，嫪毐落荒而逃，后被车裂，暴尸示众；文信侯吕不韦牵连其中，被免去相国职务，后被嬴政羞辱而自杀。秦国真正进入嬴政时代。其四，赵毁“长城”。老将廉颇，于赵偃即位后即被弃用，去魏，后赵国多次被秦军围困，岌岌可危，赵王思用廉颇，派使臣慰问，使臣受郭开金而予以谗毁，诬之“一饭三遗矢”，无复再用。李牧，是赵国赖以支撑危局的唯一良将，亦受谗毁，而被杀害，国亡矣！其五，秦灭“三晋”。秦王嬴政亲政后，任用尉缭和李斯等人，积极推行统一战略，至公元前 228 年，已消灭韩国、赵国。公元前 230 年，秦国派韩国叛将腾攻打韩国，俘获韩王韩安，韩国灭亡。公元前 228 年，秦军攻破邯郸，赵王赵迁被迫投降，赵国实际上灭亡。

昭襄王

秦昭襄王五十二年（丙午，公元前 255 年）

秦国河东郡郡守王稽因犯通敌罪，被判斩刑，弃于街市。应侯范雎为此闷闷不乐。秦昭襄王在坐朝听政时唉声说："外有诸多敌国，我因此而忧虑！"范雎很恐惧，但想不出用什么办法来解决。

燕国人蔡泽听说这件事情，便向西进入秦国，先让人向范雎扬言说："蔡泽是天下能言善辩的名士，他一见到秦王，就必然会使您为难，进而能够夺取您的位置。"范雎很生气，派人召蔡泽来见。蔡泽进见时，态度傲慢不敬，范雎大为不快，因此斥责蔡泽说："你扬言要取代我做秦国的相国，那就让我听听你的见解吧。"蔡泽说："哎呀，您见事怎么这么迟钝啊！四个季节按春生、夏长、秋实、冬藏的次序，各自完成它的使命而轮回下去。您难道没有看到秦国商鞅、楚国吴起、越国文种的下场吗？这有什么值得大惊小怪的呢？"范雎故意反驳说："这有什么不可以的！这三个人的表现是节义的准则，忠贞的典范啊！君子可以杀身成名，并且死而无憾。"蔡泽说："人们要建功立业，怎么会不期望着功成名就、全身而退呢？生命与功名都能保全，才是众人的愿望；功名可以为后人景仰效法而生命却已失去的，就次一等了；声名蒙受耻辱而自身得以苟全的，便是最下一等的了。商鞅、吴起、文种，他们作为臣子，竭尽全力忠于君王而取得了功名，这是可以为人仰慕的。但是，闳夭、周公不也是既忠心耿耿又道德高尚、智慧过人吗？从君臣关系上说，那三人虽然令人仰慕，可又哪里比得上闳夭、周公啊？"范雎说："是啊。"

蔡泽说："如此说来，您的国君在顾念旧情、不背弃有功之臣这点上能与秦孝公、楚悼王、越王哪一个相比呢？"范雎说："我不知道能不能相比。"蔡泽说："那么，您与商鞅等三人相比，谁的功劳更大呢？"范雎说："我不如他们。"蔡泽说："这样的话，如果您还不引退，将遇到的灾祸恐怕要比那三位更严重了。俗话说：'太阳升到中午天就要偏斜而西，月亮圆满了就会渐见亏缺。'进退伸缩，随时势的变化进行调整以求适应，这是圣人的法则。现在您的仇也报了，恩也报了，心愿完全得到满足了，却还不做功成身退的打算，我私下里为您担忧！"

范雎于是将蔡泽奉为上宾，并把他推荐给秦昭襄王。秦昭襄王召见蔡泽，与他交谈，十分喜爱他，便授予他客卿的职位。范雎随即以生病为借口，辞去了相国之职。秦昭襄王一开始就赞赏蔡泽的计策，便任命他为相国。但蔡泽任相国几个月后，就被免职了。

（以上为第一段，写秦国国相范雎因所推荐的王稽犯通敌罪被诛而心神不宁，被辩士蔡泽取而代之。）

楚国春申君黄歇任用荀卿为兰陵县令。荀卿是赵国人，名况，曾经与临武君在赵国孝成王赵丹面前辩论用兵之道。

赵孝成王说："请问，什么是用兵的要旨？"临武君回答说："上得天时，下得地利，观察敌人的变化动向，比敌人后发兵而先到达，这就是用兵的关键方略。"荀况说："不是这样。我所听说的古人用兵的道理就是用兵攻战的根本，在于统一民众。弓与箭不协调，就是善射的后羿也不能射中目标；六匹马不协力一致，即便善御的造父也无法将马车赶往远方；士兵与民众不亲附国君，即使是商汤、周武王也不能有必胜的把握。因此，善于使民众归附的人，才是善于用兵的人。所以，用兵的要领，在于使民众依附。"

临武君说："并非如此。用兵所重视的是形势要有利，行动要讲究诡诈多变。善于用兵的人，行事疾速、隐蔽，没有人料得到他会从哪里出动。孙武、吴起采用这种战术，天下无敌，不见得一定要依靠民众的归附啊！"荀况说："不对，我所说的是仁人的用兵之道和要统治天下的帝王的志向。您所看重的是权术、谋略、形势、利害。仁人用兵是不能欺诈的。能够施用欺骗之术对付的是那些骄傲轻慢、疲惫衰弱的军队，以及君与臣、上级与下属之间不相和谐而离心离德的军队。因此，用夏桀的诈术对付夏桀，或许还有使巧的一方成功，而使拙的一方失败的可能。而用夏桀的骗术去对付唐尧，就如同拿鸡蛋去碰撞石头，把手指伸进滚水中搅动，就如同投身到水火之中，不是被烧焦，便是被淹死。故而仁人的军队，上下一条心，三军同出力；臣子对国君，下属对上级，犹如儿子侍奉父亲，弟弟侍奉哥哥，犹如用手臂保护头颅、眼睛、胸膛和腹部。这样的军队，用欺诈之术去袭击它，与先惊动了它而后才去攻击它是一回事。况且，仁人如果统治着十里的国家，他的耳目将布及百里；如果统治着百里的国家，他的耳目便将布及千里；如果统治着千里的国家，他的耳目就会遍及天下。这样，他必将耳聪目明、机警而有戒备，和众如一。因此，仁人的军队，集结起来，就是一支以一当百的部队；分散开时，就成战阵行列；延长伸展，好似莫邪宝剑的长刃，碰上的就被斩断；短兵精锐，仿佛莫邪宝剑的利锋，遇到的就被瓦解；安营扎寨，稳如磐石，顶撞它迅即遭到摧折而退却。再说，那些暴虐国家的君王，能依靠谁呢？他们所依靠的只能是他的民众。而他的民众爱我就如同爱他的父母，喜欢我就如同喜欢芬芳的香草。相反，想起他的君王，就好似畏惧遭受烧灼与黥刑，好似面对不共戴天的仇敌。人之常情，即便是夏桀、盗跖，也不会为他所厌恶的人去残害他所喜爱的人！这就犹如让人们的子孙去杀害自己的父母，是根本不可能的。如此，民众一定会前来告发君王，那又有什么诈术可施呢？所以，由仁人治理国家，国家将日益强盛，各诸侯国先来归顺的则得到安定，后来依附的即遭遇危难；相对抗的将被削弱，进行反叛的即遭灭亡。《诗》所谓'商汤竖起大旗，诚敬地握着斧钺，势如熊熊烈火，谁敢把我阻拦？'说的正是这种情况。"

赵孝成王、临武君说："对啊！那么，请问君王用兵，应该建立什么教令、如何行动才好呢？"荀况答道："总的说来，君王贤明的，国家就太平；君王无能的，国家就混乱；推崇礼教、尊重仁义的，国家就治理得好；荒废礼教、鄙视仁义的，国家就动荡不安。秩序井然的国家便强大，纲纪紊乱的国家便衰弱。这就是强与弱的根本所在。君王的言行足以为人敬慕，民众才可以接受驱使；君王的言行不能为人景仰，民众也就不会服从召唤。民众可供驱使的，国家就强大，民众不服调遣的，国家就衰弱，这就是强与弱的常理。齐国人重视兵家的格斗技巧，施展技击之术，斩获一颗人头的，赏金八两，或抵偿本人犯罪应缴的同等数额的罚金，没有斩首，打了胜仗也无赏。这样的军队，遇到弱小的敌人，还可以凑合着应付；一旦面对强大的敌军，就会涣然离散，如同天上的飞鸟，败亡覆灭就在眼前，这是亡国之军，没有比这种军队更衰弱的了，它与招募一群受雇佣的市井小人去作战相差无几。魏国按照一定的标准选拔武勇的士兵。选取时，让士兵披挂上全副铠甲，拉开十二石的强弓，身背五十支利箭，肩扛戈，头戴盔，腰佩剑，携带三天的食粮，每日急行军一百里。达到这个标准的，便为武勇之兵，即可被免除徭役，并分得较好的田地和住宅。但是这些士兵的气力几年后便开始衰退，而分配给他们的利益却无法再行剥夺，即使改换办法也不容易做得周全。故而，魏国的疆土虽大，税收却必定不多。这样的军队便是危害国家的军队了。秦国民众生计困窘，国家的刑罚却非常严酷，君王借此威势胁迫民众出战，让他们隐蔽于险恶的地势而奋战，使他们习惯于战胜获奖赏，而战败便处以刑罚，使他们为此受到箝制。这样一来，民众要想从上面获得什么好处，除了与敌人拼杀外，没有别的出路。功劳和赏赐成正比例增长，只要斩获五个甲士的人头，便可役使乡里的五户人家。这就是秦国比其他国家强大稳固的原因。所以，秦国得以四代（秦孝公、惠王、武王、昭王）相沿不衰，并非侥幸，而是有其必然性的（兵员多，战斗力强）。故此，齐国善技击术的军队无法抵抗魏国勇武强悍的军队，魏国勇武强悍的军队无法抵抗秦国精锐进取的军队；而秦国精锐进取的军队却不能抵挡齐桓公、晋文公约束有方的军队；齐桓公、晋文公约束有方的军队，又不能抵挡商汤、周武王仁义的军队，一旦遇上了，势必如用薄脆的东西去打石头，触之即碎。况且，那几个国家培养的都是争求赏赐、追逐利益的将领和士兵，他们就如同雇工靠出卖自己的力气挣钱那样，毫无敬爱国君，愿为国君拼死效力，安于制度约束，严守忠孝仁义的气节、情操。诸侯中如果有哪一个能够精尽仁义之道，便可起而兼并那几个国家，使它们陷入危急的境地。故在那几个国家中，招募或选拔士兵，推重威势和变诈，崇尚论功行赏，渐渐染成了习俗。但只有尊奉礼义教化，才能使全国上下一心，精诚团结。所以用诈术对付欺诈成俗的国家，还有巧拙之别；而若用诈术对付万众一心的国家，就犹如拿小刀去毁坏泰山了。所以商汤、周武王诛灭夏桀、商纣王时，从容指挥军队，强暴的国家却都无不臣服，甘受驱使，诛杀夏桀、商纣王，即如诛杀众叛亲离之人一般。《尚书·泰誓》中所说的‘独夫纣’，就是这个意思。因此军队齐心协力、众志成城，就可掌握天下；军队尚能团结合作，就可惩治临近的敌国。至于那些征召、募选士兵，推重威势诈变，崇尚论功行赏的军队，则或胜或败，变化无常；有时收缩，有时扩张，有时生存，有时灭亡，强弱不定。这样的军队，可称作盗贼之兵，而君子是不会这样用兵的。”

（以上为第二段，写楚国兰陵县令荀况与临武君在赵孝成王赵丹面前辩论用兵之道，即什么样情况才发动战争，荀况主张发动战争以仁义为根本，其标志是对人民有利，能团结人心，得到大众的拥护。）

赵孝成王、临武君说：“对啊！那么，还请问做将领的道理。”荀况说：“谋虑最关键的是抛弃成败不明的谋划，行动最重要的是不产生过失，做事最关键的是不后悔。事情做到没有反悔就可以了，不必一定要追求尽善尽美。所以，制定号令法规，要严厉、威重；赏功罚过，要坚决执行、遵守信义；营垒、后勤，要周密、严固；迁移、发动、前进、后退，要谨慎稳重，快速敏捷；探测敌情、观察敌人的变化，要行动机密，混入敌方将士之中；与敌军遭遇进行决战，一定要打有把握之仗，不打无把握之仗。这些称为‘六术’。不要为保住自己将领的职权而迎合君王的主张；不要因急于胜利而忘记还有失败的可能；不要对内威慑，而对外轻敌；不要见到利益不顾忌它的害处；考虑问题要仔细周详，使用钱财要慷慨宽裕，这些称为‘五权’。此外，将领在三种情况下不接受君王的命令可以杀死他，但不可令他率军进入绝境；可以杀死他，但不可令他率军攻打无法取胜的敌人；可以杀死他，但不可令他率军去欺凌民众，这些称为‘三至’。将领接受君王命令后即调动三军，三军各自到位，百官井然有序，各项事务均安排停当、纳入正轨，此时，即便君王奖之也不能使之喜悦，敌人激之也不能使之愤怒。这样的将领是最善于治军的将领。行事前必先深思熟虑，步步慎重，而且自始至终谨慎如一，这就叫作‘大吉’。总之，各项事业如果获得成功，必定是由于严肃对待这项事业；如果造成失败，必定是由于轻视这项事业。因此，严肃胜过懈怠，便能取得胜利，懈怠胜过严肃，便将自取灭亡；谋划胜过欲望，就事事顺利，欲望胜过谋划，就会遭遇不幸。作战如同守备一样，行军如同作战一样，获得成功则看作是侥幸取得。严肃制订谋略，不可废止；严肃处理事务，不可废止；严肃对待下属，不可废止；严肃对待兵众，不可废止；严肃对待敌人，不可废止，这些称为‘五不废’。谨慎地奉行以上‘六术’、‘五权’、‘三至’，并恪守‘五不废’的原则，这样的将领便是天下无人能及的将领，便是可以上通神明的了。”

临武君说：“有道理，那么请问圣明君王的军制又该怎样？”荀况说：“将领树旗击鼓号令三军，至死也不弃鼓奔逃；御手驾战车，至死也不放松缰绳；百官恪守职责，至死也不离开岗位；大夫尽心效力，死于战阵行列。军队听到鼓声即前进，听到钲声即后退，服从命令是最主要的，建功还在其次。命令不准前进而前进，犹如命令禁止后退还要后退一样，罪过是相等的。不残杀老弱，不践踏庄稼，不追杀不战而退的人，不赦免相拒顽抗的人，不俘获跑来归顺的人。该诛杀时，诛杀的不是民众，而是祸害民众的人。但民众中如果有保护敌人的，那么他也就成为敌人了。所以，不战而退的人生，相拒顽抗的人死，跑来归顺的人则不当俘虏看待。微子启因多次规劝商纣王，后归顺周王而受封为宋国国君，专门谄谀纣王的曹触龙被处以军中重刑，归附于周天子的商朝人待遇与周朝民众没有区别，故而近处的人唱着歌欢乐地颂扬周天子，远方的人跌跌撞撞地前来投奔周天子。此外，不论是多么边远荒僻鄙陋的国家，周天子也派人去关照，让民众安居乐业，以至四海之内如同一家，周王朝恩威所能达到的属国，没有不服从、归顺的。这样的君王就叫作'人师'，即为人表率的人。《诗经》说：'自西自东，自南自北，无思不服'，就是指的这个。圣明君王的军队只诛讨不义而不挑起战争，不强攻坚固防守的敌军，不攻击顽固抵抗的敌人，敌人上下一心亲密团结就祝贺他们，并且不洗劫屠戮敌方的城镇，不偷袭无防备的敌人，不使将士们长久地滞留在外，军队出动作战不超越计划的时间。如此，那些混乱国家的民众都喜欢王者的施政，而不安心于受自己国君的统治，希望这种君王的军队到来。"临武君说："你说的不错。"

陈嚣问荀况说："您议论用兵之道，总是以仁义为根本，而仁者爱人，义者遵循情理，既然如此又怎么用兵打仗呢？一切用兵之事，都是为了争夺、攻伐啊。"荀况说："并非像你所理解的那样。所谓仁者爱人，正因为爱人，才憎恶害人的人；义者遵循情理，正因为循理，才憎恶反叛、作乱的人。所以，用兵的目的在于禁暴除害，而不是为了争夺、攻伐。"

燕孝王去世，其子姬喜继位。

周王朝的民众向东逃亡。秦国人夺取了周王朝的宝鼎重器，并将西周文公姬咎迁移到狐之聚。

楚考烈王将鲁国国君迁到莒地，夺取了鲁国的封地。

（以上为第三段，写荀况论为将之道，一个统帅的素质要具有"六术"、"五权"、"三至"、"五不废"的原则，核心是具有最高境界的仁爱之心。）

秦昭襄王五十三年（丁未，公元前 254 年）

秦国将领率军攻打魏国，攻占了吴城。韩国国君前来朝见秦昭襄王。魏国全国听从秦昭襄王的号令。

秦昭襄王五十四年（戊申，公元前 253 年）

秦昭襄王在雍城南郊祭祀上帝。

楚国迁都至巨阳。

秦昭襄王五十五年（己酉，公元前 252 年）

卫国卫怀君卫公期到魏国都城大梁朝见魏安釐王姬圉，魏国人将他抓住杀了，另立他的弟弟为卫国国君，是为元君。元君是魏安釐王的女婿。

秦昭襄王五十六年（庚戌，公元前 251 年）

秋季，秦昭襄王去世，子嬴柱继位，是为孝文王。孝文王尊奉生母唐八子为唐太后，立儿子嬴异人为太子。于是，赵国人便将嬴异人的妻子儿女送回秦国。韩桓惠王则穿着丧服来到秦国，入殡宫悼念、祭奠昭襄王。

燕王姬喜派使臣栗腹与赵孝成王缔结友好盟约，并以五百金设置酒宴款待赵王。栗腹返回燕国后，对燕王喜说："赵国的壮年男子都死在长平之战中了，他们的孤儿还都没有长大成人，可以去进攻赵国。"燕王喜召见昌国君乐间，询问他的意见。乐间回答说："赵国的四境都面临着强敌，需要四面抵抗，故国中民众均已习惯于作战，不能去攻打。"燕王喜说："我可以用五倍兵力来攻打赵国。"乐间回答说："那也不行。"燕王喜大怒。群臣都认为可以出兵攻打赵国，燕王喜便调动两千辆战车，一路由栗腹率领，进攻鄗城；一路由卿秦率领，进攻代地。大夫将渠说："刚与赵国交换文件，订立友好盟约，并用五百金置备酒席请赵王饮酒，而使臣一回来就发兵进攻人家，这是不吉利的，燕国军队肯定无法获得成功。"燕王喜不听将渠的劝阻，而且还亲自率领配合主力作战的部队随大军出发。将渠一把拉住燕王喜腰间结系印纽的丝带，燕王喜气得向他猛踢一脚，将渠哭泣着说："我不是为了我自己，而是为了大王您啊！"燕国军队抵达宋子，赵孝成王任命廉颇为将，率军迎击燕军，在鄗城打败栗腹的部队，在代地战胜卿秦、乐乘的部队，并乘胜追击燕军五百多里，顺势包围了燕国国都蓟城。燕王喜只得派人向赵国求和。赵国人说："一定得让将渠前来议和才行。"于是，燕王喜便任命将渠为相国，前往赵国议和，赵国军队方才退走。

这一年，赵国平原君赵胜去世。

（以上为第四段，写公元前 253 年至公元前 251 年史事，写秦国昭襄王嬴稷去世，儿子嬴柱继位，是为孝文王；燕王姬喜派使臣栗腹与赵孝成王缔结友好盟约，回去后就反悔，出兵攻打赵国，结果被打得大败。）

孝文王

秦孝文王元年（辛亥，公元前 250 年）

冬季，十月初四己亥，秦孝文王正式登上王位。但孝文王在位仅三天就去世了，他的儿子嬴异人继位，是为秦庄襄王。庄襄王尊奉嫡母华阳夫人为华阳太后，尊奉生母夏姬为夏太后。

燕国的一位将领率军攻下了齐国的聊城。但是有人却在燕王喜面前说这个将领的坏话。这位将领因此而据守聊城，不敢返回燕国。齐国相国田单率军反攻聊城，为时一年多仍然攻克不下。齐人鲁仲连便写了一封信，捆在箭上射入城中给那位燕将，向他陈述利害关系，说："替您打算，您不是回燕国就是归附齐国。而现在您独守孤城，齐国的军队一天天增多，燕国的援兵却迟迟不到，您将怎么办呢？"燕将见信后，低声哭泣了好几天，但仍然犹豫不决。他想还归燕国，可是已与燕国有了嫌隙；想投降齐国，又因杀戮、俘获的齐国人太多，而害怕降齐后会遭受屈辱。于是，长声叹息着说：“与其让人来杀我，倒不如我自杀！”便自杀身亡。聊城城内大乱，田单趁机攻下了聊城。田单凯旋后向齐王建述说鲁仲连的功绩，并要授给他爵位。鲁仲连为此逃到海边，说：“我与其因获得富贵而屈从于他人，宁可忍受贫贱而能放荡不羁、随心所欲！”

魏安釐王魏圉向孔斌询问谁是天下高士。孔斌说：“世上没有这种人。如果说可以有次一等的，那么这个人就是鲁仲连了！”安釐王说：“鲁仲连是强求自己这样做的，而不是他本性的自然流露。”孔斌说：“人都是要强求自己去做一些事情的。假如这样不停地做下去，便会成为君子；始终不变地这样做，习惯与本性渐渐相融合，也就成为自然的了。”

（以上为第五段，写公元前250年史事，写燕国将领率军攻下齐国聊城，齐国相国田单率军反攻，相持一年多，齐人鲁仲连写信给燕将劝降，燕将自杀，齐军下聊城。鲁仲连立功而不受封赏。）

庄襄王

秦庄襄王元年（壬子，公元前249年）

吕不韦担任秦国的相国。

东周国国君与各诸侯国谋划着共同攻打秦国，秦庄襄王因此派吕不韦统帅军队讨灭了东周，将东周国君迁移到阳人聚。周王朝至此灭亡，再无人主持祭祀了。周朝至灭亡时共有七邑：河南、洛阳、谷城、平阴、偃师、巩、缑氏。

秦庄襄王封相国吕不韦为文信侯，将河南洛阳十万户做他的封地。

秦将蒙骜攻打韩国，夺取了成皋、荥阳，开始设置三川郡。

楚国灭亡了鲁国，把鲁顷公迁移到卞地，贬为平民。

秦庄襄王二年（癸丑，公元前248年）

出现日食。

秦将蒙骜攻打赵国，夺取了榆次、狼孟等三十七城。

楚国春申君黄歇对楚考烈王熊元说：“淮北地区与齐国接壤，防务吃紧，请在那里设置边郡，并把我封到江东。”楚考烈王答应了他的要求，春申君便在过去吴国的旧都上筑城，作为自己的都邑，他所营造的宫室都极为华丽。

（以上为第六段，写公元前249年至公元前248年史事，写秦庄襄王嬴异人派吕不韦率军攻打东周，东周灭亡；楚国灭亡鲁国，将其国君贬为平民；楚国春申君黄歇封到江东，在过去吴国的旧都上筑城。）

秦庄襄王三年（甲寅，公元前 247 年）

秦国大将王龁率军进攻魏国上党郡各城，全部攻取，开始设置太原郡。

秦将蒙骜率军进攻魏国，占领了高都和汲。魏军屡战屡败，魏安釐王为此而忧虑，便派人到赵国请信陵君魏无忌回国。信陵君惧怕归国后被判罪，不肯返回，并告诫他的门客们说："有胆敢给魏国使者通报消息的，处死！"于是，宾客们都不敢规劝他。毛公、薛公为此拜见信陵君，说："您所以受到各国的敬重，只是因为强大的魏国还存在。现在魏国的情势危急，而您却毫不顾惜，如此，一旦秦国人攻陷了魏国都大梁，将先王的宗庙铲为平地，您当以何面目立在天下人的面前啊！"二人的话还未说完，信陵君已脸色大变，即刻驾车赶回魏国。魏安釐王见到信陵君后握着他的手啜泣不止，随即便任命他为上将军。信陵君派人向各诸侯国求援，各国听说信陵君再次担任魏国大将，都纷纷派兵援救魏国。信陵君率领五国联军在黄河以西击败蒙骜的军队，蒙骜带着残部逃走。信陵君率军追击到函谷关，将秦军压制在关内后才领兵还魏。

魏国安陵人缩高的儿子在秦国供职，秦人让他负责守卫管城。信陵君魏无忌率军攻管城不下，便派人去见安陵君说："如果您能遣送缩高到我这里来，我将授给他五大夫的军职，并让他担任执节尉。"安陵君说："安陵是个小国，民众不一定都服从我的命令。还是请使者您自己前去邀请他吧。"于是，就委派一个小官引导魏国的使者前往缩高的住地。使者向缩高传达了信陵君的命令，缩高听后说："信陵君之所以看重我，是为了让我出面去进攻管城。为父亲的去攻城，做儿子的却守城，这是要被天下人耻笑的。况且，我的儿子如果见到我就放弃职守，那便是背叛了他的国君；做父亲的如果教儿子背叛，也不是信陵君所喜欢的行为。我冒昧地辞谢，不能接受信陵君的旨令。"使者回报给信陵君，信陵君勃然大怒，又派使者到安陵君那里说："安陵国也是魏国的领地。现在我攻打不下管城，秦国的军队就会赶到这里来攻打我，这样一来，魏国肯定就危险了。希望您能将缩高活着捆送到我这里！如果您不肯这么做，我就将调动十万大军开赴安陵城下。"安陵君说："我的先代国君成侯奉魏襄王的命令镇守此城，并亲手把太府中所藏的《国法》授给了我。《国法》的上篇说：'臣子杀君王，子女杀父亲，常法规定绝不赦免这类罪行。即使国家实行大赦，举城投降和临阵脱逃的人也都不能被赦免。'现在，缩高推辞不受您要授予他的高位，以此成全他们的父子之义，而您却说'一定要将缩高活着捆送到我这里来'，如此，便是要让我违背襄王的命令并废弃太府所藏的《国法》啊！我纵然去死，也终归不敢执行您的指示！"缩高听说了这件事，说："信陵君这个人，性情凶暴蛮横，且刚愎自用，那些话必将给安陵国招致祸患。我已保全了自己的名声，没有违背作为臣子应尽的道义，既然如此，我又岂可让安陵君遭到来自魏国内部的危害啊！"于是，便到使者居住的客舍，拔剑抹脖，自杀而死。信陵君听说这一消息后，身着素服避住到厢房，并派使者去对安陵君道歉说："我真是个小人啊，为要攻取管城的思虑所困扰，对您说了一些不该说的话，请让我拜谢，为我的罪过向您道歉！"

秦庄襄王为了挑拨离间信陵君与魏安釐王的关系，派人携带万金前往魏国，寻找被信陵君所杀的晋鄙的门客，让他去劝说魏安釐王道："信陵君流亡国外十年，现在重新担任了魏国的大将，各诸侯国的将领都隶属于他，致使天下的人只听说有信陵君这个人，而不知道还有魏王您了。"秦庄襄王又多次派人奉送礼物给信陵君表示庆贺，说："您做了魏国的国君没有啊？"魏安釐王天天都听到这类诽谤信陵君的话，不能不信，于是就令人代替信陵君统领军队。信陵君明白自己第二次因别人的谗毁而被废免，便以生病为由，不再朝见魏安釐王参与议事，日夜饮酒作乐，沉湎于女色之中，过了四年就死去了。韩桓惠王亲自来到魏国吊丧。信陵君的儿子颇以此为荣，便将这件事告诉了孔斌。孔斌却说："你一定要按照礼制推辞掉韩王的吊唁！礼制规定：'邻国国君前往某国吊丧，这吊丧活动应由某国的国君来主持。'现在，魏王并没有委命你代他主持吊丧仪式，因此，你也就没有资格去接待韩王来进行吊丧了。"信陵君的儿子便未接受韩桓惠王的吊丧。

五月二十六日丙午，秦庄襄王去世，太子嬴政继位。嬴政这时只有十三岁，故一切国家大事都由文信侯吕不韦决定，号称他为"仲父"。

秦国属地晋阳反叛。

（以上为第七段，写公元前 247 年史事，写秦军进攻魏国，魏信陵君魏无忌从赵国返回，率领吴国联军打败秦军，后被秦国用反间计，遭谗毁而被废，忧郁而死；秦庄襄王嬴异人去世，太子嬴政继位。）

始皇帝上

秦始皇帝（嬴政）元年（乙卯，公元前 246 年）

秦国大将蒙骜率军平定了晋阳的叛乱。

韩国想要消耗秦国国力，使它不发兵东征，便派遣水利专家郑国到秦国去，游说秦国兴修水利，从仲山起，开凿一条引泾水、沿北山东注洛河的灌溉渠。工程进行中时，秦王嬴政觉察到了韩国的意图，为此要杀郑国。郑国说："我的确是为韩国延长了几年的寿命，但是这条灌溉渠如果修成了，秦国也可享万世之利啊！"秦王政于是命他继续主持施工，完成了此项工程。这条水渠引淤浊而有肥效的水灌溉盐碱地四万多顷，每亩的收成都高达六斛四斗，秦国的关中一带因此更加富裕起来。

秦始皇帝二年（丙辰，公元前 245 年）

秦国将领麃公率军进攻魏国的卷地，斩杀三万人。

赵国任命廉颇代理相国之职，率军攻打魏国，攻取了繁阳。这时，赵孝成王去世，他的儿子赵偃继位，是为悼襄王。赵悼襄王刚执政就令武襄君乐乘取代了廉颇。

廉颇因此大怒，攻击乐乘，乐乘跑开了。廉颇便逃奔到魏国的都城大梁。但他在魏国很久，仍得不到信任和重用。此时，赵国的军队多次遭到秦军围困，赵悼襄王想重新任用廉颇，廉颇也渴望再为赵国效力。赵悼襄王于是派使者前往大梁，观察廉颇是否还能被任用。廉颇的仇人郭开以重金贿赂那位使者，让他在赵悼襄王面前说廉颇的坏话。廉颇会见使者时，有意一餐饭吃下一斗米、十斤肉，然后披挂铠甲，跃上战马，以此显示自己还可以率军去攻城陷阵。使者回到赵国后，向赵悼襄王报告说："廉将军虽然老了，但饭量还好。只是陪我坐着的时候，不一会就去拉了三次屎。"赵悼襄王由此认为廉颇已经老了，便不再召他回国。楚考烈王获悉了这一情况，就偷偷地派人到魏国去迎接廉颇。廉颇担任楚国的将领后，没有立下什么战功。于是，他感慨地说："我真想指挥赵国的士兵啊！"最终，他死在了楚国寿春。

秦始皇帝三年（丁巳，公元前 244 年）

秦国发生大饥荒。

秦将蒙骜率军进攻韩国，夺取了十二座城池。

赵悼襄王任命李牧为大将，率军攻打燕国，占领了武遂、方城。李牧是赵国防守北部边疆的优秀将领，曾经领兵驻扎在代、雁门防备匈奴。根据当时的实际需要，他可以自行任用军吏官员，而城市的税收也都直接送到李牧的帐下，充作养兵的经费。李牧令人每天宰杀好几头牛，供给将士们食用，并指挥部队练习射箭和骑马，小心谨慎地把守烽火台，多多派出侦察人员打探敌情，同时申明约束，号令说："如果匈奴兵侵入边境进行掠夺，我军应立即收拾起人马、牛羊、物资等退入堡垒中固守，有胆敢逞强捕捉俘虏的，一律处斩！"如此，匈奴兵每次入侵，李牧的军队都严谨地点燃烽火报警，然后人马、物资退入堡垒中，只守不战。这样过了好几年，也没有什么伤亡损失。匈奴人因此全都认为李牧胆小，就连赵国的守边官兵也认为自己的将帅太胆小了。赵悼襄王为此而责备李牧，但李牧依旧维持老样子，不做变动。赵王怒不可遏，派其他人取代李牧统兵。

此后一年多时间里，新任将领屡次率军迎击犯境的匈奴，不但屡次作战失利，损失惨重，而且边境骚扰不断，民众无法正常地耕作和放牧。赵王不得已又派人请李牧复出，李牧以生病为由闭门不出，拒绝接见来者。可是，赵悼襄王赵偃坚持非要让他重新出马不可，李牧无奈，便说："如果一定要用我，必须允许我仍照从前的办法行事，我才敢接受您的命令。"赵悼襄王只好答应了他的要求。

李牧重返北部边境，继续实行以往的约束。匈奴人几年来侵掠都毫无所获，却终究以为李牧是畏惧他们。守边军士每天得到赏赐，却不被派去抗击匈奴，所以都希望能与匈奴人大打一仗。李牧于是备齐精选的战车一千三百辆，精选的战马一万三千匹，曾获过百金奖赏的勇士五万人，能拉硬弓的善射士兵十万人，将他们全部组织起来，进行作战训练，并大力组织放牧，使放牧人遍布在边境田野。匈奴人小规模地入侵，李牧指令部队假败下来，且把数十人丢弃给匈奴。匈奴的单于听到这个消息后，随即率军大举来犯。李牧多设奇阵，指挥部队从左、右两翼进行包抄，大破敌兵，斩杀匈奴十多万人马，乘胜灭掉了代地以北的胡族襜褴，攻破东胡，迫使林胡部族归降。匈奴单于领着残兵逃奔而去。此后十多年，不敢再接近赵国边境。

在此之前，天下懂得礼仪的国家有七个，其中三国的边境与戎狄部族接壤，这便是秦国，自陇以西，有绵诸、绲戎、翟、豲等部族；岐山、梁山、泾水、漆水以北，有义渠、大荔、乌氏、朐衍等部族；赵国北部有林胡、楼烦等部族；燕国北部有东胡、山戎等部族。这些部族各自分散居住在山谷溪涧，有自己的君长，虽然常常有一百多个部族聚集在一起，却没有一个部族能够将各部族统一起来。稍后，义渠部开始修筑城池以求自守，而秦国则慢慢地对它进行蚕食，到了惠王嬴驷时，攻占了它二十五座城池。及至昭襄王时，宣太后将义渠王引诱到甘泉杀掉了，随后即发兵进攻义渠，灭掉了该部族，始在陇西、北地、上郡等地修筑长城，以抵抗西北胡人的侵扰。赵武灵王赵雍率军在北方击破林胡、楼烦等部族，自代地经阴山下到高阙，修筑长城，建立要塞，并设置了云中、雁门、代郡等郡。再以后，燕国的将领秦开因曾在东胡做过人质，深得东胡的信任，返回燕国后率军袭击东胡，大破东胡兵，迫使它向北退却了一千多里。燕国于是也在造阳至襄平一线筑起长城，同时设置上谷、渔阳、右北平、辽东等郡，以抵御胡人的攻掠。直到战国末期，匈奴部族才开始强大起来。

（以上为第八段，写公元前 246 年至公元前 244 年三年史事，写韩国派水利专家郑国到秦国兴修水利，使秦国富强；赵国老将廉颇被谗毁而被弃用，大将李牧守卫边疆，大破匈奴，匈奴十多年不敢接近赵边。）

秦始皇帝四年（戊午，公元前 243 年）

春季，秦将蒙骜进攻魏国，夺取了畼、有诡。在三月间，停止了进军。

秦国送到赵国充当人质的王子回到秦国，赵国在秦国充当人质的太子赵初也回到赵国。

七月，秦国发生蝗灾，瘟疫流行。国家下令：民众凡缴纳粮食一千石的，即授给一级爵位。

魏国安釐王魏圉去世，子魏增继位，是为魏景湣王。

秦始皇帝五年（己未，公元前 242 年）

秦将蒙骜攻打魏国，攻下酸枣、燕、虚、长平、雍丘、山阳等三十城，开始设置东郡。

当初，剧辛在赵国时与庞煖关系极好。不久，他到燕国做了官。燕王喜见到赵国的军队多次被秦军所困，廉颇离去而由庞煖担任赵军统帅，便想乘赵国衰败之机进攻它。为此，燕王询问剧辛的意见。剧辛回答道：“庞煖这个人是很容易对付的！”燕王喜便派剧辛率兵攻打赵国。赵军统帅庞煖指挥军队抵抗燕军，杀了剧辛，并俘获燕兵二万人。

各诸侯国为秦国不断地进行侵略兼并而担忧不止。

秦始皇帝六年（庚申，公元前241年）

楚、赵、魏、韩、卫结成南北合纵联盟，共同攻打秦国。楚考烈王熊完担任纵约长，春申君执掌军务，夺取寿陵，指挥军队直逼函谷关。秦军出关迎战，五国的军队都大败而逃。楚考烈王将联军的失利归罪于春申君，春申君因此渐渐被楚考烈王疏远了。观津人朱英对春申君说：“人们都认为楚国本是一个强国，只是因为由您执掌政务才衰弱下去了。但我不这么看。先王在世时，秦国与楚国相友善，二十年间从不攻击楚国，这是为什么呢？是因为秦国要越过黾阨要塞来进攻楚国，十分不便；而要借道西周与东周之间，背对着韩国和魏国来攻打楚国，又为有后顾之忧不可行。但是现在不同了。魏国朝不保夕，随时都会被灭亡，根本无力顾及它的属地许、鄢陵，一旦魏国将这两地割让给秦国，秦国军队距离楚国的都城陈就不过一百六十里了。我所看到的是秦楚两国天天陷于相互争斗之中了。”楚国于是将都城由陈迁至寿春，命名为“郢”。春申君即到他的封国吴地，仍行使相国的职权。

秦军攻下魏国的朝歌和卫国的都城濮阳。卫元君率领他的宗族迁移到河内郡的野王居住，倚仗山势险阻，保有魏国的河内。

秦始皇帝七年（辛酉，公元前240年）

秦军进攻魏国，夺取了汲城。

秦国夏太后去世。

秦将蒙骜去世。

秦始皇帝八年（壬戌，公元前239年）

魏国将邺城割让给赵国。

韩桓惠王去世，子韩安继位。

（以上为第九段，写公元前243年至公元前239年五年史事，写魏安釐王去世，子魏增继位；燕王派剧辛率兵攻打赵国，兵败；楚、赵、魏、韩、卫五国合纵联盟，共同攻打秦国，五国联军大败。）

秦始皇帝九年（癸亥，公元前238年）

秦军攻打魏国，攻下垣、蒲两城。

夏季，四月，天气骤然酷寒，秦国民众有的被冻死。

秦王政住宿在雍城。

四月二十日己酉，秦王嬴政举行成年加冠礼，同时佩带宝剑。

秦国将领杨端率军进攻魏国，夺取了衍氏。

当初，秦王政即位时年龄尚幼，太后赵姬时常与文信侯吕不韦私通。秦王政渐渐长大，吕不韦担心此事败露，给自己招致祸患，便将自己的舍人嫪毐假充作宦官，进献给太后。太后非常宠幸嫪毐，与他生了两个儿子，并封为长信侯，把太原作为嫪毐的封国，国家政事都由他来决定。宾客中请求作嫪毐舍人的人非常多。秦王政身边有人曾经与嫪毐发生过争执，因此告发嫪毐实际上并不是阉割过的宦官。秦王政于是下令将嫪毐交给司法官吏治罪。嫪毐惊恐异常，便盗用御玺，假托秦王政之命调兵遣将，企图攻击秦王政居住的蕲年宫，进行叛乱。嬴政派相国昌平君、昌文君发兵攻打，在咸阳展开大战，斩杀叛军数百人，嫪毐在兵败逃跑时被秦王政的军队抓获。秋季，九月，秦王政下令诛灭嫪毐父族、母族、妻族三族，并将嫪毐党羽都处以车裂之刑，杀灭这些党羽的宗族，舍人中因罪过较轻被放逐到蜀地的共四千多家。同时，把太后迁移到雍城的萯阳宫囚禁起来，杀了她与嫪毐所生的两个儿子。秦王政还下令说："有敢为太后的事对我进行规劝的，一律斩首，砍断四肢，堆积在宫阙之下！"于是，有二十七人为此而死。自齐国来的客卿茅焦求见秦王政。秦王政派人告诉他说："你难道没有看见那些堆积在宫阙之下的尸体吗？"茅焦回答说："我听说天上有二十八个星宿，现在已经死了二十七个人了，我来原本就是为了凑够那二十八位数的。我可不是那种怕死的人！"使者跑回去向秦王政报告了茅焦的话。与茅焦住在一起的同乡因害怕受到牵连，都带着衣物四散逃跑了。秦王政听到使者的报告后怒发冲冠，说："这个家伙，竟敢故意冒犯我，快取大锅来把他烹杀了，看他还如何为凑满二十八星宿而堆尸在宫阙下！"秦王政手按宝剑坐在那里，口中唾沫星乱飞，随即令使者召茅焦入见。茅焦缓缓走上前来，伏地一拜再拜后起身，声言道："我听说有生命的人不忌讳谈人死，有国家的人不忌讳谈国亡；忌讳死的人不能维持人的生命，忌讳亡的人也不能保证国家的生存。有关生死存亡的道理，是圣明的君王急于要了解的，大王想不想听我说一说呢？"秦王政说："你要谈的是什么啊？"茅焦说："大王有狂妄背理的行为，难道自己没有意识到吗？车裂假父，把两个弟弟装进囊袋中用刑具拷打致死，将母亲迁移到雍城囚禁起来，并残杀敢于进行规劝的臣子，即使是夏桀、商纣王的行为，也不至于暴虐到这个地步！如今只要天下的人听说了这些暴行，人心便全都涣散瓦解，再也不会有人向往秦国了。我为此私下里替大王担忧！我的话都说完了！"于是，便解开衣服，伏身在刑具上，等待受刑。秦王政闻言顿悟，匆忙下殿，亲自用手扶起他说："请您起身穿好衣服，我现在愿意接受您的劝告！"随即授给他上卿的爵位。秦王政还亲自驾车，空出左边的尊位，往雍城迎接太后返回都城咸阳，母子关系和好如初。

（以上为第十段，写公元前238年史事，写秦王嬴政举行冠礼，亲政；长信侯嫪毒怕与太后私通的丑事暴露，矫诏叛乱，被诛灭。）

楚考烈王没有儿子，春申君为此非常忧虑，遍寻许多能生育的妇女进献给楚考烈王，但是她们最终仍没有为楚考烈王生下儿子。赵国人李园带来他的妹妹想要献给楚考烈王，可听说楚考烈王不能生养儿子，便担心时间久了，自己的妹妹会失去楚考烈王的宠幸。于是，他请求服侍春申君，做春申君的舍人。不久，李园告假回赵国探亲，故意超过期限才返归春申君处。春申君问他超假的原因，他说："齐国国君派人求娶我的妹妹，我陪那位使者饮酒，所以耽误了归期。"春申君说："已经下聘礼订婚了吗？"李园答道："还没有。"于是，春申君便将李园的妹妹纳为妾。没过多久，李园的妹妹怀了身孕。李园即让她去劝说春申君道："楚王非常宠信您，即便是他的亲兄弟也比不上。如今您任楚国的相国二十多年了，可楚王依旧没有得到儿子。如此，待他去世后将改立他的兄弟为国君，而新国君也必定要使他的旧亲信分别得到显贵，这样的话，您又如何能永久地保持住荣宠的地位呀！非但如此，而且由于您受楚王宠幸，长期执掌国事，肯定对楚王的兄弟有过许多失礼的地方，一旦他们登上王位，您就要大祸临头了。现在我怀有身孕，可还无人知晓，何况我获您宠爱时间不长，倘若果真以您的尊贵身份，将我进献给楚王，一定会得到他的宠幸。如果我依赖上天的恩赐，生下一个男孩，那么就是您的儿子要继位为王了。这样一来，楚国便全都是您的了，这与在新君王统治下身临难以预料的灾祸相比，哪一个结果更好呢？"春申君大为赞同，便将李园的妹妹送出府，安置在馆舍中居中，派人谨慎地守护，然后向楚考烈王推荐她。楚考烈王即把她召入宫中，并且很宠爱她。不久，李园的妹妹果然生了个儿子，被立为太子。

李园的妹妹成为王后后，李园也随着地位显赫，当权主事。但是他又深恐春申君黄歇将他曾指使妹妹说过的话泄漏出去，便暗中收养敢死的武士，准备让他们去杀掉春申君以灭口。居住在楚国都城中的人，有不少人是知道这件事情的。不久，楚考烈王卧病不起。春申君的门客朱英对春申君说："世上有未曾预料而到来的洪福，也有未曾预料而到来的灾祸。现在您处于生死变化不定之时，为喜怒无常的君王效力，身边怎么能没有您尚未预料却忽然来到的帮手呢？"春申君说："什么叫作'未预料而到来的洪福'呢？"朱英答道："您担任楚国的相国二十多年了，虽然名义上是相国，实际上却已相当是国君了。如今楚王病重，随时都会死去，一旦病故，您即可辅助幼主，从而掌握国家大权，待幼主成年后再还政给他，或者干脆就面南而坐，自称为王。这便是所谓的'未曾预料而到来的洪福'了。"春申君又问："那么什么是'未曾预料而到来的灾祸'呢？"朱英说："李园不治理国事，却是您的仇敌；不管理军务统率军队，却长期以来豢养一些勇士。如此，楚王一旦去世，李园必定抢先进入宫廷夺权，杀您灭口，这即是所谓的'未曾预料而到来的灾祸。'"春申君再问道："这样说来，'尚未预料却忽然来到的帮手'又是怎么回事呢？"朱英回答说："您将我安置在郎中的职位上，待楚考烈王去世，李园抢先入宫时，我替您杀了他除掉后患。这就是所谓的'尚未预料却忽然来到的帮手'。"春申君说："您就不必过问这些事了。李园是个软弱无能的人，况且我又对他很好，哪至于发展到这个地步呢？"朱英明白自己的建议不会被春申君采纳了，便因担心发生变故累及自己而逃走他乡。

十七天后，楚考烈王去世，李园果然抢先进宫，把他豢养的勇士埋伏在棘门里面。春申君一进来，勇士们即两面夹击，刺杀了他，并砍下他的头颅扔到宫门外面。接着，李园又派出官吏，把春申君的家人全部捕获杀了。随后，太子熊悍继位，是为幽王。

扬雄《法言》说："有人问：'信陵君、平原君、孟尝君、春申君是否有益于国家呢？'回答说：'国君不理政事，奸臣窃取了国家权力，他们对国家有什么益处呢？'"

秦王政因吕不韦侍奉先王功劳卓著，不忍心将他杀死。

（以上为第十一段，写楚国春申君黄歇将怀有身孕的李园妹妹献给楚考烈王，楚考烈王死后，祸及自身。）

秦始皇帝十年（甲子，公元前 237 年）

冬季，十月，文信侯吕不韦被罢免相国之职，离开京城，到他的封国河南洛阳去。

秦国的王族大臣们建议说："各诸侯国到秦国做官谋职的人，大都是为了自己的君王来游说，以挑拨离间我们君臣上下之间的关系。因此，请大王将他们一律驱逐出境。"于是，秦王政下令全国实行大搜索，驱逐外来人。客卿、楚国人李斯也在被逐之列。他在临离开前上书秦王说：

从前穆公招纳贤才，由西部戎地选得由余，东方宛城物色到百里奚，在宋国找到了蹇叔，晋国寻求到丕豹和公孙支。如此，秦国得以兼并二十多个封国，而称霸西戎。孝公任用商鞅实行变法，使各国都亲和服从，以至今日天下大治，国势强盛。惠王采纳张仪的策略，拆散六国的合纵联盟，使它们为秦国效力。昭王得到范雎的辅佐，加强了王室的权力，遏制了贵族家族的势力。这四位君王，都是依靠客卿的作用而建功立业的。如此看来，客卿有什么地方辜负了秦国啊！美色、音乐、珠宝、美玉都不产在秦国，可大王搜集来使用、享受的却很多。但对人的取舍却不是这样，不问可不可用，不论是非曲直，凡非秦国人就一概不用，凡是客卿就一律驱逐。似此便是只看重美色、音乐、珠宝、美玉等，相反轻视人才了。我听说泰山不辞让细小的泥土，故能成就其巍峨；河海不择除细流，故能成就其深广；圣贤的君王不抛弃民众，故能明示他的恩德。这便是五帝三王所以能无敌于天下的原因。现在您抛弃那些非秦国籍的士人百姓，使他们去帮助敌国；辞退那些外来的宾客，令他们去为各诸侯效力，这就是所谓的把武器借给入侵者，把粮草送给盗匪了。

秦王政看了李斯所上的这封书信，要立即召他入见，恢复他的官职，并撤销了《逐客令》。此时，李斯已走到骊邑，接到秦王诏令后立刻返回。秦王政最终采用了李斯的计策，暗中派遣能言善辩的人携带金珠宝玉去游说各国国君，对各国有名望、有势力的人，凡是可以用钱财贿赂的，便出重金收买，结交他们；凡是不肯受贿的，便持利剑刺杀他们；挑拨各国国君与臣民之间的关系，离间他们的感情，然后派出良将率兵攻打各国。这样，几年之内，秦国终于兼并了天下。

秦始皇帝十一年（乙丑，公元前236年）

赵国人进攻燕国，夺取狸阳。战事还没有结束，秦国的大将王翦、桓𬺈、杨端和已率军攻打赵国，攻打邺地，占领了九个城邑。其中王翦领兵攻打阏与、狸阳，桓𬺈率军夺取了邺城、安阳。

赵悼襄王赵偃去世，子赵迁继位，是为幽缪王。赵迁的母亲原是妓女，深得悼襄王的宠幸。为此，悼襄王废掉了正妻所生的长子赵嘉，将赵迁立为太子。而赵迁向来因品行不端而闻名全国。

秦国文信侯吕不韦返回封国一年多。在这期间，各诸侯国的宾客、使者纷纷前往邀请他，车马络绎不绝，在道上前后相望。嬴政为此担心吕不韦会生出什么变故，便写信给他说："您为秦国立下了什么功劳呢？秦国封您在河南，享用十万户封地的收入？您与秦国有什么亲近关系？而要称您为'仲父'？您还是携带家属迁往蜀地居住吧！"吕不韦自知逐渐受到侵害逼迫，很害怕被杀掉。

秦始皇帝十二年（丙寅，公元前235年）

秦国文信侯吕不韦饮毒酒自杀身亡。他的家人暗地里将他埋葬了。秦王政下令，吕不韦的舍人凡是参加了哭吊的，一律驱逐、迁徙出境，并说："从今以后，操持国家政事的人，凡像嫪毐、吕不韦一样淫乱无道的，将其家族的所有财产没收入官，照此办理！"

扬雄《法言》说："有人问：'吕不韦聪明吗？拿人做货物，进行交易。'回答说：'谁说吕不韦是聪明人啊！用封国换取了宗族的灭亡。吕不韦这个偷东西的人，是穿墙行窃的奸雄啊！穿墙行窃的人，我见过担负斗石之量的，没见过窃取洛阳的啊！’”

秦国从六月到八月，一直没有下雨。

秦国调动四个郡的兵力，援助魏国进攻楚国。

（以上为第十二段，写公元前237年至公元前235年三年史事，写秦国因文信侯吕不韦引进嫪毐作乱等事，秦王政发布《逐客令》，李斯上《谏逐客书》，秦王政大悟，停止逐客；吕不韦被秦王政羞辱，自杀而死。）

秦始皇帝十三年（丁卯，公元前234年）

秦将桓齮率军攻打赵国，在平阳击败赵将扈辄的军队，斩杀十万人，并杀了扈辄。赵王赵迁任命李牧为大将军，领兵在宜安、肥下与秦军再战，秦师大败，桓齮逃奔回秦国。赵王因此封李牧为武安君。

秦始皇帝十四年（戊辰，公元前233年）

秦将桓齮进攻赵国，夺取了宜安、平阳、武城。

韩王安向秦国割让土地，并献出国王的大印，请求作为秦国的附庸，派遣韩非为使节到秦国拜见、问安。韩非是韩国的公子之一，精通刑名法术学说。他看到韩国国力日益削弱，多次写信给韩王求取录用，但总是得不到韩王的任用。于是，韩非深恶韩国治国不致力于访求人才，选任贤能，反而推崇虚浮、淫乱无能的蠹虫之辈，把他们安置在与实际功劳不相称的高位上；国势宽松时骄纵宠爱那些徒有虚名的学者，国势紧急时就征用那些披甲戴盔的武士；所培养的人不是所能任用的人，所能任用的人却又不是所培养的人；为廉洁正直的人遭受奸邪不正的权臣排斥而悲伤忧愤。他考察了以往的得失变化，撰写了《孤愤》、《五蠹》、《内储》、《外储》、《说林》、《说难》等五十六篇文章，近十多万字。

秦王政听说韩非是个德才兼备的人，便想约见他。韩非正好作为韩国的使者来到秦国，就趁机写信呈给秦王政，劝说道：“现今秦国的疆域方圆数千里，军队号称百万，号令严明，赏罚公平，天下没有一个国家能够比得上。而我鲁莽地冒死渴求见您一面，是想说一说破坏各国合纵联盟的计略。您如果真能听从我的主张，那么，您如果不能一举拆散天下的合纵联盟，占领赵国，灭亡韩国，使楚国、魏国臣服，齐国、燕国归顺，不能令秦国确立霸主威名，使四周邻国的国君前来朝拜，就请您把我杀了在全国示众，以此告诫那些为君王出谋划策而不忠诚的人。”秦王政读后，心中颇为喜悦，但一时还没有任用他。

李斯很忌妒韩非，便对秦王政说：“韩非是韩国的一个公子，如今您想吞并各国，韩非最终还是要为韩国利益着想，而不会为秦国尽心效力的，这也是人之常情。

现在您不用他，而让他在秦国长期逗留后再放他回去，这等于是自留后患啊！还不如依法将他除掉算了。”秦王政认为李斯说得有理，便把韩非交给司法官吏治罪。李斯又派人送毒药给韩非，让他及早自杀。韩非试图亲自向秦王政陈述冤情，但却无法见到秦王。不久，秦王政有些后悔，就派人去赦免韩非，可是韩非已经死了。

扬雄《法言》说：“有人问：‘韩非著《说难》篇议论游说之难，而他自己最终竟又死于说难，那么，我冒昧地请问，是什么原因使他的行动与言论相违背呢？’回答是：‘游说之难大概就是他致死的原因啊！’那人问：‘这是为什么？’答道：‘君子依照礼制行动，按照道义停止，所鼓吹的学说合乎礼义就前进，不合乎礼义就后退。如此根本不用去担心自己的主张是否符合别人的意志。去劝说别人而又顾虑自己的说辞不合别人的心意，那么，各种手段也就无所不用了。’有人问：‘韩非正是担忧自己的主张与对方的意志不相吻合，不是吗？’答道：‘游说他人却不遵照礼义准则，这是值得忧虑的。而如果遵循了礼义准则，只是主张与他人的心意不合，便不必担忧了。’”

臣司马光说：“我听说，君子由亲近自己的亲人而至亲近别人的亲人，由热爱自己的国家而至热爱别人的国家，因此才能功勋卓著，名声美好，从而享有百福。如今韩非为秦国出谋献策，首先就是要以灭亡他的祖国来证实他的主张，犯下此类罪过，本来就是死有余辜的，哪里还值得怜悯呢？”

（以上为第十三段，写公元前234年至公元前233年两年史事，写韩王韩安向秦国割地、称臣；韩非得不到重用，去秦，劝说秦王政折散合纵联盟，而李斯妒才杀之；韩非以灭亡母国证实其主张，遭到司马光非议。）

秦始皇帝十五年（己巳，公元前232年）

秦王政出动大军进攻赵国，一路军队抵达邺地，一路军队抵达太原，攻克了狼孟、番吾，因遇到李牧统领的赵军抵抗而撤回。

当初，燕国太子姬丹曾在赵国作人质，与生在赵国的秦王政相友善。待到嬴政即位，姬丹又在秦国充当人质。但这时，秦王政却不以礼相待，太子丹一怒之下逃回到燕国。

秦始皇帝十六年（庚午，公元前231年）

韩国割献南阳之地给秦国。九月，秦国派遣军队前往韩国接收。

魏国割献土地给秦国。

代地发生地震，自乐徐以西，北到平阴，楼台房屋墙垣大半塌毁，土地开裂一条大缝，东西宽一百三十步。

秦始皇帝十七年（辛未，公元前 230 年）

秦国内史腾率军灭掉了韩国，俘获韩王安。秦国在韩国领土上设置了颍川郡。

秦王政的祖母华阳太后去世。

赵国发生大饥荒。

卫元君去世，子卫角继位。

秦始皇帝十八年（壬申，公元前 229 年）

秦将王翦统率驻扎在上地的军队攻下井陉，杨端和率领河内驻军一同进攻赵国。赵国的大将李牧、司马尚领兵顽强抵抗秦军。于是，秦国派人用重金收买赵王迁的宠臣郭开，让他在赵王迁面前诋毁李牧和司马尚，说他们企图兴兵反叛赵国。赵王迁因此便派赵葱及齐国的将领颜聚取代他们。李牧拒不接受命令，赵王迁便将他抓住杀了，并撤换了司马尚。

秦始皇帝十九年（癸酉，公元前 228 年）

秦将王翦率军攻打赵国，大败赵兵，杀赵葱，颜聚逃跑。秦军于是攻下邯郸，俘虏了赵王迁。秦王政亲自驾临邯郸，将过去与他母亲家有仇怨的人全部杀了。然后回驾，经太原、上郡返归秦都咸阳。

秦王政母亲、太后赵姬去世。

秦将王翦领兵驻扎在中山，以监视、威慑燕国。赵国的公子赵嘉统率他的宗族数百人逃往代地，自立为代王。赵国灭亡后，在逃的赵国官员们逐渐投归代王，与燕国合兵一处，共同驻扎在上谷。

楚幽王去世，国人立他的弟弟熊郝为王。三月，熊郝的庶兄负刍杀死了他，自立为楚王。

魏景湣王魏增去世，子魏假继位。

燕国太子丹怨恨秦王政，想要实施报复。为此，征求太傅鞠武的意见。鞠武建议太子丹西与韩、赵、魏三晋订约，南与齐、楚联合，北与匈奴媾和，赖此共同图谋秦国。太子丹说："太傅的计略虽好，但要实现它却是旷日持久的事情，令人内心烦闷、焦躁，恐怕不能再等待了。"不久，秦国将领樊於期在本国获罪，逃到燕国。太子丹接纳了他，并让他住下。鞠武规劝太子丹说："仅凭秦王的暴虐以及对燕国积存的愤怒、怨恨，就足以令人寒心的了，更何况他还将获悉樊将军被收留在燕国了呢！这就等于把肉弃置在饿虎往来的小道上。希望您尽快将樊将军送到匈奴去！"太子丹说："樊将军走投无路，归附于我，这本来就是我应当舍命保护他的时候，请您还是考虑一下其他的办法吧！"鞠武说："做危险的事情来求取安全，制造灾祸以祈求幸福，谋略浅薄而导致积怨加深，为了结交一个新的朋友，而不顾及国家将遭受大的危害，这就是所谓的积蓄怨仇并助长灾祸了！"太子丹对鞠武的劝说置之不理。

太子丹听说卫国人荆轲很贤能，便携带厚礼，以谦卑的言辞去求见他。太子丹对荆轲说："现在，秦国已俘虏了韩王，又乘势举兵向南进攻楚国，向北威逼赵国。赵国无力对付秦国，那么灾难就要降临到燕国的头上了。燕国既小又弱，多次为战争所拖累，哪里还能够抵挡住秦国的攻势啊！各诸侯国都屈服秦国，没有哪个国家敢于再合纵抗秦了。目前，我个人的计策颇愚鲁，认为如果真能获得一位天下最大无畏的勇士，让他前往秦国胁迫秦王，迫使他将兼并来的土地归还给各国，就像曹沬当年逼迫齐桓公归还鲁国丧失的领土一样，如此当然是最好的了。假若不行，便乘机刺杀掉秦王。秦国的大将拥兵在外，而国内发生动乱，于是，君臣之间相互猜疑。趁此时机，各国如能够合纵抗秦，就一定可以打败秦军。希望您留心这件事情。"荆轲答应了充当刺客赴秦。

太子丹于是安排荆轲住进上等客舍，并天天亲往舍中探望，凡能够进送、供给荆轲的东西，没有不送到的。及至秦将王翦攻灭了赵国，太子丹闻讯后惊恐不已，便想送荆轲出行。荆轲说："我现在前往秦国，但没有令秦人信任我的理由，这就未必能够接近秦王。倘若果真得到樊将军的头颅和燕国督亢的地图奉献给秦王，秦王必定很高兴地召见我，那时我才能够劫持秦王来回报您。"太子丹说："樊将军在穷途末路时来投奔我，我实在不忍心杀他啊！"

荆轲于是私下里会见樊於期，说："秦国对待您，可以说是残酷之极，您的父母、宗族都被诛杀或没收为官奴了！现在听说秦国悬赏千斤黄金、万户封地购买您的头颅，您打算怎么办呢？"樊於期叹息地流着泪说："那么，还能想出什么办法呢？"荆轲说："希望能得到您的头颅献给秦王，秦王见此必定欢喜而召见我，那时我左手拉住他的袖子，右手持匕首刺他的胸膛。这样一来，您的大仇得报，燕国遭受欺凌的耻辱也可以消除了！"樊於期说："这正是我日日夜夜切齿捶胸渴求实现的事情啊！"随即拔剑自刎。太子丹闻讯急奔而来，伏尸痛哭，但已经无可奈何了，就用匣子盛装起樊於期的头颅。

此前，太子丹已经预先求取到天下最锋利的匕首，令工匠把匕首烧红浸入毒药之中，又用这染毒的匕首试刺人，只需渗出一丝血，人就没有不立刻倒毙的。于是，便准备行装，送荆轲出发，又派燕国的勇士秦舞阳当他的助手，二人作为使者前往秦国。

（以上为第十四段，写公元前232年至公元前228的五年史事，写韩国、魏国割献土地给秦国；秦将王翦率军攻打并消灭赵国；燕太子姬丹用鸡蛋去碰石头，不听太傅鞠武的意见，派侠客荆轲前去行刺秦王嬴政。）

【点评】

黄歇论。黄歇是一个富有传奇色彩的人物，聪明绝顶，少有人能够企及，宋代诗人苏轼评论他为“宏才伟略，大度深思，三千珠履，百万雄师，名列四杰，声振华夏”；而说他愚笨，大概是他连自己的命运都没有能力掌握，徒死他人之手。从司马光在本卷中记载的黄歇，可以感悟到以下四点。

首先，黄歇心存杂念，妄想固位，而让他人有空可钻。黄歇对于楚国，可以说是立下大功，以身涉险，让太子熊完逃离秦国，得以继位。而熊完即位后，就让黄歇担任国相，掌控楚国权柄二十五年，一直宠幸有加，使得相权赫赫。但问题就出在这里，而熊完没能生下儿子，一旦谢世，将来王位落入他人之手，黄歇将如何自处？这确实是让黄歇担心不已的事情。黄歇正因为有“心病”，被奸人李园钻了空子，保住禄位，而殊不知这是犯了滔天大错啊！对于李园的诡计，黄歇言听计从，成了李园手中的一颗棋子而不自知，一步步走向绝路。一旦心中有了私念，就无法摆脱邪恶之人所设下的圈套，结果把自己套在里面了。秦朝的李斯不就是这样吗？赵高的“你与蒙恬相比，在扶苏心目中的位置如何”的一句设问，就把他打倒了。的确，李斯在扶苏心目中不如蒙恬，但是，他没有看到扶苏是一个正人君子。结果，李斯犯下了不可饶恕的罪过，葬送了秦朝，也葬送了自己。而这杯苦酒，是李斯自己一手酿成的啊！黄歇也是如此，可他比李斯死得痛快，一刀下去，就呜呼哀哉，来不及思考，来不及悔恨。当然，黄歇如果悔恨，也是无济于事了！这是“私念”二字害了他自己啊！

其次，有句成语叫作“人面兽心”，“人面”可以感觉，而“兽心”却难以捉摸。李园善于伪装，善于估摸人心，因而得以诡计成功。黄歇生于战国时期，当时的豢养宾客之风非常盛行，而黄歇的宾客情结则非常重，门下有食客三千。李园就是装成他的宾客，而实现了自己的邪恶计划。黄歇好客，总以为宾客是在为他着想，为他谋划。李园正是利用了黄歇的这种潜意识，达到了自己的目的。后来，宾客朱英识破了李园的这套鬼把戏，劝说黄歇，而黄歇根本就不相信，总觉得李园弱的像个奴才似的，怎么可能做出这种毒恶的事情来呢？其实，这就是李园的成功之处，他在黄歇身上施展了诡计，而成功地骗过了黄歇。当然，这诡计也并不是十分高明，只是他伪装得比较巧妙，利用了黄歇重义，才达到了自己的目的。如果李园显得非常强悍，又耀武扬威，那他一定不能成功。看来，伪装是实现阴谋诡计的最好道具。西汉末年的王莽，能够篡夺汉朝权柄，其实也是靠的伪装，“王莽谦恭未篡时”。王莽谦恭俭让，礼贤下士，实际上却是沽名钓誉。但这些人虽然得势一时，但终究没有好下场。王莽如此，李园也是如此。

后来，熊完的弟弟听说熊完的儿子不是亲生的，便毫不犹豫地杀掉了时为太后的李园妹妹，又尽灭李园之家，总算为黄歇出了一口恶气。

再次，宾客朱英明早知黄歇会有无妄之灾，但却未能救得了黄歇，徒有应对之举。所谓“当事者昏，旁观者清”，长期为黄歇宾客的朱英，倒是看出李园的诡计，他曾提醒黄歇说:“李园不是领兵大将，却在暗中豢养刺客，这事已经很久了。楚王死后，李园必定入宫，据本奏议，假传君王命令杀死您灭口。”这已经说得很清楚了，可黄歇被李园的假象蒙蔽，总觉得李园不会如此行事。而朱英也想出了对策，就是请黄歇将他安插在王宫当差，在楚王死后，李园入宫，就杀死李园，一了百了。应当说，朱英所说还是有道理的，这叫作“不怕一万，就怕万一”。而如果真的有了“万一”，那就是万劫不复。但黄歇太相信李园了，未能听进朱英所言，朱英只好逃出避祸。黄歇的做法太过粗疏，没有做好防备，而让李园奸计得逞。而朱英，作为黄歇的宾客，得到黄歇的厚待，当一次建言没有被采纳，难道就弃之不顾而逃之夭夭，明哲保身吗？这难道是作为宾客应尽的责任吗？唐代诗人杜牧评说:“烈士思酬国士恩，春申谁与快冤魂？三千宾客总珠履，欲使何人杀李园？”朱英面对黄歇的死难，难道不也要感到羞愧吗？

最后，应对黄歇豢养宾客，做出如何评价？纵观战国四公子，有不少宾客还是起了作用的，如信陵君魏无忌的侯嬴、朱亥，平原君赵胜的毛遂，孟尝君田文的冯欢，以及鸡鸣狗盗之徒。而春申君黄歇呢？“珠履三千”，也就是这个朱英，他虽然明智建言，但没有起到任何作用。看来，黄歇豢养的宾客是徒有形式，不用宾客才能智慧，最后自己死于无妄，这实在是对徒有虚名的养士三千莫大讽刺！

资治通鉴（白话本） 卷第七

秦纪二

秦始皇帝二十年至秦二世皇帝元年（公元前227—前209）

【起阏逢淹茂（甲戌，公元前227年），尽玄黓执徐（壬辰，公元前209年），凡十九年】

【大事提要】

本卷记事起于公元前227年，到公元前209年，凡十九年，当为秦始皇帝二十年至秦二世皇帝元年。本卷所载的大事，主要是以下几个方面：其一，六国灭亡。秦王嬴政运用“笼络燕齐，稳住魏楚，消灭韩赵，远交近攻，逐个击破”的方略，从公元前230年到公元前221年，先后用了十年时间，灭掉了山东韩、赵、魏、楚、燕、齐六国，统一天下，结束中国自春秋以来长达五百多年的诸侯割据纷争局面。其二，嬴政称帝。秦王嬴政消灭六国、统一天下，建立以汉族为主体的中央集权国家，自认为功劳胜过三皇五帝，自称“始皇帝”，建立三公九卿制度，废除分封制，实行郡县制，同时推行书同文、车同轨，统一度量衡；对外北击匈奴，南征百越，修筑万里长城。其三，嬴政去世。秦始皇嬴政实现统一后，修筑驰道，先后五次巡视全国，足迹所至，北到今天的秦皇岛，南到江浙、湖北、湖南地区，东到山东沿海地区，到处刻石纪功。公元前210年，进行最后一次巡游，南下云梦，沿长江东至会稽，在西返途中于沙丘病逝。其四，胡亥即位。秦始皇去世后，中车府令赵高伙同丞相李斯，采用极端阴谋手段，杀掉长子扶苏，立小儿子胡亥，为“二世皇帝”。胡亥追求“极乐世界”，视治国为儿戏，又听从赵高挑拨，杀掉蒙氏兄弟，杀尽诸位公子、大臣，实行严刑酷法，很快短命而亡。其五，陈胜起义。秦朝实行严酷刑罚，民怨沸腾，大有土崩瓦解之势。陈胜、吴广篝火狐鸣、揭竿而起，伐无道，诛暴秦，正式称王，定国号为“张楚”。其一呼百应，迅速蔓延全国各地，刘邦、项梁、田儋等纷纷起兵响应，武臣、韩广、魏咎等割据称王。

始皇帝下

秦始皇帝二十年（甲戌，公元前227年）

荆轲到达秦国都城咸阳，通过秦王政的宠臣蒙嘉，以谦卑的言辞求见秦王政，秦王政大喜过望，穿上君臣朝会时的礼服，安排朝会大典迎见荆轲。荆轲手捧地图进献给秦王政，图卷全部展开，匕首出现，荆轲乘势抓住秦王政的袍袖，举起匕首刺向他的胸膛。但是，未等荆轲近身，秦王政已惊恐地一跃而起，挣断了袍袖。荆轲随即追逐秦王政，秦王政绕着柱子奔跑。这时，殿上的群臣都吓呆了，事发仓促，大出意料，群臣全都失去了常态。秦国法律规定，在殿上侍从的群臣不得携带任何武器。因此，大家只好徒手上前扑打荆轲，并喊道："大王，把剑推上背！"秦王政将剑推到背上，将剑套倾斜，剑柄向前，随即拔出剑来回击荆轲，砍断了他的左大腿。荆轲肢体残废无法再追，便把匕首向秦王政投掷过去，却击中了铜柱。荆轲知道行刺之事已经无法完成，就大骂道："此事所以不能成功，只是想活捉你，而后强迫你订立契约，归还所兼并的土地，以此回报燕太子啊！"于是，荆轲被分尸示众。秦王政为此勃然大怒，增派军队到赵国去，随王翦的大军攻打燕国。秦军在易水以西与燕军和代王的军队会战，大破燕、代之兵。

秦始皇帝二十一年（乙亥，公元前 226 年）

冬季，十月，秦将王翦攻下燕都蓟城，燕王喜和太子丹率领精兵向东图保辽东，秦将李信领兵急追。代王赵嘉送信给燕王喜，要他杀掉太子丹，将头颅献给秦王政。太子丹这时躲藏在衍水一带，燕王喜即派使节前往衍水杀了太子丹，准备把他的头颅献给秦王政。但秦王政再次发兵攻打燕国。

秦将王贲进攻楚国，攻陷了十多座城邑。秦王政询问将军李信说："我想要夺取楚国，根据你的推测，需要出动多少人的军队才能足够？"李信说："不过用二十万人。"秦王政又询问王翦，王翦说："非六十万人的大军不可。"秦王政说："王将军已经老了，怎么如此胆小啊！"便派李信、蒙恬率领二十万人进攻楚国。王翦于是称病辞职，返回故乡频阳。

秦始皇帝二十二年（丙子，公元前 225 年）

秦将王贲率军攻打魏国，引汴河的水灌淹魏国都城大梁。三月，大梁城垣塌毁，魏王假投降，被秦军杀死。魏国灭亡。

秦王政派人去通知安陵君说："我想要用五百里的土地换你的安陵国。"安陵君说："大王您施加恩惠给我，用大换小，真是太幸运了。但虽然如此，我这小国的土地是受封于魏国上代国君的，我愿意终生守护它，不敢交换！"秦王嬴政赞许他信守道义，便应允了他的请求。

秦将李信进攻楚国平舆，蒙恬攻打寝地，大败楚军。李信再攻鄢郢，攻下了该城，于是，率军西进，到城父与蒙恬的军队会合。楚军趁机尾随在后，三天三夜不停宿休息，予以反击，大败李信的军队，攻入秦军的两个营地，斩杀了七个都尉。李信率领残部逃奔回秦国。

秦王政听到这个消息，暴跳如雷，亲自前往频阳向王翦道歉，说："我没有采用将军的计策，而李信果然使秦军蒙受了耻辱。现在将军你虽然患病，但难道就忍心抛下我不管吗？”王翦仍然推辞说：“我实在是病得不能领兵打仗了。”秦王政说：“好啦，不要再这么说了！”王翦说：“如果不得已一定要用我的话，非用六十万人的军队不可！”秦王政答道：“就按照将军的主张行事吧。”于是，王翦率领六十万大军攻打楚国，秦王政亲自送行到霸上。王翦请求秦王政赏赐他相当多的良田美宅。秦王政说：“你就出发吧，为什么还要担心日后贫穷呀！”王翦说：“身为大王您的将领，虽然立下战功，但最终仍不能被封侯，所以趁着大王现在正看重我，请求赏赐田宅，好为子孙留下产业啊！”秦王政听后大笑不止。王翦率军开拔，到达武关，又陆续派遣五位使者向秦王政请求赏赐良田。有人说：“将军您向秦王求讨东西，也是太过分了吧！”王剪回答道：“不是这样。大王心性粗暴而多猜忌，如今将国中的武装士兵调拨一空，专门托付给我指挥，我若不借多求赏赐田宅为子孙谋立产业，表示坚决为大王效力，大王反倒要无缘无故地对我有所怀疑啊！”

秦始皇帝二十三年（丁丑，公元前 224 年）

秦将王翦率领大军取道陈丘以南，到达平舆。楚国听说王翦增兵而来，便出动国中的全部兵力抵抗秦军。王翦下令坚守营寨，不与楚军交锋。楚军多次到营前挑战，秦军始终不出战。王翦每天让兵士休息、洗沐，享用好的饮食，安抚慰问他们，并亲自与他们共同进餐。这样过了很长一段时间，王翦派人打听：“军中进行什么游戏啊？”回答说：“兵士们正在玩投石、跳跃的游戏。”王翦便说：“这样的军队可以用来作战了。”此时，楚军既然无法与秦军交锋，就挥师向东而去。王翦随即率军尾追，命令兵士们发起冲击，大败楚军，直至蕲县之南，斩杀楚国将军项燕，楚军于是溃败逃亡。王翦乘胜夺取并平定了楚国的一些城镇。

秦始皇帝二十四年（戊寅，公元前 223 年）

秦将王翦、蒙武俘获了楚国国君熊负刍，在楚地设置楚郡。

（以上为第一段，写公元前 227 年至公元前 223 年五年史事，写荆轲刺杀秦王政失败，秦王加速统一进程，派出三路大军东伐，李信一军攻燕、王贲一军攻魏、王翦一军伐楚，燕破魏亡楚灭。）

秦始皇帝二十五年（己卯，公元前 222 年）

秦国大举兴兵，派王贲率兵进攻辽东，俘获了燕国国君姬喜，燕国灭亡。

臣司马光说：燕国太子丹不能忍受一时的激愤而去冒犯如狼似虎的秦国，虑事轻率，谋划浅薄，以致挑起怨恨，加速了灭亡之祸，使供奉燕国始祖召公的宗庙祭祀忽然中断，罪过没有比这个更大的了！而评论的人有的还把太子丹说成是德才兼备的人，这难道不是太过分了吗！

对于治理国家的君王来说，任命有才能的人为官，按照礼制确立政策法规，以仁爱之心安抚百姓，凭借信义结交邻国。这样，官员由有才干的人担任，政事得到礼教的节制，百姓怀念君王的德行，四邻亲近友善，恪守信义。这样，国家则会安如磐石，炽如火焰，触犯它的一定被撞得粉碎，挨着它的一定被烧得焦头烂额。如此，即便是有强暴的敌国存在，又有什么值得畏惧的呢？太子丹放弃这条路不走，反而用万辆战车的大国去排解个人的私愤、炫耀盗贼式的谋略，结果是功名被毁坏，身命遭杀戮，江山社稷化作废墟，这难道不是十分令人悲痛的事情吗？

跪着前进，伏地而行，并不表示恭敬；言必行，重承诺，并不表示守信；过度耗费金钱，散发玉器，并不表示施恩；自割颈部，自剖肚腹，并不表示勇敢。这种种问题的关键在于，只顾眼前利益不能深谋远虑，而行动不合乎礼义，似此不过是楚国为复仇而丧生的白公胜之流罢了！

荆轲心怀报答太子丹豢养的私情，不顾及全家七族之人会受到牵连，想要用一把短小的匕首使燕国强大、秦国削弱，这难道不是愚蠢至极吗？所以，扬雄对此评论说，要离的死，是蜘蛛、毒虫一类的死；聂政的死，是壮士一类的死；荆轲的死，是刺客一类的死。这些人都不能算是义士。他又说："荆轲，按照君子的道德观念来看，他是一个大盗贼。"此话说得多好啊！

秦将王贲率军攻打代国，俘获代王嘉。

秦将王翦全部平定楚国长江以南的地区，降服百越的首领，设置了会稽郡。

五月，秦国命令特许全国举行大规模的聚会宴饮。

当初，齐国的君王后贤惠有才干，使齐国能小心周到地侍奉秦国，对其他各诸侯国奉守信义。齐国东靠大海，不与秦国相邻。而那时秦国日夜不停地进攻韩、赵、魏、燕、楚等国，这五国分别忙于调兵自救，无暇他顾，所以齐王建在位四十多年未遭逢过战乱。君王后即将去世时，告诫齐王建说："群臣中可以任用的是某某。"齐王建说："请让我把名字写下来。"君王后说："好吧。"但等到齐王建取来笔和木牍，准备记下她的话时，君王后却说："我已经忘记了。"君王后去世后，后胜出任齐国的相国，他大量接受秦国为挑拨齐国君臣关系而施给他的金银财宝。而齐国的宾客进入秦国时，秦国又给以重金，使这些宾客回国后都反过来为秦国说话，劝说齐王建去朝拜秦王，不必整治、修建用作攻战的防备设施，不要去援助那以下几个国家进攻秦国。秦国也即因此得以灭掉了五国。

齐工建将要动身前往咸阳朝拜秦王政，齐国的雍门司马迎上前说："齐国所以要设立国君，是为了国家，还是为了国君自己啊？"齐王建说："是为了国家。"司马说："既然是为了国家才设立君王，那您为什么还要离开自己的国家而到秦国去呢？"齐王建于是下令掉转车头返回王宫。

即墨大夫听说后，进见齐王建，说："齐国国土方圆数千里，军队数百万。现韩、赵、魏三国的官员都不愿接受秦国的统治，逃亡在阿城、甄城之间的有数百人。大王您将这些人收拢起来，交给他们百万之多的士兵，让他们去收复韩、赵、魏三国旧日的疆土，如此，就是秦国的临晋关也可以进入了。楚国鄢郢的官员不愿受秦国驱使，逃匿在南城之下的有数百人。大王您将这些人聚集起来，交给他们百万人的军队，让他们去收复楚国原来的土地，如此，即便是武关也可以进入了。这样一来，齐国的威望得以树立，秦国则可被灭亡，这又岂是保全自己的国家而已！"但是，齐王建没有接受这一建议。

（以上为第二段，写公元前222年史事，写秦王灭燕、灭代，王翦将灭亡。司马光批评燕太子丹不举用贤才发愤图强，而遣刺客做无谓牺牲，荆轲非义士。）

秦始皇帝二十六年（庚辰，公元前221年）

秦将王贲率军从燕国向南进攻齐国，突然攻入都城临淄，齐国百姓中没有敢于抵抗的。秦国派人诱降齐王建，约定封给他五百里的土地，齐王建于是便投降了。但是，秦国却将他迁移到共地，安置在松柏之间，最终被饿死。齐国人埋怨齐王建不早参与诸侯国的合纵联盟，却听信奸佞、宾客的意见，致使国家遭到灭亡，故为此编成歌谣说："松树啊，柏树啊，使田建迁住共地饿死的是宾客啊！"痛恨齐王建任用宾客不审慎考察。

臣司马光说：合纵、连横的学说，虽然反复无常，但其中最主要的是合纵符合六国的利益。从前，先王封立大量封国，亲近爱抚各国诸侯，使他们通过拜会、探访来增进相互交往，用酒宴招待他们以增进欢乐友好，实行会盟而增进团结联合，不为别的，就是希望他们能够同心协力共保国家。假如当初六国能以信义相互亲善，那么秦国虽然强暴，六国又怎么能被它灭亡掉呢？韩、赵、魏三国，是齐、楚两国的屏障，而齐、楚两国则是韩、赵、魏三国的基础，它们在形势上相互依托，表里间相互依赖。所以，韩、赵、魏三国进攻齐、楚是自断根基；而齐、楚两国攻打韩、赵、魏三国，则是自撤屏障。哪里有自己拆毁屏障以讨好盗贼，并且还说"盗贼将会爱惜我而不攻打我"，这难道不是荒谬得很吗？

秦王嬴政刚刚兼并六国，统一天下，自认为兼备了三皇的德行，超过了五帝的功业，于是，便改称号为"皇帝"，皇帝出命称为"制书"，下令称为"诏书"，自称为"朕"，追尊父亲庄襄王嬴异人为太上皇，并发布命令说："君王死后依据他生前的行为加定谥号，这是儿子议论父亲，臣子议论君王，实在没有意思。从今以后，废除为帝王上谥号的制度。我为始皇帝，后继者以序数计算，称为二世皇帝、三世皇帝，以至万世，一代一代无穷尽地传下去。”

当初，齐威王、齐宣王的时候，邹衍研究创立了金、木、水、火、土终而复始的“五德终始”学说。到了秦始皇帝兼并天下时，齐国人将此说奏报给秦始皇。始皇采纳了这套学说，认为周朝是火德，秦朝取代周朝，从火不能胜水来推算，应是水德。于是，开始下令更改岁历，新年朝见皇帝与祝贺典礼都从十月初一开始，以十月初一为元旦；衣服、旗帜、符节等都崇尚黑色，计数以六为一个单位。

秦朝丞相王绾说：“燕、齐、楚三国的故地距都城咸阳过于遥远，不在那里设置侯王，便不能镇抚。因此，请分封诸位皇子为侯王。”秦始皇将这一建议交给大臣评议。廷尉李斯说：“周文王、周武王分封的子弟族人非常多，他们的后代彼此疏远，相互攻击如同仇敌，周天子也无法加以制止。现在四海之内，仰仗皇上的神灵获得统一，全国都划分为郡县，对各位皇子及有功之臣，用国家征收的赋税重重给予赏赐，这样就可以非常容易地进行控制，使天下人对秦朝不怀二心，才是安定国家的方略。分封诸侯则是不适宜。”秦始皇说：“天下人都吃尽了无休止的战争之苦，全是因为有诸侯王存在的缘故。今日依赖祖先的在天之灵，使天下初步平定，假如又重新封侯建国，便是自己招引兵事、培植战乱，如此而想求得宁静、安息，岂不是极其困难的事情啊！廷尉的主张是对的。”

秦始皇于是下令把全国划分为三十六个郡，每个郡都设置郡守、郡尉、监御史。

又下令收缴全国民间所藏的兵器，运送并汇集到咸阳，熔毁后铸成大钟和钟架，以及十二个铜人，各重千石，放置在宫廷中；并统一法制和度量衡，将各地富豪十二万户迁移到咸阳，置于朝廷的监控之下。

秦朝祭祀祖先、神灵的宗庙等处所和章台宫、上林苑都设在渭水南岸。而秦国每征服一个国家，就摹画、仿照该国的宫室，在咸阳城北的山坡上同样建造一座。如此南临渭水，自雍门向东至泾水、渭水相交处，宫殿屋宇、天桥、楼阁相连接，所获得的各国美女、钟鼓等乐器都安置在里边。

（以上为第三段，写公元前221年史事，写秦王嬴政最后消灭齐国，统一天下，自称“始皇帝”，废除分封制，分天下为三十六郡，统一度量衡，销毁天下兵器，迁豪富于咸阳，在渭水北岸仿建六国宫殿。）

秦始皇帝二十七年（辛巳，公元前220年）

秦始皇出巡陇西、北地，到鸡头山而还，经过回中宫。

秦始皇在渭水南岸兴建长信宫，竣工后改名为极庙宫。从极庙筑路通到骊山，兴造甘泉宫前殿，修筑甬道连接咸阳，又以咸阳为中心筑驰道通往全国各地。

秦始皇帝二十八年（壬午，公元前 219 年）

秦始皇帝嬴政出巡东部各郡、县，登上邹地的峄山，树立石碑，赞颂秦朝的功勋业绩；召集过去鲁地崇信儒学的文人七十名，到泰山下商议祭祀天地的封禅之事。诸儒生中有的说：“古时候的君王封禅，用蒲草裹住车轮，不愿伤害山上的土石草木；扫地祭祀时所使用的席子都是用草编成的。”各人的议论很不相同。秦始皇认为众人所说的很难实际采用，便因此而贬退儒生，并且下令开通车道，从泰山南麓上到顶峰，竖立石碑歌颂自己的功德，又从泰山北面顺道而下，到梁父山祭地。祭祀仪式颇采用秦国古时在雍城由太祝令主持祭祀上帝的形式。而怎样封土埋藏却全都保密，世人无法获悉并记录下来。

于是，秦始皇随即向东出游沿海各地，祭礼名山大川及天、地、兵、阴、阳、月、日、四时八神。然后南登琅邪山，兴致勃勃，在那里逗留了三个月，还建造了琅邪台，立石碑颂德，表明自己得意于天下。

当初，燕国人宋毋忌、羡门子高一类人声称世上有一种成仙之道、人老死后尸解骨化升天的法术，燕国、齐国的迂腐、怪异之士都争相传授和学习。从齐威王、齐宣王、燕昭王都相信他们的话，派人到海上去寻求蓬莱、方丈、瀛洲三座神山，据说这三座仙山在渤海之中，距离人间并不遥远。只是凡人将要到达，风就把船吹走了。不过也曾有人到过这三山，看见各位神仙和长生不死的药均在那里。待到始皇帝嬴政出游海滨时，通晓神仙方术的人如故齐国人徐市等，纷纷争着上书谈这些事情，请求准许斋戒清心洁身素食后率领童男童女往海上寻求神山。始皇于是派遣徐市征发数千名童男童女入海求仙。但是，船行海上后，却均因风势不顺而返航。不过他们仍然说：“虽然没有能够到达仙山，可是已经望见了。”

秦始皇还归咸阳途中，经过彭城，举行斋戒，祈祷祭祀，想要打捞沉没在泗水中的周鼎。故而遣一千人潜入泗水寻找，结果毫无所得。于是，始皇又向西南渡过淮水，到达衡山、南郡；再泛舟长江，到湘山，祭祀湘君。适逢大风，几乎不能渡过湘水。始皇问博士道：“湘君是什么神仙啊？”博士回答说：“听说她是尧帝的女儿，舜帝的妻子，死后就葬在这里。”始皇大怒，令三千名被判刑服劳役的罪犯将湘山的树木统统砍光，裸露出赤红的土壤和石块。然后，从南郡经武关返回咸阳。

早先，韩国人张良的父亲、祖父曾经做过五代韩相。乃至韩国灭亡，张良散尽千金家产，想要为韩国报仇。

秦始皇帝二十九年（癸未，公元前 218 年）

秦始皇出巡东方，到达阳武县的博浪沙时，张良让大力士手持铁锤袭击始皇，但却误中随天子车驾而行的副车。始皇大惊失色，想抓住刺客，但未能抓到，于是，下令全国进行十天的大搜捕。

始皇随后登上芝罘山，刻石颂德。归途中前往琅邪，取道上党，回到咸阳。

秦始皇帝三十一年（乙酉，公元前216年）

秦始皇下令全国百姓向朝廷自报所占土地的数额。

秦始皇帝三十二年（丙戌，公元前215年）

秦始皇出巡抵达碣石，派故燕国人卢生求访仙人羡门。又在碣石山门刻碑文歌功颂德，拆毁城郭，决通堤防。此后，秦始皇巡视北部边境，从上郡返回都城。卢生受派遣入海求仙后归来，随即抄录《录图书》上"亡秦者，胡也"的谶语奏报给秦始皇。秦始皇便派将军蒙恬率领三十万大军，向北攻打匈奴。

秦始皇帝三十三年（丁亥，公元前214年）

秦朝征召那些曾经逃亡的人、因贫穷而入赘女家的男子、商贩等入伍当兵，攻掠夺取南越的陆梁地，设置了桂林、南海、象郡等郡；并将受贬谪的人五十万流放到五岭守边，与南越的本地人杂居一处。

秦将蒙恬率军驱逐匈奴人，收复了河南（今黄河以南河套地区），设置四十四个县，接着就修筑长城，凭借地形而建，用以控制险关要塞，起自临洮，直至辽东，绵延一万多里。蒙恬于是又领兵渡过黄河，占据阳山，向北曲折前进。军队在野外扎营，风餐露宿十多年，蒙恬则常驻上郡指挥军队，威震匈奴。

（以上为第四段，写秦始皇统一六国后巡行郡县，记公元前220年至公元前214年七年史事。始皇派人入海求仙，讨论封禅，曾遭刺客袭击；派遣将军蒙恬攻打匈奴，筑造长城。）

秦始皇帝三十四年（戊子，公元前213年）

秦朝将徇私枉法、知人有罪却释放出狱、无罪却下狱的司法官吏流放去修筑长城，或到南越地区守边。

丞相李斯上书说："过去诸侯各国纷争，以高官厚禄招来游说之士。现在天下已定，法令统一出自朝廷，民众百姓就要致力于耕田做工，读书人就要学习法令规章。但今日的儒生却不学习现代事务，只知一味地效法古代，并借此非议现实，蛊惑、扰乱民众，相互非难，指责现行制度，并以此教导百姓；闻听命令颁下，就纷纷根据自己的学说、主张妄加评议，入朝时口是心非，出朝后便街谈巷议，夸饰君王以提高自己的声望，标新立异以显示自己的高明，煽动、引导一些人攻击诽谤国家法令。这种情况如不禁止，就势必造成君王的权势下降，臣下结党纳派活动蔓延民间。唯有禁止这些才有利于国家！因此，我建议史官将除秦国史记之外的所有史书全部烧毁；除博士官按职责收藏外，天下凡有私藏《诗》、《书》、诸子百家著作的人，一律按期将所藏之书交到郡守、郡尉处，一并焚毁；有敢于相对私语谈论《诗》、《书》的处死；借古非今的诛杀九族；官吏发现这种事情不举报的与以上人同罪；此令颁布三十天后仍不将私藏书籍烧毁的，判处黥刑，并罚处修筑长城劳役的城旦刑。不予焚烧的，是医药、占卜、种植的书。如果想要学习法令，应以官吏为师。”始皇下令说：“好。”

故魏国人陈馀对孔子的八世孙孔鲋说：“秦朝将要毁灭掉前代君王的书籍，而你正是书籍的拥有人，这实在是太危险了！”孔鲋说：“我所治的是一些看来无用的学问，真正了解我的只有朋友。秦朝并不是我的朋友，我会遇到什么危险呀！我将把书籍收藏好，等待着有人征求，一旦来征求，我也就不会有什么灾难了。”

秦始皇帝三十五年（己丑，公元前212年）

秦始皇派蒙恬负责开通直道，从九原直到云阳，挖掘大山，填塞峡谷，长达一千八百里，几年没有完工。

秦始皇认为都城咸阳的人口过多，而先代君王营造的宫廷又嫌小，便命人在渭南上林苑中建筑宫殿，先修前殿阿房宫，长宽东西五百步，南北五十丈，上面可坐一万人，下面则能竖立五丈高的旗帜，周围是车马驰行的天桥，从前殿下直达南山，在南山的顶峰上建造牌楼作为标志。又筑造天桥，从阿房渡过渭水，与咸阳城相接，由此象征天上的北极星、阁道星横越银河抵达营室宿。征发受宫刑和判处其他徒刑的囚犯七十万人，分别修筑阿房宫或建造骊山始皇帝陵墓，并凿掘用作套棺的北山的石料，采伐蜀、荆两地的木材，都先后运到。在关中兴建宫殿共有三百座，关外营造宫殿四百多座。于是，在东海郡的朐县界内竖立石阙，作为秦朝东部的大门，又将三万家迁移到骊邑，五万家迁移到云阳，均免除十年的赋税徭役。

卢生劝说秦始皇道：“有一种方法，就是皇上不时地暗中秘密出行，借此躲避恶鬼。而避开了恶鬼，神仙真人便会来到。故此希望您所居住的宫室不要让别人知道，然后不死之药大概才可以得到！”始皇说：“我敬慕真人！”于是就自称“真人”，不再称“朕”，并下令咸阳城周围二百里内的二百七十处宫殿楼台，都用天桥、甬道相连接，帷帐、钟鼓及美女充斥其间，各自按部署登记，不做迁移。始皇巡行到某处居住下来，有敢于透露出他的驻地的，即获罪处死。始皇曾前往梁山宫，从山上望见丞相李斯的随行车马非常多，很不高兴。宦官、近臣中有人将这事告诉了李斯，李斯随即减少了他的车马。始皇愤怒地说：“这一定是宫中人泄露了我的话！”于是，审问随从人员，但是没有人承认。始皇就下令捉拿当时在场的人，全部杀掉。从此以后，再也没有人知道始皇到了什么地方。群臣中凡有事情要奏报并接受皇帝裁决的，便全都到咸阳宫等候。

侯生、卢生相互讥讽、评议秦始皇的暴虐，并因此逃亡而去。始皇听说后勃然大怒，说：“卢生等人，我尊敬他们，并重重地赏赐他们，现在竟然敢诽谤我！这些人在咸阳的，我曾派人去查访过，其中有的人竟妖言惑众！”于是，令御史逮捕并审问所有的儒生。儒生们彼此告发，始皇亲自判处违法犯禁的人有四百六十多名，把他们全部在咸阳活埋了。还向全国宣布，让大家都知道这件事情，以惩戒后世。

同时，谪罚更多的人流放到边地戍守。始皇的长子扶苏为此劝说道："那些儒生们全都诵读并效法孔子的言论。而今您全部用重法惩处他们，我担心天下会因此不安定。"始皇大为恼火，派扶苏赴上郡去监督蒙恬的军队。

（以上为第五段，写公元前213年至公元前212年两年史事：一为秦始皇焚书坑儒；二是长子扶苏劝谏，被派到上郡，监长城军。）

秦始皇帝三十六年（庚寅，公元前211年）

有陨石坠落在东郡。有人在陨石上刻字说："始皇死而地分。"秦始皇于是派御史逐个查问当地的人，但是没人承认此事是自己干的。始皇便下令将居住在陨石附近的人全部捉拿处死，并焚化了那块石头。

秦朝迁移三万户到黄河以北、榆中一带垦殖荒地，每户授予爵位一级。

秦始皇帝三十七年（辛卯，公元前210年）

冬季，十月，癸丑（疑误），秦始皇帝嬴政出游，左丞相李斯陪同前往，右丞相冯去疾留守咸阳。始皇有二十多个儿子，小儿子胡亥最受宠爱，他要求随始皇出巡，获始皇准许。

十一月，秦始皇帝嬴政一行到达云梦，向着九疑山遥祭葬在那里的舜帝。然后乘船顺长江而下，观览江边礁石，渡过海边岛屿，经过丹阳，到达钱塘，来到浙江边。因江潮波涛汹涌，便向西行驶一百二十里，从富阳与分水之间的狭窄处渡江。随后，始皇登上会稽山，祭祀大禹，遥望南海，刻立巨石歌功颂德。然后，起驾返回，归途中经过吴地，从江乘县渡过长江，沿海北上，抵达琅琊、芝罘。始皇看见大鱼，便发箭将鱼射杀。接着，又沿海边西行，到了平原津后便病倒了。

秦始皇很厌恶谈论"死"字，因此，群臣中没有人敢于提关于死的事情。待到他病势更加沉重时，才命中车府令、兼掌符玺事务的赵高写诏书给长子扶苏，说："参加丧事处理，灵柩到咸阳后安葬。"诏书已封好，但却搁置在赵高处，没有交给使者送出。

秋季，七月二十日丙寅，秦始皇在沙丘宫平台去世。丞相李斯因皇帝在都城外病逝，唯恐各位皇子及天下发生什么变故，于是就秘不发丧，将棺材停放在能调节冷暖的辒凉车中，由始皇生前最宠信的宦官在车的右边陪乘。所到一地，上呈餐饭、百官奏报事务，都与过去一样，宦官即从车中接受并批复奏事。只有胡亥、赵高及受宠信的宦官五六个人知道内情。

当初，秦始皇尊重宠信蒙氏兄弟，很信任他们。蒙恬在外担任大将，蒙毅则在朝中参与商议国事，称为忠信大臣，即便是高级将领或丞相，也没有敢与他们一争高低的。赵高一生下来就被阉割了。始皇听说他办事能力很强，并且通晓刑法，便提拔他担任了中车府令，让他教导小儿子胡亥学习审理判决诉讼案。胡亥非常信任他。赵高曾经犯下大罪，始皇派蒙毅惩治他。蒙毅认为赵高依法应被处死，但始皇因赵高办事灵活而赦免了他，并恢复了他的官职。

赵高既然素来得到胡亥的信任，恰又怨恨蒙氏兄弟，便劝说胡亥，让他诈称始皇遗命杀掉扶苏，立胡亥为太子。胡亥同意了赵高的计策。赵高又说：“这件事情如果不与丞相合谋进行，恐怕不能成功。”随即约见丞相李斯，说：“皇上赐给扶苏的诏书及符玺都在胡亥那里。定立太子之事只在您我口中的一句话罢了。这件事将怎么办呢？”李斯说：“怎么能够说出这种亡国的话呀！此事不是我们这些为人臣子的人所应当议论的啊！”赵高道：“您的才能、谋略、功勋、人缘以及获得扶苏的信任，这五点全部拿来与蒙恬相比，哪一点比得上他呢？”李斯回答：“都比不上他。”赵高说：“既然如此，那么只要扶苏即位，就必定任用蒙恬为丞相，您最终不能怀揣通侯的印信返归故乡的结局已经是显而易见的了！而胡亥仁慈忠厚，是可以担当皇位继承人的。希望您慎重地考虑一下，做出定夺！”

丞相李斯听后，认为赵高说得有理，便与他共同谋划，诈称接受了始皇的遗诏，立胡亥为太子，又篡改始皇给扶苏的诏书，指斥他多年来不能开辟疆土、创立功业，却使士兵大量伤亡，并且数次上书，直言诽谤父皇，日日夜夜地抱怨不能获准解除监军职务，返归咸阳当太子；而将军蒙恬不纠正扶苏的过失，并参与和了解扶苏的图谋。因此命令他们自杀，将兵权移交给副将王离。

扶苏接到诏书，哭泣着进入内室，打算自杀。蒙恬说：“皇上在外地，并未确立谁是太子。他派我率领三十万军队镇守边地，令您担任监军，这乃是天下的重任啊！现在仅仅一个使者前来传书，我们就自杀，又怎么能知道其中是不是有诈呢？让我们再奏请证实一下，然后去死也不晚啊！”但是，使者多次催促他们自行了断，扶苏于是对蒙恬说：“父亲赐儿子死，还哪里需要再请示查实呢！”随即自杀。蒙恬不肯死，使者便将他交给官吏治罪，囚禁在阳周；改置李斯的舍人担任护军，然后回报李斯、赵高。胡亥这时已听说扶苏死了，便想释放蒙恬。恰逢蒙毅代替始皇外出祈祷山川神灵求福后返回，赵高即对胡亥说：“始皇想要荐举贤能确定你为太子已经很长时间了，可是蒙毅一直劝阻他，认为不可如此。现在不如就把蒙毅杀掉算了！”于是，逮捕了蒙毅，将他囚禁到代郡。

（以上为第六段，写公元前 211 年秦始皇生时天下已出现造反端倪，有人在东郡掉落的陨石上刻字说：“始皇死而地分”。第二年，公元前 210 年始皇出巡，病死沙丘，中车府令赵高与丞相李斯密谋反发动宫廷政变，假传遗诏，赐死长子扶苏，立小儿子胡亥为帝，秦政权旁落宦官赵高之手。）

皇室车队于是从井陉抵达九原。当时正值酷暑，装载始皇遗体的辒凉车散发出恶臭，胡亥等便指示随从官员在车上装载一石鲍鱼，借鲍鱼的臭味混淆腐尸的气味。

从直道抵达咸阳后，发布治丧的公告。胡亥继承了皇位。

九月，将秦始皇安葬在骊山皇陵，把铜熔化后灌进去，堵塞住地下深处的水。又运来各种奇珍异宝，藏满墓穴。还下令工匠制作带有机关的弓弩，遇到穿入靠近墓穴的人，便自动射杀。用水银做成百川、江河、大海，以机械灌注输送。墓穴顶部布有天文图像，底部设置地理模型。后宫嫔妃凡未生子女的，命令她们全部陪葬。下葬后，有人说工匠们制造隐藏的机械装置，知道其中的全部秘密，陪藏品珍宝十分贵重，必然要被泄露出去。于是，待送终的大事完毕后，那些工匠即被尽数封闭在墓穴中。

秦二世皇帝胡亥想要杀掉蒙恬兄弟二人，他哥哥的儿子子婴劝他说："赵王赵迁杀掉李牧而用颜聚，齐国田建杀掉前代的忠臣而用后胜，结果最终都亡了国。蒙恬兄弟是秦国的重臣、谋士，皇上却打算一下子就把他们抛弃、除掉。似此诛杀忠臣而扶立节操品行不端的人，是在内失去群臣的信任，在外使将士们意志涣散啊！"但是，二世不听从劝告，随即杀掉了蒙毅，并要杀内史蒙恬。蒙恬说："我们蒙家自我的先人起直至子孙，在秦国建立功业和忠信已经三代了。如今我领兵三十多万，身体虽然被囚禁，但我的势力仍然足以进行反叛。可是我知道自己必定得死，却还是要奉守节义，是因为我不敢辱没祖先的教诲，并表示我不忘先帝的大恩大德啊！"于是，即吞服毒药自杀身亡。

扬雄《法言》说："有人问：'蒙恬赤胆忠心却被杀掉了，忠诚还有什么用呢？'"回答说："开山填谷，修筑长城，西起临洮，东接辽水，威力不足而造成的尸体却有余，蒙恬的这种忠诚是不足为辅助君王的。"

臣司马光说："秦始皇正荼毒天下时，蒙恬甘受他的驱使，如此蒙恬的不仁义是可知的了。但是蒙恬明白为人臣子所应守的道义，虽然没有罪而被处死，仍能够宁死忠贞不渝，不生二心，故而这也是很值得称道的了。"

（以上为第七段，写傀儡皇帝秦二世冤杀蒙恬、蒙毅兄弟，自毁长城，秦朝的祸乱由此起矣！蒙恬的愚忠受到扬雄和司马光的批评，而蒙恬尽臣节之义得到司马光的肯定。）

二世皇帝上

秦二世皇帝元年（壬辰，公元前 209 年）

冬季，十月初十戊寅，实行大赦。

春季，秦二世向东出巡郡县，李斯随从前往。一行人到达碣石后，又沿海南下至会稽。途中，二世将秦始皇过去所立的刻石全部加刻上了字，并在旁边刻上随从大臣的名字，以此表彰先帝的丰功盛德，然后返回。

夏季，四月，秦二世到达咸阳，对赵高说："人生在世，就犹如驾着六匹骏马飞奔过缝隙一般的短促。我既然已经统治天下，就想要尽享我的耳目所喜闻乐见的全部东西，享尽我心意中所喜欢的任何事物，直到我的寿命终结，你认为这行吗？"赵高说："这是贤能的君主能做而昏庸暴乱的君王不能做的事情。虽然如此，还有不可做的地方，请让我来陈述一下：沙丘夺权之谋，诸位公子和大臣都有所怀疑。而各位公子都是您的哥哥，大臣又都是先帝所安置的。如今皇上您刚刚即位，这些公子臣僚正怏怏不服，恐怕会发生事变。我尚且战战栗栗，生怕不得好死，皇上又怎么能够这样享乐呀！"二世说："那该怎么办呢？"赵高说："皇上应实行严厉的法律、残酷的刑罚，使有罪的人株连他人，这样可将大臣及皇族杀灭干净，然后收罗提拔遗民，使贫穷的富裕起来，卑贱的高贵起来，并把先帝过去任用的臣僚全都清除出去，改用皇上的亲信。这样一来，他们就会私下感念您的恩德；祸害被除掉，奸谋被堵塞，群臣没有不蒙受您的雨露润泽、大恩厚德的。如此，皇上就可以高枕无忧，纵情享乐了，再没有比这个更好的计策了！"二世认为赵高说得有理，于是，便修订法律，务求更加严厉苛刻，凡大臣、公子犯了罪，总是交给赵高审讯惩处。这样，有十二位公子在咸阳街市上被斩首示众，十名公主在杜县被分裂肢体而死，他们的财产全部充公，受牵连被逮捕的人更是不可胜数。

公子将闾兄弟三人被囚禁在内宫，单单搁置到最后才议定罪过。秦二世皇帝派使臣去斥令将闾说："你不尽臣子的职责，罪该处死！由行刑官执法吧！"将闾说："在宫廷的礼仪中，我未曾敢不听从司仪人员的指挥；在朝廷的位次上，我未曾敢超越本分违背礼节；受皇上的命令应对质询，我未曾敢言辞失当说过什么错话，这怎么叫作不尽为臣子的职责呢？希望听你们说说我的罪过，然后再去死！"使臣说："我不与你作什么商量，只奉诏书行事！"将闾于是便仰天大呼三声"天啊"，说："我没有罪！"兄弟三人都痛哭流涕，随即拔剑自杀。整个皇室均为此震惊恐惧。

公子高打算逃亡，但又害怕株连族人，因此，上书说："先帝未生病时，我入宫便赐给我饮食，外出便赐给我乘车，先帝内府的衣服，我得到赏赐，宫中马厩里的宝马，我也得到赏赐。我本应跟随先帝去死，却没能这样做。似此作为儿子便是不孝，作为臣子便是不忠。不孝不忠的人是没有资格生存在世上的。因此我请求随同先帝去死，愿被葬在骊山脚下。希望皇上垂怜。"书上给了二世，二世高兴异常，召见赵高，给他看公子高的上书，说："这可以算是急迫无奈了吧？"赵高道："作为臣子担心死亡还来不及呢，哪里能有空闲图谋造反的事呀！"二世随即允准了公子高的上书，并赐给他十万钱作为安葬费。

秦二世下令重新营建阿房宫，又尽行征调五万名身强力壮的人去咸阳驻防守卫，让他们教习射御。这批人和狗马禽兽要消耗的粮食很多，估计会供不应求，二世便下令到郡县中调拨，转运输送豆类、谷物、饲草、禾秆到都城，但规定押运民夫都自带口粮，同时还下令咸阳城三百里之内不准食用这批谷物。

（以上为第八段，写公元前209年上半年史事，写胡亥继位为二世皇帝，尽力追求享乐；赵高添油加醋，又使出坏主意，实行严刑酷法，杀尽诸位公子和大臣；胡亥下令重新营修阿房宫，民怨沸腾。）

秋季，七月，阳城人陈胜、阳夏人吴广在蕲县聚众起兵。当时，秦王朝征召闾左平民百姓到渔阳去屯戍守边，九百人途中屯驻在大泽乡，陈胜、吴广均被指派为屯长。恰巧遇上天降大雨，道路不通，推测时间已无法按规定期限到达渔阳防地。而按照秦法规定，延误戍期，一律处斩。于是，陈胜、吴广便趁着天下百姓生计愁苦、对秦朝的怨恨，杀掉押送他们的将尉，召集戍兵号令说："你们都已经延误了戍期，当被杀头。即使不被斩首，因长久在外戍边而死去的本来也要占到十之六七。何况壮士不死则已，要死就要图大事！王侯将相难道是天生的吗？"众人全都响应。

陈胜、吴广便诈以已死的扶苏和故楚国的大将项燕为名，培土筑坛，登到上面宣布誓约，号称"大楚"。陈胜自立为将军，吴广为都尉。起义军随即攻下大泽乡，接着招收义兵扩军，进攻蕲邑。蕲邑夺取后，即令符离人葛婴率军攻掠蕲以东地区，相继攻打攻击铚、酂、苦、柘、谯等地，全都攻下了。义军沿路招收人马，等到到达陈地时，已有战车六七百辆，骑兵千余人，步兵数万人。当攻打陈城时，郡守和郡尉都不在，只有留守的郡丞在谯楼下的城门中抵抗义军，未能取胜，郡丞被打死。陈胜于是领兵入城，占据了陈地。

当初，大梁人张耳、陈馀结为同生死、共患难的朋友。秦国灭魏时，听说两个人是魏国的名士，便悬重赏征求他们。张耳、陈馀于是改名换姓，一起逃到了陈地，充任里门看守来糊口。管理里巷的官吏曾经因陈馀出了小过失而鞭笞他，陈馀想要与那官吏抗争，张耳踩着他的脚，让他接受鞭笞。待那小官离开后，张耳将陈馀拉到桑树下，数落他说："当初我是怎么对你说的？现在遇上一点小的侮辱，就想跟一个小官吏拼命啊！"陈馀为此道了歉。及至陈胜率领义军进入陈地，张耳、陈馀便前往陈胜的驻地通名求见。陈胜一向听说他俩很贤能，故而非常高兴。

恰逢陈地中有声望的地方人士和乡官请求立陈胜为楚王，陈胜就拿这件事来询问张耳、陈馀的意见。二人回答说："秦王朝暴乱无道，兼灭别人的国家，残害百姓。而今您冒万死的危险起兵反抗的目的，就是要为天下百姓除害啊。现在您才到达陈地即要称王，是向天下人显露您的私心。因此希望您不要称王，而是火速率军向西，派人去扶立六国国君的后裔，替自己培植党羽，以此为秦王朝增树敌人。秦的敌人多了，兵力就势必分散，大楚联合的国家多了，兵力就必然强大。这样一来，在野外，没有军队与其交战；在县城，没有秦兵守卫。铲除残暴的秦朝政权，占据咸阳，以号令各诸侯国。灭亡的诸侯国得到复兴，您施德政使它们服从，您的帝王大业就完成了！如今只在一个陈县就称王，恐怕会使天下人斗志松懈了。”陈胜没有听从这一意见，即自立为楚王，号称“张楚”。

在那时，各郡县的百姓都苦于秦法的残酷苛刻，因此，争相诛杀当地长官，响应陈胜。秦朝的掌宾赞受事的谒者从东方归来，把陈胜反叛的情况奏报给秦二世。二世勃然大怒，将谒者交给司法官吏审问治罪。于是，以后回来的使者，二世向他们询问情况，他们便回答说：“一群盗贼不过是鼠盗狗偷之辈，郡守、郡尉正在追捕他们，现在已经全部抓获，不值得为此忧虑了。”二世大为喜悦。

陈胜任命吴广为代理楚王，督率众将领向西攻击荥阳。

张耳、陈馀又劝说陈胜，请出奇兵向北攻取原来赵国的土地。于是，陈胜便任命他过去的好友、陈地人武臣为将军，邵骚为护军，张耳、陈馀为左、右校尉，拨给士兵三千人，攻取故赵国的土地。

陈胜又令汝阴人邓宗率军攻略九江郡。这时，楚地数千人为一支的军队，数不胜数。

葛婴到达东城后，立襄强为楚王。后来听说陈胜已立为楚王，就杀了襄强，返回陈县奏报。但陈胜仍然将葛婴杀掉了。

陈胜令周市率军向北攻取故魏国的土地；任命上蔡人、封号“房君”的蔡赐为上柱国。

陈胜听说周文是陈地德才兼备的人，通晓军事，便授给他将军的印信，命他领兵向西进攻秦朝。

武臣等人从白马津渡过黄河，来到赵地的各县，劝说当地有声望的人士。这些地方的人都纷纷响应。武臣等便沿途收取兵众，得数万人，武臣号称为“武信君”。武臣的大军接连攻下故赵国的十几个城池，其他的城池都固守不降。武臣便率军向东北攻击范阳。范阳人蒯彻劝武信君说：“您一定要先打胜仗而后才能扩大地盘，先进攻得手然后才能取得城池，我私下里认为这是一个错误。您如果真听从我的计策，就可以不进攻便使城池投降，不作战便能夺取土地，传送一篇征召、声讨的文书，便可使千里之地平定，这样就可以啊！”武臣说：“你说的是什么意思呀？”蒯彻道：“范阳县令徐某，怕死且贪得无厌，他想在别的县之前投降。您如认为徐某是秦朝所任用的官吏，就如同杀戮前面那十城的秦朝官员一样杀了他，那么边地所有的城池都将固若金汤，无法攻下了。假如您送给我侯印，让我授给范阳县令，使他乘坐王侯显贵所乘的车子，驱驰在旧燕、赵国的城外，那么燕、赵地的城市就可不战而降了。”武臣说：“好吧！”即拨给蒯彻一百辆车、二百名骑兵及君侯的印信去迎接徐县令。燕、赵旧地风闻此消息后，不战便举城投降的就有三十多个城池。

陈胜已经派出了周文的部队，便因秦朝的政治混乱，而生有轻视秦朝的意思，不再设置防备。博士孔鲋规劝说：“我听兵法上说：‘不依靠敌人不来攻我，而是仰仗我之不可以被攻破。’如今您凭借敌人不来进攻，而不依靠自己设防不怕为敌所攻，一旦遭遇挫折不能奋起，则悔恨也来不及了。”陈胜说：“我的军队，就不必烦劳先生您操心了。”

周文沿路收取兵士到达函谷关，已是战车千辆，兵士几十万人，至戏水，驻扎了下来。秦二世这时才大惊失色，连忙与群臣商议说：“怎么办呢？”少府章邯说：“盗贼已兵临城下，人多势强，现在征调附近各县的军队抵抗，已经来不及了。不过，发配在骊山服营建劳作的夫役很多，请赦免他们，并发给他们兵器，让他们去迎击敌军。”二世于是下令大赦天下，命章邯免除骊山的刑徒、奴婢所生之子不能充当战士的限制，将他们全部征发去攻打楚军，大败周文的军队，周文逃跑。

（以上为第九段，写秦二世法律更加苛酷，引起天下怨愤，陈胜首难，发动起义，天下云集响应。秦将章邯率领骊山刑徒反击，陈涉遣将周文西进失败。）

张耳、陈馀到达邯郸，听到周文撤退的消息，又听说为陈胜攻城掠地后归还的众将领，多因谗言陷害而获罪，遭到诛杀，便劝说武臣，让他自己称王。八月，武臣自立为赵王，任命陈馀为大将军，张耳为右丞相，邵骚为左丞相，并派人报知陈胜。陈胜大怒，想要尽灭武臣等人的家族，发兵攻打。柱国房君蔡赐劝说道：“秦朝尚未灭亡，就杀掉武臣等人的家族，这是又一个秦朝复生啊！不如趁此庆贺他为王，令他火速率军向西进攻秦朝。”陈胜认为说得有理，便听从他的计策，把武臣等人的家属迁移到宫中软禁起来，封张耳的儿子张敖为成都君，派使者前去祝贺赵王即位，催促他赶快发兵向西入函谷关。张耳、陈馀劝赵王武臣说：“您在赵地称王，并非楚王陈胜的本意，所以祝贺您称王，不过是个权宜之计。一旦楚国灭掉了秦朝，必定要发兵攻打赵国。因此，希望您不要向西出兵，而是领兵往北攻占旧燕地、代地，向南收取河内，以此扩大自己的地盘。这样一来，赵国南面可以扼守黄河，北面有燕、代旧地可为声援，楚国即便战胜了秦国，也肯定不敢制约赵国。楚国如果不能战胜秦国，赵国的分量就必然加重。如此，赵国乘秦、楚两家疲惫衰败之机崛起，即可以得行己志，达到统治天下的目的了。”赵王认为说得不错，于是，便不向西进军，而是派韩广领兵夺取燕国故土，李良攻取常山，张黡夺攻打上党。

（以上为第十段，写张耳、陈余佐武臣上班开辟河北战场，建立赵国，四出略地。）

九月，沛人刘邦在沛地起兵，下相人项梁在吴地起兵，狄人田儋在齐国旧地起兵。

刘邦，字季，为人高鼻梁、眉骨突起如龙额，左大腿上有七十二颗黑痣，对人友爱宽厚，喜欢施舍财物给人，心胸开阔，素来有远大的志向，不安于从事平民百姓的日常耕作。起初，刘邦担任泗水亭长，单父县人吕公，喜爱给人相面，看见刘邦的形状容貌，认为很不寻常，便将女儿嫁给了他。

不久，刘邦以亭长身份，奉县里委派遣送被罚服营建劳作的夫役到骊山去，途中许多夫役逃亡。刘邦据此推测待到骊山时，人已经都跑光了，于是便在行至丰乡西面的泽中亭后，停下来休息饮酒，到了晚上，便释放所遣送的夫役们说："你们都走吧，我也从此逃命去了！"夫役中年轻力壮的汉子愿意跟随他的有十多人。

刘邦喝醉了，夜间从小道走进湖沼地，遇到一条大蛇挡在道上，他随即拔剑斩杀了大蛇。一位老妇哭着说："我的儿子是白帝的儿子啊，化为蛇，挡在小道上，而今却被赤帝的儿子杀了！"说罢就忽然不见了踪影。刘邦随后逃亡，隐藏在芒、砀的山泽中，这山泽间常常出现怪异现象。沛县中的年轻人闻讯后，大都想要去归附他。

及至陈胜起兵，沛县县令打算举城响应，主吏萧何、狱掾曹参说："您身为秦朝官吏，现在想要背叛朝廷，以此率领沛县的青年起兵，恐怕他们不会听从您的号令。望您把那些逃亡在外的人召集起来，可得数百人，借此威胁大众，众人便不敢不服从了。"县令于是便命樊哙去召刘邦来见，这时刘邦的部众已有百十来人了。

县令事后很懊悔，担心召刘邦等人来，会发生什么变故，就下令关闭城门，防守城池，并要诛杀萧何、曹参。萧、曹二人大为惊恐，翻过城去投奔刘邦以求自保。刘邦便在绸绢上草就一书，用箭射到城上，送给沛县的父老，陈说利害关系。父老们便率领年轻一辈一起杀掉了县令，敞开城门迎接刘邦，拥立他为"沛公"。萧何、曹参为刘邦召集沛县青年，得三千人，以此响应诸侯抗秦。

（以上为第十一段，写刘邦起义，号沛公。）

项梁是故楚国大将项燕的儿子，因曾经杀过人，与他哥哥的儿子项羽逃到吴中躲避仇家。吴中有声望的士人的才能都在项梁之下。项羽少年时学习识字和写字，学不成即抛开了，去练习剑法击刺之术，又未学成。项梁为此非常生气，项羽说："识字写字，记记名姓就行了！学剑也不过是只能抵挡一人，不值得去学。要学就学那种可以抵抗万人的本事！"项梁因此便教授项羽兵法，项羽喜不自胜，但是在略知兵法大意之后，又不肯学下去了。项羽身长八尺多，力能独自举鼎，才干、器度超过了一般人。

会稽郡郡守殷通听到陈胜起兵抗秦的消息后，想要发兵响应陈胜，便令项梁和桓楚指挥所发动的兵马。这时，桓楚正亡命江湖之中。项梁说："桓楚在逃亡中，没有人晓得他在什么地方，只有项羽知道他的行踪。"项梁就嘱咐项羽持剑候在外面，自己又进去与郡守同坐，说："请您召见项羽，让他接受命令去召回桓楚。"殷通说："好吧。"项梁叫项羽入内受命。不一会儿，项梁向项羽使了个眼色，说："可以动手了！"项羽随即拔剑斩下了殷通的头颅。项梁手提郡守的头颅，佩戴上郡守的官印。郡守的侍从护卫们见状惊慌失措，混乱不堪，被项羽所击杀的有百十来人，一府之人都吓得趴在地上，没有一个敢于起身的。

项梁随后便召集他从前熟悉的有势力的强干官吏，把要起事反秦的道理讲给他们知晓，即征集吴中的兵员，命人收取郡下所属各县丁壮，得到精兵八千人。项梁自己做了会稽郡郡守，以项羽为副将，镇抚郡属各县。项羽此时年方二十四岁。

田儋是故齐国国君田氏的族人。他的堂弟田荣，田荣的弟弟田横，都势力雄厚，家族强盛，颇能博得人心。楚将周市带兵巡行占领地方到达了狄县，狄县闭城固守。田儋假意将他的奴仆捆绑起来，让一伙年轻人跟着来到县衙门，想要进见县令，报请准许杀奴。待见到狄县县令时，田儋即趁势击杀了他，随后召集有声望有权势的官吏和青年说："各诸侯都反叛秦朝自立为王了。齐国是古时候就受封建立的国家。我田儋，是齐王田氏族人，应当为齐王！"于是，即自封为齐王，发兵攻击周市。周市的军队退还。田儋随即率军向东攻取、平定了旧齐国的土地。

赵国将领韩广带兵往北攻掠故燕国的土地。燕地有势力的豪强打算共同拥立韩广为燕王。韩广说："我的母亲尚在赵国，不可以这么做。"燕地的人说："赵国正西边担忧秦国的威胁；南面忧虑楚国的威胁，它自己的力量已不能禁止我们。况且以楚国的强大，还不敢杀害赵王将相的家属，赵国难道就敢加害您的家属吗？"韩广于是自立为燕王。过了几个月，赵国即将韩广的母亲和家属送回了燕国。

赵王武臣与张耳、陈馀在燕国边界处夺取土地。武臣抽空悄悄外出，被燕军俘获。燕国将他囚禁起来，想据此要求赵国割让土地。赵国的使者赴燕请求放人，都被燕国杀了。这时，赵军有一个火夫跑到燕军的营地，进见燕将说："您知道张耳、陈馀想要干什么吗？"燕将回答说："只是想要得到他们的国王罢了。"赵军火夫笑着说："您并不知道这两个人所要的是什么啊。武臣、张耳、陈馀，持马鞭，唾手攻克故赵国的数十城，张、陈二人也是各自想要面向南称王，哪里会甘心于一辈子做将相啊！不过是因为大势初定，不敢即三分土地自立为王，故暂且按年龄的长幼，先立武臣为王，以此安定赵国的民心。现在赵地已经平定顺服了，这两人便也想分赵国土地而称王，只是时机尚未成熟罢了。而今您正好囚禁了赵王，此二人名为求释赵王，实则想让燕国将赵王杀掉，以使他们俩分赵国而自立。一个赵国尚且不把燕国放在眼里，更何况两个贤能的国君相互扶持，来声讨您杀害赵王的罪行啊！如此，灭掉燕国是很容易的了！"燕军将领于是便归还赵王，由那位伙夫驾车送他返回了赵国。

周市从狄县回楚，到达故魏国土地时，想要立故魏国公子宁陵君魏咎为王。但魏咎恰巧在陈县陈胜那里，不能到魏地来，而魏地已经平定，诸侯便都想立周市为魏王。周市说："天下昏乱，忠臣即出现。如今天下共同反叛秦朝，依此道义，必定要立故魏国国君的后裔才行。"诸侯坚持请求拥立周市，周市最终还是推辞没有接受，派人到陈县迎接魏咎，往返五次，陈胜才将魏咎送还，立他为魏王，周市担任魏相。

这一年，秦二世将卫国国君卫角废为平民，卫国灭亡。

（以上为第十二段，写项梁、田儋起义。各路起义军，自武臣称为赵王后，田儋称为齐王，韩广立为燕王，魏咎立为魏王，秦朝分崩离析，各路起义兵马也是各自占据地盘，一盘散沙。）

【点评】

秦灭六国论。公元前238年，秦王嬴政铲除了丞相吕不韦和长信侯嫪毐集团，开始亲政，以后，从公元前230年攻打韩国，到公元前221年消灭齐国，用十年时间，扫平了关东韩、赵、魏、楚、燕、齐六国，结束了中国自春秋以来长达五百多年的诸侯割据局面，建立了中国历史上第一个中央集权国家。对此，历代论说纷纭，见仁见智。如何对秦灭六国做出一个客观公正的评说？

首先，秦国经历了数代人的艰辛努力，一步步向前迈进，才逐步强大起来，奠定了比较雄厚的基础。回顾秦国的历史，秦国由弱小到强大，在列国争强的时代快速崛起。公元前770年，秦襄公派兵护送周平王东迁，被封为诸侯，赐封岐山以西之地，秦国正式成为周朝的诸侯国。秦穆公时，先后灭掉西方戎族所建立的十二个国家，开辟国土一千多里，稳定了后方。而在战国初期，魏国连年进攻秦国，夺取了河西之地，秦国被迫退守到洛水以西。到了秦孝公时，任用商鞅进行变法，秦国由此与日俱强，逐渐成为战国中后期最为强大的国家。商鞅变法，为秦国一统霸业奠定了雄厚的人力、物力、财力基础。而后，秦惠文王嬴驷称王，消灭了巴国和蜀国，东进而无后顾之忧矣。秦昭襄王嬴稷时，任用战将白起，担任秦国将领三十多年，东出攻城七十多座，歼灭近百万敌军，曾在伊阙之战中大破魏韩联军，攻陷楚国国都郢城，长平之战重创赵国主力，使秦国雄起，而关东六国黯然失色。这些，成为秦王嬴政统一六国不可或缺的基础条件。

其次，秦王嬴政具有雄才大略，是完成华夏一统的铁腕领袖人物。换句话说，如果没有嬴政的恢弘气度、博大胸襟以及铁血情怀，即使有再好的基础，也不能完成统一大业。嬴政十三岁时即王位；二十二岁举行冠礼，铲除了丞相吕不韦和长信侯嫪毐集团，开始亲政，重用李斯、尉缭，制定了“灭诸侯，成帝业，为天下一统”的政治方略，采纳了尉缭破六国合纵的策略，“毋爱财物，赂其豪臣，以乱其谋”，从内部分化瓦解敌国；继承了历代远交近攻政策，确定了先弱后强、先近后远、各个击破的攻战策略，即“笼络燕、齐，稳住魏、楚，消灭韩、赵，远交近攻”。先攻韩、赵，“赵举则韩亡，韩亡则荆、魏不能独立，荆、魏不能独立则可一举而坏韩、败魏、拔荆，东以弱齐、燕”，将关东六国逐一消灭。诚如李贽在《藏书》中说：“始皇帝，自是千古一帝也。始皇出世，李斯相之，天崩地坼，掀翻一个世界。是千古英雄挣得一个天下。”章太炎在《秦政记》中说：“虽四三皇、六五帝，曾不足比隆也。”

再次，关东六国相互攻杀而又内部攻斗，自挖根基，自毁长城，自掘坟墓。秦国在做着“统一梦”，而关东六国在做什么梦呢？他们在互相拆台，挖彼此的墙角；饮鸩止渴，绝自己的寿命，是在做着“灭亡梦”！逐个说来，齐国是东方的强国，但逐渐徒有虚名，只图自保，坐观其他国家对秦国的抗争，自以为得计，而实际上是自折羽翼，其他国家灭亡了，齐国的死期也就到来了。韩国本来就是三晋中最为弱小的国家，早已臣服于秦国，只有挨打的份儿，即使是摇尾乞怜，也终将断送其性命。魏国曾经是战国初期最为强大的国家，而魏安釐王昏庸无能，当信陵君魏无忌窃符救赵，联合各诸侯国合纵抗秦，取得河外大捷时，他不但不借机复国，反而听信秦国离间挑拨之言，罢免信陵君，失去了东山再起的可贵时机，这真是活得不耐烦了，自作孽，不可活！赵国，赵武灵王时期倡导胡服骑射，革新政治，富国强兵，国势为之一振。而以后，赵王一代不如一代，屡被秦兵攻打，赵王忠奸不分，对良将廉颇、李牧等不予任用，听信谗言妄加诛杀，自毁“长城”，哪有不亡的道理？燕国在燕昭王时，励精图治，疆域扩大，国力日强，而燕王喜当政，不但不与近邻赵、齐修好，而且发动混战，劳民伤财，国力亏耗，即使是秦国不出兵攻打，他也是撑不下去啊！楚国是南方大国，曾经在关东居于领袖地位，自秦将白起攻陷楚国郢都后，国势大为减弱，到了楚考烈王当政的前后，徒有虚名而已，哪里是秦国的对手？因此，当秦王嬴政发起统一战争，摧枯拉朽，犹如秋风扫落叶，一阵狂风吹过，大地白茫茫一片，真是干净！

其四，关东六国犬牙交错，浑然一体，但他们根本弄不清楚互保与自保，以及一荣俱荣、一损俱损的道理，都想损他人以利己，结果损他人就是损自己，既损了他人也不利自己，更何况还是在自损呢？在战国时期，有两种外交战略，即合纵与连横。合纵就是南北纵列的国家联合起来，共同对付强国，阻止齐、秦两国兼并弱国；连横就是秦国或齐国拉拢一些国家，共同进攻另外一些国家。合纵的目的在于联合许多弱国抵抗一个强国，以防止强国的兼并。连横的目的在于侍奉一个强国以为靠山从而进攻另外一些弱国，以达到兼并和扩展土地的目的。当秦国的势力不断强大起来，成为东方六国的共同威胁时，合纵则成为六国合力抵抗强秦，连横则是六国分别与秦国联盟，以求苟安。秦国的连横活动，目的是破坏六国间的合纵，以便孤立各国，各个击破。可是在当时，关中六国并没有觉悟到这一点，而是在自觉不自觉地互相拆台，互相攻打，争斗不休，克敌一万，自损八千，结果互相打得气喘吁吁，而给秦国有了可乘之机。而当他们“互弱”（互相攻斗）与“自弱”（内部纷争）后，与秦国昨日是友好盟军，今日则是仇人相见，秦国的大军攻来，他们又无能为力，动弹不得，坐等上门，秦军还没有发动攻势，他们就扯起了白旗，将江山拱手让人，即使是抵而抗之，也是徒劳挣扎。

由上可见，秦国攻灭六国，统一天下，具备了主客观条件，秦国是主攻手，关东六国则是暗中配合，天时、地利、人和，三者皆备，具有历史的必然性。

资治通鉴（白话本） 卷第八

秦纪三

秦二世皇帝二年至三年（公元前 208—前 207）

【起昭阳大荒落（癸巳，公元前 208 年），尽阏逢敦牂（甲午，公元前 207 年），凡二年】

【大事提要】

本卷记事起于公元前 208 年，到公元前 207 年，凡二年，当为秦二世二年至三年。本卷所载的大事，主要是以下几个方面：其一，陈胜败亡。秦将章邯组织骊山囚犯向义军反扑。周文攻进关中，孤军作战而失败；吴广在荥阳被部下杀死，全军覆没；陈胜于公元前 208 年被车夫庄贾杀害。刘克庄诗说："辛苦佣耕久，饥寒谪戍余。竟令秦失鹿，首为汉驱鱼。"其二，李斯灭族。秦始皇死后，李斯与赵高合谋，伪造遗诏，迫令始皇长子扶苏自杀，立少子胡亥为二世皇帝。后为赵高所忌，设计陷害，屈打成招，被迫承认谋反，于公元前 208 年被腰斩，并被夷三族。其三，项羽救赵，巨鹿大战。秦将章邯、王离将赵王赵歇、丞相张耳围困于巨鹿城，岌岌可危。楚王熊心派上将军宋义率兵救援，但逗留不进。项羽诛杀宋义，率军救赵，巨鹿大战，击破章邯、王离统率的秦军主力，威震诸侯，被举为上将军，后迫使章邯投降，封其为雍王。其四，胡亥被杀。胡亥继位后，丞相赵高窃国弄权，指鹿为马，为所欲为；胡亥只知道吃喝玩乐，实行严刑酷法，陈胜起义，一倡而天下应，秦国土崩瓦解，赵高被胡亥斥责，眼看大势已去，便与女婿咸阳县令阎乐、弟弟赵成商议，杀掉胡亥。胡亥也是算罪有应得。其五，子婴为王，诛杀赵高。公元前 207 年，丞相赵高逼杀秦二世，本想自己称帝，发现群臣和将领们都不支持他，无可奈何，不得不迎立子婴，去其帝号，拥立为王；让子婴斋戒，到宗庙参拜祖先，接受传国玉玺。子婴厌恶赵高，趁此机会，杀掉赵高，诛灭三族。

二世皇帝下

秦二世皇帝二年（癸巳，公元前 208 年）

冬季，十月，秦朝名叫平的泗川郡监，率军将刘邦包围在丰地，刘邦出兵应战，打败了秦军，即命雍齿守卫丰地。十一月，刘邦领兵去攻打薛地，名叫壮的泗川郡守，在薛地吃了败仗后，逃到戚地。刘邦的左司马曹无伤将他捉住，杀掉了。

楚国将领周文率军退出函谷关，到曹阳亭后驻扎下来，过了两个多月，秦将章邯领兵追击，打败了楚军。周文又逃到渑池，十多日后，章邯发起攻击，大败周文。周文自杀，楚军于是不再作战。

代理楚王吴广率军围攻荥阳，秦朝李由为三川郡守，固守荥阳，吴广不能攻下。楚将军田臧等便相互商议说："周文的军队已被打败了，秦军很快就会到来。我们围攻荥阳城不下，秦军一到，必将大败我军，不如留一小部分兵力围守荥阳，而调动全部精兵迎击秦军。但现在代理楚王的吴广自高自大，不懂得灵活用兵，不值得与他谋划对策，否则，恐怕会坏事。"因此，就一起假传楚王陈胜的命令，杀掉了吴广，又将吴广的头颅献给陈胜。陈胜派使者把楚令尹的官印赐给田臧，并任命他为上将军。

田臧于是令李归等将领继续围攻荥阳，自己亲率精兵向西，至敖仓迎击秦军，与秦兵交锋，田臧战死，楚军大败。章邯进军荥阳城下攻打李归等，击败了楚军，李归等将领战死。楚将阳城人邓说领兵屯居在郏地，章邯的另一路部将击败了邓说的军队。铚地人伍逢率军驻扎在许地，章邯又发兵将伍逢打败。邓、伍两军都溃散而逃奔到陈地，陈胜为此而杀掉了邓说。

秦二世多次谴责李斯，说："身居三公高位，如何使盗贼猖狂到这种地步！"李斯很是恐惧，但他又很看重贪恋官爵利禄，不知如何是好，便迎合二世的心意，上书应答说："贤明的君王，必定是能对臣下施行察罪责罚之术的人。所以申不害说：拥有天下却不肆情放纵，说'把天下当作自己镣铐'的原因，并不是别的，就在于不能对臣下明察罪过，施行惩处，反而以自身之力为天下平民百姓操劳，即如唐尧、大禹那样，故此称之为'镣铐'。不能研习申不害、韩非的高明法术，实行察罪责罚的手段，一心将天下作为使自己快乐的资本，反而偏要劳身苦心地去为百姓效命，似此就成为平民百姓的奴仆，不能算是统治天下的君王了。这有什么值得崇尚的呢？所以，贤明的君王能施行察罪责罚之术，在上独断专行，这样权力就不会旁落到下属臣僚手中，然后才能阻断实施仁义的道路，杜绝规劝者的论辩，独自称心如意地为所欲为，谁也不敢抵触反抗。如此，群臣、百姓想要补救自己的过失还来不及呢？哪里还敢去图谋什么变故！"二世十分高兴，便更加严厉地实行察罪惩处，以向百姓征收重税的人为有才干的官吏，以杀人多的官员为忠臣，结果使路上的行人有一半是受过刑罚的罪犯，死人的尸体天天成堆地积陈在街市中，秦朝的百姓因此愈加惊骇恐惧，盼着发生动乱。

赵国将领李良已经平定了常山，回报赵王武臣。赵王又派他去夺取太原。李良领兵抵达石邑时，秦军布防在井陉口，赵军无法继续前进。秦将伪造二世的书信，用以招降李良。李良接到书信后没有相信，率军返回邯郸，请求增援兵力。尚未到达邯郸，在途中遇到赵王的姐姐外出饮宴归来。李良望见，以为是赵王来了，连忙在道旁伏地拜谒。赵王的姐姐酩酊大醉，不知道他是将官，仅命随行骑兵向他致意。李良向来尊贵，起身后，回看他的随从官员，自觉羞惭极了。随员中有一人说道："天下反叛秦朝，有能耐的人先立为王。况且赵王的地位一向比您低，而今一个女流之辈就不肯为您下车还礼，故请求追杀她！"李良已得到过二世的书信，原本就想反叛赵国，只是还未最终做出决断。于是，便借着一时的愤怒，派人追上去杀掉了赵王的姐姐，并趁势率军袭击邯郸。邯郸守兵毫无察觉，致使李良终于杀掉了赵王和左丞相邵骚。赵国人中有许多是张耳、陈馀的耳目，及时通报消息，二人因此得以独自脱逃。

（以上为第一段，写代理楚王吴广率军围攻荥阳，久攻不下，将军田臧杀之；田臧被陈胜任为大将军，后战死；秦二世皇帝胡亥责备李斯，李斯上书"督责"；赵国将领李良叛变杀赵王武臣，张耳、陈馀逃脱。）

陈人秦嘉、符离人朱鸡石等聚众起兵，将东海郡守围困在郯地。陈胜闻讯，即派名叫"畔"的武平君任将军，督率围攻郯城的各路军队。秦嘉不接受这个命令，自立为大司马，并由于厌恶隶属于武平君而告诉他的军吏说："武平君年少，不懂用兵之事，不要听他的！"随即假传陈胜的命令，杀了武平君畔。

秦二世增派长史司马欣、董翳辅助章邯攻打盗贼。章邯已击败伍逢，并攻击在陈地的楚上柱国房君蔡赐，杀掉了他。接着，又进击陈地西侧张贺的军队。陈胜亲自上阵督战，张贺还是战死了。

腊月，陈胜前往汝阴，返归时到达下城父，他的车夫庄贾将他刺杀，投降了秦军。当初，陈胜既已做了楚王，他过去的朋友们纷纷前往投靠。陈胜妻子的父亲也去了，但陈胜对他却以普通宾客相待，只是拱手高举行见面礼，并不下拜。陈胜的岳父因此生气地说："依仗着叛乱，超越本分自封帝王的称号，且对长辈傲慢无礼，不能长久！"随即不辞而走。陈胜急忙跪下道歉，老人终究不予理会。陈胜的一位客人进进出出愈益放纵，谈论陈胜的往事。于是，有人就劝陈胜道："客人愚昧无知，专门胡说八道，有损您的威严。"陈胜便把这位客人杀了。如此，陈胜昔日的朋友都自动离去，从此再也没有亲近他的人了。陈胜又任命朱防为中正，胡武为司过，专管督察群臣的过失。众将领攻城略地，回到陈县后，只要有稍不符陈胜命令的，即被抓起来治罪；以苛刻纠察同僚的过失为忠诚之举，对于所不喜欢的人，不送交司法官员审理，即擅自进行处置。众将领因此都不再亲近依附于陈胜。这是陈胜所以失败的原因。

过去在陈胜左右担任洒扫的近侍、将军吕臣建立了一支青巾裹头的苍头军，在新阳起兵，进攻陈地，克复后杀了庄贾，重又以陈地为楚都，将陈胜葬在砀县，谥号为"隐王"。

起初，陈胜命铚人宋留率军平定南阳，进入武关。宋留已攻下南阳，听到陈胜死亡的消息后，南阳重又被秦军占领，宋留领兵投降，二世将他车裂示众。

魏国周市率军夺取丰、沛，派人招降雍齿。雍齿平素就不愿意归属刘邦，于是即举丰邑降魏。刘邦攻丰邑，没能攻下。

赵国张耳、陈馀收集逃散的士兵，得数万人，随即攻打李良。李良兵败而逃，归降了章邯。

宾客中有人劝说张耳、陈馀道："二位作客他乡是外地人，要想使赵国人归附，是很难独立获得成功的。若拥立故赵国国君的后裔，并以仁义辅助他，便可以成就功业。"二人于是寻求到了赵歇。春季，正月，张耳、陈馀立赵歇为赵王，驻居信都。

东阳人宁君和秦嘉听说陈胜兵败，便拥立景驹为楚王，领兵前往方与，打算在定陶攻打秦军，即遣公孙庆出使齐国，想要与齐国合力共同进军攻秦。

齐王说："陈胜战败，至今生死不明，楚国怎么能不请示齐国便自行立王呀！"公孙庆道："齐国不请示楚国即立王，楚国为什么要请示齐国后才立王呢！况且楚国首先起事，理当号令天下。"齐王田儋于是就将公孙庆杀了。

秦朝的左、右校尉率军再次攻下陈地，吕臣兵败逃跑，收集散兵重新聚合后，与番阳县的盗贼英布相遇，合兵攻打秦朝的左、右校尉，在青波打败秦军，重新以陈为楚都。

英布是六地人，姓英，因犯法被判处黥刑，以刑徒定罪后被送往骊山做苦工。当时赴骊山服劳役的犯人有数十万，英布与其中的头目和强横有势力的人都有交往，于是即率领他的一伙人逃亡到长江一带，聚结为盗匪。番阳县令吴芮，很受江湖中百姓的爱戴，被称为"番君"。英布便前往求见，这时英布的部众已达数千人。番君将自己的女儿嫁给英布，命他率领部众攻击秦军。

（以上为第二段，写楚王陈胜被叛徒车夫杀死，亦是咎由自取；张耳、陈馀收拾残兵，拥立赵歇为赵王；东阳人宁君和秦嘉拥立景驹为楚王；吕臣与番阳县盗贼英布相遇，合兵打败秦军，重新以陈为楚都。）

楚王景驹驻居留地，刘邦前往归附。张良也聚集青年一百多人，打算前去投奔景驹，途中遇到刘邦，就归属了他，刘邦授给张良负责车马后勤的将领之职。张良多次用《太公兵法》的道理向刘邦献策，刘邦很赏识他，常常采用他的计策。张良向其他人讲述《太公兵法》，那些人都不能领悟。张良因此说道："沛公大概是天赋之材吧！"于是，便留下来不再他往。

沛公刘邦与张良一同进见景驹，想请求增拨兵力，以反攻丰邑。这时，秦将章邯的军队向北占领楚国的土地，洗劫屠戮相城后，抵达砀城。东阳人宁君、刘邦随即领兵西进，在萧县的西面与秦军交锋，但因出战失利而退回，收拢兵力聚集在留城。

二月，刘邦等攻打砀城，历时三日，攻下了该城，收编了砀城的降兵，得六千人，与以前的兵力汇合一处，达到九千人。三月，刘邦等又率军攻打下邑，攻下后，回击丰城，却仍然未能攻下。

广陵人召平为陈胜攻夺广陵，但没有能攻下。这时他听说陈胜兵败逃亡，章邯的军队就要来到，便渡过长江，假传陈胜的命令，授予项梁楚上柱国的官职，说："长江以东已经平定，应火速率军向西攻打秦军！"项梁于是就率领八千人渡过长江往西进发。听到陈婴已经攻克了东阳的消息，项梁即派出使者，想要与陈婴联合起来共同西进。陈婴是过去东阳县的令史，居住在县城中，为人一向诚信谨慎，被称作长者。东阳县的年轻人杀掉了县令，相聚得两万人，欲拥立陈婴为王。陈婴的母亲对陈婴说："自从我做了你们家的媳妇以来，还不曾听说你的祖先中有过地位显赫的人。而今突然获得大的名声，不是什么好兆头。不如依附归属于他人，这样，事情成功了，仍然得以封侯；事情失败了，也容易逃亡，因为不是世上被指名道姓的人物。"陈婴于是不敢称王，对他的军官们说："项姓世世代代为将门，在楚国享有盛名，如今想要办大事，将帅就非这种人不可。我们依靠名家望族，灭亡秦朝便是必定的了！"他的部下听从了他的话，即让部队归项梁统帅。

英布已经击败了秦军，便领兵东进。听说项梁要西渡淮河，英布和蒲将军就都将他们的部队归属于项梁指挥了。项梁这时的部众共有六七万人，驻扎在下邳。

楚王景驹、将领秦嘉驻军在彭城东面，想要抵抗项梁。项梁对军官们说："陈胜首先起事，作战不利，不知去向。现在秦嘉背叛楚王陈胜而拥立景驹，实属大逆不道！"便进军攻打秦嘉，秦嘉的军队大败而逃。项梁领兵追击到胡陵，秦嘉回师对战了一天，秦嘉战死，他的军队即归降了。景驹逃跑，死在了梁地。

项梁已经兼并了秦嘉的军队，就驻扎在胡陵，将要率军西进。章邯的军队这时抵达栗城，项梁便命另统一军的将领朱鸡石、余樊君与章军交战。余樊君战死，朱鸡石的队伍吃了败仗，逃奔胡陵。项梁于是率军进入薛城，杀了朱鸡石。

刘邦率领一百多名随从去拜见项梁。项梁给刘邦增拨了士兵五千人，五大夫级的军官十名。刘邦回去后，又领兵进攻丰邑，攻下了该城。雍齿投奔魏国。

项梁派项羽从另一路攻打襄城，襄城坚守，一时攻不下。待到攻下后，项羽即将守城军民全部活埋，然后回报项梁。

（以上为第三段，着重写张良投奔刘邦，多次献策，得到赏识；项梁率领八千子弟渡江而西，统领了陈婴、英布、蒲将军的军队，兼并了秦嘉的军队，声威渐壮；刘邦三攻丰邑而夺之；项羽攻下襄城而屠之。）

项梁听说陈胜确实死了，便将各部将领召集到薛城议事，刘邦也前往参加。居鄛人范增，年已七十，一向住在家中，好出奇计，前去劝说项梁道："陈胜的失败是本来就应当的。秦朝灭亡六国，楚国最没有罪过。且自从怀王到秦国后一去不返，楚国人怀念他直至今日。因此楚南公说：'楚国即便是只剩下三户人家，灭亡秦国的也必定是楚国。'如今，陈胜首先起事反秦，不拥立楚王的后裔而自立为王，他的势力不能长久。现在您在江东起兵，楚地蜂拥而起的将领都争相归附您，正是因为您家世世代代是楚国的将领，故而能够重新拥立楚王后代的缘故啊！"项梁当时认为他说得很对，就从民间寻找到楚怀王的孙子熊心，熊心这时正在为人家放羊；到了夏季，六月，项梁即拥立他为楚怀王，以顺从百姓的愿望。陈婴任楚国的上柱国，赐封五县，跟随怀王建都盱眙。项梁则自号为武信君。

张良劝说项梁道："您已经拥立了楚王的后代，韩国的各位公子中，横阳君韩成最为贤能，可以立为王，以增树党羽。"项梁于是便派张良找到韩成，立他为韩王。由张良任韩国的司徒，随韩王率领一千多人向西攻取过去韩国的领地，夺得数城，但秦军随即又夺了回去。如此，韩军便在颍川一带来回游动。

章邯已经打败了楚王陈胜，随即进兵临济攻打魏王魏咎。魏王派周市出临济城，向齐、楚两国求援。齐王田儋和楚将项它都率军随周市去援救魏国。章邯便在夜间命士兵口中衔枚进行突袭，在临济城下大败齐、楚的军队，杀了齐王和周市。魏王为他的百姓而订约投降，降约确定后，即自焚而亡。魏咎的弟弟魏豹逃奔楚国，楚怀王熊心给了魏豹数千人，重新夺取魏国的领地。齐国田荣收集他的堂兄田儋的余部，向东撤退到东阿。章邯随后追击包围了田荣的军队。齐国人这时听说田儋已死，便拥立已故齐王田建的弟弟田假为齐王，田角任相国，田角的弟弟田间为将军，以对抗诸侯国。

秋季，七月，大雨连绵不止。武信君项梁率军攻打亢父，听说田荣危急，就领兵到东阿城下打败了章邯的军队。章邯向西逃跑。田荣于是率军往东返回齐国。项梁独自引兵追击败逃的秦军，派项羽、刘邦从另一路攻打城阳，屠灭了全城。楚军驻扎在濮阳东面，重又与章邯的军队交战，再次打败了秦军。章邯重新振作起来，坚守濮阳，挖沟引水环城自固。项梁、刘邦因此撤兵，去攻打定陶。

八月，田荣追击齐王田假，田假逃奔到楚国。田间在此之间到赵国请求救兵，因此留在那里不敢回国。田荣便立田儋的儿子田市为齐王，田荣自任齐相，田横为将军，平定齐国的领地。这时章邯的兵力增大，项梁几次派使者去通告齐国和赵国出兵共同攻打章邯。田荣说："如果楚国杀掉田假，赵国杀了田角、田间，我就出兵。"楚、赵两国不答应，田荣于是大怒，始终不肯出兵。

（以上为第四段，着重写项梁在薛城召集诸将议事，成为义军的实际主宰，范增建议拥立楚王后代，于是找到牧羊人熊心，立为王；项梁率军大败秦将章邯军队；

齐王田儋被秦军袭杀，堂弟田荣拥立田市为王。）

秦朝郎中令赵高仰仗着受皇帝恩宠而专权横行，因私怨而杀害了很多人，因此，恐怕大臣们到朝廷奏报政务时揭发他，就劝秦二世说：“天子之所以尊贵，不过是因为群臣只能听到他的声音，而不能见到他的容颜罢了。况且皇上还很年轻，未必对件件事情都熟悉，现在坐在朝廷上听群臣奏报政务，若有赏罚不当之处，就会把自己的短处暴露给大臣们，似此便不能向天下人显示圣明了。所以，皇上不如拱手深居宫禁之中，与我和熟习法令规章的侍中们在一起等待事务奏报，大臣们将事务报上来才研究处理。这样，大臣们就不敢奏报是非难辨的事情，天下便都称道您为圣明的君主了。”二世采纳了赵高的这一建议，不再坐朝接见大臣，常常住在深宫之中，赵高侍奉左右，独掌大权，一切事情都由他来决定。

赵高听说李斯对此不满而有非议，便去会见丞相李斯说：“关东地区的盗贼纷纷起来闹事，现在皇上却加紧增征夫役去修建阿房宫，并搜集狗马一类无用的玩物。我想进行规劝，但因地位卑贱不敢言。这可实在是您的事情啊，您为什么不去劝说呢？”李斯说：“本来是该如此啊，我早就想说了。但如今皇上不坐朝接见大臣听取奏报，经常住在深宫中，我所要说的话，不能传达进去，而想要觐见，又没有机会。”赵高说：“如果您真的要进行劝说，就请让我在皇上得空的时候通知您。”于是，赵高等到秦二世正在欢宴享乐、左拥右抱美女时，派人通知李斯，说：“皇上正有空闲，可以进宫奏报事情。”李斯即到宫门求见。

如此接连三次，秦二世大怒，说道：“我常常有空闲的时候，丞相不来。我正在闲居休息，丞相就来请示奏报！丞相这岂不是轻视我吗，还是根本就看不起我呢？”赵高便趁机说道：“沙丘伪造遗诏、逼扶苏自杀的密谋，丞相参与了。现在皇上已立为皇帝，而丞相的地位却没有提高，他的意思也是想要割地称王了。而且皇上如不问我，我还不敢说，丞相的长子李由任三川郡守，楚地盗贼陈胜等都是丞相邻县的人，因此这些盗贼敢于公然横行，以致经过三川城的时候，李由只是据城防守不肯出击。我听说他们还相互有文书往来，因尚未了解确实，所以没敢奏报给皇上。况且丞相在外面，权势比皇上还大。”二世认为赵高说得有理，便想查办丞相，但又怕事实不确，于是，就先派人去审核三川郡守与盗贼相勾结的情况。

（以上为第五段，写郎中令赵高弄权；秦二世胡亥深居宫中，只管吃喝玩乐；右丞相冯去疾、左丞相李斯、将军冯劫上书规劝，二世大怒，赵高趁势设下圈套，治罪李斯。）

李斯听说了这件事情，就上书揭发赵高的短处，说：“赵高专擅赏罚大权，他的权力跟皇上没有什么区别了。从前田常当齐国国君简公的相国，窃取了齐简公的恩德威势，下得百姓拥戴，上获群臣支持，终于杀掉了简公，夺取了齐国，这是天下周知的史事啊。如今赵高有邪恶放纵的心意、阴险反叛的行为，他私家的富足，与田氏在齐国一样，而又贪得无厌，追求利禄不止，地位权势仅次于君王，欲望无穷，窃取皇上的威信，他的野心就犹如韩玘为韩王韩安的丞相时那样了。皇上不设法对付，我怕他是必定会作乱的。”二世说：“这是什么话！赵高本来就是个宦官，但他却从不因处境安逸而放肆地胡作非为，不因处境危急而改变忠心，他的行为廉洁向善，靠自己的努力才得到今天的地位。他因忠诚而得到进用，因守信义而保持职位，我确实认为他贤能。但您却怀疑他，这是为什么呢？而且我不依靠赵高，又当任用谁呀？何况赵高的为人，精明廉洁、强干有能力，对下能了解人情民心，对上能适合我的心意，就请您不要猜疑了！”二世非常宠信赵高，唯恐李斯把他杀掉，便暗中将李斯的话告诉了赵高。赵高说：“丞相所担心的只是我一个人，我死了，丞相就要干田常所干的那些事情了。”

此时，盗贼日益增多，而秦朝不停地征发关中士兵去东方攻打盗贼，右丞相冯去疾、左丞相李斯、将军冯劫便为此提出规劝说：“关东群盗同时起事，秦朝发兵进剿，所诛杀的非常多，但仍然不能止息。盗贼之所以多，都是由于兵役、水陆运输和建筑等事劳苦不堪，赋税太重的缘故啊！恳请暂时让修建阿房宫的役夫们停工，减少四方戍守边防的兵役、运输等徭役。”二世说：“大凡所以能尊贵至拥有天下的人，就在于能够为所欲为、极尽享乐，君主重在修明法制，臣下便不敢为非作歹，凭此即可驾驭天下了。虞、夏的君主，虽然高贵为天子，却处于穷苦的境地，以为百姓献身，这还有什么可效法的呢？况且先帝由诸侯起家，兼并了天下。天下已经平定，就对外排除四方蛮族以安定边境，对内兴修宫室以表达得意的心情，而你们是看到了先帝业绩的开创的。如今我即位，两年的时间里，盗贼便蜂拥而起，你们不能加以禁止，又想要废弃先帝创立的事业，这即是上不能报答先帝，下不能为我尽忠效力，如此，你们凭什么占据着这些官位呢？”于是，就将冯去疾、李斯、冯劫交给司法官吏，审讯责罚他们的其他罪过。冯去疾、冯劫自杀了，只有李斯被下至狱中。二世即交给赵高处理，查究李斯与儿子李由进行谋反的情况，将他们的家族、宾客全都逮捕了。赵高惩治李斯，笞打他一千余板，李斯不堪忍受苦痛，含冤认罪。

李斯之所以没有自杀，是因为他自恃能言善辩，有功劳，实无反叛之心，而想要上书做自我辩解，希望秦二世能够幡然醒悟，将他赦免。于是，在狱中上书，说：“我任丞相治理百姓，已经三十多年了。曾赶上当初秦国疆土狭小，方圆不过千里，士兵仅数十万的时候。我竭尽自己微薄的才能，暗地里派遣谋臣，供给他们金玉珍宝，让他们去游说诸侯，同时暗中整顿武装，整治政令、教化，提拔敢战善斗的将士，尊崇有功之臣。故而终于能以此胁迫韩国，削弱魏国，击破燕国、赵国，铲平齐国、楚国，最终兼并六国，俘获了它们的国君，拥立秦王为天子。接着，又在北方驱逐胡人、貉人，在南方戡定百越部族，以显扬秦朝的强大。并改革文字，统一度量衡和礼乐制度，颁布于天下，以树立秦朝的威名。这些都是我的罪状啊，早就应当被处死了！只是由于皇上希望我竭尽所能，才得以活到今日。故望皇上明察！”奏书呈上后，赵高却命狱吏丢弃而不予上报，并且说：“囚犯怎么能上书！”

赵高派他的门客十多人假充御史、谒者、侍中，轮番审讯李斯，李斯则翻供以实情对答，于是赵高就让人再行拷打他。后来二世派人去验证李斯的供词，李斯以为还与以前一样，便终究不敢更改口供，在供词上承认了自己的罪状。判决书呈上去后，二世高兴地说：“如果没有赵君，我几乎就被丞相出卖了！”待二世派出去调查三川郡守李由的人抵达三川时，楚军已经杀死了李由。使者回来，正逢李斯被交给司法官吏审问治罪，赵高即捏造了李由谋反的罪证，与李斯的罪状合在一起，于是，判李斯死刑，在咸阳街市上腰斩。李斯走出监狱时，与他的次子一同被押解，李斯便回头对次子说：“我真想和你重牵黄狗，共同出上蔡东门去追逐狡兔，但哪里还能办得到呢！”于是，父子二人相对痛哭。李斯三族的人也都被诛杀了。二世便任命赵高为丞相，事无巨细，全由赵高决定。

（以上为第六段，写李斯下狱，受尽极刑，屈打成招，被灭三族。）

武信君项梁已在东阿击败了章邯的军队，就领兵西进，等到达定陶时，再度打垮秦军。项羽、刘邦又在雍丘与秦军交战，大败秦军，斩杀了三川郡守李由。项梁于是更加轻视秦军，显露出骄傲的神色。宋义便规劝道：“打了胜仗后，如果将领骄傲、兵士怠惰，必定会失败。现在兵士已经有些怠惰了，而秦兵却在一天天地增多，我替您担心啊！”但项梁不听从劝告，竟又派宋义出使齐国。宋义在途中遇到齐国的使者高陵君显，问他道：“您将要去会见武信君吗？”显回答说：“是啊。”宋义道：“我论定武信君必会失败。您慢点去当可免遭一死，快步赶去就将遭受祸殃。”这时，秦二世调动全部军队增援章邯攻打楚军，在定陶大败楚军，项梁战死。

时值连绵阴雨，自七月到九月下个不停。项羽、刘邦攻打外黄，未能攻下，便撤军，转攻陈留，听说项梁已死，楚兵惊恐，项羽、刘邦就和将军吕臣一起率军东撤，并把怀王熊心从盱眙迁出，建都彭城。吕臣驻军彭城东面，项羽驻扎在彭城西面，刘邦则屯驻砀地。

魏豹率军攻下了故魏国的二十多个城池，楚怀王即封魏豹为魏王。

闰九月，楚怀王合并吕臣、项羽二人的军队，由自己统率，任命刘邦为砀郡长，封为武安侯，统领砀郡兵马；封项羽为长安侯，号称鲁公；任命吕臣为司徒，他的父亲吕青为令尹。

章邯已经击垮了项梁的部队，便认为楚地的兵事不值得忧虑，就渡过黄河，向北攻打赵国，大败赵军，而后率军抵达邯郸，将城中百姓全部迁徙到河内，铲平了邯郸的城郭。张耳与赵王歇逃入巨鹿城，秦将王离领兵将巨鹿团团围住。陈馀向北收集常山的士兵，得到几万人，驻扎在巨鹿北面，章邯驻军巨鹿南面的棘原。赵王于是几次向楚国请求救援。

这时，齐国的使者高陵君显正在楚国，就进见楚怀王心，说："宋义推论武信君的军队必败，过了几天，项军果然失败。军队尚未开战就能预见到败亡的征兆，这可以说是颇懂得兵法了！"楚怀王即召宋义前来商议事情，十分喜欢他，因此便任命他为上将军，项羽为次将，范增为末将，领兵去援救赵国。各路部队的将领也都归宋义统领，号称他为"卿子冠军"。

当初，楚怀王与各路将领约定："谁先攻入关中，谁就在关中称王。"这时候，秦军还很强大，经常乘胜追击逃敌，故楚将中没有一个人认为先入关是有利的，唯独项羽怨恨秦军杀了项梁，激愤不已，愿同刘邦一起西进入关。楚怀王手下的老将们都说："项羽这个人，迅捷勇猛、狡诈凶残，曾经在攻破襄城时，将城中军民一个不留地统统活埋了。凡是他经过之处，无不遭到残杀毁灭。况且楚军几次进攻，在前的陈胜、项梁都失败了，因此不如改派敦厚老成的长者，以仁义为号召，率军向西进发，对秦国的父老兄弟们讲明道理。而秦国父老兄弟为他们君主的暴政所苦累已经很久了，如果现在真能有位宽厚的长者前往，不施行侵夺暴虐，关中应当是可以攻下的了。项羽不可派遣，只有刘邦向来宽宏大量，有长者气度，可以派遣。"楚怀王于是没有答应项羽的请求，而派刘邦西进夺取土地，收容陈胜、项梁的散兵游勇，以攻击秦军。

刘邦率军取道砀地，到达阳城、杠里，攻打秦军营垒，击败了秦军的两支部队。（以上为第七段，写武信君项梁接连几次打败秦军，骄傲懈怠，被秦军一举消灭；楚怀王熊心遣将伐秦，约定"先入关中者为王"；任命宋义为上将军，统军救援巨鹿赵军；派遣刘邦西进，一路攻打秦军。）

秦二世皇帝三年（甲午，公元前 207 年）

冬季，十月，齐将田都背叛相国田荣的指令，领兵协助楚国援救赵国。

沛公刘邦在成武打败了东郡郡尉。

楚国上将军宋义带领军队到达安阳，停留了四十六天不进兵。项羽说："秦军围困赵军形势紧急，应火速领兵渡过黄河，如此由楚军在外攻击，赵军在内接应，打败秦军就是一定的了！"宋义说："不对。要拍打叮咬牛身的大虻虫，而不可以消灭牛毛中的小虮虱。现在秦军攻赵，打胜了，军队就会疲惫，我们即可乘秦军疲惫之机发起进攻；打不胜，我们就率军擂鼓西进，这样便必定能够攻下秦国了。所以不如先让秦、赵两军相斗。身披铠甲、手持锐利的武器冲锋陷阵，我不如您；但运筹帷幄、制定策略，您却不如我。”因此，在军中下达命令说：“凡是猛如虎，狠如羊，贪如狼，倔强不服从指挥的人，一律处斩！”

楚国上将军宋义随后派他的儿子宋襄到齐国为相，并亲自把他送到无盐县，大摆宴席招待宾客。当时天气寒冷，大雨不停，士兵饥寒交迫。项羽便说：“本当合力攻秦，却长久地滞留不前。而今年成荒歉，百姓贫困，士兵吃的是蔬菜拌杂豆子，军中没有存粮，竟然还要设酒宴盛会宾客，不领兵渡过黄河，取用赵地的粮食作军粮，与赵军合力击秦，却说什么‘乘秦军疲惫之机发动进攻’，以秦军的强盛攻打新建立的赵国，势必战胜。赵国被攻占，秦军便将更加强大，哪里还会有疲惫的机会可乘？况且，我军新近刚刚吃了败仗，楚王坐立不安，集中起全国的兵力交付给将军，国家安危，在此一举。现在不体恤士兵，而去屈从于一己私利，不是以国家为重的忠臣啊！”

十一月，项羽早晨进见上将军宋义时，就在营帐中斩了宋义的头。出帐后即向军中发布号令说：“宋义与齐合谋反楚，楚王密令我杀了他！”这时，众将领都因畏惧而屈服，无人敢于抗拒，一致说：“首先拥立楚王的是将军您家中的人，如今又是您诛除了乱臣贼子。”于是，就共同推立项羽为代理上将军。项羽即派人去追赶宋义的儿子宋襄，追至齐境，将他杀了。并派遣桓楚向楚怀王熊心报告情况，怀王便让项羽担任了上将军。

（以上为第八段，写楚国上将军宋义带领军队救赵，到达安阳，停留四十六天，又把儿子宋襄送去齐国为相，并置酒高会；项羽诛杀宋义，派桓楚向楚怀王熊心报告，被任为上将军，统率救赵军队。）

十二月，刘邦率军到达栗县时，遇上刚武侯，夺过他手中的部队四千多人，与自己的队伍合并起来，同魏将皇欣、武满的军队联合攻打秦军，打败了对手。

原来齐国国君田建的孙子田安攻下济水以北的地区，跟随项羽援救赵国。

秦将章邯修筑甬道连接黄河，为王离供应军粮。王离军中粮食充足，即加紧攻打巨鹿。巨鹿城内粮尽兵少，张耳便几次派人去叫陈馀前来营救。陈馀估计自己兵力不足，打不过秦军，故不敢到巨鹿来。如此过了几个月，张耳勃然大怒，埋怨陈馀，派遣张黡、陈泽前去责备陈馀说：“当初我和你结为生死之交，而今赵王和我很快就要死了，你拥兵数万，却不肯出手救援，赴难同死的精神到哪里去了？如果真守信用，何不攻击秦军而与我们一同战死，似此还有十分之一二能打败秦军保全性命的希望。”陈馀说：“我揣测自己前去终究不能救赵，只会白白地使全军覆没。何况我之所以不和张耳同归于尽，是想为赵王、张耳向秦军报仇啊！现在一定要共同赴死，就如同把肉送给饿虎，有什么好处呢？”但张黡、陈泽要挟陈馀一同去死，陈馀于是便派张黡、陈泽率领五千人先去试试秦军的力量，结果到了那里就全军覆没了。

当时，齐军、燕军都来救赵，张敖也到北面收集代地的士兵，得到一万多人，但是来后却都在陈馀军队的旁边安营扎寨，不敢进攻秦军。

项羽已经杀了“卿子冠军”宋义，威震楚国，就派当阳君英布和蒲将军领兵两万渡过黄河援救巨鹿。战事稍稍有利，即截断章邯所修的甬道，使王离的军队粮食短缺。陈馀于是又请求增援兵力。项羽便率领全军渡过黄河，都凿沉船只，砸毁锅、甑，烧掉营舍，只携带三天的口粮，以此表示军队将决一死战、毫无退还之意。因此，楚军一到巨鹿，就包围了王离，与秦军接战，经过九次交锋，大败秦军。章邯领兵退却。各国的援兵这时才敢于出击秦军。随即杀了苏角，俘获了王离。涉间不肯投降，自焚而死。此时，楚军的雄威压倒了诸侯军；援救巨鹿的诸侯国的军队有营垒十多座，却都不敢发兵出击。待到楚军攻打秦军的时候，诸侯军的将领都在营垒上观战。见楚军兵士无不以一当十，喊杀声惊天动地，诸侯军人人都惊恐不已。这样，打败了秦军后，项羽便召见诸侯军将领。这些将领们进入辕门时，没有一个不是跪着前行的，谁也不敢仰视。项羽从此始成为诸侯军的上将军，各路诸侯都归他统帅了。

此时，赵王赵歇、张耳才得以出巨鹿城拜谢各国将领。张耳与陈馀相见，责备陈馀不肯营救赵王。待问及张黡、陈泽的下落时，张耳怀疑是陈馀将他两人杀了，即几次追问陈馀。陈馀发怒说：“想不到你对我的责怨如此之深啊！难道你以为我就舍不得放弃这将军的官印吗？”于是解下印信绶带，推给张耳。张耳也是愕然不肯接受。陈馀起身去上厕所，宾客中有人劝说张耳道：“我听说：‘上天的赐予如不接受，反而会招致祸殃。’现在陈将军给您印信，您不接受，如此违反天意，很不吉祥。还是赶快取过来吧！”张耳便佩戴上陈馀的官印，接收了他的军队。而等陈馀回来时，也颇怨恨张耳的不辞让，就急步走出，只偕同他手下的亲信几百人到黄河岸边的水泽中捕鱼猎兽去了。赵王赵歇返回信都。

（以上为第九段，写张耳与赵王赵歇被围困在巨鹿城，日夜盼望陈馀领兵来救，陈馀自度无法取胜而没有出兵；项羽率领楚军救援巨鹿，英勇无比，打败秦军，各路诸侯无不佩服，拥戴项羽为各路诸侯统帅。）

春季，二月，沛公刘邦向北攻打昌邑，遇到彭越，彭越即带领他的部队跟随了刘邦。彭越是昌邑人，经常在巨野湖泊中捕鱼，与人结伙为强盗。陈胜、项梁起事抗秦时，水泽中的青年一百多人聚合起来，前去追随彭越，说道：“请您出任首领。”彭越推辞说：“我不愿意啊。”青年们竭力请求，彭越才答应了，并与他们约定次日清晨太阳出来时集合，迟到的即斩首。第二天日出后，有十多个人晚到，最迟的直至中午才来。彭越于是抱歉地说：“我已经老了，你们执意要推举我为头领。如今到了约定时间而许多人迟到，不能够都杀掉，那么就将最后到达的一个人斩首吧。”即命校长杀那个人。大家都笑道：“哪至于这样啊！以后再不敢如此就是了。”彭越这时拉出那人杀了，设立土坛以人头祭祀，号令所属部下。部属们都惊恐万状，无人敢抬头望他。彭越随后便领兵攻夺土地，收集诸侯军中的散兵游勇，得到一千多人，协助刘邦攻打昌邑。

昌邑城没有攻下，沛公刘邦率军西进经过高阳。高阳人郦食其，家境贫寒，落魄飘零，做了个看管里门的小吏。刘邦部下中一名骑兵正好是郦食其的同乡，郦食其见到他时，对他说：“诸侯军将领路过高阳的有几十人，我打听到这些将领都器量狭小，好拘泥于繁文缛礼，自以为是，听不进气度豁达、抱负恢宏的言论。我还听说刘邦为人傲慢而看不起人，富于远见卓识，这真是我所愿意结交的人啊，可惜没有人为我引荐。你如果见到刘邦，就告诉他说：‘我的乡里中有个郦生，六十多岁了，身高八尺，人们都称他为狂生。但他自己却称自己不是狂生。’”这名骑兵说：“沛公不喜欢儒生，每当宾客中有戴着儒生帽子来的，沛公总是脱下他的帽子，在里面撒尿。与人谈话的时候，也常常破口大骂。所以你不可以儒生的身份前去游说他。”郦食其说：“你只管把这些话告诉他吧。”骑兵便将郦食其嘱托的话从容地转达给了刘邦。

刘邦到了高阳的旅舍，派人召郦食其来见。郦食其一到，即进见。这时刘邦正叉开两腿坐在床上，让两个女子给他洗脚，如此便接见郦食其。郦其食进来，只是拱手高举，行相见礼而不跪拜，说道：“您是想要协助秦朝攻打诸侯国呢，还是想要率领各路诸侯击败秦朝呢？”刘邦骂道：“没见识的儒生！天下的人共同受秦朝暴政苦累已经很久了，所以各国相继起兵攻秦，怎么说是帮助秦朝攻打诸侯呀？”郦食其说：“您如果的确是要聚集群众、会合正义的军队去讨伐暴虐无道的秦朝，就不该如此傲慢无礼地接见年长的人！”刘邦于是停止洗脚，起身整理好衣服，请郦食其在尊客席上就座，向他道歉。郦食其便谈起了六国合纵连横的史事。刘邦很高兴，赏饭给郦食其吃，并问道：“计策将如何制定？”郦食其说：“您从一群乌合之众中起事，收拢了一些散兵游勇，部众还不足一万人，就想靠此径直去攻打强大的秦朝，这就像是用手去掏虎口啊！陈留是天下的要冲，四通八达的枢纽地区，现在该城中又贮存有许多粮食，而我恰与陈留县令交情不错，请您让我出使陈留，劝他向您投降；假如他不听从劝告，您就领兵攻城，我做内应。”刘邦于是派郦食其出发，自己率军跟随，随即降服了陈留，便封郦食其为广野君。郦食其对他的弟弟郦商说了这些事。当时郦商就召集青年，得到四千人，前来归属刘邦，刘邦任用郦商为将军，命他率领陈留的部队相随。郦食其则常常作为说客，出使各诸侯国。

三月，刘邦攻打开封，没有能够攻下；便西进，在白马与秦将杨熊会战，又在曲遇东面打了一仗，大败秦军。杨熊逃到荥阳，秦二世派使者去将他斩首示众。

夏季，四月，刘邦向南进攻颍川，屠戮了一番。因得到张良的辅助，攻取了故韩国的领地。这时，赵军所属部将司马卬要渡过黄河进入函谷关，刘邦于是就向北进攻平阴，切断黄河渡口南部地区，在洛阳东面与秦军交锋。但因作战不利，向南撤出轘辕关，张良领兵跟随刘邦；刘邦即命韩王韩成留守阳翟，自己与张良一起南下。

六月，刘邦率军在犨县东与郡守吕齮交战，击败了秦军，夺取了南阳郡。南阳郡守败逃，回保城池，固守郡的治所宛城。刘邦领兵绕过宛城西进。张良劝他说："您虽然想要尽快入关，但是目前秦军尚兵多势众，且又可据险顽抗，倘若现在不攻下宛城，一旦宛城守敌从背后夹击，前面又有强大的秦军阻挡，将是很危险的！"刘邦于是连夜率军抄小道返回，放倒旗帜，在天没亮时，将宛城重重围住。南阳郡守见状想自杀，他的舍人陈恢说："想要寻死还早了点儿吧。"就翻越城墙去见刘邦，说："我听说您曾受楚怀王之约，先攻入咸阳的关中称王。如今您滞留在这里攻打宛城，而宛城很大，连城数十座，城内军民自认为投降也是必死无疑，故都登城坚守。现在您整日停留在这里攻城，士兵死伤的必定很多，如果您率军撤离宛城，宛城的守军又肯定要尾随追击。这样一来，您在前则耽误了先入咸阳者称王的约定，在后则有遭到强大的宛城守军夹击的忧患。我为您着想，还不如订约招降，加封南阳郡守，仍让他留守郡中，而率领他的军队一道西进。这样，那些没有投降的城邑，闻讯就会争先恐后地打开城门等候您的到来，届时您就可以通行无阻了。"刘邦说："好！"秋季，七月，南阳郡守吕举城投降，刘邦封他为殷侯；并封给陈恢享用一千户的赋税收入。

于是，沛公刘邦率军西进，所过城邑没有不降服的。待到达丹水时，高武侯戚鳃、襄侯王陵也归降了。刘邦又回攻胡阳，遇见番君属下的将领梅鋗，便与他一同攻打析地和郦地，二地都投降了。刘邦命令军队所过之处不得掳掠，秦地的百姓都非常喜悦。

（以上为第十段，写刘邦率领军队一路向西，聚兵于巨野泽的彭城，沿途得到高阳谋士郦食其、南阳郡守舍人陈恢等人的帮助，势如破竹，迅速平定南阳各郡县。）

秦将王离的军队已经覆没，章邯的军队驻扎在棘原，项羽的军队则屯驻在漳水的南面，两军对垒相持，尚未交战。秦军几次后撤，秦二世为此派人去责问章邯。章邯非常恐惧，派遣长史司马欣前去请示事务。司马欣抵达咸阳后，在皇宫的外门司马门逗留了三天，赵高也不予接见，表示出不信任的意思。长史司马欣惊恐，奔回他的军中，不敢再走原路。赵高果然派人来追赶他，但是没有追上。司马欣回到章邯军中，报告说："赵高在朝中专权，下面的人没有能有所作为的。现在作战如果能够获胜，赵高必定会嫉妒我们的功劳；不能取胜，便免不了一死。希望您对此要仔细斟酌！”

陈馀也写信给章邯说：“白起是秦国的大将，他率军南征楚国的都城鄢郢，北战活埋马服君赵括大军的降兵，攻城夺地，不可胜数，却终于被赐死。蒙恬是秦国的大将，他北逐匈奴，开拓榆中之地几千里，最后在阳周被斩杀。这是为什么呢？是因为功绩太多，秦国不能全部给以封赏，就趁机按法诛杀了他们。如今您任秦将已经三年了，所伤亡损失的兵力也以十万计，而诸侯国仍然蜂拥而起，越来越多。那赵高一向阿谀奉承，时日已久，现在情势紧急，他也害怕被二世杀掉，所以就想用秦法杀您，借此搪塞罪责；派人替代您，借此逃脱他的灾祸。您领兵驻在外的时间很久，朝廷内多有仇怨，有功也要被杀，无功也要被杀。况且上天要灭亡秦朝，这是无论愚蠢还是聪慧的人都知道的事情。而今您在内不能直言规劝，在外又将成亡国的将军，茕茕孑立，却想要长久地生存，难道不是很可悲吗！您何不就倒戈与各诸侯军联合，约定共同攻秦，瓜分秦朝的土地而称王，南向称孤道寡呀！这与身伏斧砧遭斩杀，妻子儿女被杀戮相比，哪一个结局更好呢？”

章邯狐疑不决，暗地里派遣名叫始成的侦察官出使项羽军中，想要签订和约。和约未达成，项羽派蒲将军领兵昼夜兼行地渡过漳水三户渡口，驻扎在漳水南面，与秦军交锋，再次打败了他们。项羽随后又统领全军在污水边进攻秦军，大败他们。章邯于是派人求见项羽，想订立和约。项羽即召集军官们商议说：“现在军中粮食短缺，我想就答应他们议和的要求。”军官们都说：“可以。”项羽便与章邯约定在洹水南面的殷墟上会晤。订立盟约后，章邯进见项羽，流着泪向他诉说赵高的所作所为。项羽就立章邯为雍王，将他安顿在楚军中，并命长史司马欣任上将军，率领秦军为先头部队。

瑕丘人申阳去到河南，领兵追随项羽。

（以上为第十一段，写秦朝赵高专权，司马欣入朝而不得相见，不被信任，弄得秦将章邯左右不是人；陈馀分析利弊，劝其投降；章邯深感危机重重，有功也要被杀，无功也要被杀，就投奔项羽，被封为雍王。）

当初，中丞相赵高想独操秦朝大权，但又担心群臣不服，于是便先进行试探，牵来一只鹿献给秦二世，赵高说：“这是马啊。”二世笑道，说：“你错了吧？怎么把鹿叫作马？”即询问侍立左右的大臣们，群臣有的沉默不语，有的说是马以迎合赵高，有的则说是鹿。于是，赵高暗中借秦法陷害了那些明说是鹿的人。此后，群臣都畏惧赵高，没有人敢谈论他的过错。

赵高以前曾多次说“关东的盗贼成不了大事”，待到项羽俘获王离等人，而章邯等人的军队也多次被打败，赵高才上书请求增兵援助。这时自函谷关以东，大体上全都背叛秦朝官吏，响应诸侯；诸侯也都各自统率部众向西进攻。八月，沛公刘邦率领几万人攻打武关，屠灭了全城。赵高恐怕秦二世为此发怒，招致杀身之祸，就托病不出，不再朝见二世。

秦二世梦见一只白虎咬他的左骖马，并把马咬死，因此心中闷闷不乐，颇觉奇怪，便询问占梦的人。占梦人卜测说："是泾水神在作祟。"二世于是就在望夷宫实行斋戒，想祭祀泾水神，将四匹白马沉入河中。并为盗贼的事派人去责问赵高。

赵高愈加害怕，即暗中与他的女婿咸阳县令阎乐、他的弟弟赵成商议说："皇上不听规劝，而今情势紧急，便嫁祸于我。我打算更换天子，改立二世哥哥的儿子子婴为皇帝。子婴为人仁爱俭朴，百姓们都尊重他说的话。"随即命郎中令作为内应，诈称有大盗，令阎乐调兵遣将去追捕，同时劫持阎乐的母亲安置到赵高府中。又派阎乐率领官兵一千多人来到望夷宫殿门前，将卫令仆射捆绑起来，说："大盗进里面去了，为什么不进行阻拦？"卫令道："宫墙周围设置卫兵，防守非常严密，怎么会有盗贼敢溜入宫中啊！"阎乐就斩杀了卫令，带兵径直闯进宫去，边走边射杀郎官和宦官。郎官、宦官惊恐万状，有的逃跑，有的抵抗，而反抗者即被杀死，这样死了几十人。

郎中令和阎乐于是一同入内，箭射秦二世的帐篷、帷帐。二世怒不可遏，召唤侍候左右的卫士，但近侍卫士都慌乱不堪，没有上前格斗。二世身旁只有一名宦官服侍着，不敢离去。二世入内对这个宦官说："你为什么不早告诉我呀，竟至于到了这个地步！"宦官道："我不敢说，所以才能保全性命；如果我早说了，已经被杀掉了，哪里还能活到今日！"阎乐这时走到二世面前，数落他说："您骄横放纵，滥杀无辜，天下人都背叛了您，您还是自己打算一下吧！"二世说："我可以见到丞相吗？"阎乐道："不行！"二世说："我希望得到一个郡来称王。"阎乐不准许。二世又说："我愿意作万户侯。"阎乐仍不答应。二世于是说："那么我甘愿与妻子儿女去做平民百姓，像各位公子的结局那样。"阎乐道："我奉丞相的命令，为天下百姓诛杀您，您再多说，我也不敢禀告！"随即指挥他的士兵上前。二世就自杀了。

阎乐回报赵高，赵高便召集全体大臣、公子，告诉他们诛杀二世的经过情形，并说道："秦国从前本是个王国，始皇帝统治了天下，因此称帝。现在六国重又各自独立，秦朝的地盘越来越小，仍然以一个空名称帝，不可如此。应还像过去那样称王才合适。"便立子婴为秦王，并用平民百姓的礼仪把二世葬在了杜县南面的宜春苑中。

九月，赵高让子婴斋戒，到宗庙参拜祖先，接受国君的印玺。斋戒五天后，子婴与他的两个儿子商量说："丞相赵高在望夷宫杀了二世皇帝，害怕群臣将他杀掉，才假装依据礼义拥立我为王。我听说赵高曾经与楚军约定，消灭秦朝的宗室之后，在关中分别称王。如今他让我斋戒，赴宗庙参拜，这是想乘朝见宗庙之机杀了我啊。我若托病不去，丞相必定会亲自前来请我，他来了就杀掉他。"赵高派了几批人去请子婴，子婴就是不动身。赵高果然亲自前往，说道：“参拜宗庙是重大的事情，大王您为何不去啊？”子婴即在斋宫刺杀了赵高，并诛杀赵高家三族的人以示众。

秦王子婴调兵遣将到峣关增援，刘邦就想去攻打峣关的秦军。张良说：“秦军还挺强大的，不可轻视。希望您先派人上山去多多张挂旗帜，作为疑兵，再命郦食其、陆贾前往游说秦朝的将领，对他们加以利诱。”秦将果然想与刘邦的军队联合。刘邦打算准许他们联合的请求。张良道：“这还只是那些将领想要反叛秦朝，恐怕他们的兵士还不会服从。不如就乘着秦军麻痹大意时攻击他们。”刘邦于是便领兵绕过峣关，越过蒉山，袭击秦军，在蓝田的南面大败秦军。随后抵达蓝田，又在蓝田北面与秦军交战，秦军土崩瓦解。

（以上为第十二段，写秦朝丞相赵高指鹿为马，独操秦朝大权，与女婿咸阳县令阎乐、弟弟赵成商议，杀掉胡亥，拥立子婴；子婴利用斋戒参拜祖先的机会，杀掉赵高，灭其三族；刘邦率军直奔咸阳。）

【点评】

赵高亡秦论。赵高在秦朝的灭亡上，起了举足轻重的作用，甚至是起到了绝对性的作用。可以说是秦朝灭亡的第一罪人！何以见得？

首先，赵高在秦始皇嬴政病逝后，发动沙丘政变，与丞相李斯合谋伪造诏书，逼迫秦始皇长子扶苏自杀，另立其幼子胡亥为帝。三人沆瀣一气，而以赵高为首谋，将秦国的根基动摇，这本身就是一个天大的错误。胡亥是赵高的学生，胡亥的能力，赵高当然清楚，赵高拥立胡亥的重要原因，即因为胡亥好掌控，可以弄权专政，为所欲为。其卑鄙行为，断送秦朝矣！

其次，赵高谋害忠良，铲除异己，无所不用其极，使得国无良臣，奸佞当道。赵高伙同李斯，把胡亥推上帝位后非常心虚，生怕有一天阴谋暴露。因此，他鼓动胡亥杀戮秦室公子和大臣，到了丧心病狂的地步。他首先要谋害的是蒙氏兄弟。胡亥杀死扶苏后，便想释放蒙恬，但赵高深恐蒙氏再次贵宠用事，对自己不利，执意要消灭蒙氏，便散布在拥立太子问题上，蒙毅曾在秦始皇面前毁谤胡亥，胡亥于是囚禁并杀死了蒙毅，又派人前往阳周去杀掉了威震匈奴的蒙恬，真是“凤凰在笯兮，鸡鹜翔舞”！赵高还蛊惑胡亥，要杀尽公子王孙和朝廷大臣，说：“沙丘之谋，诸公子和大臣们都在怀疑，这些人难保不怀有二心。我每每想到这些，就战战兢兢，恐有不测。心腹大患不除，皇上又怎能安乐一世呢？”就是这样几句话，让胡亥起了杀心，一下子就杀掉了十二个公子、十个公主。他们无辜被杀，天理不容！当时的右丞相冯去疾、左丞相李斯、将军冯劫三位重臣联合向秦二世进谏，在赵高的怂恿下，秦二世将他们逮捕法办，冯去疾与冯劫不愿受辱，皆自杀而死，李斯求活，讨好秦二世，上书“督责”，助长胡亥，把秦朝推向灭亡的深渊，而后被赵高诬陷，下狱治罪，屈打成招，以谋反罪灭其三族，真是天大的冤案！后来，赵高猖獗到极点，指鹿为马，将一些正直的大臣杀害殆尽。有奸邪无比的赵高如此，秦朝焉得不亡？

第三，赵高把胡亥当作自己弄权干政的傀儡，助长了胡亥的邪恶之心，加速了秦朝的灭亡。胡亥本来就贪图享乐，认为做皇帝就是为了追求极乐，“欲悉耳目之所好，穷心志之所乐”。而心术不正的赵高，乘机煽动，认为这是“贤能之主所行而昏乱之主所禁”，简直是荒唐透顶！赵高还出了个馊主意，当然也是别有用心，就是叫胡亥拱手深居宫禁之中，只管淫乐，群臣只能听到他的声音，而不能见到他的容颜。这样，把胡亥与大臣隔绝开来，而赵高在其中兜售其奸，胡作非为。

第四，赵高私欲熏心，为虎作伥，推行严刑峻法，犹如火上浇油，把秦朝推向熊熊烈火之中。秦朝刚刚统一，各方面的矛盾非常尖锐，如何用正确的方略来治理国家？这是一个非常关键的问题。用司马迁的话来说就是“秦之初灭诸侯，天下之心未定，痍伤者未瘳”，当务之急是“振百姓之急，养老存孤，务修众庶之和”。而赵高则是怂恿胡亥“严法而刻刑，令有罪者相坐”，胡亥深以为然，“乃更为法律，务益刻深”。结果，秦国“奸伪并起，而上下相遁，蒙罪者众，刑戮相望于道，而天下苦之”，导致秦国的土崩瓦解之势迅速形成，被义军群起而推翻，只是早晚的事情了！

有赵高如此，秦国不亡何待？后人评论说：“赵高无过人之志，而居万人之位，是以倾覆秦国而祸殃其宗。”诚哉是言！

资治通鉴（白话本） 卷第九

汉纪一

汉高帝元年至二年（公元前206—前205）

【起旃蒙协洽（乙未，公元前206年），尽柔兆涒滩（丙申，公元前205年），凡二年】

【大事提要】

本卷记事起于公元前206年，到公元前205年，凡二年，当为汉高帝元年至二年。本卷所载的大事，主要是以下几个方面：其一，子婴投降。公元前206年，刘邦率大军攻破武关，攻下峣关，兵临咸阳，屯兵霸上，派人劝说秦王子婴投降。子婴眼看大势已去，用绳绑缚自己，坐上白马拉着的车，穿着白色衣服，携带玉玺、兵符等物，亲到刘邦军前投降，秦朝灭亡。子婴在位仅四十六天。其二，项羽分封。项羽消灭了秦军主力后，率领诸侯军向关中挺进，攻破函谷关；进入咸阳后，屠毁咸阳城，杀掉子婴，烧掉宫室；然后主持分封，自封为西楚霸王，共封了十八个诸侯王，埋下诸多隐患。其三，还定三秦。项羽封刘邦为汉王，王巴、蜀、汉中；将关中封给三个秦朝降将。刘邦建都南郑，任命韩信为大将军，于公元前206年亲率汉军走陈仓道，突袭关中，攻下陈仓，东进咸阳，水淹废丘，历时八个月，平定三秦，为重新统一中国，建立了强大根据地。其四，项羽攻齐。项羽分封后，齐、赵诸侯叛乱，项羽率军前往平乱。公元前205年，项羽北至城阳，齐王田荣引兵会战，被击败，逃往平原，被民众杀死。项羽烧杀掳掠，齐人聚集反叛，田荣弟田横收募散兵，在城阳攻打项羽，收复城邑，立田荣子田广为齐王。其五，彭城大战。公元前205年，刘邦还定三秦后，率领大军进攻项羽彭城。因彭城精兵猛将都随项羽攻打齐国，被刘邦攻下，刘邦因此忘乎所以。项羽留下诸将攻齐，自率精骑三万疾驰南下，与汉军大战，大破汉军，斩杀十多万人；汉军几乎全军覆没，刘邦仓皇逃奔。

太祖高皇帝上之上

汉高帝元年（乙未，公元前206年）

冬季，十月，沛公刘邦率军抵达霸上。秦王子婴乘素车、驾白马，颈上系着绳子以示自己该服罪自杀，手捧封好的皇帝玉玺和符节，伏在轵道亭旁向刘邦投降。众将领中有人主张杀掉子婴。刘邦说：“当初怀王之所以派我前来，就是因为认定我能宽容人。何况人家已经降服了，还要杀掉人家，这样做，是不吉利的。”于是便将子婴交给了主管官员处置。

贾谊评论说：秦国凭借一点点地盘发展到掌有万乘大国的权势，控制冀、兖、青、徐、扬、荆、豫、梁八州，使得与秦国地位相等的六国诸侯前来朝拜，经过了一百多年。然后以天下为家，以崤山、函谷关为宫。但是，一人发难，便使宗庙被毁，自身死于他人之手，令全天下的人讥笑，这是为什么呀？是由于不施仁义，而使攻和守的形势相反了啊！

沛公刘邦领兵向西进入咸阳，众将领都争先恐后地奔往秦朝贮藏金帛财物的府库瓜分财宝，唯独萧何率先入宫，取秦朝丞相府的地理图册、文书、户籍簿等档案收藏起来。刘邦借此全面了解了天下的山川要塞、户口的多少以及财力物力多少的分布。

刘邦看到秦朝的宫室、帷帐、各种狗马、贵重宝器和宫女数以千计，便想留下来在皇宫中居住。樊哙劝说道：“您是想拥有天下，还是只想当一个富翁呢？这些奢侈华丽之物，都是招致秦朝覆灭的东西，您要它们有什么用呢？望您尽快返回霸上，不要滞留在宫里！”刘邦不听。张良说：“秦朝因为不施行仁政，所以您才能够来到这里。而为天下人铲除残民之贼朝都城，就要安享其乐，这就是人们所说的‘助桀为虐’了。况且忠言逆耳利于行，良药苦口利于病，望您能听取樊哙的劝告！”刘邦于是率军返回霸上。

十一月，刘邦将各县的父老和有声望的人全都召集起来，对他们说：“父老们遭受秦朝严刑苛法的苦累已经很久了！我与各路诸侯约定，先入关中的人为王。据此，我就应该在关中称王了。如今与父老们约法三章：杀人者处死，伤人者和抢劫者抵罪。除此之外，秦朝的法律统统废除，众官吏和百姓都照旧安定不动。我之所以到这里来，是为了替父老们除害，而不是来欺凌你们的，请你们不要害怕！况且，我所以领兵回驻霸上，不过是为了等各路诸侯到来后订立一个约束大家行为的规章罢了。”随即派人和秦朝的官吏一起巡行各县、乡、城镇，向人们讲明道理。秦地的民众都欢喜异常，争相拿着牛、羊、酒食来慰问、款待刘邦的官兵。刘邦又辞让，不肯接受，说道：“仓库中的粮食还很多，并不缺乏，不想让百姓破费。”百姓于是更加高兴，唯恐刘邦不在秦地称王。

（以上为第一段，写沛公刘邦率先领兵进入关中，秦王子婴投降，刘邦封秦府库，还军霸上，又与秦地父老约法三章，废除秦朝的严刑苛法，民众都欢喜异常，争相慰问，唯恐刘邦不在关中为王。）

项羽已经平定了黄河以北的地区，就想率领各路诸侯军向西进入关中。在此之前，诸侯军中的官兵有的曾因服徭役或屯戍经过关中一带，秦地的官兵多无礼地对待他们。待到章邯率领秦军投降了诸侯军后，诸侯军的官兵便凭借胜势，把秦军官兵多当作奴隶和俘虏来使唤，随便侮辱秦军官兵。秦军官兵大多因此而生出怨恨的情绪，暗地里议论说："章将军等人骗咱们投降诸侯军，如今如果能够攻入关中击灭秦朝，当然是大好事；如果不能，诸侯军将咱们掠持到东方去，而秦朝又尽杀咱们的父母妻子儿女，那可怎么办啊？"诸侯军的将领们暗中查听到了这些议论，即报告给项羽。项羽于是召集英布、蒲将军商量说："目前军中秦朝的官兵还很多，他们内心并不顺服，如果到了函谷关不听从调遣，情势必会危急。所以，不如将他们除掉，而只和章邯、长史司马欣、都尉董翳等进入秦地。"楚军便于夜晚在新安城南面袭击、活埋了秦兵二十多万人。

有人劝说沛公刘邦道："关中地区比天下其他地方要富足十倍，而且地势险要。听说项羽封章邯为雍王，让他在关中称王。现在如果他来了，您恐怕就不能占据这个地方了。可以火速派兵把守函谷关，不让诸侯军进来，并逐步征召关中兵，以此增加自己的实力，抵御他们。"刘邦认为此计可行，就照着办了。

不久，项羽到达函谷关，但是关门紧闭。项羽听说刘邦已经平定了关中，勃然大怒，派英布等人攻破了函谷关。

十二月，项羽进军到戏地。刘邦的左司马曹无伤派人告诉项羽说："沛公想要在关中称王，任秦王子婴为相，奇珍异宝全都占有了。"企图借此求得项羽的封赏。项羽听说后，怒不可遏，就让兵士们饱餐一顿，打算次日攻打刘邦的军队。这时，项羽拥兵四十万，号称百万大军，驻扎在新丰县的鸿门；刘邦拥兵十万，号称二十万，驻军霸上。

范增劝项羽说："刘邦住在崤山之东时，贪财而又好色。现今入关，却不搜取财物，不宠幸女色，这表明他的志向不小啊。我曾命人观望他那边的云气，都显示出龙虎的形状，出现五彩，这是天子之气啊！宜赶快进攻他，不要错过了时机！"

（以上为第二段，写项羽平定河北，坑秦降卒二十余万，进兵关中。沛公已先一月入关，封闭而入，下令军中期旦日灭沛公。）

楚国的左尹项伯，是项羽的叔父，向来与张良交好，便连夜驰马到刘邦军中，私下里会见张良，将这些事情一五一十地对他说了，想要叫张良同他一起离开，说道："你可别跟刘邦一块儿死啊！"张良说："我曾为韩王伴送沛公，而今沛公遇有急难，我却逃走了，这是不义的行为，我不能不告诉他。"

于是，张良即进去将项伯的话全都告诉了刘邦。刘邦大吃一惊。张良说："您估计一下您的兵力足够抵挡项羽的军队吗？"刘邦沉默了一会儿，说："的确是不如他呀。这可该怎么办呢？”张良说：“请让我去告诉项伯，说您是绝不敢背叛项羽的。”刘邦说：“您是怎么与项伯成为故交的啊？”张良说：“在秦朝的时候，项伯与我有交往，他曾经杀过人，我救了他。现在事情紧急，所以还幸亏他前来告诉我。”刘邦说：“你与他谁大谁小？”张良说：“他比我大。”刘邦说：“您替我请他进来，我将把他当作兄长来对待。”

张良于是出去，坚持邀项伯入内，项伯便进去与刘邦相见。刘邦手捧酒杯向项伯敬酒祝福，并与他约定，结为亲家，说：“我进入关中，连毫毛般微小的东西都不敢沾边，只是登记官民，封存府库，等待着项将军的到来。之所以派将领把守函谷关，是为了防备有其他盗贼出入和有非常事情发生。我日日夜夜盼望着项将军驾临，哪里敢谋反啊！望您能把我不敢忘恩负义的情况详尽地反映给项将军。”项伯答应了，对刘邦说：“你明日不可不早些来亲自向项王道歉啊。”刘邦说：“好吧。”

项伯于是当夜就赶了回去，到达军营后，将刘邦的话一五一十地报告给项羽，并趁机道：“要不是刘邦先攻下关中，您又怎么敢进来呀？如今人家建立了大功，却还要去攻打人家，这是不义的。不如就因此好好地对待他。”项羽同意了。

第二天，刘邦带领一百多骑随从人员到鸿门来见项羽，道歉说：“我与将军您合力攻秦，您在黄河以北作战，我在黄河以南战斗，没料到自己能先进入关中破秦，得以在这里与您重新相见。如今有小人之言搬弄是非，使您和我之间产生了隔阂。”项羽说：“这是您的左司马曹无伤散布的流言，不然的话，我何至于如此啊！”项羽于是就留刘邦与他一起宴饮。范增频频向项羽递眼色，并三次举起他所佩带的玉暗示项羽杀掉刘邦，项羽却只是默然不语，毫无反应。范增便起身出去招呼项庄，对他说：“项王为人心慈手软，还是你进去上前给刘邦敬酒，敬完酒，你就请求表演舞剑，然后乘势在坐席上袭击刘邦，杀了他。不然的话，你们这些人都将成为他的阶下囚了！”

项庄即入内为刘邦祝酒，敬完酒后，项庄道：“军营中没有什么可用来取乐的，就请让我来为你们舞剑助兴吧。”项羽说：“好哇。”项庄于是拔剑起舞。项伯见状也起身拔剑起舞，并时时用身子遮护刘邦，使得项庄无法行刺。

这时，张良来到军门见樊哙。樊哙说：“今天的事情怎么样了？”张良说：“现在项庄拔剑起舞，他的用意却常在沛公身上啊。”樊哙道：“事情紧迫了，我请求进去，与他拼命！”樊哙随即带剑持盾闯入军门。军门的卫士想要阻止他进去，樊哙就侧过盾牌一撞，卫士扑倒在地。樊哙于是入内，掀开帷帐站立在那里，怒目瞪着项羽，头发直竖，两边的眼角都睁裂开了。项羽手按剑，跪起身，说道：“来客是干什么的？”张良说：“是沛公的陪乘卫士樊哙。”项羽道：“真是壮士啊！赐给他一杯酒喝！”左右的侍从即给了他一大杯酒。樊哙拜谢后，起身站着一饮而尽。项羽说：“再赐给他猪腿吃！”侍从们便又拿给他一条猪腿。樊哙将他的盾牌倒扣在地上，把猪腿放在上面，拔出剑来切，大口地吃了。项羽说：“壮士，你还能再喝酒吗？”樊哙道：“我连死都不怕，一杯酒难道还值得我推辞吗？秦王的心肠狠如虎狼，杀人唯恐杀不完，用刑惩罚人唯恐用不够，致使天下的人都起而反叛他。怀王曾与各路将领约定说：‘先打败秦军进入咸阳城的人，在关中为王。’现在，沛公最先击溃秦军，进入咸阳，毫毛般微小的东西都不敢染指，就率军返回霸上等待您的到来。这样劳苦功高，您非但不给予封地、爵位的奖赏，还听信小人的谗言，要杀有功之人。这是在重蹈秦朝灭亡的覆辙呀，我私下认为您的这种做法是不可取的！”项羽无话可答，就说：“坐吧。”樊哙于是在张良的身边坐下了。

坐了一会儿，刘邦起身去上厕所，趁机招呼樊哙出来。刘邦说：“我现在出来，没有告辞，怎么办啊？”樊哙道：“现在人家正好比是屠刀和砧板，我们则是鱼肉，如此还告什么辞呀！”于是，就这么走了。鸿门与霸上相距四十里，刘邦撇下车马，抽身独自骑马而行，樊哙、夏侯婴、靳强、纪信等四人手拿剑和盾牌，快步相随，经骊山下，取道芷阳，抄小路奔向霸上。留下张良，让他向项羽辞谢，将白璧敬献给项羽，玉杯敬献给亚父范增。刘邦临行前对张良说：“从这条路到我们军营，只不过二十里地。您估计着我已经抵达军中时，再进去。”刘邦已走，抄小道回到军营，张良方才进去告罪说：“沛公禁不起酒力，无法来告辞，谨派我张良捧上白璧一双，以连拜两次的隆重礼节敬献给将军您；玉杯一双，敬呈给亚父您。”项羽说：“沛公现在哪里呀？”张良道：“他听说您有要责备他的意思，便抽身独自离去，现在已经回到军中了。”项羽就接受了白璧，放到坐席上。亚父范增接受玉杯后搁在地上，拔剑击碎，说：“唉，这小子不值得与他共谋大业！夺取项将军天下的人，必定是刘邦。我们这些人眼看着就要被他俘获了！”刘邦到达军中，立即杀掉了曹无伤。

（以上为第三段，写项羽叔父项伯泄露军情给张良，沛公得以定计鸿门宴会，宴席上刀光剑影，拉开楚汉相争序幕，刘邦机智脱险。）

隔了几天，项羽领兵西进，洗劫、屠杀咸阳城，杀了已经投降的秦王子婴，放火焚烧秦朝宫室，大火燃烧三个月不熄。随即搜取秦朝的金银财宝和妇女向东而去。秦地的百姓为此大失所望。

韩生劝说项羽道：“关中依恃山川河流为屏障，是四面都有险要可守的地方，土地肥沃，可以在此建都称霸。”项羽却一方面看到秦朝的宫室都已焚烧得残破不堪，一方面又惦记着返回东方的家乡，便说：“富贵了而不归故乡，就如同身穿锦绣华服在夜间行走，谁能看得到啊！”韩生退下去后说道：“人家说楚人像是猴子戴上人的帽子，果然如此！”项羽听到这话后，立即将韩生煮死。

项羽派人去回报并请示楚怀王，怀王说：“照先前约定的办。”项羽暴跳如雷，说：“怀王是我们家扶立起来的，并非因为他建有什么功绩，怎么能够一个人做主定约呢？全国起兵反秦伊始，暂时拥立过去各诸侯国国君的后裔为王，以利攻打秦朝。

但是，身披坚固的铠甲、手持锐利的兵器首先起事，风餐露宿三年之久，终于灭亡秦朝，平定天下，都是各位将相和我的力量啊！不过，怀王虽然没什么功劳，却还是应当分给他土地，尊他为王。”众将领都说：“是啊！”

春季，正月，项羽便假意尊推怀王为义帝，说道：“古代的帝王辖地千里，却必定要居住在江河的上游地带。”于是，就把义帝迁移到长江以南，定都在长沙郡的郴县。

二月，项羽划分天下土地，封各位将领为侯王。他自立为西楚霸王，管辖原魏国和楚国的九个郡，建都彭城。项羽与范增怀疑刘邦有夺取天下的野心，但双方已经讲和了，且又不愿意背上违约的罪名，于是就暗地里策划道：“巴、蜀两地道路艰险，秦朝所流放的人都居住在那里。”随即扬言：“巴郡、蜀郡也是关中的土地。”由此，立刘邦为汉王，统辖巴、蜀两地和汉中郡，建都南郑。

接着，项羽又把关中分割为雍、塞、翟三部分，将秦朝的降将封在那里为王，借以抵御阻挡刘邦：封章邯为雍王，管制咸阳以西地区，建都废丘；长史司马欣过去是栎阳县的狱掾，曾经对项梁有恩；而都尉董翳，劝说过章邯归降楚军，因此便立司马欣为塞王，统领咸阳以东至黄河一带，建都栎阳；封董翳为翟王，领有上郡地区，建都高奴。

项羽打算自己占有魏地，就改封魏王豹为西魏王，统辖河东郡，建都平阳。瑕丘县的申阳是张耳的宠臣，曾经率先攻下河南郡，在黄河边迎接楚军，所以立申阳为河南王，建都洛阳。韩王成仍居旧都，建都阳翟。赵将司马卬平定了河内郡，屡立战功，因此，封司马卬为殷王，管制河内地区，建都朝歌。改封赵王歇为代王；赵国的相国张耳向来贤能，又跟随入关，故立张耳为常山王，统领赵地，建都襄国。当阳君英布为楚将，勇冠三军，所以立英布为九江王，建都六地。番君吴芮率领百越部族之兵协助诸侯军，也随从进关，因此封吴芮为衡山王，建都邾县。义帝的柱国共敖领兵攻打南郡，功劳卓著，故封共敖为临江王，建都江陵。改封燕王韩广为辽东王，建都无终。燕将臧荼跟随楚军救援赵国，随即跟着入关，由此立臧荼为燕王，建都蓟地。

改封齐王田市为胶东王，建都即墨。齐将田都随楚军救赵，随即跟着进关，所以立田都为齐王，建都临淄。当项羽正要渡河救赵时，齐王田建的孙子田安攻下济北数城，率领他的军队投降项羽，因此封田安为济北王，建都博阳。田荣曾多次背弃项梁，又不肯领兵跟随楚军攻秦，所以不封。

成安君陈馀抛弃将军的印信离去，不追随入关，也不封。宾客中有多人劝说项羽道：“张耳、陈馀一样对赵有功，如今既封张耳为王，陈馀也就不可不封。”项羽不得已，听说陈馀正在南皮，就把南皮周围的三个县封给了他。番君的部将梅铝功劳较多，即封他为十万户侯。

（以上为第四段，写项羽烧毁秦朝宫殿，分封十八王，尊奉楚怀王熊心为义帝，将其迁移到江南；自立为西楚霸王，管辖原魏国和楚国九个郡，建都彭城；封刘邦为汉王，管辖巴、蜀、汉中地区，建都南郑。）

汉王大怒，想要攻打项羽。周勃、灌婴、樊哙也都鼓动他开打。萧何规劝他说："在汉中当王虽然不好，但不是比死还强些吗？"汉王说："哪里就至于死呀？"萧何说："如今您兵众不如项羽，百战百败，不死又能怎么样呢？能够屈居于一人之下而伸展于万乘大国之上的，是商汤王和周武王。我希望大王您立足汉中，抚养百姓，招引贤才，收用巴、蜀二郡的资财，然后挥师东进，平定雍、翟、塞三秦之地，如此天下可以夺取了。"汉王说："好吧！"于是，就去到他的封地，任用萧何为丞相。

汉王赐给张良黄金百镒，珍珠两斗。张良把这些东西全都献给了项伯。汉王因此也命张良赠送厚礼给项伯，让项伯代他请求项羽将汉中地区全部封给刘邦，项羽答应了这一请求。

夏季，四月，各路诸侯都离开主帅项羽，回到各自的封国去。项羽即派三万士兵随从汉王刘邦前往他的封国。楚军与其他诸侯军中因仰慕而追随汉王的有好几万人，他们从杜县南面进入蚀中通道。张良送行到褒中，汉王叫张良回到韩王那里去。张良于是就劝说汉王烧断他们所经过的栈道，不仅可以防备诸侯的军队来犯，而且向项羽表示没有东还的意图。

田荣听说项羽改封齐王田市到胶东，而立齐将田都为齐王，即怒火中烧。五月，田荣出兵拦攻田都，田都逃往楚国。田荣就留下齐王田市，不让他到胶东去。田市惧怕项羽，便偷偷地逃向他的封国胶东。田荣恼怒之极，即在六月追击到即墨，杀了田市，自立为齐王。

这时，彭越在巨野，拥有兵众一万多人，尚无归属。田荣就授给彭越将军官印，命他攻打济北王田安。秋季，七月，彭越击杀了济北王田安。田荣于是兼并了齐、济北、胶东三齐的土地，随即又让彭越攻打楚国。项羽命萧公角率军迎击彭越，彭越大败楚军。

张耳来到封国，陈馀更加愤怒了，说道："张耳与我功劳相等，现在张耳为王，而我却只是个侯，这是项羽分封不公平！"就暗中派遣张同、夏说去游说齐王田荣道："项羽作为天下的主宰，很不公平，把好的地方全都分给了各将领，而把原来的诸侯王改封到差的地方。现在赵王就往北到代郡去了，我认为这是不妥的。听说大王您起兵抗争，不听从项羽的不道义的命令，因此希望您能资助我一些兵力去攻打常山，恢复赵王的王位，并请把赵国作为齐国的外卫藩屏！"齐王田荣同意了，随即派兵跟随陈馀。

西楚霸王项羽因为张良曾经追随汉王刘邦，且韩王韩成又毫无战功，所以就不让韩成到封国去，而是让他随自己一起到了彭城，把他废为穰侯，而后又杀了他。

（以上为第五段，项羽主持分封后，诸侯各就国，立脚未稳，新的矛盾产生。汉王刘邦不服谋东归；田荣兼并了齐、济北、胶东三齐土地，随即又让彭越攻打楚国；陈馀认为张耳的功劳与他相等，项羽分封不公平，向田荣借兵赶走张耳，另立赵王。）

当初，淮阴人韩信，家境贫寒，没有好的德行，不能被推选去做官，又不会经商做买卖谋生，常常跟着别人吃闲饭，人们大都讨厌他。韩信曾经在城下钓鱼，有位在水边漂洗丝绵的老太太看到他饿了，就拿饭来给他吃。韩信非常高兴，对那位老太太说："我将来一定会重重地报答您老人家。"老太太生气地说："男子汉大丈夫不能养活自己！我不过是可怜你这位公子才给你饭吃，难道是希图有什么报答吗？"淮阴县屠户中有位青年人侮辱韩信说："你虽然身材高大，好佩带刀剑，但内心却是胆小如鼠。"并趁机当众羞辱说："韩信，你要是真的不怕死，就来刺我。如果是怕死，就从我的胯下爬过去！"韩信仔细打量了那青年一会儿，便俯下身子，从他的双腿间钻了过去，匍匐在地。满街市的人都嘲笑韩信，认为他胆小。

待到项梁渡过淮河北上，韩信持剑去投奔他，留在项梁军中，一直默默无闻。项梁失败后，韩信又归属项羽，项羽任他为郎中。韩信曾多次向项羽献策以求重用，但项羽却不予采纳。汉王刘邦进入蜀中，韩信又逃离楚军归顺了汉王，仍然不被人看重，只做了个接待宾客的小官。后来，韩信犯了法，应当判处斩刑，与他同案的十三个人都已遭斩首，轮到韩信时，韩信抬头仰望，刚好看见了滕公夏侯婴，便说道："汉王难道不想得取天下吗？为什么要斩杀壮士啊！"滕公觉得他的话不同凡响，又见他外表威武雄壮，就释放了他而不处斩，并与他交谈，欢喜异常，随即将这情况奏报给了汉王。汉王于是授给韩信治粟都尉的官职，但还是没有认为他有什么不寻常之处。

韩信好几次与萧何谈话，萧何感觉他不同于常人。待汉王刘邦到达南郑时，众将领和兵士都唱歌思念东归故乡，许多人中途就逃跑了。韩信估计萧何等人已经多次向汉王荐举过他，但汉王没有重用他，便也逃亡而去。萧何听说韩信逃走了，没有来得及向汉王报告，就亲自去追赶韩信。

有人告诉汉王说："丞相萧何逃跑了。"汉王大发雷霆，仿佛失掉了左右手一般。过了一两天，萧何来拜谒汉王。汉王又怒又喜，骂萧何道："你为什么逃跑呀？"萧何说："我怎么会逃跑呢？我是去追赶逃跑的人呀。"汉王说："你追赶的人是谁呀？"萧何说："是韩信。"汉王又骂道："将领们逃跑的已是数以十计，你都不去追找，说是去追韩信，纯粹是撒谎！"萧何说："那些将领很容易得到。至于像韩信这样的人，却是天下无双的杰出人才啊！大王您如果只想长久地在汉中称王，自然没有用得着韩信的地方；假如您要争夺天下，除了韩信，就没有可与您图谋大业的人了。只看您做哪种选择了！”汉王说：“我也是想要东进的，怎么能够忧郁沉闷地老待在这里呢？”萧何说：“如果您决计向东发展，那么能任用韩信，韩信就会留下来，如果不能重用他，他终究还是要逃跑的。”汉王说：“那我就看在你的面子上任他为将军吧。”萧何说：“即便是让韩信做将军，韩信也是不会留下来的。”汉王说：“那就任他为大将军吧。”萧何说：“太好了。”

于是，汉王就想召见韩信授给他官职。萧何说：“大王您向来傲慢无礼，现在要任命大将军了，却如同呼喝小孩儿一样，这便是韩信所以要离开的原因啊！您如果要授给他官职，就请选择吉日，进行斋戒，设置拜将的坛台和广场，准备举行授职的完备仪式，这才行啊。”汉王应允了萧何的请求。众将领闻讯都很欢喜，人人都以为自己会得到大将军的职务。但是，等到任命大将军时，竟然是韩信，全军都惊讶不已，个个都傻眼了。

（以上为第六段，写韩信从无赖到大将军。韩信家贫，在乡里受到凌辱；投奔项梁，又归项羽，无所知名；改投汉王刘邦，开始也不被重视，又离去，而萧何识才，将其追回，劝说刘邦，拜其为大将军。）

授任韩信的仪式结束后，汉王就座，说道：“丞相屡次向我推荐您，您将拿什么计策来开导我呀？”韩信谦让了一番，就乘势问汉王道：“如今向东去争夺天下，您的对手难道不就是项羽吗？”汉王说：“是啊。”韩信说：“大王您自己估量一下，在勇敢、猛悍、仁爱、刚强等方面，与项羽比，谁强呢？”汉王沉默了许久，说：“我不如他。”

韩信拜了两拜，赞许说：“我韩信也认为大王您在这些方面比不上他。不过，我曾经事奉过项羽，就请让我来谈谈他的为人吧：项羽厉声怒斥呼喝时，上千的人都吓得不敢动一动，但是他却不能任用有德才的将领。这只不过是匹夫之勇罢了。项羽待人，恭敬慈爱，言语温和，别人生了病，他会怜惜地流下泪来，把自己所吃的东西分给病人，但当所任用的人立了功，应该赏封爵位时，他却把刻好的印捏在手里，玩得磨去了棱角还舍不得授给人家。这便是人们所说的妇人的仁慈啊！项羽虽然称霸天下而使诸侯臣服，但却不占据关中而是建都彭城；背弃义帝怀王的约定，把自己亲信、偏爱的将领分封为王，诸侯愤愤不平。他还驱逐原来的诸侯国国王，而让诸侯国的将相为王，又把义帝迁移逐赶到江南。他的军队所经过的地方没有不遭到残害毁灭的，民众都不愿亲近依附他，只不过是迫于他的威势勉强归顺罢了。如此种种，使他名义上虽然还是霸主，但实际上却已经失去了天下人的心。所以，他的强盛是能够很容易转化为虚弱的。现在大王您如果真能反其道而行之，任用天下英勇善战的人才，那么，还有什么对手不能诛灭掉啊！把天下的城邑封给有功之臣，那么，还有什么人会不心悦诚服的呢？用正义的军事行动去顺从惦念东归故乡的将士们，那还有什么敌人打不垮、击不溃呀？况且，分封在秦地的三个王都是过去秦朝的将领，他们率领秦朝的子弟作战已经有好几年了，被杀死和逃亡的多得数也数不清；而他们又欺骗自己的部下，投降了诸侯军，结果到达新安时，遭到项羽诈骗而活埋的秦军降兵有二十多万人，唯独章邯、司马欣、董翳得以脱身不死。秦地的父老兄弟们怨恨这三个人，恨得痛彻骨髓。现今项羽倚仗自己的威势，强行把此三人封为王，秦地的百姓没有爱戴他们的。大王您进入武关时，秋毫无犯，废除了秦朝的严刑苛法，与秦地的民众约法三章，秦地的民众没有不希望您在关中做王的。而且按照原来与诸侯的约定，大王您理当在关中称王，这一点关中的民众都知道。您失掉了应得的王位而去到汉中，对此，秦地的民众没有不怨恨的。如今大王您起兵向东，三秦之地只要发布一道征讨的文书就可以平定了。”

汉王于是大喜过望，自认为韩信这个人才得到得太迟了，随即就听从韩信的计策，部署众将领所要攻击的任务，留下萧何收取巴、蜀两郡的租税，为军队供给粮食。

八月，汉王领兵从故道出来，袭击雍王章邯。章邯在陈仓迎击汉军，兵败逃跑；在好畤停下来，与汉军再战，又被打败，逃往废丘。汉王随即平定了雍地，东进到咸阳，率军在废丘包围了雍王章邯，并派遣将领们去攻夺各地。塞王司马欣、翟王董翳都投降了，汉王便把他们的地盘设置为渭南、河上、上郡。又命将军薛欧、王吸领兵出武关，会合王陵的军队去迎接太公和吕后。项羽闻讯，出兵到阳夏阻拦，汉军因此无法前进。

王陵，是沛人，早先曾聚集党徒几千人，住在南阳，至这时起，他带领部队归属了汉王。项羽便把王陵的母亲抓到军中，王陵为此派出的使者来到项羽的军营后，项羽就让王陵的母亲面向东而坐，想要借此招降王陵。王陵母亲私下里为使者送行，老泪纵横地说：“望您替我对王陵说：好好地事奉汉王，汉王是宽厚大度的人，终将取得天下。不要因为我的缘故而对汉王怀有二心。我则用一死来送使者您！”说罢就伏剑自杀了。项羽勃然大怒，即将王陵的母亲烹了。

项羽任命前吴县县令郑昌做韩王，以抵抗汉军。

张良写信给项羽说：“汉王失去应得的封职，想要得到关中，等到实现先前的约定，就会停止作战，不敢东进了。”接着又把齐国田荣、梁地彭越反叛楚国的文书送给项王，说：“齐国想要同赵国一起灭掉楚国。”项羽于是因此无西进之意，而向北去攻打齐国。

燕王韩广不肯到辽东去作辽东王，臧荼就击杀了他，兼并了他的领地。

这一年，汉王刘邦任用内史、沛人周苛为御史大夫。

项羽派人催促义帝赶快到郴地去，义帝的群臣、近侍便逐渐背叛了义帝。

（以上为第七段，写韩信汉中对，分析楚汉两方形势，向汉王刘邦献计，战胜项羽的策略；而后从故道出汉中，打败雍王章邯，塞王司马欣、翟王董翳也都投降，平定三秦，东出秦关。）

汉高帝二年（丙申，公元前205年）

冬季，十月，项羽秘密派遣九江王、衡山王、临江王去攻打义帝，在长江上杀死了他。

陈馀出动三县的全部兵力，与齐军合力袭击常山。常山王张耳兵败逃奔到汉地，在废丘拜见汉王。汉王很是优待他。陈馀到代地迎回了原来的赵王歇，恢复了他的王位。赵王因此对陈馀感恩戴德，立他为代王。陈馀考虑到赵王歇的力量还很弱小，国中局势又刚刚稳定，便不去自己的封国，留下来辅佐赵王，而派夏说以相国的身份去镇守代国。

张良从韩地抄小道回到汉王处，汉王封张良为成信侯。张良体弱多病，未曾独自领兵打仗，而是经常作为出谋划策的谋臣，时时跟随在汉王身边。

汉王到陕县去，安抚关外的父老。

河南王申阳投降了汉王，汉王设置了河南郡。

汉王任用原韩襄王的孙子韩信为韩国太尉，领兵攻夺韩地。韩信在阳城加紧攻打韩王韩昌，韩昌被迫投降。十一月，汉王立韩信为韩王；韩王信常常率领韩国军队跟随着汉王。

汉王返回都城栎阳。

众将领们攻下了陇西。

春季，正月，西楚霸王项羽往北到达城阳。齐王田荣领兵与楚军会战，兵败后，田荣逃到平原，平原的百姓把他杀了。项羽于是又重立田假为齐王。接着，项羽就北进至北海一带，焚烧、铲平城郭、房屋，活埋田荣的降兵，掳掠齐国的老弱、妇女，所经过的地方多遭到破坏毁灭。齐国的民众因此便纷纷聚集起来反叛项羽。

汉王的将领攻陷北地，俘获了雍王章邯的弟弟章平。

三月，汉王从临晋关渡过黄河。魏王豹投降，领兵追随汉王；汉军攻下河内，俘虏了殷王司马卬，设置河内郡。

（以上为第八段，写汉王刘邦平定三秦，张良归汉，封为成信侯，为刘邦出谋划策；常山王张耳、河南王申阳、韩王韩昌投降刘邦；立原韩襄王孙子韩信为韩王；项羽攻灭齐王田荣，齐都遭到毁灭性破坏。）

起初，阳武人陈平，家境贫寒，喜好读书。乡里中祭祀土地神，陈平主持分配祭肉，将祭肉分得非常均匀。里中的父老们便说：“好啊，陈家的小子做主持分祭肉的人了！”陈平却说道：“哎呀，如果我能够主持天下，也会像分配这祭肉一样公平合理的！”到诸侯国反叛秦朝时，陈平在临济事奉魏王魏咎，任太仆。他曾向魏王献策，但是魏王不听。有的人就在魏王面前恶语中伤他，陈平于是就逃离魏王而去。

后来，陈平又为项羽做事，项羽赐封给他卿一级的爵位。殷王司马卬反楚时，项羽即派陈平去攻打并降服了殷王。陈平领兵返回，项羽就授任他都尉之职，赏赐给他黄金二十镒。

过了不久，汉王攻占了殷地。项羽为此怒不可遏，准备杀掉那些参与平定殷地的将领和官吏。陈平很害怕，便把他所得的黄金和官印封裹好，派人送还给项羽；随即毅然持剑抄小路逃亡，渡过黄河，到修武去投奔汉王，通过魏无知求见汉王。汉王于是召陈平进见，赐给他酒饭，然后就打发他到客舍中去歇息。陈平说：“我是为要事来求见您的，所要说的不能够延迟过今日。”汉王即与他交谈，颇喜欢他的议论，便问道：“你在楚军中任的是什么官职呀？”陈平说：“任都尉。”刘邦当天就授予陈平都尉之职，让他做自己的陪乘官，负责监督各部将领。将领们因而不服气，都喧哗鼓噪起来，说：“大王您得到一名楚军的逃兵才一天，还不了解他本领的高低，就与他同乘一辆车子，而且还反倒让他来监护我们这些有资历的老将！”汉王听到这种种非议后，却更加宠信陈平了。

汉王率军南下渡过平阴津，抵达洛阳新城。新城县的三老董公拦住汉王，劝说道：“我听说：‘顺德者昌，逆德者亡。’‘师出无名，事情就不能成功。’所以说：‘点明要讨伐的人是乱臣贼子，敌人才可以被征服。’项羽行事大逆不道，放逐并杀害了他的君主义帝，实在是令天下人痛恨的逆贼啊。仁德之士不逞一时之勇，正义之军不拼一己之力。大王您应当率领三军将士为义帝穿上丧服，以此通告诸侯王，共同攻打项羽。这样一来，四海之内没有人不仰慕您的德行，这可是像夏、殷、周三王那样的行为啊！”

汉王于是为义帝发丧，袒露着左臂，痛哭流涕，全体举哀三天，并派使者向各路诸侯通报说：“天下共同拥立义帝，对他北面称臣。现在项羽却把义帝杀害在江南，纯属大逆不道！我要出动关中的全部兵马，征收河南、河东、河内地区的士兵，乘船沿长江、汉水南下，愿意追随诸侯王去攻打楚国这个杀害义帝的逆贼！”

汉王的使者到了赵国，陈馀说：“汉王如果能把张耳杀了，我就跟随汉王。”汉王于是就寻找到一个与张耳很相像的人，杀掉了他，拿他的头送给陈馀，陈馀便派兵援助汉军。

田荣的弟弟田横四处收拢散兵游勇，得到几万人，即从城阳起兵反楚。夏季，四月，田横拥立田荣的儿子田广为齐王，抗拒楚军。项羽为此留在齐地，与齐军接连作战，但没有能够攻下城阳。项羽虽然听说汉王刘邦东进，可是既然已经在攻击齐国，就想待打败齐军后再去攻打汉王的军队。汉王因此得以统率各路诸侯军共约五十六万人攻打楚国。

汉军抵达外黄时，彭越率领他的部队三万多人归顺了汉王刘邦。汉王说：“将军您夺取了魏地的十多个城邑，想要尽快扶立原魏国国君的后代。如今西魏王魏豹使是真正的魏国后裔呀。”随即任命彭越为魏国的相国，让他独自率领自己的部队去攻夺、平定梁地。汉王接着就攻入彭城，搜罗财宝美女，天天设置酒宴，大会部将宾朋。

（以上为第九段，写陈平背楚投汉，得到重用；项羽杀掉义帝熊心，刘邦反其道，为义帝发丧，号召各诸侯国起兵攻打无道项羽；项羽被齐事滞留，无暇分身，刘邦率军攻入彭城，被胜利冲昏头脑，日置酒高会。）

霸王项羽听到这个消息，立即命令众将领继续攻打齐国，自己则亲领精兵三万人南进，从鲁地出胡陵，抵达萧地。清晨，楚军从萧地袭击汉军，向东直打到彭城，至中午时分，大败汉军。汉军将士都纷纷奔逃，相跟着涌入谷水、泗水，死了十几万人。

这时，汉军兵士全都往南向山里逃去。楚军又穷追不舍，尾随到灵璧东面的睢水边上。汉军仓皇退却，被楚军逼迫，十多万兵士全部落入睢水，致使河水都阻塞得流不动了。楚军将汉王重重包围起来。这时恰巧大风从西北刮起，风势摧枯拉朽，墙倒屋塌，飞沙走石，地暗天昏，迎头卷向楚军，楚军被吹得阵脚大乱，零落奔逃。汉王因此才得以偕同几十骑人马趁乱溜走。汉王想经过沛县去接取家眷，而楚国也派人到沛县去掳掠汉王的家眷。家眷们于是都狼狈逃散，没有能够与汉王见面。

汉王在途中遇到他的嫡长子、后来的汉孝惠帝刘盈和长女鲁元公主，就用车子载着他们一起走。楚军骑兵疾追过来，汉王慌急，把两个孩子推下车去。滕公夏侯婴担任掌管车马的太仆，他总是下车把两个孩子收载起来，这样做了三次，于是，滕公说道：“现在尽管情势紧急，车子也不可赶得太快，怎么能抛下孩子呢？”所以就慢慢地行走。汉王很是恼火，有十几次想杀掉滕公。就这样，滕公终于保护着两个孩子脱离了险境。

审食其随太公、吕后从小路寻找汉王，没有遇见汉王，反而碰上了楚军。楚军就将他们一起带回，项羽便把他们安置在军营中作为人质。

这时候，吕后的哥哥周吕侯为汉王领兵驻在下邑，汉王即抄小路去投奔他，逐渐收集到属下一些溃散的兵士。诸侯王于是又都背叛了汉王，重新去亲附楚王。塞王司马欣、翟王董翳也逃亡降楚。

田横进攻田假，田假逃到楚国。楚国杀掉了田假，田横于是再次平定了三齐的土地。

汉王询问群臣说：“我想舍弃函谷关以东地区作为封赏，你们看有谁可以与我共同建功立业呀？”张良说：“九江王英布，是楚国的一员猛将，他同项王之间有些隔阂；另外，彭越正联合齐王田荣在梁地起兵反楚。这两个人可以立即使用。再就是汉王您的将领中，唯有韩信可以托付大事，独当一面。如果您要把关东的地方作为赏地赏给这三个人，楚国就可以被打败了！”

当初，项羽攻打齐国时，曾征调九江国的兵力，九江王英布以生病为借口不亲自前往，而是派将领率领几千人去跟随项羽。汉军攻破楚国彭城时，英布又托病不去援助楚军。楚王因此非常怨恨英布，多次派使者去责备他，并要召见他。英布愈加害怕，不敢前往。项羽因正在为北方齐、赵两国和西面汉国的反楚势力担忧，而能够亲附的只有英布一人，且又器重他的才能，打算亲近他加以重用，所以才没有攻打他。

汉王从下邑转移到砀地驻扎，随后到了虞地，对身边的随行官员说：“像你们这样的人，没有能够可以共商天下大事的！”谒者随何进言说：“不知大王指的是什么？”汉王说：“有谁能为我出使到九江王那里，让他起兵叛楚？只须把项羽拖住几个月，我夺取天下就十分有把握了。”随何便说道：“我请求出使！”汉王就派他带领二十个人一同前往。

五月，汉王抵达荥阳，诸路兵败溃散的队伍都会合到那里，萧何也征发关中不列入服役名册的老老少少，把他们全部送往荥阳，汉军于是又士气大振。这时，楚军以彭城为据点，经常乘胜追逃逐败，与汉军在荥阳南面的京邑、索亭之间交战。

楚军来了许多骑兵，汉王于是就在军中挑选可以担当骑兵将领的人，大家都推举过去秦军的骑士重泉人李必、骆甲出任，汉王便打算授任他俩。李必、骆甲说：“我们原是秦朝的人，恐怕军中将士不信服我们，因此，甘愿辅佐大王您身边善于骑射的将领。”汉王便任命灌婴为中大夫，任用李必、骆甲为左右校尉，率领骑兵在荥阳东面迎击楚军骑兵，大败楚军，楚军因此无法越过荥阳西进。汉王驻军荥阳，修筑甬道通向黄河，以靠它运取敖仓的粮食。

（以上为第十段，写西楚霸王项羽回军攻下彭城，汉军大败，刘邦狼狈出逃；刘邦抵达荥阳，收合溃散士兵，征发关中老少，建立骑兵队伍，劝说九江王英布起兵叛楚，汉军士气再次大振，楚汉相争进入成皋相持。）

周勃、灌婴等人对汉王说：“陈平虽然外表俊美如装饰帽子的秀玉，但腹中却未必有什么真才实学。我们听说陈平在家时曾与他的嫂子私通；为魏王做事时因不能被容纳而逃去投奔楚国；在楚国依然得不到信用，就又逃奔过来降汉。现在大王您却这么器重他，授给他很高的官职，命他来监督各部将领。我们获悉陈平接受将领们送的金钱，金钱给得多的人就能得到较好的对待，金钱给得少的人就会遭到极差的待遇。如此看来，陈平是个反复无常的乱臣贼子，希望大王您明察！”

汉王于是对陈平有了猜疑，随即召他的引荐人魏无知前来责问。魏无知说："我推荐陈平时说的是他的才能，大王现在所责问的是他的品行。如今如果有人虽然具有尾生、孝己那样守信义、重孝顺的品行，却无对决定胜负命运有所补益的才能，大王又哪会有什么闲心去使用他啊！现今楚汉抗衡，我荐举腹怀奇谋异计的人，只是考虑他的计策是否确实对国家有利，至于私通嫂子、收取贿赂，又有什么值得去怀疑的呢？"

汉王随即再召陈平来见，责问他说："你事奉魏王意不相投，就去事奉楚王，而后又离开，如今又来与我共事，守信义的人原本都是这样地三心二意吗？"陈平说："我事奉魏王，魏王不能采纳我的主张，所以我才离开他去为项羽服务。项羽不能信任使用人才，而所任用宠信的人，不是项姓本家，就是他老婆的兄弟，即便是有奇谋的人他也不用。我听说汉王能够用人，因此才来归附大王您。但我赤条条空手而来，不接受金钱就无法应付日常开销。假如我的计策确有值得采纳的地方，便望大王您采用它；假如毫无价值不堪使用，那么金钱还都在这里，请让我封存好送到官府中，并请求辞去官职。"汉王于是向陈平道歉，重重地赏赐他，授任他为护军中尉，监督全军所有的将领。众将领们再也不敢说三道四了。

魏王拜谒汉王，请求返回魏地，探视双亲的疾病。他一到魏国，就绝断黄河渡口，倒戈投降楚国。

六月，汉王返回栎阳。

六月初五日壬午，汉王立嫡长子刘盈为太子，大赦罪犯。

汉军引水灌淹废丘，废丘城守军投降，章邯自杀。汉军于是完全平定了雍地，设置了中地、北地、陇西等郡。

关中发生大饥荒，一斛米卖到万钱，人们饿得自相残食。汉王便让关中的百姓到蜀、汉之地去谋生。

当初，秦朝灭亡的时候，豪强之士都争先恐后地夺取金玉等财宝，唯独宣曲任氏挖窖贮存粮食。待到楚、汉在荥阳相持不下时，百姓无法耕种土地收获粮食，豪强们便把金玉全都给了任氏来交换粮食，任氏从此起家，数代富有。

秋季，八月，汉王前往荥阳，命萧何留守关中服侍太子。萧何着手制订法令规章，建立宗庙、社稷、宫室、县邑机构，遇事如来不及奏报汉王裁决，就酌情灵活处理，待汉王回来时再汇报。他在关中还管理人口户籍，运输粮草，调拨士兵补给汉军兵员，从来没有缺乏、断绝过。

汉王派郦食其去劝说魏王豹，并召他前来。魏王豹不听，说："汉王为人傲慢无礼，好侮辱别人，责骂诸侯、群臣如同斥骂奴隶一般，我绝不愿意再去见他！"汉王于是就任命大将军韩信为左丞相，与灌婴、曹参一起去攻打魏国。

汉王询问郦食其道："魏国的大将是谁呀？"郦食其回答说："是柏直。"汉王说：

“这是个乳臭未干的毛孩子，怎么能抵挡得了韩信！”又问：“骑将是谁啊？”郦食其回答说：“是冯敬。”汉王说：“他是秦将冯无择的儿子，虽然贤能，却也无法抵抗灌婴。”接着再问道：“步兵的将领又是什么人呀？”郦食其说：“是项它。”汉王道：“这个人抵挡不了曹参。如此我没有什么可担心的啦！”韩信也询问郦食其：“魏国没有用周叔作为大将吗？”郦食其回答说：“用的人确是柏直。”韩信于是说：“一个小子罢了！”随即进兵魏国。

魏王豹在蒲坂部署重兵以阻挡从临晋方面来的韩信军队。韩信便增设疑兵，排列出船只，好像要在临晋渡河发起进攻，而让埋伏的部队从夏阳身缚木瓮渡河，袭击安邑。魏王豹大惊失色，连忙领兵迎战韩信。九月，韩信进击俘获了魏王豹，将他押解去荥阳，全部平定了魏地，设置了河东、上党、太原等郡。

汉军在彭城兵败西撤时，陈馀也已察觉到张耳并没有死，便立即背叛了汉王。韩信已经平定了魏地，就派人向刘邦请求增兵三万人，愿用这些兵力北进去攻下燕、赵的领地，向东去攻打齐国，往南断绝楚军的粮道。汉王准许了他的请求，并派张耳与他一起领兵东进，往北去攻打赵国和代国。

闰九月，韩信击垮代军，在阏与抓获了代国的相国夏说。当韩信攻破魏、代两国后，汉王即派人调他的精锐部队去荥阳抵御楚军。

（以上为第十一段，写汉王刘邦重用陈平、张良等谋士，在成皋对峙项羽；萧何镇守关中，侍奉太子；韩信与灌婴、曹参一起开辟北方战场，韩信俘获了魏王魏豹，攻下了代国，在河北高奏凯歌。）

【点评】

项羽败亡论。公元前 206 年，是中国历史上的转折之年。这一年，秦王子婴向刘邦投降，标志着秦朝灭亡，历史进入新的时期，即楚汉相争时期。项羽在相争的初期，力量非常强大，刘邦根本不是他的对手，但风云际会，峰回路转，刘邦逐渐强大，而项羽逐渐削弱，以致败亡。项羽的败亡，并不是后来在垓下之战才导致的失败，而是在他强盛之时，就埋下了失败的隐患，失败是他的必然结果。这里仅对本卷所记载的楚汉相争前两年项羽的所作所为做出评论。

首先，项羽在鸿门宴上优柔寡断，放走刘邦，才有了后来的楚汉相争。项羽裹挟着胜利的雄风，率领各路诸侯进入关中，可恼的是，刘邦已经率先进入，并且封锁关门，把他挡在关外。对于有四十万大军的项羽来说，这并不算什么，刘邦不肯放而进，那就打而进，靠“拳头”开路，这是项羽的看家本领。项羽入关，进军到新丰鸿门，打算灭了力量弱小的刘邦。可就在这时，出了岔子，项羽的叔父左尹项伯把信息透露给了汉军的张良以及刘邦，让刘邦与张良有了应对的策略，乃至于有了扭转乾坤的机会！而后，刘邦亲赴鸿门，便有了千古流传的“鸿门宴”，项羽的谋臣范增力主杀掉刘邦，而项羽则模棱两可，才有了后来的项庄舞剑、樊哙闯宴、刘邦逃走。如果当时项羽狠下心，把刘邦杀了，则历史的发展，可能就不会是如此。或许刘邦被杀，将有一场血拼；或许还会有张邦、李邦。但纵观当时的风云人物，没有哪一个能和刘邦相比，因而，项羽也不可能具有如此强劲的对手。机不可失，时不再来，项羽将要对自己的“妇人之仁”付出自身灭亡的代价！

其次，项羽烧秦宫室，思念东归，放弃立国之地，将自己置于万劫不复的被动之中。项羽进入秦都咸阳，干了些什么呢？史书记载是：“引兵西屠咸阳，杀秦降王子婴，烧秦宫室，火三月不灭。”原来，项羽到了咸阳，就做了一件事，就是烧杀掳掠，把咸阳变成一片焦土。好好的一座城市，就被这么无情的毁了！项羽是自己毁了自己、毁了前程啊！因而也就失去了咸阳，失去了三秦，失去了天下。当时，秦王子婴已经投降了，咸阳已经没有对手了，是可以直接过去“拥抱”了，可是，项羽的脑海只有“复仇”，使出浑身解数不是“破坏”就是“毁灭”，而全没有“建设”或“发展”二字，这样的人，能担当建立国家的重任吗？就项羽的这一行为，就自己判处了自己在政治上的死刑！接着，项羽就是收其货宝妇女，打算引兵东归。有人对项羽说：“关中阻山河四塞，地肥饶，可都以霸。”而项羽想的则是：“富贵不归故乡，如衣绣夜行，谁知之者！”说到底，项羽得胜了，是要在家乡炫耀，显摆自己，而不是要继续把成功的事业推向前进，建立一统的国家。正如时人所说，项羽是一只穿衣戴帽的猴子而已！

再次，项羽主持分封，捧了一只“烫手的山芋”，怎么做都不可能得到圆满的结局。其实，这分封本身就是一个致命的错误，项羽就没有想过像秦始皇当年那样，建立一个“大楚帝国”；也没有想到像刘邦后来那样，苦心经营，统一天下。这时候的项羽，本身就有统一天下的基础条件啊！结果，他丝毫不稀罕这个来之不易的局面，他只要当一个霸王而已！他要将大好江山拱手相送，分封给十八路诸侯，结果由一个统一的国家变成了十八个国家，这天下怎么能不乱呢？项羽自以为是天下唯我独尊的霸王，有能力、有实力能够面对和处理这一切，这实在是有些托大了。后来的事实证明，项羽只是充当了“救火队长”，这边的“火”还没有扑灭，那边的“火”又着了，救着救着，这“火”就烧到自己身上来了，而自己也被葬身于“火海”了！

最后，项羽放逐义帝，并派兵追杀，虽然称心如意，但给了对手刘邦以口实，是政治上极不成熟的表现。项羽与义帝熊心，说到底，只是偶合而已，两人貌合神离，“同床异梦”，才有了后来的放逐、追杀行为。事情要追说到项梁。当年，项梁主持各路诸侯的“英雄会”，并没有想立一个什么王来管住自己，而范增出了这个馊主意，才从山沟里找到熊心这个牧羊娃，让他凭空当上了怀王。熊心当上怀王，没有任何实权，被项梁牢牢地掌控着，倒好像项梁是主宰，而他是部下，他从内心并不感激项家，甚至想要摆脱项家，或者将项家消灭掉，他才能够“咸鱼”翻身，能够掌控楚国。机会终于来了，项梁去世后，熊心采取了几个应对措施，任命宋义为上将军，将项羽作为副手，后面还有范增，分明是用宋义和范增来压住项羽；在入关为王问题上，熊心做出“先破秦入关者王之”的决策，而只派遣当时力量比较弱小的刘邦一路向西，叫项羽去救援巨鹿，表现出对项羽的明显的不信任和排斥，而项羽也深知这一点，才有了后来的杀宋义而夺军救巨鹿。即使是后来项羽统领各路诸侯，风光无限，熊心还是那句话，就是“先入关中为王”，从不改口，把项羽气得半死。从人格上来说，熊心是完美无缺的，即使是自己置身于虎口，也仍然不改初衷。而此时的项羽，自以为放逐、杀掉熊心，就万事大吉了，与其把义帝放逐、杀灭，还不如干脆把义帝晾在一边，也主动得多。项羽政治不成熟，封王去请示，多此一举；不听就放逐，错上加错，于是好戏才刚开头。刘邦抓住这一机会，做足了文章，以项羽“大逆不道，杀君不臣”之名，缟素三军，会盟诸侯，号召天下共同讨伐项羽，于是，引发了“楚汉之争”，将项羽陷于非常被动的地步。这义帝熊心，倒是帮了刘邦的大忙啊！而对于项羽来说，这一壶苦酒，也是他亲自酿成的啊！

仅此以上四点，从中就可以看出，在项羽处于鼎盛时期，就显现出败亡的端倪！而项羽的失败和灭亡，是他自己亲手造成，既怨不得天，也尤不得人！并非如他自己所说的“天亡我”，而是“我自亡”矣！

资治通鉴（白话本） 卷第十

汉纪二

汉高帝三年至四年（公元前204—前203）

【起强圉作噩（丁酉，公元前204年），尽著雍阉茂（戊戌，公元前203年），凡二年】

【大事提要】

本卷记事起公元前204年，讫公元前203年，凡二年，当为汉高帝三年至四年。本卷所载的大事，主要是以下几个方面：其一，井陉之战，韩信灭赵。公元前204年，韩信统率汉军，越过太行山，对赵国发起攻击。赵王赵歇、赵军主帅陈馀听说后集结大军于井陉口防守。韩信以不到三万的兵力，背水列阵，奇袭赵营，出奇制胜，一举歼灭了号称二十万的赵军，阵斩陈馀，活捉赵歇，灭亡了赵国。其二，随何策反，英布投汉。公元前204年，刘邦要攻打楚国，但忌惮楚国大将英布的骁勇善战，于是，就指使谒者随何去策反英布。随何接受指令，前去游说。当时，英布与项羽已有嫌隙，担心项羽起了杀心。随何加以点拨，杀死项羽使者，英布背楚投汉，被封为淮南王。其三，楚汉相争，荥阳相持。刘邦据守荥阳，与项羽对峙，双方进入相持状态。项羽发动攻势，多次切断甬道，使汉军乏食。刘邦采纳陈平之谋，派奸细散布流言，离间项羽君臣关系，项羽中计，范增愤然辞去。楚军围困刘邦，刘邦遣使求和，采用金蝉脱壳之计，而后复振。其四，郦食其说齐，不幸遭烹。郦食其在楚汉对峙相持阶段，建议汉王刘邦夺取荥阳，占据敖仓，获得巩固的据点和粮食补给；后又出使齐国，劝说齐王田广归汉，齐王乃放弃战备，以七十余城降汉。而后，汉大将军韩信嫉妒其功，发兵袭击齐国，田广以为被骗，就烹杀了郦食其。其五，潍水之战，击杀龙且。韩信袭破齐国都城临淄，项羽派遣大将龙且率军救援齐王田广。龙且轻视韩信，又急求战功，率军与韩信军队隔着潍水摆开阵势。韩信用奇计，在龙且军渡河时挥军猛烈截杀，杀死龙且，楚军大败，取得潍水之战全胜。公元前203年，平定齐地。

太祖高皇帝上之下

汉高帝三年（丁酉，公元前204年）

冬季，十月，韩信和张耳率领几万名士兵向东攻打赵国。赵王歇和成安君陈馀闻讯，就在井陉口集结部队，号称二十万大军。

赵国广武君李左车劝说成安君陈馀道："韩信、张耳乘胜势离开本国远征，锋芒锐不可当。我听说：'从千里之外供给军粮，士兵当会面有饥色；临时拾柴割草来做饭，军队当会常常食不果腹。'而今井陉这条路，车辆不能并行，骑兵不能成列，行军队伍前后拉开几百里，依此形势，随军的粮草必定落在大部队的后面。望您暂时拨给我三万人作为突击队，抄小路去截断对方的辎重粮草，而您则深挖壕沟、高筑营垒，坚守不出战。这样一来，他们向前无仗可打，退后无路可回，野外又没有什么东西可抢，如此不到十天，韩信、张耳这两个将领的头颅就可以献到您的帐前了；否则，肯定要被他们二人所俘获。"但陈馀曾经自称是义兵，不屑于使用诈谋奇计，故说："韩信兵力单薄且又疲惫不堪，对这样的军队还避而不击，各诸侯便会认为我胆怯而随便来攻打我了。"

韩信派人暗中打探消息，得知陈馀没有采纳广武君的计策，高兴异常，因此，便率军径直前进，在距离井陉口三十里的地方停下来宿营。到了半夜时分，韩信传令部队出发，挑选两千名轻骑兵，每人手拿一面红旗，从小道上山隐蔽起来，观察赵军的动向，并告诫他们说："交战时赵军看到我军退逃，必定会倾巢出动来追赶我们，你们就趁机迅速冲入赵军营垒，拔掉赵军的旗帜，遍插汉军的红旗。"又命他的副将传送一些食品给将士，说："等到今天打败赵军后再会餐！"众将领们都不相信，只是假意应承说："好吧。"韩信说："赵军已经抢先占据了有利的地形安营扎寨，而且他们没有看见我军大将的旗鼓，是不肯出兵攻打我们的先头部队的，这是因为他们怕我军到了险要的地方，遇阻后就会撤回去。"韩信随即派遣一万人打先锋，开出营寨，背靠河水摆开阵势。赵军望见后都哄然大笑。

天刚蒙蒙亮的时候，韩信打出了大将的旗鼓，鼓乐喧天地出了井陉口。赵军洞开营门迎击，双方激战了很久。这时，韩信和张耳便假装丢旗弃鼓，逃回河边的阵营。河边部队大开营门放他们进去，然后又和赵军激战。赵军果然倾巢出动，争抢汉军抛下的旗鼓，追逐韩信和张耳。韩信、张耳进入河边的阵地后，全军都拼死奋战，赵军无法打败他们。韩信派出的两千名骑兵突击队，等到赵军将士全体出动去追逐争夺战利品时，立刻奔驰进入赵军营地，拔掉所有的赵军旗帜，插上两千面汉军红旗。赵军无法抓获韩信等人，便想退回营地，但却看到自己的营垒中遍是汉军的红旗，都惊慌失措，以为汉军已将赵王的将领全部擒获了，于是，兵士们大乱，纷纷逃跑，赵将尽管不停地斩杀逃兵，也无法阻止溃败之势。汉军随即又前后夹击，大败赵军，在泜水边杀了陈馀，活捉了赵王歇。

将领们献上敌人的首级和俘虏，都向韩信祝贺，并趁势问韩信说："兵法上说：'布军列阵要右边和背面靠山，前面和左边临水。'而这次您却反而让我们背水布阵，还说什么'等到打败赵军后再会餐'，我们当时都很不信服，但是竟然取胜了，这是什么战术呀？”韩信说：“这战术也是兵法上有的，只不过你们没有留意罢了！兵法上不是说‘陷之死地而后生，置之亡地而后存’吗？况且我所率领的并不是平时训练有素的将士，这就是所谓的‘驱赶着街市上的平民百姓去作战’，势必非把他们置于死地，使他们人人为各自的生存而战不可；如果给他们留下活路，他们就会逃走了，那样一来，难道还能够用他们去冲锋陷阵吗？”将领们于是都心悦诚服地说：“对啊！您的谋略的确非我们所能比啊！”

（以上为第一段，写汉大将军韩信率领不到三万的兵力攻打赵国，在井陉口背水列阵，奇袭赵营，一举歼灭号称二十万的赵军，阵斩主将陈馀，活捉赵王歇，灭亡赵国，留下了“破赵会食”的千古佳话。）

韩信悬赏千金，征求能活捉广武君李左车的人。不久，就有人将李左车绑送到韩信帐前。韩信立刻为他松绑，让他面朝东而坐，把他当作老师来对待，并问李左车道：“我想要向北进军攻打燕国，向东征伐齐国，该如何做才能建立功绩呢？”李左车推辞说：“我不过是一个兵败国亡的阶下囚罢了，哪里有资格来谋划大事啊！”韩信说：“我听说，百里奚在虞国而虞国灭亡，在秦国而秦国称霸，这并不是由于他在虞国时愚蠢，在秦国时却聪明，而是在于国君用不用他，接不接受他的建议。如果成安君陈馀果真采纳了您的计策，像我韩信这样的人也早就被俘虏了，只是因为他不接受您的意见，所以我才能够侍奉在您身边向您请教啊！现在，我全心全意地听从您的计策，还望您不要推辞。”

李左车于是说：“如今您渡过西河，俘获魏王，生擒夏说；东下井陉口，用不到一个早上的时间就打垮了赵军二十万人马，杀了成安君，名闻海内，威震天下，使农民们慑于您的声势，无不放下农具停止耕作，只图穿好的吃好的，侧耳倾听，等候您进军的号令，这是您用兵的长处所在。但是，百姓实已劳苦不堪，兵士也已疲惫之极，实际状况是很难再用他们去继续攻战了。现在，您想要调动疲惫困乏的全部军队去停扎在燕国防守坚固的城池下面，结果是想打打不了，要攻又攻不下，军队内情暴露在敌前，威势也就随之减弱，如此旷日持久，粮食必将耗尽。且燕国这样弱小的国家都不肯屈服，齐国当然也必定要据守边境逞一时之强。这么一来，燕、齐两国都与汉军对峙，相持不下，刘邦和项羽双方胜负的趋势便也难见分晓，这即是您用兵的短处所在了。善于用兵的人，从不以自己的短处去攻击他人的长处，而是要用自己的长处去对付他人的短处。”

韩信说：“既然如此，那么该怎么办呢？”李左车答道：“现在为您谋算，不如按兵不动，暂作休整，镇守并安抚赵国的百姓，使方圆百里之内，天天都有人送来牛肉美酒，宴请犒劳众将士。将部队向北移动，指向通往燕国的道路，然后派遣能言善辩的说客拿着一封书信去向燕国炫耀自己的长处，燕国肯定不敢不听从。燕国已经顺服了，即可向东威临齐国。如此，纵使有聪明之人，也不知道该怎样为齐国出谋划策了。这样，天下大事就都可图谋成功了。用兵之道原本便有先造声势而后才实际行动的，我这里所说的就是这个道理。”韩信说：“不错。”随即采用李左车的计策，派使者出使燕国，燕国听到消息后，就立即归降了。

韩信于是派人回报汉王，请求封张耳为赵王，刘邦应允了。这时，楚国屡次派遣突击队渡过黄河袭击赵国，张耳、韩信往来奔波，救援赵国，乘势夺取所经过的赵国的城邑，随即又调兵遣将赴汉王处增援。

（以上为第二段，写汉大将军韩信虚心听从赵国降将李左车的意见，不急着出兵攻打燕国，而是宣其兵威，派使者出使燕国，劝其投降；韩信请求封张耳为赵王，汉王刘邦应允；韩信抗击楚军，平定赵地，还派兵增援汉王。）

十月，甲戌晦（己亥朔，无甲戌，疑误），发生日食。

十一月，癸卯晦（己巳朔，无癸卯，疑误），发生日食。

汉军谒者随何来到九江王英布处，九江太宰出面接待他，连过三天仍未能见到英布。于是，随何便劝太宰说：“九江王之所以不接见我，必定是由于他认为楚国强大，汉国弱小。而这正是我此次出使的原因啊！假如能让我见到九江王，如说得有理，就是大王想要听到的；如说得不对，就把我们二十人在九江国的街市上斩首，这将足够表明九江王背叛汉王而与楚王相交好了。”太宰便把这些话报告给了英布。

英布于是召见随何。随何说：“汉王派我敬呈书信给大王您，是因为我们私下里有些疑惑，不知大王您和楚王是什么关系。”英布说：“我是面朝北以臣子的身份事奉他。”随何说：“大王您与楚王同列诸侯，地位相等，而您却面北向他称臣，肯定是认为楚国强大，可以作为九江国的靠山了。但当项王攻打齐国，背负修筑营墙的墙版和筑杵，身先士卒地冲杀时，您本应出动九江国的全部兵力，亲自率领他们去为楚军打先锋，可您却只调拨四千人去支援楚军。面向北事奉他人的臣子，本来就该是这个样子吗？汉王攻入彭城时，项王还没有离开齐地回师，您理应率领九江国的全部兵力抢渡淮河，日夜兼程奔赴彭城会合楚军作战，而您拥兵万人，却无一人渡过淮河，只是袖手旁观人家的胜负。把江山社稷托付给别人的人，原本就该是这个样子的吗？您这是要借依附楚国之名而想要行独立自主之实，我私下里认为您的这种做法是不可取的！然而，您还不背弃楚国，不过是因为您以为汉国弱小罢了。但是，楚国的军队虽然强大，天下的人却给它背上了不义的恶名，这是由于它既违背盟约又杀害义帝的缘故。而汉王联合诸侯，率军回守成皋、荥阳，运来蜀地和汉中的粮食，深挖壕沟，加固营垒，分兵把守边防要塞。楚军则因反攻荥阳、成皋，深入反楚的梁地八九百里，老弱残兵从千里之外转运粮食，汉军却只坚守不出战。这么一来，楚军进不能攻取，退又无法脱身，所以说楚军是不足以依赖的。如果楚军战胜了汉军，各诸侯便会人人自危而相互救援。这么一来，楚军的强盛，倒恰好招致天下的军队都来与它抗衡了。所以，楚国不如汉国的形势，是显而易见的。现在，您不与万无一失的汉国结好，却要把自身托付给行将灭亡的楚国，我暗中对您的这种做法困惑不解。我并不是认为九江国的兵力足够用来消灭楚军，而是觉得您如能起兵反叛楚国，项王就必定得留下来，只要拖住项王几个月，汉王夺取天下就会万无一失了。我请求随您一起提剑归汉，汉王保证会划分一块土地封给您，又何况九江国必定也仍旧归您所有啊！”英布于是说：“那就遵命了。”即暗中许诺随何叛楚归汉，只是一时还不敢走漏风声。

楚国使者在九江，住在客舍中，正加紧督促英布发兵援楚。随何径直闯入客舍，坐到楚国使者上面的座位上，说：“九江王已经归汉，楚国凭什么能来征调他的军队？”英布听了大吃一惊。这时楚国使者便起身要走。随何乘势劝英布说：“事已至此，可以就杀掉楚国使者，不要让他回去，而您立即火速投奔汉王，与汉军协力作战。”英布说：“就按照您指教的办。”于是，杀掉了楚国使者，趁机起兵攻打楚国。

楚国派项声、龙且进攻九江国，历时几个月，龙且打败了九江国的军队。英布便想领兵逃奔汉国，因害怕楚军会截杀他，就与随何捡小路行走，一起逃归汉国。

十二月，九江王英布抵达汉军驻地。汉王刘邦当时正坐在床边洗脚，立即召英布进见。英布为此怒火中烧，后悔来到这里，想要自杀。待出来后进入为自己安排的客舍，发现那里的陈设、饮食、侍从官员都与汉王的住所相同，便又喜出望外。于是，就派人到九江国去联络。这时，楚王已派项伯收编了九江军，并把英布的妻子儿女都杀了。英布的使者找到不少英布的旧友和宠信的臣僚，带领着几千人回到汉王处。汉王随即增拨兵力给英布，与英布的军队一起驻扎在成皋。

（以上为第三段，写汉王刘邦派使者随何出使九江王，策动黥布叛楚归汉，削弱了楚国实力。）

楚军屡次袭击、截夺汉军运粮的通道，使汉军粮食短缺。汉王刘邦因此与郦食其谋划如何削弱楚国的实力。郦食其说：“从前，商汤攻打夏桀，将夏桀王的后裔封在杞国；周武王攻打商纣，将商纣王的子孙封在宋国。如今，秦朝丧失德行、背弃道义，侵伐各诸侯国，灭掉各国后，使诸侯的后代无立锥之地。大王如果真能重新扶立六国的后裔，当今六国的君臣、民众都对大王感恩戴德，无一不向往大王的风范，仰慕大王的仁义，都甘愿做大王的臣民。如此，德义已经施行，大王即可面向南，居帝位而称霸天下，楚王也必定会整理衣冠，肃然起敬地前来朝拜了。”汉王说：“好！赶快去刻制印玺，您就可带上它们出使各国了。”

郦食其尚未起程，张良从外面回来谒见汉王。汉王当时正在吃饭，说道：“子房，你过来！宾客中有人为我策划了削弱楚国实力的办法。”随即把郦食其的话都告诉了张良，说：“你看怎么样呀？”张良道：“什么人为大王谋划了这个计策？大王统一天下的大业就要完了！”汉王说：“为什么呢？”张良答道：“我请求借用您面前的筷子，来为您指划一下目前的形势：从前商汤、周武王之所以封立夏桀、商纣王的后裔，是因为估量到自己可以掌握他们的生死大权。而如今大王能够决定项羽灭亡的命运吗？这是不可封六国后代的第一个理由。周武王进入殷商的都城，在里门表彰商纣王时的贤人商容的德行，释放了被囚禁的箕子，翻修比干的坟墓。而如今大王能够这样做吗？这是不可封六国后代的第二个理由。周武王曾经发放商纣王巨桥粮仓的粮食，散拨鹿台府库的金钱，以赈济贫苦百姓。如今大王可以这么做吗？这是不可封六国后代的第三个理由。殷商灭亡后，周武王废弃战车，改作乘车，倒置兵器，以向天下人表示不再用兵。如今大王下能这样做吗？这是不可封六国后代的第四个理由。把战马放养在华山的南面，以显示让它们休息不再驱用。如今大王能这么做吗？这是不可封六国后代的第五个理由。将牛放牧到桃林的北面，以表示不再用它们运输粮草辎重。如今大王能这样做吗？这是不可封六国后代的第六个理由。天下远游的士子，所以要远离自己的父母兄弟，抛弃自己祖先的坟墓，离开自己的老友，跟随大王辗转奔波，为的就是得到那日思夜想的一点点封地。假如今天重新封立六国后代，使天下远游之士各自回去事奉他们的君主，伴随他们的父母妻儿，返归他们旧友、祖坟所在的故土，那么，大王还依靠谁去夺取天下呢？这是不可封六国后代的第七个理由。况且，当今只有楚国强大，尚无超过它的，假如复立的六国后代又屈从楚国，那么，大王还怎么使他们臣服于汉呢？这是不可封六国后代的第八个理由。如果真的采用了那位宾客的计策，大王统一天下的大业可不就完了吗？”汉王听了这番话后，饭也不吃了，吐出口中的食物，骂道：“这个书呆子几乎坏了老子的大事！”立即下令赶快销毁那些印玺。

荀悦评论说：确立决定胜负策略的方法，要点有三：一是形，二是势，三是情。所谓“形”，说的是得与失大体上的趋向；所谓“势”，说的是对临时情况灵活应付和对进与退随机应变的形势；所谓“情”，则指的是意志坚定向上还是懈怠的实际心理。所以采用的策略相同，所干的事情相等，而取得的功效却各异，就是由于这三个方法运用得不同的缘故。

当初，张耳、陈馀劝说陈胜借恢复六国，来为自己培植党羽；郦食其也是这样劝说汉王的。之所以劝说的内容相同，得与失却各异，是因为陈胜起事时，天下的人都想要灭亡秦朝；而如今楚、汉的胜、负之分还无定势，天下的人未必都想要项羽覆灭。所以，重立六国的后裔，对陈胜来说，是为自己广植党羽而给秦朝增树强敌。况且陈胜那时并没有能独占天下之地，即所谓把不是自己的东西取来送给别人，行施恩惠之虚名，获得福益之实惠。但重立六国之后，对汉王来说，却是所谓的分割自己拥有的东西去资助敌人，空有虚名而实受祸害。这便是所做的事情相同，可得与失的趋向各异的例子。

谈到宋义劝说项羽，先让秦、赵两国相斗，待秦军疲惫后再乘机攻秦，自己却终被项羽杀了，与卞庄子刺杀老虎时，管竖子劝他等待两虎与牛相搏，双方有伤亡时再乘机刺虎，卞庄子最后果然获得二虎，两次的游说之辞也都相同。但这套说辞，施用在战国时，邻国相互攻打，没有临时情势变化的危急发生，还是可以的。因为战国局面的确立，日子已经很久了，一次战役的胜与败，未必就会决定一个国家的生存和灭亡。那时的进退变化形势决定了一个国家不能够急于使敌国灭亡，而是进可以凭借有利条件，退也能够自保安全，故可以积蓄力量，等待时机，乘敌方精疲力尽，再去进攻。这是可以灵活行事、随机应变的形势所造成的。但今日楚、赵两国起兵抗秦，与秦的地位互不相同，安全与危亡的机会，在呼吸的一瞬间就会发生变化，因此进即能建立功绩，退就将遭受祸殃。这便是事情相同，而灵活应付和随机应变的形势、时机各异的例子。

汉军攻打赵国的战役，韩信率军驻扎在地形不利的水边上，但赵军却无法打败他；彭城遭陷落一仗，汉王也在睢水岸边作战，但士兵却被赶入睢水，楚军大获全胜。这是为什么呢？赵军出国迎战汉军，见到可以打赢就前进，知道难于取胜就后退，怀着关顾自身存亡的心理，毫无出阵拼死一搏的打算；而韩信的军队孤立无援地列阵在水边，士兵背水作战，不进就必死无疑，故将士们都不怀二心，抱定决一胜负的信念。这即是韩信所以能获胜的原因。汉王深入敌国，摆设酒宴盛会宾朋，士兵们享受安逸欢乐，求战心理不稳固；而楚军凭着它的威势却丧失了自己的国都，将士们都义愤填膺，急于挽救败局，无所畏惧地奔向死亡，以决出一时的胜败命运。这便是汉军所以又失败的原因。况且韩信挑选精兵坚守阵地，赵军却用瞻前顾后的士兵去攻打他；项羽选择精兵发动进攻，汉军却用怠惰散漫的将士去对付他。这就是所做的事情相同，而坚定与懈怠的心理各异的例子。

所以说，应事的权宜机变是不能够预先设计的，事态的变化是不能够事先谋划的；随时机的转动而转动，应事物的变化而变化，是制定策略的关键。

（以上为第四段，写汉王刘邦因汉军粮食短缺，与谋臣郦食其谋划如何削弱楚国实力，郦食其提出分封六国后代，培植党羽，给项羽树敌，张良力主不可实行，刘邦立即采纳。荀悦的评论透彻地解析了张良的建议。）

汉王刘邦对陈平说：“天下纷扰混乱，到什么时候才能安定呀？”陈平说：“项王身边刚直不阿的臣子，如亚父范增、钟离眛、龙且、周殷之辈，也不过几个人罢了。大王您如果确能拿出几万斤黄金，施用反间计，离间楚国的君臣关系，使他们内心互相猜疑，而项羽的为人原就猜忌多疑，容易听信谗言，这样一来，他们内部必然会自相残杀，我们即可乘机发兵去攻打他们，如此击败楚军是一定的了。”汉王说：“对啊！”便取出黄金四万斤交给陈平，任凭他自行活动，不过问他使用的情况。

陈平于是用许多黄金雇请间谍到楚军中去进行离间活动，扬言说：“各位将领如钟离眛等人为项王领兵打仗，功劳卓著，但是却终究不能分得一块土地而称王，因此，他们便想与汉军联合起来，借此灭掉项氏，瓜分楚国的土地，各自称王。”项羽果然有所猜忌，不再信任钟离眛等人。

夏季，四月，楚军在荥阳围攻汉王，形势紧急。汉王向项羽请求议和，将荥阳西面的地区划归汉国。但范增却劝项羽火速攻打荥阳，汉王为此忧心忡忡。这时项羽派使者前往汉王处，陈平置备了丰富盛大的宴席，命人端去款待楚国的使者，一见到楚使，就假装惊讶地说：“我还以为是亚父的使者呢，原来竟是项王的使者啊！”随即将酒菜又端了出去，改换粗劣的饭菜送给楚使食用。楚使回国后，把这些情况汇报给了项羽，项羽果然又对范增大加猜疑。范增想要加紧攻下荥阳城，项羽不信任他，不肯听从他的意见。范增听说项羽对他有怀疑，便怒气冲冲地说：“天下事大体上已有定局了，您自己干吧，希望能准许我辞职回家！”于是，范增踏上了归途，还没有到达彭城时，背上毒疮发作，就死去了。

（以上为第五段，写汉王刘邦听从谋士陈平建议，离间项羽君臣关系，钟离眛、范增都受到中伤，特别是范增被逐，疽发背而死，项羽失去主心骨，从此走下坡。）

五月，将军纪信告诉汉王说：“势态紧急！我请求去迷惑一下楚军，您就可以悄悄地溜出荥阳城了。”随即由陈平趁着黑夜把两千多名妇女放出城东门，楚军立刻便从四面围攻这群妇女；纪信于是乘坐汉王的车驾，黄绸车盖、车衡左边的装饰物等一应俱全，驶到楚军前，说：“我军粮食已经吃光了，汉王前来乞降。”楚军都山呼万岁，涌到城东观望。汉王因此得以带领几十骑人马从西门出城逃走，命韩王信与周苛、魏豹、枞公继续把守荥阳。项羽见到纪信后问道：“汉王在哪里呀？”纪信说：“已经出城了。”项羽于是烧死了纪信。周苛、枞公这时相互商议说：“背叛汉国、反复无常的魏豹，很难让人和他一道守城！”随即就杀了魏豹。

汉王出了荥阳，到达成皋，进入函谷关，收集兵马，准备再次东进。辕生劝汉王说：“汉军与楚军已在荥阳相持好几年了，汉军常常陷入困境。现在希望您能从武关出兵，项羽见状必定会领兵南下。而您则修筑深沟高垒，坚守不出战，使荥阳、成皋一线的汉军得到休整；同时，派韩信等人去安抚黄河以北赵地的军民，联合燕、齐两国，然后，您再奔赴荥阳。如此一来，楚军需要多处设防，兵力就会分散，汉军却得到了休整，这样重与楚军交锋，打垮他便是必定无疑的了！”汉王采纳了辕生的计策，出兵到宛、叶一带，并与英布一路上收集兵马。项羽听说汉王在宛，果然领兵南下，汉王却只是坚守营垒，不与楚军接战。

汉王在彭城吃了败仗，军队向西溃退，彭越这时又失去了他原来攻下的所有城镇，便独自率领他的部队向北留驻扎黄河沿岸，经常作为汉军的游击部队往来袭击楚军，断绝楚军后方的粮草供给。同月，彭越渡过睢水，与项声、薛公在下邳交战，打败了楚军，杀掉了薛公。项羽于是派终公守卫成皋，而自己率军向东去攻打彭越。汉王乘机领兵北进，击垮了终公的防军，又在成皋驻扎下来。

六月，项羽已打跑了彭越。听说汉军再次驻军成皋后，项羽就领兵西进，攻下荥阳，生擒了周苛。项羽对周苛说：“你若归降我，我将任命你为上将军，并分给你三万户的封地。”周苛斥骂道：“你不赶快投降汉王，眼看着就要被俘虏了。你绝不是汉王的对手！”项羽便烹杀了周苛，并杀了枞公，俘获了韩王信，随即包围了成皋。汉王刘邦逃跑，只身与滕公夏侯婴共乘一辆车子出成皋城的玉门，往北渡过黄河，投宿在小修武驿站的客舍中。

次日清晨，汉王自称是汉国的使者，奔驰进入赵军营地。这时，张耳、韩信还没有起床。汉王闯入他们的卧室，夺走他们的印信兵符，用指挥旗召集众将领们，调换了众将的职位。韩信、张耳起床后才知道汉王来了，大吃一惊。汉王就夺了两人手下的军队，即命张耳去巡行收集兵员，守备赵地；授予韩信相国的职位，让他集结赵国尚未征发的部队去攻打齐国。汉军将领们陆陆续续地从成皋逃出，继续追随汉王。楚军于是便攻下了成皋，接着又打算西进。汉王即派兵在巩县抵御楚军，使他无法西进。

（以上为第六段，写项羽围困刘邦于荥阳，形势危急；纪信假扮刘邦投降，刘邦逃脱；刘邦驰入韩信军帐，接管了他的军队。）

秋季，七月，有异星出现于大角星旁。

临江王共敖去世，他的儿子共尉继位。

汉王得到韩信的军队后，士气再次大振。八月，领兵来到黄河岸边，向南驻扎在小修武，想要与楚军再战。郎中郑忠劝阻汉王，让他高筑营垒、深挖壕沟，不要与楚军交锋。汉王听从了他的计策，派将军刘贾、卢绾率领步兵两万人、骑兵几百人，渡过白马津，进入楚地，协助彭越，烧毁楚国积聚的粮草辎重，以破坏楚国的后备基础，使它无法再给前方项羽的军队供给粮草。楚军进攻刘贾，刘贾总是坚守营垒不肯与楚军接战，而与彭越相互呼应救援。

彭越攻夺故梁国的土地，攻下了睢阳、外黄等十七个城邑。

九月，项羽对大司马曹咎说：“谨慎地把守成皋！即使汉军要来挑战，你也千万不可应战，只须不让他东进就行了。我十五天之内必能平定梁地，再与你汇合到一起。”项羽随即领兵向东进发，攻打陈留、外黄、睢阳等城，都攻下了。

汉王想放弃成皋以东地区，驻扎到巩县、洛阳，以抗拒楚军的西进。郦食其说道：“我听说：‘懂得民以食为天这一道理的人，帝王的事业可以成功。’治理天下的国君把百姓当作天，而百姓则把粮食当作天。敖仓作为天下转运粮食的集散地已经很久了，我听说那里贮藏的粮食非常之多。现在楚军攻下荥阳，竟然不坚守敖仓，而却领兵东去，只派些因获罪被罚充军的兵士分守成皋，这真是上天对汉军的帮助啊！目前，楚军容易攻取，汉军反倒退却，自己贻误有利战机，我私下里认为这是个过错！而且两雄不可并立，楚、汉长久地相持不下，使得海内动荡不定，农夫放下农具停止耕作，织女离开织机不再纺纱织布，普天之下民心惶惶没有归属。因此，希望您赶快再度进兵，收复荥阳，占有敖仓的粮食，扼守住成皋的险要，断绝太行的通道，在蜚狐隘口设防抵抗，把守白马津，向诸侯显示汉军已占据有利地形能够克敌制胜的态势，这么一来，天下人便都知道自己的归向了。”汉王接受了郦食其的建议，随即又去谋取敖仓。

郦食其于是又劝说汉王道：“目前，燕国和赵国都已平定，只有齐国尚未攻下。而今齐国的田氏宗族势力强大，以东海、泰山为依靠，黄河、济水为屏障，南面临近楚国，百姓多狡诈善变，您即使派遣几万人的军队去攻打，也无法在一年或数月的短时间内攻下。为此，我请求准许我奉您的命令，前去游说齐王田广，使他归顺汉国，自称作汉国东面的藩属。”汉王说：“好！”

汉王即派郦食其去劝说齐王道：“大王，您可知道天下的人心所向吗？”齐王说：“不知道啊。天下人都归向哪里呀？”郦食其说：“归向汉王！”齐王说：“您为什么这样说呢？”郦食其说：“是汉王率先攻入咸阳的，但项羽却背弃先前的盟约，让汉王到汉中去作王。项羽随后又迁徙并杀害了义帝。汉王闻讯，即调动蜀、汉的军队攻打三秦，出函谷关，责问义帝的下落。同时，收集天下的兵员，扶立诸侯的后裔，降服了城邑就把它们封给有功的将领作侯王，获得了财物就把它们封赐给手下的士兵，与天下人同享利益。因此，豪杰英雄和贤能才士都乐意为汉王驱使。而项羽有违约背信的恶名以及杀害义帝忘恩负义的罪责，并且对将士的功劳毫不记在心中，对其过失却总是耿耿于怀；将士打了胜仗得不到奖赏，攻陷了城镇得不到赐封，不是项姓的人就没有谁能够当权主事，致使天下人都反叛他，贤能才士都怨恨他，无人愿意为他效力。所以，天下大业将归属汉王，是可以坐着就算定的了！汉王从蜀、汉出兵，平定三秦，渡过西河，打垮北魏，出井陉，杀成安君陈馀，这些并不是靠人的力量，而是仰赖上天降下的洪福啊！现在，汉军已经占有了敖仓的粮食，扼守了成皋的险要，控制了白马津，断绝了太行的山路，设防在蜚狐隘口。依此形势，天下诸侯后来归服的当会先遭覆灭的命运了。大王您若抢先降服汉王，齐国便可以得到保全，否则的话，危亡的结局片刻就会到来！”

在此之前，齐国听说韩信将要领兵东进，即派华无伤、田解率重兵驻扎在历下，以抵御汉军。待到齐王采纳了郦食其的建议，派使者与汉王媾和后，齐王便解除了历下城的战备防守，与郦食其天天纵情地饮酒作乐。

这时，韩信领兵东来，尚未从平原津渡过黄河，就听说郦食其已经劝说齐国归降了，便想停止前进。辩士蒯彻劝韩信说："您受汉王命令攻打齐国，而汉王只不过是另派密使去劝降齐国，难道又发出了命令，令将军您停止进攻了吗？您怎么能不继续前进了呢？况且，郦食其这个人，不过是个说客，俯身在车前的横木上，驶入齐国去鼓弄他的三寸不烂之舌，凭此便降服了齐国七十多个城池；而您统率着几万人马，历时一年多才攻下赵国的五十多座城池。这样看来，您做大将军几年，反倒不如一个书呆子的功劳大了！”韩信因此同意了蒯彻的意见，即率军渡过黄河。

（以上为第七段，着重写汉王刘邦得到韩信的军队，士气重又大振；接受郦食其的建议，谋取敖仓；协助彭越，烧毁楚国积聚的粮草，破坏楚国的后勤基地；派郦食其出使齐国，凭轼下东藩，降下齐国七十城。）

汉高帝四年（戊戌，公元前 203 年）

冬季，十月，韩信打败了齐国的历下守军，随后一直打到齐国的都城临淄。齐王田广认为郦食其出卖了自己，就烹杀了他。然后领兵向东逃往高密，派使者到楚国去请求救援。田横这时逃奔博阳，守相田光逃奔城阳，将军田既驻扎在胶东。

楚国大司马曹咎驻守成皋，汉军屡次挑战，楚军只是坚守不出。汉军于是派人到阵前百般辱骂曹咎，一连几天，激得曹咎暴怒，即领兵横渡汜水。楚国的士兵刚渡过一半，汉军就对它发起攻击，大败楚军，缴获了楚国的全部金银玉器和财物。曹咎和长史司马欣都在汜水之畔自杀身亡。汉王随即领兵渡过黄河，再次收复成皋，驻扎到广武，取用敖仓的粮食作军粮。

项羽攻下了梁地十多个城邑后，听说成皋又被攻破，就率军返回。这时，汉军正在荥阳东面围攻钟离昧，听说项羽大军到了，就全部撤往险要的地方。项羽也在广武驻扎下来，与汉军对峙。这样过了几个月，楚军粮食短缺。项羽很是担忧，便架设肉案，把刘邦的父亲放到上面，通告汉王刘邦说："今日你如不赶快投降，我就烹杀了太公！"汉王说："我曾与你一起面向北作为臣子接受楚怀王的命令，盟誓结为兄弟，因此，我的父亲就犹如你的父亲。假如你一定要煮杀你的父亲，那么望你也分给我一杯肉羹！"项羽怒不可遏，想要杀掉太公。项伯说："天下的事情不可预料。况且有志争夺天下的人是不顾及自己家人的，即使杀了太公也没什么好处，不过徒增祸患罢了！"项羽依从了他的话。

项羽对汉王刘邦说："天下沸沸扬扬地闹腾了好几年了，只是由于我们两个人相持不下的缘故。现在我愿意向你挑战，一决雌雄，不要再让天下的老百姓白白地忍受煎熬了！”汉王笑着推辞说：“我宁肯斗智，不肯斗力。”项羽便连着三次命楚军壮士出阵挑战，但次次都被汉营中善于骑射的楼烦射杀了。项羽因此勃然大怒，就亲自披甲持戟上阵挑战。楼烦又想要射项羽，项羽这时愤怒地瞪着大眼厉声喝斥，使楼烦双眼不敢直视项羽的目光，双手不敢张弓发箭，随即奔回营垒，不敢再露面了。汉王派人悄悄地探听那挑战者是谁，才知道竟是项羽本人，为此大吃一惊。

这时的项羽便靠近汉王，相互隔着广武涧对话。项羽想要单独向汉王挑战。汉王历数项羽的罪状说：“你项羽违背先约，封我到蜀、汉为王，这是第一条罪状；假托怀王的命令，杀害卿子冠军宋义，是第二条罪状；救赵之后不回报怀王，竟擅自胁迫诸侯军入关，是第三条罪状；焚烧秦朝宫室，掘毁秦始皇陵墓，盗取财物据为私有，是第四条罪状；诛杀已经归降的秦王子婴，是第五条罪状；采用欺诈手段，在新安活埋了已经归顺的二十万秦兵，是第六条罪状；把好的地方封给各将领，却迁徙放逐原来的诸侯王，是第七条罪状；将义帝逐出彭城，自己在那里建都，侵夺韩王的封地，并在梁、楚之地称王称霸，竭力扩充自己的地盘，是第八条罪状；派人到江南杀了义帝，是第九条罪状；执政不公平，主持盟约不守信义，为天下所不容，实属大逆不道，是第十条罪状。如今我率领正义的军队随各诸侯一起征讨你这残虐的贼子，只须让那些受过刑罚的罪犯来攻打你就行了，又何苦要与你单独挑战呢？”

项羽闻言大怒，用暗伏的弩箭射中了汉王。汉王胸部负伤，却摸着脚说：“这贼子射中我的脚趾了！”汉王因受创伤而卧床休息，张良却坚持请他起身去军中抚慰将士，以安定军心，不要让楚军乘势取胜。汉王于是出去巡视军营，但终因伤势加重，而赶赴成皋养伤。

（以上为第八段，写汉大将军韩信攻下齐国；汉王刘邦乘胜收复成皋，驻扎广武，取用敖仓粮食；战线东移，楚汉两军对峙广武。项羽要单挑刘邦，刘邦宁肯斗智，不肯斗力，数说项羽十大罪状，项羽暗箭射伤刘邦。）

韩信已经平定了临淄，即向东追击齐王田广。项羽派龙且领兵，号称二十万大军，前来援救齐国，在高密与齐王的军队会师。

宾客中有人劝说龙且道：“汉军远离本土，拼死战斗，它的锋芒锐不可当。而齐、楚两军在自己的家门口作战，士兵容易逃散。因此不如修筑深沟高垒固守，让齐王派遣他的心腹大臣去收复已经丢失的城邑。已丧汉军之手的城邑听说自己的君王还健在、楚军前来救援时，必定都会反叛汉军。汉军客居在远离本土两千里的齐地，如果齐国的城邑全起来反叛它，汉军势必无处取得粮草，这样就可以不战而使他们投降了。”龙且说：“我一向了解韩信的为人，容易对付得很！他曾经依赖漂洗丝绵的老太太分给他饭吃，毫无自己养活自己的办法；还曾蒙受从人胯下爬过去的耻辱，毫无胜过他人的勇气。这样的人实在不值得害怕。况且，现在援救齐国，不打一仗便使汉军主动投降，我还有什么功劳可谈啊！如今与他交锋而战胜了他，半个齐国就可以归我了。”

十一月，齐、楚两国的军队隔着潍水摆开阵势。韩信命人连夜赶做了一万多个袋子，装满沙土，堵住潍水的上游，然后，率领一半部队渡河去袭击龙且，随即假装战败，往回奔逃。龙且果然高兴地说：“我本来就知道韩信胆小如鼠嘛！”于是，渡潍水追击韩信。韩信立即派人挖开堵塞在潍水上游的沙袋，大水立刻奔泻而下，龙且的军队因此大部分没能渡过河去。韩信迅速组织反击，杀了龙且，阻留在潍水东岸的楚军四散奔逃，齐王田广也逃走了。韩信随即追逐败兵到了城阳，俘获了田广。汉军将领灌婴这时追击捉住了齐国守相田光，进军到博阳。田横听说齐王田广已死，就自立为齐王，回头迎击灌婴的队伍，灌婴在嬴城下打败了田横的军队。田横逃往梁地，归顺了彭越。灌婴接着又进军到千乘，攻打齐将田吸，曹参则在胶东进攻田既，将田吸、田既都杀掉了，全部平定了齐地。

汉王立张耳为赵王。

汉王箭伤痊愈后，西入函谷关。抵达栎阳时，斩杀过去的塞王司马欣，在栎阳街市中悬首示众。逗留栎阳四天后，汉王重返汉军，驻扎在广武。

韩信派人向汉王上书说：“齐国伪诈多变，是个反复无常的国家，而且它的南边又临近楚国。请让我暂时代理齐王去镇抚齐国。”汉王打开书信一看，就大发雷霆，骂道：“我被困在这里，朝思暮想地盼你来协助我，你却想要自立为王！”张良、陈平连忙暗踩汉王的脚，接着就凑到他的耳边低声说：“汉军目前正处在不利的形势中，哪能禁止韩信擅自称王啊！倒不如就趁势立他为王，好好地对待他，让他自行镇守齐国。不然的话，就可能会发生兵变。”汉王这时也醒悟过来，乘机又改口骂道：“大丈夫平定了诸侯国，要做就做正式的君王，何必要当个代理国王呢！”

春季，二月，汉王即派张良带着印信去封韩信为齐王，并征调他的部队去攻打楚军。

（以上为第九段，写韩信平定了齐国都城临淄后，向东追击齐王田广；项羽派龙且率领大军前去援救，两军在潍水大战，韩信取得全胜；而后向汉王刘邦请求封为代理齐王，刘邦不得已而允之，韩信自己种下杀身之祸。）

项羽听说龙且已死，非常害怕，立刻派遣盱眙人武涉去游说齐王韩信，说：“天下人同受秦朝暴政的苦累已经很久了，因此，同心协力攻打秦朝。秦朝灭亡后，诸侯军将领按照功劳大小，划分土地，分封为王，使士兵得到休整。而今汉王又兴兵东进，侵犯人家的王位，掠夺人家的封地，已经攻陷了三秦，还要再领兵出函谷关，收集诸侯的军队向东去攻打楚国，他的心意是不吞并天下誓不罢休，贪得无厌竟然到了如此过分的地步！况且，汉王是靠不住的，他好几次身落项王的掌握之中，项王因为可怜他而留给他活路，但是他一脱身就背弃盟约，重新攻打项王，不可亲近信赖竟也到了这种地步。现在，您虽然自以为与汉王交情深厚，替他竭尽全力地用兵打仗，但是最终还是要被他拿下的。您之所以能苟延至今，就是由于项王还存在的缘故啊！目前，楚、汉二王成败之事，关键就在您了。您向西依附汉王，汉王就能获胜；向东投靠项王，项王就能成功。假如项王今日遭到覆灭，那么接着就轮到您要灭亡了。您和项王曾经有过交情，为什么不反叛汉国来与楚国联合，三家瓜分天下，各自立为王呢？现在，您放过这个良机，下决心投靠汉王来进攻楚国，作为智者难道原本就是这个样子的吗？”

韩信辞谢说：“我事奉项王的时候，官职不过是个郎中，地位不过是个持戟的卫士，所说的话项王不听，所献的计策项王不用，为此，我才背叛楚国归顺汉国。而汉王则授给我上将军的官印，拨给我几万人马，脱下他的衣服让我穿，推过他的食物让我吃，并且对我言听计从，所以我才能达到今天这个地位。人家如此亲近、信任我，我背叛人家是不吉利的。我即使死了也不会改变跟定汉王的主意！望您替我向项王致歉。”

武涉走了后，蒯彻知道天下胜负大势就取决于韩信，便用看相人的说法劝说韩信道：“我相您的面，不过是封个侯，而且又危险，又不安全；相您的背，却是高贵得无法言表。”韩信说：“这是什么意思呀？”

蒯彻说：“天下开始兴兵抗秦的时候，所担忧的只是能否灭亡秦朝罢了。而如今楚、汉纷争，连年战火，使天下的百姓肝脑涂地，横遭惨死，父子老少的尸骨暴露在荒郊野外，数也数不清。楚国人从彭城起兵，辗转作战，追逃逐败，乘着胜利势如卷席，威震天下。然而，士兵困在京县、索城一带，被阻在成皋西面的山地中无法前进，于今已经三年了。汉王率领十万大军，在巩县、洛阳一带抵御楚军，凭借山河地形的险要，一天之内打几次仗，却无法取得一点点功绩，而是受挫败逃，难以自救。这就叫作智者、勇者都已困窘不堪了。百姓被折腾得精疲力尽，怨声载道，民心无所归倚。据我所料，这种形势如果没有天下各国的圣贤出面，天下的祸乱就必定无法平息。目前，楚、汉二王的命运就牵系在您的手中，您为汉王效力，汉国就会获胜；您为楚王助威，楚国就会取胜。若您真肯听从我的计策，那就不如让楚、汉都不受损害，并存下去，您与他们三分天下，鼎足而立。这种形势一旦构成，便没有谁敢先行举手投足了。再凭着您的圣德贤才和拥兵众多，占据强大的齐国，迫令赵、燕两国顺从，出击刘、项兵力薄弱的地区以牵制住他们的后方，顺应百姓的意愿，向西去制止楚汉纷争，为百姓请求解除疾苦、保全生命。这样，天下的人便会闻风响应您，哪里还有谁胆敢不听从号令！然后，您就分割大国，削弱强国，以封立诸侯。诸侯已被扶立起来，天下的人便将顺从，并把功德归给齐国。您随即盘踞齐国原有的领地，控制住胶河、泗水流域，同时恭敬谦逊地对待各诸侯国，天下的各国君王就会相继前来朝拜齐国表示归顺了。我听说：'上天的赐予如不接受，反而会受到上天的惩罚；时机到来如不行动，反而会遭受贻误良机的灾祸。'因此，望您能对这件事情仔细斟酌！"韩信说："汉王对我非常优待，我怎么能因贪图私利而忘恩负义啊！"

蒯彻说："当初，常山王张耳和成安君陈馀还是平民百姓的时候，彼此就结成了生死之交，待后来为张黡、陈泽的事发生争执构怨颇深时，常山王终于在泜水南面杀掉了成安君，使成安君落了个头脚分家的结局。这二人相互交往时，感情是天下最深厚的，但最终却彼此捕杀对方，这是为什么呢？是由于祸患从无止境的欲望中产生，而这欲望使得人心难以预料啊！现在，您想要凭忠诚和信义与汉王交往，但你们两人的友好关系肯定不会比常山王、成安君二人的友情牢固，而且你们之间所涉及的事情又多比张黡、陈泽类的事件大，故此，我认为您坚信汉王绝不会危害您，也是大错特错的了！大夫文种保住了濒临灭亡的越国，使勾践称霸于诸侯国，但他自己功成名就却身遭杀害，犹如野兽捕尽，猎狗即被煮杀一样。从结交朋友的角度来说，您与汉王的交情不如张耳和陈馀的交情深；从忠诚信义的角度说，您对汉王的忠信又比不过文种对勾践的忠信。这两点已经足够供您观察反思的了，望您能深深地考虑。况且，我听说：'勇敢和谋略过人，令君王为之震动的人，自身会遇危险；功勋卓著，雄冠天下的人，则无法得到封赏。'如今您拥有震撼君王的威势，挟持无法封赏的伟绩，归依楚国，楚国人不会信任您；归附汉国，汉国人将因您而震惊恐惧。那么，您带着这样的威势和功绩，想要到哪里去安身呢？"韩信推辞说："您先别说了，我将考虑一下这件事。"

过了几天，蒯彻又劝韩信说："善于听取意见，就能够预见到事情发生的征兆；善于谋划思索，就能够把握住事情成败的关键。不善于听取意见、思考问题而能长久地维持安全的人，天下少有！所以，为人明智坚定，抉择事情时就会果断；为人犹疑多虑，处理事情时就会招来危害。一味在极其微小的枝节末梢问题上精打细算，往往遗漏掉那些关系国家生死存亡的大事，智慧足以预知事情应该如何去做，做出了决定却又不敢去执行，就会为一切事情埋下祸根。功业难得成功而容易失败，时机难以把握却容易贻误。时机啊时机，失去了就不会再回来！"

但是，韩信仍然犹豫不决，不忍心背叛汉王；而且又自认为功劳多，汉王终究不会夺走自己手中的齐国，于是就谢绝了蒯彻。蒯彻随即离去，假装疯癫，做了巫师。

（以上为第十段，写齐王韩信打败了项羽的干将龙且，项羽非常害怕，坐不住了，立刻派盱眙人武涉去游说韩信，劝韩信背弃汉王刘邦，三分天下，各自为王；

范阳人蒯彻也是如此劝说，被韩信坚决地回绝了。）

秋季，七月，汉王刘邦立英布为淮南王。

八月，北方的貉族人和燕人派勇猛的骑兵前来协助汉军。

汉王下令：凡军士在战争中不幸死亡的，官吏要为他们用衣被棺木殓尸，并转送回死者家中。此令一施行，四面八方的人都心甘情愿地来归附汉王了。

这一年，汉王任命中尉周昌为御史大夫。周昌，是周苛的堂弟。

项羽自己明白楚军颇为缺乏援助力量，而且军粮已经全部吃完，韩信又在进军攻打楚军，为此十分忧虑。汉王这时派侯公前来劝说项羽，请求接汉王的父亲太公回去。项羽于是就同汉王定下条约：二人平分天下，以战国时魏惠王所开的名为"鸿沟"的运河为界，鸿沟以西划归汉王，鸿沟以东划归楚王。

九月，楚军将太公、汉王王后吕雉送归汉王，项羽随即领兵解阵而东行归去。汉王于是也想西行回国，张良、陈平便劝他道："汉国已经得到了大半个天下，诸侯又都来归附，楚军却兵疲粮尽，这正是上天让我们灭亡楚国的大好时机啊。如今放走楚军而不去追击，这就叫作'饲养猛虎，给自己留下后患'啊！"汉王接受了他们的意见。

（以上为第十一段，写在楚汉相争中，项羽兵疲粮尽，刘邦由弱转强，项羽与汉王刘邦约定，双方以鸿沟为界，平分天下，项羽解兵东去，刘邦也想西行回国，而张良、陈平劝说刘邦乘势追击楚军，灭亡楚国。）

【点评】

论食其"下齐"与韩信"攻齐"的是与非。在楚汉相争的第四个年头，即公元前 203 年，在汉国一方发生了一件怪事，即谋士郦食其逞其口舌，下齐七十余城，被诗人称为"凭轼下东藩，下齐七十城"；而后，韩信又率领大军灭了齐国。这有些令人不可思议，历来论说纷纭，莫衷一是。而对此究竟做何评价？

这首当其冲的是，我们要弄清事情的原委。话从刘邦兵败彭城说起，当时的形势对刘邦非常不利，几次差点丢了性命，魏王豹原来投靠刘邦，看刘邦不行了，就以探视母病为由回到封国，而后封锁河关，叛汉与楚约和。刘邦派郦食其游说魏豹没有效果，便任命韩信为左丞相，率兵攻打魏国，开辟侧翼战场，用以声援正面战场。韩信从夏阳以木盆、木桶代船渡河，袭击魏都安邑，获得大胜，俘虏魏豹，平定了魏国。接着，又破赵下燕，平定了河北。此时刘邦的荥阳正面战场非常狼狈，用"金蝉脱壳"之计，逃出项羽的包围圈，单骑与夏侯婴跑到修武，径直进入韩信军中，夺取了他的印信兵符，调兵遣将，任命韩信为相国，收集没有调到荥阳的赵兵去攻打齐国。韩信大惊失色，只有唯命是从。

而刘邦做了这样的部署，又听从了谋士郦食其的建议，游说齐国。郦食其凭着他三寸口舌，果真说动齐王降汉，撤除了历下的兵守战备，天天和郦食其一起纵酒作乐。

当韩信听到这一消息后，非常困惑，一方面是刘邦下达的作战命令，要攻打齐国；一方面是郦食其已经说服了齐国，无需再攻打了，非常为难。这时，范阳辩士蒯彻劝说韩信道："将军奉命攻打齐国，而汉王只不过派密使说服齐国归顺，难道有命令叫您停止进攻吗？况且，郦生不过是个说客，凭三寸之舌就降服了齐国七十多个城邑，将军统帅几万人马，一年多时间才攻占了赵国五十多个城邑，一个将军反倒不如一个儒生的功劳吗？"于是，韩信听从蒯彻意见，率兵渡河击齐，齐王田广认为自己被骗，于是就烹杀郦食其。韩信一举攻下齐国，杀掉齐王田广，而后有潍水之战、称王齐国等史事。

对此，如何评价？王夫之《读通鉴论》评道："郦生说下齐，齐已受命，而汉东北之虑纾，项羽右臂之援绝矣。乃韩信一启贪功之心，从蒯彻之说，疾击已降，而郦生烹；历下之军，喋血盈野，诸田卒以殄其宗。惨矣哉！贪功之念发于隐微，而血已漂橹也。"唐代诗人李白《梁甫吟》写道："君不见高阳酒徒起草中，长揖山东隆准公。入门不拜骋雄辩，两女辍洗来趋风。东下齐城七十二，指挥楚汉如旋蓬。"后来，有人为这几句诗续写道："不料韩信不听话，十万大军下历城。齐王火冒三千丈，抓了酒徒付鼎烹。"这是两种典型的评论，一说韩信"贪功"，一说韩信"不听话"，似乎过错都在韩信一方，这样的评论，妥当吗？郦食其游说齐国，齐国投汉，韩信又再去攻打，灭掉齐国，虽然两者都取得了成功，但这在道义上则说不通，结果郦食其被烹杀，韩信被认为"贪功"、"不听话"，那么，问题的根源到底出在哪里呢？

这难道是郦食其错了吗？不是。郦食其向刘邦提出建议，得到刘邦的同意才去游说齐王，这正显示了郦食其的谋划能力和游说能力。通观郦食其投汉后的所作所为，他在刘邦西进，兵临陈留，而前途未卜时投奔过去，用计攻克陈留，使刘邦得到大批军粮。而后，郦食其常常担任说客，以使臣的身份奔走于诸侯之间，多有建树。后人评说道："在汉朝的开国谋士中，郦食其纵酒使气，疏阔狂放，跟刘邦很对脾气，不仅富于谋略，而且敢作敢为，勇于冒险，以非凡的政治远见和卓越的军事见解，为刘邦成就大业做出了无可替代的贡献。"而郦食其积极进取，冒险说齐，而被齐王烹死，不仅是个人的悲剧，也是汉国的一个重大损失。

这难道是韩信错了吗？也不尽然。刘邦对韩信下达了攻打齐国的命令，韩信正整装待发，而这时听到了郦食其说下齐国的事情，他颇感意外，有些犹豫不决，一下子不知道该怎么办了，总觉得好像是嘴里吃了个苍蝇，有说不出的滋味。是进吧，齐国已同意投降了，齐国已下，无需再费力劳神，而这功劳就不是自己的了；退吧，他并没有接到刘邦下达停止攻打齐国的命令，似乎也不太对劲。权衡再三，他从思想上有些偏向于退军了，后来在蒯彻的劝说下，他也认识到刘邦在其中耍了花招，更觉得郦食其的功劳里有很大一部分应属于他，他是郦食其劝降工作的军事后盾，可现在一切都好像与他无关似的，心有不甘。正好，现在是攻齐的最好时机，田横、田广正和郦食其纵酒作乐，对他疏于戒备，这使攻齐变得容易很多。因此，他才下了决心，攻打齐国。可以说，韩信的攻齐行动，即使有贪功之念，也是无可非议的，当然，这样所付出的代价，是有点大了。如果再换一下思路，就是韩信根据已经变化的新的形势，再向汉王刘邦请示，是否继续攻打齐国？按照刘邦的新的决定行事，这样，虽然在时间上要拖延一些，但韩信的行为不会有半点非议，可以说是非常完美的，不会再被人说成"贪功"了。至于说韩信"不听话"，则史无所据。既然刘邦没有下达停止攻打齐国的命令，韩信就不存在"不听话"的问题。

那么问题出在哪里呢，这难道是刘邦错了吗？确实是。刘邦对这一举动要负主要责任。可以看出，刘邦在其中耍了一个阴谋。他口头上答应了郦食其的建议，前来劝降，但在他的心中还是愿意韩信为他把齐国用兵力彻底平定下来，以达到一劳永逸的目的。所以，刘邦并没有把郦食其前去齐国劝降的事情通知韩信；郦食其劝降齐国之后，刘邦也没有命令韩信停止对齐国用兵。这样，他不对任何人说明意图，而让韩信、郦食其各行其是，而韩信、郦食其只能按照他的想法去做，这样，出了问题，当然是他要兜住啊！因此，对于郦食其的说齐与韩信的破齐，使汉国失信于天下，要谴责的是刘邦，而不是韩信，更不是郦食其！

话又说回来，这也许是刘邦的高明之处，如果韩信不去攻打齐国，虽然齐国被说服，难免将来不会有反复，如果再倒向项羽，对刘邦将是重大的打击。而韩信破齐，一了百了，要比郦食其说齐投汉的结果要痛快得多。这样使项羽成了孤家寡人，完全失去了同盟力量，只能完全靠自己的力量去应付势力渐长的汉军向他们发起的攻势，使楚汉斗争的优势明显地倾向了刘邦一边。韩信这样做，或许也正中刘邦下怀。这样的结果，牺牲了郦食其，刘邦完全可以说是非他本意，而把责任推给韩信，让韩信充当替罪羊。其实，这也是刘邦的一贯做法，只看结果，不问过程，为了达到目的，不惜采用各种手段。但这样的做法，有失妥当矣，可以叫政治老到，也可以叫政治不诚信。

资治通鉴（白话本） 卷第十一

汉纪三

汉高帝五年至七年（公元前202—前200）

【起屠维大渊献（己亥，公元前202年），尽重光赤奋若（辛丑，公元前200年），凡三年】

【大事提要】

本卷记事起公元前202年，讫公元前200年，凡三年，当为汉高帝五年至七年。本卷所载的大事，主要是以下几个方面：其一，项羽败亡。号称“西楚霸王”的项羽主持分封后，汉王刘邦从汉中出兵进攻，项羽与其展开了历时四年的楚汉战争，其间也曾大破刘邦，但没有固定的后方补给，又猜疑亚父范增，最后反被刘邦消灭。公元前202年，项羽兵败垓下，突围至乌江边，自刎而死。其二，刘邦建汉。消灭暴秦后，刘邦被封为汉王。后从汉中出兵，与项羽争夺天下。他善于用人，善于采纳谋臣意见，充分发挥部下才能，并注意联合各地反对项羽的力量，终于反败为胜。公元前202年，刘邦于定陶即皇帝位，建立汉朝，定都长安，史称“西汉”。其三，定都关中。刘邦听从娄敬的建议，将都城从洛阳迁到长安。娄敬认为汉朝不应该像周朝那样以洛阳为都城，应该到关中定都。这样，在秦地固守险地，国家才能长治久安。张良同意娄敬的建议，刘邦恍然大悟，很快将都城迁到了长安。其四，论功行赏。刘邦夺取天下，认为是重用了萧何、张良、韩信三位“人杰”。定萧何为首功，封其为酂侯，食邑最多，又把萧何的位次排为第一；拟封给张良三万户，张良只选择了留地；又听从张良建议，将平时最为痛恨的雍齿封为什方侯，以安众将士之心。其五，剪灭异姓王。刘邦建国后，吸取秦亡教训，也为了安抚异姓功臣，分封了八个异姓王，即张敖为赵王，英布为淮南王，臧荼为燕王，韩信为楚王，彭越为梁王，韩襄王后代为韩王，吴芮为长沙王，后消灭臧荼，封卢绾代臧荼为燕王。为了巩固皇权，刘邦政权稳固后，对异姓王陆续予以剪灭。

太祖高皇帝中

汉高帝五年（己亥，公元前202年）

冬季，十月，汉王刘邦追击项羽到达固陵，与齐王韩信、魏国相国彭越约定日期合击楚军。但是，韩信、彭越的军队没有来，楚军攻打汉军，大败了汉军。汉王于是重又坚固营垒，加强防守，并对张良说："诸侯不遵守信约，怎么办呢？"张良回答说："楚军即将被打败，而韩信、彭越二人没有分得确定的领地，因此，他们没有应约前来会合，是有道理的。大王您如果能与他们一起共分天下，就可以立即把他们召来。齐王韩信的封立，并不是您的本意，韩信自己也不放心。彭越本来平定了梁地，当初您为了魏豹的缘故，封彭越为魏国相国。而今魏豹已死，彭越也想自己称王，但您却不早做决定。现在，您可以把从睢阳以北到谷城的地区都封给彭越，把从陈县以东到沿海地区的区域都划给韩信。韩信的家乡在楚地，他的意思也是想要重新得到自己故乡的土地。您如果能拿出以上地区许给他们两人，让他们各自为自己的利益而战，那么，楚国就很容易被攻破了。"汉王听从了这一建议。于是，韩信、彭越都率军前来。

十一月，汉王的堂兄刘贾南渡淮河，包围了寿春，派人去诱降楚国的大司马周殷。周殷即反叛楚国，用舒地的兵力屠灭了六地，并调发九江的部队迎接英布，一同去屠灭了城父，接着便随同刘贾等人一齐会合。

十二月，项羽到了垓下，兵少粮尽，与汉军交战未能取胜，便退入营垒固守。这时，汉军和诸侯的军队将项羽的军营重重包围起来。项羽在晚上听到汉军在四面都唱起楚歌，就大惊道："汉军已经全部得到楚国的土地了吗？要不然楚人哪会有这么多呀！"便连夜起身，在帐中饮酒，慷慨悲歌，泪下数行，侍从人员见状也都纷纷哭泣，全不忍心抬头观看。项羽于是骑上他的名叫"骓"的骏马，部下的壮士骑马相随的有八百多人，当夜即突围，往南奔驰。天大亮时，汉军才发觉，便命令骑将灌婴率领五千名骑兵追赶。项羽渡过淮河，相随的骑兵能跟得上他的才一百多人。到达阴陵后，项羽一行人迷了路，就向一个农夫问路，农夫骗他说"往左"。项羽等往左走，却陷进了大沼泽地中。汉军因此便追上了他们。

项羽于是又领兵向东奔去，到达东城，相随的只有二十八个骑兵了。而这时，汉军骑兵追逐前来的有好几千人。项羽自己料想是不能脱身了，便对他的骑兵们说："我从起兵到现在，已经八年了，身经七十多次战斗，没有失败过，这才称霸于天下。但是，我今天终于被困在这里，这是上天要灭亡我啊，并不是我用兵有什么过错！今天，一定要一决生死，愿为你们痛痛快快地打一仗，一定要突破重围，斩杀敌将，砍倒汉旗，接连三次取胜，让你们知道是天要亡我，而不是我用兵的过错。"

随即，项羽把他的人马分为四队，向四个方向冲杀。但汉军已将他们重重包围。项羽便对他的骑兵们说："看我为你们斩杀他一员将领！"就命令骑兵们从四面奔驰而下，约定在山的东边分三处会合。接着，项羽便大声呼喝着策马飞奔而下，汉军随即都溃败散乱，项羽就斩杀了一员汉将。这时，郎中骑杨喜追击项羽，项羽瞪着双眼厉声呵叱他，杨喜人马都受到惊吓，退避了好几里地。项羽便与他的骑兵们分三处相会合，汉军不知道项羽究竟在哪里，于是，分兵三路，重又把他们包围了起来。项羽随即奔驰冲杀，又斩杀了汉军的一名都尉，杀掉了汉军百十来人，重新聚拢了他的骑兵，至此不过仅损失了两名骑士罢了。项羽就对他的骑兵们说："怎么样啊？"骑兵们都敬服地说："正像大王您所说的一样！"

（以上为第一段，写刘邦会同韩信、彭越围攻项羽，项羽垓下战败，弃军突围，以图东山再起。项羽到达东城，只剩二十八骑，败亡已成定局，项羽认为是上天要灭亡他，不肯服输，要痛痛快快地打一仗向天抗议。）

这时，项羽就想东渡乌江，乌江亭长把船停泊在岸边等着他，并对项羽说："江东虽然狭小，土地方圆千里，民众几十万人，却也足够称王的了。望大王您火速渡江！现在只有我有船，汉军到来，无船渡江。"项羽笑着说："上天要灭亡我，我还要渡江做什么呀！况且，我与江东子弟八千人渡江西征，而今没有一个人归还，纵使江东父老怜而爱我，仍然以我为王，我又有什么脸面去见他们呢？即便他们不说什么，难道我就不感到心中有愧吗？"

于是，项羽就把自己所骑的乌骓骏马送给了亭长，命令他的骑兵都下马步行，手持短兵器与汉军交战。仅项羽一人就杀死了汉军几百人，项羽自己也身受十多处伤。这时，项羽回头看见了汉军骑司马吕马童，就说："你不是我的老朋友吗？"吕马童对着项羽的面，指给中郎骑王翳说："这就是项王！"项羽便说道："我听说汉王悬赏千金买我的头颅，分给万户的封地，我就留给你一些恩德吧！"即自刎而死。王翳随即取下项羽的头颅。其余的骑兵便相互践踏着争抢项羽的躯体，相互残杀的有几十个人。到了最后，杨喜、吕马童和郎中吕胜、杨武各夺得项羽的一部分肢体。几个人把项羽的肢体会合，拼凑到一起，都对得上，因此便分割原来悬赏的万户封地，将五人都封为列侯。

楚地全部平定了，唯独鲁县仍然不投降。汉王刘邦率领天下的兵马，打算屠灭它。大军抵达城下，仍然能听到城中礼乐弦诵的声音。由于鲁县是信守礼义的国家，为自己的君主尽忠守节，汉军便拿出项羽的头颅给鲁县的父老看，鲁县这才投降。汉王用葬鲁公的礼仪把项羽葬在谷城，并亲自为项羽发丧举哀，哭了一阵后离去。对项羽的家族亲属都不加杀害，还把项伯等四人都封为列侯，赐他们姓刘，将过去被掳掠到楚国来的百姓们仍归他们统治。

太史公（司马迁）评论说：项羽起于田野民间，才三年就率领着齐、赵、韩、魏、燕几个诸侯国的军队灭亡了秦朝，分割天下而分封王侯，政令全由项羽发布，他的王位虽然未获终结，但却也是近古以来所不曾有过的了！待到项羽背弃关中而怀恋楚国故土，放逐义帝而自立为王，这时怨恨诸侯王们背叛自己，可就很难说得通了！还自我夸耀战功，一味逞个人小聪明而不效法古人，认为霸王的功业，就是要用武力攻打来经营治理天下。结果只五年的时间，终于失掉了自己的国家，自身死在东城，却还不觉悟、不责备自己，反倒借口“上天要灭亡我，而并非我用兵的过错”，这难道不是荒谬之极吗！

扬雄《法言》曰：有人问：“楚王兵败垓下，将要死的时候说道：‘是上天亡我！’可以相信这种说法吗？”回答说：“汉王尽量发挥、利用众人的计谋，这些计谋调动了众人的力量。楚王项羽憎恶采用众人的计谋，只发挥个人的作用。而善于发挥、利用众人智谋和力量的人就能取得胜利，只凭一己的智谋和力量的人就必定失败，这与上天有什么关系呢？”

（以上为第二段，写乌江亭长摆渡在乌江边等待项羽，项羽有机会逃奔江东，但他放弃了，自刎乌江向江东父老谢罪，成了一位名存千古的悲剧英雄。项羽失败归究于天的说法，受到司马迁和扬雄的批评。）

汉王回军到达定陶县，奔入齐王韩信的营垒，接管了他的部队。

临江王共尉仍不归降，汉王便派卢绾、刘贾攻打并俘获了他。

春季，正月，汉王改封齐王韩信为楚王，统辖淮河以北地区，都城设在下邳。封魏相国建城侯彭越为梁王，统辖魏国故地，都城设在定陶。

汉王下令说：“军队得不到休整已经八年了，万民饱受战乱之苦。现在夺取天下的大事已经完成，赦免天下判斩刑以下的所有罪犯。”

诸侯王一致上疏，请求推尊汉王为皇帝。二月初三甲午，汉王便在汜水北面登上帝位，改称王后为皇后，王太子为皇太子；追尊先母为昭灵夫人。

汉高帝发布命令说：“原衡山王吴芮，率领百粤部族之兵，协助诸侯军，诛灭残暴的秦王朝，建有大功，诸侯立他为王，但项羽却侵夺了他的封地，称他作番君。现在改封吴芮为长沙王。”又说：“原粤王无诸，世代供奉粤国的祖宗。秦王朝侵夺了他的土地，使粤国的社稷不能再享受祭祀。诸侯攻打秦朝，无诸亲自率领闽中的军队相协助，攻灭了秦王朝，项羽却将他废掉，不予封立。现在封无诸为闽粤王，统辖闽中一带。”

汉高帝向西建都洛阳。

夏季，五月，兵士们都复员回家。

汉高帝发布命令，说：“民众中以前有的人相聚安守在深山大泽中躲避战乱，未登记入户籍中。如今天下已经平定，令这些民众各自返回他们的所在县，恢复他们过去的爵位和田地住宅；官吏应依据法律义理进行教导，处理纠纷，不得鞭笞侮辱军中官兵；凡爵位至七大夫以上的，都让他们享用封地民户的赋税收入，非七大夫爵位及其以下的，都免除其个人及一户之内的赋税徭役，不予征收。”

汉高帝在洛阳南宫举行酒宴，高帝说道："各位列侯，各位将军，不要对我隐瞒，都来说说这个道理：我之所以能取得天下的原因是什么？项羽之所以失掉天下的原因又是什么呀？"高起、王陵回答说："皇上派人攻城掠地，攻取了城邑、土地就分封给他，与大家同享利益；项羽却不是这样，他对有功的人嫉恨，对贤能的人猜疑，这就是他失去天下的原因。"高帝说："你们是只知其一，不知其二啊。谈到运筹帷幄之中，决胜千里之外，我不如张良；镇守国家，安抚百姓，供给粮饷，保持运粮道路畅通无阻，我不如萧何；统率百万大军，战必胜，攻必克，我不如韩信。这三位都是人中英杰，而我能够任用他们，这就是我所以能够取得天下的原因。项羽虽然有一个范增，却不能信任使用他，这便是项羽所以被我捕捉打败的原因了。"群臣都心悦诚服。

（以上为第三段，写汉王刘邦打败项羽后，建立汉朝，登上帝位，建都洛阳，总结夺取天下的原因，认为是能够任用萧何、张良、韩信三位人杰，而项羽有一范增而不能用，故被打败，大家心悦诚服。）

韩信到了楚地，召见曾经分给自己饭吃的那位漂洗丝绵的老妇，赐给她一千金；又召见曾经羞辱自己、叫自己从胯下爬过去的那个人，任命他为楚国的中尉，并告诉将相们说："这是位壮士啊！当他侮辱我时，我难道就不能杀了他吗？只是杀他没有名义，所以忍了下来，才达到了今天这样的成就。"

彭越已经受汉封，为梁王，田横怕被杀，就与他的部下五百多人进入大海，居住在岛上。高帝刘邦认为田横兄弟几人本来曾平定了齐地，齐地贤能的人大都归附了他，今流亡在海岛中，如不加以招抚，以后恐怕会作乱。于是，就派使者去赦免田横的罪过，召他前来。田横推辞说："我曾烹杀了皇上的使臣郦食其，现在听说他的弟弟郦商是汉朝的将领，我很害怕，不敢奉诏前往，只请求做个平民百姓，留守在海岛中。"使者回报，高帝便命令卫尉郦商说："齐王田横即将到来，有敢动一动他的随从人马的人，就诛灭家族！"随即再派使者拿着符节把高帝命令郦商的情况对田横一一讲明，并说道："田横如能前来，高可以封王，低也是个侯。如果不来，便要发兵加以诛杀了。"

田横便和他的两个宾客乘坐驿站的传车去到洛阳。离洛阳还有三十里，到达尸乡驿站。田横向使者道歉说："为人臣子的人觐见天子时，应当沐浴。"随即住下来，对他的宾客说："我起初与汉王一道面朝南称王，而今汉王做了天子，我却是作为败亡的臣虏，面北称臣伺候他，这耻辱本来已经非常大了，何况我还烹杀了人家的兄长，又同被烹杀人的弟弟并肩侍奉他们的君主呢？即便这位弟弟畏惧天子的命令不敢动我，我难道内心就不感到惭愧吗？况且，皇上想要见我的原因，不过是想看一看我的容貌罢了。现在斩下我的头颅，奔驰三十里地送去，神态容貌还不会变坏，仍然可以看。”于是，就自杀，并让宾客捧着他的头颅，随同使者疾驰洛阳奏报。高帝说：“哎呀！从平民百姓起家，兄弟三人相继为王，这难道不是很贤能的吗？”为田横流下了眼泪。

接着，授给田横的两个宾客都尉的官职，调拨士兵两千人，按照葬侯王的礼仪安葬了田横。下葬以后，那两位宾客在田横的坟墓旁挖了个坑，都自刎而死，倒进坑里陪葬田横。高帝听说了这件事，大为震惊，认为田横的宾客都很贤能，余下的五百人还在海岛上，便派使者去招抚他们。使者抵达海岛，这五百人听说田横已死，也都自杀了。

当初，楚地人季布，是项羽手下的将领，曾多次困窘羞辱汉王刘邦。项羽灭亡后，高帝悬赏千金捉拿季布，下令说有敢收留窝藏季布的，罪连三族。季布于是剃去头发，用铁箍卡住脖子当奴隶，把自己卖给鲁地的大侠朱家。朱家心里明白这个人就是季布，就将他买下，安置在田庄中。朱家随即到洛阳去进见滕公夏侯婴，劝他道：“季布有什么罪啊？臣僚各为自己的君王效力，这是常理。项羽的臣下难道可以全都杀掉吗？如今皇上刚刚取得天下，便借私人的怨恨去寻捕一个人，怎么如此显露自己胸襟的狭窄呀！况且，根据季布的贤能，朝廷悬赏寻捕他如此急迫，这是逼他不向北投奔胡人，便往南投靠百越部族啊！忌恨壮士而以此资助敌国，这是伍子胥所以要掘墓鞭打楚平王尸体的缘由啊！您为什么不从容地向皇上说说这些道理呢？”滕公于是就待有机会时，按照朱家的意思向高帝进言，高帝便赦免了季布，并召见他，授任他为郎中。朱家从此也就不再见季布。

季布的舅父丁公，也是项羽手下的将领，曾经在彭城西面追困过高帝刘邦。短兵相接，高帝感觉事态危急，便回头对丁公说：“两个好汉难道要相互打斗吗？”丁公于是领兵撤还。等到项羽灭亡，丁公来谒见高帝。高帝随即把他拉到军营中示众，说道：“丁公身为项王的臣子却不忠诚，他是使项王失掉天下的人啊！”就把他杀了，并说：“让后世为人臣子的人不要效法丁公！”

臣司马光评论说：汉高祖从丰、沛起事以来，网罗强横有势力的人，招纳逃亡反叛的人，已经是相当多的了。待到登上帝位，唯独丁公因为不忠诚而遭受杀戮，这是为什么啊？这是由于进取与守成形势不同的缘故呀。当群雄并起争相取胜的时候，民众没有确定的君王，谁来投奔就接受谁，本来就该如此。待到贵为天子，四海之内无不臣服时，如果不明确礼义以显示给人看，致使身为臣子的人，人人怀有二心以图求取厚利，那么，国家还能长治久安吗？因此，汉高祖据大义做出决断，使天下的人都清楚地知道，身为臣子却不忠诚的人没有可以藏身的地方，怀揣个人目的而布施恩惠的人，尽管他甚至救过自己的命，依照礼义仍不予宽容。似此杀一人而使千万人畏惧，考虑事情难道不是既深刻又远广吗？汉高帝的子孙享有上天赐予的禄位四百多年，是应该的啊！

（以上为第四段，写韩信报恩，酬漂母千金；以德报怨，无赖任中尉；田横不愿北面事奉汉高帝，自杀以明志；汉高帝赦季布面斩丁公，司马光评论处置得当。）

故齐国人娄敬去防守陇西，经过洛阳，解下绑在车前牵引的横木，穿着羊皮袄，通过齐人虞将军求见高帝刘邦。虞将军想要给他穿上华丽鲜亮的衣服，娄敬说："我如果穿的是丝绸，就身着丝绸去进见；如果穿的是粗毛麻布，就身着粗毛麻布去进见，终究不敢冒昧地更换衣服。"

这时，虞将军便进去向高帝报告。高帝即召见娄敬，并询问他。娄敬说："皇上定都洛阳，难道是想与周王朝一比隆盛威势吗？"高帝说："是啊。"娄敬说："皇上夺取天下的途径与周朝不同。周朝的祖先，从后稷被唐尧封在邰地起，积累德政善行十多代，以至于到太王、王季、文王、武王时期，诸侯自行归附，终于灭掉殷商当了天子。到了周成王登位，周公辅佐他，才营建洛邑，因为认为这里是天下的中心，各地诸侯前往交纳土贡和赋税，所走的道路里程相等。君王有德行就容易靠此统治天下，没有德行就容易由此而亡国。所以，周朝强盛的时候，天下和睦，诸侯、四方外族没有不臣服、不奉上他们的贡赋的。待到周朝衰弱时，天下没有谁前来朝贡，周朝也已无法驾驭制约了。这不仅是由于它的德行微薄，而且也由于形势衰弱的缘故啊！如今，皇上从丰、沛起兵抗秦，席卷蜀郡、汉中郡，平定秦地雍、塞、翟三国，与项羽在荥阳、成皋之间作战，经过大战七十次，小战四十次，使天下民众肝脑涂地，惨遭杀戮，老老少少的尸骨暴露在荒野之中，数都数不过来，哭泣的悲声还没有断绝，伤残的人员还不能行走，就想与周成王、康王时代的隆盛威势相比美，我私下里认为这是很不相称的。况且，秦地依靠华山，濒临黄河，四面都有险要关隘为屏障，如果突然有紧急情况发生，百万军队可以立即就调动齐备。依靠秦地原有的基础，凭借那里富饶肥沃的土地，这就是所谓的天然府库的优势啊。皇上进入函谷关，在那里建都，崤山以东地区就算是乱了，也仍然可以完整地据有秦国的旧地。同别人争斗，不卡住他的咽喉，而从后背拍击他，是不能大获全胜的。现在，皇上如果能占据秦国的故地，这也就是扼住了天下的咽喉且又攻击它的后背了。"

汉高帝询问群臣，群臣都是崤山以东地区的人，便抢着发言，说："周朝统治了几百年，而秦朝经历两代就灭亡了。洛阳东有成皋，西有崤山、渑池，背靠黄河，面向伊、洛二河，它的坚固也是足可依赖的。"

高帝又问张良。张良说："洛阳虽然有这样稳固的地势，但它的中心地区狭小，方圆不过几百里，田地贫瘠，四面受敌，因此，这里不是用武之地。而关中地区东有崤山、函谷关，西有陇山、蜀地岷山，沃野千里，南有巴、蜀的富饶资源，北有胡地草场畜牧的地利。倚仗三面险要的地形防守，只用东方一面来控制诸侯。假如诸侯安定，即可通过黄河、渭河水路转运天下的粮食，西上供给京都；如果诸侯发生变故，也可顺流而下，足够用以转运物资。这就是所谓有坚固的千里城墙、富庶的天然府库啊！娄敬的建议是对的。”

高帝当天就起驾动身向西进发，定都长安，并授任娄敬为郎中，称为“奉春君”，赐姓刘。

张良向来多病，随从汉高帝进入函谷关，就静居行气，不吃粮食，闭门不出，说道：“我家的人世代做韩国的宰相，及至韩国灭亡，我不吝惜万金资财，为韩国向强大的秦朝报仇，使天下震动。如今，凭借三寸之舌成为皇帝的军师，被封为万户侯，这已是一个平民所能享有的最高待遇了，这对于我来说足够了。我只望抛开人间俗事，追随仙人赤松子去云游。”

臣司马光评论说：大凡有生就有死，犹如黑夜过后是白天一样的必然。自古至今，原本就没有超越自然而独立存在的事物。按照张良的明辨是非、通晓事理而论，他是完全知道神仙不过是些虚幻奇异的东西罢了。但他却要随同赤松子远游，他的聪明智慧是可以知道的了。功勋和名位之间，正是为人臣子的人所难于长久立足之处。即如高帝刘邦所称道的，不过只三个才能出众的人罢了。但是，淮阴侯韩信被诛除，相国萧何被拘禁到狱中，这不就是由于功名已达到巅峰却还不止步的缘故吗？所以，张良借与神仙交游相推脱，遗弃人间凡事，视功名如同身外之物，把荣誉利禄抛到脑后，所谓“明哲保身”者，张良就是个榜样！

（以上为第五段，写娄敬建言汉高帝都关中，得到张良的肯定。高帝随即迁都。兴汉三杰，韩信受族诛，萧何下狱，张良功成身退，不眷念权势荣名，辟谷，隐居，不问凡间之事，是明哲保身的典范，受到司马光的好评。）

六月初三日壬辰，汉高帝实行大赦。

秋季，七月，燕王臧荼反叛，汉高帝亲自率军征讨臧荼。

赵景王张耳、长沙王吴芮都去世。

九月，汉高帝俘获了臧荼。二十六日壬子，封太尉、长安侯卢绾为燕王。卢绾家与高帝是同乡，卢绾又与高帝同一天出生，高帝宠信卢绾，群臣没有敢埋怨的，因此，就特立卢绾为王。

项羽过去的将领利几反叛，汉高帝又亲自带兵打败了他。

闰九月，汉高帝改建长乐宫。

项羽手下的将领钟离昧，向来与楚王韩信交好。项羽死后，他就逃出来归附了楚王韩信。汉高帝很怨恨钟离昧，听说他在楚国，就下令楚王逮捕他。这时，楚王韩信刚到他的封国，巡视所辖县邑，出入都有军队护卫。

汉高帝六年（庚子，公元前 201 年）

冬季，十月，有人上书告发楚王韩信谋反。汉高帝便征求将领们的意见，大家都说："赶快发兵，把这小子活埋了！"高帝默然不语。接着又询问陈平，陈平道："有人上书告韩信谋反，这事情韩信知道吗？"高帝说："不知道。"陈平说："皇上的精锐部队与楚王的相比，谁更厉害呢？"高帝说："超不过他的。"陈平说："皇上的将领们，用兵之材有能比过韩信的吗？"高帝说："没有赶得上他的。"陈平说："现在军队不如楚国的精锐，将领又比不上韩信，却要举兵攻打他，这是促使他起兵反抗啊！我私下里为皇上感到危险！"高帝说："那该怎么办呢？"陈平说："古时候天子会巡视诸侯镇守的地方，会见诸侯。皇上只管出来视察，假装巡游云梦，在陈地会见诸侯。而陈地在楚国的西部边界，韩信听说天子怀着友好会见诸侯的心意出游，必定是全国安稳无事，便会到郊外迎接进见皇上。拜见时，皇上就趁机捉拄他，这不过是一个力士就能办到的事情罢了。"高帝认为陈平说得不错，便派出使者去通告诸侯到陈地聚会，说："我将南游云梦。"高帝随即起程南行。

楚王韩信听说这个消息后，自己颇为疑心害怕，不知怎么办才好。这时有人劝韩信说："杀了钟离昧去进见皇上，皇上必定欢喜，如此就不会有什么祸患了。"韩信听从了他的建议。

十二月，汉高帝在陈地会见诸侯，韩信提着钟离昧的头颅拜见高帝。高帝即命武士将韩信捆绑起来，装载到随皇帝车驾出行的副车上。韩信说："果然如同人们所说：'狡猾的兔子死了，奔跑的猎狗就要被烹杀；高飞的鸟儿没了，优良的弓箭就要被收藏；敌对的国家攻破了，谋臣就要被灭亡。'如今天下已经平定，我本来就应当被煮杀了！"高帝说："有人告发你谋反。"随即用镣铐枷锁锁住韩信而归，接着，实行大赦。

田肯前来向汉高帝祝贺说："皇上拿住了韩信，又在关中建都。秦地是形势险要能够制胜的地方，以河为襟带，以山为屏障，地势便利，从这里向诸侯用兵，就好像在高屋脊上倾倒瓶中的水那样居高临下而势不可挡了。如果说齐地，东有琅邪、即墨的富饶物产，南有泰山的峭峻坚固，西有浊河的险阻制约，北有渤海的渔盐利益，土地方圆两千里，拥有兵力百万，可以算作是东方的秦国了，因而不是皇上嫡亲的子弟，就没有可以去统治齐地的。"高帝说："对啊！"随即便赏给田肯五百斤黄金。

汉高帝归还，到了洛阳，就赦免了韩信，封他为淮阴侯。韩信知道刘邦害怕并厌恶他的才能，于是，就多次声称有病，不参加朝见和随侍出行。平日在家里总是闷闷不乐，为与绛侯周勃、将军灌婴这样的人处于同等地位感到羞耻。韩信曾去拜访将军樊哙。樊哙用跪拜的礼节送迎，口称“臣子”，说道：“大王竟肯光临我这里！”韩信出门后，讪笑着说：“我活着竟然要和樊哙等人为伍了！”

汉高帝曾与淮阴侯韩信闲谈，议论将领们能带多少兵。高帝问道：“像我这个样子能率领多少兵呀？”韩信说：“皇上不过能带十万兵。”高帝说：“对您来说怎样呢？”韩信道：“我是越多越好啊。”高帝笑着说：“你是越多越好，为什么却被我捉住了呀？”韩信说：“皇上虽然不能带，却善于驾驭将领，这就是我所以被皇上逮住的原因了。何况皇上的才能，是人们所说的‘是上天赐予的，而不是人力能够取得的’啊！”

（以上为第六段，写刘邦着手铲除异姓王，灭燕王臧荼；因项羽部将钟离昧匿藏楚王韩信，而以谋反罪废韩信封王为淮阴侯。韩信失势而心怀怏怏，羞与樊哙为伍，曾与刘邦谈论带兵打杖，认为自己带兵多多益善。）

十二月初九日甲申，汉高帝开始把表示凭证的符信剖分成两半，朝廷与功臣各执一半为证，用这一办法来分封各功臣为彻侯。萧何封为酂侯，所享用的食邑户数最多。功臣们都说：“我们身披坚硬铠甲，手持锐利兵器，多的身经百余次战斗，少的也交锋了几十个回合。如今萧何不曾有过汗马功劳，只是操持文墨，发发议论，封赏却在我们之上，这是为什么啊？”高帝说：“你们知道打猎是怎么回事吗？打猎，追杀野兽兔子的是猎狗，而放开系狗绳指示野兽所在地方的是人。现在你们只不过是能捕捉到奔逃的野兽罢了，功劳就如同猎狗一样；至于萧何，却是放开系狗绳指示猎取的目标，功劳和猎人相同啊！”群臣于是都不敢说三道四了。

张良身为谋臣，也没有什么战功，汉高帝让他自己选择齐地三万户作为封地。张良说：“当初，我在下邳起兵，与皇上在留地相会，这是上天把我授给皇上。此后，皇上采用我的计策，幸好有时能够获得成功。我希望封得留地就足够了，不敢承受三万户的封地。”高帝于是便封张良为留侯。

汉高帝封陈平为户牖侯。陈平推辞说：“我没有那么多功劳啊。”高帝说：“我采纳您的计谋，克敌制胜，这不是功劳又是什么呀？”陈平说：“如果没有魏无知的举荐，我哪里能够进见呀？”高帝说：“像您这样，可以说是不忘本了！”随即又赏赐了魏无知。

汉高帝由于天下刚刚平定，自己的儿子年幼，兄弟又少，便以秦朝孤立而导致灭亡的教训为戒鉴，想要大肆分封同姓族人，借此镇抚天下。

春季，正月二十一日丙午，汉高帝把楚王韩信的封地分为两个王国，将淮河以东五十三个县封给堂兄将军刘贾为荆王，将薛郡、东海、彭城等地三十六个县封给弟弟文信君刘交为楚王。

正月二十七日壬子，汉高帝把云中、雁门、代郡等地五十三个县封给哥哥宜信侯刘喜做代王，把胶东、胶西、临淄、济北、博阳、城阳郡等地七十三个县封给自己平民时与同居的妇人所生的儿子刘肥当齐王，百姓中能讲齐国话的人都分给了齐国。

汉高帝认为韩王韩信颇具雄才武略，而韩王韩信所管辖的地区北面紧靠巩地、洛阳，南面迫近宛、叶，东边有淮阳，都是天下可以驻扎重兵的地方，令人放心不下，就划出太原郡的三十一个县为韩国，调韩王韩信去管辖太原以北的新地区，防备抵御胡人，建都晋阳。韩王韩信上书说："韩国北靠边界，匈奴人屡次进来骚扰，都城晋阳离边塞遥远，请求改为以马邑为国都。"高帝允准。

汉高帝已经封赏了大功臣二十多人，其余的人日夜争功，一时决定不下来，便没能给予封赏。高帝在洛阳南宫，从天桥上望见将领们往往三人一群两人一伙地同坐在沙地中谈论着什么。高帝说："这是在说些什么呀？"留侯张良说："皇上不知道吗？这是在图谋造反啊！"高帝说："天下新近刚刚安定下来，为了什么缘故又要谋反呢？"留侯说："皇上由平民百姓起家，依靠这班人夺取了天下。如今皇上当了天子，所封赏的都是自己亲近喜爱的老友，所诛杀的都是自己生平仇视怨恨的人。现在军吏们计算功劳，认为即使把天下的土地都划作封国也不够全部封赏的了，于是，这帮人就害怕皇上对他们不能全部封赏，又恐怕因往常的过失而被猜疑以至于遭到诛杀，所以就相互聚集到一起图谋造反了。"高帝于是担忧地说："这该怎么办呢？"留侯说："皇上平素最憎恶并且群臣又都知道的人，是谁呀？"高帝说："雍齿与我有旧怨，他曾经多次困辱我。我想杀掉他，但由于他功劳很多，所以不忍心下手。"留侯说："那么，现在就赶快先封赏雍齿，这样一来，群臣也就人人都对自己能受到封赏坚信不疑了。"于是，高帝便置备酒宴，封雍齿为什方侯，并急速催促丞相、御史论定功劳进行封赏。群臣结束饮宴后，都欢喜异常，说道："雍齿尚且封为侯，我们这些人也就没有什么可担忧的啦！"

臣司马光评论说：张良作为高帝的谋臣，被当作心腹亲信，应该是知无不言，哪有已经听说诸侯将要谋反，却一定要等到高帝眼见有人成双成对地议论，然后才述说这件事的道理啊？这是由于高帝刚刚得到天下，屡次依据自己的爱憎来诛杀、封赏，有时候就会有损公平，群臣因此往往怀有抱怨和感到自己有危险的心理。所以，张良借着这件事进送忠言，以改变高帝的心思，使在上者无偏袒私情的过失，在下者无猜疑恐惧的念头，国家无忧患，利益延及后世。像张良这样，可以说是善于劝谏了。

列侯全都已经受封，汉高帝就命令议定获第一级功的十八个人的位次。群臣都说："平阳侯曹参，身受七十处创伤，攻城掠地，立功最多，应当排在第一位。"谒者、关内侯鄂千秋进言说："群臣们的议论都错了。曹参虽然有野战夺地的功劳，却不过只是战场上一时间的事情罢了。皇上与楚军相持五年，军队丧失，部众逃亡，自己只身轻装逃脱就有好几次。当时萧何经常从关中派遣兵员补充汉军的缺额，这些都不是皇上下发命令叫他干的，而关中好几万士兵开赴前线时恰好遇到皇上将少兵尽的危急时刻，这也有过好多次了。再说到军中无现成粮食，萧何从关中水陆运送，军粮供给从不缺乏。皇上尽管多次丢掉崤山以东的地盘，萧何却总能保全关中地区等待皇上随时归来。这些都是万世不朽的功勋啊！如今，即便没有成百个曹参这样的人，对汉室又有什么缺损呢？汉室得到他们，未必就能靠着他们得以保全。怎么能将一时的功劳盖过万世的功勋啊？萧何应当位居第一位，曹参位居第二位。"高帝说："对啊！"随即便特许萧何可以带剑、穿鞋上殿，朝见皇帝时不必行小步快走表示恭敬的常礼。

汉高帝说："我听说：'举荐贤能的人要受到上等的封赏。'萧何的功劳虽然卓著，是得到鄂君的申辩才更加明确的。"因此，就根据鄂千秋原来所受的封地，加封他为安平侯。这一天，封赏了萧何父子兄弟十多人，都得到了食邑。又加封给萧何两千户。

汉高帝返归栎阳。

夏季，五月二十三日丙午，汉高帝尊称父亲太公为"太上皇"。

（以上为第七段，写汉高帝刘邦论功行赏，谋臣萧何、张良、陈平，首先受封，萧何封邑最多，被评为位居第一；汉高帝采张良建言，封赏有旧怨的雍齿为侯，打消了功臣们的猜疑。司马光评论，高度赞赏张良。）

当初，匈奴畏惧秦朝，迁移到北方十多年。待到秦朝灭亡，匈奴又逐渐往南渡过黄河。

匈奴单于头曼有太子叫冒顿。后来，头曼有宠爱的阏氏又生了个小儿子，头曼便想把他立为太子。这时东胡部族强大，西域的月氏部族也很强盛。头曼于是派冒顿到月氏去当人质。不久，头曼加紧攻击月氏，月氏就想杀掉冒顿。冒顿却偷盗月氏人的好马骑上，逃回了匈奴。头曼由此认为冒顿强壮勇武，就让他统率万名骑兵。

冒顿便制作响箭，训练部下骑射练习，使他们习惯于听从自己的号令。下令说："看到我的响箭射出后不一齐发射的人，斩首！"冒顿随即用响箭射他的好马，接着又射他的爱妻，左右的人凡有不敢跟着发射的，都被斩杀了。最后冒顿又拿响箭射头曼单于的好马，左右的骑兵也都跟着放箭射单于的马。由此，冒顿知道这些兵士可以使用了，便在随同头曼出猎时，用响箭射头曼，他的部众即跟着响箭同射单于。最终杀死了头曼，并把他的后母和弟弟以及大臣中不听从调遣的人全部诛杀。冒顿自立为单于。

东胡听说冒顿杀父自立，便派出使者去告诉冒顿说：“想要得到头曼在位时拥有的一匹千里马。”冒顿询问群臣，群臣都说：“那是匈奴的一匹宝马，不能给人！”冒顿道：“怎么能与人家为友好邻国却还要吝惜区区一匹马呀？”随即把这匹马送给了东胡。过了不久，东胡又派使者来对冒顿说：“想要得到单于的一位阏氏。”冒顿再询问左右近侍，侍臣都愤怒地说：“东胡这般无礼，竟然索求阏氏！请发兵攻打它！”冒顿道：“和人家是邻国，怎么能舍不得一个女子呢？”就选取自己所宠爱的阏氏送给了东胡。东胡王于是越来越骄横放纵。东胡与匈奴之间，有被废弃的土地无人居住，方圆一千多里，双方各居其一边，设立屯戍守望的哨所。东胡再次派使者对冒顿说：“这些无人居住的荒地，我想得到它。”冒顿依旧召问群臣，群臣中有的说：“这是块荒地，给他们也可以，不给也行。”冒顿这时却勃然大怒，说：“土地是国家的根本，怎么能够随便给人呢？”立即将那些说可以给予的臣子都杀了。冒顿接着一跃上马，下令说：“国中有晚出发的人，斩首！”随即领兵去袭击东胡。东胡起初非常轻视冒顿，不设防备，冒顿因此就灭掉了东胡。

冒顿获胜而归，又向西攻击赶跑了月氏，向南兼并了黄河以南的娄烦、白羊二王，随后侵掠燕、代地区，重新收复了当年被蒙恬夺走的匈奴旧地，并夺取了汉朝边关原河套以南诸要塞到朝那县、肤施县一带的大片土地。这个时候，汉军正与项羽相持，中原地区被战争拖累得疲惫不堪，因此，冒顿得以强大起来，拥有操弓射箭的士兵三十多万，威势镇服各国。

秋季，匈奴兵在马邑将韩王韩信重重包围。韩王韩信多次派使者出使匈奴，谋求和解。汉朝发兵救援，但又猜疑韩王韩信频繁私派使者是对汉室怀有二心，就派人去指责韩王韩信。韩王韩信害怕被杀，便在九月，举马邑城投降了匈奴。匈奴冒顿随即乘势领兵向南越过句注山，进攻太原，抵达晋阳。

（以上为第八段，写匈奴部落在秦朝灭亡、楚汉相争时逐渐强大起来，冒顿杀掉其父头曼单于自立，后又灭掉东胡，四处扩张，包围韩王韩信，韩王韩信举马邑城投降匈奴，匈奴趁势进攻太原，抵达晋阳。）

汉高帝刘邦全部废除秦朝烦琐的礼仪，力求礼仪规则简单易行。这时，群臣们饮酒争功，喝得酩酊大醉，有的就胡喊狂呼，拔剑乱砍殿柱，高帝渐渐对这种现象产生了反感。叔孙通于是劝高帝说：“那班儒生，很难和他们一道攻打天下，但可以与他们一起保守成业坐拥天下。我愿意去征召鲁地的儒生，来同我的弟子一块儿制定臣子朝见君王的礼仪规则。”高帝说：“该不会挺烦难的吧？”叔孙通说：“五帝的乐制不一样，三王的礼制不相同。礼制，是根据时代、人情的变化，对人们的言行所确定的节制规范。我想稍微采用一些古代礼制，与秦朝的仪法掺合到一起制定出来。”高帝说：“可以试着做做，但要使这种礼仪容易被人们了解，估计我所能做得到的，据此去制定它。”

于是，叔孙通就奉命作为使者，去征召了鲁地的儒生三十多人。鲁地有两个儒生不肯前往，说：“您所事奉的君王将近有十个了，都是依靠当面阿谀逢迎来赢得亲近、尊贵。如今天下刚刚平定，死亡的人尚未安葬，伤残的人还不能行动，又想要制礼作乐。而礼乐的产生，是积累德政上百年之后才能制作兴起的。我们不能忍心去做您所要做的事情。您去吧，不要玷污了我们！”叔孙通笑着说：“你们真是浅陋迂腐的儒生啊，不懂得时势的发展变化！”随即偕同他所征召的三十人西行入关，又邀请高帝身边有学术修养的近臣和自己的弟子，共一百多人，用绳索拦出演习场所，插立茅草表示出尊卑位次，在野外演习礼仪。经过一个多月后，叔孙通告诉高帝说：“可以试看了。”高帝于是就让他们举行礼仪演练，看完演练后说道：“我能够做到这些。”就命令群臣们进行练习。

（以上为第九段，写汉高帝刘邦去除秦朝烦琐的礼仪，叔孙通征召鲁地儒生，与弟子一起制定朝廷君臣礼仪规则，在野外经过一个多月的演练，让刘邦试看。刘邦说：“我能为此。”）

汉高帝七年（辛丑，公元前 200 年）

冬季，十月，长乐宫落成，诸侯、群臣都前来参加朝贺典礼。仪式是在天亮之前举行，谒者主持典礼，按次序将所有人员引导入大殿门，排列在东、西两方，侍卫官员有的在殿下台阶两旁站立，有的排列在廷中，都持握兵器，竖立旗帜。这时，皇帝乘坐辇车出来，众官员举旗传呼警戒，引导诸侯王以下至六百石级的官员依次序朝拜皇帝，无不震恐肃敬。到典礼仪式完毕，又置备正式酒宴。众侍臣官员陪坐在殿上的，都俯伏垂首，按官位的高低次序起身给皇上敬酒祝福。斟酒连敬九次，谒者宣告“结束宴饮”。御史执行礼仪规则，凡遇到不遵照仪式规则举手投足的人就将他领出去。由此，从朝贺典礼和酒宴开始直到结束，没有出现敢大声喧哗、不合礼节的人。这时，高帝说：“我今天才知道身为皇帝的尊贵啊！”便授任叔孙通为太常，赐黄金五百斤。

当初，秦朝统一天下，收集六国的全部礼仪，选择出其中尊崇君王、卑抑臣下的规则保留下来。待到叔孙通制定礼仪规则，稍微做了一些增减，大体上都是沿袭秦朝的旧制，从天子称号以下到大小官吏及宫室、官名，更改变动不多。记载此礼仪规章的文本，后来和律、令收录在一起，收藏在司法机关。由于法家对此又不再传授，所以百姓臣僚也就没有谈论它的了。

臣司马光评论说：礼的功能太大了！把它用到个人身上，动与静就有了规范，所有的行为就会完备无缺；把它用到家事上，内与外就井然有别，九族之间就会和睦融洽；把它用到乡里，长幼之间就有了伦理，风俗教化就会美好清明；把它用到封国，君王与臣子就尊卑有序，政令统治就会成功稳定；把它用到天下，诸侯就归顺服从，法制纪律就会整肃严正。难道仅仅只是把它用在宴会仪式之上、门户庭院之间维持秩序的吗？就高祖刘邦的明智通达来说，他可以聆听陆贾关于以文治巩固政权的进言而称赞极好，目睹叔孙通所定尊崇君王的礼仪而发声慨叹，但是，他所以终究不能与夏、商、周三代圣明君王并列，就错在他不肯学习啊！

在那个时候，如果能够得到大儒来辅佐他，与大儒一道用礼制来治理天下，他的功勋业绩又怎么会在这一步便止住了呢？可惜啊，叔孙通的器度太小了！他只不过是窃取礼制中糠皮般微末无用的东西，借以依附时世、迎合风俗、求取宠幸罢了，这样便使先代君王所建立的礼制沦没而不振兴，以至于到了今天这个地步，难道不令人沉痛之极吗？因此，扬雄对此指责说：“从前鲁地有大儒，史书中没有记载他们的名字。有人问：‘为什么说他们是大儒呀？’回答道：‘叔孙通打算制定君臣的礼仪，便到鲁地去征召儒生，请不来的有两个，堪称大儒。’有人问道：‘既然如此，那么孔子应聘的足迹遍及诸侯国也是不对的了？’回答道：‘孔子周游列国，是为了要能按照自己的意图行事。假如放弃自己的立场来顺从迁就他人，那么即便是确定出了规矩、准绳，又怎么能够拿来应用呀！’”精彩啊，扬雄的评论！大儒，是不肯破坏自己原有的规矩、准绳去追求一时的功利的！

（以上为第十段，写叔孙通制定的朝仪完成，在长乐宫举行首次使用，庄严肃静，汉高帝刘邦非常高兴地说：“我乃今日知为皇帝之贵也。”而司马光予以讥评，认为是使先代所建立的礼制沦没而不能振兴。）

汉高帝亲自领兵出征攻打韩王韩信，在铜鞮县大败韩王韩信的军队，斩杀了他的部将王喜。韩王韩信逃往匈奴，他手下的将领白土县人曼丘臣、王黄等拥立赵王的后代赵利为王，重新收拢韩王韩信的散兵败卒，与韩王韩信及匈奴一起合谋攻击汉军。匈奴派左、右贤王统率一万多名骑兵，同王黄等驻扎在广武以南，到晋阳作战，汉军攻打他们，匈奴兵立即败逃，随后又聚集起来，汉军乘胜追击他们。这时，恰好碰上天气酷寒，天下大雪，汉军士兵冻掉了手指的占十之二三。

汉高帝驻居晋阳，听说冒顿单于驻居在代谷，便想要去攻打他，就派人去侦察匈奴。这时冒顿把他的精壮士兵、肥壮牛马都藏了起来，只让人看见老弱残兵和瘦小的牲畜。汉军派去的使者相继回来的有十批，都报告说匈奴可以攻打。高帝于是又派刘敬出使匈奴，尚未返回，汉军就出动全部兵力三十二万向北追击匈奴，越过了句注山。

刘敬回来后报告说：“两国相攻，这本该炫耀显示自己的优势。但现在我到匈奴去，只看见瘦弱的牲畜和老弱的士兵，这必定是想要显露自己虚弱不堪，而埋伏奇兵以争取胜利。我认为匈奴不能攻打。”这时候，汉军业已出动，高帝大为恼火，骂刘敬说：“你这个齐国的混蛋家伙，不过是靠着耍嘴皮子得到了一官半职，现在竟又来胡言乱语阻挠我的军队前进！”用刑具把刘敬拘禁到广武。

汉高帝先抵达平城，军队尚未全部到来。冒顿全线展开精兵四十万骑，把高帝围困在白登山达七天之久。汉军这时内外无法呼应救援断了粮，高帝于是就采用陈平的秘计，派使者暗中用重金贿赂冒顿的阏氏。阏氏随即便对冒顿说：“两个帝王不应彼此困窘迫害。如今即使夺得了汉朝的土地，单于您也终究不能居住在那里。况且汉朝的帝王也有神灵保护，望您明察！”冒顿与王黄、赵利约定好时间会师，但王黄、赵利的军队却迟迟不来，由此就怀疑他们与汉军有什么谋划，这才解开包围圈的一角。正好遇到天降大雾，汉军便派人在白登山与平城之间往来走动，匈奴人毫无察觉。陈平这时请求高帝命令士兵们用强弩搭上两支箭，箭朝外御敌，从解围的一角直冲出去。高帝脱出包围后，想要策马疾奔，太仆滕公夏侯婴却坚持慢慢地行走。到了平城时，汉朝的大队人马也赶到了，匈奴的骑兵便解围而去。汉军于是也收兵返回，命令樊哙留下来平定代地。

汉高帝回到广武，赦免了刘敬，说道：“我不采用您的意见，因此被围困在平城。我已经把先前十多批使者都杀掉了！”接着就封给刘敬二千户，爵位为关内侯，称作建信侯。高帝回师向南经过曲逆县，说道：“好壮观的县啊！我走遍天下，只见过洛阳和这里罢了。”就改封陈平为曲逆侯，享用全县民户的赋税收入。陈平跟随高帝南征北战，共六次进献妙计，每次都增加了封邑。

（以上为第十一段，写韩王韩信叛汉降匈奴，汉高帝兵征韩王韩信而攻打匈奴，被围困在白登山七天七夜，用陈平之计突围脱险。）

十二月，汉高帝返回长安，途经赵国。赵王张敖对高帝行作为女婿的礼节，十分谦卑，而高帝却叉开两腿坐着，态度轻慢地责骂张敖。赵国相国贯高、赵午等人都怒火中烧，说道：“我们的大王，真是个懦弱的王啊！”随即劝赵王说：“天下豪强并起，贤能的人先称王。现在，您侍奉皇帝非常恭谨，而皇帝却如此无礼，请让我们替您把他杀了！”张敖咬破自己的手指流出血来，说道：“你们怎么说这种大错特错的话呀！先父亡国后，依赖皇帝才得以复国，德泽能够流传给子孙，一丝一毫都是皇帝的力量啊，望你们不要再这么说了！”贯高、赵午等人都相互说道：“这是我们的不是了。我们的大王是忠厚的长者，不会背弃恩德。况且我们的原则是不受人侮辱，而今皇帝侮辱了我王，所以想要杀掉他，又何必连累我王呢！事情干成了，则功归我王；事情失败了，则我们独自承担罪责罢了。”

匈奴攻打代国，代王刘喜弃国，自己逃归洛阳。高帝免了他的罪，改封他为郃阳侯。十二月辛卯（疑误），封皇子刘如意为代王。

春季，二月，汉高帝抵达长安。萧何这时正主持营建未央宫，高帝见到未央宫如此壮丽，十分愤怒，对萧何说：“天下纷乱，连年受战事劳苦，如今成败尚未可知，为什么要把宫室修筑得过分豪华呢？”萧何说：“正是因为天下尚未安定，所以才可趁势营造宫室啊！更何况天子以四海为家，宫殿不壮丽就不足以加重威严，而且也不能让后世宫室的建筑规模超过它呀！”高帝这才高兴起来。

臣司马光评论说：圣明的君王以仁义为美丽，以道德为威，还不曾听说过有依靠宫室规模来镇服天下的。天下尚未安定，理当克制自己、节俭用度，前去解救百姓的危难，现却反倒以营建宫室为先任，这怎么可以说是明白自己所应有的职责呢？从前，大禹住在简陋的宫室而夏桀仍修建奢华的倾宫，开创业绩把王位传给后代的君王，虽然身体力行于节俭为子孙作表率，但他们之中的末流依旧还是沦落入骄奢淫逸之中，何况向后代子孙显示奢侈呢？萧何竟谈什么“不要让后世宫室的建筑规模超过它”，这难道不是荒谬吗？到了汉武帝时，终于因滥建宫室而导致天下疲惫衰败，这种局面未必不是由酂侯萧何开的头啊！

汉高帝从栎阳迁都长安。

汉朝开始设置宗正官，管理皇族宗室。

夏季，四月，汉高帝出行到洛阳去。

（以上为第十二段，写汉高帝回长安途经赵国，因轻视赵王，险遭赵臣贯高等人谋害。萧何主持营建未央宫，十分壮丽，开启奢侈之风。）

【点评】

刘邦建国取胜的主观因素。在消灭暴秦、楚汉相争中，刘邦“笑”到了最后，打败了项羽，建立了汉朝。那么，刘邦为什么能够从弱小到强大，剪灭群雄，自立于世？这固然有多方面的因素，但最根本的、最关键的，还在于刘邦本身，这里说一说刘邦取胜的主观因素，主要是有以下五个方面：

第一，刘邦交游广泛，善于结交各类朋友。刘邦本身没有多少文化，是个“玩角儿”，甚至是个“混混”，年少时不务正业，喜欢赌博，也好色，有些玩世不恭，凡是作为男人的缺点，他几乎都有，但有一点，却是别人没有的，就是他广结人缘，情商高，人脉非常广，无论是官府，还是民间，甚至是三教九流，他都能“吃得开”，一般人只要和他打打照面，都会成为他的朋友，对他关照有加，甚至死心塌地为他鞍前马后奔走。他后来打天下的骨干团队，几乎都是他的铁杆朋友。一一数来，萧何、周勃、樊哙、夏侯婴、灌婴、曹参、卢绾、雍齿等都是。这无疑为刘邦的事业取得成功打下了雄厚的人才基础。而刘邦的对手项羽则相反，他的个人能力很强，即使是兵败垓下，也能显示出他的英雄本色，但他的致命弱点就是眼中只有自己，别人都不在话下，结果真正成了孤家寡人。

第二，刘邦具有仁义之心，被称为“长者”，“刘大哥”深得人心。刘邦虽然有些顽劣，甚至“无赖”，在芸芸众生的眼中是个“另类”，但他有一个长处，就是讲仁讲义，恰恰与秦朝的暴虐、项羽的暴行相反，是一位“仁者”、“长者”。因而，他得到人们的“拾爱”。秦朝暴酷刑罚，人们不得安生，生怕哪一天就遭遇“暴行”；项羽攻城掠地，每到一处，不是屠，就是杀，实行“三光”政策，人们深恶痛绝，称之为“屠夫”。他们这是在为渊驱鱼啊！而刘邦善于听从谋臣意见，爱抚民众，行仁仗义。当初，楚怀王熊心主政时，做出“先入关中者为王”的约定，而“西行”的最佳人选，就是刘邦，刘邦当时虽然力量不很强大，但有一颗仁义之心，楚怀王独让刘邦西行，被称为“扶义”入关。刘邦进入咸阳后，秋毫无犯，封秦府库，退回霸上，又与秦地父老“约法三章”，去秦苛暴，秦人欢喜若狂，担羊载酒，唯恐刘邦不为秦王；而项羽倒好，到了秦都咸阳，将咸阳宫殿一把火烧光，大火三月不灭，这其实是烧了他自己，使他失去了天下人心。刘邦与项羽的成败，在这个时候就已经立见分晓了。

第三，刘邦非常“大度”，善于得人、用人，听从别人意见。刘邦本身的作战能力并不强，手不能挽弓，也没有多少气力，如果与人单挑独斗，早就被人打趴下了，但他有一个独到的长处，就是悟性高，不管什么事，或许他没有想到，只要别人一点拨，他就豁然开朗，并立即行动，凡事说干就行，具有很强的行动能力。他起兵后，遇到张良，张良熟读兵书，本来带着一百多人去投奔他人，与刘邦一阵交谈后，就像被摄魂似的，一生就跟定了刘邦，从不反悔；陈平从项羽那儿投诚过来，与刘邦一阵交谈，刘邦就非常相信他，授予监军之职，遭到老臣的嫉妒，他仍然不改初衷；刘邦称帝后，娄敬从山东过来进见，建议将都城从洛阳迁到关中，刘邦认为有理，在征求张良意见后，不顾众臣反对，随即迁都，等等，这样的事例很多。刘邦的这种用人不疑，从善如流的做法，没有谁能够比得上。因而，也就没有谁能够成功，而只有他能够成功。

第四，刘邦具有坚韧的毅力，在失败面前不灰心，不丧气，善于化解矛盾，反败为胜。刘邦开始起兵的时候，力量非常弱小，项梁拥有十万人马的时候，他只有区区几千人。项梁在薛城举行“英雄会”，他虽然也参加了，但微不足道，没有他说话的份儿，仅仅是旁听而已。后来，项羽入关时，号称有四十万兵马，而他只有十万人。因项羽入关问题，战争一触即发，刘邦哪里是项羽的对手？刘邦听到消息，就到项羽的驻地鸿门周旋，才化险为夷。彭城大战后，刘邦被彻底打败，仓皇逃命，急急如丧家之犬，也顾不得家人和子女。但是，他的意志没有被摧垮，没有悲伤，没有哭泣，东山再起的意念非常强烈，在逃命的半途举行下邑画策，思考打败项羽的策略，派随何到九江去挖项羽的墙角，游说黥布归汉。接着继续与项羽争强斗胜；在荥阳相持中，刘邦被项羽团团包围，差点丢了性命，他用“金蝉脱壳”之计，逃出包围圈，又在思考着怎样与项羽相斗。可见，刘邦的抗争意思非常强烈，善于在困苦中成长，在失败中崛起，不达目的，誓不罢休。而项羽则相反，兵败如山倒时，心灰意懒，最后即使有重回江东、东山再起的机会，他也放弃了，而“成全”了刘邦。

第五，刘邦的目标意识非常强烈，为了打败项羽、巩固汉朝，无所不用其极，没有什么力量能够阻止他为了实现目标而顽强奋斗。刘邦虽然起步晚，起点低，但他朝着目标方向一步一步前进，不沉沦，不徘徊，直到达到胜利的终点。彭城大战失败后，项羽把刘邦的父亲和妻子捉去，作为筹码，在荥阳相持的关键时刻，项羽使出了杀手锏，要烹杀刘邦的父亲，要挟刘邦投降。要是换了一般人，只好乖乖就范，因为眼看着父亲被杀而不救，这是大不孝，将来何以立足？可刘邦不管这些，他说出了一番匪夷所思的话，说他和项羽同时受命反秦，两人就是兄弟，自己的父亲就是项羽的父亲，你杀了你的父亲，也分一杯羹给自己来尝尝。这样的话，也只有刘邦才能说得出，结果成功地化解了这一危机。后来，大将军韩信取得河北大捷，灭魏，破赵，降燕，又攻下齐国，势力非常强大，韩信向刘邦请求封为代理齐王，以镇齐地。刘邦开始很不以为然，觉得韩信很不仗义，自己这边是焦头烂额，而他不赶快前来增援，而要一心封王，是何居心？头脑清醒的张良分析当时的严峻形势，认为如果得罪了韩信，要吃不住兜着走。刘邦恍然大悟，迅速反应过来，说大丈夫要封王，就玩真的，还弄什么假的？就假戏真做，封韩信为齐王，让韩信非常满意，得到了韩信的一颗拥戴之心。后来，刘邦相约韩信、彭越围攻项羽，而韩信、彭越不能应约，自己被项羽打得大败。这时，刘邦又听从张良意见，确定韩信、彭越二人的封地，让他们在打败项羽后得到好处，果然他们都前来合力攻打项羽，才把项羽消灭。

汉纪四

汉高帝八年至汉惠帝七年（公元前 199—前 188）

【起玄黓摄提格（壬寅，公元前 199 年），尽昭阳赤奋若（癸丑，公元前 188 年），凡十二年】

【大事提要】

本卷记事起于公元前 199 年，到公元前 188 年，凡十二年，当为汉高帝八年至汉惠帝七年。本卷所载的大事，主要是以下几个方面：其一，陆贾和越。刘邦平定中原后，赵佗已在南越称王，因国家初定，刘邦派陆贾出使南越，游说赵佗归附汉朝。陆贾细数赵佗的中原出身，斥责他忘本而不讲礼仪，指出南越和汉朝实力上的强弱悬殊，晓以情理，迫使赵佗遵从汉朝约束，接受南越王封号，称汉臣。其二，杀戮功臣。吕后性格刚毅，秉性狠毒，趁刘邦在外征战之际，与萧何用计诛杀韩信，韩信冤死于长乐宫钟室；不久，梁王彭越被刘邦废为庶人，削职流放蜀地。彭越途中遇到吕后，诉说无罪，吕后将其带回洛阳，劝说刘邦将其处死，剁成肉酱分赐其他诸侯王。其三，逼反英布。吕后诛杀了淮阴侯韩信，后又诛杀了梁王彭越，赐予肉酱，英布内心恐惧，暗中使人部署，集结军队，以备不测；部将贲赫上书言变，朝廷查验，英布无奈之下起兵造反，出兵攻打荆国、楚国。刘邦带病率军平叛，两军大战，英布战败，被诛杀。其四，刘邦去世。公元前 195 年，刘邦因率军攻打英布，被流矢射中，其后病重不起，于同年去世，享年六十二岁，庙号“太祖”，谥号“高皇帝”。清人诗论：“汉皇千古一英雄，休笑当年马上功。试问后来为帝者，谁人曾出范围中？”去世后，太子刘盈即位。其五，萧规曹随。汉朝刚刚建立时，人民饱受战乱之苦，迫切需要休养生息，发展经济。相国萧何顺应民意，制定了一系列鼓励人民安居乐业的积极措施。萧何去世，举荐曹参。曹参担任相国，审时度势，继续采取“无为而治”的治国方略，国家无事，留下一段佳话。

太祖高皇帝下

汉高帝八年（壬寅，公元前 199 年）

冬季，汉高帝刘邦在东垣攻打韩王韩信的余党，经过赵国的柏人城。赵相贯高派人藏在厕所的夹墙中，准备行刺高帝。高帝正想留宿城中，忽然心里不安，问：

“这个县叫什么？”回答说：“柏人。”高帝说：“柏人，就是受迫于人呀！”于是，没有住宿而离开。十二月，高帝从东垣城回长安。

春季，三月，汉高帝前往洛阳。

汉高帝刘邦下令，商人不准穿锦、绣、细绫、绉纱、细葛布、布、毛织品，不准持兵器、乘车、骑马。

秋季，九月，高帝一行从洛阳回到长安。淮南王、梁王、赵王、楚王都随行。

匈奴冒顿屡次侵扰汉朝北部边境。汉高帝感到忧虑，向刘敬询问对策，刘敬说：“天下刚刚安定，兵士们因兵事还很疲劳，不宜用武力去征服冒顿。但冒顿杀父夺位，把父亲的群妃占为妻子，以暴力建立权威，我们也不能用仁义去说服他。唯独可以用计策，使他的子孙长久做汉的臣属，然而我担心皇上做不到。”高帝问：“如何做呢？”回答说：“皇上如果能把嫡女大公主嫁给他为妻，又赠送丰厚的财物，他一定仰慕汉朝，以公主为匈奴的阏氏，生下儿子，肯定是太子。皇上每年四季用汉朝多余而匈奴缺乏的东西，频繁地慰问赠送他们，乘机派能说善辩的人士前去讽劝和讲解礼节。这样，冒顿在世时，他本是汉朝的女婿辈；他死后，您的外孙便即位为匈奴王单于。难道曾听说过外孙敢和外祖父分庭抗礼的吗？我们可以不经一战而让匈奴渐渐臣服。如果皇上舍不得让大公主去，而令宗室及后宫女子假称公主，他们知道了，不肯尊敬亲近，还是没有用。”高帝说：“好！”便想让大公主去。但吕后日日夜夜哭泣着说：“我只有太子和一个女儿，为什么把她扔给匈奴！”高帝到底没有办法让大公主去。

（以上为第一段，写公元前199年史事，写汉高帝刘邦在东垣攻打韩王韩信的余党，回到长安，对匈奴侵扰不已感到非常忧虑，向刘敬询问对策，刘敬提出让嫡长公主和亲，刘邦同意，吕后反对，嫡长公主和亲事作罢。）

汉高帝九年（癸卯，公元前198年）

冬季，汉高帝在庶民家找来一名女子，称之为大公主，把她嫁给匈奴单于作妻子，同时派刘敬前往缔结和亲盟约。

臣司马光评论说：建信侯刘敬说冒顿残暴，不能用仁义道德去说服他，而又想与其联姻，为什么这样前后矛盾呀！骨肉亲人的恩情，长幼尊卑的次第，只有仁义的人才能明白，怎么要以此来降服匈奴呢？先代帝王统治夷狄的对策是：他们归服就用德来安抚，他们叛扰就用威来震慑，从没听说过用联姻的办法。况且，冒顿把生身父亲视为禽兽而猎杀，对岳父会怎么样？刘敬的计策本来就很不高明，何况公主鲁元已经成了赵王王后，又怎么能夺回来呢？

刘敬从匈奴归来，说："匈奴的河南白羊、楼烦王部落，离长安城近的只有七百里，轻骑兵一天一夜就可以到达关中。关中刚遭过战事洗劫，缺少百姓，但土地肥沃，应该加以充实。秦末，诸侯最初起事时，没有齐国田氏、楚国昭、屈、景氏的响应就不能勃兴。现在，皇上您虽然已经建都关中，实际上却没有多少人民，而东部有旧六国的强族，一旦有什么事变，您也就不能高枕而卧了。我建议皇上把旧六国的后人及地方豪强、名门大族迁移到关中居住，国家无事时可以防备匈奴，如果各地旧诸侯有变，也足以征集大军向东攻打。这是加强根本而削弱末枝的办法。"高帝说："对。"十一月，便下令迁移旧齐国、楚国的大族昭氏、屈氏、景氏、怀氏、田氏五族及豪强到关中地区，给予便利的田宅安顿，共迁来十多万人。

十二月，汉高帝前往洛阳。

赵国相国贯高的阴谋被他的仇家探知，向汉高帝举报这桩不寻常的大事。高帝下令逮捕赵王张敖及各谋反者。赵王属下赵午等十几人都争相表示要自杀，只有贯高怒骂道："谁让你们这样做的？如今赵王确实没有参与谋反，而被一并逮捕。你们都死了，谁来申明赵王不曾谋反的真情？"于是，被关进胶封的木栏囚车，与赵王一起押往长安。贯高对审讯官员说："只是我们自己干的，赵王的确不知道。"狱吏动刑，拷打鞭笞几千下，又用刀刺，直至体无完肤，贯高始终不再说别的话。吕后几次说："赵王张敖娶了公主，不会有此事。"高帝怒气冲冲地斥骂她："要是张敖夺了天下，难道还缺少你的女儿不成！"不予理睬。

廷尉把审讯情况和贯高的话报告汉高帝，高帝感慨地说："真是个壮士，谁平时和他要好，用私情去探听一下。"中大夫泄公说："我和他同邑，平常很了解他，他在赵国原本就是个以义自立、不受侵辱、信守诺言的人。"高帝便派泄公持节去贯高的竹床前探问。泄公慰问他的伤情，见面仍像平日一样欢洽，便套问："赵王张敖真的有谋反计划吗？"贯高回答说："以人之常情，难道不各爱自己的父母、妻子儿女吗？现在我的三族都被定成死罪，难道我爱赵王胜过我的亲人吗？因为实在是赵王不曾谋反，只是我们自己这样干的。"又详细述说当初的谋反原因及赵王不曾知道的情况。于是，泄公入朝一一报告了高帝。

春季，正月，高帝下令赦免赵王张敖，降为宣平侯，另调代王刘如意为赵王。

高帝称许贯高的为人，便派泄公去告诉他："张敖已经放出去了。"同时赦免贯高。贯高高兴地问道："我的大王真的放出去了？"泄公说："是的。"又告诉他："皇上看重你，所以赦免了你。"贯高却说："我之所以不死，被打得遍体鳞伤，就是为了表明赵王张敖没有谋反。现在赵王已经出去，我的责任也尽到了，可以死而无憾。况且，我作为臣子有谋害皇帝的罪名，又有什么脸面再去事奉皇上呢？即使皇上不杀我，我就不心中有愧吗？"于是，掐断自己的颈脉，自杀了。

荀悦评论说：贯高带头谋反作乱，是个杀君的贼子。虽然他舍身证明赵王无罪，但小的优点掩盖不住大逆不道，个人的品行赎不了法律上的罪过。按照《春秋》大义，遵循正道最为重要，他的罪应是不可赦免的。

臣司马光评论说：汉高祖因为骄横失去了臣下，贯高因为狠毒使他的主子失掉原有的封国。促使贯高谋反行逆的，是汉高祖的过失；致令张敖亡国的，是贯高的罪过。

汉高帝颁布命令："丙寅日以前犯罪者，死罪以下，都予以赦免。"

二月，汉高帝一行自洛阳回长安。

当初，高帝颁布命令，说："赵王群臣及宾客有敢随从张敖者，满门抄斩。"但郎中田叔、孟舒等都自行剃去头发，以铁圈束颈，作为赵王家奴随从。待到张敖免罪，高帝称许田叔、孟舒的为人，下令召见，与他们交谈，发现他们的才干超过了汉朝朝廷的大臣。高帝任命两人为郡守、诸侯国相。

夏季，六月三十日晦，出现日食。

汉朝改任丞相萧何为相国。

（以上为第二段，写公元前198年汉高帝刘邦采纳刘敬建议，以庶民女为大公主和亲匈奴；移齐、楚大族及六国后十万口实到关中。赵王张敖相国贯高谋反，祸及赵王，被逮而后释放，降为侯爵。）

汉高帝十年（甲辰，公元前197年）

夏季，五月，太上皇于栎阳宫去世。秋季，七月十四日癸卯，将太上皇安葬于万年陵。楚王、梁王都来送葬。汉高帝刘邦下令特赦栎阳囚犯。

定陶女子戚夫人受汉高帝宠爱，生下赵王刘如意。高帝因为太子为人仁慈懦弱，认为刘如意像自己，虽然封他为赵王，却把他长年留在长安。高帝出巡关东，戚夫人也常常随行，日夜在高帝面前哭泣，想要立如意为太子。而吕后因年老，常留守长安，与高帝越发疏远。高帝便想废掉太子而立赵王为继承人，大臣们表示反对，都未能说服他。御史大夫周昌在朝廷上强硬地争执，高帝问他理由何在。周昌说话口吃，又在盛怒之下，急得只是说："我口不能言，但我期期知道不能这样做，皇上要废太子，我期期不奉命！"高帝欣然而笑。吕后在东厢房侧耳聆听，事过后，她召见周昌，向他跪谢说："要不是您，太子几乎就废了。"

当时，赵王刚十岁，高帝担心自己死后他难以保全。符玺御史赵尧建议为赵王配备一个地位高而又强有力，平时能让吕后、太子及群臣敬惮的相。高帝问道："谁合适呢？"赵尧说："御史大夫周昌正是这样的人。"高帝便任命周昌为赵国的相，而令赵尧代替周昌为御史大夫。

起初，高帝任命阳夏侯陈豨为相国，监管赵国、代国边境部队。陈豨拜访淮阴侯韩信并向他辞行。淮阴侯握着他的手，屏退左右随从，与他在庭院中散步，忽然仰天叹息道："有几句话，能和你说吗？"陈豨说："只要是将军您的指示，我都听从。"韩信说："你所处的地位，集中了天下精兵；而你，又是皇上信任的大臣。如果有人说你反叛，皇上肯定不信；然而再有人说，皇上就会起疑心；说第三次，皇上必定会愤怒地亲自率领大军前来攻打你。请让我为你做个内应，那么天下就可以谋取了。"陈豨平常便知道韩信的能力，相信他，于是说："遵奉您的指教！"

陈豨常常羡慕当年魏国信陵君魏无忌养士的行为，及至他做相国驻守边境，告假回来时，经过赵国，跟随他的宾客乘坐的车有一千多辆，把邯郸城的官舍都住满了。赵相周昌见此情况，请求入京进见汉高帝刘邦，详述陈豨门下宾客盛多，又专擅兵权在外数年，恐怕会有事变，等等。高帝令人再审查陈豨宾客在代国时的种种不法之事，很多牵连到陈豨。陈豨听说后十分恐慌，韩王信趁机派王黄、曼丘臣等人来劝诱他联成一伙。

太上皇去世时，汉高帝派人来召陈豨，陈豨称病不去；九月，他便与王黄等人公开反叛，自封为代王，率军劫掠赵国、代国。高帝领兵从东面进击，到达邯郸，高兴地说："陈豨不占据邯郸而去扼守漳水，我知道他没有多大能耐了！"

赵相周昌奏报说："常山郡二十五城，有二十城都失陷了，请处死郡守、郡尉。"汉高帝问道："郡守、郡尉都反叛了吗？"周昌回答说："没有。"高帝说："这是他们力量不足，没有罪过。"

汉高帝又令赵相周昌挑选赵国壮士中可充当将领的人，周昌报告说有四个人，并让他们来进见。高帝谩骂道："你们这群小子能当将军吗？"四人大为惭愧，都伏在地上；高帝却真的赏赐各人以一千户的封邑，任用为将领。左右随从劝阻说："跟随您进兵蜀、汉，征讨楚王的功臣都没有全部封赏；今天封他们，凭的什么功劳？"高帝说："这就不是你们所能知道的了。陈豨造反，赵国、代国一带都被他占有。我用紧急军书征调天下军队，至今还没有到来的，现在估计能够调遣的只有邯郸城中这些士兵而已，我为什么还要吝惜那四个千户封邑，不用来抚慰赵国子弟呢！"属下都点头说："好主意。"

汉高帝又听说陈豨的很多部将过去都是商人，便说："我知道如何对付他们了。"下令多用黄金去收买陈豨部将，果然有大部分部将来降。

（以上为第三段，写公元前197年史事，写刘邦宠幸戚夫人，欲立其子赵王如意为太子，御史大夫周昌强谏而作罢，又担心将来赵王被吕后所害，于是置贵强相护理赵王，以周昌为赵相。监赵、代边兵的相国陈豨谋反，自封为代王，刘邦亲征。）

汉高帝十一年（乙巳，公元前196年）

冬季，汉高帝在邯郸城。陈豨的部将侯敞率领一万多人游动袭击，王黄率领骑兵一千多人屯军曲逆，张春率领一万多士兵渡过黄河进攻聊城；汉朝将军郭蒙与齐国将军迎击，大破陈豨的军队。太尉周勃取道太原去平定代地，兵抵马邑，久攻不下，攻下后便大行杀戮。赵利守东垣城，高帝亲自率军攻下，将地名改为真定。高帝又悬赏千金捉拿王黄、曼丘臣，结果其部下都将他们活捉送来，于是，陈豨的军队溃败。

淮阴侯韩信假称有病，没有随从汉高帝去攻打陈豨，暗中却派人到陈豨那里，与他勾结谋划。韩信想在夜间与家臣用伪诏书赦免官府的有罪工匠及奴隶，打算发动他们去袭击吕后、太子。已经部署完毕，只等陈豨的消息。韩信有个门下舍人曾因得罪韩信，被囚禁起来，准备处死。春季，正月，舍人的弟弟上书举报事变，将韩信打算谋反的情况告诉吕后。吕后想把韩信召来，又担心他可能不服从，便与相国萧何商议，假装让人从汉高帝刘邦处来，说陈豨已经被擒，处死，列侯及群臣闻讯都到朝中祝贺。萧何又欺骗韩信说："你虽然病了，也应当强挺着前来道贺。"韩信来到朝廷，吕后便派武士将他捆绑起来，在长乐宫钟室里斩首。韩信在斩首之前，叹息说："我真后悔没有用蒯彻的计策，竟上了小孩子、妇人的当，这难道不是天意吗？"吕后随后下令将韩信三族都连坐杀死。

臣司马光评论说：世人有的认为，韩信为汉高祖首先奠定开业大计，与他一同在汉中起事，平定三秦后，又分兵向北，擒获魏王，夺取代国，扑灭赵国，胁迫燕国，再向东攻击占领齐国，复向南在垓下消灭楚国，汉朝之所以能够得到天下，大致都归功于韩信。再看他拒绝蒯彻的建议，在陈地迎接高祖，哪里有反叛之心呢？实在是因为失去诸侯王的权位后怏怏不快，才陷于大逆不道。卢绾仅仅有高祖里巷旧邻的交情，就封为燕王，而韩信却以侯爵身份奉朝请；高祖难道不也有亏待韩信的地方吗？我认为：汉高祖用诈骗手段在陈地抓获韩信，说他亏待是有的；不过，韩信也有咎由自取之处。当初，汉王与楚王在荥阳相持，韩信灭了齐国，不来奏报汉王却自立为王；其后，汉王追击楚王到固陵，与韩信约定共同进攻楚王，而韩信按兵不动；当时，高祖本已有诛杀韩信的念头了，只是力量还做不到罢了。待到天下已经平定，韩信还有什么可倚仗的呢？抓住机会去谋取利益，是市井小人的志向；建立大功以报答恩德，是有志操学问的君子的胸怀。韩信用市井小人的志向为自己谋取利益，而要求他人用君子的胸怀回报，不是太难了吗？所以，太史公司马迁评论说："假如让韩信学习君臣之道，谦虚礼让，不夸耀自己的功劳，不矜持自己的才能，情况大概就不同了！他对汉家的功勋，可以与周公、召公、太公吕尚等人相比，后代也就可以享有祭祀了！他不去这样做，反而在天下已定之时，图谋叛逆，被斩灭宗族，不是理所当然的吗！”

将军柴武在参合将韩王信斩首。

汉高帝回到洛阳，知道淮阴侯韩信被杀，又是欣喜又是怜惜。他问吕后：“韩信临死时有什么话？”吕后说：“韩信说后悔没有用蒯彻的计谋。”高帝悟道：“是齐国的能辩之士蒯彻呀！”便下令齐国逮捕蒯彻。蒯彻被押来后，高帝问：“你教韩信造反吗？”回答说：“是的，我确实教过。那家伙不听我的计策，所以才自取灭亡，落到这个地步；如果用我的计策，皇上怎么能够杀了他呢？”高帝勃然大怒，下令：“烹杀他！”蒯彻大叫：“哎呀！烹杀我实在冤枉！”高帝问道：“你教韩信造反，还有何冤枉？”蒯彻说：“秦朝失去江山，天下人都群起争夺，有才能、动作快的人能先得到。古时跖的狗对尧吠叫，并不是尧不仁，而是狗本来就要对不是它主人的人吠叫。当时，我作为臣子只知道有韩信，不知道有皇上啊！何况，天下磨刀霍霍，想做皇上这般大业的人很多，只是力量达不到罢了，您又能都烹杀吗？”高帝听罢，说：“放了他。”

（以上为第四段，写汉高帝刘邦攻灭叛将陈豨。吕后萧何用计斩杀淮阴侯韩信于长乐宫钟室，刘邦得知，且喜且怜。蒯彻曾教韩信谋反，高帝赦免其罪。司马光评价，韩信之死，自取之也。）

汉高帝立儿子刘恒为代王，以晋阳为都城。

汉高帝下令实行大赦。

汉高帝进攻陈豨时，向梁王彭越征兵，彭越称病，只派将军率兵赴邯郸。高帝大怒，令人前去斥责。彭越恐惧，想亲身入朝谢罪。部将扈辄说：“您当初不去，受到斥责后才去，去了就会被擒，不如就势发兵反了吧。”彭越不听劝告。他的太仆因获罪逃往长安，控告梁王彭越与扈辄谋反。于是，高帝派人突袭彭越，彭越事先没有发觉，便被俘获，囚禁到洛阳。有关部门审讯的结果是：“已有谋反迹象，应按法律处死。”高帝赦免他为平民，押送到蜀郡青衣居住。彭越向西到了郑地，遇到吕后从长安来。彭越向吕后哭泣，诉说自己无罪，希望能够到故地昌邑居住。吕后口中应允，与他一起东行。到了洛阳，吕后对高帝说：“彭越是个壮士，如今把他流放到蜀郡，这是自留后患，不如就此杀了他。我已与他同来。”吕后又指使彭越门下舍人控告彭越再行谋反。廷尉王恬开奏请将彭越灭三族，高帝予以批准。

三月，彭越三族都被斩首。还割下彭越的首级在洛阳示众，并颁布命令：“有来收殓尸体者，一律逮捕。”

梁王彭越的大夫栾布出使齐国，回来后，在彭越的头颅下奏报，一边祭祀一边大哭。官吏将他逮捕，报告汉高帝。高帝召来栾布，痛骂一番，想烹杀他。两旁的人正要提起他投入滚水中，栾布回头说："请让我说句话再死。"高帝便问道："还有什么话？"栾布说："当年皇上受困于彭城，战败于荥阳、成皋之间，而项羽却不能西进，只是因为彭越守住梁地，与汉联合而使楚为难。当时，只要彭越一有倾向，与项羽联合则汉失败，与汉联合则楚失败。而且垓下会战，没有彭越，项羽就不会灭亡。如今天下已经平定，彭越接受符节，被封为王，也想传给子孙后代。而如今皇上向梁国征一次兵，彭越因病不能前来，皇上就疑心以为造反；未见到反叛迹象，便以苛细小事诛杀了他。我担心功臣会人人自危。现在彭越已经死了，我活着也不如死，请烹杀我吧！"高帝认为有理，便赦免了栾布的罪过，封他为都尉。

三月丙午（三月无丙午日，疑误），高帝立皇子刘恢为梁王，十一日丙寅，立皇子刘友为淮阳王。废除东郡，较大地扩充了梁国；废除颍川郡，较大地扩充了淮阳国。

夏季，四月，高帝一行从洛阳回长安。

（以上为第五段，写梁王彭越在汉高帝讨伐陈豨时，没有亲自领兵参与而被疑造反，遭高帝突然袭击被捕流放，路遇吕后声言无罪。吕后诳骗鼓越到洛阳，对高帝说："彭越壮士，不可放纵自留后患。"彭越被灭族，枭首示众。彭越大夫栾布奉使返回，奏示彭越头颅下，高帝壮节，赦免用为都尉。）

五月，汉高帝下令立原秦朝南海尉赵佗为南粤王，派陆贾前往授予印信绶带，颁发符节，互通使者，让他团结安抚百越，不要成为南方边境的祸害。

当初，秦二世时，南海尉任嚣病重将死，他召来龙川县令赵佗，对赵佗说："秦朝统治暴虐无道，天下都十分怨愤。听说陈胜等人已起兵造反，天下不知怎样才能安定。我们南海虽然地处偏远，我也担心盗贼匪兵到这里来侵占地盘，想发动军队切断秦朝修筑的通往内地的新道，以自做准备，等待诸侯的变化，恰在此时我却病重。再说，我们的番禺城后山势险要，前有南海阻隔，东西几千里，有很多中原人在辅佐治理，这也是一州之主，可以建立国家。我看郡中的官员，没有人足以商议，所以召你前来，告诉你我的嘱托。"任嚣说完，便为赵佗写下委任书，请他代理南海尉的政事。任嚣死后，赵佗立即发出檄文通知横浦、阳山、湟关，说："盗匪军队就要来到，各地立即断绝通道，聚兵自守。"随后，又逐渐利用法律诛杀秦朝所设官员，以他的同党做代理郡守。秦朝灭亡后，赵佗立即发兵进攻吞并桂林、象郡，自立为南越武王。

陆贾来到南越，赵佗头上盘着南越人的头髻，伸开两脚坐着接见他。陆贾劝说赵佗："您是中原人士，亲戚、兄弟、祖先坟墓都在真定。现在您违反天性，抛弃华夏冠带，想以区区南越之地与汉朝天子相抗衡，成为敌国，大祸就要临头了！再说，秦朝丧失德政，各地诸侯、豪强纷纷起兵反抗，只有汉王能先入关中，占据咸阳。项羽背约，自立为西楚霸王，诸侯都成为他的部属，他可以说是极强大的了。但汉王起兵巴蜀后，便横扫天下，终于诛杀了项羽，消灭了楚军。五年之间，海内获得平定，这并非人力所为，而是上天的建树啊！汉朝天子听说您在南越称王，却不协助天下诛杀暴逆，文武将相都请求派兵来剿灭您。但天子怜悯百姓刚刚经过兵事劳苦，所以暂且休兵不发，派我前来授您君王印信，颁发符节，互通使臣。您应该亲自到郊外迎接，向北称臣才是，而您竟要凭借新近缔造尚未安定的南越国，对汉朝如此倔强不服从！汉朝要是知道了，掘毁焚烧您祖先的坟墓，杀光您的宗族，再派一员偏将率领十万大兵压境，那么南越人杀您投降汉朝，是易如反掌的！”

于是，赵佗大惊失色，立即离开座位，向陆贾谢罪，说：“我在蛮夷民族中居住已久，太没有礼仪了。”他又问陆贾：“我与萧何、曹参、韩信比，谁高明？”陆贾回答说：“似乎是您高明些。”赵佗又问：“那么我与汉朝皇帝比，谁高明？”陆贾说：“皇帝继承三皇五帝的伟业，统一治理中原；中原人口以亿计算，土地方圆万里，万物殷实丰富；皇帝能把政权集于一家之手，是开天辟地以来未曾有过的大事。您的臣民不过几十万，还都是蛮夷，散布在崎岖的崇山大海之间，好像是汉朝的一个郡而已，怎么可以与汉朝相提并论！”赵佗大笑着说：“我没有在中原兴起，所以在这里称王；如果我在中原，怎么就见得不如汉朝！”说完便留下陆贾与他畅饮。

过了几个月，赵佗说：“南越没有可说话的人，直到你来，才让我每天听到从未听过的事情。”又赏赐陆贾一袋珠宝，价值千金，其他馈赠也达千金之多。陆贾最后便拜赵佗为南越王，令他向汉朝称臣，遵守汉朝约定。陆贾回朝报告，汉高帝刘邦大为高兴，封陆贾为太中大夫。

陆贾时时在汉高帝刘邦面前称道《诗经》、《尚书》，高帝斥骂他说：“你老子是在马上打下的天下，哪里用得着《诗经》、《尚书》！”陆贾反驳说：“在马上得天下，难道可以在马上治理天下吗？况且商朝汤王、周朝武王都是逆上造反取天下，顺势怀柔守天下。文武并用，才是长治久安的治国方略。当年吴王夫差、智伯瑶、秦始皇，也都是因为穷兵黩武而遭致灭亡。假使秦国吞并天下之后，推行仁义，效法先圣，皇上今天怎能拥有天下！”高帝露出惭愧面容，说：“请你试为我写出秦国所以失去天下，我所以得到天下及古代国家成败的道理。”陆贾于是大略阐述了国家存亡的征兆，共写成十二篇。每奏上一篇，高帝都称赞叫好，左右随从也齐呼“万岁”。该书被称为《新语》。

（以上为第六段，写陆贾出使南越，封立原秦朝南海尉赵佗为南粤王，不辱使命；陆贾还时时在刘邦面前称道《诗经》、《尚书》，写成《新语》十二篇论秦之所以亡汉之所以得，及古成败之国，奏上，得到刘邦及群臣的称赞。）

汉高帝生了病，讨厌见人，躺在宫中，命令守宫门官员不准群臣进入，周勃、灌婴等大臣都不敢进去。这样过了十几天，舞阳侯樊哙闯开宫门直冲而入，各大臣也随后跟进。只见高帝正以一个宦官为枕头，独自躺在那里。樊哙等人见了高帝，流着眼泪说："想当年，皇上与我们一同在丰沛起事，平定天下，是何等的雄壮！现在天下已经安定了，又是多么的疲惫不堪！而且，皇上病重，大臣们都感到震惊恐惧；皇上不接见我们商议国家大事，就只是和一个宦官到死吗？再说，皇上难道不知道赵高篡权的事吗？"高帝便笑着起了身。

秋季，七月，淮南王英布反叛。

起初，淮阴侯韩信被杀，英布已感到心惊。待到彭越也遭处死，高帝又把他的肉制成肉酱分赐各地诸侯。使者到了淮南，淮南王英布正在打猎，见了肉酱，大为惊恐，便暗中派人部署军队，等候邻郡报警告急。英布的一个宠姬，因病去就医，医生与中大夫贲赫住对门。贲赫便备下厚礼，陪同宠姬在医生家饮酒。英布却怀疑贲赫与宠姬私通，想抓起贲赫治罪。贲赫觉察，乘传车跑到长安城向高帝告发事变，说："英布谋反，已有迹象，应该趁他尚未发动而先行诛杀。"汉高帝读了他的举报信，对萧何说起，萧何认为："英布不至于做这种事，恐怕是仇人妄行诬告他。可以先把贲赫抓起来，派人暗中查验英布。"英布见贲赫畏罪逃去向高帝控告，本来已经疑心他会说出本国的阴谋；汉朝使者又来，查验出不少证据，他便杀光贲赫全家，发兵反叛。英布造反的报告传至朝廷，高帝于是赦免贲赫，任命为将军。

高帝召集众将询问对策，大家都说："发兵征讨，坑杀这家伙罢了，他有什么能耐！"汝阴侯滕公夏侯婴召来原楚国的令尹薛公，向他征求意见。薛公说："英布当然要反。"夏侯婴问道："皇上割地封给他，又分赐爵位让他称王，还有什么造反的道理？"薛公回答道："皇上前不久杀了彭越，再早些时候还杀了韩信。他们三人，功劳相同，是三位一体的，他自己疑心大祸降临，所以便造反了。"夏侯婴将此话告诉高帝，高帝于是传来薛公，问他，薛公回答说："英布造反不足为怪。但是，如果他采用上策，崤山之东便不再是汉朝所有的了；如果他采用中策，两方谁胜谁负还难以预料；如果他采用下策，那么皇上就可以高枕无忧了。"

汉高帝问道："什么是他的上策？"回答说："向东攻取吴地，向西夺占楚地，吞并齐地，占据鲁地，传令给燕、赵两地，让他们固守本土，那么崤山以东就不在汉朝手中了。""什么是他的中策？""向东攻取吴地，向西夺占楚地，吞并韩地，占据魏地，掌握敖仓的储粮，阻塞成皋通道，那么谁胜谁负就难以预料。""什么是他的下策？""向东攻取吴地，向西夺占下蔡，然后把辎重送回越地，自己回到长沙，那么皇上就可以高枕无忧，汉朝就没事了。"高帝又问："他将会使用哪种计策呢？"薛公说："必使下策。"高帝问道："为什么他会舍弃上、中策而采用下策呢？"薛公回答道："英布其人，原是个骊山的刑徒，自己奋力爬到王的高位，这些都使他只顾自身，不顾以后，更不会为百姓做长远打算。所以说他必采用下策。”高帝说：“好！”下令封薛公一千户。于是，立皇子刘长为淮南王。

这时，汉高帝正有病，想让太子前去进攻英布。太子的宾客东园公、绮里季、夏黄公、角里先生劝建成侯吕释之说：“太子统领大军，有了功劳，地位已无以再增高；没有功劳，便从此受祸。你何不赶快去请求吕后，抓个机会在皇上面前哭求说：‘英布是天下闻名的猛将，擅长用兵。而我方众将领又都是过去与皇上平起平坐的旧人，要是让太子指挥这些人，无异于让羊去驱使狼，无人听命于他。况且假使英布知道，便会击鼓向西，长驱直入了。皇上您虽然有病，也要勉强上帘车，躺着指挥，众将领就不敢不尽力了。皇上虽然生病困苦，为了妻子儿女，还是要自己振作一下！’”于是，吕释之立刻连夜求见吕后。吕后找个机会对高帝流泪哀求，照四位宾客的意思说了。高帝说：“我本知道这小子不配派遣，还是我自己去吧！”

于是，汉高帝亲自统领大军向东进发，君臣留守朝中，都送行到霸上。留侯张良生了病，也支撑身子，来到曲邮，对高帝说：“我本应随您出征，但实在病重。英布那些楚国人剽悍凶猛，望皇上不要和他硬拼！”又建议高帝让太子为将军，监领关中军队。高帝说：“张先生虽然有病在身，请勉强躺着辅佐太子。”当时，叔孙通是太子的太傅，张良代理少傅之事。高帝又下令征发上郡、北地、陇西的车骑兵，巴、蜀两地的材官及京师中尉的军队三万人，作为皇太子的警卫部队，驻扎在霸上。

英布造反之初，对部将说：“皇上老了，讨厌兵事，肯定不能前来。要是派各大将，其中我只怕韩信、彭越，但他们现在都死了。其他人全不值得担心。”所以，决心反叛。他果然像薛公说的那样，向东攻打吴地的荆王刘贾，刘贾败逃，死在富陵；英布胁迫刘贾的全部士兵，渡过淮河，攻打楚王刘交。刘交发兵在徐县、僮县一带迎战，他把军队分为三支，想以互相救援出奇制胜。有人劝说楚王道：“英布善于用兵，人们平时就惧怕他。何况兵法说：‘诸侯在自己领土上作战，士兵极易逃散。’现在楚军分为三支，敌军只要打败其中一支，其余的就会逃跑，哪能互相援救呢？”楚王不听，结果被英布攻破一支，另外两支果然便四散了。英布于是引兵西进。

（以上为第七段，写淮阴侯韩信、梁王彭越相继被杀，淮南王英布非常恐惧而被逼反。英布攻打楚王刘交，刘交兵分三路，布破其一军，另两路作鸟兽散。）

汉高帝十二年（丙午，公元前195年）

冬季，十月，汉高帝与英布军队在蕲西对阵。英布军队十分精锐，高帝便在庸城坚壁固守。远远望去，英布军队的布阵如同当年的项籍军队，高帝心中厌恶。他与英布互相望见，远远地质问英布：“你何苦要造反？”英布回答说：“想当皇帝而已！”高帝怒声斥骂他，于是双方大战。英布军队败退而逃，渡过淮河，虽然几次停住阵脚再战，仍不能取胜。他只好与一百多人逃到长江南岸，高帝便另派一员将军继续追击。

高帝凯旋，路过沛县，留下来，在沛宫举行酒宴。把旧友、父老、女长辈、家族子弟全部召来陪同饮酒，共叙旧情，欢笑作乐。酒喝到畅快时，高帝自己作歌，欣然起舞，唱到慷慨伤怀之时，洒下了几行热泪。高帝对沛县父老兄弟说："游子思念故乡。我以沛公名义起事诛灭秦朝暴逆，才夺取了天下。现在把沛县当作我的汤沐邑，免除县中百姓的赋役，世世代代不予征收。"高帝在沛县饮酒欢乐十多天后，才离去。

汉朝将军在洮水南、北追击英布残军，都大获全胜。英布曾与番君吴芮结有婚姻之好，所以，长沙成王吴臣便派人诱骗英布，假称想和他一起逃到南越去。英布果然相信，与使者前往，结果在布兹乡农民田舍被番阳人杀死。

周勃全部平定代郡、雁门、云中等地，在当城将陈豨斩首。

高帝因为荆王刘贾没有后人，便改荆国为吴国。十月二十五日辛丑，立兄长刘仲的儿子刘濞为吴王，管辖三个郡五十三座城。

十一月，高帝经过鲁地，用牛、羊、猪的太牢礼祭祀孔子。

汉高帝自从击败英布归来，病势更加严重，愈发想换太子。张良劝止未被接受，只好称病不过问政事。叔孙通又劝谏说："从前晋献公因为宠爱骊姬，废掉太子，另立奚齐，结果造成晋国几十年内乱，被天下耻笑。秦国也因为不早定扶苏为太子，使赵高得以用奸诈手段立胡亥为皇帝，自己使宗庙灭绝。这是皇上亲眼所见。如今太子仁义孝顺，天下都知道。吕后又与皇上艰苦创业，粗茶淡饭地共过患难，怎可背弃？皇上一定要废去嫡长子而立小儿子，我愿先受诛杀，用脖颈的鲜血涂地！"高帝只好说："你不要这样，我只是开玩笑而已！"叔孙通又说："太子，是国家的根本，根本一旦动摇，天下就会震动；怎么能用天下来开玩笑呢？"当时大臣中坚持反对的人很多，高帝明白群臣的心都不向着赵王，于是，放下此事不再提起。

（以上为第八段，写汉高帝带病出征黥布，得胜回故乡与父老纵酒，回到长安急欲更换太子，群臣反对作罢。）

汉相国萧何因为长安地方狭窄，而皇家上林苑中有很多空地，且荒弃不用，希望能让百姓入内耕种，留下禾杆不割，作为苑中鸟兽的饲料。汉高帝刘邦一听勃然大怒，说："相国，你一定收下了商人的大批财物，才替他们算计我的上林苑！"将萧何交付廷尉，用刑具锁铐。过了几天，一个姓王的卫尉侍奉高帝，上前探问："相国犯了什么大罪，皇上突然把他拘禁起来？"高帝说："我听说李斯做秦始皇的丞相时，有善行就归功于君王，有过失就自己承担。现在萧何接受了商人的大批财物，为他们要我的上林苑，以讨好下民，所以拘禁起来治罪。"王卫尉便劝说道："分内的事只要对百姓有利就向皇帝建议，这是真正的宰相行为，皇上为什么竟疑心相国受了商人钱财呢？况且，皇上与楚霸王作战几年，陈豨、英布造反，您亲自率军出征。当时，相国独守关中，只要关中一有动摇，函谷关以西就不再是皇上所有了！相国不在那时为自己谋利，反而在现在贪图商人的金钱吗？再说，秦朝就是因为不知道自己的过失才丧失了天下，李斯为秦始皇分担过失的作为，又有什么值得效法的呢？皇上为什么如此轻易地怀疑相国呢！”高帝听完后很不高兴。

当天，汉高帝派人持符节赦免释放了萧何。萧何年纪已老，平时对高帝很恭谨，进宫后光着脚前去谢恩。高帝说：“相国您不要这样！相国为人民讨要上林苑，我不准许，我不过是夏桀、商纣那样的昏君，而相国您是贤相。我所以抓起相国，就是想让百姓知道我的过失啊！”

陈豨造反时，燕王卢绾发兵进攻他的东北面。当时，陈豨派王黄向匈奴求救；燕王卢绾也派出使臣张胜去匈奴那里，声称陈豨的军队已经失败了。张胜到了匈奴部落，原来的燕王臧荼的儿子臧衍正逃亡在那里，见了张胜便说：“先生您之所以在燕国受到重用，就是因为熟悉匈奴的事务；燕国之所以能够长期存在，就是因为内地各诸侯屡次反叛，兵事连绵，久而不决。如今您为燕国考虑，想赶快灭掉陈豨等人；陈豨等人一消灭，接下来也就轮到燕国，你们也就将成为阶下囚了。您何不让燕王暂缓进攻陈豨，而与匈奴和好？情况缓和，便可以长期在燕国称王；一旦汉廷有急变，也可以借助外援保全本国。”张胜认为很对，于是，私下让匈奴帮助陈豨等人攻击燕军。燕王卢绾疑心张胜勾结匈奴反叛，上书朝廷请将张胜全家斩首。这时张胜回来了，详细说明之所以这样行事的原因，燕王于是用诈术决罪他人，开脱了张胜家属，派他去匈奴作密使。同时，暗中使范齐潜去陈豨那里，想让他长期逃亡在外，双方对峙，不作决战。

汉朝攻击英布时，陈豨时常率兵驻扎代郡。汉朝进攻杀死陈豨后，他的偏将投降，说出燕王卢绾曾派范齐去陈豨那里互通计谋。汉高帝于是派使者前去召卢绾回朝，卢绾称病不来；又派辟阳侯审食其、御史大夫赵尧前去迎接燕王，顺便查验盘问他的左右随从。燕王卢绾更加恐惧，躲藏起来。他对心腹之臣说：“不是刘氏家族而称王的，只有我和长沙王了。去年春季，汉朝杀了韩信全家，夏季又处死彭越，这都是吕后的主意。如今皇上病重，大权委托吕后。吕后这个妇人，一心想找事诛杀异姓王和大功臣。”于是，称病不动身，卢绾的左右心腹也都藏匿起来。卢绾的这些话有些泄露了出去，审食其听说后，回朝详细报告高帝，高帝更加愤怒，又得到匈奴中来投降的人，说出张胜逃亡在匈奴做燕王使臣的事情。于是，高帝认定说：“卢绾果真反了！”

春季，二月，汉高帝派樊哙以相国名义发兵攻击卢绾，另立皇子刘建为燕王。

汉高帝颁布命令说：“南武侯织，也是南越的贵族世家，立为南海王。”

（以上为第九段，写汉高帝怀疑相国萧何收买人心，下狱治罪，而后释放；燕王卢绾心怀二心，刘邦派樊哙以相国名义出征。）

汉高帝进攻英布时，曾被流箭射中，行军路上，病势沉重。吕后请来一位良医，医生入内诊视后说："病可以治。"高帝却破口大骂，说："我以一个平民手提三尺剑夺取了天下，这不是天命吗？我的生死在天，即使扁鹊复生又有什么用？"于是，不让医生治病，而赏给医生黄金五十斤，让他回去。

吕后问汉高帝："皇上百年之后，萧何相国死了，让谁代替他呢？"高帝说："曹参可以。"吕后再问曹参之后，高帝说："王陵可以，但他有点憨，陈平可以帮助他。陈平智谋有余，但难以独自承担重任。周勃为人厚道，不善言辞，但将来安定刘家天下的人必定是他，可任用为太尉。"吕后再追问其后，高帝只说："这以后的事也就不是你能操心的了。"

夏季，四月二十五日甲辰，汉高帝去世于长乐宫。二十八日丁未，朝廷发布丧事消息，宣布实行大赦。

卢绾率领几千人住在边塞等候机会，希望高帝病愈，他好亲自入朝谢罪。他听到高帝去世的消息，便逃入匈奴。

五月十七日丙寅，将汉高帝安葬在长陵。

当初，高帝不修习学术，而秉性聪明通达，喜谋略，能采纳旁人意见，纵是守门官或戍卒，见面时也如同老熟人一般。当年他顺应民心约法三章，天下平定以后，又命令萧何整理法律、法令，韩信申明军法，张苍制订历法及度量衡章程，叔孙通研究礼仪；又与功臣剖分符节，立下誓言，用朱砂写就，以铁制成，放入国家收存重要文书的金柜石室，妥藏在宗庙中。高帝虽然众事繁多，日不暇给，但创立制度，规模宏远。

五月二十日己巳，太子刘盈登上皇帝大位，尊吕后为皇太后。

当初，汉高帝病重时，有人诬陷樊哙"与吕姓结党，只要有一天皇上过世，就要兴兵诛杀赵王如意及其从属"。高帝大怒，采纳陈平建议，召来绛侯周勃在床前接受命令："陈平立刻乘驿车，载着周勃，让周勃代樊哙为将军；陈平一到军中，就砍下樊哙的头！"两人接受命令后，乘驿车前往，还未到军中，在路上商议说："樊哙，是皇上的旧人，功劳很大，而且是吕后妹妹吕媭的丈夫，有皇亲关系，又是尊贵之人，皇上因为一时动怒所以想杀他，恐怕日后会反悔。我们不如抓起他来送到皇上那里，让皇上自己去杀他。"他们还没有到军中，就筑了坛，用符节召樊哙前来。樊哙接受命令后，立即将手放到背后叫人把他反绑起来，用木栏囚车押送到长安；而让绛侯周勃代他为将军，率军征讨燕国谋反的诸县。

陈平一行走到中途，听到汉高帝去世的消息。陈平怕吕太后的妹妹吕媭在吕太后面前说他的坏话，便驱驰驿车先行回都。路上，他又遇到朝廷使者，传达命令，命陈平与灌婴屯守荥阳。陈平接受命令后，立即又疾驰到宫中，哭得十分悲哀，又坚决要求亲自守卫内宫。吕太后于是任命他为掌管宫殿门户的郎中令，还让他辅导汉惠帝。此后，吕媭便无法说陈平的坏话。樊哙一到长安，便被赦免，恢复原来的爵位和封地。

吕太后下令把戚夫人关在宫中永巷里，剃去头发，戴上刑具，穿上土红色的囚服，做舂米的苦活。她又派使者去召赵王刘如意，使者三次往返，赵相周昌对使者说："高帝生前把赵王嘱托给我，赵王年纪小，我听说吕太后怨恨戚夫人，想把赵王召去一齐杀掉，我不敢让赵王去。而且赵王也病了，不能接受命令。"吕太后听到回报，大为愤怒，便先派人去召周昌。待周昌到了长安，才派人再去召赵王。赵王前来，还未到达时，汉惠帝听说吕太后要对赵王动怒，便亲自去霸上迎接赵王，与他一起入宫，自己带着他一同吃饭睡觉。吕太后想杀掉赵王，但找不到机会。

（以上为第十段，写刘邦去世，嘱托后事；太子刘盈继位；刘邦生前要杀掉樊哙，陈平随机应变，既保住了樊哙，也保住了自己；吕太后嫉妒戚夫人，将其关入永巷，又欲召杀赵王如意。）

孝惠皇帝

汉惠帝元年（丁未，公元前 194 年）

冬季，十二月，汉惠帝刘盈凌晨便出去打猎，赵王因为年纪小，不能早起同去，吕太后便派人拿着毒酒让赵王喝。黎明，汉惠帝回宫时，赵王已经死了。吕太后又下令砍断戚夫人的手、脚，挖去眼珠，熏聋耳朵，喝哑药，让她待在厕所里，称她为"人彘"。过了几天，吕太后便召汉惠帝来看"人彘"。汉惠帝见后，问知这就是戚夫人，便大哭起来，从此患病，一年多不能起身。他派人向吕太后请求说："这种事不是人做的。我虽然是太后您的儿子，到底还是治不了这个天下。"汉惠帝因此每天饮酒作乐，不理政事。

> 臣司马光评论说：做儿子的，见父母有过失就应该劝谏；劝谏不听，就应该跟着痛哭。哪有继承汉高祖的伟业，当天下的君主，因为不忍心于母亲的残酷，便抛弃国家不顾念，纵情酒色自伤身体的道理！像汉惠帝这样，可以说只是固执于小的仁爱，而不知道大义啊！

朝廷改封淮阳王刘友为赵王。

春季，正月，开始修筑长安西北面的城墙。

（以上为第十一段，写吕太后惨无人道地迫害戚夫人，又毒死赵王如意；汉惠帝刘盈得知此事，一病不起，不齿于母亲的恶行，弃国家于不顾，纵酒作乐，司马光予以讥评。）

汉惠帝二年（戊申，公元前 193 年）

冬季，十月。齐悼惠王刘肥来朝见汉惠帝，在吕太后面前举行酒宴。汉惠帝认为齐王是自己的哥哥，便请他坐上座。吕太后非常恼怒，让人倒了一杯毒酒放在面前，赏赐给齐王，为他祝福。齐王刚起身要接，汉惠帝也起身来取酒杯。太后一见大惊，自己起来泼去汉惠帝手中的酒。齐王心知有怪，不敢再喝，假装酒醉离去。经打听，知道那是杯毒酒，大为惊恐。齐国一个名叫士的内史向齐王建议，使齐王献出城阳郡做吕太后女儿鲁元公主的汤沐邑。太后因此大喜，便放走了齐王。

春季，正月初四癸酉，兰陵一平民家的井中出现两条龙。

陇西发生地震。

夏季，大旱。

郃阳侯刘仲去世。

文终侯萧何病重，汉惠帝亲自前去探视，问他："您百年之后，谁可以接替您？"萧何说："最了解臣下的还是皇上。"汉惠帝又问："曹参怎么样？"萧何立即磕头说："皇上已找到人选，我死也没有什么遗憾了。"

秋季，七月初五辛未，萧何去世。他生前购置田地房宅，必定选位于穷乡僻壤的；他修建住宅，也从不起建高墙大屋。他说："如果我的后代贤德，就学我的俭朴；如果后代不贤，这些劣房差地也不会被权势之家抢夺。"

七月二十七日癸巳，朝廷任命曹参为相国。曹参刚听说萧何去世时，就对门下舍人说："快准备行装！我要进京去做相国了。"过了不久，使者果然前来召曹参入朝。起初，曹参当平民时，和萧何相交甚好；及至做了将相，两人有些隔阂。到萧何快死时，所推举接替自己的贤能之人唯独曹参。曹参接替萧何做了相国后，所有的条令都不作变更，一律遵照萧何当年的规定。他挑选各郡各封国中为人质朴、拘谨不善言辞、敦厚的长者，召来任命为丞相的属官。对那些言谈行文苛刻、专门追逐名声的官员，都予以斥退。然后，曹参日夜只顾痛饮醇香美酒。卿、大夫以下的官员及宾客见他不管政事，来看望时都想劝说，曹参却总是劝他们喝酒；喝酒间隙中再想说话，曹参又劝他们再喝，直到喝醉了回去，始终没有机会开口说话。这样的情况成为常事。曹参见到别人犯有小错误，也一味包庇掩饰，相国府中终日无事。

曹参的儿子曹窋任中大夫之职，汉惠帝刘盈向他埋怨曹参不理政事，认为"难道是看不起我吗"，让曹窋回家时，以私亲身分探问曹参。曹参大怒，鞭打曹窋二百下，呵斥："快回宫去侍候，国家大事不是你该说的！"到了上朝时，汉惠帝责备曹参说："那天是我让曹窋劝你的。"曹参立即脱下帽子谢罪，说："皇上自己体察圣明威武比高帝如何？"汉惠帝说："我哪里敢比高帝！"曹参又问："皇上再看我的才能比萧何谁强？”汉惠帝说：“你好像不如他。”曹参便说：“皇上说得太对了。高帝与萧何平定天下，法令已经明确。如今皇上垂手治国，我们臣下恭谨守职，大家认真遵守不去违反旧时法令，不就够了吗？”汉惠帝说：“对。”

曹参担任相国，前后三年，百姓唱歌称颂他说：“萧何制法，整齐划一；曹参接替，守而不失；做事清净，百姓安心。”

（以上为第十二段，写吕太后打算害死齐王刘肥，刘肥曲意逢迎而得免祸灾；相国萧何去世，举荐曹参继任；曹参一遵萧何律令，守而勿失，后世称为“萧规曹随”，得到百姓称赞。）

汉惠帝三年（己酉，公元前 192 年）

春季，朝廷征发长安周围六百里内的男女民工十四万六千人修筑长安城，三十天结束。

汉惠帝以宗室女子作为公主，嫁给匈奴冒顿单于。

当时，匈奴单于冒顿正强大，写信派人送给吕太后，措辞极为亵污傲慢。吕太后大为愤怒，召集将相大臣，商议要杀掉匈奴来使，发兵攻打。樊哙说：“我愿意率领十万军队去横扫匈奴！”中郎将季布却说：“樊哙真该杀！从前匈奴在平城围困高帝，那时汉兵有三十二万，樊哙身为上将军，而不能解围。如今四方百姓哀苦之声尚未断绝，受伤士兵刚能起身，而樊哙却想搞乱天下，妄称以十万军队横扫匈奴。这是当面说谎！况且，匈奴好比禽兽一般，听了他的好话不必高兴，听了他的谩骂也不值得生气。”吕太后说：“说得对。”便派大谒者张释送去回信，十分谦逊地致以歉意，并送给匈奴二乘车、八匹马。冒顿接信后又派使臣前来道歉，说：“我们从不知道中原的礼义，感谢皇上的宽恕。”于是，献上马匹，与汉朝和亲友好。

夏季，五月，朝廷立名为摇的闽越君为东海王。摇与无诸，都是越王勾践的后代，曾跟随诸侯推翻秦朝，功劳不小，当地百姓归附，所以立他为王。摇建都东瓯，世人称之为“东瓯王”。

六月，朝廷征发各封国的王、侯属下刑徒奴隶二万人修筑长安城。

秋季，七月，太仆的马厩起火。

这一年，蜀郡湔氐部族反叛，朝廷出兵平定。

（以上为第十三段，写公元前 192 年匈奴单于冒顿依仗强大，写信给吕太后，言辞亵渎，将军樊哙愿以十万大军征讨，中郎将季布予以谏止，汉朝回信屈辱言和；朝廷立名为摇的闽越君为东海王。）

汉惠帝四年（庚戌，公元前 191 年）

冬季，十月，汉惠帝立张氏为皇后。张皇后是汉惠帝姐姐鲁元公主的女儿。吕太后想亲上加亲，所以将她嫁给汉惠帝。

春季，正月，朝廷下令推荐民间孝顺父母、和睦兄长、努力耕作的人，免除他们的赋役。

三月初七甲子，汉惠帝行成年加冠礼，实行大赦。

朝廷检查法令中对官民有妨害的条目，废除秦律中禁止携带、收藏书籍的“挟书律”。

汉惠帝认为去长乐宫朝见太后及平时前往时，经常清道警戒，使百姓惊忧，便在武库的南面修筑了一条架空阁道路。奉常叔孙通劝阻说：“那是每月举行高帝衣冠出巡仪式的道路啊！子孙后代怎么能在祖宗的道上行走呢！”汉惠帝惊惧地说：“快快拆去！”叔孙通又说：“天子没有错误的举动；现在路已经修了，民众也都知道。希望皇上在渭河北面再建个原庙，可以到那里去举行高帝衣冠出巡仪式，这样也扩大了宗庙，是大孝的根本。”汉惠帝便下令有关部门修建原庙。

臣司马光评论说：错误，是人人都必定无法避免的，但只有圣贤能知而改正。古代圣明的君王，怕自己有错误不知道，所以设置批评君王的诽谤木和劝阻君王的敢谏鼓，哪里会怕民众知道自己的过错呢？所以，仲虺赞美商汤王说：“改正错误决不吝惜。”傅说劝诫商王武丁说：“不要因为怕别人耻笑便不改正过失。”由此而见，做君王的人，本来就不是以不犯错误为贤明，而是以改正错误为美德。这里叔孙通却劝谏汉惠帝说“天子没有错误的举动”，正是在教做君王的文过饰非，岂不太荒谬了吗？

汉朝长乐宫中鸿台发生火灾。

秋季，七月二十日乙亥，未央宫的藏冰室发生火灾。二十一日丙子，织造室发生火灾。

汉惠帝五年（辛亥，公元前 190 年）

冬季，雷声响起，桃树、李树开花，枣树结果。

春季，正月，再次征发长安周围六百里内男女民工十四万五千人修筑长安城，三十天后结束。

夏季，大旱，长江、黄河水少，溪谷干涸。

秋季，八月，平阳侯曹参去世。

汉惠帝六年（壬子，公元前 189 年）

冬季，十月，朝廷任命王陵为右丞相，陈平为左丞相。

齐悼惠王刘肥去世。

夏季，留侯张良去世。

朝廷任命周勃为太尉。

汉惠帝七年（癸丑，公元前188年）

冬季，征发战车和骑兵、步兵前往荥阳，由太尉灌婴统率。

春季，正月初一辛丑朔，出现日食。

夏季，五月二十九日丁卯，出现日全食。

秋季，八月十二日戊寅，汉惠帝在未央宫去世。实行大赦。九月初五辛丑，汉惠帝下葬在安陵。

当初，吕太后让张皇后找个别人的孩子来抚养，并杀死他的母亲，以其为太子。汉惠帝下葬后，太子登上皇帝之位，因为年幼，便由吕太后在朝廷上行使天子权力。

（以上为第十四段，写公元前191年至公元前188年四年史事，在吕太后淫威下，汉惠帝刘盈垂拱无为，朝廷没有什么事情记载，只是记载了修建汉高帝刘邦的原庙以及修建长安城以及一些天象而已。）

【点评】

韩信论。韩信，曾被刘邦认为是建立汉朝的大功臣，说："连百万之众，战必胜，攻必取，吾不如韩信。"他是刘邦分封的异姓王之一，打败项羽后，将其由齐王改封为楚王，而后贬为淮阴侯，最后被吕后用萧何计策诓骗到皇宫，被斩于长乐宫钟室。

关于韩信的死，千百年来，论说纷纭，大都为韩信鸣冤叫屈，认为韩信没有谋反，是刘邦妒害功臣。唐代诗人刘禹锡的诗说："将略兵机命世雄，苍黄钟室叹良弓。遂令后代登坛者，每一寻思怕立功。"其实，韩信之死，是死在他自己，是死在天下大势，其中有着深层次的原因，并非是简单的冤与不冤的问题。

首先，韩信与刘邦是貌合神离。韩信被刘邦的"大度""重用"所感动，而刘邦并没有被韩信的奇才、奇功所感动；韩信对刘邦是死心塌地，忠心无二；而刘邦对韩信则是心有芥蒂，仅用其才而已。韩信的军事才能，在当时可以说是盖世无双；而所立下的战功，也是赫赫辉煌，没有人能够与之相比。他率军出陈仓，定三秦，擒魏，破代，灭赵，降燕，伐齐，直至垓下全歼楚军，无一败绩。从表象上看，刘邦是在重用他，起初听从萧何的建议，封他为大将军，又派兵给他开辟河北战场，取得了一连串的胜利。故此，韩信被感动了，从后来拒绝蒯彻劝其背叛刘邦的一段说辞中就完全可以看得出来，他是铁了心要跟随刘邦了。可是，刘邦如何看待韩信的呢？这是很少有人注意的问题。可以说，自始至终，刘邦都是在利用和猜忌韩信，而不是如韩信自己所说的推食解衣、推心置腹地信任韩信，也并不是像刘邦始终信任张良那样信任韩信。刘邦拜韩信为大将军，是碍于萧何的面子，而韩信确有才能，一番对话，才使刘邦不得不佩服；而后开辟北方战场，立下奇功，刘邦对韩信非常存有戒心。韩信灭赵后，刘邦潜入其卧室，“偷”其印信，调动军队；后来，消灭项羽后，刘邦又故伎重演，驰入韩信军中，收夺他的兵权，而后将封给韩信的齐王改封为楚王，这哪里是把韩信当作一个功勋之臣来看待？这说明，刘邦对韩信的利用和猜忌，是从一开始就存在的，只有韩信自己一直被蒙在鼓中，所谓“当局者迷，旁观者清”罢了。可想而知，一直被刘邦利用和猜忌的韩信，一旦没有了对手，失去了战场，还有好果子吃吗？等待他的，将是什么样的后果，不是呼之欲出了吗？

其次，韩信智商很高，才华横溢，在军事上屡出奇谋，指挥若定；而在情商上，则是低能，不善于藏其锋芒，保护自己。韩信葬母，行营高敞地，一心向往的是封侯封王，一副市井之心的利禄观，立功忘乎所以，最终败亡，也是咎由自取。韩信取死之道有五。当韩信攻下齐国时，刘邦被项羽弄得焦头烂额，差点要了性命，在日夜盼望着韩信前来救援。而韩信倒好，沉醉在功劳簿上，洋洋自得，一封书信过去，请求刘邦封他为代理齐王。这在刘邦看来，这哪里是请求，分明是要挟，按照当时的实力，韩信又成了当年的项羽，刘邦无可奈何，只有答应的份儿，哪有不予准奏的能力？虽然刘邦任命韩信为齐王，但他是一百个不情愿啊！此取死之道一也。再是最后与项羽决战时，刘邦约韩信与彭越前来共同围攻项羽，韩信仍然是考虑自己的利害得失，背约而不前，而刘邦提出给予优惠的分封条件，他才踊跃前来，这不分明是把自己唯利是图的市侩嘴脸暴露无遗吗？又怎么能不让刘邦恨之于心而堆笑于脸呢？此取死之道二也。三是天下太平了，韩信私藏项羽部将钟离昧，也是举措失当。钟离昧投奔韩信，是看在昔日的交情上；韩信收留钟离昧，也是情有可原，但问题是，你要么就铁了心，与钟离昧同进同退，荣辱与共，就像战国时虞卿接纳魏齐一样，为了朋友，王与侯何足道哉！封官挂印，了却人间万事；要么就与钟离昧一刀两断；或者将钟离昧转移他方；或者向朝廷陈情，如同后来朱家为季布转圜一样，但韩信是直肠子，做不到。而钟离昧为了成全韩信，自刎而死，结果把韩信弄得里外不是人，失去了朋友，也失去了汉朝的信任。在刘邦看来，韩信收留钟离昧，虽然不是谋反，但也和谋反差不多，更增加了怀恨之意。此取死之道三也。四是韩信被汉朝用计擒捉，成了“阶下囚”，曾与刘邦谈论用兵打仗，全然忘记了老虎和猫猫在玩生死游戏，还自以为是，认为自己才能比刘邦强，率兵打仗是“多多益善”。这岂不是在向刘邦示威、显摆，让刘邦浑身不自在吗？此取死之道四也。五是后来韩信已经是虎落平阳，只剩下空架子了，还说什么羞与周勃、樊哙等人为伍，好像自己还是很了不起似的。这时候，韩信自己有几斤几两，怎么就不掂掂清楚呢？有道是，失时的凤凰不如鸡，到什么山上唱什么歌，识时务者为俊杰。虽然你韩信心目中可能真的是如此想法，但也不能在言语行为上表露出来啊！这不明显的是要将自己孤立起来，而自断后路？此取死之道五也。凡此种种，并不是说韩信在处理这些问题上有多大的过错，而是说韩信做人粗疏，不善于自处，不善于保全自己，徒留孤傲和幼稚而已！

第三，韩不反也要被逼反。在刘邦等人的头脑中，根深蒂固地存在着异姓王必反的思维定势，总认为不杀不足以维护国家安定，而韩信，就是其中的牺牲品。思维定势足以杀人，对于这一点，要有清醒的头脑和足够的认识。可能一般研究者还没有注意到这一点。在刘邦等人看来，异姓王就是一个个“定时炸弹”，即使是现在不反，将来终究是要反的，迟解决不如早解决，只要他们不存在了，也就放心了。刘邦在建国后，总觉得自己在世的时日不是很多了，于是，他总是想把该做的事情都做完，不把麻烦和祸患留给下一代，这样才走得心安。刘邦所要解决的是两大问题，一是接班人问题，他总觉得太子刘盈过于文弱，不能担起治国的重任（而事实上也是如此），要更换赵王刘如意为接班人，这一事件要了戚夫人和赵王刘如意的命，还直接导致了以后诸吕的猖獗。第二个就是解决异姓王问题，这从他分封异姓王就开始考虑了。这并不是说异姓王有没有谋反的问题，而是让不让异姓王存在的问题。在汉朝建国初期，分封异姓王，也是对这些功臣的妥善安排，要不是如此，他们心里怎么能平衡呢？恐怕真的是要闹翻天了。而分封以后，他们的心也安了，想过一段安稳日子，怎么会想着要再动干戈呢？纵观刘邦开始所封的七个异姓王，没有一个是真心要造反的。韩信当然也是如此，至于后来与陈豨通谋，也是被逼迫出来的。可以说韩信蒙冤，造反亦不诬，韩信长期被软禁在长安，最终走上与陈豨通谋的路，是逼上梁山。韩信就是在这样的大背景下，被吕后杀害。完全可以说，韩信的被诛杀，具有历史的必然性。我们再来推论，刘邦等人的思维定势有没有道理？他这样对待异姓王，在其有生之年，基本上都解决了，只有卢绾逃到匈奴，后来也被消灭了。这样做，虽然残酷了一些，但对于汉朝的巩固来说，确实是一件大好事。可以设想，刘邦去世后，吕后是那么的不得人心，汉惠帝刘盈又是那样的文弱，那些异姓王哪一个是省油的灯？又有谁能担保他们不会造反？而一旦他们想要出掉心中那口恶气，造起反来，有谁能够制止得住？对于韩信，刘邦在世时，他还有几分心悦诚服，而刘邦对他却忌惮三分，后来只有用智取的办法才能降服他；而刘邦不在了，韩信连周勃、樊哙等人都不屑一顾，还能看得起谁？他一旦举起反旗，那汉朝还是汉朝吗？恐怕要打上个大大的问号！因此，刘邦不遗余力地剪除异姓王，对于国家来说，则是幸甚！而对于韩信来说，则是悲剧！

资治通鉴（白话本） 卷第十三

汉纪五

吕太后元年至汉文帝前元二年（公元前 187—前 178）

【起阏逢摄提格（甲寅，公元前 187 年），尽昭阳大渊献（癸亥，公元前 178 年），凡十年】

【大事提要】

本卷记事起于公元前 187 年，到公元前 178 年，凡十年，当为吕太后元年至汉文帝前元二年。本卷所载的大事，主要是以下几个方面：其一，吕太后当政。公元前 188 年，汉惠帝刘盈去世，太子即位年幼称少帝。少帝本非刘盈所生，皇后张嫣无子，佯为有身，取美人子名之，而杀其母。少帝知其母死，而自己非真皇后子，出言不逊，被太后吕雉囚于永巷，后被处死。后命常山王刘义继帝位，太后掌控朝政。其二，诸吕封王。公元前 187 年，吕太后吕雉执掌朝政，提出要分封诸吕为王。右丞相王陵不同意，太后提升王陵为太傅，剥夺了他的实权；左丞相陈平、太尉周勃耍了滑头，认为没有什么不可以的，太后非常高兴，侄子和侄孙先后封王，汉朝成了吕家的天下。其三，平定诸吕。公元前 180 年，吕太后病死，诸吕姓官员阴谋叛乱。丞相陈平与太尉周勃合谋，在南、北军将士的策应下，入宫杀死掌握大权的太后亲信吕产、吕禄等人，消灭了诸吕势力。诸吕不分男女老幼，全部被处死，吕氏集团彻底被消灭，避免了社会动乱。其四，刘恒即位。平定诸吕后，丞相陈平、太尉周勃等人商议由谁来继承皇位，他们认为当时太后立的小皇帝刘弘不是汉惠帝后代，不符合皇位继承法统。最后，他们相中了宽厚仁慈、名声较好的代王刘恒。于是，派使者去接刘恒到长安继承皇位，史称汉文帝。其五，赵佗归汉。刘邦去世后，太后吕雉临朝，发布了禁止对南越出售铁器和其他物品的禁令。于是，南越王赵佗自称“南越汉武帝”，发兵攻打长沙国，以皇帝身份发号施令。汉文帝令太中大夫陆贾再次出使南越，晓以利害关系，说服赵佗去除帝号，归附汉朝。

高皇后

吕太后[1]元年（甲寅，公元前187年）

冬季，吕太后在朝议时，提出准备册封几位吕氏外戚为诸侯王，征询右丞相王陵的意见，王陵回答说："高帝曾与群臣杀白马饮血盟誓：'如果有不是刘姓的人称王，天下臣民共同消灭他。'现在分封吕氏为王，不符合白马之盟所约。"吕太后很不高兴，又问左丞相陈平、太尉周勃，二人回答说："高帝统一天下，分封刘氏子弟为王；现在太后临朝管理国家，分封几位吕氏为王，没有什么不可以的。"太后听了很高兴。朝议结束后，王陵责备陈平、周勃说："当初与高皇帝饮血盟誓时，你们二位不在场吗？现在高帝去世了，太后以女主当政，要封吕氏为王，你们即使是要逢迎太后意旨而背弃盟约，可又有何脸面去见高帝于地下呢？"陈平、周勃对王陵说："现在，在朝廷之上当面谏阻太后，我们二人确实不如您；可将来安定国家，确保高祖子孙的刘氏天下，您却不如我们二人。"王陵无言答对。

十一月，甲子（疑误），吕太后升王陵为皇帝的太傅，实际上剥夺了他原任右丞相的实权。王陵于是称病，被免职归家。

吕太后提升左丞相陈平为右丞相；任命辟阳侯审食其为左丞相，但不执行左丞相的职权，只负责管理宫廷事务，同郎中令一样。但审食其早就得太后宠幸，公卿大臣都要通过审食其裁决政事。

吕太后对赵尧当年为高祖设谋保全赵王刘如意之事，一直耿耿于怀，便借故罗织罪名，罢免了他御史大夫的官职。

上党郡的郡守任敖，曾做过沛县的狱吏，对太后有恩德，太后就任用他为御史大夫。

吕太后追尊其去世的父亲临泗侯吕公为宣王，追尊其兄周吕令武侯吕泽为悼武王，打算以此作为分封吕氏为王的开端。

春季，正月，太后下令废除"三族罪"和"妖言令"。

夏季，四月，太后的女儿鲁元公主去世，封公主之子张偃为鲁元王，议定公主的谥号为鲁元太后。

四月二十八日辛卯，太后晋封号称是汉惠帝刘盈之子的刘山为襄城侯，刘朝为轵侯，刘武为壶关侯。

吕太后图谋分封吕氏为王，为了安抚刘氏宗室，就先立号称是汉惠帝之子的刘强为淮阳王，刘不疑为恒山王。又指使宦官大谒者张释，委婉巧妙地向大臣们说明

---

① 吕太后：即高皇后，惠帝刘盈母，《资治通鉴》只称"高后"、"太后"。《史记》有《吕太后本纪》，史称"吕太后"，家喻户晓，今从之。

太后分封吕氏为王的本意。于是，大臣们识趣地奏请太后立悼武王吕泽的长子郦侯吕台为吕王，把属于齐国的济南郡分割出来，另立为吕国。

五月初四丙申，赵王宫中的丛台发生了火灾。

秋天，桃树、李树都不合时令地开了花。

（以上为第一段，写公元前187年史事，着重写太后吕雉在汉惠帝刘盈去世后走上前台，掌控朝政，她首先要解决的问题，是封诸吕为王，右丞相王陵反对，被夺其实权；陈平、周勃巧妙周旋，得以保全。）

吕太后二年（乙卯，公元前186年）

冬季，十一月，吕肃王吕台去世。

春季，正月二十七日乙卯，发生大地震；羌道、武都道山体崩裂。

夏季，五月初九丙申，太后封楚元王之子刘郢客为上邳侯，封齐悼惠王之子刘章为朱虚侯，令二人入宫担任侍卫，并把吕禄的女儿嫁给刘章为妻。

六月三十日丙戌晦，出现日食。

秋季，七月，恒山哀王刘不疑去世。

朝廷下令，发行八铢钱。

七月二十七日癸丑，太后晋封原襄成侯刘山为恒山王，并为他改名刘义。

吕太后三年（丙辰，公元前185年）

夏季，长江、汉水泛滥成灾，淹没了四千多户人家。

秋季，星星在白昼出现。

伊水、洛水泛滥，冲毁了一千六百多户人家的房屋。汝水泛滥，冲毁了八百户人家的房屋。

吕太后四年（丁巳，公元前184年）

春季，二月初七癸未，吕太后封立号称为汉惠帝之子的刘太为昌平侯。

夏季，四月二十一日丙申，吕太后封立她的妹妹吕媭为临光侯。

少帝渐渐长大，自知并非汉惠帝张皇后的儿子，就发牢骚说："皇后怎么能杀了我的生身之母而冒充我的母亲！我成人之后，就要复仇！"太后得知，就把少帝幽禁于后宫的永巷中，宣称少帝患病。任何人不得与少帝相见。太后告诉群臣说："如今皇帝长期患病不愈，精神失常，不能继承皇统治理天下了，应该另立皇帝。"群臣都磕拜回答："皇太后的旨意，是为天下百姓着想，对于安宗庙、保国家必定产生深远影响，群臣磕拜奉诏。"于是，就废掉少帝，并暗中杀死他。

五月十一日丙辰，吕太后立恒山王刘义为皇帝，改名为刘弘。由于太后称制治理天下，所以新皇帝即位不称元年。太后立轵侯刘朝为恒山王。

这一年，吕太后任命平阳侯曹窋为御史大夫。

有关官员奏请太后禁止南越国关市中的铁器输出。南越王赵佗说:“高帝立我为王，使节往来，贸易不断。现在高后听信谗言，视我南越为蛮夷之国，禁绝物品贸易交流，这一定是长沙王的计谋，他想倚仗朝廷的势力击灭我南越国，统治长沙和南越两国之地，自己立功。”

吕太后五年（戊午，公元前183年）

春季，赵佗自称南越汉武帝，发兵进攻长沙国，打败几个县的守军之后离去。

秋季，八月，淮阳王刘强去世，太后立壶关侯刘武为淮阳王。

九月，征发河东郡和上党郡的骑兵，屯守北地郡。

朝廷首次下令实行戍卒每年一轮换的制度。

吕太后六年（己未，公元前182年）

冬季，十月，吕太后因为吕王吕嘉在生活上骄恣乱法，废其王位。十一月，太后改立吕肃王吕台的弟弟吕产为吕王。

春季，星星白昼出现于天空。

夏季，四月初三丁酉，实行大赦。

吕太后封朱虚侯刘章的弟弟刘兴居为东牟侯，又命令他参与宫廷宿卫。

匈奴侵略狄道，进攻阿阳。

朝廷下令，发行五分钱。

宣平侯张敖去世，赐谥号为鲁元王。

（以上为第二段，写公元前186年至公元前182年五年史事。这几年是太后吕雉当政，继续推行高帝定下的无为政治，政局稳定，百姓衣食滋殖。）

吕太后七年（庚申，公元前181年）

冬季，十二月，匈奴发兵进攻狄道，掳掠两千多人而去。

春季，正月，太后召赵幽王刘友进京。刘友娶吕家之女为王后，但不爱她，而爱其他姬妾。这位吕姓王后一怒之下，离开赵国，向太后诬告刘友说:“赵王曾说:‘吕氏怎么能称王！待太后百年之后，我必定击灭吕氏。’”太后因此召赵王。赵王刘友到京，被安置于官邸中，见不到太后。太后令卫士包围其官邸，断绝饮食供应；赵国群臣有悄悄去给刘友偷送饮食的，一概逮捕论罪。十八日丁丑，赵王刘友饿死，按平民的礼仪，葬于长安城外的平民墓地。

正月三十日己丑，发生日食，白昼之时一片晦暗。吕太后很厌恶这次日食，对左右侍从说:“这是因为我而发生的！”

二月，吕太后改封梁王刘恢为赵王，改封吕王吕产为梁王。梁王吕产并不到封国去，而在朝中做皇帝太傅。

秋季，七月，丁巳（疑误），太后立平昌侯刘太为济川王。

吕媭之女是将军、营陵侯刘泽的妻子。刘泽是汉高祖刘邦的远支堂弟。齐人田生为刘泽向大谒者张卿说："太后封诸吕为王，诸位大臣并不全都心服。营陵侯刘泽，在刘氏宗室中年龄最长，如果你现在能向太后建议封刘泽为王，那么，吕氏受封为王的格局就会更加稳定了。"张卿入宫报告太后，太后以为很有道理，就分割齐国的琅邪郡为诸侯国，封刘泽做了琅邪王。

赵王刘恢自从被改封到赵地之后，心情郁郁不乐。太后把吕产的女儿配给刘恢为王后，王后左右从官都是吕氏，擅权干政，并暗地监视赵王言行，赵王不能自作主张，处处受制。赵王所宠爱的一个美姬，也被王后派人用毒酒毒死。六月，赵王刘恢无法克制悲愤而自杀。太后闻知此事，认为赵王因一妇人而轻弃事奉宗庙的大礼，不许他的后人继承赵国王位。

这一时期，诸吕把持朝政，朱虚侯刘章，年方二十，身强力壮，对刘氏宗室不能执掌政权心怀不满。他曾经在后宫侍奉太后参加酒宴，太后令刘章为监酒官。刘章自己请求说："我本是将门之后，请太后允许我按军法监酒。"太后回答说："可以。"酒酣之时，刘章请求吟唱一首《耕田歌》，太后准许。刘章吟唱道："深耕播种，立苗要疏；不是同种，挥锄铲除！"太后知其歌中所指，默然无语。一会儿，参加宴席的诸吕中有一人醉酒，避席离去，刘章追上来，拔剑斩了此人，还报太后说："有一人逃酒而走，我以军法将他处斩！"太后及左右人等都大吃一惊，但因已经同意他以军法监酒，也就无法将他治罪，于是散席。从此之后，诸吕都很惧怕朱虚侯刘章，即便是朝廷大臣也都要倚重他，刘氏宗室的势力由此而增强。

丞相陈平担忧诸吕横暴，自己又无力制止，恐怕大祸临头，曾独居静室，苦思对策。恰在此时，陆贾来访，未经通报直入室中坐下，陈平正苦思冥想，竟未察觉。陆贾说："丞相思虑何事，竟然如此全神贯注？"陈平说："先生猜测我思虑何事？"陆贾说："您富贵无比，不会有什么欲望了，但是，您却有忧虑，不外乎是担心诸吕和皇上年幼罢了。"陈平说："先生猜得对。此事应该怎么办呢？"陆贾说："天下安，注意相；天下危，注意将。将与相关系和谐，士人就会归附；天下即使有重大变故，大权也不会被瓜分。安定国家的根本大计，就在你们二位文武大臣掌握之中。我曾想对太尉绛侯周勃说明这一利害关系，绛侯平素与我常开玩笑，不会重视我的话。丞相为何不与太尉交好，密切联合呢？"接着，陆贾为陈平谋划将来平定诸吕的几个关键问题。陈平采纳陆贾的计谋，用五百斤黄金为绛侯周勃祝寿，举办丰盛的宴席，太尉周勃也以同样的礼节回报。陈平与周勃互相紧密团结，吕氏图谋篡国的心气渐渐衰减。陈平送给陆贾一百个奴婢、五十乘车马、五百万钱作为饮食费。

吕太后派遣使臣告知代王刘恒，准备改封他到赵国为王。代王谢绝了，自称愿守代地边境。于是，太后封立其兄之子吕禄为赵王，追尊吕禄的父亲建成侯吕释之为赵昭王。

九月，燕王刘建去世，刘建本有美人所生一子，太后派人将其子杀死。燕国被废除。

吕太后派遣隆虑侯周灶领兵进攻南越国。

（以上为第三段，写公元前181年史刘氏反对诸吕的势力渐起，朱虚侯刘章以《耕田歌》暗讽太后吕雉；丞相陈平苦心思虑，陆贾造访，剖明利害关系，陈平与周勃深为相结，将相相合，抑制诸吕。）

吕太后八年（辛酉，公元前180年）

冬季，十月，辛丑（疑误），吕太后封立吕肃王之子东平侯吕通为燕王；封吕通之弟吕庄为东平侯。

三月，吕太后参加了除恶的祭仪后还宫，途经轵道，见到类似于灰狗的动物，猛扑太后腋窝，转眼间就消失了，不再出现。太后令人占卜此事，回答说："这是赵王刘如意在闹鬼。"从此，太后腋窝伤痛不止。

吕太后因为外孙鲁王张偃年少孤弱，夏季，四月十五日丁酉，封张敖姬妾所生二子张侈为新都侯、张寿为乐昌侯，以辅助鲁王张偃。太后又封中大谒者张释为建陵侯，以奖赏他从前劝大臣奏请封立诸吕为王的功劳。

长江、汉水泛滥成灾，冲毁了一万多户百姓家园。

秋季，七月，吕太后病重，于是，下令任命赵王吕禄为上将军，统领北军；吕王吕产统领南军。太后告诫吕产、吕禄说："封立吕氏为王，大臣心中多不服。我就要去世，皇帝年幼，恐怕大臣们乘机向吕氏发难。你们务必要统率禁军，严守宫廷，千万不要为送丧而轻离重地，以免被人所制！"

七月三十日辛巳，吕太后去世，留下遗诏，实行大赦，命吕王吕产为相国，以吕禄之女为皇后。太后丧事处理完毕，朝廷改任左丞相审食其为皇帝太傅。

诸吕打算作乱，因惧怕大臣周勃、灌婴等人，没有敢贸然行事。朱虚侯刘章娶吕禄之女为妻，所以得知吕氏的阴谋，就暗中派人告知其兄齐王刘襄，让齐王统兵西征，朱虚侯、东牟侯为他做内应，图谋诛除吕氏，立齐王为皇帝。齐王就与他舅父驷钧、郎中令祝午、中尉魏勃暗中密谋发兵。齐相召平反对举兵。

八月二十六日丙午，齐王刘襄准备派人杀国相召平。召平得知，就发兵包围了王宫。魏勃欺骗召平说："齐王没有汉朝廷的发兵虎符就要发兵，这是违法的。您发兵包围了齐王本是对的，我请求为您带兵入宫软禁齐王。"召平信以为真，让魏勃指挥军队。魏勃掌握统兵权之后，就命令包围相府，召平自杀。于是，齐王命驷钧为相，魏勃为将军，祝午为内史，征发齐国的全部兵员。

齐王刘襄派祝午到东面的琅邪国，欺骗琅邪王刘泽说："吕氏在京中发动变乱，齐王发兵，准备西入关中诛除吕氏。齐王因为自己年轻，又不懂得军旅战阵之事，自愿把整个齐国听命于大王的指挥。大王您在高祖时就已统兵为将，富有军事经验，请大王光临齐都临淄，与齐王面商大事。”琅邪王信以为真，迅速赶往临淄见齐王。齐王乘机扣留了琅邪王，而指令祝午全部征发琅邪国的兵员，一并由自己统领。

琅邪王刘泽对齐王刘襄说：“大王是高皇帝的嫡长孙，应当立为皇帝。现在朝中大臣对立谁为帝犹豫不定，而我在刘氏宗室中年龄最大，大臣们本当等着由我决定择立皇帝的大计。现在大王留我在此处，我无所作为，不如让我入关计议立帝之事。”齐王认为他说得有道理，就准备了许多车辆为琅邪王送行。琅邪王走后，齐王就出兵向西攻打济南国。齐王还致书于各诸侯王，历数吕氏的罪状，表明自己起兵灭吕的决心。

汉相国吕产等人闻讯齐王举兵，就派颍阴侯灌婴统兵攻打。灌婴率军行至荥阳，与其部下计议说：“吕氏在关中手握重兵，图谋篡夺刘氏天下，自立为帝。如果我们现在打败齐军，回报朝廷，这就增强了吕氏的力量。”于是，灌婴就在荥阳屯兵据守，并派人告知齐王和诸侯，约定互相联合，静待吕氏发起变乱，即一同诛灭吕氏。齐王得知此意，就退兵到齐国的西部边界，待机而动。

（以上为第四段，写吕太后吕雉去世，遗命吕氏诸王掌握军权；朱虚侯刘章暗中派人告知其兄齐王刘襄，让其统兵西征，图谋诛除吕氏，立齐王为汉帝。相国吕产派颍阴侯灌婴统兵攻打，灌婴首鼠两端。）

吕禄、吕产想发动变乱，但内惧朝中绛侯周勃、朱虚侯刘章等人，外怕齐国和楚国等宗室诸王的重兵，又恐手握军权的灌婴背叛吕氏，打算等灌婴所率汉兵与齐军交战之后再动手，所以犹豫未决。

这时，济川王刘太、淮阳王刘武、常山王刘朝及鲁王张偃，都年幼，没有就职于封地，居住于长安；赵王吕禄、梁王吕产分别统率南军和北军，都是吕氏一党。列侯群臣没有人能自保安全。

太尉、绛侯周勃手中没有军权。曲周侯郦商年老有病，其子郦寄与吕禄交好。绛侯就与丞相陈平商定一个计策，派人劫持了郦商，让他儿子郦寄去欺骗吕禄说：“高帝与吕后共同安定天下，立刘氏九人为诸侯王，立吕氏三人为诸侯王，都是经过朝廷大臣议定的，并已向天下诸侯公开宣布，诸侯都认为理应如此。现在太后去世，皇帝年幼，您身佩赵王大印，不立即返回封国镇守，却出任上将，率兵留在京师，必然会受到大臣和诸侯王的猜忌。您为何不交出将印，把军权还给太尉，请梁王归还相国大印给朝廷，您二人与朝廷大臣盟誓后各归封国？这样，齐兵必会撤走，大臣也得以心安，您高枕无忧地去做方圆千里的一国之王，这是造福于子孙万代的事情。”吕禄相信了郦寄的计谋，想把军队交给太尉统率，派人把这个打算告知吕产及吕氏长辈，有人同意，有人反对，计策犹豫未决。

吕禄信任郦寄，经常结伴外出游猎，途中曾前往拜见其姑母吕媭。吕媭大怒，说："你身为上将而轻易地离军游猎，吕氏如今将无处容身了！"吕媭把家中的珠玉、宝器全拿出来，抛散到堂下，说："不要为别人守着这些东西了！"

九月初十庚申，清晨，行使御史大夫职权的平阳侯曹窋，前来与相国吕产议事。郎中令贾寿出使齐国返回，批评吕产说："大王不早些去封国，现在即便是想去，还能够吗？"贾寿把灌婴已与齐、楚两国联合欲诛灭吕氏的事情告诉了吕产，并且催吕产迅速入据皇宫，设法自保。平阳侯曹窋听到了贾寿的话，快马加鞭，赶来向丞相陈平和太尉周勃报告。

太尉周勃想进入北军营垒，但被阻止，不得入内。襄平侯纪通负责典掌皇帝符节，太尉便命令他持节，伪称奉皇帝之命允许太尉进入北军营垒。太尉又命令郦寄和典客刘揭先去劝说吕禄："皇帝指派太尉代行北军指挥职务，要您前去封国。立即交出将印，告辞赴国！否则，将有祸事发生！"吕禄认为郦寄不会欺骗自己，就解下将军印绶交给典客刘揭，而把北军交给太尉指挥。太尉进入北军时，吕禄已经离去。太尉进入军门，下令军中说："拥护吕氏的袒露右臂膀，拥护刘氏的袒露左臂膀！"军中将士全都袒露左臂膀。太尉就这样取得了北军的指挥权。但是，还有南军未被控制。丞相陈平召来朱虚侯刘章辅佐太尉。太尉令朱虚侯监守军门，又令平阳侯曹窋告诉统率宫门禁卫军的卫尉说："不许相国吕产进入殿门！"

吕产不知吕禄已离开北军，进入未央宫，准备作乱。吕产来到殿门前，无法入内，在殿门外徘徊往来。平阳侯曹窋恐怕难以制止吕产入宫，策马告知太尉。太尉还怕未必能战胜诸吕，没敢公开宣称诛除吕氏，就对朱虚侯刘章说："立即入宫保卫皇帝！"朱虚侯请求派兵同往，太尉拨给他一千多士兵。朱虚侯进入未央宫门，见到吕产正在廷中。时近傍晚，朱虚侯立即率兵向吕产冲击，吕产逃走。天空狂风大作，因此吕产所带党羽亲信慌乱，都不敢接战搏斗；朱虚侯等人追逐吕产，在郎中府的厕所中将吕产杀死。朱虚侯已杀吕产，皇帝派谒者持皇帝之节前来慰劳朱虚侯。朱虚侯要夺皇帝之节，谒者不放手，朱虚侯就与持节的谒者共乘一车，凭着皇帝之节，驱车疾驰，斩长乐卫尉吕更始。事毕返回，驰入北军，报知太尉。太尉起身向朱虚侯拜贺说："最令人担忧的就是吕产。现在吕产被杀，天下已定！"于是，太尉派人分头逮捕所有吕氏男女，不论老小一律处斩。

九月十一日辛酉，捕斩吕禄，将吕媭乱棒打死，派人杀掉燕王吕通，废除鲁王张偃。

九月十八日戊辰，改封济川王刘太为梁王，派朱虚侯刘章去告知齐王，吕氏已被诛灭，令齐罢兵。

灌婴驻扎在荥阳，闻知魏勃原先教唆齐王举兵，便派人召魏勃来见，加以责问。魏勃回答说："家中失火的时候，哪有空闲时间先请示长辈而后才救火呢？"随即退立一旁，两腿颤抖不止，吓得说不出话来，直到最后也说不出别的话，为自己辩解。灌将军仔细审视魏勃，笑着说："人说魏勃武勇，其实不过是个狂妄而平庸的人罢了，能有什么作为呢？"于是，赦免魏勃不加追究。灌婴所统率的军队也从荥阳撤回长安。

班固评论说：汉文帝时，天下人都批评郦寄出卖朋友。所谓出卖朋友，是指见利忘义。至于郦寄，他的父亲本是汉室开国功臣，而且又被周勃等人劫持；郦寄的行为，虽使朋友吕禄被杀，却安定了国家，顾全了君臣父子的伦理大义，还是应当肯定的。

（以上为第五段，写丞相陈平与太尉周勃谋划诛除诸吕，利用郦商的儿子郦寄与相国吕产的关系，骗其交出军权。太尉周勃进入北军，取得控制权；朱虚侯刘章杀掉吕产。于是，平定诸吕，吕氏全族均被处斩。）

诸位大臣暗地共同商量说："少帝和梁王、淮阳王、恒山王，都不真是汉惠帝的儿子，当年吕后设计取他人的儿子，杀死他们的生母，把他们收养在后宫中，令汉惠帝认作儿子，立为继承人和诸侯王，用来加强吕氏的力量。现在，吕氏已被灭族，但吕氏所立的人，很快就要长大，等他们掌握实权，我们恐怕都要被灭族！不如从诸侯王中另选最贤者立为皇帝。"有人说："齐王，是高帝的长孙，可立他为帝。"大臣们都说："吕氏正因为外戚强横，几乎危及皇帝宗庙，摧残功臣，现在齐王的舅舅驷钧，为人暴恶，好像戴着冠帽的老虎，假若立齐王为帝，驷钧一族就会成为第二个吕氏。代王是高帝在世诸子中年龄最大的一位，为人仁孝宽厚，太后薄氏一家谨慎温良。立年长的本来就名正言顺，更何况代王又以仁孝而闻名于天下呢？"于是，大臣们共同议定拥立代王为帝，并暗地派人召代王入京。

代王刘恒就此征询左右亲信大臣的意见，郎中令张武等人说："汉廷大臣都是当年高帝开国时的大将，精通军事，多有诡诈奇计。这些人的愿望并不止于已有的权位，只是畏惧高帝、吕太后的威严罢了。现在，他们已诛除诸吕，刚刚喋血京师，此来以迎接大王为名，实在不可轻信。希望大王自称有病，不要前去长安，静观政局变化。"中尉宋昌却说："各位的意见都是错误的。当年，秦失去了政权，诸侯、豪杰蜂拥而起，自以为可以得天下的人，数以万计，但最后登上天子之位的是刘氏；天下人不敢再有称帝的奢望，这是第一条。高帝分封子弟为诸侯王，封地犬牙交错，可以控制天下，这就是所谓宗族稳如磐石，天下人信服它的强大，这是第二条。汉朝建立之后，废除秦朝的苛政，简省法令，推行德政，百姓安居乐业，很难动摇，这是第三条。以吕太后的威严，封立吕氏三人为王，独掌大权，专制朝政，然而，太尉仅凭一个符节，进入北军一呼，军士全都左袒，拥护刘氏，背叛诸吕，终于消灭了吕氏。刘氏的帝位，来源于天授，不是靠人力争夺而得。现在，即使大臣另有异谋，百姓也不会为其所用，他们的党羽难道能够统一吗？现在，朝内有朱虚侯、东牟侯这样的宗室大臣，外面又畏惧吴、楚、淮阳、琅邪、齐、代等强大的宗室诸国，大臣谅必不敢另生他念。高帝诸子，现在只有淮南王与大王健在，大王又年长，天下人都知道您的贤圣仁孝，所以大臣们顺应天下人之心，要迎立大王为皇帝。大王不必猜疑！"

代王刘恒禀报薄太后商议此事，犹豫未定。卜问凶吉，得到了"大横"的征兆，所得卜辞说："横线直贯多强壮，我做天王，夏启的事业得到光大发扬。"代王说："我本来就是王了，又做什么王？"占卜的人说："所谓天王，是指天子。"

于是，代王派薄太后之弟薄昭前去拜见绛侯。绛侯等人向薄昭详细说明迎立代王为帝的本意。薄昭还报代王说："迎立之事是真实的，没有什么可疑之处。"代王就笑着对宋昌说："果然如您所说。"

代王于是命令宋昌作为自己的陪乘，同车而行，张武等六人乘坐官府驿车，一起随代王到长安。行至高陵县，暂停休整，代王命宋昌先驰入长安观察动静。宋昌行至渭桥，丞相及以下百官都来迎接。宋昌回来报告。代王驰车赶到渭桥，群臣跪拜进见，俯首称臣，代王下车还礼。太尉周勃近前说："希望与您单独谈话。"宋昌回答说："您要说的，如果是公事，就公开说；如果是私事，做王的人是没有私情的。"太尉才跪下，呈上天子所专用的印玺和符节，代王辞谢说："到代国官邸再商量此事。"

闰九月二十九日己酉晦，代王进入都城长安，住在长安的代国官邸，朝廷群臣都护送到官邸。丞相陈平等人再次跪拜启奏说："刘弘等人都不是汉惠帝的儿子，不应侍奉宗庙做天子。大王是高帝的年长之子，应继承皇统。我们恭请大王登基做皇帝！"代王谦逊地按宾主的礼仪面向西，辞谢了三次，又按君臣之仪面向南，辞谢了两次，于是，即皇帝位。群臣按朝见皇帝的礼仪和官秩高低排班侍立。

东牟侯刘兴居说："诛除吕氏，我没有立功，请皇帝允许我前去清理皇宫。"他和太仆汝阴侯滕公夏侯婴一道进入皇宫，逼近少帝说："您不是刘氏后代，不应做皇帝！"接着，刘兴居转身命令左右持戟卫士，放下兵器退出皇宫；有几个卫士不愿放下兵器，宦者令张释告知情由，他们也随之放下了兵器。滕公夏侯婴命令用车子将少帝送出宫外。少帝问："你们要把我安置到何处？"滕公说："让您住到皇宫外面。"就把他安置在少府的官衙中。

于是，刘兴居和夏侯婴排列天子法驾前来代王官邸，恭迎代王刘恒入宫，他们报告说："清理皇宫已毕。"代王于当晚进入未央宫。有十位持戟守卫端门的谒者阻拦说："天子居住于宫中，您是干什么的，竟要入宫！"代王告知太尉周勃，周勃便前来谕告谒者有关废立皇帝的事，十位谒者都放下兵器离去，代王于是进入未央宫。当天夜间，代王就任命宋昌为卫将军，指挥南军和北军；任命张武为郎中令，负责管理殿中事务。有关机构分别派人在梁王、淮阳王、恒山王和少帝的住处杀死他们。汉文帝返回未央宫前殿就座，当夜颁布诏书，大赦天下。

（以上为第六段，写汉朝大臣诛灭诸吕后，拥立代王刘恒为帝，因为刘恒是刘邦在世诸子中年龄最长的一位，为人仁孝宽厚，而太后薄氏一家谨慎温良。代王进入皇宫，即皇帝位，是为汉文帝。）

太宗孝文皇帝上

汉文帝前元元年（壬戌，公元前179年）

冬季，十月初一庚戌，汉文帝改封琅琊王刘泽为燕王；封立赵幽王之子刘遂为赵王。

丞相陈平因病请求辞职，汉文帝询问原因，陈平说："高祖开国时，周勃的功劳不如我大，在诛除诸吕的事件中，我的功劳不如周勃；我请求将右丞相的职务让给周勃担任。"

十一月初八辛巳，汉文帝将陈平调任为左丞相，任命太尉周勃为右丞相，大将军灌婴为太尉。汉文帝还下令，把吕后当政时割夺齐、楚两国封立诸吕的封地，全部归还给齐国和楚国。

朝廷对诛灭诸吕的人论功行赏，右丞相周勃以下，都被增加封户和赐金，数量各有差别。绛侯周勃散朝时小步疾行退出，十分得意；汉文帝刘恒对绛侯以礼相待，很为恭敬，经常目送他退朝。担任郎中的安陵人袁盎谏阻汉文帝说："诸吕骄横谋反，大臣们合作将吕氏诛灭。那时，丞相身为太尉，掌握兵权，才天缘凑巧建立了这番功劳。现在，丞相好像已有对人主骄矜的神色，皇上却对他一再谦让，臣子和君王都有失礼节，我私下认为皇上不该如此！"以后朝会时，汉文帝越来越庄重威严，丞相周勃也就越来越敬畏。

十二月，汉文帝下令说："法律，是治理天下的依据。现在的法律对违法者本人做了处罚之后，还要株连到他本来没有犯罪的父母、妻子、兄弟，以至将他们收为官奴婢，我认为，这样的法律十分不可取！从今以后，废除各种收罪犯家属为奴婢以及各种相连坐的律令！"

春季，正月，有关官员请求汉文帝刘恒早日确立太子。汉文帝说："我已不德，不能博求天下贤圣有德的人，将帝位禅让给他，而又说'早立太子'，这是加重我的不德行为，还是暂缓议定吧！"有关官员说："预先确立太子，是为了尊重宗庙和国家，不忘天下。"汉文帝说："楚王，是我的叔父；吴王，是我的兄长；淮南王，是我的弟弟；难道他们不是早就存在的继承人吗？如果我现在不选择贤能之人为帝位继承人，而说必须传位给儿子，世人将认为我忘记了贤能有德的人，而专私于自己的儿子，这不是以天下为重的做法！”有关官员坚持请求说：“古代殷、周建国之后，都经历了一千多年的长治久安，它们都采用了早立太子的制度；天子必须从儿子之中确立继承人，这是由来已久的了。高帝平定天下而为汉室太祖，应当子孙相传世代不绝，如果现在舍弃了理应继承的皇子，不立太子，而另从诸侯王和宗室中选择继承人，这是违背高帝愿望的。在皇子之外另议继承人是不应该的。皇上诸子中，以刘启年龄最大，他为人纯厚仁慈，请皇上立刘启为太子。”汉文帝至此才同意臣下的奏请。

三月，汉文帝立太子生母窦氏为皇后。窦皇后是清河郡观津县人。她有个弟弟窦广国，字少君，幼年时被人拐卖，先后转换了十多家，听说窦氏被立为皇后，便上书自言身世。窦皇后召见他，核验询问，证实无误，就赐给他大量的田宅和金钱，与其兄长君在长安安家居住。绛侯、灌将军等人议论说：“我等不死，命运就将取决于此两人。他们两人出身微贱，不可不为他们慎选师傅和宾客。否则，他们又有可能效法吕氏以外戚专权，这是大事！”于是，大臣们从士人中精选有节行的人与二人同住。窦长君、窦少君由此成为退让君子，不敢以皇后至亲的尊贵地位对人骄矜。

汉文帝下令救济鳏寡孤独和穷困的人。汉文帝还下令说：“年龄八十岁以上者，每月赐给米、肉、酒若干；年龄九十岁以上的老人，另外再赐给帛和絮。凡是应当赐给米的，各县的县令要亲自检查，由县丞或县尉送米上门；赐给不满九十岁的老人的东西，由啬夫、令史给他们送去；郡国二千石长官要派出负责监察的都吏，循环监察所属各县，发现不按命令办理者，给以责罚督促。”

楚元王刘交去世。

夏季，四月，齐国、楚国发生地震，二十九座山在同一天中崩裂，大水溃涌而出。

这时，有人向汉文帝进献日行千里的宝马。汉文帝说：“每当天子出行，前有鸾旗为先导，后有属车做护卫；平时出行，每日行程不超过五十里，率军出行，每日只走三十里；我乘坐千里马，能先单独奔到何处呢？”于是，汉文帝把马还给了进献者，并给他旅途费用。接着下令说：“我不接受贡献之物。我命令全国不必要求前来进献。”

汉文帝即位，先对天下普施恩惠，远近的诸侯和四夷部族与朝廷的关系都很融洽。然后，汉文帝才表彰和赏赐跟随他从代国来京的旧部功臣，封立宋昌为壮武侯。

（以上为第七段，着重写汉文帝刘恒即位后的所作所为，任命在平叛诸吕中功劳大的周勃为右丞相，改任陈平为左丞相；立刘启为太子，立太子生母窦氏为皇后；救济孤寡老人；拒不接受贡献之物。）

汉文帝越来越明习国家政事。朝会时，汉文帝问右丞相周勃说：“全国一年内判决多少案件？”周勃谢罪说：“不知道。”汉文帝又问道：“一年内全国钱谷收入有多少？”周勃又谢罪说：“不知道。”在紧张和惭愧之下，周勃汗流浃背。汉文帝又问左丞相陈平。陈平说：“有专门主管这些事务的官员。”汉文帝问道：“由谁主管？”陈平回答说：“皇上如果要了解诉讼刑案，应该责问廷尉；如果要了解钱谷收支，应该责问治粟内史。”汉文帝说：“假如各事都有主管官吏，那么您是负责什么事情的呢？”陈平谢罪说：“皇上由于不知道我的平庸低能，任命我为宰相。宰相的职责，对上辅佐天子，理通阴阳，顺应四季变化；对下使万物各得其所；对外安抚四夷和诸侯，对内使百姓归附，使卿大夫各自得到能发挥其专长的职务。”汉文帝这才赞好。右丞相周勃极为惭愧，退朝之后责备陈平说：“就是您平素不教我如何回答！”陈平笑着说：“您身为宰相，却不知道宰相的职责是什么吗？况且，如果皇上问长安城中有多少盗贼，您能勉强回答吗？”由此，绛侯周勃自知能力比陈平差得很远。过了一段时间，有人劝周勃说：“您诛灭吕氏，扶立代王为帝，威名震动天下。现在您接受朝廷厚赏，担任职位尊崇的右相，时间一长，将要大祸临头了。”周勃也为自己担忧，就自称有病，请求辞去丞相职务，汉文帝批准了他的请求。

秋季，八月二十日辛未，汉文帝罢免了右丞相周勃，左丞相陈平一人担任丞相。

（以上为第八段，写汉文帝越来越明习国家政事，询问右丞相周勃诸事，周勃不能回答，非常惭愧，请辞丞相，于是汉文帝以陈平一人专为丞相。）

当初，隆虑侯周灶领兵进攻南越国，正值暑热潮湿，士兵中流行瘟疫，军队无法越过阳山岭。过了一年多，汉太后吕雉去世，便撤兵了。赵佗乘此机会，用兵威胁迫并以财物引诱闽越、西瓯、骆，使它们归属南越统治。南越国东西长达万余里，赵佗乘坐供天子专用的黄屋左纛车，自称皇帝，与汉朝皇帝相同。

汉文帝于是下令，为赵佗在真定的父母亲的坟墓设置专司守墓的民户，按每年四季祭祀；又召来赵佗的兄弟，用尊贵的官位和丰厚的赏赐表示优宠。汉文帝又派遣陆贾出使南越国，带去汉文帝致赵佗的一封书信，信中说：“我是高皇帝侧室所生之子，被安置于外地，在北方代地做藩王。因路途辽远，加上我眼界不开阔，朴实愚鲁，所以那时没有与您通信问候。高皇帝不幸去世，汉惠帝也去世了；高后亲自裁决国政，晚年不幸患病，诸吕乘机谋反，幸亏有开国功臣之力，诛灭了吕氏。我因无法推辞诸侯王、侯和百官的拥戴，不得不登基称帝，现已即位。前不久，得知大王曾致书于将军隆虑侯周灶，请求寻找您的亲兄弟，请求罢免长沙国的两位将军。我因为您的这封书信，已罢免了将军博阳侯；您在真定的亲兄弟，我已派人前去慰问，并修整了您先人的坟墓。前几日听说大王在边境一带发兵，不断侵害劫掠。当时长沙国受害，而南郡尤其严重；即便是大王治理下的南越王国，难道就能在战争中只获利益而不受损害吗？战事一起，必定使许多士兵丧生，将吏伤身，造成许多寡妇、孤儿和无人赡养的老人。我不忍心做这种得一亡十的事情。我本来准备对犬牙交错的地界做出调整，征求官员意见，回答说'这是高皇帝为了隔离长沙国而划定的'，朕不得擅自变更地界。现在，汉若夺取大王的领地，并不足以增加多少疆域；夺得大王的财富，也不足以增加多少财源。五岭以南的荒服土地，大王尽可自行治理。即便大王已有皇帝的称号，但两位皇帝同时并立，互相之间没有一位使者相互联系，这是以力相争；只讲力争而不讲谦让，这是仁人所不屑于做的。愿与大王共弃前嫌，自今以后，互通使者往来，恢复原有的良好关系。"

陆贾到达南越。南越王赵佗见了汉文帝书信，十分惶恐，顿首谢罪，表示愿意遵奉皇帝明诏，永为藩国臣属，遵奉贡纳职责。赵佗随即下令于国中说："我听说，两雄不能同时共立，两贤不能一时并存。汉廷皇帝，是贤明天子。从今以后，我废去帝制、黄屋、左纛。"

于是，南越王赵佗写了一封致汉文帝的回信，说："蛮夷大长、老夫臣赵佗冒昧再拜上书皇帝：老夫是供职于旧越地的官员，幸得高皇帝宠信，赐我玺印，封为南越王。孝惠皇帝即位后，根据道义，不忍心断绝与南越的关系，所以对老夫有十分丰厚的赏赐。高后当政，歧视和隔绝蛮夷之地，下令说：'不得给蛮夷南越金铁、农具、马、牛、羊；如果给它牲畜，也只能给雄性的，不给雌性的。'老夫地处偏僻，马、牛、羊也已经老了，自以为未能行祭祀之礼，犯下死罪，故派遣内史藩、中尉高、御史平等三批人上书朝廷谢罪，但他们都没有返回。又据风闻谣传，说老夫的父母坟墓已被平毁，兄弟宗族人等已被判罪处死。官员一同议论说：'现在对内不能得到汉朝尊重，对外没有自我显示与众不同的地方。'所以才改王号，称皇帝，只在南越国境内称帝，并无为害天下的胆量。高皇后得知，勃然大怒，削去南越王的封号，断绝使臣往来。老夫私下怀疑是长沙王阴谋陷害我，所以才发兵攻打长沙国边界。老夫在越地已生活了四十九年，现在已抱孙子了。但我夙兴夜寐，睡觉难安枕席，吃饭也品尝不出味道，目不视美女之色，耳不听钟鼓演奏的音律，就是因为不能侍奉汉廷天子。现在，有幸得到皇上哀怜，恢复我原来的封号，允许我像过去一样派人出使汉廷，老夫即使死去，尸骨也不朽灭。改号为王，不敢再称帝了！"

齐哀王刘襄去世。

汉文帝得知河南郡守吴公治理地方的政绩为天下第一，就召他入朝做廷尉。吴公推荐洛阳人贾谊，汉文帝就召贾谊进京做博士官。当时贾谊年仅二十多岁。汉文帝很赏识贾谊的文辞可观和知识渊博，一年之中，就破格提升他做了太中大夫。贾谊请汉文帝改历法，变换朝服颜色，重新审定官名，确定汉室的礼仪和音乐，以建立汉朝制度，更改秦朝法度。汉文帝以谦让治国，无暇顾及这些事情。

（以上为第九段，写南越王赵佗称制，汉文帝派陆贾出使南越国，说服赵佗去帝号，称王；洛阳人贾谊文辞可观，年二十余被河南守吴公举荐为博士，一岁中超迁为太中大夫。）

汉文帝前元二年（癸亥，公元前 178 年）

冬季，十月，曲逆侯陈平去世。

汉文帝下令，令列侯各自离京到所封领地去；身为朝廷官员和受诏书留居京师的列侯，则派遣他们的太子到封地去。

十一月，乙亥（疑误），周勃再次出任丞相。

十一月，癸卯晦（疑误），发生日食。汉文帝下令说：“群臣都要认真思考我的过失和我所未知、未见的问题，并请大家告知我。还请大家向朝廷荐举贤良、方正、能直言极谏的人，以便弥补我的不足。”于是，根据他们才能分别任职，命令务必减轻徭役赋税以便利百姓；罢废卫将军；太仆将现有马匹仅留下够朝廷使用的，其余马匹全部拨给驿站使用。

颍阴侯灌婴的骑从贾山上书汉文帝，谈论治乱之道，说：“我听说在雷霆的轰击下，无论什么都会被摧毁；在万钧之力的重压下，无论什么都会被压碎。君王的威严，远远超过了雷霆；君王的权势，也远远超过了万钧。君王即便是主动地请求大家进谏，和颜悦色地接受臣下的批评意见，采纳批评者意见并给以重用，臣子仍然惧怕而不敢将自己的意见和盘托出；更何况君王纵欲残暴，又不愿听到别人议论他的过失呢？在严威的震慑和权势的重压之下，即使人有尧和舜那样的智谋，有孟贲那样的勇力，难道能不被摧毁吗？这样，君王就听不到别人对他的过失的批评，国家就危险了。

“过去，在周朝时大约有一千八百个封国，用九州的百姓，事奉一千八百国的君王，君王有多余的财富，百姓也有宽裕的力量，到处都有歌功颂德的声音。秦始皇用一千八百国的百姓奉养自己，百姓精疲力竭，负担不起他的徭役；倾家荡产，缴纳不足他的赋税。秦始皇只不过是一位君王，他自己享受的也不过是驰骋弋猎的娱乐，天下却无法供应他的需求。秦始皇自认为功德无量，估计他的子孙会世代相传以至于无穷，但是，他死后不过几个月，天下人四面进攻，宗庙就毁灭了。秦始皇处于被灭绝的危机之中，却没有察觉，原因何在？就在于天下人都不敢告知他实际情况。不敢告知他实情的原因，又是什么呢？是因为秦王朝没有尊老养老的道义，没有能够辅佐的大臣，罢免了批评朝政的官员，杀害了敢当面批评谏阻的士人。所以，那些谄谀逢迎、只求自保利禄的无耻小人，吹捧秦始皇的德政高于尧舜，功业超过商汤和周武；天下已将土崩瓦解，而没有人告知秦始皇。

“现在，皇上命令天下人荐举贤良方正的人士，天下人都为之欢欣鼓舞，说：‘皇帝将复兴尧舜治理天下之道，造就三王的功业了。’天下的人才，莫不努力自我完善以求能被皇帝选用。现在方正之士，都已被选入朝廷了；又从中选择贤能者，让他们做常侍、诸吏，皇上与他们共同驰驱射猎，一天之内再三出宫。我担忧朝政由此而懈弛，百官因此而玩忽职守。皇上自即位以来，自我勉励，厚养天下，节省开支，慈爱臣民，断案公平，刑罚宽缓。对此，天下人莫不喜悦。我听说崤山以东官吏公布命令时，百姓即使是老弱病残的人，也都拄着手杖前去聆听，希望暂时不死，想看到仁德教化的成功。现在功业刚刚建立，好名声刚刚传播，四方仰慕跟从。在这关键时刻，皇上却只与豪俊之臣、方正之士，天天射猎，击兔捉狐，从而伤害国家大业，断绝天下人的期望，我私下为皇上痛惜！古代规定大臣不得参与安闲的游乐，为的是让他们都致力于保持大臣的品格和节操。这样，群臣就无人胆敢不严格约束自己，提高品行修养，尽心事君，按君臣之礼办事。士的品行，养成于自己家中，却在天子的朝廷之上被破坏，我私下为之惋惜。皇上与群臣消闲游乐，与大臣、方正之士在朝廷上议论国事，游娱不失乐，朝会不失礼，这是极为重大的事体。”汉文帝赞许并采纳了他的意见。

汉文帝每次上朝，郎官和从官进呈奏疏，他从来都是停下辇车接受。奏疏所说的，如不可采用，就放过一边；如可用，就加以采用，未尝不深加赞赏。

（以上为第十段，写汉文帝因日食下诏求言，创立举贤良文学制度；颍阴侯灌婴的骑从贾山上书谈论治乱之道，汉文帝赞许并采纳其言。）

汉文帝从霸陵上山，想要向西纵马奔驰下山。中郎将袁盎骑马上前，与汉文帝车驾并行，伸手挽住马缰绳。汉文帝说：“将军胆怯了吗？”袁盎回答：“我听说：‘家有千金资财的人，不能坐在堂屋的边缘。’圣明的君王不能冒险，不求侥幸。现在，皇上要想放纵驾车的六匹骏马，奔驰下险峻的高山，如果马匹受惊，车辆被撞毁，皇上纵然是看轻自身安危，又怎么对得起高祖的基业和太后的抚育之恩呢？”汉文帝这才停止了冒险。

汉文帝所宠幸的慎夫人，在宫中经常与皇后同席而坐。等到她们一起到郎官府衙就座时，袁盎把慎夫人的坐席排在下位。慎夫人恼怒，不肯入坐；汉文帝也大怒，站起身来，返回宫中。袁盎借此机会上前规劝汉文帝说：“我听说：‘尊卑次序严明，就能上下和睦。’现在，皇上既然已经册立了皇后，慎夫人只是妾，妾怎么能与主人同席而坐呢？况且，如果皇上真的宠爱慎夫人，就给她丰厚的赏赐；而皇上现在宠爱慎夫人的做法，恰恰会给慎夫人带来祸害。皇上难道不见‘人彘’的悲剧吗？”汉文帝这才醒悟，转怒为喜，召来慎夫人，把袁盎的话告诉了她。慎夫人赐给袁盎黄金五十斤以示感谢。

（以上为第十一段，写直臣袁盎劝说汉文帝不要纵马驰骋，宠妾不能和皇后平起平坐，文帝均予采纳。）

贾谊对汉文帝说：“《管子》书中说：‘仓库充实人们才会讲究礼节，衣服粮食充足人们才会有荣辱观念。’假如百姓的温饱问题没有解决，却乐意听命于君王的统治，这种事情，从古到今，我都没有听说过。古代有人说：‘一个农夫不耕作，就有人要挨饿；一个女子不织布，就有人要挨冻。’无论什么产品，生产它都有一定的季节时令，用起来如果毫无限制，物资就必会缺乏。古人治理天下，安排得很细微，很周到，所以国家的积贮足以仗恃。现在，脱离农桑本业而从事工商业的人太多了。这是危害天下的一大流弊；追求奢侈的风俗，日益增长，这是危害天下的一大公害。这两种流弊和公害盛行，没有谁给以制止；政权面临毁坏，没有谁能挽救。天下财富，生产的人很少而挥霍的人却很多，怎能不枯竭！

“大汉建国以来，已近四十年了，国库和私人积贮数量之少，仍然令人悲哀痛惜。一旦老天不按时降雨，百姓就惶恐不安；年景不好，没有收成，百姓或者出卖爵位，或者自卖儿女，换粮度日。此类事情，皇上已经听到了。哪有天下如此危险而主上不惊惧的！

“世上有丰年有歉年，这是自然规律；古代圣王夏禹和商汤也都曾经历过。假如不幸出现了方圆两三千里的大面积旱灾，国家靠什么去救济百姓？突然间边境有紧急情况，征调数十百万将士，国家用什么供应军需？战争和旱灾同时发生，国家财力无法应付，就会天下大乱，有勇力的人啸聚部众劫掠地方；疲困和老弱的人，就相互交换子女吃人肉。政事的治理没有完全通畅，远方那些势力强大有称帝野心的人，就会一起举兵争着起事。如果发展到这般田地才大吃一惊，图谋制止，怎能来得及呢！积贮是国家的命脉。如果国家积贮了大量粮食而钱财有余，还有什么办不成的事情！以它为依凭，进攻就攻取，防守就牢固，作战就胜利，要感化、安抚敌人，或者吸引远方部族归附朝廷，怎么会招而不到？

“现在，如果驱使民众归返农事，都依附于土地，让天下人都从事生产满足本人生活需要，让工商业者、游民都改为从事农耕，那么，国家就会有充裕的积贮，百姓就会安居乐业了，可以使国家富足，安定天下。而却做出了这种令人危惧的事情，我私下为皇上感到惋惜！”

汉文帝被贾谊的话所打动，春季，正月十五日丁亥，下令举行“籍田”仪式，皇帝亲自耕作，为天下臣民做出表率。

三月，有关官员请求汉文帝立皇子为诸侯王。汉文帝下令，先立赵幽王的小儿子刘辟强为河间王，立朱虚侯刘章为城阳王，立东牟侯刘兴居为济北王；然后才立皇子刘武为代王，刘参为太原王，刘揖为梁王。

五月，汉文帝下令说：“古代明君治理天下，朝廷专设鼓励献计献策的旌旗，树立书写批评意见的木柱，这样做的目的，是为了保证朝政的清明，鼓励臣民前来进谏。现在的法律中，有‘诽谤罪’和‘妖言罪’，这就使得群臣不敢畅所欲言地批评朝政，皇帝无从得知自己的过失，这怎么能吸引远方的贤良之士到朝廷来呢？废除这些罪名！”

九月，汉文帝下令说：“农业，是天下的根本，百姓依靠它而生存。有的百姓不从事农耕的本业，却去从事工商末业，所以百姓生活艰难。我对此甚为担忧，所以现在亲自率领群臣从事农业耕作，以提倡重视农业。今年只向天下百姓征收田租的一半。”

燕王刘泽去世。

（以上为第十二段，写贾谊向汉文帝刘恒上《积贮疏》，强调重农抑商，增加积蓄，得到汉文帝的肯定和重视，汉文帝亲耕藉田，下令重农，减少田租；还封诸子为王，除去“诽谤罪”和“妖言罪”。）

【点评】

陈平论。陈平，是在楚汉相争、汉朝建国时期不可多得的谋臣，可以说，是个精于谋国、善于谋身的典型。

陈平的谋国，司马迁说他是“常出奇计，救纷纠之难，振国家之患”。“六奇既用，诸侯宾从于汉。”也就是说，陈平曾六出奇计，为刘邦夺取天下、巩固政权起了重要的作用。后人总结其六大奇计是：离间项羽、范增，楚势由此颓衰；乔装诱敌，使刘邦从荥阳安全撤退；封王韩信，使韩信效命刘邦；联齐灭楚，刘邦战胜项羽；计擒韩信，使刘邦翦灭异姓王而固其刘家天下；白登解围，使刘邦脱离匈奴险境。这“六奇”，所说的都是在刘邦在世时的事情，还不包括刘邦去世后吕太后当政以及消灭诸吕的谋略。司马迁将汉兴以来的萧何、曹参、张良、陈平、周勃五人列为世家，充分肯定了陈平的功绩。有人曾写作《陈平颂》，说：“胸怀玄机胜万兵，兴汉灭楚建奇功。巧施反间离亚父，荥阳金蝉走困龙。虞姬悲歌挥舞袖，霸王刎剑愧江东。淮阴束手楚囚客，吕氏称王一场空。烽火乱世安天下，除枭铲佞色从容。丈夫丹心报明主，智者尺蠖济苍穹。”虽然有些夸张，但概括的倒也非常全面。

当时人以及后人，一般将陈平与张良相比较，认为：“张子房青云之士，诚非陈平之伦。然汉之谋臣，良、平而已。”“张良、陈平，皆汉元臣也。从龙开辟，权谋固可尽除乎？然良之术多正，平之术多谲，故平有阴祸以贻后，良以寡欲而昌终。”其说诚是。陈平的谋略，一般被人称为是“阴谋”。他自己曾说：“我多阴谋，是道家之所禁。”所谓“阴谋”，本是贬义词，是指见不得光的权谋，而对于陈平来说，则指的是秘计、诡计，一般人不能识透其中奥秘，而行之则大有成效。例如，陈平离间项羽与谋士范增的君臣关系，使得范增离去，犹如断去项羽臂膀；刘邦被困荥阳，陈平让纪信乔装刘邦，用花枝招展的女子为兵，出东门“投降”，而刘邦乘机从西门逃之夭夭；刘邦被围白登，陈平献上美人图，说动匈奴单于的阏氏，才得以解围；韩信被疑谋反，刘邦一筹莫展，陈平也是用阴谋之计，让刘邦游于云梦而韩信被擒；等等。这些计谋起到了意想不到的效果。刘邦当时总结汉兴楚亡，认为是萧何、张良、韩信"三杰"起了重大的作用，其实，如果再数下去，就应当是陈平了，陈平的谋划，在汉兴中起到了关键性的作用。

而刘邦去世后，太后吕雉弄权，欲王诸吕，政治形势非常凶险，在这种情况下，如何自处？右丞相王陵比较耿直，被太后削去实权；陈平则玩起了滑头，虽说不是曲意迎合太后，但也是让太后的计划得以实现。后来，太后去世后，陈平联手周勃平定了诸吕之乱，恢复了刘氏政权。司马迁评论是"及吕后时，事多故矣，然平竟自脱，定宗庙，以荣名终，称贤相，岂不善始善终哉！"充分肯定了陈平运用谋略，使得自己脱去祸患，也使得汉朝得以为继。这可谓是大智慧、大智谋啊！

在中国古代，有舍身谋国，为国而不顾身者，晁错是也；有为国家做出大贡献，而一旦涉及自身利益，背叛国家，只顾自己，而不得善终，李斯是也；有功高威重，被人主猜忌，而不惜自污名节以求自保，萧何是也；有功成身退，不问人间世事，云里雾里，远离是非，而终了其身，张良是也；有立功于朝廷，也留下致命祸患，而急流勇退，以保性命，范雎是也。而唯有陈平，一直都是激流勇进，身在朝廷，处于政治漩涡之中，而始终能够游刃有余，与国家的命运融为一体，善始善终，可谓是"中流砥柱"，诚如司马迁所称赞："非知谋孰能当此者乎？"

在吕太后当政前后，陈平的谋略之要，是先国家而后自己，还是先自己而后国家？平心而论，应当是后者，即首先是自保，以自保而相机行事，再来谋划国家之事。刘邦晚年时，最担心的是老将将来会起来造反，便要诛杀殆尽，几个异姓王都被先后除掉了，而当时最有能耐的，要算是樊哙了，手握重兵，有人说他要谋反，刘邦毫不犹豫地要陈平出马，于军中立斩樊哙。如果陈平不加思考，如此行事，那肯定是不辱使命，但将来肯定是要吃不了兜着走。可陈平却极有心机，认为刘邦活不了几天了，而太子仁弱，将来掌权的必定是吕太后，而樊哙是太后的妹夫，怎么能说杀就杀呢？这岂不是把刀架在自己的脖子上吗？于是，他左右周旋，保住了樊哙性命，实际上也就是保住了自己。再者，太后当政，欲王诸吕，在太后的淫威下，不从者肯定没有好处，弄不好要脑袋搬家。而陈平非常识趣，说了模棱两可的话，认为既然是太后当政，王诸吕，也是顺理成章，把太后乐开了花，太后把他提拔为右丞相。当时，陈平说了逢迎的话，王陵责问陈平为什么不忠于刘邦的"白马"誓言，陈平说："面折廷争，臣不如君；全社稷，定刘氏之后，君亦不如臣。"这话说得冠冕堂皇，好像这时的陈平非常伟大，已经想到将来要颠覆吕氏，恐怕并非如此，这从后来陆贾进入陈平寓所，而陈平苦思冥想不得其策的情状就可得知，到了那个时候，火烧眉毛了，陈平也没有想出什么妙计可"安刘"，而在太后权势熏天的时候，他首先想到的是如何自保，能够占住朝廷一席之地，将来的事，将来再做打算，根本没有想到那么多。尽管后来确实是陈平用计平定诸吕，那是以后的事情了，并不是在太后当政之始，就有此明晰的打算，而是后人据此往前推测，美化陈平而已。而在当时，保全性命和权力则是最重要的，什么都无从说起！

应当说，陈平的善于谋身，是非常了不起的一种举措，处于风口浪尖之上，不仅能够善始善终，而且能够始终掌握权柄，非常人之所能为也！善于谋国，固然可贵；既谋国，又谋身，谋身而为谋国，更是难能可贵！唯有陈平，能当之也！

资治通鉴（白话本） 卷第十四

汉纪六

汉文帝前元三年至前元十年（公元前 177—前 170）

【起阏逢困敦（甲子，公元前 177 年），尽重光协洽（辛未，公元前 170 年），凡八年】

【大事提要】

本卷记事起于公元前 177 年，到公元前 170 年，凡八年，当为汉文帝前元三年至前元十年。本卷所载的大事，主要是以下几个方面：其一，刘长骄横。刘长为汉高祖刘邦少子，封为淮南王。汉文帝刘恒时，刘长骄纵跋扈，常与帝同车出猎，在封地不用汉法，自作法令。公元前 174 年，与匈奴、闽越联络，图谋叛乱，事泄被拘。朝臣议以死罪，汉文帝赦之，废王号，迁蜀郡，途中绝食而死，谥号厉王。其二，周勃就国。汉文帝欲削去权臣官职，下令列侯就国，要求周勃带头。周勃被免去丞相而到封国。周勃回到封地，畏惧被诛，经常身披铠甲，被诬谋反，事下廷尉，捕捉治罪。周勃被凌辱，以千金贿赂狱吏，示意他"请公主做证"，而得释放，恢复其爵位和封邑。其三，释之护法。张释之十年未得升迁，被举荐，后得到汉文帝刘恒的赏识，升任廷尉。他严于执法，当皇帝的命令与法律发生抵触时，仍然执意守法；曾经弹劾时为太子的刘启"过司马门不下车"，以执法公正不阿而闻名。时人称赞张释之为廷尉，天下无冤民。其四，纵民铸钱。汉文帝刘恒颁布"铸钱令"，放纵民众铸钱，虽然增加了货币的流通量，但能够铸钱的人，大都是大冶铸业主和诸侯王，以致在汉文帝时期出现了以铸钱币致富的不法之徒，吴王刘濞即山铸钱，山东奸猾纷纷聚集而来，富埒天子，其后发动叛乱。其五，贾谊上书。贾谊才能突出，汉文帝刘恒拟任为公卿，受到大臣谗毁，被贬出朝廷，出任梁怀王太傅。他身在梁国，但仍体察政事，居安思危。他多次上书陈述政事，围绕匈奴侵边、制度疏阔、诸侯王谋反等问题展开论述，对西汉王朝长治久安起了重要作用。

太宗孝文皇帝中

汉文帝前元三年（甲子，公元前 177 年）

冬季，十月三十日丁酉晦，出现日食。

十一月，丁卯晦（丁卯，十二月初一日，疑误），出现日食。

汉文帝下令说：“先前下令列侯回各自的封地，有的人辞别而未成行。丞相，是我所倚重的人，应为我率领列侯返回各自封地！”十二月，汉文帝刘恒免去周勃的丞相职务，命令他前往封地。十四日乙亥，汉文帝任命太尉灌婴为丞相，罢废太尉之官，将其职责归属丞相。

夏季，四月，城阳景王刘章去世。

当初，赵王张敖向高祖献上一位美人，美人得到宠幸而怀孕。等到赵相贯高谋杀高祖的计划败露，美人也受株连，被囚禁于河内。美人的弟弟赵兼，请辟阳侯审食其向吕后求情，吕后嫉妒美人，不肯为她说话。美人这时已经生子，感到愤恨，便自杀身亡。官吏将其所生之子送给高祖，高祖也有后悔之意，为婴儿取名刘长，令吕后收养，并葬其生母于真定。后来，高祖封刘长为淮南王。

淮南王刘长自幼丧母，一直亲附吕后，所以在汉惠帝和吕后临朝时，没有受到吕后的迫害，但他心中却常常怨恨辟阳侯审食其，认为审食其没有向吕后力争，才使他的生母含恨而死。及至汉文帝即位，淮南王刘长自认为与汉文帝最亲近，骄傲蛮横，屡违法纪，汉文帝经常从宽处置，不予追究。

这一年，淮南王刘长入朝，跟随汉文帝去苑囿打猎，与汉文帝同乘一车，经常称汉文帝为“大哥”。刘长有勇力，能举起大鼎。他去见辟阳侯审食其，用袖中所藏铁锥将他击倒，并令随从魏敬割断他的脖子。然后，刘长疾驰到皇宫门前，袒露上身，表示请罪。汉文帝感念他的为母亲复仇之心，所以没有治他的罪。

当时，薄太后及太子和大臣们都惧怕淮南王刘长。因此，淮南王归国以后，更加骄横恣肆，出入时清道、警戒，发号司令称制，上比于天子。袁盎进言汉文帝说：“诸侯过于骄傲，必生祸患。”汉文帝不听。

五月，匈奴右贤王侵占河南之地，并纵兵盗掠居住于上郡边塞的少数部族，杀掠民众。汉文帝亲临甘泉，派遣丞相灌婴率领征召的车骑兵八万五千人，到高奴打击右贤王；又征发中尉所掌领的步兵，由卫将军指挥，驻守长安。匈奴右贤王逃出塞外。

汉文帝从甘泉到高奴，因而临幸太原郡，接见他身为代王时的旧日部属，都给予赏赐，并下令免征晋阳、中都民众三年的田税，在太原逗留游玩了十多天。

当初，朝廷大臣铲除诸吕之时，朱虚侯刘章功劳尤其大，大臣们曾许诺把全部赵地封给他为王，把全部梁地封给其弟东牟侯刘兴居为王。及至汉文帝得立为帝，得知朱虚侯、东牟侯当初打算拥立齐王刘襄为帝，故有意贬抑二人的功劳，等到分封皇子为王时，才从齐地划出城阳、济北二郡，分别立刘章为城阳王、刘兴居为济北王。刘兴居自认为失掉了应得的侯王之位，功劳被夺，颇为不满，现在听说汉文帝亲临太原，以为皇帝将亲自统兵出击匈奴，有机可乘，就发兵造反。汉文帝得知刘兴居举兵谋反，下令丞相和已行进在路上出击匈奴的军队都返回长安，任命棘蒲侯柴武为大将军，统领四位将军、十万军队出击刘兴居；任命祁侯缯贺为将军，率军驻守荥阳。秋季，七月，汉文帝自太原返至长安，下令说："济北境内吏民，凡在朝廷大兵未到之前就归顺朝廷和率军献城邑投降的，都给以宽赦，且恢复原有的官职爵位；即便是追随刘兴居参与谋反的，只要归降朝廷，也可赦免其罪。"八月，济北王刘兴居兵败，自杀。

（以上为第一段，写汉文帝刘恒免去周勃的丞相职务，令其带头去封国；朱虚侯刘章、东牟侯刘兴居诛除诸吕的功劳很大，当初想拥立齐王刘襄，汉文帝便贬抑其功，刘章忧郁而死，刘兴居起兵造反，被平定。）

当初，南阳人张释之当骑郎，历时十年未得升迁，曾打算辞官返归故里。袁盎知道张释之是个有德才的人，就向汉文帝刘恒推荐他，升为谒者仆射。

张释之跟随汉文帝，来到禁苑中养虎的虎圈，汉文帝向上林尉询问禁苑中所饲养的各种禽兽的登记数目，先后问了十多种，上林尉仓皇失措，左右观望，全都答不上来。站立于一旁的虎圈啬夫代上林尉回答了汉文帝的提问。汉文帝十分详细地询问禽兽登记的情况，想考察虎圈啬夫的才能，虎圈啬夫随问随答，没有一个问题被难倒。汉文帝说："官吏难道不应该像这样吗？上林尉不可信赖。"于是，汉文帝下令张释之去任命啬夫为管理禁苑的上林令。张释之停了许久，走近汉文帝说："皇上以为绛侯周勃是什么样的人呢？"汉文帝回答说："他是长者。"张释之又问道："东阳侯张相如是什么样的人呢？"汉文帝回答说："长者。"张释之说："绛侯周勃、东阳侯张相如被称作'长者'，他们两人在论事时尚且有话说不出口，哪能效法这个啬夫的多言善辩呢？秦朝重用刀笔之吏，官场之上争着用敏捷苛察的言辞比较高低，它的害处是空有其表而无实际的内容，皇帝听不到对朝政过失的批评，却使国家走上了土崩瓦解的末路。现在皇上因啬夫善于辞令而破格升官，我只怕天下人争相效仿，都去练习口辩之术而无真才实能。在下位的受到在上位的感化，比影之随形、响之应声还快。君王的举动不可不审慎啊！"汉文帝说："您说得好！"于是，不给啬夫升官。

汉文帝上车返回皇宫，令张释之为陪乘。一路上缓缓而行，汉文帝询问秦朝政治的弊端，张释之都给以质直的回答。车驾返至宫中，汉文帝任命张释之为公车令。

时隔不久，太子与梁王共乘一车入朝，经过司马门，二人都没有下车示敬。于是，张释之追上太子和梁王，禁止他们二人进入殿门，并马上劾奏太子和梁王"经公门不下车，为不敬"。薄太后也得知此事，汉文帝为此向太后免冠赔礼，承认自己教子不严的过错。薄太后于是派专使传诏赦免太子和梁王，二人才得以进入殿门。由此，汉文帝更惊奇和赏识张释之的胆识，升他为中大夫；不久，任命他为中郎将。

张释之随从汉文帝巡视霸陵，汉文帝对群臣说："哎呀！我的陵墓用北山岩石做外，把麻絮切碎填充在间隙中，再用漆将它们粘合为一体，如此坚固，难道有谁能打得开吗？”左右近侍都说：“对！”唯独张释之说：“假如里面有能勾起人们贪欲的珍宝，即便熔化金属把整个南山封起来，也会有间隙；假如里面没有珍宝，即便是没有石椁，又有什么可忧虑的呢？”汉文帝称赞他说得好。

这一年，张释之被任命为廷尉。汉文帝刘恒出行，经过中渭桥，有一人从桥下跑出，惊了为皇帝拉车的马匹。于是，汉文帝令骑士追捕，并将他送交廷尉治罪。张释之奏报处置意见：“此人违犯了清道戒严的规定，应当罚金。”汉文帝发怒说：“此人直接惊了我乘舆的马，仗着这马脾性温和，假如是其他马，能不伤害我吗？可廷尉却判他罚金！”张释之解释说：“法，是天下公共的。这一案件依据现在的法律就是这样定罪；加罪重判，法律就不能取信于民众。况且，在他惊动马匹之际，如果皇上派人将他杀死，也就算了。现在已把他交给廷尉，廷尉是天下公平的典范，稍有倾斜，天下用法就可轻可重，没有标准了，百姓还怎样安放自己的手脚呢？请皇上深思。”汉文帝思虑许久，说：“廷尉的判决是对的。”

其后，有人偷盗汉高祖刘邦庙中神位前的玉环而被捕，汉文帝大怒，交给廷尉治罪。张释之奏报判案意见：“按照‘偷盗宗庙服御器物’的律条，案犯应当在街市公开斩首。”汉文帝大怒，说：“此人大逆不道，竟敢偷盗先帝器物！我将他交给廷尉审判，是想将他诛灭全族！而你却依法判他死罪，这是违背我恭奉宗庙的本意的！”张释之见皇帝震怒，脱帽、磕头，谢罪说：“依法这样判，足够了。况且，罪有大小，要根据情节逆顺程度区别轻重。今天此人以偷盗宗庙器物之罪被灭族，如果万一有愚昧无知之辈，从高祖的长陵上取了一捧土，皇上将怎样给他加以更重的惩罚呢？”于是，汉文帝向太后说明情况，批准了张释之的判决意见。

（以上为第二段，写直臣张释之的事迹，虎圈啬夫口才很好，应答如流，汉文帝刘恒打算升迁他，被劝止；无论是惊动皇上车驾，还是偷盗高庙宝物，都依法判处，不因汉文帝盛怒而逢迎、重处。）

汉文帝前元四年（乙丑，公元前176年）

冬季，十二月，颍阴懿侯灌婴去世。

春季，正月初四甲午，汉文帝刘恒任命御史大夫、阳武县人张苍为丞相。张苍喜读书籍，博闻多识，尤精于律历之学。

汉文帝召河东郡郡守季布来京，想任命为御史大夫。有人说季布勇武难制、酗酒好斗，不适于做皇帝的亲近大臣。所以，季布到京后，在官邸中停留了一个月，才得到召见，并令他还归原任。季布对汉文帝说：“我本无功劳而有幸得到皇上宠信，担任河东郡守，皇上无故召我来京，必定是有人向皇上言过其实地推荐我。现在我来京，没有接受新的使命，仍归原任，这一定是有人诋毁我。皇上因一人的赞誉而召我来，又因一人的诋毁而令我去，我深恐天下有识之士得知此事，会有人以此来窥探皇上的深浅得失！”汉文帝默然，面露惭色，过了好久才说：“河东郡，是我重要而得力的郡，所以特地召你来面谈。”

汉文帝提议让贾谊出任公卿，许多大臣贬责贾谊说：“这个洛阳人，太年轻，学问不深，极力要掌握大权，扰乱朝廷大事。”于是，汉文帝以后也就疏远贾谊，不采纳他的意见，把他外放为长沙王太傅。

绛侯周勃在前往封地之后，每当河东郡的郡守、郡尉巡行县级属地来到绛地，周勃都生怕他们是受命前来捕杀自己，经常身穿铠甲，令家中人手执兵器，然后与郡守、郡尉相见。其后，有人向汉文帝上书，举告周勃要造反，汉文帝交给廷尉处置，廷尉将周勃逮捕下狱，审讯案情。周勃极为恐惧，不知怎样对答才好。狱吏逐渐对周勃有所凌辱。周勃用千金行贿狱吏，狱吏就在公文木牍背面写了“以公主为证”，暗示周勃让公主做证。公主，是指汉文帝的女儿，周勃的长子周胜之娶她为妻。薄太后也以为周勃不会谋反。汉文帝刘恒朝见太后时，太后恼怒地将护头的帽絮扔到汉文帝身上说：“绛侯周勃当初在诛灭诸吕的时候，手持皇帝玉玺，身统北军将士，他不利用这一时机谋反，今天住在一个小县，反而要谋反吗？”汉文帝此时已见到了周勃在狱中所写的辩白之辞，于是，向太后谢罪说：“狱吏刚刚证实他无罪，就要释放他了。”汉文帝派使者持皇帝信节赦免绛侯周勃，恢复他原有的爵位和封地。绛侯周勃获释之后说：“我曾经统帅过百万雄兵，但怎知狱吏的尊贵呢？”

汉朝兴建顾成庙。

（以上为第三段，写汉文帝刘恒治政之短，轻听轻信，听赞誉季布之言而召之，听诋毁之言又弃之；欲用贾谊，听大臣的贬责之言就疏远之；绛侯周勃被诬为谋反，以公主为证而释之。）

汉文帝前元五年（丙寅，公元前175年）

春季，二月，发生地震。

当初，秦行用半两钱，汉高祖嫌半两钱过重，使用不便，另行铸造荚钱。至此时，物价暴涨，一石米贵至一万钱。夏季，四月，汉文帝刘恒下令另行铸造四铢钱，废除禁止私人铸钱的禁令，允许民间自行铸钱。

贾谊提出批评说：“现行法令允许天下公开雇人熔铸铜、锡为钱币，有敢掺杂铅、铁取巧谋利的人，就处以黥刑。但是，铸钱的人都以获利为目的，如果不杂以铅、铁，就不可能获利；而只要掺上很小比例的铅和铁，就会获利丰厚。有的事情容易引起后患，有的法令能够导致违法犯罪，现在让平民百姓掌握铸币的大权，他们各自隐蔽地铸造，要想禁止他们在铸钱时为获厚利而取巧舞弊，即便是每天都有人因此而被判处黥刑，也禁止不住。以往，百姓因此犯罪而被判刑的，多的一县可至数百人，被官吏怀疑而受到逮捕拷打和为传讯而奔走的人，那就更多了。设立法律去引诱百姓犯罪受刑，还有什么能比这种铸钱令更严重呢？另外，民间习惯使用的钱币，各个地方有所不同：使用轻钱，一百枚须添若干枚；使用重钱，又不按标准数使用。官府规定的货币在交易中不具有权威地位，对此，如果官府采取强硬手段来统一市场货币的话，事情一定会很烦琐、很苛刻，而且力难胜任；如果官府放纵的话，市场上流行各种钱币，币制就会陷入混乱。可见，如果关于钱币的法律不完善，到哪里去寻求标准呢？现在，放弃农业而开山采铜的人日益增多，扔下农具而去炼铜铸钱、烧制木炭，质量低劣的钱币每天都在增加，五谷粮食却无法增加。善良的人受此风气的引诱而做出了罪恶的事情，谨慎怕事的人也被裹挟犯罪而受到刑罚甚至于诛杀。惩罚、诛杀百姓，是很不吉祥的，为什么疏忽了呢？朝廷了解到它的祸患，大臣们必定会建议说'禁止私人铸钱'。但是，如果禁止的方法不对，就会造成很大的危害。法令禁止私人铸钱，就必然导致钱币减少、币值增加。这样一来，铸币的获利就更大，私人违法铸币就如同风起云涌，用弃市的重刑也不足以禁止盗铸。违法犯罪防不胜防，法律禁令屡遭破坏，这是用于铸币的铜造成的后果。铜分布在天下百姓手中，所造成的祸害是很大的。所以，不如由朝廷控制铜的流通。"

贾山也上书提出批评意见，认为："钱币，本是无用之物，却可以用来换取富贵。使人获得富贵，本来是由君王所掌握的权柄；让百姓铸币，是使百姓与君王共同掌握权柄，不应该再继续下去。"汉文帝没有采纳这些意见。

这时，太中大夫邓通正得到汉文帝刘恒的宠幸，汉文帝为了使邓通成为巨富，就把蜀郡严道县的铜山赏赐给他，让他采铜铸钱。吴王刘濞境内的豫章郡有产铜的矿山，他召集了许多不向官府登记户籍的流民开矿铸钱；在吴国东部用海水煮盐。所以，吴王不必向百姓收取赋税而官府费用却极为充裕。于是，吴国和邓通所铸造的钱币流通于全国。

当初，汉文帝把代国封地分为两国。立皇子刘武为代王，刘参为太原王。这一年，汉文帝把代王刘武改封为淮阳王；改封太原王刘参为代王，得到了原代国的全部封地。

（以上为第四段，写公元前175年史事，写汉文帝刘恒下令铸造四铢钱，废除禁止私人铸钱禁令，允许民间自行铸钱，谋臣贾谊、贾山予以谏阻，汉文帝不予采纳；吴国因即山铸钱、煮海为盐，富甲一方。）

汉文帝前元六年（丁卯，公元前174年）

冬季，十月，桃树、李树都不合时令地开了花。

淮南王刘长自设法令，推行于封国境内，驱逐了汉朝廷所任命的官员，请求允许他自己任命相和二千石官员。汉文帝刘恒违背自己的愿望同意了他的请求。刘长又擅自刑杀无罪的人，擅自给人封爵，最高到关内侯，多次给朝廷上书都有不逊之语。汉文帝不愿意亲自严厉地责备他，就让薄昭致书淮南王，委婉地规劝他，征引周初管叔、蔡叔以及本朝代顷王刘仲、济北王刘兴居骄横不法，最终被废、被杀之事，请淮南王引以为戒。

淮南王刘长接到薄昭书信，很不高兴，指派大夫但、士伍开章等七十多人与棘蒲侯柴武的太子柴奇合谋，准备用四十辆辇车在谷口发动叛乱；刘长还派出使者，去与闽越、匈奴联络。反情败露，有关机构追究此事来龙去脉；汉文帝派使臣召淮南王进京。淮南王刘长来到长安，丞相张苍、代行御史大夫职责的典客冯敬，与宗正、廷尉等大臣启奏："刘长应被处以死刑。"汉文帝命令说："赦免刘长的死罪，废去王号；把他遣送安置在蜀郡严道县的邛邮。"与刘长通谋造反的人，都被处死。刘长被安置在密封的囚车中，汉文帝下令沿途所过各县依次传送。

袁盎进谏说："皇上一直骄宠淮南王，不为他配设严厉的太傅和相，所以才发展到这般田地。淮南王秉性刚烈，现在如此突然地摧残折磨他，我担心他突然遭受风露生病而死于途中，皇上将有杀害弟弟的恶名，可如何是好？"汉文帝说："我的本意，只不过是要让刘长受点困苦罢了，现在就派人召他回来。"

淮南王刘长果然愤恨绝食而死。囚车依次传送到雍县，雍县的县令打开了封闭的囚车，向朝廷报告了刘长的死讯。汉文帝哭得很伤心，对袁盎说："我没有听你的话，终于害死了淮南王！现在该怎么办？"袁盎说："只有斩杀丞相、御史大夫以向天下谢罪才行。"汉文帝立即命令丞相、御史大夫逮捕拷问传送淮南王的沿途各县不开启封门送食物的官员，把他们全都处死；用列侯的礼仪把淮南王安葬在雍县，配置了三十户百姓专管看护坟墓。

（以上为第五段，写淮南王刘长骄横不法，欲举兵谋反，被汉文帝刘恒召至京城，流放蜀地，绝食而死。）

匈奴单于给汉朝廷送来书信，说："前些时候，皇帝谈到和亲的事情，与书信的意思一致，双方都很喜悦。汉朝边境官员侵夺侮辱我匈奴右贤王，右贤王未经向我请示批准，听从了后义卢侯难支等人的计谋，与汉朝官吏相互敌对，断绝了两家君王的和好盟约，离间了兄弟之国的情谊，为此，我惩罚右贤王，命令他向西方寻找并攻击月氏国。由于苍天降福保佑，将士精良，战马强壮，现已消灭了月氏，其部众已全部被杀或投降，月氏已被我征服；楼兰、乌孙、呼揭及其附近的二十六国，都已归匈奴统辖，所有擅长骑射的游牧部族，都合并为一家，北部由此而统一和安宁。我愿意放下刀兵，休息士兵，牧养马匹，消除以前的仇恨和战争，恢复原来的结好盟约，以安定双方边境的民众。如果皇帝不希望我们匈奴靠近汉的边境，我就暂且下令匈奴的官民远离边界居住。”

汉文帝复信说：“单于准备消除双方以前的不愉快，恢复原来的盟约，我对此表示赞同。这是古代圣明君王追求的目标。汉与匈奴相约为兄弟，用来赠送单于的东西是很丰厚的；违背盟约、离间兄弟情谊的事情，多发生在匈奴一方。但右贤王那件事情发生在大赦以前，单于就不必过分责备他了。单于如果能按照来信所说的去做，明确告知大小部属官员，约束他们不再违背和约，遵守信用，就遵守单于信上的约定。”

其后不久，匈奴单于冒顿死去，他的儿子稽粥继位，称为老上单于。老上单于刚继位，汉文帝又指派一位宗室的女儿翁主嫁给他做单于阏氏，并派宦官、燕地人中行说去辅佐翁主。中行说不愿意去匈奴，朝廷逼迫他去。中行说恼怒地说：“我一定要使汉朝深受祸患！”中行说到匈奴以后，就归降了单于，单于很宠信他。

当初，匈奴喜好汉朝的缯帛丝绵和食品。中行说劝说单于道：“匈奴的人口，还不如汉朝一个郡的人口多，然而却是汉朝的强敌，原因就在于匈奴的衣食与汉朝不同，不需要仰仗于汉朝。现在，假如单于改变习俗，喜爱汉朝的东西，汉朝只要拿出不到十分之二的东西，那么，匈奴就要都被汉朝同化过去了。最好的办法是：把所得的汉朝的丝绸衣裳，令人穿在身上冲过草丛荆棘，衣服裤子都撕裂破烂，以证明它们不如用兽毛制成的旃裘完美实用；把所得的汉朝的食物，都扔掉，以显示它不如乳酪便利和味美可口。”于是，中行说教单于的左右侍从学习文字，分门别类记事，用以统计税收、匈奴的人口和牲畜数量。凡是匈奴送给汉朝的书信木札以及印封，其规格都增长加宽，并使用傲慢不逊的言辞，自称为“天地所生、日月所置的匈奴大单于”。

汉朝使者有人讥笑匈奴习俗不讲礼义，中行说总是驳难汉朝使者说：“匈奴的约束简捷明确，容易实行；君臣之间坦诚相见，可维持长久；一国的政务，就像一个人的身体那样容易统一协调。所以，匈奴的伦常虽乱，但却必定拥立宗族的子孙为首领。现在，中原汉人虽自称有礼义，但随着亲属关系的日益疏远，就相互仇杀争夺，以至于改姓，都是由于这个原因。咳！你们这些居住于土室中的人，希望你们不要多说了，喋喋不休，沾沾自喜！汉朝送给匈奴的缯帛丝绵、好米酒曲，要数量足够，质量好就行了，何必多说话呢？而且，你们所给的东西，如果数量足、质量好，就算了；如果数量不足、质量低劣，那就等到秋熟时，用我们匈奴的铁骑去践踏你们的庄稼！”

（以上为第六段，写匈奴单于素无礼仪，非常傲慢，汉朝以宗女嫁之，强令中行说辅佐，中行说投降匈奴，祸害汉朝。）

梁国太傅贾谊向汉文帝上疏说：“我私下认为，现在的局势，应该为之痛哭的，有一项；应该为之流涕的，有两项；应该为之大声叹息的，有六项；至于其他违背情理而伤害原则的事情，很难在一篇上疏中一一列举。那些向皇上进言的人都说‘现在天下已经安定了，已经治理得很好了’，唯独我认为没有达到那种境界。那些说天下已经安定大治的人，不是愚蠢无知，就是阿谀逢迎，都不是真正了解什么是治乱大体的人。有人抱来火种放在堆积的木柴之下，自己睡在这堆木柴之上，火还没有燃烧起来的时候，他便认为这是安宁之地；现在国家的情况，与此有什么不同？皇上为什么不让我在您面前详细地说明这一切，因而提出使国家真正大治大安的方案，以供皇上仔细斟酌选用呢？

“假如我所提的治世方法，需要劳神苦思，摧残身体，影响享受钟鼓所奏音乐的乐趣，可以不加采纳；我的治国方略，享受的乐趣与现在相同，却可以带来封国诸侯各遵法规，战争不起，匈奴归顺，百姓温良朴素，皇上在世时被称为明君，死后成为明神，美名佳誉永垂青史，使您的顾成庙被尊称为太宗，得以上配太祖共享祭祀，与大汉天下永存，创设准则，标立纲纪，成为万世的法度；即便是后世出现了愚鲁、幼稚、不肖的继承人，由于他继承了您的大业和福气，仍可以安享太平。凭皇上的精明练达，再使稍微懂得治国之道的人能够辅佐您，要达到这一境界，并不困难。

“封立的诸侯王过于强大，就必定产生君臣上下相互猜疑的形势，封王多次遭受祸殃，皇上经常为此担忧，这根本就不是安定君王、保全臣子的好办法。现在有的诸侯王，本是皇上的亲弟弟，却图谋称东帝；有的本是皇上的亲侄子，却要发兵向西攻打京师；最近又有人检举吴王要图谋不轨了。现在，皇上正当壮年，朝政没有过失，恩德有加，他们还做出这般事情，更何况那些最大的诸侯王国，权力比上述几个诸侯王几乎增大十倍啊？

“但是，现在天下却基本安宁，这是为什么呢？是因为许多大国的封王年龄还小，不到成人的时候，汉朝廷所任命的太傅、相正控制着王国的权力。再过几年，封立的诸侯王基本都成人，血气方刚，朝廷所任命的太傅、相只能称病辞职而被罢免，诸侯王在封地内，县丞、县尉以上的官员都是他所安置的私人党羽，到了这种地步，他们还会做出不同于淮南王、济北王谋反的事情来吗？那时要想使国家长治久安，就是像尧和舜那样的圣人，也无法做到。

“黄帝说：‘中午阳光最好的时候，一定要晒东西！手中握有利刃的时候，就要不失时机地宰杀牲畜。’现在如果按照这一原则行事，要保全臣子、安定君主很容易做到；如果不早采取措施，等到骨肉之亲已犯罪，再去诛杀他们，这难道与秦朝末年君臣兄弟相互残杀有什么不同吗？那些自恃强大而谋反的异姓诸侯王，汉朝廷已幸运地战胜了他们，却又不改变异姓王所以能够造反的客观条件；同姓诸侯王也会仿效他们而图谋叛乱，这已有征兆了，其形势又同以前一样。祸患的变化，不知道将来是个什么样子，像如此英明的皇帝在位都不能平安，保证社会安定，后世又会怎么样呢？

“我私下追寻前事的踪迹，大体上是势力强大的诸侯王先造反。长沙王国只有二万五千户百姓，在高祖封立的功臣王中，长沙王吴芮功劳小，但他的封国保存最完整，与朝廷的关系疏远，但却最忠心。这不仅因为吴芮的为人与其他诸侯王不同，也是国小势弱这种客观形势使他这样的。假如当初让樊哙、郦商、周勃、灌婴各自占据数十城的封地而称王，到今天很可能已经残灭了；假如让韩信、彭越一类的人物，受封为彻侯而安居，他们得以保全至今，也是可能的。那么，治理天下的根本大计就可知了：要想使受封的诸侯王都忠于朝廷，最好的方法就是让他们都像长沙王那样国小势弱；要想使臣子不被诛杀而剁成肉酱，最好的方法就是让他们都像樊哙、郦商等人那样；要想使天下长治久安，最好的方法就是分封许多诸侯王国而削减每个王国的实际力量。王国势弱就容易约束诸侯遵守礼义，封地狭小诸侯就不会有野心。使全国的形势，如同身躯指挥胳臂，胳臂指挥手指，都能服从命令，诸侯王国的封君不敢产生异心，从四面八方一致听命于天子指挥。分割王国的封地，订立制度，把齐、赵、楚各分为若干个小国，使齐悼惠王、赵幽王、楚元王的后世子孙都按次序得到其祖先的一份封地，土地全部分割完毕为止；那些封地被划分为许多小国而国王的子孙很少的封国，先把分割的小国建立起来，暂时空悬封君之位，等生育了子孙之后，再让他们做先已建立的小国的封君；原属诸侯王国所有的每一寸土地，每一个百姓，天子都不贪图，这样做只是为了实现天下大治而已。如果做到这些，就是让婴儿做皇帝也会安宁无事，甚至于皇帝去世，只留下遗腹之子，群臣对先帝的衣物朝拜天下，也不会发生动乱。这样，皇帝在世时可以实现大治，后代人也会称颂圣明。皇上是怕谁而迟迟不这样办呢？

“目前天下的形势，正如同一个人得了足肿病一样，一只小腿几乎与腰一样粗，一个脚指几乎与大腿一样粗，平常屈指伸腰的活动都不能如意，一两个脚指抽痛，全身都无法应付。错过目前时机不给以医治，必定成为无法医治的顽症，以后，即便是有扁鹊那样的神医，也无能为力了。目前的病还不仅仅是得了浮肿，还遭受着脚掌反转不能行走的折磨。楚元王的儿子，是皇上的堂弟；可现在的楚王，却是皇上堂弟的儿子了。齐悼惠王的儿子，是皇上的亲侄子；可现在的齐王，却是皇上侄子的儿子了。与皇上血缘很亲近的人，有的还没有被封立为王，以稳定天下，而那些与皇上血缘很疏远的人，有的却已经手握大权，开始形成对天子的威胁了。所以，我才说国家形势的险恶，不仅仅如同人得了浮肿一样，还遭受着脚掌反转不能行走的折磨。我所说应该为之痛哭的，就是这个疾病。

“天下的形势，如同一个人正在脚朝上、头朝下倒吊着一样。天子，是天下的头颅。为什么这样说？天子是尊贵的君王。被称为蛮夷的四方部族，是天下的双脚。

为什么这样说？因为他们是卑贱的臣属。现在匈奴态度傲慢，侮辱朝廷，侵夺地方，劫掠人民，极为不敬。但是，汉朝廷却要每年向匈奴奉送黄金、丝绵和采色的丝织品。双脚反而在上，头颅却在下面，这样倒吊着，谁也不能解救，国家到了如此地步，能说国家有贤人吗？这是值得人们为之流涕悲伤的。

“现在，皇上不去进攻强敌而去猎取野猪，不去捕捉造反的盗贼而去捕捉圈养的兔子，沉湎于精妙的娱乐之中而不考虑消除大患，威德声望本来可以远播，但现在距离长安只有数百里外的地方，朝廷的威望和政令没有效力了。这又是值得为之流涕悲伤的事情。

“现在，平民居住的房屋，可以用皇帝的衣饰材料装饰墙壁；地位下贱的妓女戏子，可以用皇后的头饰来打扮自己。况且，皇帝自己身穿粗丝黑衣服，而那些富民却用华丽的绣织品去装饰房屋墙壁；天子的皇后用来加在衣领的边饰，平民的小妾却用来装饰鞋子。这就是我所说的悖乱。如果一百个人生产出来的丝绵绸缎满足不了一个富人穿用，要想使天下人不受寒冷之苦，怎么能办到呢？一个农夫耕作，却有十个人聚来分食，要想使天下人不受饥挨饿，是不可能的；天下百姓饥寒交迫，要想使他们不做奸邪的事情，是不可能的。这是应该为之深深叹息的。

“商鞅抛弃礼义和仁爱恩惠，心思全在于进取；他的新法在秦国推行了两年，使秦国的风俗日益败坏。所以，秦国的人，家中富有的，儿子长大成人就与父母分家；家庭贫穷的，儿子长大后就出去当卑贱的赘婿；儿子借农具给父亲，脸上就显示出施恩的表情；母亲来拿簸箕扫帚，立即遭到责骂；儿媳抱着怀中吃奶的婴儿，竟面对公爹叉腿而坐；媳妇与婆婆关系不好，就公开争吵。秦人只知慈爱儿子、贪求财利，这与禽兽已经没有多少差别了。直到现在，秦人的这种残余风俗还没有改变，抛弃礼义，不顾廉耻的风俗，一天比一天严重，可以说是每月都在发展，每年都有不同。人们在做某件事情之前，并不考虑它是否应该做，而只考虑能不能获取利益。现在，甚至已有子弟杀其父兄的了。而朝廷大臣只把郡县地方官员不在规定期限内向朝廷上交统计文书作为重大问题，对于风俗的恶化、世风的败坏，却安然不觉惊怪，耳闻目睹都不能引起注意，认为那是理所当然的事情。移风易俗，使天下人回心归向正道，这不是庸俗的官吏所能做到的。庸俗的官吏只能做一些处理文书档案的工作，而不知道治国的大体。皇上自己又不忧虑这些问题，我私下为皇上感到惋惜！怎么不现在就确定根本制度，使君王像君王，臣子像臣子，上上下下各有等级，秩序井然，使父子六亲各自得到他们应有的地位呢？这一制度一确立，后世子孙就可以久安，而后代君王就有了可以遵循的准则了。如果不确立根本制度，就如同横渡江河却没有缆绳和船桨一样，行船到江河中心遇到风波，就一定会翻船。这是值得深深叹息的。

“夏朝、商朝、周朝的天子尊位都传袭了几十代，秦作天子却二世而亡。人性相差并不很大，为什么夏、商、周三代的君王有道而维持了长期的统治，秦无道而十分短促呢？这个原因是可知的。古代英明的君王，在太子诞生时，就按照礼义对待他，有关官员衣冠整齐，庄重肃穆，到南郊举行礼仪，沿途经过宫门就下车，经过宗庙就恭敬地小步快走，所以，太子从婴儿时起，就已经接受了道德礼义的教育。到了太子儿童时期，略通人事，三公、三少等官员用孝、仁、礼、义去教育他，驱逐奸邪小人，不让太子见到罪恶的行为。这时，天子从天下臣民中审慎地选择为人正直、孝顺父母、爱护兄弟、博学多识而又通晓治国之术的人拱卫、辅佐太子，使他们与太子相处，一起活动。所以，太子从诞生之时开始，所见到的都是正事，所听到的都是正言，所实行的都是正道，前后左右都是正人。一直与正人相处，他的思想言行不可能不正，就好像生长在齐国的人不能不说齐国方言一样；经常与不正的人相处，就会变成不正的人，就像生长在楚地的人不能不说楚地方言一样。孔子说：'从小养成就如同天性，习惯就如同自然。'学习礼义与开发智力同步进行，一起增长，所以，无论如何切磋都无愧于心，接受教化与思想见解一起形成，所以，道德礼义观念就如同天生本性一样。

"夏、商、周三代所以能够长期维持统治，其原因就在于有教育、辅佐太子的这套制度。到秦朝局面就全变了，秦始皇派赵高做胡亥的老师，教他学习断案判刑，胡亥所学到的，不是斩首、割人鼻子，就是灭人家的三族。胡亥头天当了皇帝，第二天就用箭射人，把出于忠心进谏的人说成是诽谤朝政，把为国家深谋远虑的人说成是妖言惑众，把杀人看作像割草一样随便。难道这仅仅是因为胡亥天性凶恶吗？是由于赵高诱导胡亥学习的内容不符合正道。民间俗语说：'前车之覆，后车之戒。'秦朝所以很快灭亡，覆车的辙迹是可见的；但如不避开，后车又将倾覆。天下的命运，决定于太子一人，要使太子成为好的继承人，在于及早进行教育和选择贤人做太子的左右亲随。当童心未失时就进行教育，容易收到成效；使太子知晓仁义道德的要旨，是教育的职责；至于使太子在习惯中养成善良的品行，就是他的左右亲随的职责了。"北方的胡人和南方的粤人，刚出生时的哭声一样，吃奶的欲望和嗜好也没有什么不同，等到长大之后，形成了不同的风俗习惯，各操自己的语言，虽经多重翻译都无法相互交谈，有的人宁可死也不愿互相改变。所以出现这样大的差异，完全是教育和习惯所形成的。所以，我才说为太子选择左右亲随、及早进行教育是最为紧迫的事情。如果教育得当而左右都是正直的人，那么太子就正了。太子正，天下就可安定了。《周书》上说：'天子一人善良，天下百姓全都仰仗他。'教育太子是当务之急。

"一般人的智力，能认识已经发生的事情，不能认识将要发生的事情。礼义的作用在于将某一行为在它即将发生之前给以制止，法律则是对已经发生的行为进行惩罚。所以，法律的作用易见，而礼义的作用难知。用奖赏来奖励善行，用刑罚来惩治罪恶，先王推行这样的政治，坚定如金石；实施这样的法令，准确无误如春、夏、秋、冬四季；有了这一公正的原则，政治才能像地载天覆一样无偏无私，怎能认为先王不使用奖赏和刑罚呢？然而，人们一再称赞的礼义，可贵之处在于能将罪恶杜绝在尚未形成之前，从细微之处推行教化，使天下百姓自己不知不觉地日益趋向善良、远离罪恶。

"孔子说：'审理讼案，我与别人一样；然而我一定要使讼案不发生！'为君王出谋划策，首先应当审定选择什么，抛弃什么，取舍标准在内确立，相应的安危后果就会表现于外。秦始皇想尊奉宗庙，安定子孙后代，这与商汤和周武王是相同的。但是，商汤、周武王广泛推行德政，他们建立的国家得以保存了六七百年；秦始皇统治天下只有十多年就完全覆灭了。这里没有别的原因，就是因为商汤、周武王决定取舍很慎重，而秦始皇决定取舍不慎重。国家政权，本来就是一个大器物，现在人来安置器物，把它放在安全的地方就安全，放在危险的地方就危险。治理国家的情况，与放置器物没有什么不同，关键就在于天子把它安置在什么地方。商汤、周武把天下安置在仁、义、礼、乐之上，子孙相传数十代，这是天下人所共知的；秦始皇把国家安置于法令、刑罚之上，几乎祸及自身，而子孙被灭绝，这是天下人有目共睹的。这不是充分证明了取舍不同，后果就明显不同吗？

"有人这样说：'要判断某人所说的道理正确与否，必须观察事实，那样，说话的人就不敢胡言乱语了。'现在，有人说，治理国家，礼义不如法令，教化不如刑罚，君王为什么不拿商朝、周朝、秦朝盛衰兴亡的事实去观察、分析呢？君王的尊贵，好比大堂，群臣好像堂下的台阶，百姓如同平地。所以，如果有九层台阶，堂屋的边角远离地面，那么，堂屋就显得很高大；如果台阶没有层，堂屋的边角接近地面，堂屋就很低矮。高大的堂屋难以攀登，低矮的堂屋就容易受到人的践踏，情势就是这样。所以，古代明君设立了等级序列，朝内有公、卿、大夫、士，朝外有公、侯、伯、子、男等封爵，下面还有官师、小吏，一直到普通百姓，等级分明，而天子凌驾于这个等级序列的顶端，所以，天子的尊贵是高不可攀的。

"俗语说：'欲投鼠而忌器。'这是一个很好的比喻。老鼠靠近器物，人们尚且怕砸坏器物而不敢扔东西打它，更何况对于那些接近皇帝的亲贵大臣呢？君王用廉耻礼义来约束君子，所以对大臣可以命令他自杀而不能刑杀和侮辱。正因为如此，刺面的黥刑、割鼻子的劓刑都不施加到大夫身上，因为他们就在君王身边。按照礼的规定：臣子不敢察看为君王驾车的马的年龄，用脚踢了为君王驾车的马所吃的草料，就要接受惩罚，这样做是为了及早防止臣下对君王有不敬行为。现在诸侯王、列侯、三公这些高级官员，都是天子要改容礼待的人物，相当于古代天子所称的伯父、伯舅；而现在却使他们与平民百姓一样接受刺面、割鼻、剃须发、断脚、笞打、辱骂、斩首示众等刑罚，这样不正如同堂没有台阶了吗！遭受诛杀凌辱的人不是太靠近皇帝了吗？不提倡廉耻，那些手握大权的大臣，不是就要虽有朝廷大员的地位却像刑徒罪犯那样毫无羞耻之心了吗？望夷宫事变，秦二世被判重罪，就是投鼠而不忌器的习惯。

“我听说：鞋子不管怎样光鲜，都不能放在枕头上；帽子不管怎样破旧，都不能用来垫鞋底。如果一个人，曾经出任过高级官员，天子曾庄重地对他以礼相待，吏民曾对他俯伏表示敬畏，现在他有了过失，皇上免去他的官职是可以的，斥退也可以，命令他自杀也可以，诛灭也可以。如果皇上下令让人用绳子把他捆绑起来，押送到管理刑徒的官府，罚他做官府的刑徒，管理刑徒的小吏可以对他责骂笞打，这些恐怕是不应该让百姓见到的。如果卑贱的人熟知达官贵人一旦犯罪被贬责，我也可以对他进行凌辱，这是不利于提倡尊重高官、礼敬显贵的。

“古代大臣有因为不廉洁而被罢废的，不说他是不廉洁，而说是他‘簠簋不修饰’；有犯了污秽淫乱、男女杂居罪名的，不是说他淫秽，而是说他‘帷帐不修’；有因为软弱无能不能胜任的，不是说他软弱无能，而是说他‘下官不职’。所以，显赫的大臣即使是确实犯了罪，仍不直接点破他所犯的罪过，还是迁就他，为他避讳。所以，那些罪在严惩、斥问范围的大臣，听到严惩斥问就身穿丧服，白帽悬挂毛缨，带着盛水的盘和佩剑，自己来到专用于官员请罪的请室，接受处置，君王并不派人去捆绑牵引他。其中有犯了中等罪行的，听到了判决罪名就自杀，君王不派人割他的脖子。犯有大罪的，听到判决旨意之后，就面向北方叩拜两次，跪着自杀，君王不派人揪着他的头发斩下首级。君王可以说：‘您自己犯有过失，我对您是以礼相待的。’“君王对臣以礼相待，群臣就会自爱；君王以廉耻约束臣子，臣子就会重视气节品行。如果君王以廉耻、礼义对待臣子，而臣子却不用气节品行报答君王，那他就不像个人了。这种习俗如果蔚成风气，那么，做臣子的都只考虑操行，而不去考虑利益，坚守气节而尊重大义，所以，君王可以放心地委托臣子掌管治国大权，可以把尚未成人的君位继承人托付给大臣辅佐，这就是推行廉耻、提倡礼义带来的结果，君王有什么损失？放着这样的事情不做，却长期地实行杀辱大臣的错误办法，所以我说，这是值得哀叹的。”

贾谊是因绛侯周勃先前被逮捕下狱，直到最后也没有查出罪证，所以用这样的话来讽劝汉文帝。汉文帝认真地采纳他的建议，注意用礼义气节对待臣下。从此之后，大臣犯罪，全都自杀，不受刑杀的凌辱。

（以上为第七段，写梁国太傅贾谊向汉文帝刘恒上《治安策》，认为当时在表面平静的景象下隐藏着种种矛盾和行将到来的社会危机，社会风气每况愈下，于是，提出了改革的举措，长篇大论，振聋发聩。）

汉文帝前元七年（戊辰，公元前 173 年）

冬季，十月，汉文帝下令规定：对列侯的母亲、夫人，诸侯王的儿子以及二千石以上的官吏，不经批准，不得擅自逮捕。

夏季，四月，实行大赦。

六月初二癸酉，未央宫门前东阙上的楼阁以及两旁楼道都发生火灾。

民间传唱着有关淮南王刘长的歌谣："一尺布，尚可缝；一斗粟，尚可舂；兄弟二人不相容！"汉文帝听了感到非常不安。

汉文帝前元八年（己巳，公元前 172 年）

夏季，汉文帝封淮南厉王的儿子刘安等四人为列侯。贾谊知道汉文帝一定要重立淮南国，就上书进谏，说："淮南王刘长悖逆无道，天下臣民谁不知道他的罪恶！皇上免其死罪而流放他，这已经是他的幸运了，他自己得病而死，天下臣民谁不说他该死！现在尊奉罪人的儿子，恰恰会导致朝廷承担毁谤之言。刘安等人年岁渐长，怎能忘记他们的父亲呢？春秋时期楚国的白公胜为了给父亲报仇，报复的对象是他的伯父和叔父。白公发起叛乱，并不想取代君王占有楚国，只是想发泄怒火实现自己的愿望，敏捷地用手把利刃插入仇人的胸膛，本是要同归于尽而已。淮南地虽小，但英布曾用它起兵争夺天下，汉朝廷能够战胜他，只是天幸。给予仇人足以危害朝廷的资本，这个决策并不高明。给予他们大量积蓄的资财，他们不是像伍子胥、白公胜那样在广阔的都市复仇，就可能像专诸、荆轲那样在朝廷之上行刺。这就是所说的给盗贼送上兵器，给猛虎添上翅膀。希望皇上考虑！"汉文帝没有听从他的话。

有彗星出现在东方。

汉文帝前元九年（庚午，公元前 171 年）

春季，发生大旱灾。

汉文帝前元十年（辛未，公元前 170 年）

冬季，汉文帝刘恒去往甘泉宫。

将军薄昭杀了汉朝廷的使者。汉文帝不忍心以国法杀他，就派公卿去与他喝酒，想让他自杀，薄昭却不肯自杀；汉文帝又派群臣穿着丧服，到他家中大哭，薄昭才自杀。

臣司马光评论说：李德裕认为："汉文帝杀薄昭，确实很果断，但却有损于义。当年秦康公送晋文公返国时，曾发出这样的感叹：见到舅父，似乎母亲仍然在世一样。何况当时汉文帝的母亲薄太后还健在，她只有这一个弟弟薄昭，汉文帝杀薄昭毫不留情，这不是孝顺母亲的做法。"我却认为，法律是天下共同遵守的准绳，只有善于运用法律的人，不分关系亲疏，无所回避，这样才能使所有的人都不敢依仗有人撑腰而触犯法律。薄昭虽然素来被称为长者，汉文帝不为他选择贤人做师傅去约束他，却任用他掌握兵权；他骄横犯上，以至于敢杀朝廷使者，不是依仗有人撑腰而如此大胆吗？假设汉文帝赦免了他，那与后来成帝、哀帝时朝纲废弛的局面又有什么不同呢？魏文帝曹丕曾称赞汉文帝的美德，但却不赞成他杀掉薄昭，说："对舅父之家，皇帝应能让他们安享富贵，不应给他们干政的权力，既然违法犯罪，却又不得不按法律论处。"这是讽刺汉文帝不及早限制薄昭，才导致了以后的恶果，魏文帝的评论，是很正确的。由此看来，要想宽慰太后之心，还是从开始就谨慎地行事吧！

（以上为第八段，写公元前173年至公元前170年四年史事，写梁国太傅贾谊上书汉文帝刘恒，劝阻其封淮南厉王的儿子刘安等四人为列侯；汉文帝舅舅、将军薄昭杀了朝廷的使者，汉文帝逼其自杀。）

【点评】

贾谊论。贾谊，是西汉时期不可多得的杰出的治国谋臣，"贾生才调世无伦"。可惜的是，才不尽用，年纪轻轻就忧伤而死，这不仅是贾谊个人的悲剧，也是汉朝国家的悲剧。"少年倜傥廊庙才，壮志未酬事堪哀。"

在汉文帝刘恒时代，贾谊应时而出，年少而有才华，锐于进取，二十一岁时就为汉朝博士，每逢皇帝出题讨论时，他每每都有精辟见解，应答如流，汉文帝非常欣赏，破格提拔，一年之内便升任为太中大夫，离公卿之职还差那么一点点儿。汉文帝还想任命他为公卿，但遭到一班老臣的诋毁和反对，认为贾谊是"年少初学，专欲擅权，纷乱诸事"。汉文帝屈从了老臣意见，觉得这帮老臣可得罪不起，而得罪一个才子没有什么了不起的，就疏远贾谊，将其贬出朝廷。或许汉文帝也有保护贾谊的意思，让其远离京师。贾谊后来因为梁怀王堕马而死，伤心自责，忧郁而死，悲哉哀哉！

贾谊首先有一颗为国事操劳的赤诚之心，这是极为难能可贵的。纵观贾谊一生，在朝廷任职的时间不长，也就是数年，但他只要发现朝廷在政策举措上有问题，或是发觉社会上有弊端，都是大声疾呼，和盘托出，从来不怕得罪权贵，不怕引起皇上不满，因而也从不隐晦曲折，而是一吐为快，动人心弦。他敏锐地觉察到，当时汉朝在表面平静的形势下隐藏着各种矛盾，潜伏着各种社会危机。因此，贾谊大声疾呼：我看天下的形势，可为痛哭的有一个问题，可为流涕的有两个问题，可为长叹息的有六个问题，其他违法悖理的事情就更多了。一颗忧国忧民之心跃然纸上。后人评论说："贾谊言三代与秦治乱之意，其论甚美，通达国体，虽古之伊、管，未能远过也。使时见用，功化必盛。为庸臣所害，甚可悼痛。"

其次，贾谊才华横溢，具有盖世文章盖世才。贾谊的政论文，如《过秦论》、

《论积贮疏》、《陈政事疏》等，评论时政，风格朴实，议论酣畅，全面地阐述了深刻的政治思想和高瞻远瞩的治国方略，鲜明地体现了汉初知识分子积极用世的人生态度和昂扬向上的精神风貌，代表了汉初政论文的最高成就。他一方面吸取了战国时期的儒道法三家思想，而又密切关注“当今之务”，使其文具有适应时代需要而“经世致用”的特色，具有很强的针对性；另一方面，他继承了战国之文“敷张文辞”的写作手法，而又更加疏直激切，尽所欲言，说理透辟，逻辑严密，感情充沛，气势非凡，使其文具有将说理与情感、气势、形象相结合而耸人视听的特色，具有很强的感染力。鲁迅曾说，他与晁错的文章“皆为西汉鸿文，沾溉后人，其泽甚远”。毛泽东曾评论说，贾谊的政论文“是西汉一代最好的政论文”。

最后，贾谊的上书、陈述，切中当时要害，具有很强的时代性，可谓治国之良策。例如，对于诸侯王的存在以及他们的企图叛乱，是危害汉朝政治安定的首要因素。他指出诸侯王的叛乱，并不是取决于是疏是亲，而是取决于“形势”，取决于他们力量的强弱，从而提出了“众建诸侯而少其力”的方针，在原有的诸侯王的封地上分封更多的诸侯，从而分散削弱他们的力量。诸侯王的封地，一代一代分割下去，愈分愈少，直到“地尽而止”，力量也就愈来愈削弱下去，无力造反了。后来，汉武帝就是采取这样的措施，削弱了诸侯王的力量，有效地解决了诸侯王的问题。再如，富商大贾与诸侯王相勾结，有恃无恐，僭越礼制，又要农民供给他们以奢侈的生活资料，因而导致了广大农民贫困不堪。因此，他主张重视农民，提倡俭约，反对奢侈之风。史学家班固曾评论说：“追观孝文玄默躬行以移风俗，谊之所陈略施行矣。”王安石亦说：“一时谋议略施行，谁道君王薄贾生？爵位自高言尽废，古来何啻万公卿！”其说虽然有些牵强和为汉文帝“贴金”，但说明贾谊的一些建议和主张，绝大部分得到汉文帝采纳，对汉朝的巩固和稳定起了极为重要的作用；有些主张虽然没有被采纳，但被后来的实践证明是正确的。

宋代文学家苏轼曾有著名的读史论文《贾谊论》，认为“贾生，王者之佐，而不能自用其才。贾生志大而量小，才有余而识不足”。强调要“有所待”、“有所忍”，要“自爱其身”，善于“自用其才”。其观点不可不谓新颖别致，也得到后人的欣赏和称赞，但立论实在是有些偏颇。首先，贾谊没有自用其才吗？不是。贾谊对于自己的才华，在有限的时空里，可以说是进行了超常的发挥，十数篇上书，可谓不遗余力，针砭时弊，针针见血！其次，贾谊是“志大而量小”吗？不是。贾谊的“志大”是事实，“量小”则未必。他的忧伤过度，则是表现了他对国事的关切，对梁怀王堕马而死的自责，他心中只有国家和君王，这难道说是气量狭小吗？这实在是心胸宏大啊！相反，如果贾谊是只顾自己，受到一些挫折，就一蹶不振，吃饱了饭倒头便睡，不问世事和他人，还会得忧郁之症吗？最后，贾谊是“见识不足”吗？忍耐就能成就大事吗？显然不是。贾谊遇上了不温不火的汉文帝，既是有幸，也是不幸，即使是再等待十年八年，即使是那些老将都离世而去，汉文帝还是汉文帝，他的性格就能改变吗？他能够大刀阔斧地起用贾谊而大力改革弊政吗？未必如此。他后来召见贾谊，向贾谊询问鬼神之事，不自知膝之前移，自以为过之，还是感觉到不如贾谊，他的心中哪有改革之事、民生之事？李商隐有诗讥讽说："宣室求贤访逐臣，贾生才调更无伦。可怜夜半虚前席，不问苍生问鬼神！"如此汉文帝，还能指望他在改革上有什么大作为？而秦朝的商鞅能够大刀阔斧地推行改革，是等来的吗？是忍耐出来的吗？是待时了吗？而是秦孝公在大力支撑他啊！可见，"忍耐"、"待时"之说，作为一般的道理来说，是可行的，但用在贾谊身上，则是非常不妥的！

资治通鉴（白话本） 卷第十五

汉纪七

汉文帝前元十一年至汉景帝前元二年（公元前169—前155）

【起玄黓涒滩（壬申，公元前169年），尽柔兆淹茂（丙戌，公元前155年），凡十五年】

【大事提要】

本卷记事起于公元前169年，到公元前155年，凡十五年，当为汉文帝（刘恒）前元十一年至汉景帝（刘启）前元二年。本卷所载的大事，主要是以下几个方面：其一，宽刑减租。公元前169年，汉文帝刘恒在废除连坐法的基础上，废除肉刑，改为处以笞刑。汉文帝曾两次“除田租税之半”，即租率由十五税一减为三十税一，成为汉代定制。公元前167年，还全部免去田租。对成年男子徭役，减为每三年服役一次。其二，众建诸侯。谋臣贾谊上《治安策》，提出众建诸侯的建议，汉文帝刘恒十分欣赏，耐心等待时机予以实施。公元前164年，齐文王刘则去世，无子嗣位，汉文帝趁机将最大的齐国分为六国；封刘长的三子刘安、刘勃、刘赐为王，将其国一分为三，以谋弱诸侯。其三，募民实边。公元前158年，军臣单于绝和亲之约，对汉朝发动战争。汉文帝刘恒排兵布将，抵御匈奴。匈奴见汉军加强了守备，遂退出塞外。汉军也罢兵撤警。而后，实行“募民实边”策略，在边地建立城邑，招募内地人民迁移边地，一边种田，一边备“胡”。其四，刘恒去世。公元前157年，汉文帝刘恒去世，享年四十七岁。群臣上庙号为太宗，谥号孝文皇帝，葬于霸陵。刘恒在位二十三年，车骑、服御之物都没有增添，禁止郡国贡献奇珍异宝，平时穿戴简陋，为自己预修陵墓也要求从简，一生都注重简朴，为世人称道。其五，刘启即位。公元前157年，太子刘启继承帝位，是为汉景帝。刘启为太子时，吴王刘濞太子刘贤入京，陪刘启喝酒下棋。两人博弈时，为棋路相争，刘贤态度不恭敬，刘启就拿起棋盘，打死了刘贤，汉文帝派人将其遗体送回吴国埋葬。从此，刘濞怨恨刘启。

太宗孝文皇帝下

汉文帝前元十一年（壬申，公元前169年）

冬季，十一月，汉文帝刘恒巡行代国；春季，正月，汉文帝自代国返回长安。

夏季，六月，梁怀王刘揖去世，他没有儿子。贾谊再次上疏说：“皇上如果不确立制度，从如今的趋势来看，封国不过传了一代或者两代，诸侯尚且各行其是不受朝廷节制，再扩张强大，朝廷的法度就没有办法实行了。皇上可以当作屏障和皇太子所能仗恃的，只有淮阳国、代国两个封国罢了。代国，北部与匈奴相接，与强敌为邻，能自我保全就足够了；淮阳国，与那些强大的诸侯国相比，仅仅像一个黑痣附着在脸上一样，它恰恰只能诱发大国吞并的欲望，而无力对大国有所牵制。现在封立王国的权力在皇上手中，却使自己儿子的封国小得只能做被人吞并的诱饵，怎么能说设计得好呢？

“我有个不成熟的想法，就是请皇上把原属淮南国的封地全部划归淮阳国，使淮阳国增大，并且为梁王立继承人，把淮阳北边的两三个城和东郡划归梁国，以扩大梁国的封地。如果不妥，可以把代王改封为梁王，而以睢阳为都城。梁国封地起于新郪而北面直达黄河，淮阳国的封地囊括了原来陈国的全境并且南部直达长江，那么，其他大诸侯国有二心的，也胆战心惊，不敢图谋反叛朝廷了。梁国足以阻止齐国和赵国，淮阳国足以禁制吴国和楚国，皇上可以垫高枕头安睡，再也没有对崤山以东的忧虑了。这可使两代帝王安享太平。

“现在安然无事，是因为恰巧诸侯王都还年幼，几年之后，皇上就会看见诸侯王带来的危机了。秦始皇日日夜夜苦心劳力以铲除六国之祸；而现在皇上牢牢地控制着天下，一举一动都能如意，却高拱两手安坐，造成新的六国之祸，就很难说您有智谋。即便是终您一生太平无事，但却留下了祸乱的根源，对这些危机早就看到了却不去解决，待您百年之后，把危机留给了年迈的老母、幼稚的弱子，使他们不得安宁，不能说您是仁者。”

汉文帝刘恒于是采纳了贾谊的计策，把淮阳王刘武改封为梁王，梁国封地北以泰山为界，西至高阳，共有大县四十多个。又过了一年多，贾谊死去了，死时年仅三十三岁。

（以上为第一段，写贾谊再次针对诸侯王强大不可制的情况上书，建议扩大淮阳国、梁国封地，以下亲制疏，被汉文帝刘恒采纳；贾谊因梁怀王刘揖坠马而死，自认为没有尽到太傅职责，忧郁而死。）

汉文帝改封城阳王刘喜为淮南王。

匈奴侵犯陇西狄道。

当时，匈奴经常挑起边境战争，太子家令颍川人晁错向汉文帝上书，谈论战争问题，说：“《兵法》说：‘有战无不胜的将军，没有战无不胜的民众。’由此看来，安定边境，建立功名，关键在于良将，不可不慎重地选择良将。

“我又听说：在战场上与敌人交锋，有三件最重要的事情：一是占据有利地形，二是士兵训练有素，三是武器精良。按照《兵法》所说，步兵、车骑兵、弓弩、长戟、矛鋋、剑盾等不同的兵种和武器，分别适用于不同的地形，各有所长。如果战场地形不利于发挥军队和武器的长处，就可能出现十个士兵不如一个士兵的情况。士兵不经过挑选，军队缺乏训练、起居管理混乱，动静不一致，顺利进攻时跟不上，退避危难时不能一致行动，前军已经刀兵相接，后军却仍松松垮垮，士兵不能随着鸣金击鼓进退，这是没有训练军队的错误。这样的军队，一百个人不抵十个人用。士兵手中的兵器不齐备、不锋利，与徒手作战一样；将士身上的盔甲不坚固，与脱衣露体一样；弩箭射不到远处，与短兵器一样；射不中目标，与没有箭一样；箭虽然射中目标却射不进敌人身体，就与没有箭头一样。这是将领不检查武器导致的祸患。这样的军队，几个人不抵一个人用。所以，《兵法》说：‘器械不锋利，是把士兵奉送给敌人；士兵不听号令，是把统兵将领奉送给敌人；将领不懂兵法，是把他的帝王奉送给敌人；帝王不精心选择将领，是把国家奉送给敌人。’这四点，是用兵最重要的关键。

“我又听说：在用兵时，依据交战双方国家大小不同、强弱不同和战场地形险峻平缓的不同，应采取不同的对策。自我贬抑，去事奉大国，这是小国应采取的方法；如果与敌方不分强弱，就应联合其他小国对敌作战；利用蛮夷部族去进攻蛮夷部族，这是中原王朝应该采取的战略。现在，匈奴的地形、军事技术与中原有很大不同：奔驰于山上山下，出入于山涧溪流，中原的马匹不如匈奴；在危险的道路上，一边策马奔驰一边射击，中原的骑射技术不如匈奴；不畏风雨疲劳，不怕饥渴，中原将士不如匈奴人。这是匈奴的优势。如果到了平原、地势平缓的地方，汉军使用轻车和骁勇的骑兵精锐，那么，匈奴的军队就很容易被打乱；汉军使用强劲的弓弩和长戟，箭能射得很远，长戟也能远距离杀敌，那么，匈奴的小弓就无法抵御；汉军身穿坚实的铠甲，手中有锋利的武器，长兵器与短兵器配合使用，弓箭手机动出击，兵按什伍编制统一进攻，匈奴的军队就不能抵挡；有勇力的弓箭手，以特制的好箭射向同一个目标，匈奴用皮革和木材制造的防御武器就会失效；下马在平地作战，剑戟交锋，近身搏斗，匈奴人的脚力就不如汉军。这是中原的军事优势。由此看来，匈奴有三项优势，汉军有五项优势，皇上又动用了数十万军队，去攻打只有数万军队的匈奴，从兵员数量计算，这是以一击十的战术。

“尽管如此，刀兵乃是不祥之物，战争乃是凶险之事，由大变小，由强变弱，瞬息之间就会发生。用士兵的生死去决定胜负，失利就难以重振国威，后悔都来不及了。英明的帝王在决策时，应立足于万无一失。现在已经归降朝廷的胡人、义渠、蛮夷等，部众达数千人，他们的饮食习俗、善于骑射的特长，都与匈奴一样。赐给他们坚固的铠甲、棉衣、强劲的弓、锋利的箭，再加上边境各郡的精锐骑兵，起用通晓兵法并了解蛮夷部族风俗习惯，能笼络其人心的将领，用皇上明确的约定统率他们。如果遇到险阻，就让这些人冲锋陷阵；在宽阔的平野，就用战车、步兵去制服敌人。两支军队互为表里，各自发挥他们的优势，再加上以众击寡，这是万无一失的战略。”

汉文帝很赞赏晁错的意见，赐给晁错一封复信，以表示宠信。

（以上为第二段，写汉朝太子家令晁错上书言事，详细分析匈奴与汉朝的强弱优劣，认为匈奴有三项优势，汉军有五项优势，利用已经归降的胡人，发挥他们的优势，以众击寡，攻打匈奴，万无一失。）

晁错再一次上书说：“我听说，秦起兵攻打匈奴和百越，不是为了保卫边境安宁、防止人民死于战争，而是残暴贪婪，要想扩大它的疆域，所以，功业没有建立，天下已经大乱。而且如果用兵而不了解敌人的虚实强弱，进攻就会被敌人所俘虏，屯守就会被敌人所困死。北方的胡人和貉人，生性耐寒；南方扬粤一带的人，生性耐暑。秦朝的士兵不服南北两地的水土，守卫边疆的死在边境，输送给养的死于路上。秦朝民众被征发当兵，就如同去刑场被处死，于是，秦朝就征发犯罪的人去守边，称作‘谪戍’。先是征发犯罪的官吏以及赘婿和商人充军，后来又扩大到曾有市籍经过商的人，然后又扩大到祖父母、父母曾有市籍经过商的人，最后强迫居住于闾左按规定不负担兵役的人，也去当兵。胡乱征发，被强迫当兵的人都心怀愤恨，他们遭受必死无疑的厄运，死于战场，朝廷却不给以丝毫的报偿；他们的家属得不到国家免收一算赋税的回报，天下人都清楚地知道秦的暴政祸及自己。陈胜前去戍边，来到大泽乡，首先为天下人做出了反秦的表率。天下人响应陈胜，如同流水下泄，势不可挡，这是秦以严威强制征兵的恶果。

“匈奴人的衣食来源，不依靠土地，所以经常扰乱边境，往来转移，有时入侵，有时撤走。这是匈奴人的谋生之业，却使中原汉人离开了农田。现在，匈奴人经常在边界一带放牧、打猎，察看汉军守边士兵的状况，发现汉军人少，就会入侵。如果皇上不发兵救援，边境民众不能指望朝廷的救兵，就会萌生投降敌人的念头；如果皇上发兵救援，发兵太少就不起作用，多发援兵，来自于远方的各县援兵刚刚到达，匈奴军队又已撤走了。不撤走聚集在边境的大量军队，军费开支太大；撤走援兵，匈奴人又乘虚而入。这样连年折腾，那么中原地区就会陷入贫困，民众无法安居乐业了。幸得皇上担忧边境问题，派遣将吏发兵加强边塞防务，这是对边境民众的很大恩惠。“但是，现在远方的士兵驻防边塞，一年轮换一批，不了解匈奴人的本领。不如选常居的人在边境安家从事农耕生产，并且用于防御匈奴入侵，为他们在有利地势建成高城深沟；在战略要地、交通要道，规划建立城镇，规模不小于千户人口。官府先在城中修建房屋，准备农具，再招募民众来边城居住，赦免罪名，赏给爵位，免除应募者全家的赋税劳役，并向他们提供冬夏季衣服和粮食，直到他们能生产自足时为止。如果不给边塞民众优厚的利禄，就无法使他们长期定居在这片危险困苦的土地上。匈奴入侵，有人能从匈奴手中夺回所掠财物，就把其中的一半给他，由官府为他赎买。边塞的民众得到这样的待遇，就会邻里街坊相互救援帮助，冒死与匈奴搏斗。他们这样做，并不是对皇帝感恩戴德想有所报答，而是要想保全亲戚邻居，贪恋财产，与那些不了解本地地形并且对匈奴心怀畏惧的东方士兵相比，他们防御匈奴的功效要高出一万倍。“在皇上当政之时，迁移民众以充实边防，使远方没有戍边的徭役，而边塞的居民，父子相互保护，免受被匈奴俘虏的苦难。皇上这样做，利益传到后世，得到圣明的名声。这与秦朝征发满怀怨恨的民众去戍边，是不能相比的。”

汉文帝采纳晁错的建议，招募民众迁往边塞定居。

晁错再次上书说：“皇上招募迁移的民众以充实边塞，使屯戍的徭役越发减省，运输费用更加减少，这是对民众很大的恩惠。下级官吏的表现如果真能与皇上对民众的厚惠相称，遵奉皇上的法令，对迁来的应募民众，照顾其中的老弱，厚待其中的壮士，争取他们的拥护而不去欺凌他们，使先来的人安居乐业而不思念自己的故乡，那么，贫民就会感到羡慕，相互劝勉而前往边塞了。我听说古代明君迁移民众，要先察看当地是否阴阳调和，品尝泉水是否甘美可口，然后再营造集镇，修筑城池，设计乡里，划分住宅地，先为民众修筑房屋，配置器物，民众到达后有可居住的房屋，有可使用的器物。这正是民众不留恋故乡而相互勉励迁往新居的原因。官府在迁移的新居住区设置医生、巫神，为民众医治疾病，主持祭祀。民众得以男女婚配，生老病死相互照顾，坟墓相互依靠，栽种树木，喂养六畜，房屋完备安全。这样做，正是为了让民众乐于长期定居此地。

“我又听说，古代明君为了防御敌人入侵，在沿边境的各县创设如下建制：每五家为一伍，设置伍长；每十个伍的民户为一里，设置假士；每四里为一连，连有假伍伯；每十连为一邑，邑设置假候，都选择邑中贤才里有保护能力、熟悉地形、了解民心的人担任这些职务，安居本地就教民众学习射箭，出外戍守就教民众学习防御敌人。军事编制形成于内，军事政令就能在外有效地发挥作用。民众训练有素，不许他们随便迁移，年幼时一同玩乐，成年后共同行事。夜间战斗，只要听到声音就能互相了解，足以相互救援；白天作战，只要能看见，就足以相互识别；友爱之心，足以使他们生死与共。在此基础上，朝廷再以厚赏奖励，以重罚威逼，民众就会勇往直前战斗，没有一个逃兵了。所迁移的民众如果不是强壮有力的人，只能虚耗衣服粮食，不能用于充实边防；民众虽然强壮有力，但如果没有好官去治理，也不会有功效。

“皇上拒绝与匈奴和亲，我私下估计他们冬季会向南进犯；边境一旦大治，就可以重创匈奴，使他们终身不振，恢复不了元气。如果想树立汉朝廷的威名，就应该在秋季匈奴刚纵兵入侵时就给以痛击；假如匈奴来犯而不能打败他们，使他们得志而去，以后就不容易降服了。”

晁错为人刚直而又严峻苛刻，因辩才而得到太子的宠信，太子家里称他为“智囊”。

（以上为第三段，写晁错再次上书言事，建议招募民众以充实边塞。）

汉文帝前元十二年（癸酉，公元前168年）

冬季，十二月，黄河在酸枣县决口，向东冲溃了金堤，淹没了东郡，朝廷征发大批士兵堵塞决口。

春季，三月，朝廷宣布废止关隘检查制度，吏民出行不必带证明身份的符信。

晁错对汉文帝说：“英明的帝王在位，民众不受饥寒的折磨，这并不是帝王能亲自耕作供给民众食物，亲自织布为民众做衣服，而是帝王为民众开辟了生财之路。所以，唐尧遇到九年的大涝灾，商汤遇到七年的大旱灾，而全国并没有被抛弃的病饿者，其原因就在于积蓄多并且预先做了充分的准备。现在海内大一统，土地之广，人口之众，不亚于商汤和夏禹时代，再加上没有持续几年的旱涝天灾，但蓄积却没有那时多，原因何在？是因为土地还有余力没有利用，民众还有余力没有发挥；可生长谷物的土地还没有全部开垦，山林川泽的财富还没有全部开发，不从事生产而消耗粮食的游民还没有全部回归到农业生产上来。

“严寒之时，人们急需衣服，不求轻暖，能御寒就穿；饥饿之时，急需食品，不求香甜可口，能充饥就吃。饥寒临身，人们顾不得讲究廉耻。人之常情，一天不吃两餐就会挨饿，一年不做衣服就会挨冻。如果腹中饥饿却得不到食物，肌肤寒冷却得不到衣服，即便是慈父也不能保有他的儿子，帝王怎么能够统治好他的民众呢？英明的帝王知道这个道理，所以，引导民众从事农桑耕织，少收赋税，多搞蓄积，用来充实府库，防备旱涝灾害，所以才能稳定对民众的统治。民众的善恶，就看帝王如何去诱导、统治他们；民众追求财利，就如同水只会向下流而不选择方向一样。

“珠、玉、金、银等物品，饿的时候不能吃，冷的时候不能穿，但是大家都把它们视为珍宝，原因就在于帝王使用它们。这些东西又轻又小，便于收藏，只要拿着握于手掌中的那么一点点，就可以周游天下而不受饥寒之苦。这可以使臣子轻易地背叛他的君王，使民众轻易地离开故乡，刺激了盗贼的贪欲，使逃亡者得到轻便的资财。粟、米、布、帛等物，产于土地，按时成长，投入很多人力，不是一天就可以生产出来的；重达数石的粟、米、布、帛，价值有限，一个体力中等的人却已无法搬运，它不会成为盗贼劫夺的目标，但人们一天得不到它们，就得忍受饥寒。所以，英明的帝王看重五谷而轻视金玉。

“现在，家有五口的农民家庭，为官府服徭役的不少于两人，能耕种的土地不过一百亩，百亩土地的收获量不超过一百石。农民春季耕种，夏季锄草，秋季收获，冬季贮藏，砍柴，修缮官府房屋，服徭役；春天不能避风尘，夏天不能避暑热，秋天不能避阴雨，冬天不能避严寒，一年四季没有休息的日子。还有民间的人情往来，吊唁死者、慰问病人、赡养父母、哺育子女等负担，也得从一百石的收获物中支付。农民如此勤劳困苦，还要再蒙受旱涝灾害，官府政令严苛而赋税繁重，不按规定时间征收赋税，朝令夕改。农民家中有资财的，以半价折卖，家中贫穷的，只好去借利息双倍的高利贷，于是，就有人卖土地房宅、卖妻卖子以偿还债务了。

“而那些行商坐贾，实力大的积贮钱财，发放双倍利息的高利贷，实力小的坐在市肆中做买卖，依靠手中囤积的物品，每天游荡在都市之中，得知皇帝急需某种物品，就把价格提高到两倍以上。所以商人男的不去耕田除草，女的不去养蚕纺织，但穿衣服却非穿华丽的绸缎不可，吃饭却非吃好米好肉不可。商人不受农民那样的辛苦，却可以得到很多的钱财。商人依仗手中大量的钱财，与王侯显贵结交，势力超过了一般官员，于是以财利进行倾轧；商人到千里之外游玩，络绎不绝，帽子和车盖在路上前后相望，络绎不绝。他们乘坐着坚实的车子，鞭策着肥马，踏着丝制的鞋子，穿着精美的白色绸缎衣服。这就是商人兼并农民、农民破产流亡的原因。

“现在当务之急，没有比使民众从事农耕更重要的了。要想使民众务农，关键在于使全社会把粮食看成珍宝。使全社会把粮食看成珍宝的方法，在于朝廷把粮食作为奖惩手段统治民众。可以招募天下民众向官府缴纳粮食，用以购买爵位，免除罪名。这样，富人可以拥有爵位，农民可以得到钱，粮食就不会被囤积。那些能够缴纳粮食换取爵位的人，都是粮食有余的，收取余粮供给国家使用，就可以减少对贫困民众收取的赋税，这就是所说的‘损有余，补不足’，政令一公布就可以给民众带来利益。现行的律令规定：有一匹战马的人家，可免除三人的兵役；战马，是天下的重要军事装备，所以给予免除兵役的优待。

“神农的教令说：‘有高达十仞的石砌城墙，有宽达一百步的滚沸的护城河，有一百万全副武装的士兵，但没有粮食，那也无法守住城池。’由此看来，粮食是帝王的重要资本，是国家政治的根本所在。现在民众缴纳粮食要得到五大夫以上的爵位，才能免除一人的兵役，这与对有战马的人的优待相比较，差得太远了。封爵的权力，是帝王所专有的，由口而出可以无穷无尽；粮食，是民众所种的，生长于土地而不会缺乏。得到高等爵位和免除罪名，是天下民众最迫切的欲望；让天下人输送粮食到边境地区，以换取爵位、免除罪名，不用三年时间，边塞的粮食储备就必定会很多了。”

汉文帝采纳晁错的意见，下令规定：民众输送粮食到边塞，依据输送粮食的多少，分别授给高低不同的爵位。

晁错又上书说：“皇上降恩，让天下人输送粮食去边塞，以授给爵位，这是对民众的很大恩德。我私下担忧边塞驻军的粮食不够吃，所以让天下的屯粮大批流入边塞。如果边塞积粮足够使用五年，就可以让民众向内地各郡县输送粮食了；如果郡县积粮足够使用一年以上，就可以及时下令，不收农民的土地税。这样，皇上的恩德雨露普降于天下万民，民众就会更积极地投身农业生产，天下就会十分富庶安乐了。”

汉文帝采纳了晁错的建议，下令说：“引导民众的正确道路，在于让他们从事农业生产。我亲自率领天下人务农耕种，至今已有十年了，但荒地的开垦没有增加，一年收成不好，民众就有饥饿之色，这是从事农耕的人还不多，而官吏没有切实发展农业。我屡次颁下命令，每年都鼓励民众种植，至今未见成效，这就证明官吏没有认真地执行命令去勉励民众。况且农民生活很苦而官吏并不去照顾他们，又怎么能勉励他们从事农业呢？今年把原定征收的土地税的一半赐给农民。”

（以上为第四段，写晁错继续上书言事，强调重农抑商和增加积蓄，输粟入边，以换取爵位，免除罪名；输粟郡县，减免土地税收等，均得到汉文帝的重视和采纳。）

汉文帝前元十三年（甲戌，公元前 167 年）

春季，二月十六日甲寅，汉文帝下令说：“我亲自率领天下臣民进行农耕，供应宗庙祭祀的粮食，皇后亲自采桑养蚕，供应祭祀的祭服，制定有关此事的礼仪！”

当初，秦朝的祝官中有秘祝，一旦出现了灾异，就把造成过失的责任从皇帝身上移到臣子身上。

夏季，汉文帝下令说：“我听说天之道，祸从怨而起，福由德而兴，百官的过失，都应该由我一人负责。现在秘祝官员把过失的责任推给臣下，是显扬了我的失德，我很不赞成。应予废除！”

齐国太仓令淳于意犯了罪，当处以肉刑，被逮捕拘押在长安天牢。他的小女儿缇萦向汉文帝上书说：“我父亲做官，齐国人都称赞他廉洁公平。现在他犯了罪，按法律应判处肉刑。我感到悲痛伤心的是，死人不能复生，受刑者残肢不能再接，即使以后想改过自新，也没有办法了。我愿意没入官府做官婢，以抵赎我父亲该受的刑罚，使他得以改过自新。”

汉文帝很怜悯和同情缇萦的孝心，五月，下令说：“《诗经》说：‘开明宽厚的帝王，是爱护民众的父母。’现在，人们有了过错，还没有加以教育就处以刑罚，有的人想改变行为向善，也无路可走了，我很怜惜！肉刑的残酷，以至于切断人的肢体，摧残人的皮肉，使终生无法生长，这是多么残酷和不合道德！难道这符合为民父母的本意吗？应该废除肉刑，用别的惩罚去代替它。此外，应规定犯罪的人各依据罪名轻重，只要不从服刑的地方潜逃，服刑到一定年数，就可以释放他。制定出有关的法令！”

丞相张苍、御史大夫冯敬奏请制定这样的法律条文："原来应判处髡刑的，改为罚作城旦和城旦舂；原来应判处黥髡刑的，改作钳为城旦、舂；原来应判处劓刑的，改为笞三百；原来应判处斩左脚的，改为笞五百；原来判处斩右脚以及杀人之后先去官府自首的，官吏因受贿、枉法、监守自盗等罪名已被处置但后来又犯了应判处笞刑的，全都改为公开斩首。罪犯已被判处为城旦、城旦舂的，各自服刑到一定年数后赦免。"汉文帝下达批准文书，说："同意。"

这一时期，汉文帝自身谦逊自守，而将相大臣都是老功臣，少文采而多质朴。君臣以导致秦朝灭亡的弊政为鉴戒，论议国政讲究以宽厚为本，耻于议论别人的过失。这种风气影响到全国，改变了那种揭发检举的恶劣风俗。官吏安于自己的官位，民众乐于自己的生业，府库储蓄每年都有增加，人口繁衍；风俗归于笃实厚道，禁制法网宽松，有犯罪嫌疑的，从宽发落。所以，刑罚大量减少，甚至一年之内全国只审判了四百起案件，出现了停止动用刑罚的现象。

六月，汉文帝下令说："农业，是天下的根本，没有什么事情比农业更为重要。现在，那些辛苦勤劳的农民，还要缴纳租税，这样做，使从事农耕本业和从事工商末业的人没有区别，说明鼓励发展农业生产的政策还不完备，应当免除农田的租税！"

（以上为第五段，写公元前 167 年史事，写汉文帝刘恒重视农业，亲自耕作，减免田租；废除秘祝移过于下的做法；重视修订刑法，废除肉刑，让罪人改过自新。）

汉文帝前元十四年（乙亥，公元前 166 年）

冬季，匈奴老上单于用十四万骑兵攻入朝那县和萧关，杀了北地郡都尉孙卬，掳掠了许多民众和牲畜财产；匈奴骑兵直抵彭阳县境，并派出一支奇兵深入汉朝腹地，烧了回中宫，侦察骑兵一直到了雍地的甘泉宫。汉文帝任命中尉周舍、郎中令张武为将军，征发一千辆战车、十万名骑兵驻扎在长安附近，以防御匈奴进攻；汉文帝又任命昌侯卢卿为上郡将军，宁侯魏速为北地将军，隆虑侯周灶为陇西将军，分别率军屯守上郡、北地郡和陇西郡。汉文帝亲自去慰劳军队，操演军队，颁布军事训令，奖赏将士，准备亲自统兵去攻打匈奴。群臣劝阻汉文帝亲征，汉文帝不从；皇太后坚决阻止，汉文帝才打消了统兵亲征的念头。于是汉文帝任命东阳侯张相如为大将军，成侯董赤、内史栾布为将军，迎击匈奴。匈奴单于在汉塞之内活动了一个多月，才撤退出塞。汉军把匈奴驱逐出边塞之外，就撤兵回境，未能对匈奴有所杀伤。

汉文帝乘辇车经过中郎的官府，问郎署长冯唐说："您老人家原籍是何处？"冯唐回答说："我的祖父是赵国人，父亲迁居代国。"汉文帝说："我在代国时，我的尚食监高祛多次对我称赞当年赵国将军李齐的贤能，讲述他与秦兵大战于巨鹿城下的事情。现在，我每次吃饭，心思没有不在巨鹿的时候。老人家您知道吗？"冯唐回答说："李齐还不如廉颇、李牧为将带兵的本领大。"汉文帝拍着大腿说："唉！我偏偏得不到廉颇、李牧那样的人做将军！有了这样的将军，我难道还担忧匈奴的入侵吗？"冯唐说："皇上即使得到了廉颇、李牧，也不能任用他们。"

汉文帝大怒，起身返回宫中，过了许久，召见冯唐，责备说："您为什么要当众侮辱我，难道没有适当的机会吗？"冯唐谢罪说："我是个乡野之人，不懂得忌讳。"

汉文帝正在担忧匈奴的入侵问题，于是，再问冯唐说："您怎么知道我不能任用廉颇和李牧呢？"冯唐回答说："我听说上古明君派遣将军出征时，跪着推动将军的车辆前行，而且说：'国门之内的事情，由我来决定；国门以外的事情，请将军裁决。'一切军功、封爵、奖赏的事情都由将军在外面决定，回国后再奏报帝王。这并不是虚假的传言。我的祖父说：李牧为赵国将军，驻守边境时，把从军中交易市场上收得的税收，都自行用于犒劳将士；赏赐都由将军在外决定，不必向朝廷请示批准。对他委以重任而责令成功，所以，李牧才能充分发挥他的聪明才干。他率领着精选出来的一千三百辆战车、一万三千名善于骑射的骑兵，十万训练有素的将士，所以能够在北方驱逐匈奴，击败东胡，消灭澹林，在西方抑制了强大的秦国，在南方抵御了韩国和魏国。在那个时候，赵国几乎成为一个霸主之国。后来，恰逢赵王赵迁继位，他听信郭开的谗言，终于诛杀李牧，命令颜聚代替李牧而统率军队，因此，赵兵溃败，被秦灭亡。现在，我私下听说魏尚担任云中郡郡守时，把军中交易市场所得的税收全都用来犒劳士兵，还用自己的官俸钱，每五天宰杀一头牛，自己宴请宾客、军吏和幕僚属官。因此，匈奴远避，不敢接近云中边塞。匈奴曾经入侵云中郡一次，魏尚率领车骑部队出击，杀了很多匈奴人。那些士兵都是平民民众的子弟，从田间出来参军从征，怎能知道'尺籍'、'伍符'之类的军令军规！整日拼死战斗，斩敌首级，捕获俘虏，在向幕府呈报战果军功时，只要一个字有出入，那些舞文弄墨的官员，就引用军法来惩治他们，他们应得到的赏赐就被取消了；而那些官吏所奉行的法令却必须执行。我认为皇上的赏赐太轻，而惩罚却太重。而且，云中郡守魏尚因为上报斩杀敌军首级的数量差了六个，皇上就把他交给官吏治罪，削去他的爵位，判罚他做一年的刑徒。由此说来，皇上即使得到廉颇、李牧，也不能任用啊！"

汉文帝高兴地接受了冯唐的批评。当天，就令冯唐持皇帝信节去赦免魏尚，重新任命魏尚做云中郡守，并任命冯唐为车骑都尉。

春季，汉文帝下令扩大祭祀场所，增加祭祀所用的玉和币帛，并且说："我听说祠官在祭祀的祈福祷告中，都将福归于我个人，而没有为民众祈福，我对此很感惭愧。以我这样的失德之人，独享神灵的福佑，而民众却不能分享，这是加重我的过失。此后祠官在祭祀祷告时，不要再为我个人祈祷祝福！"

这一年，河间王刘辟强去世。

当初，丞相张苍认为汉朝得“五行”中的水德。鲁国人公孙臣认为汉朝当属土德，与土德相应，应该出现黄龙。张苍认为公孙臣说得不对，不采纳他的观点。

（以上为第六段，写匈奴骑兵气焰嚣张，大肆侵扰汉朝边郡；汉朝组织反击，把匈奴骑兵赶出边塞了事；汉文帝刘恒与冯唐讨论用兵之事，冯唐直言不讳，汉文帝赦免魏尚，重用冯唐。）

汉文帝前元十五年（丙子，公元前 165 年）

春季，成纪县出现了黄龙。汉文帝召见公孙臣，任命他为博士，与其他学者论证汉得土德的观点，草拟改换历法和改变服色的方案。张苍从此自动退位。

夏季，四月，汉文帝第一次亲自前往雍地，对五帝庙行郊祭之礼，并且宣布实行大赦。

九月，汉文帝下令，令诸侯王、公卿、郡守举荐贤良、能直言极谏的人，皇帝亲自策问考试。太子家令晁错的对策为高等，汉文帝提升他为中大夫。

晁错又上书汉文帝，谈论应该削减诸侯王的实力以及应该更改的法令，上书共计三十篇。汉文帝虽然没有完全采用他的意见，却对他的才能另眼相看。

这一年，齐王刘则、河间王刘福去世，都无子，封国被废除。

赵国人新垣平自称善于“望气”，得以进见汉文帝刘恒。他说长安东北有神气，结成五彩。于是，汉文帝下令在渭阳修建五帝庙。

（以上为第七段，写汉文帝下令举荐贤良、能直言极谏的人才，亲自策问考试。晁错高中，又上书谈论应该削减诸侯王的实力以及应该更改的法令，共三十篇。）

汉文帝前元十六年（丁丑，公元前 164 年）

夏季，四月，汉文帝刘恒在渭阳五帝庙郊祭五帝。这时，汉文帝宠贵新垣平，封为上大夫，赏赐黄金累计一千斤；汉文帝还让博士、诸生杂采六经中的记载，汇集成《王制》，谋划议论巡狩、封禅等事；又在长门亭的道路北面设立了五帝坛。

汉文帝把淮南王刘喜再次封为城阳王。又把齐国分立为六国。四月十七日丙寅，汉文帝刘恒封立齐悼惠王在世的六个儿子为王：杨虚侯刘将闾为齐王，安都侯刘志为济北王，武成侯刘贤为淄川王，白石侯刘雄渠为胶东王，平昌侯刘卬为胶西王，扐侯刘辟光为济南王。汉文帝封立淮南厉王在世的三个儿子为王：阜陵侯刘安为淮南王，安阳侯刘勃为衡山王，阳周侯刘赐为庐江王。

秋季，九月，新垣平指使人携带玉杯到皇宫门前上书，献宝给汉文帝刘恒。新垣平对汉文帝说：“宫门前有一股宝玉之气移来。”过了一会，前去查看，果然有人来献玉杯，杯上刻有“人主延寿”四字。新垣平又说：“我算出今天太阳将再次出现在中天。”过了一会儿，太阳向东退行，再次到达中天。于是，汉文帝决定把在位的第十七年改称为元年，并特许天下人聚会痛饮，以示庆贺。新垣平说："周朝的大鼎沉没在泗水中。现在黄河决口，与泗水相连通，我看东北正对着汾阴有金宝之气，估计周鼎可能会出世吧！它的征兆已经出现了，如果不去迎接，周鼎是不会来的。"这个时候，汉文帝派人在汾阴修庙，南面靠近黄河，想要通过祭祀求得周鼎出世。

（以上为第八段，写汉文帝谋划议论巡狩、封禅等事；把淮南王刘喜封为城阳王，把齐国分为六国；把淮南厉王在世的三个儿子封为王；把在位的第十七年改称为元年。）

汉文帝后元元年（戊寅，公元前 163 年）

冬季，十月，有人向汉文帝上书，检举新垣平所说的一切都是诈骗，汉文帝命令司法官员审查。最后，新垣平被诛灭三族。从此之后，汉文帝对于改变历法、服色及祭祀鬼神的事情，也就疏怠了，立于渭阳、长门的五帝庙，隶属于祠官管理，由祠官按照季节时令祭祀，汉文帝自己不再去了。

春季，三月，汉惠帝刘盈的张皇后去世。

汉文帝下令说："近来连续几年歉收，又有旱涝和疾病的灾害，我十分担忧。我愚昧而不聪明，不知道出现这些灾害的祸根是什么，或许是我治国有失误、行为有过错吗？是天道不顺，或者是不得地利，人事多有失和，没有供奉鬼神吗？为什么会这样呢？或者是废弃了百官的奉养，所兴办的无用之事太多了吗？为什么民众缺乏粮食充饥呢？估计土地没有比以前减少，而统计民众的人口也没有比以前增加，按平均每人占有的耕地来计算，现在比古代还要多，但民众的粮食却严重缺乏，造成这种失误的根源在哪里？莫非是由于民众之中从事工商末业而损害农耕本业的人多，造酒大量耗费了粮食，六畜吃得太多了吗？这些大大小小的原因，我不知道哪个是最主要的，可以由丞相、列侯、二千石官员、博士共同议论这个问题，有能够帮助民众的意见，可按照各自的思路，去做深远的探讨，无所隐瞒地全都告诉我！"

（以上为第九段，写汉文帝发现新垣平所说的一切都是诈骗，诛灭其三族，从此对于改变历法、服色及祭祀鬼神等事有所疏怠；下令百官检讨自己的过失，寻求发生灾害的根源。）

汉文帝后元二年（己卯，公元前 162 年）

夏季，汉文帝前往雍地的阳宫。

六月，代王刘参去世。

匈奴连年入寇边境，杀害、掳掠了许多民众及其牲畜财产，云中郡和辽东郡所受侵害最为严重，受害人数每郡多达一万多人。汉文帝担忧匈奴的入侵，就派使臣给匈奴送去书信，匈奴单于也派一位当户来汉朝廷答谢，汉与匈奴恢复了和亲关系。

八月，戊戌八月无戊戌日，疑误，汉文帝罢免了丞相张苍的职务。汉文帝因为皇后的弟弟窦广国贤能，品行好，想任命他为丞相，说："恐怕天下人会以为我偏爱窦广国。"考虑很久，认为不能用他为丞相，而高帝时代的大臣，现在健在的人中，又没有能够胜任丞相职务的人。御史大夫、梁国人申屠嘉，当年曾以步兵强弩射手的身份跟随高帝征战，封为关内侯。八月初四庚午，汉文帝任命申屠嘉为丞相，封为故安侯。申屠嘉为人廉洁正直，从不在家接见私下拜谒的人。当时，太中大夫邓通正得到汉文帝宠信，赏赐的财物累计万万钱；汉文帝曾在他家中欢宴饮酒，宠信的程度无人能够相比。申屠嘉曾来朝见汉文帝，见到邓通正在汉文帝身边，礼节很简慢。申屠嘉奏报完了政事，就说："皇上如果宠信亲近臣子，可以让他富贵，至于朝廷之礼，却不能不整肃。"汉文帝说："你不必说了，我私下会告诫他。"

散朝之后，申屠嘉坐在丞相府中，用公文召邓通来丞相府。邓通不来，申屠嘉便要斩杀邓通。邓通很恐惧，进宫去告知汉文帝，汉文帝说："你只管前去，我会派人召你。"邓通来到丞相府，摘下帽子，赤着双脚，向申屠嘉叩头请罪。申屠嘉坐着，安然自若，不予礼待，责备他说："朝廷，那是高皇帝的朝廷。你邓通只不过是一个小臣，竟在殿上戏闹，这是大不敬之罪，该判处斩首。来人！立即把邓通处斩！"邓通吓得一再磕头，磕得头到处流血，申屠嘉仍不表示宽恕。汉文帝估计丞相已让邓通吃了苦头，就派使者持皇帝信节前来传唤邓通，并且转达汉文帝向丞相表示歉意的话："这个人是我所戏弄的昵臣，您就赦免了他吧！"邓通回到宫中，哭着对汉文帝说："丞相差一点杀了我！"

（以上为第十段，写匈奴连年入寇汉朝边境，汉文帝送去书信，双方恢复和亲关系；汉文帝任命申屠嘉为丞相，申屠嘉为人廉洁正直，整肃朝廷之礼，惩治汉文帝宠臣邓通。）

汉文帝后元三年（庚辰，公元前 161 年）

春季，二月，汉文帝刘恒前往代国。

这一年，匈奴老上单于去世，其子军臣单于继位。

汉文帝后元四年（辛巳，公元前 160 年）

夏季，四月，丙寅晦（四月无丙寅日，疑误），出现了日食。

五月，汉文帝刘恒宣布实行大赦。

汉文帝刘恒前往雍县。

汉文帝后元五年（壬午，公元前 159 年）

春季，正月，汉文帝刘恒前往陇西郡；三月，汉文帝前往雍县；秋季，七月，汉文帝前往代国。

汉文帝后元六年（癸未，公元前 158 年）

冬季，匈奴三万骑兵入侵上郡，三万骑兵入侵云中郡，杀害和掳掠了很多军民，报警的烽火一直传到甘泉和长安城。朝廷任命中大夫令免为车骑将军，率军屯守飞狐；任命原楚相苏意为将军，屯守句注；命将军张武屯守北地郡；命河内郡守周亚夫为将军，驻扎细柳；命宗正刘礼为将军，驻扎霸上；命祝兹侯徐厉为将军，驻扎棘门，以防备匈奴。

汉文帝亲自犒劳军队，到达驻扎霸上和棘门的军营时，汉文帝一行直接驰马进入营垒，将军和他的部属都骑着马迎送汉文帝出入。接着汉文帝到达细柳的军营，只见将士们身披铠甲，手执锋利的武器，张满弓弩。汉文帝的先导队伍到达，不能进入军营。先导说："天子马上就到了！"把守军门的都尉说："将军有令：'军中只听将军的号令，不听天子的诏令。'"过了一会，汉文帝来到，也不能进入军营。于是，汉文帝便派使者持节诏告将军："我想进入军营慰劳军队。"周亚夫才传令说："打开军营大门。"守卫军营大门的军官向汉文帝的车马随从说："将军有规定：在军营内不许策马奔跑。"汉文帝一行便拉着马缰绳缓慢地前进。来到军营中，周亚夫手执兵器，对着汉文帝拱手作揖说："身上穿着盔甲的武士不能下拜，请允许我以军礼参见皇上。"汉文帝被打动了，面容变得庄重肃穆，手扶车前的横木，向军营将士致意，并派人向周亚夫表示歉意，说："皇帝恭敬地慰劳将军。"完成了劳军的仪式后离去。走出营门，群臣都表示惊讶。汉文帝说："唉！周亚夫才是真正的将军呢！前面所经过的霸上和棘门的军队，如同儿戏罢了，那些将军很容易受到袭击而被人俘虏。至于周亚夫，谁能冒犯他呢？"汉文帝对周亚夫称赞了很久。过了一个多月，汉军到达边境，匈奴远远地离开了边界，汉军也就撤回来了。于是，汉文帝任命周亚夫为中尉。

夏季，四月，大旱，出现蝗灾。汉文帝下令说：诸侯封国停止向朝廷进贡；取消禁止民众进入山林川泽的命令；减少御用衣服、车马等诸项开销；裁减专为皇帝服务的郎官人数；打开官府仓库救济民众；允许民众出卖爵位。

（以上为第十一段，写公元前 161 年至公元前 158 年四年史事，写匈奴军队大规模入侵，报警的烽火一直传到甘泉和长安，汉文帝刘恒分派将军守卫边境，亲自劳军，细柳营治军有方，称赞周亚夫是真正的将军。）

汉文帝后元七年（甲申，公元前 157 年）

夏季，六月初一己亥，汉文帝在未央宫去世。汉文帝留下的遗诏说："我听说，天下万物萌生，没有不死的；死，是天地的常理，是万物的自然规则，有什么值得特别悲哀的呢？现在这个时代，世人都乐于生而厌恶死，为了厚葬而破产，为了强调服丧尽孝而损害身体健康，我很不赞成这些做法。况且，我本人没有什么德行，没有帮助民众，现在死了，如果再让臣民们长期地为我服丧哭悼，经历寒暑变化那么久，使民众父子悲哀，老人伤感，减少了他们的饮食，停止了对鬼神的祭祀，这是加重了我的失德，怎么对得起天下人呢？我获得了保护宗庙的权力，以渺小之身，托身于天下帝王之上，已经有二十多年了。依赖上天的神灵、社稷的福运，才使境内安宁，没有战争。我确实不够聪明，时常害怕自己做出错事，而使先帝遗留下来的美德蒙受耻辱，惧怕年久日长，自己可能会因失德而不得善终。现在万幸的是我得以享尽天年，又可在高庙奉养高帝，哪里还有什么值得悲哀的呢！告之天下官员民众：令到以后，哭吊三天，就都脱下丧服；不要禁止娶妻嫁女、祭祀、饮酒、吃肉。亲戚中应当参加丧事穿丧服哭吊的，都不要赤脚；孝带不要超过三寸宽；不要在车辆和兵器上蒙盖丧布；不要调发民众到宫中来哭吊；殿中应当哭祭的人，都只在早晚哀哭十五声，礼仪完毕就停止哭祭；非早晚哭祭时间，禁止擅自前来哭祭；棺椁入土后，凡属'大功'的宗室亲戚，穿丧服十五天，'小功'穿丧服十四天，'纤服'穿丧服七天，然后脱下丧服。其他未在命令中规定的问题，都要比照命令的用意办理。此令要向天下臣民公布，使大家清楚知道我的心意。霸陵周围的山脉河流都保持原貌，不许有所改变。后宫中的妃嫔，从夫人以下到少使，都送归母家。"

六月初七乙巳，汉文帝被安葬在霸陵。

汉文帝即位以来，历时二十三年，宫室、园林、车骑仪仗、服饰器具等，都没有增加；有对民众不便的禁令条例，就予以废止，以利于民众。汉文帝曾想修建一个露台，召来工匠计算，需花费一百斤黄金。汉文帝说："一百斤黄金，相当于中等民户十家财产的总和，我居住着先帝的宫室，经常惧怕使它蒙羞，还修建露台干什么呢？"汉文帝自己身穿黑色的粗丝衣服，他宠爱的慎夫人，所穿的衣服不拖到地面；所用的帷帐都不刺绣花纹，以示朴素，为天下人做出表率。修建霸陵，都使用陶制器物，不准用金、银、铜、锡装饰，利用山陵形势，不另兴建高大的坟堆。吴王刘濞伪称有病，不来朝见，汉文帝反而赐给他几案手杖。群臣之中，袁盎等人的进谏言辞激烈而尖锐，汉文帝常常予以宽容并采纳他们的批评意见。张武等人接受金钱贿赂，事情被觉察后，汉文帝反而赏赐他们钱财，使他们心中愧疚；他全力以德政去教化民众。所以，国家安宁，民众富裕，后世很少能做到这一点。

六月初九丁未，太子刘启即位称帝，尊奉皇太后薄氏为太皇太后，尊奉皇后为皇太后。

九月，在西方天空出现了一颗异星。

这一年，长沙王吴著去世。他没有儿子，封国被废除。

当初，高祖很赏识长沙文王吴芮的贤德，给御史下达命令："长沙王吴芮忠于朝廷，应该写入令中，特封为王。"到了汉孝惠帝、高后统治时期，将吴芮的两个庶子封为列侯，各自传国数代之后断绝。

（以上为第十二段，写汉文帝刘恒去世。汉文帝留下遗诏，丧事一切从简。太子刘启即位，是为汉景帝。）

孝景皇帝上

汉景帝（刘启）前元元年（乙酉，公元前 156 年）

冬季，十月，丞相申屠嘉等大臣奏请，说："功勋没有大过高皇帝的，圣德没有超过孝文皇帝的。高皇帝的庙，应该作为本朝皇帝宗庙中的太祖庙；孝文皇帝的庙，应该作为本朝皇帝宗庙中的太宗庙。后世的天子，应该世世代代供奉太祖、太宗庙，各郡和各国诸侯都应当在当地为孝文皇帝修建太宗庙。"汉景帝批复说："可以。"

夏季，四月二十二日乙卯，实行大赦。

汉景帝派遣御史大夫陶青到代国边塞，与匈奴和亲。

五月，朝廷恢复向民众征收田税的一半，税率为三十分之一。

当初，汉文帝废除肉刑，表面上有减轻刑罚之名，实际上却多杀了人；原判斩右脚的改为死刑；原判斩左脚的改笞打五百下，原判割鼻的改笞打三百，这些人大多被打死。这一年，汉景帝下令诏说："增加笞打数与处死没有什么不同，即便侥幸而保住生命，也成了残废，无法维持生计。应制定法律：原定笞打五百下的罪，改为笞打三百下；原定笞打三百下的罪，改为笞打二百下。"

汉景帝任命太中大夫周仁为郎中令，任命张欧为廷尉，任命楚元王的儿子平陆侯刘礼为宗正，任命中大夫晁错为左内史。周仁原来做过太子舍人，因为廉洁谨慎而得到宠幸。张欧也曾经在太子宫中侍奉过汉景帝，他虽然研究刑名法律的学问，为人却很宽厚。汉景帝因此很器重他们，任用他们为九卿。张欧做官，没有惩罚过人，专门以诚厚长者居官用事。他的部属认为他是一位宽厚长者，也不敢太欺蒙他。

（以上为第十三段，写公元前 156 年史事，汉景帝刘启继续实行与匈奴和亲的政策；在汉文帝刘恒废除肉刑的基础上，继续减轻刑罚；任命周仁、张欧、刘礼、晁错等为官。周仁廉谨，张欧宽厚。）

汉景帝前元二年（丙戌，公元前 155 年）

冬季，十二月，西南天空出现了一颗异星。

汉景帝命令全国男子，从二十岁开始到官府登记成为正丁，承担国家的徭役和兵役。

春季，三月二十七日甲寅，汉景帝封立皇子刘德为河间王，刘阏为临江王，刘余为淮阳王，刘非为汝南王，刘彭祖为广川王，刘发为长沙王。

夏季，四月，二十五日壬午，太皇太后薄氏去世。

六月，丞相申屠嘉去世。当时，内史晁错多次请求单独与汉景帝谈论国政，汉景帝常常采纳他的意见，受到的宠信超过了九卿，经晁错的建议修改了许多法令。丞相申屠嘉因汉景帝不采用他的意见而自行贬退，非常痛恨晁错。晁错作为内史，内史府的门东出不便，就另开了一个门南出。这个南门，开凿在太上皇庙外空地的围墙上。申屠嘉听说晁错打通了宗庙围墙，就上奏汉景帝，请求诛杀晁错。有人把此事告知晁错，晁错很害怕，夜里入宫求见汉景帝，向汉景帝自首，寻求保护。到天亮上朝时，申屠嘉奏请诛杀内史晁错。汉景帝说："晁错所打通的墙，并不是真正的庙墙，而是宗庙外边的围墙，原来的一些散官住在那里，而且又是我让晁错这样做的，晁错没有罪。"丞相申屠嘉只好表示谢罪。散朝之后，申屠嘉对长史说："我后悔没有先把晁错斩首再去奏请皇上认可，现在却被晁错所欺。"回到府中，申屠嘉吐血而死。晁错因此越发尊贵。

秋季，汉朝与匈奴和亲。

八月，丁未（疑误），汉景帝刘启任命御史大夫开封侯陶青为丞相。初二丁巳，汉景帝任命内史晁错为御史大夫。

彗星出现在东北天空中。

秋季，衡山国境内下了一场冰雹，大的直径有五寸，冰雹堆积最厚的地方达到二尺。

火星逆行靠近了北极星；月亮反常地经过了北极星的天区；木星在太微星座逆行。

梁孝王刘武因为是窦太后的小儿子，受到宠爱，封国内有四十多座城，封地是全国最肥沃富饶的土地。给他的赏赐多得说不清，府库中所藏的金钱接近一百万万，珠玉宝器比京城还要多。梁孝王修建了方圆三百多里的东苑，扩大其都城睢阳城的规模，使之达到周长七十里，大规模兴建宫室，修建了架于空中的通道，从宫室连接到平台达三十多里。招揽延聘四方豪杰，如吴地人枚乘、严忌，齐地人羊胜、公孙诡、邹阳，蜀地人司马相如这些人，都与他结交，跟随他活动。

每当梁王刘武入朝时，汉景帝都派出使者持皇帝符节，用四匹马拉着皇帝专用的车辆，到函谷关前迎接梁王。梁王到达长安之后，所受的宠信无人可比；进入皇宫就陪侍汉景帝乘坐同一辇车，外出就与汉景帝乘坐同一御车，在上林苑中射猎。梁王借机向汉景帝上书，要求留居长安，一住将近半年。梁王的侍中、郎官、谒者都在名册上登记，可出入天子的殿门，与朝廷的宦官没有区别。

（以上为第十四段，写汉景帝重用晁错，言听计从，升任为御史大夫；梁王刘武受到宠信，封国内有四十多座城邑，封地是全国最肥沃富饶的土地，财富多得数也数不清。）

【点评】

刘恒论。汉文帝刘恒，是汉朝的一个极为重要的守成之帝，他和其子汉景帝刘启的治国，被称为“文景之治”。对于汉文帝，诚如后人所评说：“汉兴，至汉文帝而天下大定。”“孝文为三代以后第一贤君。”

刘恒能成为汉朝皇帝，具有很大的偶然性，可以说是天上掉下个帝王帽，一下子砸到他的头上。

刘恒的母亲薄氏，是刘邦的最有运气、当然也是很不走运的一个妃子。她原是魏王豹的小老婆，魏豹被韩信打败后，薄氏被召入汉宫，一年多，连刘邦的面都没有见上。后来，刘邦听到别人谈论起薄氏，非常怜惜，当晚就召见，被临幸一次就生下了儿子刘恒，这算是非常幸运了！当然，薄氏以后也很少见到刘邦，正因为如此，薄氏才没有受到太后吕雉的嫉妒和打击，刘邦去世后，准许她出宫，到代地，与儿子刘恒相依为命。这也就是说，刘恒除了是刘邦的儿子之外，没有任何的背景和靠山。

刘恒在代地，整天想的是如何当好代王，连做梦也没有想到能够当上汉朝的皇帝。即便是想了，也只能是梦想、妄想，因为无论从哪个方面来说，这汉朝的皇帝也轮不到他来做！当时，平定诸吕后，汉惠帝刘盈还有几个儿子，难道一个都不是真的？再说，如果要在刘邦的孙子辈中选皇帝，其长孙刘襄，封为齐王，在当时是实力最为强大的诸侯王，他的弟弟刘章在平定诸吕中出力最多，总觉得这皇位非刘襄莫属。还有，刘邦健在的儿子还有刘长，其母愤而自杀，被吕后抚养，幸免于难，在汉朝的影响力要比刘恒大多了。因此，无论从哪个角度来说，这皇帝的交椅都轮不到刘恒来坐。

可是，这好事偏偏落到刘恒的头上。这其实一点儿也不关刘恒是否具有治国的能力，倒是与刘恒的母亲薄氏有关。原来，周勃、陈平等汉朝大臣平定诸吕后，拥立皇帝倒成了一门绝妙的学问，他们选立的标准，首先要看是否对自己绝对有利。汉惠帝的儿子刘弘正当着皇帝，一句话就可以把他们打发了。他们大权在握，说废就废，傀儡皇帝还有什么能耐？不仅如此，他们把汉惠帝的其他几个儿子也都说成是“野种”，一笔勾销了他们的继承权。可怜刘盈一脉，全部是被杀的命。再说刘襄，能力倒是有，但就是他的舅舅驷钧，为人非常凶残，被称为是个戴着官帽的老虎。汉高祖的老臣刘泽等人极力反对，认为如果立了刘襄，大权被外戚驷钧掌握，就等于是再扶植了一个吕氏集团。如此，还有这些拥立之人的好果子吃吗？一句话犹如醍醐灌顶，于是他们一脚把刘襄踢出了皇宫大门之外。再说刘长，是吕后带大的，与吕后多少有些干系，也不在拥立范围之内。拥立谁呢？刘恒！他们的理由是，代王的母亲薄氏，是忠厚的正人君子；代王是高帝的亲子，最为年长，作为儿子继位则顺理成章，辅佐善良厚道的人继位则大臣放心。这里最重要的是“大臣放心”

四个字！其他的都不重要，因为拥立刘恒，这些大臣们可以放倒枕头睡觉，无后顾之忧了！

这下倒成全了刘恒，也成全了汉朝，当然也是成全了这帮拥立的大臣！

人们常说，性格决定命运。而对于刘恒来说，倒是命运决定性格，也决定了汉朝的未来！由于刘恒没有任何势力依靠，整日里如履薄冰，战战兢兢，一举手，一投足，都要好好掂量掂量，一旦哪一步迈错了，将是万劫不复！当大臣把拥立他当皇帝的天大的好事告诉他时，他还以为是一个骗局呢，处于将信将疑之间。

这种凡事三思而行，以及过度谨小慎微的性格，使得刘恒担任皇帝以后，行事非常谨慎；再加上他年少时封为代王，在天荒地老的地方，有机会接触中下层民众，知道民生疾苦以及民众的所思所想，就是在推翻暴秦和楚汉相争中，打了数年的仗，民众在动荡不安中度过，需要休养生息，安居乐业。基于此，刘恒知道这皇帝应当怎么做了，怎样才能算是当上一个民众拥护的好皇帝了。

于是，刘恒在位期间，顺应时势需要，做了几件非常出色的事情，可以说是汉朝其他任何皇帝都不能相比拟的。首先是妥善处理各种矛盾，千方百计予以弱化、钝化，以保持社会的稳定。例如对诸侯王，采用贾谊的建议，众建诸侯而少其力，将齐国分为六国，将淮南国分为三国；对待气势汹汹的匈奴，采取和亲的方法，巧妙地与其周旋，实行战略防御，尽量避免大规模战争发生。其二，汉文帝睿智，外柔内刚，朝内无权臣。文帝的“外柔”表现为谨慎小心；“内刚”表现为该出手就出手，偶露峥嵘。文帝即位，先是小心打探，得知大臣诚心拥护，毫不含糊，轻车疾进，到京当日，就在代邸即位，立即入宫，乘新皇帝即位之势，当夜连发三诏：一是掌握军权。史称“夜拜宋昌为卫将军，镇抚南北军”，“以张武为郎中令，行殿中”。二是清除政敌。史称“夜，有司分部诛灭梁、淮阳、常山及少帝于邸”。三是施惠全国民众。史称“夜下诏书；赦天下，赐民爵一级，女子百户牛酒，酺五日”。三件大事，一夜办完，真是雷厉风行。文帝夺了周勃兵权，升任他为右丞相，赐金五千斤，食邑万户，用重赏安抚。后又借故下狱，杀其威风。周勃战战兢兢，功臣集团安分守己。其三，鼓励重农、积蓄，徙民实边，入粟拜爵，宽徭减租。采取这些措施，在当时极度困难的时期是非常重要的，实现了民富，增强了国力。第四，约法省禁。约法，指减轻刑罚，取消了连坐法，汉文帝有感于缇萦救父，废除肉刑，改为笞刑和杖刑，是一个历史性的进步。省禁，指国家施政放宽对社会的约束，取消关卡，便于商旅，开放山林水泽，供平民樵采狩猎。第五，开放言论，言者无罪，于是有贾谊、晁错等人上疏言事。第六，非常节俭，在位二十三年，车骑服御之物都没有增添；屡次下令禁止郡国贡献奇珍异宝；平时穿戴都是粗糙的黑丝绸衣服；为自己预修的陵墓，也要求从简。可以说，刘恒一生都是以注重简朴，而为世人称道。总括汉文帝政绩，可用五个第一与五个唯一来概括：其一，汉文帝是第一个也是唯一的一个开放言论，实行言者无罪的皇帝；其二，汉文帝是第一个也是唯一的一个免除农民农业税的皇帝；其三，汉文帝是第一个也是唯一的一个不以意为法，放手司法独立办案的皇帝；其四，汉文帝是第一个也是唯一的一个实行“善者因之”，主张市场经济的皇帝；其五，汉文帝是第一个也是唯一的一个厉行节俭，示范薄葬的皇帝。司马迁称许汉文帝为“仁”，当之无愧。

人无完人，尺有所短。刘恒在位期间，也有许多缺憾。他由于过于谨慎，轻听轻信，缺乏魄力，如召用季布为御史大夫，听一美言而召之，听一毁言又弃之，且不说季布的能力如何，这种举措，就说明了刘恒的优柔寡断，没有主见。同样对待贾谊，也是如此。他非常欣赏贾谊，拟任公卿之职，而一帮老臣予以诋毁，他就放弃初衷，将贾谊贬出朝廷。这难道是一个出色的皇帝应当所为吗？究竟贾谊能不能重用，难道他心中没有数吗？结果迎合了一帮守旧的老臣，而断送了一个具有绝世才华的年轻人的生命！如果刘恒重用贾谊，可能朝局将会有一些更好的气象！还有，张释之十年不见升迁，冯唐首白屈于郎，功臣周勃犹见疑，也都是十分可惜的事情。至于其他的，就无需再说了。

总之，汉文帝乘天下初定，与民休息，是一位“德至盛”的明君，此言不虚。

汉纪八

汉景帝前元三年至后元三年（公元前154—前141）

【起强圉大渊献（丁亥，公元前154年），尽上章困敦（庚子，公元前141年），凡十四年】

【大事提要】

本卷记事起于公元前154年，到公元前141年，凡十四年，当为汉景帝（刘启）前元三年至后元三年。本卷所载的大事，主要是以下几个方面：其一，吴王谋反。吴王刘濞因太子被汉太子刘启搏杀，衔恨在心，在封国内大量铸钱、煮盐，招纳“任侠奸人”，处处与朝廷对抗，图谋篡夺帝位。公元前154年，带领楚、赵等七国公开叛乱，史称“七国之乱”，被汉军主将周亚夫击败，兵败被杀，封国被废除。其二，晁错遭斩。晁错为太子家令，得到汉景帝刘启宠信，官至御史大夫。他进言削藩，剥夺诸侯王政治特权，以巩固中央集权，损害了诸侯王利益。以吴王刘濞为首的七国诸侯，以“请诛晁错，以清君侧”为名，举兵反叛。汉景帝听袁盎之计，腰斩晁错于东市。其三，周亚夫平乱。吴楚叛乱，来势汹汹，猛攻梁国，汉景帝刘启提升周亚夫为太尉，领兵平叛。他向汉景帝提出了“放弃梁国，从背后断其粮道，然后伺机击溃叛军”的计划，得到肯定。叛军由于缺粮，只好退却，周亚夫趁机派精兵追击，取胜，而与梁王刘武结怨。其四，梁王欲继位。七国之乱时，梁王刘武率兵抵御吴楚联军，死守梁都睢阳，拱卫了国都长安，功劳极大，后仗窦太后宠爱和梁国地广兵强，非常骄横，欲继汉景帝刘启之位，被汉朝大臣袁盎等人谏阻，怀恨在心，便派人刺杀，遭到汉景帝怨恨，后心神恍惚而去世。其五，景帝去世。公元前141年，汉景帝患病，死于长安未央宫，在位十六年，享年四十八岁。在位期间，推行“削藩”，平定“七国之乱”，继续奉行“与民休息”政策，发展生产、减轻赋税。与其父共创“文景之治”，为刘彻开创“汉武盛世”奠定基础。

孝景皇帝下

汉景帝前元三年（丁亥，公元前154年）

冬季，十月，梁王刘武来长安朝见汉景帝。当时，汉景帝没有立太子，与梁王宴饮时，汉景帝很舒缓地说：“等我死后，把帝位传给你。”梁王表示谦谢，虽然知道这不是认真的话，但心中很高兴。窦太后也是如此说。詹事窦婴捧着一杯酒献给汉景帝说：“这个天下，是高祖的天下，帝位由父亲传给儿子，这是汉朝的规定，皇上怎么能够传给梁王呢？”窦太后因此憎恶窦婴，窦婴便借口有病而辞职。窦太后在准许出入皇宫殿门的名册上除去了窦婴的姓名，不许他参加春秋两季的盛大朝会。梁王因此更加骄横。

春季，正月二十二日乙巳，汉景帝下达赦令。

彗星出现在西方天空。

洛阳的东宫发生火灾。

当初，汉文帝在位时，吴国太子进京朝见汉文帝，得以陪伴皇太子刘启饮酒、博戏。吴太子在博戏过程中与太子争棋路，态度不恭；皇太子就拿起棋盘猛击吴太子，把他打死了。朝廷把他的灵柩送回去安葬，灵柩到达吴国，吴王刘濞恼怒地说：“天下都是刘氏一家的天下，死在长安就葬在长安，何必送回来安葬呢？”吴王又把太子的灵柩送回长安安葬。吴王从此渐渐失去藩臣的礼节，声称身体有病，不来朝见皇帝。京城知道吴王是为了儿子的缘故，就拘留和审问吴国的使者，吴王恐惧，开始产生了谋反的念头。

后来，吴王刘濞派人代替他去长安行秋季朝见之礼，汉文帝再一次追问吴王不来朝见的原因，使臣回答说：“吴王其实没有生病，朝廷拘留了几批吴国使者，又治他们的罪，吴王恐惧，所以才声称有病。有这么一句话，叫作‘看见深潭中的鱼，不吉利’，希望皇上不再追究他以前的过失，让他改过自新。”这样，汉文帝就释放了吴国使者，让他们回去，并且赏赐给吴王几案和拐杖，表示照顾他年事已高，不必前来朝见。吴王见朝廷不再追究他的罪名，谋反之心也就渐渐消除了。但是，因为吴国内有冶铜、制盐的财源，便不向民众征收赋税；民众应该为官府服役时，总是由吴王刘濞发给代役金，另外雇人应役；每到年节时，慰问有贤才的士人，赏赐平民民众；其他郡国的官吏要来吴国捕捉流亡的人，吴国公然阻止，不把罪犯交出去。这样，前后持续了四十多年。

谋臣晁错多次上书，奏说吴王的罪过，认为应当削减其封地。汉文帝宽厚，不忍心惩罚，所以吴王刘濞日益骄横。等到汉景帝即位，晁错劝说汉景帝道：“当初，高帝刚刚平定天下，兄弟少，儿子们年幼，大封同姓诸侯王，封给齐国七十多座城，封给楚国四十多座城，封给吴国五十多座城。封给这三个并非嫡亲的诸侯王的领地，就占去了全国的一半。现在，吴王以前因有吴太子之死的嫌隙，假称有病不来朝见，按照古法应当处死。汉文帝不忍心，因而赐给他几案、手杖，对他是恩德极为深厚，他本应该改过自新，但他反而更加骄横无法，利用矿山采铜铸钱，煮海水制盐，招诱天下流亡人口，图谋叛乱。如今，削减他的封地，他会叛乱，不削减他的封地，他也会叛乱；如果削减他的封地，他反得快，祸害会小一些；如果不削减他的封地，他反得慢，将来有备而发，祸害更大。”

汉景帝下令公卿、列侯、宗室共同讨论晁错的建议，没有人敢与晁错辩驳，只有窦婴一人坚决反对，从此与晁错之间产生了矛盾。等到楚王刘戊来京朝见，晁错借机说：“刘戊去年为薄太后服丧期间，在服丧的居室里私下奸淫，请求处死他。”汉景帝下令，免去刘戊的死罪，但把原楚国封地东海郡收归朝廷。另外，在前一年，赵王刘遂有罪，朝廷削夺了他的常山郡；胶西王刘卬在卖爵事情上有不法行为，朝廷削夺了他封地中的六县之地。

（以上为第一段，写晁错建言景帝帝削藩，吴王刘濞首当其中。吴太子在文帝时入朝被汉景帝刘启时太皇太子失手误杀，吴王心怀怨望久不入朝，有叛汉之心。景帝先从弱小诸侯国动手，楚王刘戊、赵王刘遂、胶西王刘卬有罪，均被削地，吴王恐惧，加紧谋反。）

朝廷大臣们正在议论削夺吴王刘濞的封地。吴王害怕削夺没有止境，就打算举兵叛乱，想到其他诸侯王没有足以共商大事的，听说胶西王刘卬勇武，喜欢兵法，诸侯都畏惧他，于是，吴王派中大夫应高去亲口游说胶西王，说：“现在，主上重用奸邪之臣，听信谗言恶语，侵夺削弱诸侯国，对诸侯王的惩罚极为严厉，而且一天比一天厉害。俗语有这样的说法：‘开头吃糠，后来就会发展到吃米。’吴国和胶西国，都是著名的诸侯王国，同时被朝廷注意，不会有安宁了。吴王身体患有暗疾，已有二十多年不能朝见，时常担心受到朝廷怀疑，无法自己表白，缩紧肩膀、脚压着脚地自我约束，仍怕得不到朝廷的宽容，我私下听说大王因出卖爵位的过失而受到朝廷处置。我所听到的其他诸侯被削夺封地的事情，如果按照所犯罪名来处理，都不应该受到如此严重的惩罚。恐怕朝廷的用意，不仅仅是要削夺诸侯王的封地吧！”胶西王刘卬说：“我确实有封地被削夺的事情。你认为该怎么办？”应高说：“吴王自认为与大王面临着共同的忧患，希望顺应时势，遵循情理，牺牲生命去为天下消除祸患，我想您也同意吧？”胶西王大吃一惊，说：“我怎么敢做这样的事情！天子待诸侯虽然很严苛，但我只有一死了事，怎么能起意反叛呢？”应高说：“御史大夫晁错，在天子身边蒙骗蛊惑，侵夺诸侯封地，诸侯王都有背叛之心，从人事来看，形势已经发展到极点了。彗星出现，蝗灾发生，这是千载难逢的好时机。而且愁恼困苦的局势，正是圣人挺身而出的时候。吴王准备对朝廷提出清除晁错的要求，在战场上则跟随于大王之后，纵横天下，所向无敌，锋芒所指之处，没有人胆敢不服。大王如果真能许诺一句话，吴王就率领楚王直捣函谷关，据守荥阳、敖仓的粮库，抵抗汉军，整治好驻扎之地，恭候大王到来。有幸得到大王光临，就可以吞并天下，吴王和大王平分江山，不也是很好的吗？”胶西王说：“好！”

应高返回吴国，向吴王刘濞汇报，吴王还担心胶西王刘卬不履行诺言，就亲自前往胶西国与刘印当面约定。胶西国群臣中，有人得知胶西王的图谋，谏阻说："诸侯王的封地还不到汉朝廷的十分之二，发动叛乱而使太后担忧，这不是高明的计策。现在侍奉一个天子，都说不容易，假如吴与胶西的计划能够成功，两位帝王并立相争，祸患就更多了。"胶西王不听，于是，派使者与齐王、淄川王、胶东王、济南王约定共同举事，这些诸侯王都答应了。

当初，楚元王刘交喜爱书籍，和鲁地人申公、穆生、白生都拜浮丘伯为师，学习《诗》，等到他当了楚王，就任命他们三人为中大夫。穆生不喜欢喝酒，楚元王每次设宴饮酒时，都特意为穆生准备甜酒。等到楚元王的儿子夷王以及孙子刘戊为王时，也总在举行宴会时为穆生特备甜酒，但以后就忘记这样做了。穆生退席而出，说："应该离去了！不特设甜酒，说明楚王对我已经怠慢了；再不离去，楚王将会给我戴上刑具在街市上示众。"于是，穆生声称有病，卧床不起。申公、白生极力劝他继续为楚王效力，说："你就不念先王的恩德吗？现在楚王一时稍有礼貌不周，怎么至于这样呢？"穆生说："《易》上说：'知道契机的神妙吗？契机，是动机的微妙变化，是显示吉凶的先兆。君子看到契机就立即采取行动，一天都不拖延。'先王礼待我们三人的原因，是他心中有道义；现在楚王怠慢我们，是忘记了道义。怎么能和忘记了道义的人长期共处？难道我这样只是因为那区区的礼节吗？"于是，穆公声称有病，离开了楚国。申公和白生却继续留任楚国。

楚王刘戊逐渐荒淫残暴，太傅韦孟作了一首诗，用来进行委婉的批评，楚王不加理睬，韦孟也离开楚国，去邹地居住。刘戊因犯罪被朝廷削夺封地，就与吴王刘濞通谋，准备叛乱。申公、白生去劝谏刘戊，刘戊将他们二人罚为罪徒，让他们被绳拴着，穿着刑徒的红褐色囚衣，在街市上舂米。休侯刘富派人来劝阻楚王，楚王说："叔父不与我合作，我一旦起事，就先攻打叔父了！"休侯刘富害怕，就与他的母亲太夫人逃奔长安。

及至朝廷削夺吴国会稽郡、豫章郡的文书到达，吴王刘濞就首先起兵，杀死朝廷任命的二千石以下的官员；胶西王、胶东王、淄川王、济南王、楚王、赵王也都举兵叛乱。楚相张尚、太傅赵夷吾谏阻楚王刘戊，刘戊杀死了张尚和赵夷吾。赵相建德、内史王悍谏止赵王刘遂，刘遂将他们两人烧死。齐王后悔通谋叛乱，违背与吴楚的盟约，依据城池进行抵御。济北王的城墙坏了没有修好，他的郎中令劫持了他，使他无法举兵参加叛乱。胶西王和胶东王为统帅，联合淄川王、济南王共同攻打齐国，围攻齐国都城临淄。赵王刘遂把军队调往赵国西部边境，准备与吴、楚等国军队联合进攻，又向北方的匈奴派出使者，联络匈奴一起举兵。

吴王刘濞征发了所有士兵，下令全国说："我今年六十二岁了，亲自担任统帅；我的小儿子十四岁，也身先士卒。所有年龄上与我一样，下与我的小儿子一样的人，都征发从军！"吴国共征发了二十多万人。吴王向南方派出使者去联络闽、东越，闽和东越也发兵响应。吴王在广陵起兵，向西渡过淮河，随即与楚国军队合并，派使者致书诸侯，指控晁错罪状，准备联合进兵诛杀晁错。吴、楚两国军队一起攻打梁国，攻破了棘壁，杀死数万人；吴、楚联军乘胜前进，兵锋锐不可当。梁孝王刘武派将军迎击，又有两支军队被吴楚联军打败，梁军士兵都向后逃跑。梁王固守都城睢阳。

（以上为第二段，写吴王刘濞连结胶西、胶东、菑川、济南、楚、赵六国，与吴国共七国一同反汉，只要朝廷削夺吴国封地的文书一到达，就起兵反叛，其他六国一起行动；吴楚联军西进，兵锋甚锐。）

当初，汉文帝临终前，告诉太子刘启说："假如国家有危难，周亚夫足以胜任军队统帅的重任。"等到七国叛乱的文书到达朝廷，汉景帝刘启就任命中尉周亚夫为太尉，统率三十六位将军及其部队，前去迎击吴、楚叛军；派遣曲周侯郦寄攻打赵国；派遣将军栾布攻打齐境叛军；汉景帝又召回窦婴，任命他为大将军，让他率军驻守荥阳，监督用兵于齐国和赵国境内的汉军。

当初，晁错所修改的法令有三十章，诸侯王纷纷议论，表示反对。晁错的父亲得知消息，从颍川赶来京师，对晁错说："皇上刚刚即位，你当权处理政事，侵夺削弱诸侯，疏离人家的骨肉，舆论都怨恨你，你为什么这样做呢？"晁错说："本当这样做。如果不这样做，天子不尊贵，宗庙不安宁。"他的父亲说："这样做，刘氏的天下安宁了，但晁氏却危险了，我离开你回去了！"他的父亲就服毒自杀，临死前说："我不忍心见到大祸降临到我的身上！"此后过了十多天，吴、楚等七国就以诛除晁错为名，一同举兵叛乱。

汉景帝与御史大夫晁错商谈出军平叛的事情，晁错想让汉景帝统兵亲征，而他自己留守长安。晁错又建议："徐县、僮县附近一带，吴国没有攻占的地方，可以送给吴国，争取他们退兵。"晁错一直与吴相袁盎不友善，有晁错在某处就座，袁盎总是避开；袁盎出现在何处，晁错也总是避开，两人从不在同一个室内说过话。等到晁错升任御史大夫，派官员审查袁盎接受吴王财物贿赂的事情，处以相当的刑罚，确定袁盎有罪。汉景帝下诏赦免袁盎，把他降为平民。吴楚叛乱发生后，晁错对御史丞、侍御史说："袁盎接受了吴王的许多金钱，专门为吴王掩饰，说他不会叛乱。现在，吴王果然反叛了，我想奏请皇上严惩袁盎，他肯定知道吴王的密谋。"御史丞、侍御史说："如果在吴国叛乱前，治袁盎的罪，可能会中止叛乱密谋；现在叛军大举向西进攻，审查袁盎，能有什么作用？况且，袁盎不会参与密谋。"晁错犹豫不决。

有人把御史大夫晁错的打算告知了袁盎，袁盎很害怕，连夜去见窦婴，对他说明吴王叛乱的原因，希望能面见汉景帝刘启，亲口说明原委。窦婴入宫奏报汉景帝，汉景帝就召见袁盎。袁盎入宫晋见，汉景帝正与晁错在调度军粮。汉景帝问袁盎："现在吴、楚叛乱，你觉得局势会怎样？"袁盎回答说："不值得担忧！"汉景帝说："吴王利用矿山就地铸钱，煮海水为盐，招诱天下豪杰，到年老发白时举兵叛乱，如果他没有计出万全的把握，难道会起事吗？为什么说他不能有所作为呢？"袁盎回答说："吴王确实有采铜铸币、煮海水为盐的财利，但哪有什么豪杰被他招诱去了呢！假如吴王真的招到了豪杰，豪杰也会辅佐他按仁义行事，也就不会叛乱了。吴王所招诱的，都是些无赖子弟、没有户籍的流民、私铸钱币的坏人，所以才能相互勾结而叛乱。"晁错说："袁盎分析得很好。"汉景帝问道："应采取什么妙计？"袁盎说："请皇上让左右回避。"汉景帝让人退出，唯独还有晁错在场。袁盎说："我要说的话，任何臣子都不应听到。"汉景帝就让晁错回避。晁错迈着小而快的步伐，退避到东边的厢房中，对袁盎极为恼恨。

汉景帝于是就询问袁盎的退敌之策，袁盎回答说："吴王和楚王互相通信，说高皇帝分封子弟为王，各自有封地，现在贼臣晁错擅自贬谪诸侯，削夺他们的封地，因此他们才造反，准备向西进军，共同诛杀晁错，恢复原有的封地才罢休。现在的对策，只有杀掉晁错，派出使臣宣布赦免吴、楚七国，恢复他们原有的封地，那么，七国的军队可以不经过战争就都会撤走了。"于是，汉景帝沉默了很长时间，说："不这样做，还真没别的办法啊！我不会为了爱惜他一个人而得罪天下的人！"袁盎说："我的计策就是这样，请皇上认真考虑！"汉景帝就任命袁盎为太常，秘密收拾行装，做出使吴国的准备。

过了十多天，汉景帝刘启授意丞相陶青、中尉申屠嘉、廷尉张欧上疏弹劾晁错："辜负皇上的恩德和信任，要使皇上与群臣、民众疏远，又想把城邑送给吴国，毫无臣子的礼节，犯下了大逆无道之罪。晁错应判处腰斩，他的父母、妻子、兄弟不论老少全部公开处死。"汉景帝批复说："同意所拟判决。"晁错对此却一无所知。二十九日壬子，汉景帝派中尉召晁错，欺骗他说坐着车子巡察市中。于是，晁错穿着上朝的官服在东市被斩首。汉景帝就派袁盎与吴王的侄子、宗正德侯刘通为使臣，出使吴国。

谒者仆射邓公正担任校尉，向汉景帝上书分析战争情况，在晋见汉景帝时，汉景帝问道："你从军中而来，听到晁错被杀，吴国和楚国撤兵了没有？"邓公说："吴王准备叛乱已有几十年了，他是因朝廷削夺了他的封地发怒，杀晁错只是他的借口，他的本意不在晁错啊！再说，朝廷杀掉晁错，我担心天下的士大夫都不敢再向朝廷进忠言了！"汉景帝问："为什么？"邓公说："晁错忧虑诸侯王国势力过于强大，朝廷不能制服，所以，请求削减王国封地，从而尊崇朝廷，这本来是造福万世的好事。计划刚刚实行，他本人就突然被杀了。这样做，对内堵塞了忠臣的口，对外替诸侯王报了仇，我私下认为皇上不应该如此！"于是，汉景帝深深地感叹说："您说得对，我也很后悔杀了晁错！”

袁盎、刘通到达吴国，吴军和楚军已开始进攻梁国的壁垒了。宗正刘通因是同姓亲属，先入内会见吴王刘濞，告知吴王，让他跪拜接受皇帝诏书。吴王听说袁盎来了，估计到他要劝说自己撤兵，就笑着回答说：“我已经做了东方的皇帝了，还向谁跪拜呢？”吴王不肯与袁盎见面，把他扣留在军营中，准备强迫他担任吴军的将领。袁盎不答应，吴王派人把他关押起来，准备杀掉他。袁盎寻机逃脱回来，向汉景帝汇报出使情况。

（以上为第三段，写吴楚之乱爆发，御史大夫晁错成了替罪羊。晁错与袁盎原来有矛盾，互相都欲置对方于死地。袁盎请汉景帝诛杀晁错以使吴楚退兵，结果晁错被冤杀，吴楚叛乱照样猖狂。）

太尉周亚夫对汉景帝刘启说：“楚军剽悍敏捷，与他们正面交锋很难取胜，我建议放弃梁国，先断绝吴、楚军队的粮道，这样才可以制服它们。”汉景帝同意了这个部署。周亚夫乘坐着六匹马拉的传车，将去荥阳与大军会合。走到霸上，赵涉挡住去路，劝说周亚夫道：“吴王一直很富有，早就收买了一批甘愿为他献身的刺客，现在得知将军将去前线，必定会在崤山、渑池之间的险要地段安排刺客对付您。况且，军事行动最讲究秘密，将军为什么不改变路线，从此处向右走，经过蓝田，出武关，抵达洛阳！这样绕着走，不过差一两天，却可以直接进入洛阳武库，擂响战鼓。参与叛乱的诸侯王听到了，会认为将军是自天而降呢！”太尉按照他的计策行事，到达洛阳，高兴地说：“七国共同叛乱，我乘坐驿车平安到达此处，真是出乎意料。现在我已驻守荥阳，荥阳以东没有什么可担心的了。”周亚夫派官吏搜索崤山、渑池之间，果然抓住了吴军伏兵。周亚夫就向汉景帝奏请，让赵涉担任护军。

太尉周亚夫领兵向东北，到达昌邑。吴军猛烈进攻梁国，梁王刘武多次派使者向条侯周亚夫求救，周亚夫不答应。梁王又派使臣向汉景帝告状，说周亚夫不肯救援。汉景帝派使臣命令周亚夫援救梁国，周亚夫不执行皇帝诏令，仍然坚守营垒，不派军队出战，但他却命令弓高侯韩颓当等人率领轻骑兵，奔袭淮泗口，断绝吴、楚军队的后路，堵塞吴、楚的粮道。

梁国派中大夫韩安国以及楚相张尚的弟弟张羽为将军。张羽作战勇猛，韩安国指挥持重，才得以挫败吴军。吴军想向西进兵，但因梁军据城死守，便不敢越过梁国向西进兵。因此，吴军就前来进攻条侯周亚夫的军队，两军在下邑相遇，吴军急于求战。条侯坚守壁垒不肯交战；吴军粮道断绝，士兵饥饿，多次挑战，周亚夫始终不应战。

周亚夫的军营中，夜间突然惊乱，内部互相攻击，甚至闹到了周亚夫的大帐附近，周亚夫坚持睡着不起，过了一会儿，就恢复平静了。吴军向汉军营垒的东南角调集军队，周亚夫却命令营中加强对西北方向的防御。不久，吴、楚的精兵果然突袭汉营西北，因汉军早有防备，无法攻入。吴、楚军队中，有许多士兵饿死，或者背叛离散，吴王就领兵撤退了。

二月，太尉周亚夫派出精锐军队追击，大败吴、楚军队。吴王刘濞丢下他的军队，与几千名精壮士兵连夜逃跑；楚王刘戊自杀。

（以上为第四段，写太尉周亚夫与汉景帝设计平定吴楚之乱，以牺牲梁国为代价阻击叛军，又断绝吴楚叛军的粮草供应，吴楚叛军攻打周亚夫大营，周亚夫识破叛军计谋，早有防备，一招制敌，打败叛军。）

吴王刘濞刚开始举兵叛乱时，吴国臣子田禄伯担任大将军。田禄伯说："大军集结向西进攻，没有可以出奇兵的通道，难以成功。我请求给我五万人马，另外沿长江、淮河逆流而上，占领淮南、长沙，攻入武关，与大王主力军队会师，这也是一路奇兵。"吴王的太子劝阻说："大王以造反为名义，这样的军队不能让别人带领，假如别人也背叛您，又该怎么办呢？况且，让别人全权指挥一支军队，又走另外一条路，容易产生许多其他利害问题，只是白白地削弱了自己的力量！"吴王就没有批准田禄伯的请求。

吴国的青年将领桓将军劝说吴王刘濞道："吴国军队步兵多，步兵利于在险阻的地方作战；汉军中以战车、骑兵为主力，战车和骑兵利于在平原地区作战。希望大王不进攻沿途的城池，挥兵直进，迅速向西进兵，占领洛阳武库，利用敖仓的粮食供应军队，凭借山势和黄河天险号令诸侯。这样，即使没有进入函谷关，天下就已经被您平定了。如果大王进军缓慢，因沿途攻占城邑而延误时机，汉军战车、骑兵到来，冲入梁国和楚国的郊野，您的大事就失败了。"吴王征询老将军们的意见，老将们说："这个青年人，让他去冲锋陷阵还可以，怎么懂得全局战略呢？"于是，吴王不采用桓将军的计策。

吴王独揽全军指挥权。在吴军尚未渡过淮河时，吴王就把投靠他的众宾客任命为将军、校尉、军候、军司马，唯独周丘没有得到任用。周丘是下邳人，流亡到吴国，以卖酒为生，品行不好，吴王刘濞很鄙视他，所以，没有予以任用。周丘就去求见吴王，说："我因为没有本事，不能在军队中为您效力。我不敢要求带兵做官，只希望从大王处得到汉朝的一个符节，必定做成一番事业来回报大王。"吴王就把符节给了他。周丘得到符节，连夜驱车进入下邳县城。这时，下邳的官民得知吴王叛乱，都据城防守。周丘到达驿站，传召县令进入室内，命令他的随从用罪名把县令杀死。于是，召见与他的兄弟们友善的有权势的官吏说："吴王已经起兵，大军马上就到，屠灭下邳城不过用吃顿饭的时间。如果先归降吴王，家室必定保全，有本事的人还能立功封侯。"官吏出去后，转告给其他人，下邳的官民就都归顺了吴王。周丘一夜之间得到了三万人，派人向吴王汇报，就率领他的军队向北方攻取城邑。打到城阳时，周丘的军队已有十多万人了，打败了城阳中尉指挥的军队。周丘得知吴王失败逃走，自己估计无法和他共同成就事业了，就领兵返回下邳，还没有到达，因背上生毒疮而死去。

三十日壬午晦，发生日食。

因为吴王刘濞丢掉军队自己逃跑，吴军就崩溃瓦解了，许多部队陆续向太尉条侯周亚夫和梁国的军队投降。吴王刘濞渡过淮河，逃到丹徒县，依附东越，以求自保，约有军队一万多人，并召集逃散的士兵。汉朝派人用金钱利禄收买东越首领，东越首领就骗吴王出来慰劳军队，派人用矛戟刺杀了吴王，装上他的头颅，派人乘传车疾驰到汉朝廷报告。吴国太子刘驹逃亡到闽越。

吴、楚叛乱，共三个月的时间，就全被平定了，这时，所有将领都认为太尉周亚夫的战略部署是正确的。但是，梁王刘武却因此与太尉有了矛盾。

（以上为第五段，写吴楚叛军失败的原因，吴王刘濞没有听从大将军田禄伯出奇兵西进的计策，也没有听从青年将领桓将军迅速占领洛阳武库、凭借黄河天险号令天下的劝说，最后兵败被杀。）

当胶西王刘印等三个诸侯王的叛军围困齐国临淄城的时候，齐王派一位姓路的中大夫向汉景帝刘启报告。汉景帝又命令路中大夫返回齐国复命，告诉齐王坚守临淄，说："朝廷军队已经打败吴楚叛军了。"路中大夫赶回时，三国的军队已把临淄重重包围，无法入城。三国的将领迫使路中大夫与他们结盟，说："你反过来说：'汉朝廷的军队已被打败了，齐国赶快向三个王国的军队投降吧。不然，临淄就要被屠灭了。'"路中大夫应允了，到了城下，远远见到齐王，他就说："汉朝已经派出了百万大军，让太尉周亚夫指挥，打败了吴楚军队，正领兵前来救援，齐国一定要坚守不降！"三个王国的将领杀死了路中大夫。

齐国都城当初被围紧急时，齐王刘将闾曾暗中与三个王国联络，准备参与叛乱，盟约未定，恰好路中大夫从汉朝廷而来，齐王的大臣们又劝他不能向三国叛军投降。恰逢汉将栾布、平阳侯曹襄等率军到达齐国，打败了三国军队。解除了临淄之围后，汉军将领听说齐王当初与三国密谋勾结，就准备调集军队攻打齐国。齐孝王害怕，服毒自杀。

胶西王刘印、胶东王刘雄渠、淄川王刘贤分别率领军队返回封地。胶西王赤着脚、坐卧在禾秆编的席上饮水，向太后请罪。胶西王的太子刘德说："汉军已经开始撤兵，据我观察，他们已很疲乏，可以突袭，希望召集大王的残余军队去袭击他们！如果突袭不能获胜，再逃入海岛隐蔽，也还不晚。"胶西王说："我的部队都已残破，无法作战了。"弓高侯韩颓当给胶西王送来一封信，信中说："我奉皇帝命令诛杀不义的人。投降的，赦免他的罪名，恢复原有的官爵；不投降的，一定要消灭他。你准备选择哪一条道路？等待你做出选择，我好采取相应的处置措施。”胶西王光着上身、磕着头来到汉军营垒前请谒，他说：“我刘卬遵法不谨慎，惊骇了民众，竟使将军辛苦地远道来到我们这个穷国，我请求处以剁成肉酱的惩罚！”弓高侯手持指挥作战用的金鼓来见他，说：“你被发兵的举动害苦了，我希望听你解释发兵的原因。”胶西王一边磕头一边跪着向前走，回答说：“当时，晁错是受天子信任的执政大臣，变更高皇帝的法令，侵夺诸侯王国的封地。我们认为他的做法不符合道义，恐怕他败坏、扰乱天下，所以我们七国才发兵，准备杀掉晁错。现在听说晁错已被皇帝处死，我们就很谨慎地撤兵回国了。”韩将军说：“你如果认为晁错不好，为什么不向皇上奏报？并在没有接到皇上命令和调兵虎符的情况下，擅自调发军队去进攻忠于朝廷的封国？由此看来，你们发兵的用意，不只是想杀晁错！”韩将军就拿出诏书，向胶西王宣读，然后说：“你自己考虑应该怎样处置吧！”胶西王说：“像我刘卬这样的人，死有余辜！”于是就自杀了，胶西国的太后、太子都死了。胶东王、淄川王、济南王都被处死。

郦将军的军队到达赵国，赵王刘遂领兵从边界返回都城邯郸，据城自守。郦寄发动进攻，连续用兵七个月，没有攻破邯郸城。匈奴得知吴军和楚军失败，也不肯进入边境援救赵王。栾布平定齐国率军返回，与郦将军的军队会合，引河水淹灌邯郸，城墙毁坏，赵王刘遂自杀。

汉景帝因为齐国首先抵御叛军，后来因迫于形势与叛军有串联，不是齐孝王刘将闾的罪过，就召来齐孝王的太子刘寿，立为齐王，即齐懿王。

济北王刘志也准备自杀，以求侥幸保全他的妻子儿女。齐国人公孙玃对济北王说：“我请求试为大王去劝说梁王，通过他向皇上解释。如果我的劝说不被采纳，大王再死也不晚。”公孙玃就去求见梁王，说：“济北国的封地，东边邻近强大的齐国，南面连接着吴国和越国，北面受到燕国和赵国的威胁。这是一个四面受敌，随时有可能被人瓜分的国家，济北王的权谋不足以自守封地，实力不足以防御外敌入侵，又没有什么神灵可用来抵御灾难，虽然他曾失言答应与吴国联合行动，却并不是出于他的本意，只不过是为形势所迫。假如当初济北王表露出忠于朝廷的真心，显示出不顺从吴王的痕迹，那么，吴国一定会先放过齐国，攻占济北国，招诱燕国、赵国而统领它们。这样，崤山以东的诸侯联盟就会形成，并可连成完整的一片。现在吴王会合七国的军队，驱使没有受过训练的徒众，向西进军与天子争夺天下，而只有济北一国固守臣节不归降吴王，使吴国丧失盟友而孤立无援，只能艰难地单独进军，结果土崩瓦解，一蹶不振，追寻其原因，未必不是济北国坚守不降所做出的贡献。用微不足道的济北国，与几国叛军相抗衡，这就如同弱小的羊羔牛犊与凶猛的虎狼搏斗一样。济北王恪尽职守，不肯屈服，可称得上是忠心耿耿了。济北王有这样的功业道义，竟然还要受到朝廷的怀疑，整天缩肩低头，手足无措，使他产生了后悔当初没有与吴王联合行动的念头，这对国家是不利的。我害怕那些恪尽职守的封国诸侯，都由此而产生疑虑！我私下估计：在当今能够经过西方的山险，直入长乐宫和未央宫，在太后和皇上面前勇于据理力争的，只有大王您一个人。这样，上有保全面临亡国厄运的济北国的功德，下有安定民众的名誉，您的功德及于骨髓，您的恩惠世代相传，希望大王认真考虑这件事情！”梁孝王听了很高兴，派人急速进京向朝廷奏报。因此，济北王得以不坐罪，被改封到淄川国为王。

河间王太傅卫绾进攻吴、楚叛军有功，汉景帝刘启任命他为中尉。卫绾曾以中郎将的身份侍奉汉文帝，除宽厚谨慎之外，没有其他特长。汉景帝做太子的时候，曾召请汉文帝的左右侍从饮酒，而卫绾推说身体有病不去参加宴会。汉文帝临终前，嘱咐汉景帝说：“卫绾是忠厚长者，你要好好对待他！”所以，汉景帝也宠幸信任他。

夏季，六月二十五日乙亥，汉景帝下令说：“官吏民众被吴王刘濞等人连累而应当判罪的，以及逃亡犯、逃避兵役的，都予以赦免。”

汉景帝打算让吴王之弟哀侯刘广的儿子刘德接续当吴王，让楚元王的儿子刘礼接续当楚王。窦太后说：“吴王是宗室中的老人，理应为宗室做忠于朝廷的表率，但他却首先发难，率领七国叛乱，扰乱天下，为什么给他续后？”不许再立吴王，但允许楚王续后。

六月二十五日乙亥，汉景帝刘启改封淮阳王刘余为鲁王；改封汝南王刘非为江都王，管辖原属吴国的封地；立宗正刘礼为楚王；立皇子刘端为胶西王，刘胜为中山王。

（以上为第六段，写平定吴楚七国之乱以及善后事宜。胶西王刘卬等三个诸侯王的叛军围困齐国临淄城，被打败；齐王刘将闾曾与三个王国有串联，畏罪自杀；赵王刘遂守城七个月，城破自杀。）

汉景帝前元四年（戊子，公元前 153 年）

春季，重新设置关卡，凭符传出入。

夏季，四月二十三日己巳，汉景帝刘启立皇子刘荣为皇太子，刘彻为胶东王。

六月，汉朝实行大赦。

秋季，七月，临江王刘阏去世。

冬季，十月，戊戌晦（疑误），出现日食。

当初，吴、楚七国叛乱，吴王刘濞的使者到达淮南国，淮南王刘安想发兵响应吴王。他的丞相说：“大王如果一定要响应吴王，我愿意出任将领。”淮南王就把军队交给他指挥。淮南国丞相掌握军权之后，就据城防守，不听从淮南王的指挥而效忠朝廷，朝廷也派曲城侯领兵援救淮南国，因此淮南王得以保全。

吴王刘濞的使者到达庐江国，庐江王刘赐不答应与吴王联合，而与南越国多次互通使臣。吴王的使者到衡山国，衡山王刘勃坚守城池，对朝廷忠心不二。等到吴、楚叛军被打败后，衡山王入京朝见汉景帝。汉景帝认为他忠贞，就慰问他说："南方地势低而潮湿。"改封衡山王为济北王，以示褒奖。庐江王因与南越国相邻，多次派使者与南越交结，汉景帝把他改封为衡山王，在长江以北为王。

（以上为第七段，写吴楚之乱中的淮南、庐江、衡山三王的情况。淮南王刘安被国相所阻挡；庐江王刘赐不答应与吴王刘濞联合，与南越国多次互通使臣；衡山王刘勃坚守城池，对朝廷忠心不二。）

汉景帝前元五年（己丑，公元前 152 年）

春季，正月，兴建阳陵邑。

夏季，汉景帝下令召募民众迁居阳陵，各赐给二十万铜钱。

汉景帝送公主出嫁匈奴单于。

汉景帝改封广川王刘彭祖为赵王。

济北王刘勃去世。

汉景帝前元六年（庚寅，公元前 151 年）

冬季，十二月，天空打雷，降雨多日。

当初，汉景帝做太子的时候，薄太后给他选定了一个薄氏女子为妃，及至汉景帝做了皇帝，薄氏就成了皇后，却不受汉景帝的宠幸。秋季，九月，皇后薄氏被废。

楚王刘礼去世。

当初，燕王臧荼有个孙女，名叫臧儿，嫁给槐里王仲为妻，生下儿子王信和两个女儿之后，王仲死了。臧儿便改嫁长陵人田氏，生下儿子田蚡和田胜。汉文帝时，臧儿的大女儿嫁给金王孙为妻，生下女儿金俗。臧儿替子女占卜命运，卜人说："两个女儿都应当是尊贵的命。"臧儿就从金王孙家中夺回女儿，金王孙愤怒，不肯与妻子分手，臧儿却把大女儿送到太子宫中，生下儿子刘彻。王夫人怀着刘彻的时候，曾梦见太阳进入她的怀中。

等到汉景帝即位，大儿子刘荣被立为太子。太子刘荣的生母栗姬，是齐国人。汉景帝的姐姐长公主刘嫖，想把自己的女儿嫁给太子，栗姬因为后宫中各位美人都是由长公主推荐给汉景帝的，所以对长公主很恼怒而没有同意。长公主又想把女儿嫁给王夫人所生的皇子刘彻，王夫人同意了。从此之后，长公主每天都在汉景帝面前说栗姬的坏话而称赞王夫人的美德。汉景帝自己也觉得王夫人贤惠，又有从前梦日入怀的祥瑞符兆，对是否应改立太子和皇后的事情，犹豫未定。王夫人知道汉景帝恨栗姬，趁着汉景帝怒火未息，暗中派人去催促大行，让大行请求汉景帝立栗姬为皇后。汉景帝大怒，说："这是你应该说的话吗？"就把大行问罪处死了。

汉景帝前元七年（辛卯，公元前 150 年）

冬季，十一月，己酉（疑误），汉景帝刘启废掉太子刘荣，改封他为临江王。太子太傅窦婴极力劝谏，未能改变汉景帝的决定，就自称有病，请求免职。栗姬愤恨而死。

十一月三十日乙卯，庚寅晦（疑误），出现日食。

二月，丞相陶青被罢免。十六日乙巳，太尉周亚夫出任丞相。汉景帝下令罢除太尉这一官职。

夏季，四月十七日乙巳，汉景帝立王氏为皇后。

四月二十九日丁巳，汉景帝立胶东王刘彻为皇太子。

这一年，汉景帝任命太仆刘舍为御史大夫，任命济南郡太守郅都为中尉。

从前，郅都担任中郎将，敢于直言进谏。他曾经跟随汉景帝进入上林苑，当贾姬去上厕所时，一头野猪突然闯入厕所。汉景帝用眼光示意郅都去救护贾姬，郅都站立不走；汉景帝打算自己拿着武器去救贾姬，郅都跪伏在汉景帝面前说："失去了一个姬妾，又会有另一个姬妾进宫，天下所缺少的，难道是贾姬这一类的人吗？皇上纵然不爱惜自己，又如何对待宗庙和太后？"汉景帝就走了回来，野猪也离去了。太后听说了这件事，赏赐给郅都一百斤黄金，从此器重郅都。

郅都为人勇猛有力，公正廉洁，不拆阅私人给他的书信，不接受问候馈赠的礼品，不理睬托人情、拉关系的要求。及至做了中尉，倡导严厉酷烈的作风，执行法律进行赏罚，不避开皇亲国戚。列侯和宗室皇族见到郅都，都侧目而视，送给他一个绰号，叫"苍鹰"。

（以上为第八段，写汉景帝曾立刘荣为太子，长公主想把女儿刘嫖嫁给太子，太子母栗姬没有同意，长公主就把刘嫖嫁给王夫人所生子刘彻，长公主毁损栗姬而称誉刘彻，结果景帝改立刘彻为太子。）

汉景帝中元元年（壬辰，公元前 149 年）

夏季，四月二十三日乙巳，汉景帝颁布命令，实行大赦。

发生地震。

衡山国的原都一带降下冰雹，最大的冰雹直径达一尺八寸。

汉景帝中元二年（癸巳，公元前 148 年）

春季，二月，匈奴入侵燕国封地。

三月，临江王刘荣因为修建宫室侵占了太宗庙前空地上的围墙而犯了罪，汉景帝刘启征他去中尉府接受审问。临江王想要写字用的刀笔，以写信向汉景帝谢罪，而中尉郅都禁止官吏提供刀笔。魏其侯田蚡派人把刀笔送给了临江王。临江王写完了向汉景帝谢罪的信之后，就自杀了。窦太后听说了这件事，很恼怒，后来就用严酷之法把郅都杀掉了。

夏季，四月，在西北天空中出现一颗异星。

汉景帝封立皇子刘越为广川王，刘寄为胶东王。

秋季，九月三十日甲戌晦，出现日食。

当初，梁孝王刘武因为与汉景帝是一母所生，关系最为亲密，又有平定吴楚叛乱的大功，被赐予天子使用的旌旗，有成千上万的车辆马匹随从，出称“跸”，入称“警”，都要清道戒严。梁孝王刘武宠信羊胜、公孙诡，任命公孙诡为中尉。羊胜和公孙诡有许多奇诡不正的计谋，想怂恿梁孝王争取成为汉景帝的继承人。当栗太子被废的时候，窦太后想让梁王成为帝位继承人，曾利用宴饮的机会对汉景帝说：“你出入乘坐大驾和安车，要让梁王在你身旁。”汉景帝跪坐在席上，挺直了身回答说：“好。”

喝完了酒，汉景帝就此征询大臣们的意见，大臣袁盎等人说：“不成。过去宋宣公不传位给儿子而传位给弟弟，因此产生了祸乱，祸乱持续了五代人。小处不忍心，会伤害大义，所以，《春秋》以恪守正道为贵。”因此，太后的意见被阻止，也就再不提让梁王刘武继承帝位了。梁王又曾经上书给汉景帝：“希望赐给我能容得下车辆通过的地方，直达太后居住的长乐宫，我自己派梁国的士兵修筑一条通道，以便朝见太后。”袁盎等大臣都建议不批准梁王的请求。

梁王刘武因此怨恨袁盎和参与议论的大臣，就和羊胜、公孙诡商量，暗中派人刺杀了袁盎及其他参与议论的大臣十多人。刺客没有抓到，于是，汉景帝刘启估计与梁王有关，追查刺客，果然是梁王派来的。汉景帝派田叔、吕季主前往梁国查究此案，逮捕公孙诡和羊胜。公孙诡和羊胜躲藏在梁王的后宫中。朝廷派出的十多批使臣先后来到梁国，严厉地责问二千石官员。

梁相轩丘豹和内史韩安国及以下官员，进行了全国大搜捕，经过一个多月，没有抓到公孙诡和羊胜。韩安国得知公孙诡和羊胜躲藏在梁王宫中，就进入王宫去见梁王刘武，哭着说：“帝王蒙受耻辱，臣子应该为他而死。大王身边没有良臣辅佐，所以才闹到这种地步。现在捉不到羊胜、公孙诡，我请求辞官，赐我自杀！”梁王说：“为什么至于这样呢？”韩安国泪如泉涌，说：“大王自己估计您与皇上的关系，比起皇上和临江王来，哪一个更亲？”梁王说：“我不如临江王。”韩安国说：“临江王是皇上的亲生长子，又曾是太子，因为一句错话，就被废去太子，封为临江王；又因为修宫侵占围墙的事情，终于在中尉府自杀。为什么这样呢？皇上治理天下终究不能因为私情而干扰公事。现在大王身为诸侯，受奸臣胡言乱语的引诱，违犯皇上的禁令，扰乱尊严的法律。皇上因为太后疼爱您的缘故，才不忍心按国法来惩办您；太后日夜哭泣，希望大王能改过自新，大王却始终不觉悟。假如太后即刻去世，大王还能依靠谁呢？”话还没有说完，梁王泪流满面，向韩安国赔罪说：“我现在就交出羊胜和公孙诡。”梁王就命令羊胜、公孙诡都自杀，交出了他们的尸体。汉景帝因此怨恨梁王。

梁王刘武恐惧，派邹阳到达长安，去见皇后的哥哥王信，说：“您的妹妹得到皇上的宠幸，在后宫没人能比得上，但是您的行为却有许多不遵循道理的地方。现在如果袁盎被杀一事追究到底，梁王被依法处死，太后的怒火无处发泄，就会向贵臣咬牙侧目地痛恨，我私下为您担忧。”王信说：“那该怎么办呢？”邹阳说：“您如果能好好地劝说皇上，使他能不深究梁王的事情，您一定会受到太后的信任，太后从骨髓中深深感谢您的大德，而您的妹妹可以受到太后和皇上的宠幸，这就会使你们家的荣宠像金城一样牢固。当初，舜的弟弟象，整日里只想杀死舜，等到舜做了天子，却把象封到了有卑。仁义的人对于自己的弟弟，不暗藏怒火，不忘记过去的怨仇，只是很好地对待他罢了。正因为如此，后代人都称赞舜。用这番道理去劝说皇上，梁王的事就可能侥幸不处置了。”王信说：“好。”他找到一个机会，入宫向汉景帝说了上面的这番道理，汉景帝对梁王的恼怒稍稍化解。

这时，太后担心梁王刘武的事情，不进饮食，日夜哭泣不止，汉景帝也很忧虑。正好田叔等人查办完梁王的事情，返回长安，到达霸昌厩，田叔等把在梁国办案取得的证词全部烧毁，空着手来见汉景帝。汉景帝问道：“梁王有罪吗？”田叔回答说：“犯死罪的事情是有的。”汉景帝问：“他的罪证在哪里？”田叔说：“皇上不要过问梁王的罪证了。”汉景帝问：“为什么？”田叔说：“有了罪证，如今不杀梁王，就废弃了汉朝的法律；如果处死梁王，太后就会吃东西没有滋味，睡不好觉，这样就会给皇上带来忧愁。”汉景帝非常赞成他所说的道理，让田叔等人谒见太后，并且说：“梁王不知情。主持这件事的，只有梁王的宠臣羊胜、公孙诡之流，这些人都已经按国法处死，梁王没有受到伤害。”太后听到这些话，立即起来坐着吃饭，情绪也稳定了。

梁王刘武乘机上书请求朝见汉景帝，已经到达函谷关，茅兰劝说梁王，让他乘坐着普通的布车，只带两名骑士为随从入关，躲藏到长公主的园内。朝廷派遣使臣迎接梁王，梁王已入关，随从的车骑都在关外，不知道梁王的下落。太后哭着说：“皇帝果然杀了我儿子！”汉景帝很担忧害怕。这时，梁王来到皇宫门前，伏在刑具上面，表示认罪，请求处置。太后、汉景帝喜出望外，三人相对哭泣，恢复原来的骨肉手足之情，把梁王的随从官员都召入关内。但是，汉景帝愈发疏远梁王，不再和他乘坐一辆车出入了。汉景帝认为田叔贤能，就提升他做了鲁国的国相。

（以上为第九段，写梁王刘武欲继承大位，大臣袁盎等谏阻，梁王派人暗杀袁盎等，汉朝追查，梁王在梁国内史韩安国的劝说下，被迫交出主谋羊胜、公孙诡，两人自杀。）

汉景帝中元三年（甲午，公元前 147 年）

冬季，十一月，汉朝廷宣布废除诸侯王国的御史大夫官职。

夏季，四月，发生了地震。

汉朝出现旱灾，朝廷禁止卖酒。

三月，丁巳（三月无丁巳日，疑误），汉景帝封立皇子刘乘为清河王。

秋季，九月，汉朝发生蝗灾。

西北天空中出现了一颗异星。

九月三十日戊戌晦，出现日食。

当初，汉景帝废掉栗太子，周亚夫坚决反对，没有产生作用，汉景帝因此疏远了周亚夫。而梁孝王刘武每次来朝见，经常对太后说周亚夫的短处。窦太后说："皇后的哥哥王信可以封侯。"汉景帝表示谦让，说："当初，您的侄子南皮侯和您的弟弟章武侯，先帝都不封他们为侯；等到我即位后才封他们为侯；现在王信也不得封侯。"窦太后说："人生在世，只是各自根据当时的情况办事罢了。当年我弟弟窦长君在世时，竟然不得封侯，死后，他的儿子窦彭祖反而得以封为南皮侯，我十分遗憾！皇帝赶快封王信为侯吧。"汉景帝说："请允许我和丞相商议此事。"汉景帝和丞相周亚夫商议，周亚夫说："高皇帝约定：'不是刘氏宗亲不得封王，没有立功的人不得封侯。'现在王信虽然是皇后的哥哥，但没有立功，如果封他为侯，就违背了前约。"汉景帝默然，只好把这件事情放下了。后来，匈奴王徐卢等六人归降朝廷，汉景帝想封他们为侯，以鼓励后来人继续归降。丞相周亚夫说："他们背叛自己的帝王投降皇上，皇上封他们为侯，那么，还怎样责问不守节操的臣子呢？"汉景帝说："丞相的议论不可采用。"于是把徐卢等人全都封为列侯。周亚夫因此就自称有病，请求免职。

九月三十日戊戌，汉景帝罢免了周亚夫，任命御史大夫、桃侯刘舍为丞相。

汉景帝中元四年（乙未，公元前 146 年）

夏季，汉朝发生蝗灾。

冬季，十月二十六日戊午，出现日食。

汉景帝中元五年（丙申，公元前 145 年）

夏季，汉景帝封立皇子刘舜为常山王。

六月二十九日丁巳，实行大赦。

汉朝发生水灾。

秋季，八月二十二日己酉，未央宫东门阙发生火灾。

九月，汉景帝下令说："诸项疑难案件，如果根据法律条文可以定为重罪，但却无法使人心服的，立即予以平议。"

发生地震。

汉景帝中元六年（丁酉，公元前 144 年）

冬季，十月，梁王刘武来京朝见，给汉景帝上书，想留居长安；汉景帝没有同意。梁王返回封国，心情郁郁不乐。

十一月，汉景帝下令，更改廷尉、将作少府等官名。

春季，二月初一乙卯，汉景帝亲临雍地，在祭祀天地五帝的处所祭天。

三月，降雪。

夏季，四月，梁孝王刘武去世。窦太后听到消息，哭得极其悲哀，不进饮食，说："皇帝果然杀了我儿子！"汉景帝悲哀恐惧，不知怎么办才好，与姐姐长公主商议，于是，把梁国分为五国，把梁孝王的以下几个儿子全都封为诸侯王：刘买为梁王，刘明为济川王，刘彭离为济东王，刘定为山阳王，刘不识为济阴王；梁孝王的几个女儿也都封给汤沐邑。汉景帝把这一决定禀告窦太后，太后才高兴起来，为汉景帝这一做法而吃了一顿饭。梁孝王没死的时候，有数以万万计的财产，他死后，梁国府库中剩余的黄金还有四十多万斤，其他财物的价值也与此相当。

汉景帝减少了对罪犯的笞打次数之后，受笞刑的人还是难以保全生命，就再次减少笞刑，该笞打三百下的，减为笞打二百下；该笞打二百下的，减为笞打一百。又制定了实施笞刑的法令：用于打人的笞杖，长为五尺，用竹子做成，根部手握之处，竹管的直径为一寸；末梢为半寸薄的竹片，竹节全要磨平。被判处笞刑的人，笞打他的臀部；一个罪人打完之后，才更换行刑的人。从此以后，受笞刑的人就得以保全了。但这样一来，死刑很重而不到死刑的其他惩罚又很轻，民众就把违法犯罪看得很轻淡了。

（以上为第十段，写梁王刘武抑郁而死，汉景帝将梁王的几个儿子都封为王，以宽慰窦太后。）

六月，匈奴攻入雁门郡，直到武泉县，并攻入上郡，抢去了官府牧马场的马匹，汉军将士二千人战死。

陇西人李广担任上郡太守，曾率领一百名骑士出行，遇到几千名匈奴骑兵。匈奴人看见李广的小队伍，以为是汉军大部队派出的诱兵，都吃了一惊，占据高山摆开阵势。李广所率领的一百名骑兵都很害怕，想驰马逃跑回去，李广制止说："我们离开大军数十里远，现在，如果就靠这一百骑兵的队伍逃跑，匈奴人追杀射击，我们马上就完了。现在我们留在这里，匈奴人必定把我们看成大军的诱敌队伍，一定不敢进攻我们。"李广命令骑兵们说："前进！"来到距离匈奴阵地约有二里的地方，停止下来，李广命令说："都下马解下马鞍！"他的骑兵说："敌人很多，而且离我们很近，如果出现紧急情况，怎么办？"李广说："敌人估计我们会逃跑；我命令都解下马鞍，向他们表示不逃跑，用这个办法来坚定他们认为我们是诱敌部队的想法。"

于是，匈奴骑兵便真的不敢进攻。有一位骑白马的匈奴将领出阵来，监护他的军队，李广上马，和十多个骑兵奔向前去，射死了匈奴的白马将军，又返回来，到达他的百骑阵营中，解下马鞍，命令战士们放开战马，卧地休息。这时，正好是黄昏，匈奴骑兵一直对李广部队的行为觉得奇怪，不敢进攻。到了半夜时分，匈奴军队仍然认为附近有埋伏的汉朝大军，想夜间袭击他们，便都领兵撤走了。到黎明时，李广才回到他的大军营垒。

秋季。七月二十九日辛亥晦，出现日食。

自从郅都死后，长安及附近的宗室皇族有许多人凶暴犯法。汉景帝就征召济南都尉、南阳人宁成出任中尉。宁成的治政仿效郅都，但清廉不及郅都，然而宗室皇族、地方豪强人人都恐惧不安。

城阳王刘喜去世。

（以上为第十一段，写汉景帝减轻刑罚，规定具体的处罚细节；匈奴骑兵大肆入侵。）

汉景帝后元元年（戊戌，公元前 143 年）

春季，正月，汉景帝下令说："审判案件，是国家的重大政务。人有智愚的不同，官有上下的区别。有疑问的案件要上交给有关机构复审；有关机构仍难以断案的，要上交廷尉复审。下级把疑案送呈上级复审，而发现断案有错误，送呈疑案的官员不必负担任何责任。主要是想让审案的司法官员一定重视从宽判案。"

三月，汉景帝下令，实行大赦。

夏季，汉景帝下令，特许民众相聚饮酒五天，允许民众卖酒。

五月初九丙戌，发生地震。上庸地震持续了二十二天，毁坏了城墙。

秋季，七月三十日丙午，丞相刘舍被免职。

七月二十九日乙巳晦，出现日食。

八月，壬辰（八月无壬辰日，疑误），汉景帝任命御史大夫卫绾为丞相，任命卫尉、南阳人直不疑为御史大夫。当初，直不疑做郎官，同住一处的某人告假回家，错拿了同处另一位郎官的黄金走了。不久，同住一处的郎官发觉自己丢了金子，怀疑是直不疑偷去了；直不疑向他道歉说确有其事，买来黄金还给了失金人。后来，告假回家的人回来，交还了错拿的黄金，丢失黄金的那位郎官大为惭愧。因此，直不疑被称为长者，他慢慢地升官直至做了中大夫。有人在朝廷上诋毁直不疑，说他与嫂子私通。直不疑听到了，就说："我并没有哥哥。"可是终究不自我辩白。

汉景帝在宫中，召见周亚夫，赏赐食物，只放了一大块肉，没有切开，又不准备筷子。周亚夫心中不高兴，回过头来吩咐主管宴席的官员取筷子来。汉景帝看着周亚夫，笑着问："这还不能满足您的意愿吗？"周亚夫摘下帽子向汉景帝谢罪，汉景帝说："起来！"周亚夫就快步退了出去，汉景帝目送着他走出去，说道："这位愤愤不平的人，不能做幼年帝王的臣子。"

不久，周亚夫的儿子给父亲从工官那里买了专给皇室制造的可用于殉葬的五百件铠甲盾牌，虐待搬运这些东西的雇工，不给他们工钱。雇工知道这是盗买皇室专用的器物，怀着怨恨上书朝廷，检举周亚夫的儿子，事情牵连到周亚夫。汉景帝见到了检举信，就下令将此案交给司法官员审理。主管官员按文书记录逐条审问周亚夫，周亚夫拒不回答。汉景帝得知，骂他说："我不必要你的供词，也可以杀你！"下令让周亚夫去廷尉处接受审判。

廷尉审问说："您为什么要造反？"周亚夫说："我购买的东西，都是殉葬用的，怎么能说是要造反呢？"审案的官员说："您即使不在地上造反，也要在地下造反！"官吏的审讯逼供越来越残酷。当初，官吏逮捕周亚夫的时候，周亚夫就想要自杀，他夫人劝阻了他，因此没有死，被关进了廷尉的牢狱。于是，周亚夫绝食五天，吐血而死。

这一年，济阴王刘不识去世。

汉景帝后元二年（己亥，公元前 142 年）

春季，正月，一天中发生三次地震。

三月，匈奴入侵雁门郡，太守冯敬与匈奴交战，战死。朝廷征发战车和骑兵、步兵驻防雁门郡。

春季，因为连年歉收，汉景帝下令禁止内地各郡臣民用粮食喂养马匹，有违犯此禁令的，由官府没收他的马匹。

夏季，四月，汉景帝下令说："追求器物的精雕细镂，就会损害农业；追求丝织物品的锦绣多彩，就会损害纺织业。农业受到损害，是造成天下饥荒的根本原因；纺织业受到损害，是导致民众受寒的根本原因。天下民众，在饥寒交迫时还能够不违法犯罪的，是很少的。我亲身从事农耕，皇后亲自种桑养蚕，以其收获作为供奉宗庙的粮食和祭服，为天下做表率；不接受进贡，减少皇家饮食供应，减省徭役和赋税，想让天下民众都从事农业和纺织，平常都有储备，以防备灾害，强的不抢夺弱的，人多势众的不要欺凌人少的，老年人可以安享天年，年幼的孤儿可以平安长大成人。而现在，只要有一年收成不好，民众的食物就很缺乏，造成这种局面的祸根是什么？或许是因为奸诈的人做了官吏，公开行贿受贿，贪求钱财，剥削民众，侵夺万民。县丞是重要官员，执法犯法，如同盗贼，太不像话！命令郡国守、相等二千石官员，各自严格遵守职责；不履行职责无作为，稀里糊涂无政绩的官员，丞相要向我奏报，议定处置的罪名。把命令向全国公布，使天下吏民都知道我的本意。"

五月，汉景帝下令规定，家中资财达到四万钱的，就可以做官。

秋季，发生大旱。

（以上为第十二段，写汉景帝重视案件复审，以求量刑准确；猜忌功臣周亚夫，借故下狱，周亚夫绝食自杀；又写景帝不受献，减太官，省徭赋，重视农业。）

汉景帝后元三年（庚子，公元前 141 年）

冬季，十月，发生日食和月食，日月呈红色，持续了五天。

十二月月底，天空打雷；日光呈紫色；五大行星逆行，停留在太微星座；月亮从天廷中部穿过。

春季，正月，汉景帝下令说："农业，是天下的根本。黄金、珍珠、美玉之类的东西，饥饿时不能当饭吃，寒冷时不能当衣穿，把它当作货币使用，不知它何时使用，何时废止。近来有时年成不好，或许是因为从事工商末业的人多，从事农业的人少。命令郡国官员，一定要提倡发展农桑，多种树，这样就可以得到衣服和食物等用品。官吏如果征发民众，雇用他们去开采黄金、珍珠、美玉，按所得赃物以偷盗定罪，二千石官员如果听之任之，也按同样的罪名处置。"

正月十七日甲寅，皇太子刘彻成年，举行冠礼。

正月二十七日甲子，汉景帝在未央宫去世。太子刘彻当上了皇帝，年仅十六岁。尊奉皇太后为太皇太后，尊奉皇后为皇太后。

二月初六癸酉，将孝景皇帝安葬在阳陵。

三月，封皇太后的同母弟田蚡为武安侯，田胜为周阳侯。

班固评论说：孔子说"现在的民众，与三代圣明的帝王推行王道达到天下大治所依靠的民众，没有什么不同"，确实是这样啊！周末、秦代政治的弊病，在于法网繁密，政令严苛，但奸邪盗寇却防不胜防。汉朝建国以后，废除繁苛的法令，让民众休养生息；到了汉孝文帝的时候，用谨慎俭朴的作风治理国家；孝景皇帝遵守大业成规而不改。五六十年之间，就达到移风易俗，民众淳朴敦厚。说到天下大治的时代，周代有成王和康王时期，汉代有汉文帝和汉景帝时期，真是好啊！

（以上为第十三段，写汉景帝刘启去世，太子刘彻即位，是为汉武帝。史学家班固认为，说到天下大治的时代，周代有成王和康王时期，汉代有汉文帝和汉景帝时期，真是美好啊！）

汉朝建国，承接的是秦末兴作繁多而财力匮乏的疲困社会，就连天子都不能配备四匹同样毛色的马匹拉车，将相有的只能坐牛车，平民民众没有积蓄。天下平定之后，汉高祖刘邦就命令商人不许穿丝织的衣服，不许坐华贵的车子，并且加重征收他们的租税，用这些办法来控制和羞辱商人。汉孝惠帝刘盈和汉太后吕雉在位时，因为天下刚刚平定，又放松了限制商人的律令，但是商人的子孙，仍然不允许做官为吏。朝廷计算官吏俸禄和官府各项费用的总额，据此向民众征收赋税。而自天子到封君的汤沐邑，都把山川、园池、市井商业税收作为各自费用的来源，而不向朝廷领取经费。经由陆路、水路运输到京师，供给各官府使用的来自于崤山以东地区的粮食，每年不超过数十万石。

接着，是汉文帝、汉景帝先后治理国家，清静廉正，谨慎俭朴，安养天下民众，七十多年之间，国家无事，如果不发生旱涝灾害，民众就可以人人自给，家家足用。城乡的粮仓都装满了粮食，府库中贮存了剩余的物资；京城国库中的钱累积万万，串钱的绳子都已朽烂，无法清点数目；京城粮仓中的陈旧粟米一层盖一层，装满太仓而流出仓外，只好在外面堆积着，以至于腐烂而不能食用。民众居住的大街小巷都可以看到马匹，在田野间的马匹更是成群结队，骑母马的人要受到排斥而不能与人聚会。把守里巷大门的人吃的是白米好肉；做官的人长期任职，可在任期内把子孙抚养成人，有的则把官名作为自己的姓。所以，人人自爱而不愿触犯法律，以行义为先而避免羞辱。

在这个时期，法网稀疏，民众富足，有人依凭钱财骄横不法，以至于兼并土地；那些豪强之辈，在乡间作威作福，横行霸道；享有封地的宗室、贵族、公卿、大夫及以下官员，互相比赛谁更奢侈，房屋、车辆、衣服都不顾地位名分地僭越于上，没有限度。事物发展到鼎盛就会走向衰败，这本是变化的规律。从此之后，汉孝武帝对内穷奢极侈，对外攻打夷狄各族，天下萧条，财富全都耗费完了！

（以上为第十四段，写文景之治积累了丰厚的国家财富，为汉武帝的外征内作打下了厚实的基础。）

【点评】

刘启论。汉景帝刘启，是西汉时期一位十分关键的皇帝，起到了承上启下的重要作用。他继承了汉兴以来所实行的“与民休息”政策，鼓励发展农业生产，使国力得到进一步增强；他进一步减刑宽法，强调用法谨慎，增强司法过程中的公平性；他果断地平定“七国之乱”，巩固了中央集权，维持了汉朝的统一和稳定；他选定了具有雄才大略的刘彻为接班人，把汉朝继续推向强盛。史学家班固曾评论说：“汉兴，扫除烦苛，与民休息。至于孝文，加之以恭俭，孝景遵业，五六十载之间，至于移风易俗，黎民醇厚。周云成康，汉言文景，美矣！”

对于汉景帝治国十六年的功绩，应当是充分肯定的。但是，对于汉景帝的为人，对于汉景帝在治国中的瑕疵，对于汉景帝屈杀、摧折栋梁之材的行为，我们也无须为之遮掩，要做出正确的评价。

首先，吴王刘濞发动叛乱，其祸端则起于刘启。刘启为太子时，刘濞的太子刘贤入京，陪伴刘启喝酒下六博棋。刘贤的师傅是楚人，使太子养成了轻佻、剽悍的个性，与刘启博弈时，为棋路相争，态度极不恭敬。刘启是什么人？汉朝皇太子啊！怎能容忍？拿起棋盘就砸过去，一下子就把吴太子砸死了。从此，吴王刘濞怨恨刘启。我们说，尽管吴太子刘贤有些不敬行为，但作为皇太子的刘启，难道就不能稍微谦让一些吗？即使是要惩罚一下，何至于下手如此之重，一下子要了吴太子的命？或许是失手，但也是过失啊！吴太子被打致死，如何善后？且不说犯有过失罪，而没有任何地方看出刘启有道歉行为，毕竟是把人打死了，人家怎么能咽得下这口气？吴王刘濞的造反，虽然隐忍了数十年，而这件事情就是导火线啊！

其次，晁错一片忠心可对天，却被冤杀，反映了刘启的轻听妄信，为人阴狠。晁错是汉朝有名的才子，曾为太子刘启家令，在汉文帝时，就上书言事，得到了汉文帝的采纳和重用；汉景帝刘启更是非常宠信他。晁错对于诸侯王谋反的可能性，是有充分认识的。他不顾自身安危，忠心为国，强烈主张削藩，认为是"削亦反，反速，祸小；不削亦反，反迟，祸大"。结果，吴楚七国以"清君侧"为名，发动叛乱。汉景帝与晁错共商退敌之策，晁错提出要汉景帝亲征，自己留守，再割让一些地方给叛军，予以缓冲。而后，汉景帝听信了袁盎的一番话，就定下了杀晁错以谢天下的毒计，将晁错"衣朝衣斩于东市"。这真是可悲、可怜、可叹、可恨啊！我们辩证地看晁错的削藩之策，也确实是有些强硬，让诸侯王一时接受不了，很容易激化矛盾。而前者贾谊在汉文帝时期提出"众建诸侯而少其力"，后者主父偃在汉武帝时期提出"推恩分子弟"，就要缓和得多，诸侯王也容易接受，何乐而不为呢？晁错为汉景帝所设计的退敌之策，恰好留下了是非的口舌。汉景帝亲征，这固然能在平叛中起着重要作用，但把汉景帝推上了前线，显然是没有考虑到汉景帝的内心感受，汉景帝愿意吗？汉景帝可不同于汉高祖刘邦，刘邦是身经百战，视打仗为家常便饭，也乐于到前线去，在战斗中享受成功的喜悦。而汉景帝呢？却是生长于和平时期，几时见过刀枪？对于指挥作战，又有何经验，有何胜算？这不是把难题出给汉景帝去做吗？与其说让汉景帝亲征，还不如选择能干的将领担任前线总指挥！至于割地之说，也是有失考虑。而袁盎之说，就好像吴楚叛乱是小孩子过家家，玩游戏，弄不清吴楚叛乱的真实目的，显得非常幼稚。要么就是"借刀杀人"，有意陷害晁错。因为他们两人有着很深的矛盾，似乎到了你死我活的地步。可叹的是汉景帝，居然就相信了袁盎的话，觉得只要杀了晁错，吴楚就真的退兵了，也不要打仗了，也不要亲征了。于是，说什么为了天下安宁而不惜杀掉晁错一人。简直是天真得像个小孩子一样！而结果则是事与愿违。既然如此，又为什么不杀掉袁盎以慰忠魂？晁错为国尽忠而被杀，对内堵塞了忠臣之口，对外为诸侯王报了仇！汉景帝所做的这等

“好事”，真是亲者痛、仇者快啊！

第三，吴楚之乱虽然平定了，但汉景帝内心阴暗，既削弱了梁国实力，又制造了梁王刘武与功臣的矛盾，为杀掉周亚夫埋下了伏笔，可谓是阴狠之极啊！汉景帝任命周亚夫为太尉，统兵出征攻打吴楚叛军，周亚夫在出征前，与汉景帝共商秘计，就是把梁国这块“肥肉”甩给叛军，让叛军吃不住兜着走，既消耗叛军的实力，也乘机削弱梁国。为什么要这样做？因为梁王刘武是汉景帝的嫡亲弟弟，得到窦太后的宠爱，无论是窦太后，还是刘武，都希望在汉景帝之后，由刘武来继承皇位，而汉景帝也曾半真半假地说过“千秋之后传梁王”。无论汉景帝怎么说，而他内心是一百个忌恨，只是逢场作戏，做做样子给太后看看，以讨得太后欢心而已。这次，他要借助叛军之手，把刘武彻底打趴下去，一蹶不振。谋计确定后，周亚夫率军在梁国后方观战，刘武再三催促，周亚夫就是不出兵。结果，周亚夫与刘武结下了“梁子”，平叛胜利了，但对于周亚夫来说，却是悲剧。刘武在太后面前一个劲地说周亚夫的坏话，有道是，人言可畏，更何况是位高权重的太后呢？再加之，汉景帝也是嫉妒周亚夫的守正不阿、宁死不屈，怕自己一旦去世后，儿子们无法对付他，要在世时把周亚夫灭掉。于是，就污蔑周亚夫造反，甚至还有“将军不反地上，将来也要反于地下”的谬论，最后周亚夫被逼无奈，绝食而死。汉景帝的“一石三鸟”，其用心可谓险恶啊！

宋代文学家苏辙曾有评论说：“汉之贤君，皆曰文景。汉文帝宽仁大度，有高帝之风。汉景帝忌克少恩，无人君之量，其实非汉文帝比也。”其说有一定的道理，就从人格完美的角度来说，汉景帝比其父汉文帝刘恒似乎要差一些。以上所列举的三点，正说明了这些。“无情最是帝王心”，这话用在汉景帝身上，似乎倒是很确切的。

汉纪九

汉武帝建元元年至元光元年（公元前140—前134）

【起重光赤奋若（辛丑，公元前140年），尽强圉协洽（丁未，公元前134年），凡七年】

【大事提要】

本卷记事起于公元前140年，到公元前134年，凡七年，当为汉武帝（刘彻）建元元年至元光元年。本卷所载的大事，主要是以下几个方面：其一，广招贤才。汉武帝刘彻即位后，就下令，举贤良方正直言极谏之士对策，亲自策问，选拔人才做官。董仲舒上“天人三策”，主张“罢黜百家，独尊儒术”，结束先秦以来“师异道，人异论，百家殊方”的局面，以儒家思想作为统治思想，得到汉武帝采纳。其二，窦氏干政。汉武帝刘彻崇尚儒家学说，将赵绾、王臧等儒者任为公卿。他们建议汉武帝建立明堂，研究皇帝出巡、封禅、改换历法服色等制度，而窦太后崇奉黄老道家学说，排斥儒术，于是，派人私下察访赵绾、王臧的贪赃行为，传讯审查，逼迫两人自杀。其三，汉武帝宠幸卫子夫。汉长公主刘嫖将女儿陈阿娇许配给刘彻，又用计将刘彻立为太子，登上帝位。陈阿娇恃宠生骄，不能生育，汉武帝渐生嫌弃之心。平阳公主献歌女卫子夫，被汉武帝宠幸，后来竟取代陈阿娇为皇后。其四，庄助征闽。公元前138年，闽越兵围攻东瓯，东瓯向朝廷告急求救。汉武帝就此事询问太尉田蚡，田蚡力主不救，认为东瓯不隶属于中原。庄助与之辩论，占得上风，汉武帝决定援救，派庄助凭符节到会稽调兵，出动军队从海上前往救援。闽越就引兵撤退。其五，救援南越。公元前135年，闽越又出动军队，攻打南越。南越派人上书，报告朝廷。汉武帝称赞他们守道义，派遣两位将军率军诛讨闽越。淮南王刘安上书谏阻。这时汉朝军队已经出动，还未越过南岭，恰好闽越王弟余善杀了闽越王来投降，汉朝军队才撤回。

世宗孝武皇帝上之上

汉武帝建元元年（辛丑，公元前140年）

冬季，十月，汉武帝下令，令大臣举荐贤良、方正、直言极谏的人才，汉武帝亲自出题，围绕着古往今来治理天下之道，进行考试。参加考试的有一百多人。

广川人董仲舒在回答时说："所谓的'道'，是指由此而达到天下大治的道路，仁、义、礼、乐，都是推行'道'的具体方法。所以，古代圣明的帝王去世后，他的后代可以长期稳坐天下，国家几百年太平无事，这都是推行礼乐教化的功绩。凡是帝王，没有人不希望自己的国家能够安宁长存，但是政治昏乱、国家危亡的却很多。用人不当，治理国家的方法不是正道，所以国家政治一天比一天接近灭亡。周王朝在幽王、厉王时期出现衰败，并不是由于治国之道不存在，而是由于幽王、厉王不遵循治国之道。到了周宣王在位时，他仰慕过去先王的德政，恢复被淡忘的先王善政，弥补残缺，发扬周文王、周武王的功业，周代的王道再次焕发出灿烂的光彩，这是日夜不懈地推行善政而取得的成效。

"孔子说：'人可以发扬光大道，而不是道弘扬人。'所以，国家的治乱兴亡在于帝王自己，只要不是天意要改朝换代，统治权就不会丧失；帝王的作为悖理错误，就会丧失统治地位。做帝王的人，要端正自己的思想，整肃朝廷，整肃了朝廷才能用以整肃百官，整肃了百官才能用以整肃天下民众，整肃了天下民众才能用以整肃四方的夷狄各族。四方的夷狄各族都已整肃完毕，远近没有胆敢不统一于正道的，就没有邪气冲犯天地之间，因此阴阳谐和，风调雨顺，生物安和相处，民众繁衍生息，所有象征幸福的东西和可以招致吉祥的事物都会出现，这就是王道的最佳境界了！

"孔子说：'凤凰不来，黄河也不出现图画，我算完了！'他认为自己的德行本可招致这些祥瑞，但因为身份卑贱而不能招致，而感到悲哀。现在，皇上贵为天子，富有四海，身居得以招致祥瑞的尊位，手持可以招致祥瑞的权势，又有能够招致祥瑞的资质；品行高尚而恩德深厚，头脑聪明而心地善良，爱护民众而尊重贤士，可称得上是仁义帝王了。但是，天地没有相应的表示，祥瑞没有出现，原因何在？主要在于没有推行道德教化，民众没有走上正路。民众追逐财利，就如同水流向低处一样，不用教化筑成堤坝，就不能阻止。古代英明的帝王深知此理，所以面南为王治理天下时，没有不把教化作为根本大事的。建立太学，以便在都城兴起教化；兴办学府，以便在地方城邑中教化民众。用仁德感化，用大义勉励，用礼仪节制，当时的刑罚很轻而没有人触犯法禁，其原因在于推行了教化而社会风俗很好。圣明的帝王继承乱世之道，首先要把它的一切残余全部扫除，还要推行教化，提高教化；教化已见明效，好的社会风俗已经形成，子孙后代沿袭不变，实行五六百年也不会衰败。"秦朝毁弃先代圣王的治国之道，实行不顾长远、只顾眼前的统治方法，所以立国仅有十四年就灭亡了。秦朝遗留下来的恶劣影响至今还没有清除，导致社会风俗浅薄恶劣，民众奸诈恶劣，抵触冒犯，殊死反抗，风俗竟然败坏到如此程度。我私下做了这样一个比喻：琴瑟声音不和谐，严重时必须解下旧弦，更换新弦，才可以弹奏；实施统治遇到了阻碍，严重时一定要加以改变，才能治理好国家。所以，自从汉朝得到天下以来，一直想治理好国家，但至今没有治理得好，其原因就在于应当实行改革的时候而没有实行改革。

“我听说，圣明的帝王治理天下，臣子年幼时就学习知识，成年后就给他官位以磨砺他的才能，颁给爵位俸禄以培养他的品德，实施刑罚以威慑他的罪恶念头。所以，民众才能通晓礼义，而以冲犯帝王为耻。周武王奉行天下大义，推翻了独夫民贼，周公制作了礼和乐来修饰周政；到了成王、康王的大治时期，没有人犯罪，监狱空虚长达四十多年。这也是教化的浸润和仁义的流布，而不只是伤残皮肉的刑罚的成效。到了秦朝，就不是这样了。

“秦朝尊奉申不害、商鞅的法令，实行韩非的学说，憎恶圣明帝王的治世之道，提倡贪求财利的风俗，只看虚名而不注重实际，做好事的人不一定能免受刑罚，而做坏事的人也不一定能受到惩罚。因此，百官都粉饰虚名假誉而不注重实际政务，表面上有侍奉帝王的礼仪，内心却有背叛帝王的念头，弄虚作假，追逐财利，毫无廉耻；所以遭受刑罚的人很多，死人相连，但是犯罪却没被制止，是风俗的影响造成了这样的状况。

“现在皇上统治全国，天下没有不服从的，但是却没有给民众带来功德，大概是由于您没有注意到这个问题吧。《曾子》一书说：‘尊重所听到的道理，他就算是高明了；实践所知道的知识，他就算是光大了。高明光大，不在于别的，就在于认真注意罢了。’希望皇上能依据所听到的道理，真诚地信奉它并把它推行开来，那么，您与圣明的三王就没有什么不同了！

“平常不引进和尊重贤才，而想要求得贤能之臣，就好像不雕琢玉石而想得到花纹美丽的玉器一样。所以，引进和尊重贤才的方法，莫过于兴建太学；太学，是贤才的来源，是推行教化的根本。现在，让一郡、一国的所有民众都来回答，而没有一个符合命令要求的人才，这说明上古圣王之道被灭绝了。我希望皇上兴建太学，设置学识渊博的老师，用来培养天下的贤才，经常考试，以便学生能全面表现自己的才能，就可以得到出类拔萃的人杰了。现在的郡守和县令，是民众的表率，其职责就在于上承仁德而向下传播教化；所以，如果这些表率人物无德无才，就会使帝王的仁德不能传播，恩泽不能流布。现在的官吏都不能教化民众，有的还不遵守朝廷的法度，残酷地虐待民众，与坏人勾结，贪求财利，民众贫困孤弱，冤屈痛苦，失去生业，十分不符合皇上的心意。因此，阴阳失调，乌烟瘴气弥漫，万物都不正常生长，百姓无法维持生计，这都是官吏不称职造成的后果！

“官吏大部分出自郎中、中郎、二千石官员的子弟，选任郎官又以家庭富于资财为条件，所选的人未必是贤能的人。而且，古代所说的‘功’，是按照任官政绩的好坏来区分大小，并不是指任职的累积时间。所以，本事小的人，即使是任职时间很长，也仍做小官，贤能的栋梁之材，即使是任职时间很短，也不妨做辅政大臣。所以，官吏们都尽心竭力，一心做好本职工作而建功立业。现在就不是这样了。累积时日就可以猎取富贵，任期长久就可以升官晋职，因此，廉洁与耻辱相互转化搀杂，贤能和不肖混淆，不能判明真伪。

“我认为，应让列侯、郡守、二千石官秩的官员，各自从所管理的官吏、民众中选择贤能的人，每年向朝廷选送二人，到宫中服务，而且可以用这种方法来观察大臣的才能高低；选送的人有贤德，就给以赏赐；选送的人不好，就给以惩罚。如果这样，所有二千石官员都会全力以赴地寻求贤人，天下的人杰都可以成为国家官员而为皇上效力了。把天下的贤人都吸收到朝廷中来，那么，三代圣王的功业不难于造就，而且尧舜的美名也可以企及。不要用任职时间长短来计算功劳，而以实际考察出来的贤能为上，根据各人才能大小给以不同的官职，核查品行的高低而确定不同的地位，就会使廉洁和耻辱、贤与不贤区别得很清楚了！

“我听说，积少成多，积小成大，所以古代的圣人，没有一个不是由默默无闻而变成美名远扬，由卑微而达到显赫。因此，尧起步于诸侯之位，舜兴起于深山之中，并不是一日之内突然显赫起来，应该说是逐渐达到的。言语是由自己说出来的，不能阻塞；行为是由自身做出来的，无法掩饰；言语和行为，是治理天下的重要内容，君子正凭借着它而感动天地。所以，能做好一切小事的人，才能成就大业，能注意一切细微的人，才能功德彰明。本身积累善德，就像人的身体长高时那样，每天都在增长，自己却不知道；本身积累恶行，就像灯火消耗灯油一样，自己也没有察觉。这正是唐尧虞舜成就美名而夏桀商纣令人悲悼戒惧的原因。

“快乐而不淫乱，反复行善而不厌倦，这就是‘道’。遵循其道行事，万世无弊害；只要有弊害产生，一定是因为没有按照其道行事，一定是因为执行先王之道有所偏废，所以政治昏乱，政令不行。补救的方法，就是运用王道中被偏废的部分去补救积弊罢了。三代圣王的治国之道，侧重点各有不同，并不是它们相互矛盾，它们都是为了医治社会积弊，只是由于各自面对的社会情况不同，才形成了治国之道的不同。所以孔子说：‘要说无为而治的人，应该是舜吧！’舜改换历法，改变衣服颜色，只是顺应天意罢了。其余一切都遵循尧的治国之道，何必更改呢？所以，圣明的帝王，有改变制度的名义，而没有改变治道的实际内容。然而，夏代推崇朴直，商代推崇恭敬，周代推崇礼仪，形成这种不同的原因，是因为它们要各自拯救前朝的缺失，必须使用各自不同的方法。

“孔子说：‘商代继承了夏代的制度，所废除的和增加的是可以知道的；周代继承了商代的制度，所废除的和增加的是可以知道的；若有人继承周代，就是过了一百代之后所实行的制度，也可以推测得出来。’这是说百代帝王所用的治国之道，也就是使用夏、商、周这三种了。夏代是继承了有虞氏的制度，而孔子唯独没有说到两者之间的增减，是因为两者的治国之道一致，而且所推崇的原则相同。道之所以精深博大，是因为它来源于天，只要天不变，道也就不会变。所以，夏禹继承虞舜，虞舜继承唐尧，三位圣王相互授受禅让天下，而遵循相同的治道，是因为其间不需要补救积弊。所以，孔子不说他们之间的增减。由此看来，继承一个大治的朝代，继起者实行与原来相同的治国之道；继承一个政治昏乱的朝代，继起者一定要改变治国之道。

"现在，汉朝是在大乱之后而建国的，似乎应该略为改变周代制度的过分强调礼仪，而提倡夏代的忠直之道。古代的天下，也就是现在的天下，同是这一个天下，为什么古代与现在相比，却会有那么大的差距？为什么败坏到如此程度？估计或许是因为没有遵循古代的治国之道吧，或许是因为违背了天理吧！

"天对万物也有一定的分配赐予：赐给利齿的动物不让它再长犄角，赐给双翅的鸟类只让它有两只脚，这是让已受大利的，不能再取得小利。古代那些接受俸禄的官员，不许靠气力谋食，不得经营工商末业，这也是既得大利就不能再取小利，与天的旨意是相同的。那些已得大利而又要夺取小利的人，连天都不能满足其贪欲，更何况人呢？这正是民众纷纷怨叹困苦不足的原因。那些达官显贵，身受朝廷荣宠而居高位，家庭富裕又享受丰厚俸禄，于是，凭借着既富又贵的资本和权势，在下面与平民民众去争利，民众比得上他们吗？民众逐日逐月地被削弱，逐渐陷入最穷困的底层。富贵的人奢侈成风挥金若土，穷困的人走投无路苦不聊生；民众没有感觉到活着有什么乐趣，怎么能避免犯罪呢？这正是刑罚繁多却不能制止犯罪的原因。

"天子的官员，是平民民众观察仿效的对象，是远方各民族从四面八方向中央观察仿效的对象；远近的人都观察和仿效他们，怎么可以身居贤人的高位却去做平民民众所做的事呢？急急忙忙地追求财利，经常害怕穷困，这是平民民众的心理状态；急急忙忙地追求仁义，经常害怕不能用仁义去感化民众，这是官员应有的意境。《易》说：'既背负着东西又乘车，招来了强盗抢劫。'乘坐车辆，这是君子的位置；身背肩担，这是小人的事情；《易》的这句话，是说居于君子尊位而去做平民民众的事情，这样的人，一定会招来祸患。如果居于君子之位，就应当为君子之行，为君子者当如公仪休，取大而舍小，如果废而不遵，则无所作为也。

"《春秋》推崇的天下一统，这是天地之间的永久原则，是古往今来的一致道义。现在，每个经师传授的道不同，每个人的论点各异，百家学说旨趣不同，因此，帝王也没有办法实现统一，法令制度多次变化，臣下不知道应该遵守什么。我认为，所有不属于儒家'六艺'范围之内，不符合孔子学说的学派，都应当禁绝其理论，不许它们与儒学并进，使邪恶不正的学说归于灭绝，这样做了，就能政令统一，法度明确，臣民就知道该遵循什么了！"

汉武帝刘彻很赞赏董仲舒的对答，任命他做江都国的相。

会稽人庄助也以贤良的身份参加了考试对答，汉武帝擢拔他担任中大夫。丞相卫绾向汉武帝上奏，说："举荐来的贤良，有研究申不害、韩非、苏秦、张仪的学说，扰乱国家政治的，请都予以遣返并废除其学说。”汉武帝批准了奏请。

董仲舒从小研究《春秋》。汉景帝刘启时做了博士官，上朝退朝的仪容举止，不做任何不合乎礼法的事，学者们都用尊师的礼节尊敬他。等到董仲舒做了江都国的相，侍奉江都易王刘非。易王刘非，是汉武帝的哥哥，历来骄横，好逞勇力。董仲舒用礼义来辅佐纠正他，易王也很敬重董仲舒。

（以上为第一段，写汉武帝刘彻雄才太回略，即位之始，就着手选拔治国人才，令大臣举荐贤良方正直言极谏之士，儒生董仲舒对“天人三策”，主张独尊儒术，得到汉武帝的充分肯定，任命他做江都国的国相。）

春季，二月，汉武帝颁布赦令。

朝廷发行三铢钱。

夏季，六月，丞相卫绾被免职。

六月初七丙寅，汉武帝刘彻任命魏其侯窦婴为丞相，任命武安侯田蚡为太尉。汉武帝一向看重儒术，窦婴、田蚡都喜好儒术，极力推荐代地人赵绾担任御史大夫，推荐兰陵人王臧担任郎中令。赵绾奏请兴建明堂，以接受诸侯王的朝见，并且向汉武帝推荐了他的老师申公。秋季，汉武帝派出使者带着表示礼聘的帛和玉璧，驾着安车驷马去迎接申公入朝。申公到了京城，拜见汉武帝。汉武帝询问关于国家治乱的事情，申公已是八十多岁的高龄，回答说：“治理天下的人，不以说得多为完善，只看努力实干得怎么样罢了。”这时，汉武帝正喜爱文辞，听到申公的对答，沉默不语。汉武帝虽然对申公的对答不满意，但既然已把他招来了，就任命他做了太中大夫，安顿他住在鲁王在京城的官邸中，商议有关兴建明堂、天子视察各地、改换历法和服色等事情。

这一年，内史宁成犯罪，被判处髡钳刑。

（以上为第二段，写汉武帝重视儒学，重用精通儒术之人；御史大夫赵绾奏请兴建明堂，以接受诸侯王的朝见；又迎接申公入朝，商议有关兴建明堂、天子视察各地、改换历法和服色等事情。）

汉武帝建元二年（壬寅，公元前 139 年）

冬季，十月，淮南王刘安来朝见汉武帝。汉武帝因为刘安从辈分来说是叔父，而且有很高的才能，很尊重他，每当安闲无事时，就召他来交谈，总是到黄昏后才停止。

刘安一直与武安侯田蚡友好，他来京朝见时，武安侯到霸上迎接他，告诉他说：“皇上没有太子，大王是高皇帝的亲孙子，广行仁义，天下人没有不知道的。假如皇帝突然去世，除了大王之外还有谁能继承帝位呢？”刘安闻言大喜，送给田蚡丰厚的金钱财物。

窦太皇太后喜好黄老学说，不喜欢儒家学说。赵绾奏请说："国家政务不要再向太后奏报。"窦太皇太后勃然大怒，说："他是想当第二个新垣平吧！"她暗中搜集到赵绾、王臧贪赃的证据，以此责备汉武帝用人不当。汉武帝就废止了兴建明堂的事情，赵绾等人主张的一切都被废止。赵绾、王臧被交付官吏处置，他们都自杀了。丞相窦婴、太尉田蚡被免职，申公也以有病为借口，辞职归家。

当初，汉景帝因为太子太傅石奋及其四个儿子，都有二千石的官秩，就总计他一门父子五人的官秩之和，称石奋为"万石君"。万石君没有文才学问，但恭敬谨慎没有人可以与他相比。子孙做小官，回来看望他，万石君必定身穿朝服以礼相见，不叫他们的名字。子孙有了过错，他不加以责备，而为此离开正室坐到厢屋中，对着桌子不吃饭；然后，儿子们互相批评，有过失的人通过长辈来求情，并且袒露上身前来请罪，表示一定要改正，石奋才答应他的要求而进餐。已经成年的子孙在身边，石奋即使闲居无事，也必定衣冠整齐。他主持丧事，表情极为悲痛。子孙遵循他的教导，都以孝顺谨慎闻名于各地。等到赵绾、王臧提倡经学却犯了罪，窦太后就认为儒生富于文采却欠缺质朴，现在万石君一家人不多说话却能身体力行，就任命他的大儿子石建担任郎中令，任命他的小儿子石庆担任内史。石建在汉武帝刘彻身边任职，发现了应该进谏的事情，让人回避之后，对汉武帝尽情诉说，十分尖锐。到了朝廷上与百官朝见汉武帝时，石建却像一个不善言谈的人。汉武帝因此很亲近他。石庆曾担任太仆，为汉武帝驾车外出，汉武帝问有几匹马拉车，石庆举起马鞭一一点数马匹后，举起手来回答说："有六匹马。"石庆在石奋的儿子中是最为随便的，做事还如此恭敬谨慎。

窦婴、田蚡被罢免之后，以列侯的身份赋闲在家中。田蚡虽然不担任官职，但因与王太后是同母弟的关系，仍得到皇帝的亲近宠信，多次议论国事，大多被采纳；趋炎附势的士人和官吏，都离开了窦婴而归附田蚡，田蚡一天比一天骄横起来。

（以上为第三段，写太皇太后窦氏干预朝政，她喜好黄老学说，不喜欢儒家学说，暗中查找御史大夫赵绾、郎中令王臧的贪赃证据，双双被下狱而被逼自杀；罢免了丞相窦婴、太尉田蚡的官职，朝政一切照旧。）

春季，二月初一丙戌朔，出现日食。

三月初四乙未，汉武帝刘彻任命太常、柏至侯许昌担任丞相。

当初，汉武帝的姑姑馆陶公主刘嫖下嫁给堂邑侯陈午，汉武帝能得以立为太子，馆陶公主是发挥了很大作用的；公主把她的女儿嫁给太子做正妃，等到汉武帝即位称帝，就做了皇后。窦太主即馆陶公主刘嫖，自恃立汉武帝有功，无休无止地请求赏赐、干预国政，汉武帝对她很不满。陈皇后骄横嫉妒，独占君宠，却没有生育孩子，给医生的费用合计九千万，想求得生下儿子，但是终究没有生育；汉武帝对陈皇后的宠爱渐渐衰退。皇太后对汉武帝说："你刚刚当上皇帝，大臣还没有归附你，就先兴建明堂，太皇太后已经很恼怒了；现在又得罪了窦太主，必定会受到重责。妇人的性情是容易高兴的，你应该慎之又慎！"汉武帝于是就对窦太主、陈皇后母女俩又稍稍以恩礼相待。

汉武帝到霸上举行祓除仪式，返宫途中，去看望他的姐姐平阳公主，看中了平阳公主府中的歌女卫子夫。卫子夫的母亲卫媪，是平阳公主家的奴婢；平阳公主就把卫子夫送入宫中，卫子夫日益受到汉武帝的宠幸。陈皇后得知，极为恼怒，好几次几乎给气死，汉武帝对陈皇后更为恼怒。

卫子夫的同母异父弟卫青的父亲郑季，本来是平阳县的县吏，去平阳侯家中供职当差，和卫媪私通而生了卫青，让他冒充姓卫。卫青长大了，在平阳侯家中当骑奴。大长公主刘嫖抓住卫青囚禁起来，想杀掉他，卫青的好友骑郎公孙敖和勇士把他给抢了回来。汉武帝得知此事，就召见卫青并任命他为建章宫的宫监，还给他侍中的官衔，几天之内给卫青高达上千金的赏赐。不久，汉武帝立卫子夫为夫人，任命卫青为太中大夫。

夏季，四月，夜间出现了一颗光亮如同太阳的异星。

开始设立茂陵邑。

当时，朝廷大臣的议论中多对晁错提出削藩之策被杀而表示冤枉，一心摧残和抑制诸侯王，经常弹劾揭露诸侯王的过失和罪恶，甚至达到吹毛求疵的程度，用鞭笞刑罚威逼诸侯王的臣子屈服，迫使他们证明诸侯王有过失和罪恶，诸侯王没有一个不为此而悲愁怨恨。

（以上为第四段，写陈皇后没有生育能力，其母亲窦太主刘嫖又自恃立汉武帝有功，无休无止地请求赏赐，干预国政，汉武帝因而疏远陈皇后，一日在姐姐平阳公主家，看中了卫子夫，纳入宫中，立为夫人。）

汉武帝建元三年（癸卯，公元前 138 年）

冬季，十月，代王刘登、长沙王刘发、中山王刘胜、济川王刘明来京朝见汉武帝。汉武帝设酒宴款待，刘胜在席间听到音乐声就哭了起来。汉武帝问他为什么哭，刘胜回答说："悲伤的人听不得抽噎的声音，忧愁的人听不得叹息的声音。现在我心中积压了许多忧伤，每当听到幽妙精微的音乐，不知不觉地就会涕泪横流。我有幸得到朝廷重用，受封为东方的藩臣，从亲属关系说来，又是皇上的哥哥。现在朝廷群臣与皇上之间没有血缘亲情，没有承担国家的任何重任，却结成友党发出偏私的议论，相互勾结，使宗室皇族受到打击和排斥，骨肉亲情冰雪般融化，我私下为此而悲伤！"他就把官吏侵夺欺凌诸侯王的事情，一一向汉武帝奏报。于是，汉武帝就增加诸侯的礼遇，废止了有关官吏检举诸侯王不法行为的文书，对诸侯王施行优待亲属的恩惠。

黄河在平原郡泛滥成灾。

汉朝发生了大饥荒，人吃人。

秋季，七月，西北天空中出现了一颗异星。

济川王刘明因杀死中傅而犯罪，被废去王位，流放到房陵县。

七国叛乱失败时，吴王刘濞的儿子刘驹逃亡到闽越，怨恨东瓯诱杀了他的父亲，经常怂恿闽越进攻东瓯。闽越王听从了刘驹的意见，发兵包围了东瓯都城，东瓯王派人向汉朝告急求援。汉武帝征询田蚡的意见，田蚡回答说："越人相互攻击，本来就是常有的事；又多次叛服不定，从秦朝时就被放弃了，不属于中原，不值得烦劳中原朝廷去援救他们。"庄助说："现在只怕力量小不能前去援救，朝廷德薄不能保护他们；假如能做到这些，为什么要抛弃他们呢？况且，秦朝连整个都城咸阳都抛弃，何止是抛弃了越人呢？现在，东瓯这样的小国因走投无路来向朝廷告急，如果皇上不去救援，他们还能去何处求援告急呢？皇上又怎么能使天下万国臣服呢？"汉武帝说："太尉的见识，不值得我和他商议国家大事。我刚即位，不想用虎符征发郡国的军队去打仗。"于是，派庄助持皇帝的符节去征发会稽郡的军队。会稽郡的郡守本想依据不见虎符不得发兵的法令，不给庄助征发军队，庄助杀了一位司马官，把汉武帝的意思告知郡守，于是，发兵渡海前来援救东瓯。汉军尚未达到，闽越就领兵撤走了。东瓯请求全国人内迁中原归顺朝廷，得到朝廷批准之后，东瓯王领着所有部众迁来，他们被安置在长江和淮河之间。

（以上为第五段，写汉武帝听从中山王刘胜的意见，对诸侯王施行优待亲属的恩惠；听从庄助的意见，派庄助持节征发会稽郡军队，渡海前去救援东瓯，东瓯举国内迁，被安置在长江和淮河之间。）

九月三十日丙子晦，出现日食。

汉武帝从刚即位开始，就招录选拔博学有才智的人，予以破格重用。天下士人很多人向朝廷上书议论国家政事的得失，自我标榜和自我推荐的人数以千计，汉武帝从中选拔杰出的人才给以宠信重用。庄助第一个被提拔，以后又招致了吴人朱买臣、赵人吾丘寿王、蜀人司马相如、平原人东方朔、吴人枚皋、济南人终军等，都成了汉武帝的左右亲信，汉武帝经常命令他们与朝廷大臣辩论，中朝官与外朝官用义理文辞相互驳难，外朝大臣多次被驳得无法对答。但是，司马相如只是以擅长辞赋写作而得到汉武帝宠幸；东方朔、枚皋的论点没有根据，喜欢幽默嘲讽，汉武帝仅把他们视作演戏的艺人收养，虽然经常赏赐财物，终究不把国事朝政委托他们处理。东方朔同样对汉武帝察言观色，经常利用时机直言进谏，对朝政发挥了一定补益作用。

这一年，汉武帝开始改换装束暗中离宫外出，向北走到池阳县，向西走到黄山宫，向南到长杨宫打猎，向东去宜春宫游乐。汉武帝与能骑马射箭的左右亲随相约在殿门前集会，经常在夜时出宫，自称平阳侯；黎明时，到达终南山脚下，射杀鹿、野猪、狐狸、野兔等动物，策马践踏农田庄稼，民众都大声怒骂。鄠县和杜县的县令想要收捕这批人，这批人拿了天子专用的物品为证，才得以脱身。

又有一次，汉武帝等人曾在夜时到达柏谷，去旅店投宿，向旅店的主人要酒，主人说："没有酒，只有尿！"而且，旅店的主人怀疑汉武帝一行人是强盗，召集了一些青年后生准备收拾他们。店主的妻子见到汉武帝的体态容貌，觉得不同寻常，就劝阻丈夫说："来客不是普通人，而且他们已有准备，不能图谋收拾他们。"丈夫不听她的劝告，她就让丈夫喝酒，等他喝醉了之后就把他捆绑起来。召集来的青年后生都走了，店主的妻子就杀鸡做饭招待客人。第二天，汉武帝返回宫中，召见那位妇人，赏赐千金，任命她的丈夫做羽林郎。后来，汉武帝就为外出巡游设立了秘密的更衣休息的地方，从宣曲宫向南共设了十二处，夜间投宿在长杨宫、五柞宫等宫殿。

汉武帝因为道路遥远，身体劳苦，又给民众带来祸患，就派太中大夫吾丘寿王把阿城以南、周至以东及宜春以西这一区域的全部土地及其价格，统计登记，准备把它修建成上林苑，连接到终南山。汉武帝又下令中尉、左右内史，上报所属各县的荒田数量，准备给鄠县和杜县的民众作为补偿。吾丘寿王办理完毕回来报告，汉武帝很高兴，连声称赞。

当时，东方朔正在汉武帝身边，提出批评意见，说："终南山是国家的天然屏障。汉朝建国，离开了三河之地，在霸水、浐水之西，泾河、渭河之南建立都城，这就是所谓的天下像大海一般富饶的陆上之地，秦朝凭借着它降服西戎，兼并崤山以东的地区。这一带山中出产玉、石、金、银、铜、铁、优质木材，各种手工业用它们做原料，民众靠它们维持生活。又盛产粳、稻、梨、栗、桑、麻、竹箭等物品，土地适宜于种植生姜和芋头，水中有许多青蛙和鱼类，贫穷的人可以人人温饱，不必担忧受饥寒之苦；所以丰水与镐水之间，号称肥沃之地，每亩土地价值一斤黄金。现在将这片土地划为上林苑，断绝了池沼湖泽的财利来源，夺取了民众的肥沃土地，对上减少了国家财政费用的来源，对下破坏了农桑生产，这是不应该这样做的第一个理由。荆棘之林得以蔓延，扩大狐狸、野兔、虎、狼的活动范围，破坏民众的坟墓，拆毁民众的房屋，使幼童怀恋故土而忧愁，老人痛哭流涕而悲伤，这是不应该这样做的第二个理由。开拓并营建上林苑，周围筑墙作为禁苑，策马东西奔驰，驱车南北追逐，其中有深沟大河，为追求一天射猎的乐趣，不值得尊贵无比的天子去涉险犯难，这是不应该这样做的第三个理由。当年商纣王兴建了内有九市的宫殿导致诸侯背叛，楚灵王筑起章华台而导致楚国民众四散逃走，秦始皇兴造阿房宫而导致天下大乱。我只是卑贱愚笨的臣仆，竟然冒犯皇上的旨意，真是罪该万死！”汉武帝就任命东方朔为太中大夫，并授以给事中的官衔，赐给他一百斤黄金以示奖励。但是，汉武帝仍然按照吾丘寿王所奏报的规模兴建了上林苑。

汉武帝又喜欢亲自击杀熊和野猪，策马追捕野兽。司马相如上疏劝谏说：“我听说，有的东西类型相同而才能不同，所以力量大数得着乌获，行动敏捷要说庆忌，勇猛无敌应归于孟贲和夏育。依照我的想法，人确实有这样的情形，野兽也是这样。现在皇上喜爱攀登险要的地方，射杀猛兽，万一突然遇到力大凶猛的野兽，它在无路可逃的绝境，拼死冒犯皇上的随从车辆，皇上的车辆来不及调转方向，人来不及施展应变的巧计，即便是有乌获、逄蒙的超群技艺，也来不及使用，那么枯树朽木也会成为祸害了。这种情况，相当于胡人和越人突然出现在京城，而羌人和夷人接近了皇上的车辆，怎么能不危险万分呢？即便是万无一失而没有祸害，然而这种环境本来就不是皇上应该接近的啊！更何况，皇上人都要在清道戒严之后才出发，车辆要在道路的正中间奔驰，即便如此谨慎，还经常遇到控驭马匹的铁勒折断，或是车轮脱出等意外变故，更何况穿过茂密的荒草，驰过丘陵废墟，前面有即将捕获猎物的诱惑，而心中没有预防意外的准备，野兽要对皇上形成危害，恐怕是不可避免的了。看轻皇帝的万乘尊位，不注意自身的安全，反则乐于行进在潜伏着危险的道路上寻求刺激和娱乐，我私下觉得皇上不该如此。大概聪明的人能预见到尚未萌芽的问题，有智慧的人能提前避开还没有完全形成的灾祸，灾祸本来大多隐藏在不易被察觉的细微之处，而发生在容易被人忽略的环节上。所以俗语说：‘家中积累有千金的家产，就不能坐在堂屋的边缘。’这句话虽然说的是小事，却可以比喻大事。”汉武帝认为他说得很好。

（以上为第六段，写汉武帝刘彻招选博学多才的人，予以破格重用，得到了一大批人才；同时，汉武帝年少轻狂，经常夜间出猎，又建造上林苑，东方朔、司马相如等谏阻，汉武帝称善而依旧我行我素。）

汉武帝建元四年（甲辰，公元前 137 年）

夏季，刮起了一场血红色的风。

六月，出现旱灾。

秋季，九月，东北天空出现了异星。

这一年，南越王赵佗死，他的孙子文王赵胡继承了王号。

汉武帝建元五年（乙巳，公元前 136 年）

春季，朝廷宣布停止使用三铢钱，发行半两钱。

汉朝廷设立五经博士。

夏季，五月，汉朝发生严重的蝗灾。

秋季，八月，广川惠王刘越、清河哀王刘乘去世，没有后代，他们的封国被废除。

（以上为第七段，写自然灾害和星象异常情况。在政事上，记载了停止使用三铢钱，发行半两钱；广川、清河的封国被废除等。）

汉武帝建元六年（丙午，公元前 135 年）

春季，二月初三乙未，辽东郡的高祖庙发生火灾。

夏季，四月二十一日壬子，高祖陵寝中的偏殿发生火灾，汉武帝刘彻因此穿戴了五天的白色冠服，以示请罪。

五月二十六日丁亥，太皇太后窦氏去世。

六月初三癸巳，丞相许昌被免职，武安侯田蚡任丞相。田蚡骄横奢侈，修建的住宅比所有官员的住宅都要豪华，占有的田园最肥沃；从各郡各县购买的物品，在道路上络绎不绝；大量接受各地的贿赂；他家的金玉、美女、狗马、歌妓舞女、古董器物，多得数不过来。田蚡每次进宫奏报政务，坐在那儿对着汉武帝一说就是大半天，所说的都被汉武帝所采纳；他推荐的人，有的从平民直接做到了二千石的高官，侵夺了皇帝的权力。汉武帝不满地说："您任命的官吏，任命完了没有？我也想任命官吏了。"田蚡曾经请求把考工官府的土地拨给他，以便扩建住宅，汉武帝愤怒地说："您为什么不干脆把武库要过去！"从此以后，田蚡的气焰才稍微收敛了一些。

秋季，八月，东方天空出现了异星，长尾横扫天空。

闽越王郢发兵进攻南越国的边境城邑，南越王赵胡遵守汉武帝刘彻的约定，不敢擅自发兵，派人向汉武帝上书告急。因此，汉武帝很赞赏南越王的忠义，调集大批军队前去援救南越，派大行王恢率军从豫章郡出发，派大农令韩安国率军从会稽郡出发，合力进攻闽越。

淮南王刘安上书劝阻说："皇上统治天下，推行德政普施恩惠，天下太平，每个人都专心地从事自己的产业，自认为一生不会见到战争。现在听说有关官员将要率兵去进攻闽越，我刘安私下替皇上感到担忧。

"越人生活在中原之外的土地上，是剪断头发、在身上刺刻花纹的野蛮人，不能用礼义之邦的法度进行治理。早在当年夏商周三代最强盛的时期，胡人和越人都不受中原的统治，并不是三代王朝的国势不能征服他们，也不是三代王朝的军威不能克制他们，而是因为三代王朝认为越人的土地无法居住，越人野蛮无法统治，不值得烦劳中原王朝。自从汉朝初定天下以来，七十二年间，越人自相攻击的事件，数都数不过来，但是天子从来没有发兵进入越人居住的区域。

"我听说，越人没有城池村庄，而生活在山谷溪流之间、丛林密竹之中，习惯于水上战斗，擅长划船行舟，地形复杂，草木丛生，而且有许多河流险阻；中原地区的人不了解当地的地势险阻而进入其境内，即使一百个人也抵不过一个越人。占领了他们的土地，无法设置郡县进行统治，进攻他们，又不能迅速取胜。从地图上看，越地的山川河流、屯兵要塞相距在地图上只有几寸的地方，而实际距离却有几百里、几千里。险阻、丛林无法一一标注在地图上，看起来容易，做起来很难。国家依赖祖宗神灵的保佑，全境安宁，白发苍苍的老人没有见过兵器甲仗，民众得以夫妻相互厮守，父子相互保养，这都是皇上的恩德。越人名义上是国家的藩属国，实际上不向朝廷缴纳任何贡品和酎金，不承担朝廷一兵一卒的徭役差遣；他们自相攻击，皇上却派兵援救，这是反过来为了野蛮人而使中原遭受疲劳困苦啊！况且越人愚笨鄙薄，违背盟约，反复无常，他们不遵守朝廷的法度，并不是一天一日如此，而是由来已久。如果越人一不奉行皇帝命令，就发兵进攻他们，我恐怕以后的战争没有停止的时候了。

"最近，连续几年收成不好，民众要靠出卖爵位、让儿子充当赘婿换回钱财维持生活。仰赖皇上的恩德救济民众，民众才得以没有饿死在流亡途中；前年歉收，去年又闹蝗灾，民众的生活没有恢复正常。现在调兵远征数千里之外，应征的人，自带衣物粮食，进入越人居住地区，抬着轿子翻越山岭，拉着船在水中跋涉，远行数百里甚至上千里，河的两岸是繁密的树林和丛生的乱竹，船在河中上下行走，经常撞在石头上；树林中有许多蝮蛇、猛兽，夏季炎热之时，上吐下泻以及霍乱等瘟疫接连不断，不必等到交战，死伤的人必定就很多了。

"前些时期南海王反叛，皇上已去世的臣子、我的先父派遣将军间忌率军进攻他们，南海王率领他的军队归降，就把他们安置在上淦地区。后来他们再次叛乱，正是暑热多雨季节，前来平叛的楼船水军将士长期居住在水面上，还要划桨行船，有一大半的人还没有交战就死于疾病；年迈的父母流泪，幼小的孤儿哭号，变卖所有的家财产业，到千里之外，去接亲人的尸体，肉已不存，只好包裹骸骨返乡。那种悲痛哀伤的气氛，持续几年没有消失，老人们至今记忆犹新，当时还没有进入越人的居住地区，就造成了如此巨大的祸害。

"皇上的仁德如同天地一样广大，英明如同日月高照，恩惠施加到禽兽和草木，如果有一个人身受饥寒没有安享天年而死，皇上就为此而心中凄惨悲伤。现在，境内没有任何不安的现象，连犬吠的惊吓都没有，却使皇上的士兵丧生，尸身暴露原野，鲜血浸染山谷。边境的民众因此在下午早早关闭城门，上午很晚才敢打开城门，这样，每天早上还要为晚上能否平安无事而担忧，我刘安私下替皇上觉得此事应该三思而行。

"不熟悉南方地形的人，大多认为越人由于人多兵强，所以能攻扰边境城邑。当年淮南国领有它的全部封地的时候，大量任命边境的官吏，我私下听说，越人与中原人不同。有高山为界，行人绝迹，车道不通，这是天地用来限隔中原和边外的自然屏障。越人要进入中原地区，一定要沿着岭水顺流而下，岭水流经的地区山势险峻，水势湍急，能冲走巨石，撞毁船只，不能用大船运载粮食顺流而下。越人要想图谋进犯，一定先要在余干县境内开垦土地，积蓄粮食，然后才进入境内，砍伐树木，修造船只。边境防守戒备如果很谨慎、很警惕，越人有进入境内砍伐树木的，就收捕他们，烧毁聚积的木材。这样，即使是越族诸多部落前来进犯，又能对边境城邑构成什么威胁呢？况且，越人身单力薄，不能在陆地作战，又没有战车、骑兵、弓弩等军事装备。然而，汉军却不能进入越地，占领固守其险要，原因就在于越人据守险要的地势，而中原的将士又不服当地水土。

“我听说，越人的士兵不少于数十万人，要想进占越地，必须有五倍的兵力才够，其中还不包括拉车运输粮饷的后勤部队。南方炎热潮湿，临近夏季容易流行瘟疫，出征的将士暴露在外，生活在水乡，蝮蛇繁衍为害，疾病频繁发作，兵器还没有见血，就会有十分之二三的将士死于疾病，这样，即便是把越国人全部俘虏了，也不足以补偿汉军所受到的损失。

“我听到了这样的传言：闽越王的弟弟甲杀了闽越王，甲也因此被杀，越国部众没有首领统辖。皇上如果想招越人归顺，把他们迁往中原安置，可以派重臣前去慰问，施加仁德，给予奖赏，以便招他们前来归顺。这些越人一定会扶老携幼来归顺圣明有德的天子。假如皇上没有什么地方用得着这些越人，就延续越人已断绝的世系，保存越人已灭亡的国家，封立越人的王侯，用这种方法来畜养越人，这些越人一定会送来人质，作为朝廷的藩属臣子，世世代代缴纳贡品和赋税。皇上仅用一寸见方的印章、一丈二尺长的印绶，就能镇抚境外地区，不出一兵一卒，不损坏一支长戟，而产生威德并行的效果。

“现在，用兵进占越地，越人一定震惊恐惧，以为将军们要把他们斩尽杀绝，必定会像野鸡野兔那样逃跑，进入山林险阻地区。汉军如果撤走，越人就重新结集；汉军如果留守越地，长年累月，就会使将士们疲倦困苦，缺乏粮食，民众因军事行动而受困苦，就一定会出现盗贼。

“我听老人们说：秦朝统治时期，曾派郡都尉屠睢率兵进攻越人，又派一位名叫禄的监郡御史指挥开凿河渠，打通道路，越人逃入深山丛林之中，秦军无法进攻；留下军队驻守无人居住的空地，旷日持久，士兵困苦疲倦，越人出山袭击，秦军大败，这才调集罪犯充军用来防御越人。在那个时候，境内外动荡不安，民众都无法正常生活，结伴逃亡，聚集成了盗贼，于是崤山以东的大规模变乱开始出现。战争是凶险的事情，一方出现了危险的局面，四面都会惊动。我担心变乱的产生，奸邪的出现，都从进攻越人而开始。

“我听说，天子的军队只有攻打，而没有真正的战争，这是说没有人敢于较量，假如越人怀着侥幸心理迎战领兵将领的先锋部队，哪怕是只有一个砍柴驾车之类的卑贱士兵趁着不备逃走了，即便是汉军得到了越王的头颅，我还是要私下为大汉朝廷而感到羞耻。皇上把四海之内广大区域作为疆域，所有生活在其中的民众，都是皇上的男女奴仆。皇上降下德政恩惠，用来养育民众，使他们安居乐业，就会使皇上的恩惠德泽普盖于万世，把它传给子孙后代，推行到永无终止的将来，国家的安宁，就如同泰山而又增加了四面维系的绳索一样稳定；夷狄的土地，还不够天子一天的游乐，怎么值得为它而兴师动众呢？《诗经》说：‘大王仁德满天下，徐方部族自归顺。’这是说王道光明正大，远方的部族都很仰慕。我刘安私下认为，恐怕将官们的率军攻越，出动十万之师，而只起到一介使臣的作用啊！”

（以上为第八段，写武安侯田蚡仗着自己是汉武帝刘彻的舅舅，为所欲为，专权干政；闽越王郢发兵进攻南越国的边境城邑，汉武帝调集大批军队前去援救，派兵合力进攻闽越，淮南王刘安上书予以劝阻。）

这时，汉军已经出发，尚未越过阳山岭，闽越王郢发兵据守险要进行抵御。他的弟弟余善就和相、宗族、贵族商量说：“国王因为擅自发兵攻打南越，没有向汉朝请示，所以汉朝派军队来攻打问罪。汉军人多而且实力强大，即使一时侥幸战胜他们，后面来的军队会更多，直到我们的国家被灭亡才能罢休。现在，我们杀了国王而向汉朝请罪，如果汉朝同意我们的要求则撤回汉军，自然会保全我们闽越全境；如果汉朝拒绝我们，我们就拼死与汉军作战；不能取胜，就逃亡到海上。”大家都说：“好！”当即用短矛刺杀了闽越王郢，派使臣带着他的头颅送给了大行王恢。

大行王恢说：“汉军到来的目的，就是要杀掉闽越王郢。现在你们送来了闽越王郢的人头，又向朝廷请罪；不经过战争，闽越王郢就死了，没有比这更好的事情了！”王恢就随机应变，停止进兵，把此事告知大农令韩安国所率领的军队，并派使者带着闽越王郢的人头迅速入京报告汉武帝刘彻。汉武帝下令撤回两位将军统率的军队，还说：“闽越王郢等人是罪魁，唯独无诸的孙子繇君丑没有参与阴谋。”汉武帝就派中郎将封立丑做越繇王，主持对闽越祖先的祭祀。

余善杀了郢之后，在闽越很有威望，国中民众大多拥护他，他就自行称王，繇王丑无力制止他。汉武帝得知，认为为了余善不值得再次出动大军，就说：“余善多次和郢策划叛乱，但后来能带头杀了郢，使朝廷大军免受劳苦。”于是，汉武帝就封余善为东越王，与繇王并存。

汉武帝派庄助向南越王说明朝廷的意旨。南越王赵胡磕头说：“天子竟为了我而兴兵攻打闽越，我纵然身死也无法报答朝廷的大恩大德！”他就派遣太子婴齐入京充当皇帝的警卫，还对庄助说：“我的封国刚刚受到进犯，请使臣先行一步，我赵胡正日夜收拾行装，很快就入京朝见天子。”庄助返京途中，路过淮南国，汉武帝又让庄助向淮南王刘安说明攻打闽越的用意，赞许刘安上书朝廷的好意，刘安表示自己没有皇帝那样的远见，表示谢罪。

庄助离开南越之后，南越国的大臣们都劝阻国王说："汉朝发兵远征，杀掉闽越王郢，也是以此震惊南越国。况且，先王当初说：'侍奉天子只求不失大礼就成了。'总之，不能因为喜欢汉朝使臣的甜言蜜语，就进京去朝见天子，您真的去了，就不能返回来了，这是亡国的情势啊！"因此，赵胡就自称有病，终于没有来朝见汉武帝刘彻。

（以上为第九段，写汉武帝发兵攻打闽越，救援南越，闽越王的弟弟余善杀掉闽越王，向汉军谢罪；汉军见好就收，撤兵回国；汉武帝封无诸的孙子繇君丑为越繇王，又封余善为东越王，两王并存。）

这一年，任命韩安国担任御史大夫。

东海太守、濮阳县人汲黯担任主爵都尉。当初，汲黯担任谒者，因他为人威严而被大家敬畏。东越部族相互攻击，汉武帝派汲黯前去巡视。他没有达到东越，仅走到吴地就回来了，向汉武帝报告说："越人自相攻击，本来他们的习俗就是如此，不值得为此折辱天子的使臣。"河内郡失火，火势蔓延，烧毁了一千多家民房，汉武帝派汲黯前去视察，汲黯返回后报告说："平民不慎失火，因为房屋毗连而蔓延燃烧起来，不值得皇上忧虑。我经过河南郡，见河南郡的贫民遭受洪水干旱灾害磨难的有一万多家，有的甚至于到了父子相食的悲惨境地，我谨借出使的机会，用皇上的符节，命令发放河南官仓积粮以救济贫民。我请求归还符节，甘愿领受假托天子命令的惩罚。"汉武帝很赏识他，就赦免了他的罪过。

汲黯在东海郡时，整肃官吏，治理民众，喜好清静无为，谨慎地选择郡丞和各曹掾史，然后放手任用，他只关注大事，不苛求细枝末节。他身体多病，躺在内室中不出门，过了一年多，东海郡治理得很好，民众交口称赞汲黯。汉武帝听到了，召汲黯入朝，担任主爵都尉，地位与九卿相同。他处理政务，主张清静无为，从大的方向引导，不拘泥法令条文。

汲黯为人，性情倨傲，缺少礼数，当面使人难堪，不能容忍别人的过失。当时汉武帝刘彻正招揽文学之士和儒家学者，汉武帝说："我想要怎样怎样。"汲黯应声回答说："皇上心中藏着许多欲望，而表面上却做出施行仁义的样子，怎么可能效法唐尧虞舜，取得那样的治绩呢？"汉武帝沉默不语，接着，勃然大怒，脸色很难看地宣布结束朝会。公卿大臣都替汲黯担忧。汉武帝退朝回到内宫，对左右侍从说："汲黯的愚笨刚直也太过分了！"群臣中有人批评汲黯。汲黯说："天子设立公卿等辅佐大臣，难道是让他们阿谀奉承，使帝王陷入不仁不义的境地吗？况且，我既然已经处在公卿的位置上，如果只想顾全自身性命，那就会使朝廷蒙受耻辱，那怎么得了！"

汲黯身体多病，病假将要接近三个月的限期了，汉武帝多次特许延长他休病假的时间，还是没有痊愈。最后病重时，庄助替他请假。汉武帝说："汲黯这个人怎么样呢？"庄助说："让汲黯任职当官，没有什么超越常人的才能；但要说到让他辅佐年幼的帝王，会坚定不移地维护祖先基业，利诱不动心，驱赶不离去，即使有人自认为像孟贲、夏育那样勇猛无敌，也无法改变他的耿耿忠心！"汉武帝说："说得对。古时有所谓的社稷之臣，说到汲黯，就很接近了！"

匈奴前来请求和亲结好，汉武帝刘彻让群臣讨论。大行王恢，是燕地人，熟悉匈奴情况，他提议说："汉与匈奴和亲，大概不过几年，他们就又背弃盟约；不如不同意和亲的要求，发兵攻打匈奴。"韩安国说："匈奴经常迁移，如同飞鸟一样，很难制服他们，自上古以来，都不把他们看作人类，现在如果汉军远征千里之外与匈奴争强斗胜，就会人马疲惫，敌人以逸待劳，这是很危险的。不如与匈奴和亲。"群臣参加议论的，大多附和韩安国的意见。因此，汉武帝允许与匈奴和亲。

（以上为第十段，写汉武帝刘彻任命韩安国为御史大夫；任命汲黯为主爵都尉。汲黯性情刚直，处理政务，主张清静无为；匈奴前来请求和亲结好，韩安国主张和亲，予以采纳。）

汉武帝元光元年（丁未，公元前 134 年）

冬季，十一月，汉武帝刘彻首次命令各郡国各自察举孝廉一人，这是采纳了董仲舒的建议而采取的措施。

卫尉李广担任骁骑将军，驻守云中郡；中尉程不识担任车骑将军，驻守雁门郡。六月，朝廷免去他们二人的军事职务。李广和程不识都以边境郡守的身份指挥军队，当时很有名气。李广指挥行军没有固定编制和行列阵势，选择水草丰美的地方驻扎下来，人人自便，夜间也不派设巡更士兵敲打着刁斗警卫营盘，军中指挥部的文书简单便宜，但是，也远远地派出监视敌军的侦察哨兵，军营未曾遭到袭击。程不识则整肃军事编制，讲究队列和布阵安营，夜间敲刁斗巡逻，军中官佐处理军队文书一直忙到天明，军队不能随意休息，然而也没有遇到危险。程不识说："李广的军队很简单便宜，但是，如果敌人突然袭击它，就没有办法抵御；而李广的士兵也很自在，都心甘情愿地为他拼力死战。我的军队虽然军务烦扰，但敌人也不能侵犯我。"但是，匈奴人更害怕李广的谋略，汉军士兵也多数愿意跟随李广作战，而苦于跟随程不识。

臣司马光评论说：《易经》说："军队行军打仗要有严明的纪律，没有严明的纪律就会凶险。"这是说统领大军而不用法纪来控驭，没有不凶险的。李广统领军队，使人人自便。凭李广的奇才，这样是可以的。但是，不能把他的方法引为楷模来效法。为什么呢？谁要继续沿用这一方法却很难，更何况与李广同时做将领的人呢！说到普通人的本来性情，都喜好安逸，而不知道接近祸害的危险，那些士兵们既然认为程不识治军严苛烦扰，而愿意跟随李广作战，势必将要仇视他们的长官而不服从指挥。这样说来，指挥军队简单便宜的危害，就不仅仅是李广的军队无法防御敌人突然袭击之一点了！所以说“军队的事情要始终严格”，统领军队，也就是严格而已。如果这样的话，仿效程不识用兵，即便是打不了胜仗，还可以保证不失败；如果学习李广的方法，很少能避免全军覆灭的结局啊！

夏季，四月，汉武帝刘彻宣布大赦天下。

五月，下令察举贤良、文学，汉武帝刘彻亲自出题考试。

秋季，七月二十九日癸未，出现日食。

（以上为第十一段，写汉武帝刘彻采纳董仲舒建议，下令各郡国察举孝廉；又下令察举贤良文学；免去李广、程不识的军事职务。李广治军偏宽，士兵多数愿意跟随李广作战。）

【点评】

董仲舒论。董仲舒，是汉代的大儒家，他的学问，被称为“新儒学”，意义十分重大，影响十分深远。

汉武帝崇尚儒家学说，即位之后，就通过贤良方正的科目招纳贤士，并亲自策问，称为“贤良对策”。董仲舒应运而出，对《天人三策》，系统地提出了“大一统”的学说和“诸不在六艺之科、孔子之术者，皆绝其道，勿使并进”的“罢黜百家，独尊儒术”的主张，为汉武帝所欣赏和采纳，使儒学成为治理国家的主导思想，影响中国长达两千多年。

首先，董仲舒是汉兴以来的真儒士，倡导的是“真儒学”。汉代儒学，是在继承先秦时期孔孟学说的基础上，吸收其他各家的思想精华，建立的一个具有神学倾向的新儒学体系，称为“新儒学”，其突出的内容，就是主张以仁政作为约束统治者的道德规范，缓解各方面的矛盾；主张强化中央集权，削弱割据势力；主张儒法结合，以德为主，以刑为辅，重视道德教化，实行“逆取顺守”的治国方略，也可以称之为“治国之学”。简括为一句话就是主张“大一统”和“三纲五常”。董仲舒，就是汉代“新儒学”的杰出代表，他具有儒学的真学问，追求儒学的真精神，将儒学的真精神发扬光大，虽有功利，但不是唯功利是图，是汉代新儒学的开创者，因而被称为汉代的“君子儒”。当然，汉代也有“利禄儒”，则是以追求儒学精神为幌子，甚至丢弃儒学的真精神，善于伪装、乔装自己，“缘饰以儒术”，以儒学为标签，以追求利禄为目标。而公孙弘，就是这一类的代表。对于“新儒学”，人们一般予以讥评。但是我们只要弄清“新儒学”的真精神，将“新儒学”与“利禄儒”、“伪儒学”相区别，就可以看出，新儒学是“先秦儒学”的继承和创新，更加注重于经世治国，更加具有积极的意义，应当予以褒扬。

其次，董仲舒致力于“新儒学”的研究和传播，是新儒学的集大成者，为汉朝培养了一大批治国人才。董仲舒曾走出家门，设坛教授儒学，下帷讲诵，精彩纷呈，有很多弟子，弟子再传弟子，一些再传弟子甚至只是听说过董仲舒的大名，但没有见过其面。董仲舒一门心思教学和研究，甚至三年都没有回家看一看。董仲舒的行为举止，都遵循礼节，很多读书人都尊他为师。他的弟子，有不少人做到了大夫的官；做谒者、掌故的有一百多人。在当时，公孙弘研究《春秋》的成就不及董仲舒，但是他行事善于迎合世俗，因此能够身居高位做了公卿大臣。董仲舒认为公孙弘为人阿谀逢迎，公孙弘非常憎恨，就对汉武帝说：“只有董仲舒可以担当胶西王的国相。”而胶西王刘端，是汉武帝的哥哥，为人狠毒暴戾。公孙弘就是想借胶西王来打击董仲舒。董仲舒害怕居官日久会惹祸上身，就称病辞官回家，仍然干起老本行，一心以研究儒学为本职。自汉朝开国以来历经五朝，只有董仲舒对《春秋》的研究最为精通，名望最高。董仲舒，真儒士也！

最后，董仲舒为官，是以新儒学的精神来治理其政。董仲舒的“贤良对策”，阐述了一系列的儒学新观点，与汉武帝刘彻的治政理念非常契合。那么，其人的实践才能如何呢？汉武帝就想考验他一下，就把他派到江都王刘非那里当国相。刘非，是汉武帝的哥哥，粗暴、蛮横，完全是一介武夫。董仲舒当时的声望很高，刘非对董仲舒非常尊重。但刘非的出发点，是希望董仲舒要像管仲辅助齐桓公一样来辅助他，以夺取中央政权。这与董仲舒提出的“大一统”思想相违背，也是逆历史潮流而动，怎么能行呢？董仲舒就借古喻今进行规劝，指出：作为王者，要端正自己奉行道义，而不要谋求眼前的小利；要修养自己信奉理念，而不要急于取得成果；要致力于以德教化民众，而使社会风气大变，这才是为王的最高境界！暗示刘非不要称霸，不要心生妄想。后来，董仲舒弃官在家，钻研学问，而朝廷每有大事商议，汉武帝总是下令使者和廷尉前去听取董仲舒的建议。

可见，董仲舒的“新儒学”，可以说是应时而生。在当时，清静无为的黄老思想已经不能满足汉初的政治需求，儒家的“大一统”等理论更适合汉武帝时代。董仲舒建议统一学术，统一思想，直截了当地提出“大一统”的政治思想，把儒学发展到一个新的阶段，为儒学的发展做出了巨大贡献。董仲舒的“新儒学”，维护了汉武帝的集权统治，为当时社会政治和经济的稳定发展做出了重大的贡献！

资治通鉴（白话本） 卷第十八

汉纪十

汉武帝元光二年至元朔四年（公元前 133—前 125）

【起著雍涒滩（戊申，公元前 133 年），尽柔兆执徐（丙辰，公元前 125 年），凡九年】

【大事提要】

本卷记事起于公元前 133 年，到公元前 125 年，凡九年，当为汉武帝元光二年至元朔四年。本卷所载的大事，主要是以下几个方面：其一，凿空西域。汉武帝欲联合大月氏共击匈奴，张骞应募而出使，于公元前 139 年出陇西，经匈奴，被俘而逃出，西行至大宛，经康居，抵达大月氏，再至大夏，历时十三年回到长安，被誉为“凿空西域”，打通了汉朝通往西域的道路，其二，主父偃献策。公元前 134 年，主父偃上书汉武帝，当天就被召见，拜为郎中。不久，又升为谒者、中郎、中大夫，一年升迁四次，破格任用，创造了汉兴以来的用人之最。他向汉武帝提出“推恩分封子弟”、“徙富豪于茂陵”等主张，后任为齐相，被冤杀。其三，马邑设谋。公元前 133 年，汉武帝听从大行王恢建议，在马邑策划了一场对匈奴的诱敌歼灭战。匈奴军臣单于贪图马邑城的财物，亲率十万大军进入武州塞，差一点就要进入汉朝的埋伏圈，最后识破圈套，迅速撤退。自此，西汉开始与匈奴进行大规模交战。其四，经略西南。汉武帝时，唐蒙上书建议开通夜郎道，被任命为郎中将，奉命出使夜郎，以厚礼说服夜郎侯多同归汉，汉在其地设置犍为郡。汉武帝刘彻又任命司马相如为中郎将，令持节出使，平定了西南夷。邛、筰、冉、駹、斯榆的君长都请求臣属汉朝。其五，出击匈奴。公元前 129 年，匈奴兴兵南下直指上谷郡。汉武帝刘彻任命卫青为车骑将军，率领一万骑兵，深入敌境，直捣匈奴祭天圣地龙城，首虏七百人，凯旋而归，封为关内侯。这是汉初以来出击匈奴的首次胜利，为汉朝的进一步反击打下了良好的基础。

世宗孝武皇帝上之下

汉武帝元光二年（戊申，公元前 133 年）

冬季，十月，汉武帝来到雍地，在五畤举行祭祀。

李少君凭借祭祀灶神求长生不老的方术进见汉武帝，汉武帝很尊敬他。李少君是已去世的深泽侯的舍人，他隐瞒了自己的年龄、出生成长的地方，凭借着他的方术周游结交诸侯，没有妻子儿女。人们听说李少君能役使鬼神万物，并有长生不老的方术，纷纷赠送财礼给他，所以他经常有剩余的金钱和衣食用品。人们都认为他不经营产业却很富裕，又不知他是什么地方的人，更加相信他，争着侍奉他。

李少君善于用巧妙的语言猜中一些离奇的事情。他曾经陪武安侯田蚡饮酒，座中有位九十多岁的老人，李少君就说起与老人的祖父一起游玩射猎的地方；老人还是儿童时曾跟随祖父，记得那个地方，满座的客人都大吃一惊。

李少君对汉武帝说："祭祀灶神就能招来奇异之物，招来了奇异之物就可以使丹砂化为黄金，可以延年益寿，可以见到蓬莱的仙人。见到仙人，进而举行封禅仪式，就可以长生不死，黄帝就是这样的。我曾经在海上漫游，遇见了安期生，他给我枣吃，那枣如同瓜一般大。安期生是仙人，往来于蓬莱仙境，谁和他投缘，他就显身相见，谁和他不投缘，他就隐身不见。"于是，汉武帝就开始亲自祭祀灶神，派遣方士到大海中去寻找蓬莱安期生之类的仙人，并且从事熔化丹砂和其他药物，企图炼出黄金。过了很久，李少君病死，汉武帝认为他化身成仙，并没有死去。因此，燕地、齐地等沿海地区那些怪诞迂谬的方士，纷纷前来对汉武帝谈论有关神仙的事情了。

亳县人谬忌奏请汉武帝祭祀太一神。他在上奏的方形木牍上写道："天神中最尊贵的是太一神，太一神的辅佐是五帝神。"于是，汉武帝就在长安的东南郊建立了祭祀太一神的祭坛。

雁门郡马邑县的豪强之士聂壹，通过大行王恢向汉武帝建议："匈奴刚刚与汉朝和亲结好，亲近信任边境吏民，可以用财利引诱他们前来，汉军预设伏兵袭击，这是肯定会打败匈奴人的妙计。"汉武帝召集公卿讨论这个建议。

王恢说："我听说，在战国的初期，代国保有它的全境时，北面有强敌匈奴的威胁，内受中原诸国军队的牵制，但仍然可以赡养老人，抚育幼童，按照季节时令种粮植树，粮仓中一直有充足的储粮，匈奴不敢轻易入侵。现在，凭着皇上的神威，天下一统，但匈奴的入侵却持续不断，形成这种局面的原因，没有别的，只是因为在于没有使匈奴恐惧罢了。我私下认为打击匈奴对国家有利。"

御史大夫韩安国说："我听说，高皇帝曾被匈奴围困在平城，七天没能吃上饭；等到解脱围困而返回都城之后，却没有愤怒之心。圣人有包容天下的气度，不因自身的私怒而伤害天下大局，所以高皇帝派遣刘敬为使臣与匈奴和亲，到现在已为五世的人带来益处。我私下认为不打匈奴对国家有利。"

王恢说："不对。高帝身披铠甲，手执利器，征战将近几十年，他不向匈奴报复被困平城的怨恨，并不是因为力所不及，而是出于让天下人休息的仁心。现在，边境经常受到匈奴侵扰，受伤战死的士兵很多，中原地区运载死亡士兵棺木的车辆络绎不绝，这是仁人所悲痛的事情。所以说，打匈奴是应当的。”

韩安国说：“不对。我听说善于用兵的人，让自己的军队温饱以等待敌军饥饿，严明军纪以等待敌军混乱，安居军营以等待敌军疲劳。所以，一旦交战，就会全歼敌人；一旦进攻敌国，就会攻破城防，经常安坐不动地迫使敌人俯首听命，这是圣人的作战方法。现在如果轻易地对匈奴用兵，长驱直入，难以成功；如果孤军深入，就会受到威胁，齐头并进就没有后继，进军太快就会缺乏粮食给养，进军缓慢就会丧失有利的战机，还没有走到一千里，就会人马都缺乏粮食。这正是《兵法》所说：‘派出军队，就会被敌人擒获。’所以，我说不攻打匈奴为好。”

王恢说：“不对。我现在所说的攻打匈奴的方法，本不是征发军队深入敌境；而是要利用单于的贪欲，引诱他们到我们的边境，我们挑选骁勇的骑兵和壮士，暗中埋伏在敌人必经之处，用来防备敌军，谨慎地据守险要的地势，以加强防御的力量。我们的部署已经完成，有的军队攻打敌军左翼，有的军队攻打敌军右翼，有的军队阻止敌人前进，有的军队断绝敌人的退路，这样就肯定能擒住单于，必定大获全胜。”汉武帝采纳了王恢的主张。

夏季，六月，汉武帝任命御史大夫韩安国为护军将军，卫尉李广为骁骑将军，太仆公孙贺为轻车将军，大行王恢为将屯将军，太中大夫李息为材官将军，统率战车、骑兵、步兵共三十多万人暗中埋伏在马邑附近的山谷中，约定等单于进入马邑后，就挥军出击。汉军暗地派聂壹当间谍，逃到匈奴人那儿，聂壹对单于说：“我能杀马邑县的县令和县丞，献城归降，您可以得到全城的所有财物。”单于很喜欢信任聂壹，认为他说得对，就同意了他的计划。聂壹返回马邑县城，就斩杀死刑囚犯，用来假冒县令、县丞，把他们的头挂在马邑城下，让单于的使者观看，以此作为证明，说：“马邑县的长官已经死了，你们可以赶快来！”

于是，单于越过边塞，统率十万骑兵进入武州塞。走到距离马邑县城还有一百多里的地方，单于见遍野牲畜，却没有一个放牧的人，感到奇怪。单于就派人攻打亭隧，俘虏了雁门郡的尉史，要杀掉他，这个尉史就告诉单于汉兵埋伏的地点。单于大吃一惊，说：“我本来就怀疑其中有诈。”就领兵撤退，在撤出汉境之后，单于说：“我俘虏了这个尉史，是天保佑我啊！”就称这个尉史为“天王”。边塞守军传报单于已率军退走，汉军追到边塞，估计追不上了，就全军撤回。王恢指挥另一支军队，从代地出发，准备袭击匈奴的后勤给养，听说单于返回，军队很多，也不敢出击。

汉武帝对王恢很恼怒。王恢说：“根据原来的计划，约定引匈奴进入马邑县城，主力军队与单于交战，而我率军袭击他们的后勤给养，可以获胜。现在单于未到马邑就全军撤回，我用三万人的军队打不过匈奴大军，那样做只能是自辱。我本知道撤兵回来是要杀头的，但这样却保全了皇上的三万将士。”于是，汉武帝就把王恢交付廷尉审判，廷尉的判决是："王恢避敌观望，不敢出击，判处斩首。"

王恢暗中向丞相田蚡行贿一千金，求他开脱罪名，田蚡不敢向汉武帝说，就对太后说："王恢第一个提出了在马邑诱歼匈奴主力的计划，现在行动失败而杀了王恢，这是等于为匈奴报了仇啊！"汉武帝朝见太后时，太后就把田蚡的话告诉了汉武帝。汉武帝说："王恢是马邑计划的主谋，我听从了他的建议，调集了天下几十万人马，安排了这次军事行动。况且，即使捉不到单于，王恢的军队袭击匈奴的后勤给养，仍然可以安慰将士们的心。如今不杀王恢，无法向天下人谢罪。"王恢得知了汉武帝的话，就自杀了。

从此之后，匈奴断绝了与汉朝的和亲，进攻扼守大路的要塞，常常入侵汉朝边境，不可胜数。但是，匈奴仍然贪图在边关的互市贸易，喜爱汉朝的财物；汉朝也不关闭边境贸易市场，以投其所好。

（以上为第一段，写公元前 133 年重大史事，汉朝设谋马邑，吹响反击匈奴的号角。大行王恢建议，发三十万大军伏击匈奴，匈奴十万骑兵入塞，看出汉军破绽，全军撤回，汉军无功而返，王恢被处斩首。）

汉武帝元光三年（己酉，公元前 132 年）

春季，黄河决口改道，从顿丘向东南方向流去。夏季，五月初三丙子，黄河又一次在濮阳县的瓠子决口，注入巨野县，连通了淮河和泗水，十六个郡受到水灾。汉武帝刘彻派汲黯、郑当时征发十万役夫堵塞黄河决口，刚刚堵住，就又被洪水冲毁。当时，田蚡的食邑是鄃县；鄃县在黄河北岸，黄河决口向南泛滥，鄃县就不会遭受水灾，食邑收入就会增加。田蚡对汉武帝说："长江、黄河的决口都是天意的安排，用人力强行堵塞很不容易，堵住了未必符合天意。"而那些候望云气和使用法术的方士们也认为是这样。这样一来，汉武帝很长时间不再征发人力从事堵塞决口的工程。

当初，汉景帝在位时，魏其侯窦婴担任大将军，武安侯田蚡才是个普通的郎官，陪侍窦婴饮酒时，下跪起立如同儿子、侄子一样。后来，田蚡日益显贵受宠，出任丞相。而魏其侯窦婴失去了权势，依附他的宾客越来越少，唯独原来的燕相、颍阴县人灌夫没有离去。窦婴就厚待灌夫，两人互相援引、互相倚重，来往如同父子一样。

灌夫为人刚强正直，好借酒使气，对那些权势在自己之上的权贵，必定给予凌辱；他多次因酒后闹事冒犯丞相田蚡。丞相就向汉武帝弹劾："灌夫家属在颍川郡横行霸道，民众都被害苦了。"于是，收捕灌夫和包括旁支亲属在内的家人，都被判处公开斩首示众的罪名。

魏其侯窦婴上书找理由营救灌夫，汉武帝命令他和武安侯田蚡到太后居住的东宫中，当廷申辩。魏其侯、武安侯就利用这个机会互相诋毁。汉武帝问朝廷群臣："他们两人谁对？"只有汲黯认为魏其侯对，韩安国认为两人都对，郑当时本认为魏其侯对，后来不敢坚持。汉武帝怒骂郑当时说："我把你这类的人一起斩了！"随即罢朝，站起来，进入内宫，侍奉太后用餐，太后气冲冲地不吃饭，说："如今我还活着，别人已经在欺负我的弟弟；假如我死了，他们就都来宰杀他了！"汉武帝没有办法，就下令将灌夫满门处斩；派执法官员审查魏其侯，判处魏其侯斩首示众。

（以上为第二段，写黄河决口，十六郡被淹，丞相田蚡借天意放弃堵口，任其泛滥；大将军窦婴失势，与灌夫相互援引，灌夫得罪田蚡，被治罪；窦婴营救，亦被斩首。）

汉武帝元光四年（庚戌，公元前 131 年）

冬季，十二月三十日，根据所定罪名在渭城处死了魏其侯窦婴。

春季，三月十七日乙卯，武安侯田蚡也死了。等到后来淮南王刘安谋反失败，汉武帝刘彻得知田蚡接受过刘安的黄金，并且说过大逆不道的话，就说："假如武安侯还活着，就应该把他灭族了！"

夏季，四月，出现寒霜，冻死了野草。

御史大夫韩安国代理丞相职务，为汉武帝引导车驾，从车上摔了下来，成了跛腿。

五月二十日丁巳，汉武帝任命平棘侯薛泽为丞相；韩安国因病免职。

汉朝发生了地震，实行大赦。

九月，汉武帝任命中尉张欧为御史大夫。韩安国的腿疾痊愈，重新出任中尉。

河间王刘德，努力钻研学问，喜好古代典籍，治学注重实事求是，用黄金丝帛购买各地的好书，购得的书，数量与汉朝廷的存书一样多。当时，淮南王刘安也喜爱书籍，他所征集到的大多是浮滑论辩的书；而刘德所征集的书，都是用古代文字书写的先秦时期的旧书。他搜集礼乐制度的古事，稍加增订，编辑成书，长达五百多篇。他的思想和言谈举止，都务求符合儒家学说，崤山以东的儒生大多追随他，与他交往。

汉武帝元光五年（辛亥，公元前 130 年）

冬季，十月，河间王刘德来京朝见，进献用于郊庙朝会的正乐，回答了有关三雍宫的典章制度以及皇帝拟定的三十多个问题。他的回答，都是依据并阐明了儒学思想，抓住了问题的关键，文字简捷，观点明确。汉武帝下令让掌管宫廷音乐的太乐官经常练习河间王所献的雅乐，作为年节典礼中的项目，但平常很少演奏。

春季，正月，河间王刘德去世，中尉常丽向朝廷报告了他的死讯，并说："河间王立身端正，行为谨饬，温良仁义，恭敬俭朴，敬上爱下，聪明智慧，洞察隐微，恩惠及于鳏夫寡妇。”大行令奏报汉武帝：“《谥法》说：‘聪明睿智称之为献。’议定河间王刘德的谥号为‘献’。”

> 班固评论说：过去鲁哀公曾经说过这样的话：“我在深宫中出生，在妇人抚育下长大，从不知道什么是忧愁，从未体验过什么是恐惧。”这话说得多么真实啊！这样的人做帝王，即便他不想使国家陷入危亡的绝境，也不可能啊！所以，古人把安享太平看成是毒酒，把没有仁德而身居富贵之位称之为不幸。汉朝建国，直到孝平帝，诸侯王数以百计，大多骄横荒淫丧失道德。为什么这样呢？沉溺在放纵恣肆的环境中，他们所处的地位导致他们如此。即使是常人都要深受习俗的影响，何况鲁哀公之类的人呢？学识渊博，出类拔萃，河间献王刘德可以说是近似这样的人。

（以上为第三段，写河间王刘德努力钻研学问，喜好古代典籍，注重实事求是；搜集礼乐制度的古事，稍加增订，编辑成书，有五百多篇；思想和言谈举止，务求符合儒家学说。河间王刘德的学问受到了班固的高度礼赞。）

当初，王恢率军讨伐东越的时候，派番阳县令唐蒙去向南越王说明进军意图。南越人让唐蒙吃蜀地所产的枸酱，唐蒙问是从什么地方来的。南越人说：“是从西北方向的牂柯江运来的。牂柯江江面宽阔，从番禺城近旁流过。”唐蒙回到长安，又问蜀地的商人。商人说：“只有蜀地出产枸酱，许多人私自带着它出境去卖给夜郎。夜郎靠近牂柯江，牂柯江宽一百多步，行船毫无问题。南越国利用财物引诱和支配夜郎，向西一直影响到桐师人的居住地，但也不能让这一地区成为南越的臣属国，对它俯首听命。”

唐蒙就向汉武帝上书说：“南越王使用只有皇帝才能用的黄屋左纛，盘踞东西长达一万多里的地区，名义上是朝廷的外臣，实际上是一州之主。现在如果从长沙国、豫章郡出兵征讨南越，水路大多淤塞断绝，难以通行。我听说夜郎的精兵总计可有十多万人，我军乘船顺牂柯江而下，出其不意，这是制服南越的一条奇计。只要真的使用汉朝的强威，再加上巴、蜀两地雄厚的经济力量，那么，打通夜郎的道路，在那儿设置官吏实施统治，是很容易做到的。”汉武帝批准了唐蒙的建议。

于是，汉武帝任命唐蒙为中郎将，率领士兵一千人和运输粮食衣物的民夫一万多人，经过巴、蜀两郡，从筰关进入夜郎境内，于是，见到夜郎侯多同。唐蒙带来厚重的赏赐，告知汉朝的严威圣德，约定由朝廷在当地任命官吏，并让多同的儿子担任县令一级官员。夜郎附近的小城邑都贪图得到汉朝的丝绸，他们以为从汉朝到当地来，道路艰险，汉朝终究不可能占有这片地区，于是，就暂且表示服从唐蒙的约定。

唐蒙返京奏报，汉武帝就在这一地区设立了犍为郡，征发巴、蜀两郡的士兵修筑道路，从僰道指向牂柯江，修路的有数万人，许多士兵死亡，有的士兵就逃跑了；唐蒙等人用“军兴法”诛杀逃亡士兵的头目，巴蜀民众极度惊恐。汉武帝得知此事，就派司马相如前去责备唐蒙等人，并公开告知巴蜀一带的民众，唐蒙等人的做法并不是皇帝的本意。司马相如返京奏报处置情况。

这时，邛人和筰人的部落酋长听说南夷与汉朝结交，得到很多的赏赐，大多甘愿做汉朝统治下的臣民，请朝廷仿照统治南夷的模式，在他们的居住地任命官吏。汉武帝询问司马相如的意见，相如说：“邛、筰、冉駹都靠近蜀郡，道路也容易开通；秦朝时曾经开通，设置过郡县，到汉朝建国时才罢废。现在如果真能再次开通，在那儿设置郡县，将胜过南夷地区。”

汉武帝认为司马相如说得对，就任命他为中郎将，持皇帝的符节出使西夷，相如和副使王然于等人乘坐驿车，利用巴蜀两郡的官府财物收买西夷；邛、筰、冉駹、斯榆各部族的酋长，都请求做汉朝直接统治下的臣民。废除了原有的边关，新设立的边关向外扩展，西部到达沫水、若水，南至牂柯江为界，开通了零关道，在孙水上架起了桥梁，用来接连邛都，在这一地区设立了一个都尉、十多个县，隶属于蜀郡。汉武帝很高兴。

汉武帝下令调集一万士兵修治雁门郡的险要关隘。

（以上为第四段，写公元前130年上半年，汉武帝刘彻任命唐蒙为中郎将，率军进入夜郎境内，在那里设立犍为郡；又任命司马相如为中郎将，持皇帝符节出使西夷，在那里设立都尉管辖。）

秋季，七月，出现大风，拔起树木。

女巫师楚服等教陈皇后祭神祈祷，使用妇人的媚态诅咒，企图除掉与陈皇后争宠的女人。事情败露，汉武帝指派御史张汤彻底查处。张汤深入地追究有关的人，相互牵连和被处死的有三百多人，楚服在街市被斩首，头颅高悬示众。

七月十四日乙巳，汉武帝赐给皇后一份册书，收回了皇后的印玺，废去尊号，贬入长门宫。陈皇后的母亲窦太主羞惭恐惧，向汉武帝叩头请罪。汉武帝说：“皇后的行为不符合大义，不得不把她废掉。你应该相信道义而放宽心怀，不要轻信闲言而产生疑虑和恐惧。皇后虽然被废了，仍会按照法度受到优待，居住在长门宫与居住在上宫没有什么区别。”

当初，汉武帝曾经在窦太主刘嫖家中摆设酒席，窦太主引见了她宠幸的珠宝商人董偃，汉武帝赏赐给董偃衣服和冠帽，为了表示尊重，不称他的名字而称他为“主人翁”，让他陪侍饮酒。从此，董偃尊贵受宠，天下人没有不知道的。董偃经常陪同汉武帝在北宫游戏，在平乐观骑马追逐，参与斗鸡、踢球、赛狗、赛马，汉武帝十分欢喜。汉武帝在宣室中摆酒款待窦太主，派谒者引导董偃入内。当时，中郎东方朔持戟立在殿下，放下戟走近汉武帝说："董偃犯有三项死罪，怎能让他进来呢？"汉武帝说："你有什么说法（指理由）吗？"东方朔说："董偃以臣子的身份私通公主，这是他的第一条罪状。败坏男女风化，而扰乱婚姻的礼仪制度，伤害王法，这是他的第二条罪状。皇上年轻，正在努力学习六经等儒学典籍，董偃不遵循经书教诲劝勉学习，反而崇尚豪华追求奢侈，尽情地享受斗狗赛马的欢乐，极力满足感官欲望，他是国家的大贼，帝王的大害，这是他的第三条罪状。"汉武帝沉默不答，过了很久才说："我今天已准备好宴席了，以后再自己改正吧。"东方朔说："宣室，本来是先帝处理政务的地方，不是讨论有关法度、政务的人都不得进入。所以，淫乱的苗头发展，就会变成篡夺君位。正是由于这个道理，当年齐桓公因信用竖貂和易牙受害，而庆父死后，鲁国就得以保全。"汉武帝说："你说得好！"下令让董偃停下来待命，重新在北宫设置酒宴，领董偃从东司马门入宫，赏赐给东方朔三十斤黄金。董偃所受的宠爱，自此以后日益衰减。此后，公主、贵人大多不按礼制行事了。

汉武帝任命张汤为太中大夫，张汤与赵禹共同制定了各项法律条令，务求繁密严苛；严格控制在职官吏，制定了官员知人犯罪而不举报就要判刑的"见知法"，使官吏互相监视、互相侦察。从此开始，用法更加严厉苛刻了。

八月，庄稼发生螟虫之害。

（以上为第五段，写皇后陈阿娇失宠，进行祈祷诅咒，被汉武帝废去尊号，贬入长门宫；窦太主的男宠董偃，得到汉武帝的宠信，被东方朔严词谏止；太中大夫张汤制定法令，用法更加严厉苛刻。）

这一年，汉武帝征召官吏民众中明晓当世政务、熟知古代圣王治国之术的人到朝廷任职，命令应征者与各地进京的"上计吏"同行，由沿途各县供应饭食。

淄川人公孙弘在考试时答道："我听说，上古尧舜那个时期，没有尊贵的官爵和丰厚的奖赏，但民众却相互勉励行善；不重刑罚，但民众却不犯法，这是因为帝王为臣民做出了正直的表率，而且对待民众很讲信用。到了末代，有尊贵的官爵和丰厚的赏赐，但民众却得不到劝勉；设立了严酷的刑罚，却不能禁止违法犯罪，当时的帝王本身不正，对待民众又不讲信用。用丰厚的奖赏和严酷的刑罚，还不足以鼓励行善，禁止作恶，只有靠讲信用，才能达到这一目的。所以，根据人的才能而委任官职，就能各司其职，做好工作；抛弃无用的虚言，就能了解事情的真相；不制作无用的器物，就可以减少对民众的赋税；不在农忙季节征发役夫，不妨害民力，民众就会富裕；有德的人受到重用，无德的人被罢免，朝廷就尊贵威严；有功的人升职，无功的人降级，群臣就会明白退让的道理；判处刑罚与罪过相应，就能制止犯罪；给予奖赏与贤能相符，就能劝勉臣子。这八项，是治理国家的根本。天下民众，让他们各自从事生产就不会发生争夺，事情得到合理的解决就不会怨恨，让他们接受教育知道礼义就不会使用暴力，帝王爱护他们，他们就会亲近帝王，此是统治天下的当务之急。礼义，是民众甘愿服从的，再用奖赏和刑罚来推行礼义，民众就不会违犯禁令了。

"我听说：气相同就能互相影响带动，声相同就能互相呼应。现在，帝王在上面使自己的言行符合德义，民众在下面与帝王相谐调，所以心和就能气和，气和就能形和，形和就能声和，声和就会出现天地安和了。所以，阴阳调和，风雨适时，甘露降下，五谷丰登，六畜兴旺，茁壮稻谷生机勃勃，红色瑞草萌生成长，山岭不光秃，湖泊不干涸，这是天地安和的最佳状态。"

当时，参加对策考试的有一百多人，太常奏报考试成绩，把公孙弘列为下等。对策上呈汉武帝刘彻，汉武帝把公孙弘的对策成绩提升为第一名，任命他为博士，在金马门等候召对。

齐人辕固，已经九十多岁了，也被选为贤良，征召入京。公孙弘斜着眼睛，不正视辕固。辕固说："公孙先生，一定要依据儒学论事，可不要歪曲儒学来迎合当世！"儒生们有许多人嫉妒诽谤辕固，辕固就以年老为名免官回原籍了。

这时，巴、蜀等四郡开凿山险，修筑连接西南夷的通道，从一千多里外转运粮饷。过了几年，道路没有开通，修路的士兵疲惫饥饿，遭受炎热潮湿折磨而死的人很多，西南夷又多次反叛，调集军队去进攻，军费开支以万万计，却不见功效。汉武帝很担忧，下令派公孙弘前去该地视察情况。公孙弘返京奏报情况，极力批评开通西南夷没有什么作用，汉武帝不听从他的意见。

公孙弘每当在朝廷讨论问题时，总是列举陈述事情的端绪，让汉武帝自己抉择，不肯在朝廷之上与汉武帝刘彻当面争辩。因此，汉武帝看出他为人谨慎厚道，善于辩论，熟悉文书法令和具体的官府公务，又会用儒术加以文饰，对他非常欣赏，一年之中升官到左内史。

公孙弘上奏，遇到汉武帝不同意时，他不在朝廷上争辩。常与汲黯请求单独召见，先由汲黯提出问题，后由他进一步补充，汉武帝经常听得很高兴，所提的建议都加以采纳。因此，公孙弘越来越得到汉武帝的亲近和重用。公孙弘曾经和公卿商定某一问题的处置意见，到了汉武帝面前，他却完全背弃了原来的约定，而迎合汉武帝的心意。汲黯当即在朝廷上批评他说："齐人大多欺诈，而不忠诚老实。公孙弘开始和我们一道商定这条建议，现在却全都背弃了，这是不忠！"汉武帝责问公孙弘，公孙弘谢罪说："了解我的人，认为我忠；不了解我的人，认为我不忠。"汉武帝认为他说得对。汉武帝身边的亲信经常诋毁公孙弘，汉武帝对他却更加优待。

（以上为第六段，写公孙弘对策，原评为最下，被汉武帝拔为第一；曾出使西南夷，极力批评开通西南夷没有什么作用，意见没有被汉武帝采纳；公孙弘熟悉文书法令，善于逢迎，得到汉武帝的欣赏和重用。）

汉武帝元光六年（壬子，公元前 129 年）

冬季，开始对商人的车辆征税。

大司农郑当时建议："从渭水开辟一条河道，下连黄河，用来漕运函谷关以东地区的粮食，路线直而且方便，又可灌溉河道附近的一万多顷农田。"

春季，汉武帝下令调集数万民工开掘河道，按照郑当时的建议办事。用了三年时间，河道开通了，大家都认为很方便。

匈奴入侵上谷郡，杀害抢掠官吏民众。汉武帝刘彻派遣车骑将军卫青从上谷郡出兵，骑将军公孙敖从代国出兵，轻车将军公孙贺从云中郡出兵，骁骑将军李广从雁门郡出兵，各自率领一万骑兵，出击屯兵在边关贸易市场附近的匈奴军队。卫青进攻到龙城，斩首和俘获匈奴七百多人；公孙贺一无所得；公孙敖被匈奴打败，损失了七千骑兵；李广也被匈奴打败。匈奴人活捉了李广，把他安置在两匹并行的马匹中间，让他躺在用绳子结成的网袋上，走出了十多里路。李广先是装死，后来突然纵身跃起，跳到了一个匈奴人骑坐的马上，夺得他的弓箭，拍着马向南奔驰，于是，得以逃脱归来。汉朝廷把公孙敖、李广交付司法官吏审讯，罪当斩首，后出钱赎罪，做了平民；只有卫青被赏给关内侯的爵位。卫青，虽然出身于奴仆，但是善于骑马射箭，勇力超过常人；对官吏士大夫以礼相待，对士兵有恩，众人都愿为他效力，他有做军事统帅的才能，所以每次率兵出征，都能立下战功。天下人由此都佩服汉武帝的知人善任。

夏季，大旱，出现蝗灾。

六月，汉武帝亲临雍县。

秋季，匈奴多次攻掠边境，渔阳郡受害最为严重。汉武帝刘彻任命卫尉韩安国担任材官将军，率兵驻守渔阳郡。

（以上为第七段，写汉武帝刘彻听从大司农郑当时建议，调集民工开掘河道；汉朝由战略防御转入战略进攻，出兵攻打匈奴，卫青首战告捷，攻到龙城，杀敌七百多人，封为关内侯。）

汉武帝元朔元年（癸丑，公元前 128 年）

冬季，十一月，汉武帝下令说："我殷切嘱告官吏，奖励廉吏，举荐孝子，希望能养成风气，继承和发扬光大古代圣人的事业。有十户人家居住的小村落，其中必定有忠信之士；三人共同行走，其中必定有可做我老师的贤人。现在有的郡甚至不向朝廷举荐一个贤人，这说明政令教化不能贯彻下去，而那些积累了善行的贤人君子，被埋没，使天子无法得知。况且，推荐贤人的人给以上等的奖赏，埋没贤人的人给以公开的诛杀，这是古代的治世原则。应该议定二千石官员不向朝廷举荐人才的罪名！”有关官吏奏报：“凡是不举荐孝子的，属于不遵守命令的行为，应当按‘不敬’的罪名论处；凡是不察举廉吏的，就是不胜任职务，应当免官。”汉武帝批准了这一建议。

十二月，江都王刘非去世。

皇子刘据出生，他是卫夫人所生的儿子。三月十三日甲子，汉武帝立卫夫人为皇后，实行大赦。

秋季，匈奴用二万骑兵入侵汉境，杀死辽西郡的太守，掳去两千多人，围困韩安国指挥的汉军营垒；又侵入渔阳郡和雁门郡，在两地各杀害或掳掠了一千多人。韩安国迁往更远的东方，率军驻守北平，数月之后，病死。汉武帝就再次起用李广，任命他为右北平太守。匈奴称李广为“汉朝的飞将军”，畏避李广，连续几年都不敢入侵右北平郡。

车骑将军卫青统率三万骑兵从雁门郡出击，将军李息领兵从代郡出击。卫青所部斩杀匈奴数千人。

东夷秽君南闾等二十八万人归降，朝廷在其居住区设置了苍海郡，因此而支付的安置徒众的费用，与南夷地区相同，燕、齐一带，出现骚动。

这一年，鲁王刘余、长沙王刘发都去世了。

临淄人主父偃、严安，无终县人徐乐，都向汉武帝上书议论政事。

当初，主父偃在齐、燕、赵各地活动，都没有受到人家的厚待，儒生们联合起来排斥他，不能相容；家中贫穷，借贷无门，就西入关中，到皇宫的门阙下上书，早晨把奏书呈上，晚上就被召入宫中拜见汉武帝刘彻。他上书谈了九项事情，其中八项是关于律令问题，另外一项是谏止征伐匈奴。主父偃写道：“《司马法》说：‘国家虽大，喜好战争必定灭亡；天下虽太平，忘掉战事必定危险。’愤怒，是背逆之德；兵器，是不祥之物；争斗，是最末的节操。那些追求战争胜利、穷兵黩武的人，没有不悔恨的。

“从前，秦始皇吞并列国，求胜的欲望没有止休，就想攻打匈奴。李斯劝阻说：‘不可以这样做。匈奴没有城郭等定居的处所，没有储藏物资钱粮的仓库，迁移不定，如同飞鸟，很难制服它。军队轻装深入敌境，粮食供应必定断绝；军队携带军粮行动，就会因负重而赶不上战机。夺得匈奴的土地，不足以为国家带来好处；俘获匈奴的民众，不可以调教，也无法设置官员进行管理。如果战胜匈奴，只能杀掉他们，而这又不是为民父母的明君应该有的行为；使中原地区疲敝，使匈奴人快意，这不是正确的决策。’秦始皇不听从劝告，就派蒙恬率军进攻匈奴，开辟疆土千里，与匈奴以黄河河套划界。这一带本来就是湖泊和盐碱地，不能种植五谷。后来，秦始皇又调集全国成年男子去戍守北河，军队暴露在外十多年，死者多得无法统计，终究不能越过黄河占领北部地区。这难道是因为兵力不足、装备不齐吗？是形势不允许啊！又使天下民众急速地用车船运输粮草，从东腄、琅邪等沿海郡县开始，运输到北河，大约起运时的三十钟粮食，运到目的地仅存一石。男子拼命耕作，收获不够缴纳军粮，女子纺线绩麻，织出的布帛满足不了军营帐篷的需要，民众倾家荡产，无法养活孤寡老弱，路上死去的人一个接着一个，天下人就从此开始反叛秦朝了。

“等到高皇帝平定天下，开拓疆土，听说匈奴人集中在代谷的外面，就想去进攻他们。有位名叫成的御史进言劝阻说：‘不能这样做。匈奴人的习性，忽而如同野兽聚集，忽而如同鸟类分飞，追赶他们就好像与影子搏斗一样，无从下手。现在，凭皇上这样的盛大功德，却要去攻击匈奴，我私下认为很危险。’高皇帝不听从他的意见，于是，就向北进军到达代谷，果然发生了被围困在平城的事变，高皇帝大概非常后悔，才派遣刘敬前往匈奴，缔结和亲的盟约，从此之后，全国上下就忘记了战争的事情了。

“匈奴难以制服，不是这一代才如此。侵犯城邑、劫掳人畜，这是他们的生业，天性本来就是这样。远到虞、夏、殷、周统治时期，本来就不对匈奴征收贡赋、实施监督，只把他们视为禽兽，不当作人来看待。不向上回顾虞、夏、殷、周的传统，却向下沿用近代的失误，这是我所最忧虑的事情，也是天下民众所疾苦的事情。”

严安上书说：“现在全国的民众，花费钱财，生活奢侈腐化，车辆马匹、衣服裘装、房屋住宅竞相修饰得富丽堂皇，谐调音乐使它有节奏，交错颜色使它色彩斑斓，美味佳肴摆满一桌，用来显示自己的欲望。那些民众的本性，见到漂亮的东西就要仿效，这是用奢侈来引导民众；追求奢侈而无节制，就无法满足欲望，民众就会脱离农桑本业而去从事工商末业了。工商末业的财利不能凭空飞来，所以穿官服的不忌惮做欺诈的事情，带剑的竞相杀人以巧取豪夺。对这样的行径，世人不知羞愧，因此犯法的人很多。“我希望给民众设立制度以约束他们的过度欲望，使富有者不向贫困者夸耀以调和人心；人心安定了，盗贼就会消除，少用刑罚，阴阳和调，万物就会茂盛。过去，秦始皇踌躇满志，贪得无厌，想向海外显示威力，派蒙恬率兵向北进攻匈奴，又派尉屠睢率领水军将士去进攻越人。在这个时期，秦朝兵连祸结，北方与匈奴交战，南方和越人难分胜负，军队驻扎在无用之地，只能前进而无法退回。历时十多年，成年男子当兵打仗，成年女子运送粮饷，生活悲惨，活不下去，纷纷在路边树上上吊自杀，死者一个接着一个。等到秦始皇死，天下反叛，秦朝被灭了后代，绝了祭祀，这是穷兵黩武产生的祸害啊。

“所以，周朝失之于衰弱，秦朝失之于强暴，都是不改变国政所产生的恶果。

现在，朝廷要征服西夷地区，诱使夜郎入朝称臣，降服羌人和僰人，攻取秽州，建筑城邑，进军匈奴腹地，烧毁匈奴的龙城，议事的大臣们都赞美这些行动和计划，但这只能让主持其事的大臣得到好处，对于国家来说，不是好计策。”

徐乐上书汉武帝，说：“我听说天下的最大祸害，在于土崩，不在于瓦解，古今都是如此。

“什么叫‘土崩’？秦朝末年就是土崩。陈涉没有千乘之主的尊位，没有一尺的封地，本身不是王公贵人、名门望族的后代，没有获得乡里的赞誉，没有孔子、曾子、墨子那样的贤德，也没有陶朱公和猗顿那样的财富，但是，他起自贫民居住的街巷，举起长戟，袒露一个臂膀大呼，天下人闻风响应。这是什么原因呢？这是由于民众困苦而帝王却不加体恤，臣民怨恨而帝王却毫不知情，社会风俗已乱而国家政治却仍不进行整治。这三条，正是陈涉用来起事的资本，这就是所说的土崩。所以说天下最大的祸害在于土崩。

“什么叫‘瓦解’？吴、楚、齐、赵的举兵叛乱就是瓦解。七国之主图谋叛乱，他们都号称是拥有万辆战车的诸侯王，有数十万的军队，其威力足以控制封地全境，其财力足以奖励他属下的官吏民众。但是，他们却不能向西夺取国家一尺一寸的土地，反而在中原地区被俘虏，这是什么原因呢？并不是因为他们的权势比一个平民轻，也不是因为他们的兵力比陈涉弱。在那时，先帝的德政影响还没有衰减，而且安土乐俗的民众很多，所以诸侯得不到本人封地之外的援助，这就是所说的瓦解。所以说，天下最大的祸害不在于瓦解。

“这两个问题，是关系国家安危的关键，贤明的帝王对此是应该注意，并且认真观察的。

“近来，函谷关以东地区粮食连年歉收，年景没有恢复正常，民众大多穷困，再加上还要承担边境战争的负担，按照规律和常理来看，民众之中应该出现不安分守己的人了。不安分守己，就容易动乱；民众容易动乱，这就是土崩的局势。所以贤明的帝王只注意观察万物变化的根本原因，明了安危的关键，治理于朝廷之上，就能消除尚未完全形成的祸患，其要领不过是设法使天下没有土崩的局势罢了。”

奏书上呈汉武帝，汉武帝召见了他们三人，对他们说：“诸位原来都在何处，我们为什么相见得这样晚？”汉武帝都把他们任命为郎中。主父偃更受汉武帝宠信，一年之内共升了四次官，担任了中大夫。大臣们都害怕主父偃，贿赂赠送他的财物总计有千金。有人对主父偃说：“您太蛮横了！”主父偃说：“我如果活着享受不到列五鼎进餐的贵人生活，死时就受五鼎烹煮的酷刑好了！”

（以上为第八段，写汉武帝刘彻下令广求贤才，主父偃、严乐、徐安等人纷纷向汉武帝上书，献计献策，汉武帝及时召见，得到重用；主父偃一年中升了四次官。）

汉武帝元朔二年（甲寅，公元前 127 年）

冬季，汉武帝赏赐淮南王刘安几案和手杖，恩准他不必来京朝见。

主父偃劝说汉武帝道："古代诸侯的封地不超过方圆百里，朝廷强、地方弱的这种格局，容易控制。现在的诸侯有的连城数十座，封地方圆千里，朝廷控制较宽时，他们就骄横奢侈，容易做出淫乱的事情，朝廷控制一紧时，他们就会凭借自身的强大而联合起来反叛朝廷；如果用法令来分割削弱他们，就会产生叛乱的苗头。以前晁错推行削藩政策而导致吴楚七国叛乱，就是这种情况。现在诸侯王的子弟有的多达十几人，而只有嫡长子继承王位，其他人虽然也是诸侯王的亲生骨肉，却不能享有一尺的封地，这就使得仁孝之道不明显了。希望皇上命令诸侯王可以把朝廷给他的恩惠推广到其他子弟的身上，用本封国的土地封他们做侯，他们人人都为得到了希望得到的东西而欢喜；皇上用的是推行恩德的方法，实际上却分割了诸侯的封国领地，朝廷没有采用削夺的政策，而王国却逐渐衰弱了。"汉武帝听从了他的意见。

春季，正月，汉武帝下令说："诸侯王中有想推广自己所享受的恩惠，分封领地给子弟的，命令各自一一奏报，我准备亲自给他们确定封邑的名号。"从此之后，诸侯王国开始被分割，而诸侯王的子弟们都成了侯了。

匈奴入侵上谷郡、渔阳郡，杀害和掳掠官吏民众一千多人。汉武帝派遣卫青、李息从云中郡出击，向西一直打到陇西，在黄河以南进攻匈奴的楼烦王和白羊王，获得匈奴首级和俘虏数千，夺得牛羊一百多万头，赶走了白羊王和楼烦王，于是，就夺取了黄河以南地区。汉武帝下令封卫青为长平侯。卫青的校尉苏建和张次功，都立了军功，汉武帝封苏建为平陵侯，封张次功为岸头侯。

主父偃说："黄河以南地区，土地肥沃富饶，对外有黄河天险为屏障，蒙恬当年在此地修筑城池以驱逐匈奴，对内节省了转运输送屯戍漕运的人力物力，又扩大了中国的疆域，这是消灭匈奴的根本方法。"汉武帝把他的意见交给公卿大臣讨论，大家都说不便利。汉武帝终究还是采用了主父偃的计谋，设置了朔方郡，派遣苏建征调十多万民工修筑朔方城，又修缮原秦朝蒙恬所建造的要塞，利用黄河天险作屏障。水陆运输的路程十分遥远，自崤山以东的地区，民众都蒙受运输的劳苦，耗资高达数十百万万，钱府粮库被支付一空。汉朝还放弃了上谷郡所辖的与匈奴犬牙交错的僻远地方造阳县给了匈奴。

三月三十日乙亥晦，发生日食。

夏季，朝廷招募了十万民众迁居朔方郡。

主父偃对汉武帝说："茂陵邑刚刚设立，天下有名的豪强人物、兼并他人的富家大户、鼓励大众动乱的人，都可以迁移到茂陵邑居住，这样对内充实了京师，对外消除了奸邪势力，这就是所说的不用诛杀就消除了祸害。"汉武帝听从了他的意见，迁移各郡国的豪强人物和财产超过三百万钱以上的富户到茂陵邑居住。

轵县人郭解，是函谷关以东地区的著名侠士，也在被迁居之列。将军卫青替郭解说好话："郭解家中贫困，不合迁移的标准。"汉武帝说："郭解是平民，他的权势大到使将军替他说情，这证明他家不穷。"终究迁居了郭解全家。郭解平生因被人瞪视之类的小事杀了许多人，汉武帝听说了，就下令司法官吏逮捕郭解，立案审查，审查的结果说明，郭解所犯的罪都在颁布赦令之前。轵县有位儒生陪侍前来审案的使者，座中客人赞扬郭解，儒生就说："郭解专门以奸邪触犯国法，怎么能说他贤能！"郭解的门客听了这话，就杀死了这个儒生，并割去了他的舌头。审案官吏用这件事来责问郭解，郭解确实不知道是谁杀的人，杀人凶手到最后也没有查清是谁。官吏向汉武帝奏报郭解无罪，公孙弘议论说："郭解只是一个平民，做行侠弄权的事情，看谁不顺眼就随意杀掉。轵县儒生的被杀，郭解虽然不知情，但这个罪比郭解亲手杀人还要大，应按大逆无道的罪名判决论罪。"于是，就把郭解灭族。

（以上为第九段，写主父偃向汉武帝刘彻献策，提出"推恩分子弟"，削弱诸侯王力量；提出迁移山东的豪强大户充实茂陵，均被采纳与实施；游侠郭解行侠弄权，也被迁移，因手下杀人，被处灭族。）

班固评论说：古时候，天子封立诸侯之国，诸侯封立大夫之家，从卿大夫直到平民民众，各有等级。由于这个原因，所以民众诚心侍奉他们的上司，而臣下没有觊觎篡夺之心。周王室衰微之后，礼乐制度和征伐命令从诸侯发出，到齐桓公、晋文公之后，大夫世代掌握国家权力，又发展到大夫的家臣执掌一国政令。逐渐发展到战国，出现了合纵连横，于是列国的公子，魏国有信陵君，赵国有平原君，齐国有孟尝君，楚国有春申君，他们都凭借王公的权势，争着延揽游侠，连鸡鸣狗盗之徒都受到嘉宾的礼待。赵国的相虞卿，抛弃了国家和帝王，去解救走投无路的朋友魏齐的厄运；信陵君魏无忌，偷盗兵符假传王命，杀害将领控制军队，用来解救平原君的危急；他们都因此增加了在诸侯中的影响，向天下人炫耀了名声，扼腕游说的人，把这四位豪杰当作最值得称道的人。于是，就形成了背叛国家而为私交献身的社会舆论，遵守职责侍奉帝王的道义就被废弃了。等到汉朝建国，法网不严密，不知道改正这种弊端。所以代国的丞相陈豨用千辆车子做随从队伍，而吴王刘濞、淮南王刘安都召集宾客数以千计；外戚大臣魏其侯窦婴、武安侯田蚡之类的人，在京师争权夺利，平民游侠剧孟、郭解之流，横行于乡里，称霸一方，其势力可折辱公卿王侯，众多的民众都觉得这些人的名声事迹很光荣，向往羡慕他们。民众即便是犯罪而陷入死地，自己却以杀身成名而引以为豪，就好像当年的季路、仇牧一样，到死也不后悔。所以曾子说："帝王丧失原则，民众离心离德已有很长时间了。"如果没有贤明的帝王在上，告知民众什么行为是该受到表彰的，什么行为是应该摈弃的，并且用礼义法度去约束他们，那些民众怎么能知道什么是违犯禁令的行为，从而改邪归正呢？按照古代的公正法则：春秋时期的五霸，是三代圣王的罪人；而战国时期争雄的六国，是五霸的罪人；至于说到信陵君等四豪，又是六国的罪人。更何况像郭解之流的人，只不过是个渺小的平民，却窃取生杀大权，他的罪恶已到了非杀不可的地步了。再看郭解的温良博爱，接济穷困，解救急难，谦虚退让而不自夸，也都不同凡响。可惜啊，像郭解这般人物，不按照道德规范行事，却在行侠这种社会末流中苟且放纵，最后自己身死，全族被杀，这并非是不幸啊！

荀悦评论说：世上有“三游”，是破坏道德的奸贼：一是游侠，二是游说，三是游行。树立名气声望，作威作福，结交私人党羽，用来称强于世的，称为游侠；修饰辩辞，设置诡计诈谋，周游天下以操纵时势的，称为游说；和颜悦色，以此迎合当世帝王的喜好，结连党羽，扩大虚名以谋取权利，这样的人，称作游行。这三类人，都是产生祸乱的根源。他们伤害道德，败坏法度，迷惑民心，所以，先王慎重对待。国家有士、农、工、商四种民众，各自从事自己的职业。凡是不从事这种种职业的人，称为奸民。没有奸民，王道政治就实现了。

这些“三游”的形成，都出现在末世，周、秦两代的末世尤为严重。君上不明，臣下不正，制度不立，纲纪废弛，把社会舆论的褒贬作为尊荣或困辱的依据，不去核实这些舆论的真假；根据好恶来决定利害关系，不考虑是否属实；根据喜怒决定奖赏或惩罚，不去分析其中的道理。上下相互冒犯，万事全都混乱错误。因此，发表评论的人，看对方与自己交情的厚薄来决定怎样张口说话；负有推荐官员职责的人，估量对方和自己关系的亲疏而用笔写出推荐评语；善与恶的区分，错误地受众人评价的制约；功与罪的判定，也和国法的规定相矛盾。像这样的话，就不可以不遵循道义去谋求利益，也不能牺牲道义去避开祸害。所以，君子违背礼义，小人触犯法律，奔走游说，越职侵权，破坏法度，追求浮华，摈弃实质，争着追求一时之利。怠慢尊奉父兄的大义，而重视对待宾客的礼节，减少骨肉之间的亲恩，而加重朋友之间的情谊，忘记了自己修养的原则，而追求众人的赞誉，损伤衣食来源的农桑本业，用来满足盛宴豪饮的欲望，馈赠礼物的人挤满了门庭，探访问候的人在道路上随处可见，私人交往的书信比官府公文繁忙，处理的私事比官府公事还多，于是，流俗形成，而正道却衰败了。

所以，圣明的帝王在位时，治理国家，整顿民众，严明有关制度；善与恶的区分主要取决于是立功还是犯罪，而不受舆论毁誉的惑乱，听其言还得责求行事，举出名还要指出其实。所以，名不副实的称之为“虚”，表里不一的称之为“伪”，毁誉不符合实际的称之为“诬”，议论事情丧失原则的称之为“罔”。虚伪的行为不许出现，诬罔的言论不得流行，有罪恶的人不能侥幸逃避惩罚，没有罪恶过失的人不必担忧恐惧，私人请托处处碰壁，贿赂无人接受，抛弃浮华虚文，淘汰虚言巧语，禁止强词夺理，杜绝不正当的智谋，斥退百家之学的纷乱，统一于圣人的最高道术，用仁爱恩惠来教育民众，再用礼乐制度加以修饰，就会风俗稳定而达到天下大治了。

（以上为第十段，引班固、荀悦两条借论，批评末世产生的游侠与游士宾客在统一盛世的社会中扰乱世风，应予杜绝。）

燕王刘定国与他父亲康王的姬妾奸通，又夺走了他弟弟的妻子做姬妾。他杀了肥如县的县令郢人，郢人的兄弟上书朝廷告发了他的恶行，主父偃从中朝把这份弹劾文书转给外朝大臣。公卿议罪，请求汉武帝诛杀刘定国，汉武帝批准了。刘定国自杀，封国被废除。

齐厉王刘次昌也与他姐姐纪翁主私通。主父偃想把女儿嫁给齐王，齐王的母亲纪太后不同意。主父偃就趁机对汉武帝刘彻说：“齐都临淄是有十万户居民的大都会，市井商税高达千金，人口众多而且地方富裕，超过长安，不是天子的亲弟和得宠的儿子，不得在此地为王。现在的齐王和皇上的血亲关系越发疏远了，又听说他和他姐姐通奸乱伦，请求查处齐王！”

于是，汉武帝就任命主父偃担任齐国的国相，并且负责审查齐王的问题。主父偃一到齐国，就立即捕审齐王后宫中的宦官，供词牵连到齐王刘次昌；齐王害怕了，喝毒药自杀。主父偃年轻时曾游历齐和燕、赵三国之地，等到他身居高位，接连毁灭了燕、齐两国，赵王刘彭祖害怕自己成为主父偃的下一个迫害的目标，就上书给汉武帝，告发主父偃接受诸侯贿赂的金钱，由于这个原因诸侯王的子弟大多得以封侯。等到汉武帝得知齐王自杀的消息，勃然大怒，认为是主父偃劫持齐王迫使他自杀，就把主父偃召回，逮捕下狱。主父偃承认他接受诸侯金钱贿赂，但实在没有强迫齐王自杀。

汉武帝想不杀主父偃，公孙弘说：“齐王自杀，没有后代继承，封国被废除改设为郡，领地归属朝廷。这件灭人之国的恶事，主父偃是罪魁。皇上如果不杀主父偃，就没有办法向天下人谢罪道歉。”于是，汉武帝就把主父偃灭族。

张欧被罢免，汉武帝想任命蓼侯孔臧继任御史大夫。孔臧辞谢说：“我家中世代以传习经学为业，请任命我担任太常，典掌我家世传的职业，与堂弟、侍中孔安国一道总结、归纳古人训诫，使儒学永传后世。”汉武帝就任命孔臧为太常，对他的礼仪赏赐如同三公一样。

（以上为第十一段，写谋臣主父偃对查处诸侯王的犯罪行为不遗余力，在告发燕王刘定国的弹劾文书上发力，燕王自杀；到齐国查究齐王刘次昌的罪行，齐王自杀；赵王刘彭祖诬告主父偃，主父偃被灭族。）

汉武帝元朔三年（乙卯，公元前126年）

冬季，匈奴军臣单于死，他的弟弟左谷蠡王伊稚斜自立为单于，进攻并打败了军臣单于的太子於单，於单逃到汉朝来归降。

汉武帝任命公孙弘为御史大夫。这时，朝廷正开通西南夷，在东方设置苍海郡，在北方修筑朔方郡的郡城。公孙弘多次进谏，认为以中原地区疲惫不堪为代价，去供奉那些无用之地，得不偿失，请求废止这些举动。汉武帝让朱买臣等人就设置朔方郡的便利，对公孙弘进行反驳，提出了十个问题，公孙弘连一个也回答不了。公孙弘就表示请罪，说："我是崤山以东的乡野之人，不知道设置朔方郡有这么多的好处，请求废止对西南夷、苍海地区的经营而集中力量经营朔方郡。"汉武帝同意了他的请求。春季，罢废了苍海郡的建置。

公孙弘用麻布做被子，一顿饭不摆设两种肉菜。汲黯说："公孙弘高居三公之位，朝廷给他的俸禄很多，但是他用布做被子，这是骗人的把戏。"汉武帝刘彻就此询问公孙弘，公孙弘谢罪说："确有其事。说到九卿当中与我关系好的，没有人超过汲黯了，可是今天他在朝廷之上质问我，确实切中我的问题。说到以三公的显赫富贵，而制作布被，与小官吏没有区别，这确实是我矫饰做作，想借此沽名钓誉，正像汲黯所说的那样。况且，如果没有汲黯的忠直，皇上怎么能听到这些话！"汉武帝认为公孙弘谦让，越发尊重他。

三月，汉朝实行大赦。

夏季，四月初七丙子，汉武帝封匈奴太子於单为涉安侯，过了几个月，於单就死了。

起初，匈奴归降朝廷的人说："月氏原来居住在敦煌和祁连山之间，是一个强国，匈奴冒顿单于攻破了它。老上单于杀了月氏王，把他的头骨做成了饮酒的器皿。其余的月氏部众逃走到远方，怨恨匈奴，但没有人与他们联合去进攻匈奴。"汉武帝就招募能出使月氏的人。汉中人张骞以郎官的身份应募，从陇西郡出发，直接进入匈奴的腹地。匈奴单于捉住了张骞，把他拘留了十多年。张骞得到机会逃脱，向着月氏所在的西方走去，过了数十日，到达大宛。大宛早就听说汉朝富有，想通使结好，却不能实现，见到张骞，十分高兴，替他安排了向导和翻译，抵达康居，再转送到大月氏。大月氏原来的太子做了国王，进攻大夏之后，分割了大夏的土地而安居下来，当地土地肥沃富饶，很少有外敌入侵，已经没有丝毫向匈奴复仇的打算了。张骞滞留了一年多，终究没能得到月氏人的回应，只好启程回国，沿着南山走，想通过羌人的居住地返归，又被匈奴人捉住了，拘留了一年多。正逢伊稚斜驱逐於单，匈奴内乱，张骞就和堂邑氏的奴隶甘父逃脱归来。汉武帝任命张骞为太中大夫，甘父为奉使君。张骞当初出发时有一百多人，离开汉朝十三年，只有他们二人得以生还。

匈奴的几万骑兵越过边界，攻杀代郡太守恭，还掳掠了一千多人。

六月初二庚午，皇太后去世。

秋季，朝廷罢废了在西夷地区的建置，只设了南夷、夜郎两县和一个都尉，随后令犍为郡自行保全并完善地方建置，以便朝廷集中力量修筑朔方郡的郡城。

匈奴再次入侵雁门郡，杀害和掳掠一千多人。

这一年，中大夫张汤出任廷尉。张汤为人十分狡诈，玩弄巧智驾驭他人。当时，汉武帝刘彻正倾心儒学，张汤就假装敬慕儒家大师的样子，尊重董仲舒、公孙弘等人；他任用千乘人宽担任审案官，用古代的法令和经义判决疑难案件。张汤审判案件的手法是：假如是皇上想加罪处治的人，就把他交给那些执法严苛的监、史审判；如果是皇上想要从宽解脱的人，就把他交给执法轻平的监、史审判。汉武帝因此对他很满意。张汤对于老朋友的子弟，照顾得特别周到；他去诸公重臣家中问候请安，不避严寒酷暑。所以，张汤虽然执法严苛、心怀妒忌，断狱不公平，却博得了好名声。

汲黯多次在汉武帝面前质问、责备张汤，说："您身为正卿，上不能褒扬先帝的功业，下不能抑制天下民众的邪心，使国家安定，民众富裕，监狱空虚，为什么却只知把高皇帝所定的律令胡乱变更？而且您将会因此而断子绝孙了。"汲黯经常与张汤争辩，张汤的言论在紧扣律令条文，在细枝末节上严厉苛求，汲黯伉直严峻，坚守高沿的原则，却不能驳倒张汤，愤极发怒，大骂张汤说："天下人都说刀笔吏不能做公卿，果然如此！如果一切都按照张汤的主张去做，将使天下人陷入重足而立、侧目而视的恐惧之中了！"

汉武帝元朔四年（丙辰，公元前 125 年）

冬季，汉武帝前往甘泉。

夏季，匈奴三万骑兵分别入侵代郡、定襄郡和上郡，杀害和掳掠了数千人。

（以上为第十二段，写公元前 126 年至公元前 125 年两年史事，写汉武帝刘彻重用公孙弘，公孙弘提倡节俭；张骞出使西域，历尽艰辛，十三年而回；重用张汤，张汤看汉武帝脸色行事，受到汲黯多次责问。）

【点评】

主父偃论。主父偃，是汉武帝时代的一个传奇人物。在他的身上，具有喜剧色彩，也是一个悲剧人物，折射了当时知识分子的一些典型特征，一般论者都被他的

“五鼎”之说所迷惑，对他予以否定，其实误矣。

首先，主父偃具有奋发向上、不屈不挠的顽强意志。他出身寒门，但人穷志不穷，从小喜欢读书，什么书都读，早年学长短纵横之术，后学《易》、《春秋》和百家之言。他满腹经纶，志欲学成文武之艺，货与帝王家。他自以为学艺已成，就出来“跑江湖”，可是处处碰壁，弄得灰头土脸。他到了齐国，受到儒生的排挤，家里贫穷，没有人肯借钱给他；转而北游燕、赵等诸侯王国，人家也不喜欢他。但他越挫越勇，认为这点挫折算什么，我要求职，就到长安去！于是，他去求见卫将军，卫将军几次向汉武帝推荐，汉武帝都没有理会。主父偃身上没有钱了，诸公宾客也都讨厌他，他又是穷困潦倒，几乎活不下去了。这时候，他没有灰心丧气，也没有一蹶不振，甚至突发奇想，直接向汉武帝上书！这下，他打开了仕途大门。主父偃是当时寒门士子的一个缩影，朱买臣、庄助、司马相如，年轻时也大都如此，都有着一颗不屈的心和奋发向上的情怀，这是多么的难能可贵！

其次，主父偃关心时事，心中充满着治国的大学问。他向汉武帝上书，所言九事，其八事为律令，一事为谏伐匈奴。这说明，主父偃对于治国，有着很多的主张和“闪光点”。司马迁只转录了他的“谏伐匈奴”一事，从中看出，他是不主张攻打匈奴的，这与汉武帝的想法是相矛盾的。但是，汉武帝非常欣赏他的才能，让他和徐乐、严安一起觐见。汉武帝脱口说了这么一句话，就是：“公等皆安在？何相见之晚也！”汉武帝被他们的才华所折服，也表达了求贤若渴的情怀。将他们都任为郎中。而对主父偃尤其破格重用，一年中四次升迁，由郎中升为中大夫。这说明汉武帝对主父偃特别看重，也说明主父偃具有治国才华。

事实也正是如此，主父偃提出“推恩分子弟”的建议，被汉武帝采纳，妥善解决了诸侯王尾大不掉而造反的问题。主父偃建议迁移山东豪富到茂陵，既充实京师，又使山东地区得到相应的稳定，也被汉武帝采纳而实施。主父偃还盛言朔方的土地肥饶，外有黄河屏障，内省转输戍漕，是灭胡之本，建议筑城守卫。汉武帝将这个建议交给朝廷大臣讨论，那些吃饱饭不干事的大臣都认为不妥，公孙弘也提出反对意见，而汉武帝则独具慧眼，既识人，又识计，“竟用主父计，立朔方郡”。可以说，主父偃对于汉武帝的治国，发挥了极大作用。

第三，主父偃揭发燕王刘定国，审理齐王刘次昌乱伦案件，不畏宗室权贵，秉公执法，最终将燕王绳之以法，导致齐王畏罪自杀，表现出一种大无畏的精神。这同时释放了自己的一腔怨气，但也种下了灭族的苦果。主父偃年轻时受了太多的磨难，如今飞黄腾达，他要好好地清理清理，还旧账了。首先是燕国，当年流落到燕国，无人问津，而如今，燕王栽到他的手上了。燕王刘定国在治理燕国期间，行为规范上有失检点，违背伦理道德，事情传到了主父偃的耳朵里。他查实了燕王种种伤风败俗的行为，马上向汉武帝告状，揭发燕王的罪行。汉武帝听后勃然大怒，派主父偃主持审问。在确凿的证据面前，燕王对自己的所作所为供认不讳，见无路可退，最后自杀了事。而后又轮到齐国了，主父偃掌握了齐王刘次昌乱伦之事，狠狠地在汉武帝面前参了一本，揭发了齐王与亲姐姐乱伦通奸的罪行。汉武帝十分恼怒，任命主父偃为齐国国相，要他去主持审理此事。主父偃一到齐国，就迅速审讯齐王后宫之人，一心要弄个水落石出。齐王年纪轻，经不起事，畏罪服毒自杀。齐国被撤销了，变成了汉朝直接管辖的郡县。

主父偃一朝发迹，便口无遮拦，得意忘形，而最终惨遭灭门之祸。他高调做事，得罪了很多人，有人劝主父偃说，你这样行事，太横了，别人看了不顺眼，凡事要低调。而主父偃却不以为然，说："大丈夫活着，如果不能列五鼎而食，那么，死时就受五鼎烹煮的刑罚。我已经到了日暮途远的时候，所以要倒行逆施，横暴行事，怎么也停不下来了。"这和当年伍子胥所说的话如出一辙。最后真是应验了。

当齐王自杀后，赵王坐不住了。当年，赵王对主父偃也不待见！自己与燕王、齐王相比，也干净不到哪里去！于是，就先下手为强，狠狠地参了主父偃一本，说他大量受贿，逼死齐王。汉武帝派人审查，受金是实有其事，逼死齐王则证据不足。汉武帝也有意放主父偃一马，不想要主父偃的命，毕竟留着还有用。这时候，公孙弘乘机横插一杠子，认为"齐王自杀，没有后代，封国被废除而变成郡，归入朝廷，主父偃是这件事情的罪魁祸首，皇上不杀主父偃，如何向天下人交代？"其实，这公孙弘也是借机公报私仇，铲除政敌。他使用的是借刀杀人之计，以报复当年他与主父偃在是否筑朔方城问题上的争辩，他投了反对票，而汉武帝采纳了主父偃的建议，使他碰了一鼻子灰。这次，他要主父偃用命来偿还，用心何其毒也！

对主父偃的一生如何评价，我们要作辩证的思考。主父偃为人狭隘，在朝廷多处树敌，由此遭到朝廷重臣的忌恨，因贪污获罪被抓，最终死在公孙弘的弹劾之下。可以说，主父偃的死，完全是冤死，是封建王朝的政治牺牲品。他虽然受金无数，但也不至于是死罪甚至是族灭啊！而齐王自杀，是他自己畏罪自杀，这账怎么能算到主父偃的头上？总之，主父偃的一生行事，在总体上应予以肯定，而对于他的得意忘形，在行事中夹带私人恩怨，也是需要指出来的；"五鼎"之说，只是他的戏言，并不代表他的全部，他的治国才华以及对于巩固中央集权的重大贡献，不可一概抹杀。

汉纪十一

汉武帝元朔五年至元狩四年（公元前 124—前 119）

【起强圉大荒落（丁巳，公元前 124 年），尽玄黓淹茂（壬戌，公元前 119 年），凡六年】

【大事提要】

本卷记事起于公元前 124 年，到公元前 119 年，凡六年，当为汉武帝元朔五年至元狩四年。本卷所载的大事，主要是以下几个方面：其一，漠南大捷。公元前 124 年，卫青率领大军出塞，乘夜包围了毫无防备的右贤王王庭。发起突然进攻，俘获其部众一万五千人，小王十多人，牲畜数十万头，汉军凯旋回至边塞，汉武帝派使者手捧印信赶到军中，在边塞拜卫青为大将军，又封其三个儿子为侯。其二，刘安谋反。淮南王刘安好读书鼓琴，善为文辞，注意抚慰百姓，名声很好。后来存有野心，认为汉武帝没有太子，欲争夺皇位，便与一帮谋士策划造反。伍被开始不肯，后被胁迫，为其策划。而后事情败露，刘安自杀，王后、太子等参与谋反的人被满门杀尽。其三,三出河西。公元前 121 年，汉武帝任命十九岁的霍去病为骠骑将军，于春、夏两次率兵出击占据河西地区的浑邪王、休屠王部，歼敌四万多人；秋季，奉命迎接率众降汉的匈奴浑邪王，及时控制变乱，使得四万多名将士归汉。汉朝从此控制了河西地区。其四，更钱铸币。汉朝的对匈战争牵动全国，为了集聚资财，汉武帝刘彻下令实行币制改革，采用制作白鹿皮币、铸造白金钱币、禁止民间私铸铁器和煮盐、算缗、告缗等方法，以筹集战争所需的大量物力和财力；并重用张汤、孔仅、东郭咸阳、桑弘羊等兴利之臣。其五，漠北大战。公元前 119 年，汉武帝制定了“集中兵力、深入漠北、寻歼匈奴主力”的作战方针，调集十四万骑兵，随军战马十四万匹，步兵及转运夫十万人，由卫青和霍去病统帅，分东西两路进军，共斩获胡虏七万多人，从此，“匈奴远遁，漠南无王庭”。

世宗孝武皇帝中之上

汉武帝元朔五年（丁巳，公元前 124 年）

冬季，十一月初五乙丑，汉武帝免除薛泽职务，任命公孙弘为丞相，封为平津侯。担任丞相而封侯，就是从公孙弘开始的。

当时，汉武帝正在大规模建功立业，于是，公孙弘开辟相府东门作为延揽人才的场所，与他们共同探讨国家大事。每当上朝奏事，便将于国家有益的见解奏闻朝廷，汉武帝也常常命身边的文学之臣与公孙弘进行辩论。公孙弘曾经上奏说："十个强盗拉满了弓，能使上百名官吏不敢向前。请下令禁止民众携带弓箭，以利于地方治安。"汉武帝将这个建议交朝臣讨论。侍中吾丘寿王表示反对，说道："我听说，古代人制造出五种兵器，并不是为了相互攻杀，而是用来制止暴力、诛讨邪恶。秦朝兼并天下，销毁兵甲，折断刀锋，后来，民众用农具、棍棒等相互攻击，犯法的人日益增多，盗贼防不胜防，终因大乱而亡。因此，圣明的帝王对民众以教育感化为主，而减少防范和禁令，知道那是靠不住的。《礼记》上说：'男孩诞生，用桑木制成的弓、蓬草杆制成的箭射击天地四方。'以表明男子事业所在。大射之礼，上自天子，下到民众，都要遵守，这是夏、商、周三代的传统。我听说，圣明的帝王用射礼教化百姓，没听说过禁止携带弓箭的。况且，禁止使用弓箭的目的，是为了防止盗贼用弓箭攻杀和劫掠。攻杀、劫掠是死罪，却不能禁绝，说明那些大奸大恶之徒对重刑并不退避。我恐怕坏人持弓箭害人而地方官吏不能禁止，民众却会因用弓箭自卫而触犯法律，这是助长坏人气焰而剥夺民众的自救手段。我认为这是很不妥当的。"奏章呈递上去，汉武帝以此诘问公孙弘，公孙弘无言答对。

公孙弘生性好猜忌，外表宽厚而内里心机很深。凡是曾经与他不合的人，不论关系远近，虽然公孙弘表面上装作友善，后来终究要予以报复。董仲舒为人清廉正直，认为公孙弘阿谀奉承，引起公孙弘的嫉恨。胶西王刘端骄横放纵，多次违犯法令，杀伤国中二千石官多人。于是，公孙弘推荐董仲舒为胶西国相，董仲舒因病而得免。汲黯经常诋毁儒生，当面触犯公孙弘，公孙弘想找借口将其杀死，便向汉武帝刘彻建议："右内史管辖的范围内居住着很多显贵的大臣、皇室子弟，难于治理，不是平素有威望的大臣不能胜任，请让汲黯改任右内史。"汉武帝听从了他的建议。

春季，汉朝发生严重旱灾。

匈奴右贤王多次率兵侵扰朔方郡。汉武帝任命车骑将军卫青率兵三万自高阙出塞，任命卫尉苏建为游击将军，左内史李沮为强弩将军，太仆公孙贺为骑将军，代相李蔡为轻车将军，他们都归车骑将军统属，一同率兵自朔方出塞；命大行李息、岸头侯张次公为将军，一同自右北平出塞，共调集了十几万人出击匈奴。匈奴右贤王认为汉军距自己路途遥远，不可能到达，经常饮酒而醉，毫无戒备。卫青等率兵出边塞六七百里，乘夜赶到，将右贤王大营团团包围。右贤王大惊，乘夜而逃，只率领数百名精壮骑兵冲出包围圈向北逃奔。此战共俘获右贤王手下各部首领十多人，匈奴男女部众一万五千多人，牲畜近百万头，汉军于是班师回朝。

卫青率军回到边塞，汉武帝派使臣带着大将军印信来到，在军中拜任卫青为大将军，各路将领皆归卫青统领。

到该年夏季四月初八日乙未，又加封卫青食邑八千七百户，并将他的三个儿子卫伉、卫不疑、卫登都封为列侯。卫青坚决辞谢，说道："我有幸能够在军中效力，仰仗皇上的神灵，获得大胜，全都是诸位校尉奋力作战的功劳。皇上已经增加了我的封邑，我的儿子还在襁褓之中，没有功劳，皇上却要划出土地封他们三人为侯，这就不是我效力军中，鼓励将士奋力战斗的本意了。"汉武帝说："我并没有忘记诸位校尉的功劳。"于是，封护军都尉公孙敖为合骑侯，都尉韩说为龙頟侯，公孙贺为南窌侯，李蔡为乐安侯，校尉李朔为涉轵侯，赵不虞为随成侯，公孙戎奴为从平侯，李沮、李息及校尉豆如意都被封为关内侯。

当时，汉武帝对卫青的尊宠超过了任何一位朝廷大臣，三公、九卿及以下官员都对卫青卑身奉承，唯独汲黯用平等的礼节对待卫青。有人劝汲黯说："皇上想让群臣全都居于大将军之下，大将军地位尊贵，您不可以不下拜。"汲黯说："以大将军身份而有长揖不拜的平辈客人，大将军反而不是更尊贵了吗？"卫青得知，越发觉得汲黯贤明，多次向汲黯请教国家和朝廷的疑难大事，对待他比平日更为尊重。

卫青虽然地位尊贵，但有时入宫，汉武帝就坐在床边接见他；丞相公孙弘在汉武帝空闲时谒见，汉武帝有时连帽子都不戴；至于汲黯谒见时，汉武帝没戴上帽子就不接见。有一次，汉武帝正坐在陈列兵器的帐中，汲黯前来奏事，汉武帝当时没戴帽子，远远望见汲黯，急忙躲入后帐，派人传话，批准汲黯所奏之事。汲黯受到的尊重和礼敬就是这样的。

夏季，六月，汉武帝颁布命令说："据说，对民众应以礼引导，用乐教化。现在礼已败坏，乐已丧失，我非常忧虑。命令负责礼教的官员劝导百姓学习，振兴礼教，为天下要务！"于是，丞相公孙弘等上奏说："请为博士官设置弟子五十人，免除他们的赋税、徭役，排列品学的高低，分别派充郎中、文学、掌故等官。如有异常优秀者，则提名推荐；对那些不学无术的庸才，则予以罢免。再者，凡低级官员中有一种以上专长的，请全部选拔出来，以补充重要的岗位。"汉武帝采纳了公孙弘的建议，从此，公卿、大夫、士以及一般官吏，有学问的人越来越多。

秋季，一万多名匈奴骑兵侵入代郡，杀死都尉朱英，掳掠百姓一千多人。

（以上为第一段，写汉武帝任命公孙弘为丞相，封为平津侯，公孙弘注重延请贤才，建议设立博士官弟子；卫青率军出击匈奴，获得大胜，列将皆封侯。）

当初，淮南王刘安喜欢读书写文章，又爱沽名钓誉，罗致四方宾客和各种技能之士数千人。他的臣僚、宾客，大多是江淮一带的轻薄之徒，常常用厉王刘长在流放途中死于非命一事刺激刘安。建元六年时，天空出现彗星，有人向刘安游说道："以前，吴王刘濞起兵时，彗星出现，长仅数尺，尚且流血千里。如今彗星贯穿天际，恐怕天下将有大规模的战事发生。"刘安认为说得有道理，就加紧制造进攻性的武器，聚积金钱财宝。

郎中雷被得罪了淮南王刘安的太子刘迁。此时，汉武帝正发布命令，让有志参军报国的人到长安来应征。于是，雷被表示愿意参军去攻打匈奴。但因刘迁在淮南王面前说了雷被的坏话，所以刘安将雷被斥责了一顿，并将其免职，以防止其他人效法。就在这一年，雷被逃到长安，上书朝廷说明自己的冤情。汉武帝将此事交给廷尉处理，因牵连到淮南王，公卿请求将刘安逮捕治罪。太子刘迁定计，让人身穿卫士服装，手持长戟站在淮南王身边，如果朝廷派来的使者如有不对的情况，则就立即将其刺杀，然后举兵反叛。汉武帝派中尉段宏到淮南王处询问有关情况，淮南王见段宏神色平和，于是没有发动。公卿大臣奏称："刘安拒绝有志奋击匈奴的壮士的请求，是犯了阻碍圣旨的大罪，应当众斩首。"汉武帝下令削减淮南国的两个县。事后，刘安自怨自艾说："我做仁义之事，反而被削减封地。"他以此为耻，于是谋反的准备越发加紧了。

淮南王刘安与衡山王刘赐在礼节方面相互指责，不能相容。刘赐听说刘安有反叛朝廷的打算，害怕被刘安吞并，便也结交宾客，置备武器，打算在淮南王西进以后，要发兵攻下长江、淮河之间的地区，并占有它们。衡山王王后徐来在刘赐面前诋毁太子刘爽，企图废掉刘爽，改立刘爽之弟刘孝为太子。刘赐囚禁了刘爽，将衡山王印信交给刘孝，命刘孝延揽宾客。前来投效的宾客们隐约了解到刘安、刘赐的谋反计划，便日夜劝刘赐起事。于是，刘赐命刘孝门下宾客江都人枚赫、陈喜造战车、锻箭矢，雕刻天子印玺和文武官员的印信。这年秋季，刘赐照例应入朝谒见皇帝，途经淮南国，刘安与他用亲兄弟的语言交谈，消除了已往的矛盾，约定共同反叛朝廷。于是，刘赐上书朝廷，借口有病，不肯入朝。汉武帝赐书信给他，允许他不来朝见。

（以上为第二段，写淮南王刘安喜欢读书、写文章，又爱沽名钓誉，广招宾客；宾客怂恿刘安起兵造反，刘安抓紧准备；又因雷被因应征之事受到朝廷谴责，更加怀恨在心；并与衡山王刘赐联系，相约共叛朝廷。）

汉武帝元朔六年（戊午，公元前 123 年）

春季，二月，大将军卫青率兵自定襄郡出塞北攻打匈奴，汉武帝命令合骑侯公孙敖为中将军、太仆公孙贺为左将军、翕侯赵信为前将军、卫尉苏建为右将军、郎中令李广为后将军、左内史李沮为强弩将军，全都归大将军卫青统领，斩杀匈奴数千人后班师，在定襄、云中、雁门一带休养兵马。

汉朝实行大赦。

夏季，四月，卫青再次率领公孙敖等六位将军自定襄出击匈奴，斩杀及俘虏匈奴一万多人。右将军苏建与前将军赵信合并了部队，共有骑兵三千多人，单独与匈奴单于亲自统帅的部队相遇，经过一天多的交战，汉军伤亡殆尽。赵信本是胡人的一位部落首领，投降汉朝后被封为翕侯。及至此次兵败，匈奴诱降他，他便率领本部所余骑兵约八百人投降了匈奴。苏建全军覆没，脱身逃走，独自返回卫青大营。

议郎周霸说道：“自大将军出师以来，还从未斩过一位部将。如今苏建丢弃了本部人马，应将其处死，以示大将军的权威。”军正闳、长史安说：“不对。兵法上说：‘小部队的战斗力再强，也会被大部队击败。’此次苏建以数千人马抵挡匈奴单于好几万人，奋战了一天多，将士伤亡殆尽，而苏建不敢有二心，独自返回。将其斩首，就等于告诉以后的将领战败不能返回，所以不应该杀掉苏建。”大将军卫青说：“我有幸以皇上近亲身份统领大军，不怕没有权威。周霸劝我杀苏建来显示权威，是很不符合为人臣的本分的。况且，即使我有权处决将领，作为大臣，地位尊贵，又深受皇上的宠信，却也不敢擅自诛杀大将于国境之外。而将此事全部交给皇上，由皇上亲自裁决，以显示做人臣的不敢专权，不也是很好吗？”部下军官一致说：“好！”于是，将苏建囚禁起来，送到汉武帝刘彻所在的地方。

当初，平阳县小吏霍仲孺在平阳侯曹寿家做事，与卫青的姐姐卫少儿私通，生下霍去病。霍去病十八岁时当了侍中，精通骑马、射箭之术。在第二次跟随卫青出击匈奴时，他身为票姚校尉，率领八百名轻骑勇士，一直把大军抛弃到数百里之后去寻找战机，其斩杀和俘获的匈奴人数超过己方的损失一倍。于是，汉武帝说：“票姚校尉霍去病斩杀及俘获匈奴两千多人，生擒匈奴的相国、当户，杀死匈奴单于祖父辈的藉若侯栾提产，活捉单于叔父栾提罗姑，战功屡次冠于全军，封霍去病为冠军侯。上谷太守郝贤四次跟随大将军出征，其斩杀、擒获匈奴两千多人，封郝贤为众利侯。”

这一年，失去了两位将军，翕侯赵信投降了匈奴，军功也不多，所以汉武帝没有增加卫青的食邑，只赏给他千金。右将军苏建被押解到长安，汉武帝没有诛杀他。苏建在赎身后成为平民。

匈奴单于得到赵信后，封其为自次王，又将自己的姐姐嫁给赵信为妻，与他商讨对付汉朝的方略。赵信建议单于进一步向北移动，越过沙漠，以引诱汉军，使汉军疲劳，待到汉军极度疲劳时，再乘机拦截攻取，不必接近汉朝边塞，单于听从了赵信的计谋。

当时，汉朝连年征调十几万人出击匈奴，曾斩杀或俘获敌人的将士，被赏赐黄金二十多万斤，而汉军士兵的马匹死亡也达十几万，还不算兵器衣甲和往前方运送粮草的费用。因此，大司农府库枯竭，无法供应军需。

六月，汉武帝发布命令，允许百姓出钱买爵和以钱买免除禁锢，成为可以出仕的良民，也可以交钱买免除盗财贪赃之罪。又设“赏官”，称为“武功爵”，第一级为铜钱十七万枚，以上递增，共值黄金三十多万斤。凡购买武功爵至“千夫”的人，可以优先被任命为官吏。从此，做官的途径变得既杂且多，官职就混乱败坏了。

（以上为第三段，写汉武帝派大将军卫青两次率军攻打匈奴，小有收获，而将军赵信被打败而投降匈奴；霍去病逐渐成长起来，在第二次跟随卫青出征中，立下战功，被封为冠军侯。）

汉武帝元狩元年（己未，公元前 122 年）

冬季，十月，汉武帝巡行至雍地，祭祀五畤，捉到一头长有一只角、足有五蹄的怪兽，主管官员上奏说："皇上祭祀虔诚，上帝作为回报，赐皇上独角之兽，这大概就是麒麟。"于是，将独角兽献于五祭坛，每个祭坛加上一头牛，一齐烧烤。过了一段时间，主管官员又上奏说："帝王的年号应当用上天所降的祥瑞定名，而不宜使用一、二等数目字，皇上第一个年号称'建'，第二个年号因长星出现而称'光'，此次郊祀得到一头独角兽，所以应称'狩'。"当时，济北王刘勃认为皇上将要前往泰山封禅，祭祀天地，便上书朝廷，表示愿献出泰山及其周围城邑。汉武帝将别的县划给他作为补偿。

淮南王刘安与其门客左吴等日夜加紧谋反准备，察看地图，部署进军的路线。刘安派往朝廷的使者们从长安回来，谎称说"皇上没有儿子，且朝政腐败"，他就高兴；如果说"汉廷政治清明，皇上有儿子"，他就生气，认为是胡言。

刘安召来中郎伍被，与他商议谋反之事，伍被说道："大王您怎么能有这种亡国的言论呢？我好像已经看到王宫中生满荆棘，露水打湿人衣服的凄惨景象了！"刘安大怒，将伍被的父母逮捕囚禁，三个月后，刘安又将伍被召来询问，伍被说："当初秦朝无道，极为奢侈暴虐，十分之六七的民众都希望天下大乱。高皇帝在行伍中崛起，最终成为天子，这是因为利用对方的缺点，把握时机，趁秦朝土崩瓦解的机会举兵兴起大业。如今，大王见到高皇帝得到天下容易，却单单不看不久前'七国之乱'的吴、楚吗？吴王刘濞统辖着四个郡，国富民众，谋划非常周到，然而，为什么大梁一战失败，向东逃亡，本人身死，祭祀灭绝？是因为他逆天行事，不知时势。现在，大王的兵力还不足吴、楚的十分之一，而天下的形势却比吴、楚兴兵时安定一万倍。大王如不听从我的劝告，马上就会看到您丢掉千乘之国的王位，接到赐死的命令，先于群臣死在东宫的惨景。"刘安听了，流着眼泪站了起来。

淮南王刘安有一个庶出的儿子名叫刘不害，年龄最大，刘安不喜欢他，王后不把他当作儿子看待，太子刘迁也不将他视为兄长。刘不害有一个儿子叫刘建，才高而气盛，经常对刘迁心怀不满，暗中派人告发刘迁曾企图刺杀朝廷中尉，汉武帝刘彻将此事交给廷尉处理。

淮南王刘安很害怕，想要举兵谋反，又一次和伍被商量，说道："先生认为当初吴王兴兵造反，是对呢，还是不对呢？"伍被说："不对。我听说吴王后来非常后悔，希望大王不要像吴王那样后悔。"刘安说道："吴王哪里懂得什么叫造反？当初朝廷的将领一天中有四十多人经过成皋。如今我截断成皋通道，占据三川的险要之地，再征召崤山以东的兵马，在这样的情况下举事，左吴、赵贤、朱骄如等都认为可以有九成把握，只有您认为是有祸无福，这是为什么呢？一定会像你说的那样，不可能侥幸成功吗？”伍被回答说：“如果大王一定要干的话，我有一计。当今各封国国君对朝廷都没有二心，老百姓也没有怨气。大王可以伪造丞相、御史的奏章，说是要请求皇上将各郡、国的豪杰之士和殷实富户都迁移到朔方郡，大量征发士兵，使集合期限紧迫。再伪造诏狱之书，声言要逮捕各封国的太子和宠臣。如此一来，就会民众怨恨，诸侯恐惧，再派遣能言善辩之人到各地游说，或许可以侥幸有十分之一的希望吧！”刘安说：“这是可以的。不过，我觉得用不着这么麻烦。”

于是，淮南王刘安伪造了皇帝的印玺和丞相、御史大夫、将军、军吏、中二千石及周围各郡太守、都尉的印信，并伪造了朝廷使者的信节。又准备派人伪装在淮南国犯罪而西逃长安，投到大将军卫青门下，一旦发兵，立即将卫青刺死。刘安并且说：“朝廷大臣中，只有汲黯喜欢犯颜直谏，能够严守臣节，为忠义而死，难以迷惑，至于游说丞相公孙弘之流，就如同去掉物件上的覆盖物或摇掉树枝上的枯叶一般容易。”

淮南王刘安打算调动本国军队，怕相和二千石官员不肯依从，便与伍被商议，计划先将丞相和二千石官员杀死，同时打算派人身穿治安人员服装，手持告急文书从东边奔来，高喊：“南越国的军队攻入我国边界了！”要以此为借口起兵。

就在此时，廷尉前来逮捕淮南国太子刘迁。淮南王刘安听到消息后，与刘迁密谋，召相和二千石官员前来，企图杀死他们，兴兵造反。召相，相应召而来；召内史、中尉，内史、中尉都没有来。刘安考虑，单单杀掉相，无益于事，就没有杀掉相。是否起事，刘安犹豫不决，拿不定主意；刘迁便割颈自杀，但没有死成。

伍被自己前往廷尉那里，告发与刘安图谋反叛的情节。廷尉于是派人逮捕了淮南国太子刘迁和王后，并且包围了王宫，尽数搜捕在淮南国内与淮安王刘安一道谋反的宾客，取得谋反证据后，奏闻朝廷。汉武帝命公卿处治刘安党羽，派宗正手持皇帝符节前往淮南国处治刘安。没等宗正来到，刘安便自杀而死。于是，将淮南王后荼、太子刘迁处死，所有参与谋反计划的人一律灭族。

汉武帝因为伍被平常的言论中曾多次赞美朝廷，所以想不杀他。廷尉张汤说：“伍被首先为淮南王作谋反计划，其罪不能赦免。”于是，伍被被杀。侍中庄助平时与淮南王关系密切，二人曾私下议论事情，淮南王还曾送给庄助许多钱物。汉武帝认为这是小罪，想不杀他。但张汤坚持要杀，认为：“庄助出入宫廷，是皇上的心腹之臣，却外与诸侯如此私交，如不杀庄助，今后类似的事情就不能禁止。”庄助终于被斩首示众。

衡山王刘赐上书朝廷，请求废掉太子刘爽，立刘爽之弟刘孝为太子。刘爽听到消息后，立即派他的亲信白嬴到长安上书朝廷，揭发刘孝私自制造兵车、锻炼箭矢，并与父亲的姬妾通奸，想除掉刘孝。正好主管官员在逮捕参与淮南王谋反计划的人时，在刘孝家中抓到陈喜，于是，参劾刘孝窝藏陈喜。刘孝听说法律规定“先行自首的，可以免除罪责”，便自己先向朝廷告发了共同密谋反叛的枚赫、陈喜等人。公卿大臣奏请汉武帝刘彻逮捕衡山王治罪，衡山王自杀而死。王后徐来、太子刘爽及刘孝都被当众斩首，参与谋反计划的人一律灭族。

总计淮南王刘安和衡山王刘赐谋反两案，因受牵连而被处死的列侯、二千石官员及地方豪侠人物达数万人。

（以上为第四段，写淮南王刘安与衡山王刘赐两王谋反案，因受牵连而被处死的官民达数万人。）

夏季，四月，汉朝实行大赦。

四月二十一日丁卯，汉武帝立皇子刘据为太子，刘据时年七岁。

五月三十日乙巳晦，出现日食。

匈奴军队一万人侵入上谷地区，杀死数百人。

当初，张骞从月氏回到汉朝后，向汉武帝详细介绍了西域各国的风土民情，说：“大宛在我国正西方约一万里的地方。当地人定居，耕种田地，多产好马，马汗像血一样红；有城郭、房屋，与中原相同。大宛东北为乌孙，它的东面为于阗。于阗以西，河水都向西流入西海；以东的河水则向东流入盐泽。盐泽一带河流在地下流淌，成为暗河，往南就是黄河源头。盐泽距长安约五千里。匈奴的西界在盐泽东面，直到陇西长城，南面与羌人部落接壤，将我国通往西域的道路隔断。乌孙、康居、奄蔡、大月氏都是游牧国家，随牲畜逐水草而居，风俗与匈奴一样，大夏在大宛西南方，其风俗与大宛相同。我在大夏时，曾见到我国邛山出产的竹杖和蜀地的布，我问他们：‘这东西是从哪里得来的？’大夏人说：‘是我国商人去身毒国买来的。’身毒在大夏东南约几千里之外，习俗是定居，与大夏一样。据我估计，既然大夏在我国西南一万两千里外的地方，而身毒又在大夏东南几千里外，且有我国蜀地的东西，说明身毒距蜀地不太远。如今我国出使大夏，如取道羌人地区，道路险恶，羌人又厌恶；如从稍北一些的地区走，便会落入匈奴人手中；而通过蜀地，应当是直路，又没有强盗。”

汉武帝听到大宛及大夏、安息等都是大国，多产奇异之物，人民定居，颇与中原相同，但军事力量薄弱，喜爱中原财物；北面大月氏、康居等国，兵力强盛，但可以用贿赂、引诱的方法使他们归附中国，如果真能不通过战争就争取到他们的归附，那么，中原的疆域可以扩大万里，远方的人将通过九重翻译来朝见，风俗各异的国家将归入中原版图，天子的威德将遍布四海。因此，汉武帝欣然同意了张骞的建议，命张骞从蜀郡、犍为郡派王然于等人作为使者，从駹、冉、徙及邛、僰，四道同时向身毒国进发。各路使者分别走出一两千里之后，北路被阻于氐、筰，南路被阻于嶲、昆明。昆明一带没有君长，盗匪众多，经常劫杀汉朝使者，所以，始终无人能够通过其地。

这次汉朝使者为寻访去往身毒的道路，才第一次通过滇国，滇王当羌问汉朝使者说：“汉朝与我国相比，谁大呢？”夜郎王也向汉朝使者提出相同的疑问。因为道路阻塞，他们都各霸一方为王，不知汉朝的广大。使者回国后，一再强调滇国是大国，值得争取它归附，引起了汉武帝刘彻的注意，于是，重新开始经营西南夷地区。

（以上为第五段，写张骞向汉武帝详细介绍西域各国的风土民情，汉武帝下令分四路使者前往寻找身毒国，打通前往西域的通道，但被阻于昆明一带，无法通行，而考虑重新开始经营西南夷地区。）

汉武帝元狩二年（庚申，公元前 121 年）

冬季，十月，汉武帝巡幸至雍地，祭祀五畤。

三月初七戊寅，丞相、平津侯公孙弘去世。二十一日壬辰，汉武帝刘彻任命御史大夫、乐安侯李蔡为丞相，廷尉张汤为御史大夫。

汉武帝命霍去病以骠骑将军身份率领一万骑兵，自陇西出发北击匈奴，经过几个王国，转战六天，越过焉支山一千多里，杀匈奴折兰王，斩卢侯王，俘获浑邪王的王子及相国、都尉，其斩首俘获匈奴军士兵八千九百多人，并夺得休屠王用以祭祀上天的金人。为此，汉武帝下令增加霍去病食邑二千户。

夏季，霍去病又与合骑侯公孙敖率领数万骑兵，同时从北地分两路出击匈奴，卫尉张骞、郎中令李广也同时从右北平分路出击。

李广率领四千骑兵为先锋，距大部队约数百里，张骞率领一万多名骑兵殿后。匈奴左贤王率领四万骑兵，将李广率领的先头部队团团包围。李广的士兵都感到恐惧，李广便命自己的儿子李敢独自率领数十名骑兵直穿敌阵，从敌阵左右冲出后返回。李敢向李广报告说：“匈奴兵很容易对付。”军士的情绪才安定下来。李广命部下将士面对敌军列成圆形战阵，匈奴兵向汉军阵地发起猛烈进攻，箭如雨下，汉军士兵阵亡过半，箭也快用完了。李广便命令部下拉满弓弦，但不发射，由他亲自用特大的黄色强弓射匈奴将领，一连射死好几名，敌人的攻势才渐渐缓和下来。此时天色已晚，汉军将士全都面无人色，只有李广神情自如，更愈发加紧巡视阵地，调整部署，全军上下全都钦佩他的勇气。第二天，汉军再次奋力与匈奴兵激战，虽然死亡大半，但消灭的敌人超过己方的损失。这时，张骞的大军也赶到，匈奴军才撤围而去。汉军疲惫，无力追击，也撤兵而还。根据汉朝的法律，博望侯张骞由于行动迟缓，贻误军机，应处死，赎身后成为平民。李广功过相抵，没有封赏。

骠骑将军霍去病深入匈奴地区两千多里，与公孙敖部失去联络，未能会师。但霍去病率领部队跨越居延海，经过小月氏，抵达祁连山，生擒单桓、酋涂二王，丞相、都尉率众两千五百人投降，斩杀三万零二百人，俘获小王七十多人。汉武帝增加霍去病食邑五千户，封其部下有功将领鹰击司马赵破奴为从票侯，校尉高不识为宜冠侯，校尉仆多为辉渠侯。合骑侯公孙敖因中途逗留，未能与霍去病会合，本应处斩，赎身后成为平民。

当时，汉军中老资格的将领们统帅的将士、马匹、兵器都不如霍去病，霍去病所用通常都经过挑选，但他也确敢深入敌军，经常与精壮骑兵走在大部队的前面；老天也似乎对他的部队特别照顾，从来没有陷入困绝之境。可是，老将们却经常因迟留落后而不能建功。因此，霍去病的地位越来越尊贵，和大将军卫青差不多了。

匈奴军队侵入代和雁门等地，屠杀掳掠了好几百人。

（以上为第六段，写汉武帝命霍去病以骠骑将军身份两次率领骑兵出击匈奴，获得大胜，地位越来越尊贵，和大将军卫青差不多了；李广的部队身陷重围，沉着应战，伤亡惨重，但杀掉敌人的人数更多。）

江都王刘建与其父易王刘非宠爱的淖姬等人及妹妹徵臣通奸。有一次，刘建在雷陂游玩，刮起了大风，刘建命两名郎官乘小船到湖中，小船被风吹翻，二人落入水中，抓着船，在风浪中忽沉忽现。刘建看着大笑，下令不准援救，致使二人全被淹死。刘建专做荒淫暴虐之事，共有三十五人无辜遭他杀害。他知道自己罪多，怕被诛杀，便与他的妻子成光让越族婢女请神下降，对汉武帝进行诅咒。又听到了淮南、衡山二王的阴谋，便也制造兵器，刻皇帝印玺，准备谋反。事情败露后，主管官员奏请汉武帝将其逮捕处决，刘建自杀，他的妻子成光等都被当众斩首示众，江都王国被取消。

胶东王刘寄去世。

秋季，匈奴浑邪王投降汉朝。当时，匈奴浑邪王、休屠王住在西部地区，被汉军擒杀了好几万人，单于十分生气，想将他们召到王庭处死。浑邪王与休屠王感到害怕，计划投降汉朝，先派人在边境拦截经过当地的汉人，让他们向汉武帝报告。此时，大行李息正在黄河边筑城，见到浑邪王使者后，派传车急速去报告朝廷。汉武帝听到这一消息，担心他们是用诈降手段偷袭边塞，便命霍去病率军前往迎接。休屠王对降汉之事后悔，浑邪王将他杀死，吞并其属下部众。

霍去病渡过黄河之后，与浑邪王所部遥遥相望。浑邪王部下将领见到汉军后，很多人不愿意投降，纷纷逃走。霍去病便纵马驰入浑邪王大营，与他相见，将其部下企图逃跑的八千人斩杀，又派遣浑邪王一人乘传车到汉武帝刘彻所居之处。同时命其部下人众全部渡过黄河，投降的共四万多人，号称十万。浑邪王到了长安后，汉武帝赏赐数十万，封浑邪王为漯阴侯，食邑一万户，其部下小王呼毒尼等四人全都被封为列侯，又增加霍去病食邑一千七百户。

浑邪王归降时，汉朝征调车辆两万乘前往迎接，可是因朝廷无钱，只得向民间赊购马匹。有的民众将马匹藏匿起来，结果马不够用。汉武帝刘彻大怒，要斩杀长安县令，右内史汲黯说道："长安令没有罪，只有将我杀了，民众才肯交出马匹。再说，浑邪王背叛他的主上投降我朝，我朝只须从容地按着县的顺序传送，何至于让天下不安，使中原贫困，来奉承异族呢？"汉武帝默不作声，及至浑邪王等来到长安，当地商人因与他们做买卖而犯死罪的达五百多人。

汲黯请求汉武帝适当机会在未央宫高门殿接见他，他上奏说："匈奴攻击我沿边道路上的要塞，断绝和亲，我朝兴兵征讨，死伤不可胜数，费用高达数百万。我原以为皇上得到匈奴人，一定会将他们全部作为奴婢，赏给牺牲于战场的将士之家，所缴获的财物，也一并赏赐，用以酬谢天下的受苦的百姓，满足百姓的心。如今纵然不能做到，也不能因浑邪王率领数万人前来归降，就用尽国库财富来赏赐他们，征调民众服侍、奉养他们，好像供奉骄横的儿子一般。那些无知的民众怎么知道在长安城中做买卖，竟会被法官以犯有走私禁物非法出边关的罪名受到惩处呢？皇上既不能用匈奴的财物答谢天下，又凭扭曲解释一些含糊不清的法律条文杀死无知小民五百多人，正是所谓'为保护树叶而伤害树枝'了。我觉得，皇上这样做是不对的。"汉武帝沉默不语，没有应许。后来说道："我很久没有听到汲黯的声音了，如今又在这里胡说八道！"

不久之后，汉武帝将归降的浑邪王部属分别迁移到沿边五郡的旧要塞之外，全部在黄河以南，保持他们原有的风俗习惯，设立几个"属国"。从此，金城河西岸，傍南山直到盐泽一带，便没有匈奴人了，偶尔有匈奴探马到来，但已稀少了。

休屠王太子日磾和他的母亲阏氏、弟弟伦都被罚到官府做奴隶，派到属于少府管辖的黄门养马。过了很久，汉武帝在一次游乐饮宴中检阅马匹，他的身边排满了后宫的美女，日磾等数十人牵马从殿下通过，没有人不偷偷窥视。而到日磾通过时，却唯独不敢。日磾身高八尺二寸，容貌十分庄严，所养的马匹又肥壮，汉武帝感到惊奇，召他上前询问，日磾便将自己的身世一一奏告。汉武帝对他另眼相看，当日便让他洗澡、赐给衣帽，任命为马监后升为侍中、驸马都尉，一直做到光禄大夫。日磾受到皇帝宠爱，从未有过过失，汉武帝对他十分信任，赏赐累计达黄金千斤，出门时让他陪乘车上，回宫后在左右随侍。很多皇亲国戚都私下抱怨说："皇上不知从哪儿找来个'胡儿'，竟然当成宝贝。"汉武帝听到后，更加厚待日磾。因为休屠王曾制造金人用来祭祀天神，所以汉武帝赐日磾姓"金"。

（以上为第七段，写骠骑将军霍去病在一年中三出河西，接受匈奴浑邪王率领的四万士兵投降事宜；休屠王太子日磾被罚到黄门养马，精心饲养，被汉武帝看中，升为侍中，而后至光禄大夫，赐姓“金”。）

汉武帝元狩三年（辛酉，公元前 120 年）

春季，东方出现异星。

夏季，五月，汉朝实行大赦。

当淮南王刘安密谋反叛时，胶东王刘寄听到一点风声，也曾在暗中做战争准备。及至司法官员处置刘安谋叛事件，有些人的口供道出刘寄的活动。刘寄的母亲王夫人就是皇太后的妹妹，与汉武帝关系最亲。事发后，刘寄自怨自艾，得病而死，不敢指定继承人。汉武帝听说后很可怜他，立他的大儿子刘贤为胶东王，又封刘寄生前最宠爱的小儿子刘庆为六安王，将原来衡山王辖地划归六安王所有。

秋季，匈奴分别以数万骑兵侵入右北平和定襄地区，屠杀、掳掠一千多人。

崤山以东地区发大水，很多百姓陷入饥饿、困苦境地。汉武帝刘彻派出使臣，将当地各郡县封国仓库中的粮食全部拿出来赈济灾民，仍然不够，又征集富豪、官吏、百姓，凡借钱粮给贫苦灾民的，将其姓名上报朝廷，但还是不能解救。于是，将贫苦灾民迁移到函谷关以西及朔方郡以南的新秦中地区，总共七十多万人，所需衣服、食物全部由官府供给。数年之中，由官府借给生产资料，朝廷派出使者分区进行管理，使者的车一辆接一辆，费用以亿计，多得数不清。

汉朝得到匈奴浑邪王的辖地后，陇西、北地、上郡一带外族入侵日益减少。因此，汉武帝刘彻下令将上述三郡的屯戍部队裁减一半，以减轻百姓的徭役负担。

汉武帝计划要征讨昆明地区，因该地有方圆三百里的滇池，所以特凿“昆明池”练习水战。此时，法令越发严苛，官吏被免职的很多。由于战事频繁，百姓多买爵到五大夫以免除劳役，所以官府能够征调服役的人越来越少。于是，朝廷任命具有千夫、五大夫爵位的人充当低级官吏，不想当官的人必须向官府交纳马匹。凡官吏玩弄法令的，都被发配到上林御苑去砍伐荆棘，开挖昆明池。

这一年，在西北渥洼水中得到一匹神马。汉武帝刘彻正在设立乐府，命司马相如等创作诗赋；任命宦官李延年为协律都尉，佩带二千石印信，将新作的诗赋配上弦乐，使它们符合八音曲调。由于这些诗赋中多用深奥的文辞，仅仅读通一部经书的人，连自己也看不懂，必须汇集五经专家共同研究诵读，才能全部了解它的含意。及至获得神马，汉武帝又命令创作诗赋，配成歌曲，汲黯劝道：“凡圣明的君主制作乐章，上应赞美祖先，下要教化民众。如今皇上得了一匹马，就要将诗谱成歌曲，在宗庙中演唱，先帝和民众怎么能知道唱的是什么呢？”汉武帝听了不说话，很不高兴。

汉武帝延揽士子文人，常常怕人才不够用，但性情严厉刻薄，尽管是平日所宠信的群臣，或者犯点小错，或者发现有欺瞒行为，立即根据法律将其处死，从不宽恕。汲黯劝说道："皇上求贤十分辛苦，但还未发挥他的才干，就已经把他杀了。以有限的士子文人，供应皇上的无限诛杀，我恐怕天下的贤才将要丧尽，皇上和谁一同治理国家呢？"汲黯说这番话时非常愤怒，汉武帝笑着解释说："什么时候也不会没有人才，只怕人才不能被发现罢了。如果善于发现，何必怕无人才？所谓'人才'，就如同有用的器物，有才干而不肯充分施展，与没有才干一样，不杀掉他，还等什么？"汲黯道："我虽然无法用言词说服皇上，但心里仍觉得皇上说得不对，希望皇上从今以后能够改正，不要认为我愚昧而不懂道理。"汉武帝转身对周围众臣说："汲黯自称阿谀奉承，当然不是，但说他自己愚昧，难道不确实是这样吗？"

（以上为第八段，写公元前120年崤山以东地区发大水，民众陷入饥饿、困苦境地，汉武帝刘彻下令当地郡县封国开仓济民，又征集钱粮救灾，并将七十多万灾民迁移到新秦中，由官府供给。）

汉武帝元狩四年（壬戌，公元前119年）

冬季，主管官员奏称："国家的经费非常困难，而豪富的大商人通过冶铁和煮制食盐等，家财有的积蓄到黄金万斤，却不肯用来资助国家急需。请皇上重新制造钱币满足使用，以打击那些浮滑不法以及兼并土地的人。"当时，御苑中有一种白鹿，少府有很多银、锡。于是，汉武帝命人用一尺见方的白鹿皮，四边绣上五彩花纹，称为皮币，值四十万钱。同时下令：凡王侯、皇族进京朝觐，或相互聘问，以及参加祭祀大典时，都必须将呈献的玉璧放在皮币之上，然后才能通行。又用银、锡制造出三种白金币：大币为圆形，以龙为图，值三百钱。又命令地方官府销毁半两钱，改铸三铢钱，凡私自铸造各种钱币的人一律处死。但官吏和民间私自铸造白金币的人仍然不可胜数。

因此，汉武帝任命东郭咸阳、孔仅二人为大农丞，负责盐铁事务；桑弘羊也以擅长计算而受到重用。东郭咸阳本为齐地的大煮盐商，孔仅则是南阳的大冶铁商，二人都扩大产业而积聚千金。桑弘羊为洛阳商人子弟，精于心算，十三岁就做了侍中。他们三人商讨谋利的事情，连细微末节都能分析到。

汉武帝颁布命令，禁止民间私铸铁器和煮盐，犯禁者受左脚戴铁箍之刑，工具和产品没收。公卿大臣们又奏请汉武帝命令从事各种工商末业的人各自申报自己的财产，以一千钱为一缗，每二千缗纳税一百二十钱，作为一算。另外，凡百姓家有小形马车，或有五丈以上船只的，都要征算。凡隐瞒财产不报，或申报不实的，戍守边塞一年，钱财没收。告发别人隐瞒财产的人，赏给被告发者财产的一半。这些法令大部分都是出自张汤。张汤每次朝会，奏报国家财用情况，都到很晚，汉武帝因此忘记了吃饭。丞相李蔡坐在位子上充数，天下大事都由张汤决策。百姓骚动，无法安心生活，都怨恨张汤。

当初，河南人卜式屡次请求捐赠家产给朝廷，援助边塞，汉武帝派使者问卜式："你想当官吗？"卜式回答说："我从小种田牧羊，不懂做官的规矩，不愿当官。"使臣又问道："难道你家有冤情，想要申诉吗？"卜式说："我平生与人没有纠纷，对同乡中贫穷的人则借给他们钱，对为非作歹的人则教导他们，所以，周围的邻居都跟从我，我怎么会被人冤枉呢？没什么想申诉的。"使者说："若是如此，你为什么要那样做呢？"卜式说："国家攻打匈奴，我认为有才能的人应当战死边塞以全臣节；有财富的人应当拿出钱财支援国家。这样才能将匈奴消灭。"汉武帝因此认为卜式贤能，打算高度评价并宣扬他的行动，以劝勉百姓，便将卜式召到京师，任命为中郎，赐左庶长爵位，赏给十顷土地，并宣告天下，使人人知晓。不久，又提升为齐国太傅。

（以上为第九段，写汉武帝为了攻打匈奴，千方百计筹集财政资金，采用重新制造钱币、禁止民间私铸铁器和煮盐、算缗、告缗等措施，重用张汤、桑弘羊等人，卜式屡次请求捐赠家产，受到鼓励和重用。）

春季，在东北天空出现异星。夏季，在西北天空出现彗星。

汉武帝与各位军事将领商议说："翕侯赵信给匈奴单于出谋划策，常常认为我国军队不能够轻装穿过大沙漠，即使到了那里也不能久留。此次我们发动大军，一定要达到我们的目的。"于是，征选了用粟米饲养的战马十万匹，命大将军卫青、骠骑将军霍去病各率领五万骑兵，跟随官兵私人驮运行装的马匹也有四万匹，步兵和运送辎重的民夫跟在大军之后有数十万人，其中敢于深入杀敌的骑兵都跟随霍去病出塞，以正面攻击匈奴单于。后从俘虏口中得知单于在东边，于是改命霍去病自代郡出塞，卫青自定襄出塞。

郎中令李广屡次主动请求出征，汉武帝认为他年事已高，不准所请，过了很长时间才答应他，任命为前将军。太仆公孙贺被任命为左将军，主爵都尉赵食其为右将军，平阳侯曹襄为后将军，都隶属于大将军卫青。赵信为单于谋划说："汉国横穿大沙漠后，人马必然疲惫，我军可以坐等擒获敌军。"于是，将己方的辎重运到北方很远的地方，命精锐部队在沙漠以北等候汉军。

卫青出塞后，自俘虏口中得知单于住地，便亲自率领精兵前进，命前将军李广与右将军赵食其合兵一处，由东路进军。李广因东路绕远，水草也少，主动请求说："我的部队是前将军的部队，而今大将军却改命我部为东路军。我自少年时就开始与匈奴作战，今天才有机会正面对付单于，所以愿意作前锋，先去与单于死战。"卫青曾受汉武帝暗中告诫，认为："李广年纪已老，运气又不好，不要让他与单于正面作战，恐怕他不能完成擒获单于的任务。"而公孙敖不久前失去侯爵，卫青也想让他与自己一同正面与单于作战立功，所以，将前将军李广调到东路。李广知道内情，坚决地向卫青推辞，遭到卫青拒绝。李广未向卫青告辞就动身出发，心中十分恼怒。

大将军卫青率领大军出塞一千多里，横穿大沙漠，见匈奴单于的军队正列阵以待，便下令将兵车环绕一周结成营阵，派出五千骑兵攻击匈奴，匈奴也放出约一万骑兵迎战。恰好太阳将要西沉，狂风忽起，砂砾扑打人脸，两军士兵相互不能分辨。卫青增派左右两翼的军队包抄匈奴单于。单于见汉军人多，兵马仍然很强，估计自己打不过汉军，便乘坐六匹健骡，在约数百名精壮骑兵的保护下直冲汉军防线，向西北方向飞奔而去。

这时，天色已黑，汉军与匈奴的将士们仍在激烈搏杀，双方损失大体相当。汉军左翼校尉报告卫青说，他从抓到的俘虏那里得知，单于已于天未黑时离去。于是，卫青派出轻骑兵连夜追击，自率大军跟随其后，匈奴兵也四散逃走。将近天明时，汉军已追出二百多里，没有抓到单于，但擒获和斩杀匈奴一万九千多人。于是，到了寘颜山赵信城，夺得匈奴的存粮供应军队。在该地停留一天之后，将该城和所余的粮食全部烧光，然后班师而还。

前将军李广与右将军赵食其率领的东路军因没有向导，在沙漠中迷失了道路，所以落到大将军卫青的后面，没有能赶上与单于的那一战。直到卫青率部班师，经过沙漠南部时才遇到李、赵二位将军。卫青派长史责问二人迷路的情况，并命李广马上到大将军处听候传讯。李广说："校尉们没有罪，是我自己迷了路，我现在自己到大将军幕府去受审。"又对他的部下说："我从少年时开始作战，而大将军却将我部调到东路，路途本就绕远，又迷失了道路，难道这不是天意吗！况且我六十多岁了，毕竟不能再去面对那些刀笔小吏了！"于是，就拔刀自刎。

李广为人清廉，得到赏赐就分给部下，与士兵一起吃喝，做了四十多年二千石官，家中却没有多余的财产。他的手臂像猿臂一样，又长又灵活，擅长射箭，估计射不中目标，便不发箭。他带领军队，在困境中找到水，士兵没有都喝过，他不沾水；士兵没有都吃过，他不进食。士兵因此乐意为他效力。及至李广死去，全军将士都哭了。民众听到李广的死讯，认识他的和不认识他的，无论是年老的还是年轻的，都为他流泪。右将军赵食其一人被交付审判，其罪当死，赎身后成为平民。

匈奴单于逃走后，其部下很多人混杂在汉军中追赶单于。单于长时间没有同他的部众会合。右谷蠡王认为单于已死，便自立为单于。十几天后，原单于重新与其部众会合，右谷蠡王才去掉单于称号。

骠骑将军霍去病率领的骑兵军车和后勤供应都与大将军卫青相同，但没有副将，将李敢等人全都任命为大校，充当副将，从代郡、右北平郡出塞两千多里，穿越大沙漠，与匈奴左部的军队遭遇，擒获匈奴屯头王、韩王等三人，以及将军、相国、当户、都尉等八十三人，在狼居胥山祭祀天神，姑衍山祭祀地神，又登上瀚海旁边的山峰眺望，共俘获匈奴七万零四百四十三人。汉武帝刘彻增加霍去病食邑五千八百户，又封其部将右北平太守路博德等四人为列侯，从票侯赵破奴等二人增加食邑，封校尉李敢为关内侯，赐食邑。低级军官和士兵升官、受赏的人很多。而大将卫青却没有增加食邑，部下军吏士兵全都没有被封侯的。

卫青与霍去病两支部队出塞时，曾在边塞检阅，官私马匹加起来共十四万，至班师重新入塞时，马匹不到三万。

于是，汉武帝增设大司马一职，由卫青、霍去病同时担任，还规定霍去病的官级和俸禄与卫青一样。从此以后，卫青的权势日渐衰落，而霍去病日益尊贵。很多卫青以往的朋友和门客都去改投霍去病，马上得到了官职、爵位，只有任安不肯这样做。

骠骑将军霍去病为人寡言沉稳，有勇气，敢于任事，汉武帝曾想教他学习孙武、吴起兵法，他说："作战只看谋略如何罢了，用不着古代兵法。"汉武帝为霍去病修建府第，让他前往观看，他说："匈奴还没有消灭，要家干什么呢！"因此，汉武帝更加爱护他了。但霍去病少年显贵，对部下不够关心。他率军出征时，汉武帝派负责宫廷膳食的太官给他送去的食物装了数十辆车。班师时，后带辎重车上装满吃剩下的粮食和肉类，而士兵却有饿肚子的。在塞外时，军队缺粮有的士兵饿倒不能站立，可霍去病却修建蹋鞠的场地游戏。像这样的事例有很多。卫青为人仁和，尊重士子，谦虚退让，以温顺柔和博取汉武帝的喜爱。二人的志趣节操就是如此。

这时，汉朝消灭匈奴共八九万人，汉军也死亡了数万人。此后，匈奴迁往很远的地方，沙漠以南再没有匈奴的王庭了。汉军渡过黄河，从朔方以西到令居县，处处开通河渠，设置田官，派士兵五六万人屯垦，逐渐蚕食到匈奴旧地以北。但也因缺少马匹，不再大举出击匈奴了。

匈奴采纳赵信的建议，派遣使节到汉朝，以友好的言语请求与汉朝和亲。汉武帝命群臣商议对策，有人主张和亲，有人建议利用这一机会使匈奴臣服。丞相长史任敞献计说："匈奴刚刚被打败，处境困难，应该使它成为我朝属国，到边界请求朝拜。"汉武帝便派任敞出使匈奴，说服匈奴单于臣服汉朝。单于勃然大怒，将任敞扣留，不让他回国。

此时，博士官狄山认为答应和亲于国家有利，汉武帝为此向张汤询问，张汤说："这个愚笨的儒生什么都不懂。"狄山说："我固然愚笨，但我是愚忠；像御史大夫张汤，乃是诈忠。"于是，汉武帝把脸一沉，说道："我派你掌管一郡，你能不让匈奴进犯吗？"狄山说："不能。"汉武帝又说："管一个县呢？"狄山说："不能。"汉武帝又说："管一个要塞呢？"狄山自己忖度，如辩说下去而无话回答，就将会被交司法官员审判，便回答说："能。"于是，汉武帝派狄山去守护要塞。过了一个多月，匈奴斩下狄山的人头而去。从此以后，文武百官震恐，没有人敢触犯张汤。

（以上为第十段，写汉武帝派大将军卫青和骠骑将军霍去病率军进行漠北大战，消灭匈奴八九万人，从此"漠南无王庭"；李广跟随大将军出战，出东道，迷路，失去封侯机会，愤而自杀。）

这一年，汲黯因触犯法律被免职。汉武帝任命定襄太守义纵为右内史，河内太守王温舒为中尉。

先前，宁成担任函谷关都尉时，官吏百姓出入此关的都说：“宁愿碰到正在喂奶的母老虎，也别遇上发怒的宁成。”及至义纵被任为南阳太守，途经函谷关，宁成在迎送时都恭敬地走在旁边。义纵到郡接任后，便调查宁氏一家的罪状，将其满门抄斩，南阳郡的官吏百姓震恐异常，重足而立，不敢迈步。后来义纵改任定襄太守，一到任，就突然封闭了定襄监狱，将狱中轻重人犯二百多人，及私自入狱探视的犯人也有二百多人，一起逮捕，宣判他们犯有“为死罪囚犯私自解脱枷镣”的罪名，当天将这四百多人全部判决处死，从此，郡中人人不寒而栗。当时，赵禹、张汤都因严苛而位列九卿，但他们还是以法律治事，而义纵则专门用老鹰捕兽的手段治事。

王温舒开始做广平都尉时，在郡中挑选了十几名豪杰不怕死的人当属官，让他们做得力帮手，掌握他们每个人的隐秘的重大罪行，从而放手让他们去督捕盗贼。如果谁捕获盗贼使王温舒很满意，此人虽然有百种罪恶也不加惩治；如果不能尽心尽力地为他办事，就依据他过去所犯的罪行杀死他，甚至灭其家族。因此，齐国、赵国野外的盗贼都不敢靠近广平，使广平郡的治安良好，有“道不拾遗”的美誉。

后来，王温舒调任河内太守，九月到任，命郡中为他准备五十匹传送信件的驿马，然后搜捕郡中豪勇奸猾之徒，相互牵连的有一千多家。王温舒奏请朝廷，说：“罪大的诛杀全族，罪小的本人处死，其家产全部没收以抵往日的赃物。”奏章送走不过两三天，就得到朝廷的批准。于是，对案件进行判决，致使血流十多里，河内郡的人们对他传送奏章的神速惊骇不已。到十二月底，郡中无人敢出声，无人敢夜间出门，乡村中也听不到因有人偷盗而引起的狗叫声。凡有逃亡的罪犯，王温舒都要派人到邻近的郡县或封国去追缉。恰好春天到了，照例停止行刑，王温舒跺着脚叹道：“唉！如果冬季延长一个月，就够办我的事情了。”

汉武帝听说义纵和王温舒的所作所为，认为二人都很有才干，所以，将他们提升为中二千石的官。

齐国人少翁，因有召唤鬼神的方术而进见汉武帝刘彻，汉武帝宠爱的王夫人死了，少翁施展法术，在夜里召来了鬼魂，与王夫人的容貌相同。汉武帝从帷帐中遥见到鬼魂，于是，汉武帝封少翁为文成将军，给了他很多赏赐，并对他待以客人之礼，以示尊敬。少翁又劝汉武帝兴建甘泉宫，在宫中修高台一座，台上筑屋，屋中画天、地、太一等各种神灵，设置祭祀用的器具，用以招请天神。

一年多以后，少翁的法术越来越不灵，神仙没有降临。于是，少翁将写着字的绸缎让牛吞下，然后假装不知，对汉武帝刘彻说道：“这只牛肚子里有奇怪的东西。”

将牛杀死后查看，取出写字的绸缎，见上面写了些非常古怪的话。然而，汉武帝却认出是某人的笔迹，逼问那人，果然是伪造的。于是，汉武帝就将少翁杀死，并把此事隐瞒起来。

（以上为第十一段，写汉武帝重用义纵、王温舒等酷吏，虽然他们在打击奸猾、豪强方面成效显著，但也带来了极大的负面作用；汉武帝迷信方士少翁，封为文成将军，少翁因弄虚作假而被杀。）

【点评】

李广论。李广，被匈奴人称为“汉之飞将军”，闻之而心惊胆寒，也是中国历史上不可多得的得军心、得民心的将军。司马迁满怀深情地写下了《李将军列传》，使李广的事迹和英雄行为深得人心，这里不作细说，只论与李广之材以及与“封侯”相关的几个问题。

首先，李广具有非常过硬的军事素养，非常善于防御，是防守型的优秀军事人才。李广“猿臂善射”，精通骑马射箭，箭法非常精准，还曾徒手与猛虎搏斗，胆气、豪气过人，打起仗来不要命。在汉文帝时，他就因杀敌立功，被提拔为中郎。汉景帝时，他基本上都是担任边郡太守，如转蓬一般，哪里最容易被匈奴进攻，他就出现在哪里，先为上谷太守，后为陇西、雁门、代郡、云中太守，都是奋力作战，令匈奴闻之丧胆。到了汉武帝时代，调到都城担任未央宫禁卫军长官，担任起保卫皇宫的重任。李广一生的青中年时代，都是在文帝、景帝时期，这时候汉朝与匈奴实行和亲，防御匈奴的侵边骚扰，李广在战略防御中功不可没。汉武帝即位后，由战略防御转入战略进攻，所需要的是大兵团作战，以及长途跋涉、快速进攻的才能，很显然，这时候的李广，已不是少壮之时，已经不能完全适应这样的作战方式。他几次跟随大将军卫青率军出塞，都没有取得很好的战绩，就能很好地说明这个问题。

其次，李广不是一个失败的英雄，而是一个善于反败为胜的英雄，也是一个悲剧性人物。李广一生的闪光点，除了上面所说的战略防御外，还在于他的机智、果敢，善于反败为胜。李广一生历经七十余战，未曾失败，而被人们津津乐道的是他的三次起死回生，成功脱逃。一是下马解鞍撤回；二是跳脱网兜逃回；三是被围生死对抗。三次都富有传奇色彩。第一次，李广带领一百多名骑兵追击匈奴射雕手，遇到匈奴数千骑兵，如果不是李广装作诱敌的骑兵，故意下马躺卧，使敌骑害怕有埋伏而不敢攻击，恐怕一百多名骑兵都成了敌人射击的靶子；第二次，李广率军出雁门关进攻匈奴，被数倍于己的匈奴军打败而生擒，敌人把满身伤痕的李广放在两马间的网兜上，李广把准机会，突然纵身跳上匈奴少年的骏马，脱身而逃，捡得性命；第三次是李广后又率领四千骑兵从右北平出塞，匈奴左贤王率领十倍的敌人将其团团包围，李广沉着应战，凭借精湛的箭术射杀敌军首领，避免了全军覆没。由此可见，李广是个英雄，是个善于反败为胜的真正英雄，但是与卫青、霍去病的大兵团作战，能够俘获成千上万的敌人，还是有着很大区别的。

再次，在李广的最后一次出击匈奴中，卫青调整李广的出战位置，除了略有私心外，更多的则是关照李广，而李广不予理解。在漠北大战中，汉武帝任命李广为前将军。前将军，就等于是先锋部队，李广满心欢喜，这意味着他有机会杀敌而立功封侯了，即使是血染沙场，也是非常的开心。也确实是如此，人是活在希望之中，如果没有了希望，活着还有什么意义？可是，卫青却将李广调整为右将军，从右道出发，配合主力部队作战。这下李广生气了，认为这是明摆着与他过不去，夺去了他杀敌立功的绝好机会，这比杀了他还难受啊！司马迁写卫青调整李广作战线路的动机是要让新近失侯的公孙敖有杀敌立功的机会，是私念在作祟。而在事实上，这固然是其中一个重要原因，但可能还有其他诸多因素。一是汉武帝的顾虑。汉武帝觉得李广年纪已大，本来就没有打算让他参与这次战役，而是李广苦苦请求，汉武帝才答应了。二是卫青的顾忌。虽然汉武帝任命李广为前将军，但卫青作为大军统帅，他觉得李广毕竟年纪大了，缺少快速作战的反应能力，担任前将军一职可能不太合适，于是，将李广的前将军位置作了调整。三是卫青的考虑。他要选择与自己想法一致的将军来担任前将军，才能配合默契，取胜的可能性更大。公孙敖，是卫青儿时的铁杆朋友，曾经冒死救过卫青的命，两人可以说是生死与共。就这一点来说，李广在卫青的心目中，怎么能与公孙敖相比呢？当然，如果要深究，汉武帝和卫青对待李广都有不妥之处。汉武帝既然认为李广年老，为什么要将他封为前将军呢？卫青如果要变动李广的作战位置，为什么不禀明汉武帝，让汉武帝作权衡考虑呢？

第四，李广绝望到了极点，横刀自杀，把一腔怒气撒在卫青身上，可谓刚烈，但如果忍耐一下，也是可以保住性命的！为什么要这样极端呢？李广从东道出发，由于没有向导，迷失了路，而没有赶得上与匈奴作战，完全无功。这时候，李广彻底与“封侯”绝了缘，心中充满一腔怒气。而无巧不成书，卫青要给汉武帝上书报告详细军情，于是就叫李广幕府的人前去说明情况，李广彻底愤怒了，来到大将军幕府，不问青红皂白，就洒去了一腔热血。可悲啊！可叹啊！仔细地想一想，卫青并不是有意要李广难堪，也绝对不是要李广的命，而只是要把迷路失道的情况弄清楚，好向皇上汇报，仅此而已。纵观卫青的为人，是一位比较宽厚的将军，曾在军中坚持不杀失败的将军苏建，后来苏建的命还是保住了。纵观汉武帝历次对匈作战，还没有真正杀过一个失败的将军，一般都是用钱赎罪，成为平民。李广自己就遇到过这种情况，一旦军情紧急，还是照样启用。李广啊，怎么就忘掉这些呢？为什么就一根筋撞到南墙上去呢？

第五，李广念念不忘于封侯，结果成了封侯的牺牲品。难道封侯就这么重要吗？甚至比生命还重要吗？自汉武帝出兵攻打匈奴，李广基本上都参与了，而每次都与封侯无缘，这可伤了他的自尊心，论能力，论资格，他自认为比任何人都强，可就是不能取得战功，不能封侯。于是，在他心中就有种种假设，或认为是杀降的后果，或认为是自己的命运不好，甚至认为是汉武帝没有重用他，大将军卫青有意排斥他，使他没有封侯的机会。正因为他心中有这些潜意识，才产生了后来的横刀自杀向天笑的结果。既然不能封侯，活着还有什么意义呢？不如一死了之。如果退一步考虑，封侯，固然是好；不能封侯，也没有什么了不起，已经是身经百战的将军了，是否封侯，还有什么意义呢？如果这么一想，也许李广的心中就释然了，何至于如此呢？

第六，李广横刀自杀，影响的不仅仅是他自己，而是诸多方面，给别人造成的伤害，是他自己所未曾料及的。李广自杀了，他的形象高大了，以至于一军皆哭，老少垂泪，这无疑是对李广一生的最好的奖赏，是对李广人格的充分肯定，这相对于封侯来说，那可是荣耀百倍啊！从这个意义上来说，李广是值了，可谓是生哀死荣，流芳百世了！但是，李广的这一行为，带来了很多的影响，也许是李广根本就没有想，或者是想不到的。首当其冲的，是大将军卫青，他成了李广自杀的牺牲品，人们在哀悼李广的时候，无疑对卫青产生了极大的愤恨，把一腔怨气都撒到了卫青身上，对卫青的低评甚至诋毁，也就顺应而来，什么“卫青是外戚而得以重用”、“卫青不败由天幸”，等等。固然不错，卫青是外戚，但外戚难道都能像卫青这样吗？卫青的绝世才能却被忽略了。什么是“天幸”，难道卫青出征，每次都能够侥幸取胜吗？如果论说英雄，卫青才是真正的英雄，其他人在他的面前，都会黯然失色！可是，正是这么一个事件，使卫青的形象大打折扣，减分不少。其次影响的是李广的家族。李广走极端了，他的小儿子李敢本来就是一个出色的将才，如果不是李广的这种行为，他将来封侯拜将不在话下。而李广死了，他非常悲伤，认为是大将军卫青逼迫他的父亲自杀，把矛头指向卫青，打伤了卫青。卫青宽宏大量，不予计较，可卫青的外甥霍去病却忍不住了，在一次狩猎中射杀李敢，断送了他年轻的生命，而且有冤无处申，被说成是奔鹿撞死的，多么可惜啊！李广的孙子李陵，颇有李广家风，也是坚决要求出战，要重振李家，结果被匈奴大军包围，弹尽粮绝，投降了匈奴，后来汉朝要引渡他回来，他也是李广的口气，宁可死在匈奴，也不能再次受辱！也许就是这样的思维，使李陵失去了改过自新、重振雄风的机会。如果从这些方面来看待李广的“封侯”与自杀，是不是有些冲冠一怒，而死有不值呢？

俗话说，公道自在人心。以上所说，可能有些有失公允，但并不是要贬低李广，而是对李广以及相关的卫青等人做出一个实事求是的评价，以还历史的本来面目。

汉纪十二

汉武帝元狩五年至元封元年（公元前118—前110）

【起昭阳大渊献（癸亥，公元前118年），尽重光协洽（辛未，公元前110年），凡九年】

【大事提要】

本卷记事起于公元前118年，到公元前110年，凡九年，当为汉武帝元狩五年至元封元年。本卷所载的大事，主要是以下几个方面：其一，霍去病去世。公元前117年，骠骑将军霍去病因病去世，年仅二十四岁。汉武帝非常悲伤，让他陪葬茂陵，调遣边境五郡的铁甲军，从长安到茂陵排列成阵，将霍去病坟墓修成祁连山模样，追谥为景桓侯，彰显其克敌服远、英勇作战的特殊功勋。其二，刘彻求仙。汉武帝企求长生不老，而自称有奇异方术的人不计其数。他被方士们骗了一次又一次，还是痴心不改，不断派人到海上寻找神仙，求取仙药；他自己也四处巡游，行礼祭祀各路神灵，走遍天下所有名山大川，但是，没有灵验，终究一无所获。其三，平定南越。南越丞相吕嘉背叛汉朝，公元前112年，汉武帝调动十万大军前去攻打，路博德一军与杨仆一军先行会合，一同围攻番禺，南越国灭亡。从开国君王赵佗至亡国君王赵建德，整个南越历五王，凡九十三年。在原南越统治地域设置了九个郡。其四，举行封禅。公元前110年，汉武帝率领群臣浩荡东巡，至泰山，自定封禅礼仪，至梁父山礼祠“地主”神；其后举行封祀礼，独与侍中、奉车子侯登泰山，行封禅礼；后又行祭后土的礼仪，禅泰山东北麓肃然山。而后在明堂接受群臣朝贺，改年号为元封。其五，均输平准。公元前110年，由于桑弘羊在理财方面的卓越才能，汉武帝任命其为搜粟都尉，并代理大农令。他改革币制，实行盐铁官营，又推行均输平准，纳粟拜爵，增加了财政收入和粮食储存，有力地支持了汉武帝的内兴外攘，“民不益赋而天下用饶”。

世宗孝武皇帝中之下

汉武帝元狩五年（癸亥，公元前118年）

春季，三月十一日甲午，丞相李蔡被指控盗用汉景帝陵园外空地埋葬家人，其罪该当交付司法官吏审判，李蔡自杀。

废止三铢钱，改铸五铢钱。因此，很多民众私自铸钱，以楚地最为严重。

汉武帝因为淮阳郡地处楚地交通要冲，所以，召来汲黯，任命为淮阳太守。汲黯伏地辞谢，不肯接受印绶，经汉武帝数次下令强行授予，才接受了这一职务。汲黯流着眼泪对汉武帝说："我自以为老死无用，将填沟渠，再也见不到皇上了，想不到皇上还会再用我。我时常患病，不能胜任一郡的繁重事务，愿意充当中郎之职，出入宫廷，为皇上弥补过失和提醒遗漏之事，这是我的心愿。"汉武帝说道："你看不起淮阳吗？我很快就会召你回来的。顾念到淮阳的官吏与民众不和，我只想借重你的威望，你能够躺在床上处理郡事就行。"

汲黯辞行以后，拜访大行李息，说道："我被弃置到地方郡县，不能再参与朝廷议事了。御史大夫张汤，其智谋足以拒绝规劝，狡诈足以掩饰错误，专门说些乖巧、奸佞的话，用辞诡辩，不肯为天下正事发言，一心迎合皇上的意思。凡是皇上所不喜欢的，他就乘机诋毁；凡是皇上所喜欢的，他就乘机称赞。他还爱制造事端，玩弄法律条文，心怀奸诈以左右主上的心意，依靠不法官吏来建立自己的威信。你身居九卿高位，如不早加揭露，恐怕会与张汤一同受到惩处。"李息因惧怕张汤权势，始终未敢开口。及至张汤倒台时，汉武帝刘彻将李息一同治罪。

汉武帝给予汲黯诸侯国相的待遇，命其居守淮阳，十年后去世。

汉武帝发布命令，将奸猾不法的官吏和民众放逐到边疆地区。

夏季，四月初二乙卯，汉武帝刘彻任命太子少傅武强侯庄青翟为丞相。

汉武帝在鼎湖宫得了重病，巫师、医生等想尽办法，仍然不愈。游水发根说，上郡有一巫师，能请鬼神附身驱走病魔。汉武帝将他召来安置在甘泉宫祭祀，及至发病时，派人问于神灵，神灵说道："天子不必担心病情，待稍有好转后，坚持来甘泉宫与我相会。"于是，汉武帝病体稍愈，立即前往甘泉宫。彻底痊愈后，又在专门奉祀神灵的寿宫中摆设酒宴。人们并不能见到神灵，只能听到神灵的声音，与人声一样。神灵忽来忽去，来时肃然有风，居于帷帐之中。汉武帝命人将神灵说的话记录下来，命名为"画法"。神灵所说的话，是世俗之人所能知晓的，毫无特殊的地方，只有汉武帝一个人听了心中高兴。此事非常机密，外人并不知晓。

当时，汉武帝突然起身前往甘泉宫，经过右内史的辖地，看见道路大多毁坏失修，生气地说："义纵难道认为我再也不能走这条路了吗？"因而怀恨在心。

（以上为第一段，写公元前118年，汉武帝起用汲黯，任命为淮阳太守，汲黯卧病而治；汉武帝信奉鬼神，生了重病，请来巫师，安置在甘泉宫，假装神灵驱魔治病，其实说话与普通人无异。）

汉武帝元狩六年（甲子，公元前117年）

冬季，十月，降雨，水未结冰。

汉武帝发布了“缗钱令”后，又尊崇卜式，但民众却始终不肯拿出自己的财产来帮助国家。于是，由杨可主持，对隐瞒财产者进行的告发和惩处大规模地进行。义纵认为此举骚扰了百姓，部署官吏逮捕杨可派出的官员。汉武帝以义纵抗拒圣旨、阻挠告密之事，将其处死。

郎中令李敢怨恨大将军卫青使其父李广抱恨而死，将卫青打伤，但卫青却将此事隐瞒起来。不久，李敢随汉武帝到雍地甘泉宫狩猎，被骠骑将军霍去病用箭射死。霍去病当时正受宠信，声势显赫，汉武帝刘彻为其隐瞒真相，宣称李敢是被鹿撞死的。

夏季，四月二十八日乙巳，汉武帝在太庙册封皇子刘闳为齐王，刘旦为燕王，刘胥为广陵王，从此开始用发布“诰策”的形式册封诸王。

自从铸造白金币、五铢钱之后，官吏和民众因私铸钱币而被处死的有数十万人，至于那些尚未发觉的更是多得无法计算，天下人几乎都在私铸钱币。由于犯此法的人太多了，官府不可能将他们全部诛杀。

六月，汉武帝下令，派遣博士褚大、徐偃等六人分别到全国各郡和诸侯国视察，举劾各地并吞贫民耕地之人和违法犯罪的郡守、诸侯国丞相及其他地方官吏。

秋季，九月，冠军景桓侯霍去病去世。汉武帝非常悲痛，为他仿照祁连山形状修建了一座坟墓。

当初，霍仲孺辞职返回家乡，娶了妻子，生下儿子霍光。霍去病长大后，才得知霍仲孺是自己的父亲，当他作为骠骑将军北击匈奴，经过河东时，特派官吏将霍仲孺接来相见，为他购买了大量的田宅奴婢而后离去。及至班师回朝时，又顺便将霍光西行带到长安，保荐为郎官，后逐渐升至奉车都尉、光禄大夫。

这一年，大农令颜异被处死。

当初，颜异因廉洁正直逐步升到九卿高位。汉武帝和张汤商议要制造白鹿皮币时，曾询问颜异的意见，颜异说：“现在藩王和列侯朝贺时的礼物，都是黑色璧玉，价值才数千钱，而用作衬垫的皮币反而价值四十万钱，本末不相称。”汉武帝听了很不高兴。张汤又与颜异不和，这时，有人告发颜异在一件别的事上触犯了法令，汉武帝命张汤给颜异定罪。颜异的一位客人议论诏令初下时有不恰当的地方，颜异听到后没有应声，微微撇了一下嘴唇。张汤奏称：“颜异身为九卿，见到诏令有不当之处，不提醒皇上，却在心里加以诽谤，应处死刑。”从此以后，有了“腹诽”的案例，而公卿大臣们大多以阿谀谄媚的办法来保全自己的身家性命。

（以上为第二段，写元狩六年（前 117）杨可主持告缗运动，惩处申报时产不实的工商业者；郎中令李敢含恨为父亲报仇，击伤大将军卫青被霍去病射杀；汉武帝以“腹诽”法处死对制造白鹿皮币有异议的大农令颜异。）

汉武帝元鼎元年（乙丑，公元前 116 年）

夏季，五月，汉朝实行大赦。

济东王刘彭离骄横凶悍，常在黄昏时率领家奴和亡命少年数十人抢劫杀人，夺取财物，并以此为嗜好，被他杀害的人，已发现的就有一百多个，因此他被废除王爵、封国，贬逐到上庸。

汉武帝元鼎二年（丙寅，公元前 115 年）

冬季，十一月，御史大夫张汤因有罪而自杀。

当初，御史中丞李文与张汤不和。张汤所赏识的官吏鲁谒居暗中唆使人上书汉武帝刘彻，告发李文有奸恶之事。汉武帝交由张汤处理，张汤将李文判罪处死。张汤明知是鲁谒居所为，但当汉武帝问到告发的事情是从哪里引起的时候，张汤假装吃惊地说道："这大概是李文的故人对他不满而引起的。"后来鲁谒居生病，张汤亲自给他按摩脚。赵王刘彭祖一向怨恨张汤，听说此事后，上书汉武帝告发说："张汤身为大臣，竟给一个小吏按摩脚，我怀疑他们有大阴谋。"汉武帝将此事交给廷尉处理。鲁谒居病死了，此事又牵连到鲁谒居的弟弟，被囚禁在导官看守所。张汤也因审问别的囚犯到了导官，见到鲁谒居的弟弟，打算暗中救助，表面上却装作不理会。鲁谒居的弟弟不知张汤心意，怨恨张汤，便让人上书朝廷，揭发张汤与鲁谒居同谋告发李文。汉武帝将此事交给减宣处理，减宣与张汤结怨，就抓住此事，穷追到底，但一时还没有结案奏报。

就在此时，汉文帝陵园中所埋的钱币被人盗挖，丞相庄青翟上朝，与张汤约定一同向汉武帝刘彻请罪，可到了汉武帝面前，张汤却独自不谢罪。汉武帝命张汤负责审理庄青翟在此事中的责任，张汤企图给庄青翟加上"丞相已知故纵"的罪名，庄青翟非常害怕。丞相长史朱买臣、王朝、边通以前都曾作过九卿或二千石官，做官都比张汤早。张汤曾几次代行丞相职权，知道这三位长史一向尊贵，就故意欺凌折辱他们，将他们看作低级小吏一般，所以，三位长史都对张汤心怀怨恨，都想置张汤于死地。于是，他们与庄青翟商议，派官吏逮捕审讯商人田信等，然后散布说："张汤向皇上奏请政事，田信每每事先知道，囤积居奇赚了大钱，再分给张汤。"

消息传到汉武帝耳中，便问张汤："我做的事，商人每每事先知道，多囤积货物，好像有人将我的计划告诉了他们。"张汤不谢罪，又装作吃惊的样子说："本当有这回事。"减宣也将调查鲁谒居一事的结果奏报。因此，汉武帝认为张汤心怀奸诈而当面欺瞒，派赵禹严厉谴责张汤。张汤只得上书向汉武帝谢罪，并指控说："陷害我的，是三名丞相长史。"然后，自杀而死。

张汤死后，所留家产价值不过五百金。张汤的兄弟子侄想要厚葬他，他的母亲说："张汤身为天子重臣，竟被污言秽语中伤而死，何必要厚葬呢？"便将张汤放在牛车上运到墓地，只有一口棺材，并无外椁。汉武帝听说后，就将三名丞相长史全部处死。十二月二十五日壬辰，丞相庄青翟被逮捕下狱，自杀。

春季，汉武帝修筑柏梁台，在台上造了一个承露盘，高二十丈，大小要七人合抱，用铜制成。上面装有神仙手掌，用来承接露水，再拌上玉的粉末喝下去，据说可以长生不老。从此，宫室的修建，一天比一天兴盛。

二月，汉武帝任命太子太傅赵周为丞相。

三月十五日辛亥，汉武帝任命太子太傅石庆为御史大夫。

天降大雪。

夏季，大水成灾，关东地区饿死的人数以千计。

这一年，孔仅升为大农令，桑弘羊做了大农中丞，逐渐在郡、国设置均输官，负责调节各地物资，互通有无。

白金币价值逐渐下降，民间不愿意使用，终于废弃。于是，汉武帝刘彻下令，各郡、国一律不许铸钱，专由朝廷上林三官负责铸钱，全国各地不是三官钱不得使用。民间私铸钱币的，因为成本太高，无利可图，所以日益减少；计算费用，收支不能相当，只有手艺高强的人或大奸之徒才私自铸钱。

（以上为第三段，写济东王彭离为奸盗杀人东窗事发，封王被废，贬逐到上庸。御史大夫张汤意欲陷害丞相庄青翟，又怀诈面欺，被丞相的三位长史告发，汉武帝责令张汤自杀；孔仅、桑弘羊用事，逐渐在郡、国设置均输官，调节各地物资。）

浑邪王归降汉朝以后，汉军将匈奴势力驱逐到大沙漠以北，自盐泽以东，不见匈奴踪迹，前往西域的道路可以通行。于是，张骞建议说："乌孙王昆莫本来是匈奴的藩属，后来兵力渐强，不肯再事奉匈奴，匈奴派兵征服，未能取胜，于是远去。如今匈奴单于刚刚受到我朝的沉重打击，而过去的浑邪王辖地又空旷无人，蛮夷之族的习俗依恋故地，又贪图我朝的财物，如果现在我们用丰厚的礼物去拉拢乌孙，招他们东迁，到过去的浑邪王辖地居住，与我朝结为兄弟之国，他们必将听从我朝的调遣，听从了就等于断了匈奴的右臂一般。与乌孙结盟之后，其西面的大夏等国也都能招来成为我朝的藩属。"汉武帝认为有理，便任命张骞为中郎将，率领三百人，每人马二匹，以及数以万计的牛羊和价值数千万钱的黄金缯帛，又任命多人为手持天子符节的副使，沿途如有通往别国的道路，即派一名副使前往。

张骞到达乌孙之后，乌孙王昆莫接见了他，但态度十分傲慢，礼数不周。张骞转达汉武帝的谕旨说："如果乌孙能够向东返回故土居住，那么，我大汉将把公主许配给国王为夫人，两国结为兄弟之邦，共同抗拒匈奴，则匈奴不足为虑。"然而，乌孙因距汉朝太远，不知汉朝是大是小，且长期以来一直是匈奴的藩属，与匈奴相距又近，朝中大臣全都畏惧匈奴，不愿东迁。张骞在乌孙待了很久，一直得不到明确的答复，便向大宛、康居、大月氏、大夏、安息、身毒、于阗及附近各国分别派出副使进行联络。乌孙派翻译、向导送张骞回国，又派数十人、马数十匹随张骞到汉朝报聘答谢，乘机让他们了解汉朝的大小强弱。

这一年，张骞回到长安，汉武帝任命他为大行。一年多以后，张骞所派出使大夏等国的副使大部分都与该国使臣一同回来。这样，西域各国就开始与汉朝联系往来了。

西域地区共有三十六个国家，南北为大山，中部有河流，东西长六千多里，南北宽一千多里，东部与汉朝的玉门、阳关相连接，西部直到葱岭。中部河流有两个源头，一是出于葱岭，一是出于于阗，合流后注入盐泽。盐泽离玉门、阳关三百多里。从玉门、阳关前往西域有两条道路：从鄯善沿南山北麓前行，顺着河流向西到莎车，是南道；从南道向西越过葱岭，就到了大月氏、安息。从车师前王庭顺着北山沿河流西行到疏勒，是北道；从北道向西越过葱岭，就到了大宛、康居、奄蔡。以前，西域各国都受匈奴统治。匈奴西部的日逐王设置僮仆都尉统辖西域各国，常驻于焉耆、危须、尉黎一带，向西域各国征收赋税，掠取各国的财富。

既然乌孙王不肯东还，汉朝便在浑邪王旧辖地区设置酒泉郡，逐渐从内地迁移民众来充实这一地区。以后，又从酒泉分出部分地区设置武威郡，用以隔绝匈奴与羌人部落的联络通道。

汉武帝得到大宛的汗血马，非常喜爱，命名为“天马”，去大宛搜求的使者在路上接连不断。汉朝出使外国的各个使团，大的一行数百人，小的一百多人，所带礼品等物与张骞出使时大致相当，以后随着对西域情况的日益熟悉，使团人员及携带之物也逐渐减少。大约在一年之中，汉朝派往西域各国的使者，多时十多批，少时五六批，其中路远的要八九年，较近的也要数年才能回来。

（以上为第四段，写汉军将匈奴势力驱逐到大沙漠以北后，张骞率领使团第二次出使西域，劝说乌孙东迁，没有成功，就在河西建立酒泉郡，从内地迁移民众充实这一地区。）

汉武帝元鼎三年（丁卯，公元前 114 年）

冬季，汉朝把函谷关迁到新安。

春季，正月二十七日戊子，汉景帝刘启陵园失火。

夏季，四月，天降冰雹。

关东地区十几个郡和封国严重饥馑，出现人吃人的惨景。

常山宪王刘舜去世，其子刘勃承嗣王位。刘勃后被指控在刘舜病重时不侍奉父王，守孝时又违反礼仪规定，被废除王爵，放逐到房陵。一个多月以后，汉武帝改封刘舜的另一个儿子刘平为真定王，将常山改为郡，于是，五岳全都归入朝廷直接管辖之内。

汉武帝将代王刘义改封为清河王。

这一年，匈奴单于伊稚斜去世，其子乌维即单于位。

汉武帝元鼎四年（戊辰，公元前113年）

冬季，十月，汉武帝巡幸至雍地，在五畤举行祭祀典礼。汉武帝刘彻发布命令说：“如今敬奉天帝，我亲自祭祀，却未祭祀地神，于礼不合，着令主管官员研究办理！”主管官员建议，在水泽中圆形丘台上建立后土祠，以祭祀土地神。汉武帝于是自夏阳向东巡幸至汾阴。这是汉武帝第一次出巡各郡国。河东郡守没有想到皇上会突然驾到，一切供应都准备不及，惶恐自杀。十一月初八甲子，在汾阴丘陵上建立后土祠，汉武帝刘彻亲自祭拜，与祭祀天帝之礼相同。祭拜结束后，汉武帝巡幸至荥阳，启程还京，到了洛阳，封周朝王室后裔姬嘉为周子南君。

春季，二月，中山王刘胜去世。

乐成侯丁义向汉武帝推荐方士栾大，说栾大与文成将军少翁同出一个师门。汉武帝正后悔不该杀死少翁，所以见到栾大后非常高兴。栾大原来侍奉胶东康王刘寄，善于说好听的话，富于智谋，敢说大话，从不犹疑。栾大对汉武帝说：“我常常往来于大海之中，见过安期生、羡门等神仙，他们认为我地位微贱，所以不信任我；又认为康王不过是一位诸侯，没有资格得到长生不老的秘方。我师父说：‘黄金可以炼成，黄河决口可以堵塞，长生不老之药可以得到，神仙可以招致。’但我怕步少翁的后尘，如果那样，则所有的方士都将捂着嘴不敢说话，谁还敢谈长生不老之方呢？”汉武帝说：“少翁不过吃了马肝中毒而死的。你要真能得到长生不老之方，我会吝惜什么呢？”栾大说：“我的老师对别人无所求，都是别人求他。皇上如果一定要将他请来，就应尊崇他的使者，让他的使者成为皇上的亲近的下属，以待客的礼节对待，这样才能让他将皇上的请求转达给神仙。”于是汉武帝让栾大试验小法术。栾大让旗帜相斗，旗帜果然相互撞击。此时，汉武帝正在忧虑黄河决口和黄金无法炼成，便封栾大为五利将军，后又封其为天士将军、地士将军、大通将军。

夏季，四月二十一日乙巳，汉武帝封栾大为乐通侯，食邑二千户，赐给上等府第以及僮仆一千人，并把自己用不着的车马、帷帐、器物等赏给栾大以充家用，又将亲生女儿卫长公主嫁给栾大为妻，送黄金十万斤。汉武帝还亲自到栾大家中看望，派去询问栾大家中供应情况的使者在路上络绎不绝。汉武帝姑妈窦太主、丞相、将军及以下的人，都到栾大家中设摆酒宴，赠送礼品。汉武帝又刻了一枚“天道将军”的玉印，命使者身穿用羽毛织成的衣服，于夜晚站在白茅上面；栾大也身穿羽衣，站在白茅上面接受玉印，表示他不是汉武帝的臣属。

栾大自见到汉武帝后，数月之中，佩带六枚印信，其显贵的程度，使天下为之震动。于是，沿海一带燕、齐等地的人们无不振奋地握住手腕，自称有长生不老的秘方，能通神仙。

（以上为第五段，写汉武帝信奉方士，栾大又来行骗，把汉武帝哄得团团转，数月之中，栾大佩带六枚印信，贵震天下，燕、齐方士非常振奋，自言能通神仙。）

六月，汾阴一位名叫锦的巫师，在魏后土祠旁边得到一个大鼎，河东太守将此事奏报朝廷。汉武帝派人核查，证实巫师得鼎并无欺诈，便以礼祭祀，将此鼎迎接到甘泉宫。皇上带着鼎同行，呈献给宗庙和皇天上帝，保存在甘泉宫中。文武百官都向汉武帝祝贺。

秋季，汉武帝封常山宪王的儿子刘商为泗水王。

当初，条侯周亚夫为丞相时，赵禹为丞相史，相府中人都称道赵禹的廉洁公平，可是周亚夫不重用他。周亚夫说："我非常了解赵禹的公平，但他执法严苛，不可以任职高官。"及至赵禹作了少府，执法比其他九卿都严苛峻急。到赵禹晚年，其他官员都以严刑峻法为务，赵禹却一改名声，号称宽厚平和。

中尉尹齐平素以敢于杀人闻名于世，及至他做了中尉，官吏困乏百姓困苦。这一年，尹齐因被指控不能胜任其职而获罪。汉武帝又任命王温舒为中尉，赵禹为廷尉。四年后，赵禹因年纪太大，被贬为燕国国相。

这一时期，用法严酷成为整个官场的风尚，只有左内史兒宽，鼓励农业生产，放宽刑罚，处理诉讼纠纷，争取人心。他选择心地忠厚的人加以任用，与下级推心置腹，不求名声，受到官吏和百姓的衷心爱戴。征收赋税时，调节缓急，借给百姓钱物，因此租税常常收不上来。后来，国家有重大军事行动，兒宽因税收不足，政绩最差，应该免职。当地民众听说兒宽会被罢免，都唯恐失去这样一位好官，于是，富室大家用牛车，穷家小户用担挑，络绎不绝地将租税送到官府，兒宽征税的成绩一跃成为最好，汉武帝刘彻也因此对兒宽越发另眼相看。

当初，南越王赵胡派其子赵婴齐入宫为汉武帝刘彻充当侍卫，婴齐在长安娶邯郸女子樛氏为妻，生一子，取名赵兴。赵胡死后，赵婴齐继承王位，隐藏其先祖南越汉武帝赵佗的印玺，上书朝廷，请求立樛氏女为王后，赵兴为世子。朝廷多次派遣使臣，提醒赵婴齐入京朝觐。赵婴齐愿自操生杀予夺大权，随心所欲，害怕一旦入朝，朝廷会用法令像约束内地诸侯一样约束他，所以坚决称病，没有到长安朝见。赵婴齐死后，谥号为"明王"。太子赵兴即王位，其母樛氏为王太后。

樛氏在没有成为赵婴齐的妻子之前，曾与霸陵人安国少季有私情。这年，汉武帝派安国少季到南越国，告谕赵兴和他的母亲入京朝觐，同于内地诸侯；又派能言善辩的谏大夫终军等宣告朝廷的谕旨，勇士魏臣等帮助他们做决定；并命卫尉路博德率兵屯驻桂阳等待使臣。由于南越王年纪还小，王太后樛氏又是汉朝人，安国少季到南越国后，又与樛氏私通，国中之人颇有耳闻，所以多数人都不拥护樛氏。樛氏害怕发生变乱，也想倚靠朝廷的威势，多次劝赵兴和南越国群臣请求归属朝廷，于是，便借这次朝廷使臣前来的机会，上书请求比照内地诸侯，每三年朝觐一次，解除边界关卡。于是，汉武帝批准所请，赐南越国丞相吕嘉银质印信，内史、中尉、太傅等也都由朝廷赐给印信，其他官职允许南越王自行安排。废除南越国原有的脸上刺字和割鼻子的刑罚，使用汉朝法律，比照内地诸侯。所派使臣全部留在南越国，坐镇和安抚南越国。

汉武帝巡幸到雍地，将要举行祭天仪式，有人建议说："五帝为泰一神的助手，应建泰一庙，由皇上亲自祭祀。"汉武帝迟疑未决。齐国人公孙卿说道："今年得到宝鼎，冬季十一月初一清晨为冬至，与黄帝时一样。"公孙卿有简牍，上面说："黄帝得到宝鼎，该年十一月初一清晨为冬至，总共过了三百八十年，黄帝成仙升天。"公孙卿将简牍上的话通过汉武帝宠幸的人奏上，汉武帝非常高兴，召公孙卿前来询问，公孙卿回答说："此书是申公给我的，申公说：'汉朝兴盛还会与黄帝时一样，汉朝的圣人，是高祖皇帝的孙子至曾孙。宝鼎的出现，正好与神意相通，黄帝在祭祀神灵的明庭迎接万种神灵，明庭就是甘泉宫。黄帝在首山开采铜矿，在荆山下铸造宝鼎。宝鼎铸成之后，天上有一条龙将龙须垂下来接引黄帝。于是，黄帝骑上龙背，和群臣及后宫妃嫔七十多人一起登天成了神仙。'"于是，汉武帝说："唉！要真的能跟黄帝一样，我离开妻子儿女，就像抛弃拖鞋一样罢了！"于是，任命公孙卿为郎官，派他到东方，在太室山等候天神降临。

（以上为第六段，写左内史兒宽鼓励农业生产，放宽刑罚，得到民众拥护；南越樛太后劝南越王赵兴和南越国群臣归属朝廷，比照内地诸侯；汉武帝刘彻听公孙卿鬼话，梦想成为神仙。）

汉武帝元鼎五年（己巳，公元前 112 年）

冬季，十月，汉武帝在雍地祭祀五畤，然后越过陇山，西行登上崆峒山。陇西郡守因汉武帝来得突然，无法供应皇上随从官员的饭食，感到惶恐，自杀而死。于是，汉武帝北出萧关，率领数万骑兵至新秦中行猎，以整顿边疆军队，然后回京。汉武帝见新秦中一带有的地区千里之中竟没有设置亭障，便将北地太守及以下有关官员处死。汉武帝再次驾临甘泉，并在此修建泰一祭坛，所用祭祀器具仿照雍地五畤中一处所用而有所增添。又建五帝祭坛环绕于泰一祭坛下方四周，祭祀群神的随从和北斗星。

十一月初一日辛巳，冬至，黎明，汉武帝就开始祭拜泰一天神。早晨面对东方，向太阳作揖致敬；晚上面对西南，向月亮作揖致敬。祭祀时，烈火满坛，坛旁放置烹制祭品的饮具。主管官员宣称："祭坛上空有光。"又宣称："白天有一股黄气升到空中。"太史令司马谈、祭祀官宽舒等建议，天子每三年祭天一次，汉武帝下令表示同意。

南越王赵兴、王太后樛氏置办行装和重礼，准备入京朝觐。南越国丞相吕嘉年事已高，历任三代国王的丞相，其家族成员在南越国担任重要官职的有七十多人，男子都娶了国王的女儿，女子都嫁给国王的子弟或王族成员，与苍梧秦王也有姻亲关系。吕嘉在南越国的地位十分重要，比南越王更得人心。南越王上书汉朝请求归附，吕嘉曾多次谏阻，但南越王不听，吕嘉便生出离叛之心，几次推说有病，不肯与汉使相见。汉使对吕嘉都很注意，但因其势力强大，未能铲除。南越王和王太后也害怕吕嘉先行发难，想利用汉使的权力杀死吕嘉等人，于是设摆酒宴，款待汉使，大臣都来陪坐饮酒。吕嘉的弟弟为南越国大将，率兵在宫外警戒。敬酒时，王太后对吕嘉说："南越国内附汉朝，于国家有利，而丞相你嫌这样做不便，为什么呢？"想以此来激怒汉使。汉使犹豫不决，相互观望，于是，谁也没敢发动。吕嘉见气氛不对，马上起身退席。王太后大怒，想用矛刺死吕嘉，被南越王阻止。吕嘉便离开王宫，在其弟弟的士兵簇拥下回到相府。他从此推说有病，不肯见南越王和汉使。暗中与大臣密谋造反。南越王一向无意杀吕嘉，吕嘉知道这一点，所以拖延数月，未曾发动。

汉武帝听说吕嘉不肯听命，而南越王、王太后又势孤力弱，不能控制，所派使臣怯懦，无法决断；又认为既然南越王、王太后已肯于归附，只有吕嘉从中捣乱，用不着举兵，想派庄参率兵两千前往南越国。庄参奏说道："要是以友好的目的前往，几个人就够了；如果是以武力去胁迫，两千人是不够用的。"推辞说不能去，汉武帝将庄参免职。郏县壮士、曾任济北国相的韩千秋自告奋勇说："一个小小的南越国，又有其国王和王太后响应，只丞相吕嘉一人捣乱，给我三百勇士，必能斩杀吕嘉回报。"于是，汉武帝派韩千秋和南越王太后的弟弟樛乐率兵两千前往。

汉军进入南越国境，吕嘉等便反叛，号令全国说："国王年轻；王太后本是汉朝人，又与汉使淫乱，一心想归附汉朝，将先王的宝器全都献给汉朝天子来讨好，还想带去大批随从之人，到达长安后卖为奴隶，只顾自己眼前利益，却不顾赵氏的江山社稷，没有为子孙万代着想的意思。"吕嘉与其弟率兵攻杀了南越王赵兴、王太后樛氏及汉朝使臣，派人告知苍梧秦王及各郡县，立南越明王赵婴齐大儿子赵越的南越妻子所生的儿子术阳侯赵建德为王。韩千秋率兵进入南越国后，攻破了几座小城。后南越人开辟直道，提供饭食，在距其都城番禺约四十里的地方，将韩千秋所部汉军歼灭，然后派人把汉使的符节用函封好，放到边塞上，用好听的虚假的言辞谢罪，同时，派兵加强边界要隘的镇守。

（以上为第七段，写南越国丞相吕嘉反叛汉朝，杀掉南越王、王太后以及汉臣。汉武帝派韩千秋率领二千人往讨，入南越境全军覆没。）

春季，三月初四日壬午，汉武帝听说南越国造反，说道："韩千秋虽然没能建功，但也是军队里最勇敢的先锋。”封其子韩延年为成安侯；樛乐的姐姐是南越王太后，首先表示愿意归附汉朝，封樛乐的儿子广德为龙亢侯。

夏季，四月，实行大赦。

四月三十日丁丑晦，出现日食。

秋季，汉武帝派伏波将军路博德从桂阳沿湟水进发；楼船将军杨仆自豫章沿浈水进发；南越降将名叫“严”的归义侯被任命为戈船将军，率兵从零陵沿离水进发；名叫“甲”的南越降将被任命为下濑将军，率兵进攻苍梧。各路士兵都由囚犯组成，并调集江淮以南地区水军十万人。南越降将名叫“遗”的驰义侯也率领巴蜀地区的囚犯，又征调夜郎国军队，沿牂柯江南下，与各路军队在番禺会师。

齐国丞相卜式上书朝廷，请求汉武帝批准他父子和齐国熟习舰船的人前往南越效死。为此，汉武帝发布命令，表扬卜式，封卜式为关内侯，赏金六十斤、土地十顷，并宣告全国，然而全国却无人响应。当时列侯数以百计，没有一个人要求从军攻打南越。正好举行酎祭活动，所有列侯奉命进献黄金助祭。少府检查所献黄金，凡重量不足或成色不好的，皇上命令一律以“不敬”罪加以参劾。结果，因此而被革去爵位的，有一百零六人。

九月初六日辛巳，丞相赵周也被指控“明知列侯所献黄金重量不足，却纵容包庇”，被逮捕下狱。赵周自杀。

九月二十一日丙申，汉武帝任命御史大夫石庆为丞相，封牧丘侯。当时，国家多事，桑弘羊等人谋取财利，王温舒等人推行严刑峻法，而兒宽等人则大力推崇儒家经典，他们都位列九卿，相继掌握朝政大权，国家大事不向丞相汇报，也不由丞相决定，丞相石庆只是敦厚、谨慎而已。

五利将军栾大整装出发，东行入海寻找他的神仙老师。可后来没敢入海，而到泰山去祭祀。汉武帝派人跟踪核查，确实未见神仙踪影，栾大回来后却妄称见到了他的老师。栾大的方术已经用尽，多不灵验，汉武帝便以“诈骗欺罔”之罪将栾大判处腰斩。推荐栾大的乐成侯丁义也被当众斩首。

西羌部族十万人反叛朝廷，与匈奴互通使者，进攻故安，包围罕。匈奴侵入五原，杀死五原太守。

（以上为第八段，写汉武帝举行酎祭活动，有一百零六个列侯因酎金成色不足而被革去爵位。汉朝派出五路大军大规模讨伐南越。）

汉武帝元鼎六年（庚午，公元前 111 年）

冬季，汉朝发兵十万人，派遣将军李息、郎中令徐自为攻打西羌，平定了西羌部族的叛乱。

楼船将军杨仆率兵进入南越国，首先攻陷寻狭，击破石门，挫败南越军的前锋，然后率领部下数万人等待伏波将军路博德到来一同前进。杨仆为前导，到达南越国都城番禺。南越王赵建德、丞相吕嘉等据城垣坚守。杨仆屯兵城东南面，路博德屯兵城西北面。黄昏时，杨仆军攻破南越军，放火烧城。路博德则设下营垒，派人招揽投降官兵，赏给印信、绶带，再命他们去招降同伴。杨仆军猛烈进攻，火烧敌军，南越军被驱赶到路博德营中。黎明时，城中南越人全部投降。赵建德、吕嘉已于半夜逃到海上，路博德派人追击。校尉司马苏弘生擒赵建德，原南越国郎官都稽活捉吕嘉。戈船将军、下濑将军的部队及驰义侯率领的夜郎军尚未赶到，南越国已被剷平。汉朝于是在南越旧地设立南海、苍梧、郁林、合浦、交趾、九真、日南、珠崖、儋耳九郡。大军返回后，汉武帝加封路博德食邑，封杨仆为将梁侯，苏弘为海常侯，都稽为临蔡侯；南越降将原苍梧王赵光等四人也都被封为列侯。

公孙卿在河南等候神仙降临，声称在缑氏城上看到了神仙脚印。春季，汉武帝刘彻亲自来到缑氏城观看神仙脚印，问公孙卿说："你不是想效法少翁、栾大吧？"公孙卿说："神仙无求于人间帝王，而人间帝王有求于他。如果求神之道不宽裕，神仙就不会来。说到神仙之事，似乎很遥远荒诞，但积够了岁月，神仙就可请到。"汉武帝相信了他的话。于是，各郡国都扩建人员途径，修缮宫观和名山的神祠，希望有神仙驾临。

为感谢神仙保佑征服南越，祭祀泰一神和后土神，并开始使用以音乐伴奏的舞蹈。

驰义侯征调南夷各部族的军队，想让他们去攻打南越时，且兰首领害怕率军远离后相邻部族会乘机掳掠本部族的老弱，于是，率领部众背叛汉朝，杀死汉朝使臣和犍为太守。汉朝便征调应去攻打南越的由巴、蜀罪犯组成的八校尉部队，派中郎将郭昌、卫广率领他们，诛杀且兰及邛都、筰都等部族首领，平定了南夷叛乱，并设置牂柯郡。

夜郎原本依赖南越，南越灭亡后，夜郎国君便到长安朝见，汉武帝封夜郎国君为夜郎王。冉駹等部族都非常害怕，纷纷请求臣属于汉朝，由朝廷设官管理。于是，汉朝在邛都设立越嶲郡，在筰都设立沈黎郡，在冉駹设立汶山郡，在广汉西部的白马设立武都郡。

当初，东越王余善上书朝廷，请求率兵八千随楼船将军杨仆攻打吕嘉。但军队抵达揭阳后，又以海上风狂浪大为借口，停止前进，抱着向两头观望的态度，暗中派使者与南越联络。及至汉军攻破南越国都番禺，东越军还未到达。杨仆上书朝廷，请求乘胜攻打东越，汉武帝刘彻因士兵疲劳，没有批准，令各路将领屯兵豫章、梅岭一带等待命令。余善听说杨仆奏请攻打东越，又见汉军屯兵边境，于是造反，派兵到汉军通道上进行抵抗，赐将军驺力等"吞汉将军"称号，率兵进入白沙、武林、梅岭地区，杀死汉军三名校尉。当时，汉朝派大农令张成、原山州侯刘齿率兵屯驻当地，他们不敢出击，反退到安全之处，所以都被以怯懦畏敌的罪名处死。余善自称汉武帝。

汉武帝想再派杨仆率兵攻打东越，因杨仆自恃先前的功劳而骄傲，下令责备他说："你的功劳只是先攻破石门、寻狭而已，实际上并没有斩将夺旗，有什么值得骄傲的呢？先前攻破番禺城，你捕捉归降的人当俘虏，把死人挖出来冒充是战场斩杀，是一错。使赵建德、吕嘉得到东越的外援，是二错。将士们连年暴露于蛮荒之地，你不念及他们的辛劳，却请求乘坐驿车巡行边塞，乘机回家，怀揣金、银印信，垂下三条绶带，向乡里夸耀，是三错。你眷恋妻妾，误了回营日期，却以道路不好走作借口，是四错。问你蜀郡的刀价，你假装不知道，以欺诈手段冒犯君王，是五错。你接受命令而不去兰池宫，第二天也不加以解释。如果你的部下，问他话不回答，命令他也不服从，该当何罪？在外怀有这种心肠，天下还有谁会相信你呢？如今东越军队已深入我国边境，你是否能率领部队补救你的过失呢？"杨仆惶恐地表示："我愿拼死效力以赎罪！"于是，汉武帝派横海将军韩说从句章出发，渡海从东面进击；楼船将军杨仆从武林出发，中尉王温舒从梅岭出发，派已封侯的南越降将为戈船将军、下濑将军，从若邪、白沙出发，进攻东越。

（以上为第九段，写汉军攻灭了反叛的南越王赵建德，在南越旧地设立南海、苍梧、郁林、合浦、交趾、九真、日南、珠崖、儋耳九郡；东越王余善策应南越反汉，汉朝出兵征伐。）

博望侯张骞因出使西域而获得尊贵的地位之后，他的部下争相上书朝廷，陈说外国的奇异之事和利害关系，要求出使。汉武帝因西域道路极为遥远，一般人不愿前往，所以听从所请，赐给符节，准许招募官吏百姓，不问出身，为他们治装，配备人员后派出，以扩大出使的人员途径。这些人返回时，不可避免地会出现偷盗礼品财物或违背朝廷旨意的现象。汉武帝因他们熟习出使之事，所以治以重罪，以激怒他们，让他们立功赎罪，再次请求出使。这些人反复出使外国，而对犯法之事看得很轻。使臣的随从官吏和士兵也每每盛赞外国事物，会说的被赐予正使符节，不大会说的就封为副使。因此，很多浮夸而无品行的人都争相效法。

这些出使外国的人都是贫家子弟，他们将所带的国家财物据为私有，打算贱卖后私吞利益。西域各国也厌恶每个汉使所说之事轻重不一，估计汉朝军队路远难至，就拒绝为汉使提供食物，给他们制造困难。汉使在缺乏粮食供应的情况下，常常积怨，甚至和各国相互攻击。楼兰、车师两个小国，地处汉朝通往西域的通道上，攻击汉使王恢等尤其厉害，匈奴军队也时常阻拦袭击汉使。使臣们争相报告朝廷，说西域各国都有城镇，兵力单弱，容易攻击。

于是，汉武帝派浮沮将军公孙贺率领骑兵一万五千人从九原出塞两千多里，至浮沮井而还；又派匈河将军赵破奴率领骑兵一万多人从令居出塞数千里，至匈河水而还，目的是为了驱逐匈奴，让汉使不受阻拦，但没有遇到一个匈奴人。于是，分割武威、酒泉二郡土地，增设张掖、敦煌二郡，迁移内地民众充实该地。

这一年，齐相卜式升任为御史大夫。卜式到任后，说道："各郡国对盐铁由官府专营多感不便，官府专营的盐铁产品质次价高，有时还强迫民众购买，船只也要交纳算赋，所以经商的人少，物价昂贵。"汉武帝刘彻因此不再喜欢卜式。

当初，司马相如病重将死，临终时留下遗书，称颂汉武帝的功德，并谈及祥瑞之事，劝汉武帝到泰山封禅，祭祀天地。汉武帝深受感动，适逢获得宝鼎，他便与公卿大臣和儒生们商议封禅之事。天子封禅泰山，自古以来是极为少见的事，又久未兴行，没有人懂得它的礼仪。方士们认为："封禅的意义就是不死。黄帝以前的君王，封禅都招来怪物，以与神灵相通，而秦始皇就未能在泰山顶上祭天。皇上如果一定要登泰山，就应缓缓前进，如无风雨，就可以登上泰山山顶举行祭天大典了。"于是，汉武帝命儒生们采用《尚书》、《周官》、《王制》等书的记载，草拟封禅的礼仪。但数年之后，还未拟出。

汉武帝询问左内史兒宽的意见，兒宽说："在泰山祭天，在梁父山祭地，显扬祖先的姓氏，考求上天的瑞应，是帝王的盛典，但献礼的仪式，经书中却无记载。我认为，封禅典礼的完成，意味着同天地神灵的联系，只有圣明的君王才能制定适当的礼仪，而非臣下所能拟就。如今将要举行大典，已经拖了数年时间，使群臣人人各自尽了全力，却始终未能拟出。只有天子才能掌握中正平和的最高原则，综合条理各种头绪，发出金玉般的声音，以顺利促成这一天下最大的庆典，作为万世遵奉的法则。"于是，汉武帝自定礼仪，多采用儒家学说加以修饰；又制作封禅用的祭器，拿给儒生们观看，有的儒生说："与古代的不一样。"于是，汉武帝将儒生一律罢斥不用。又按着古代的做法，首先振奋军威，显示太平，然后举行封禅大典。

（以上为第十段，写汉武帝不断派出使者通西域。汉武帝与公卿大臣和儒生们商议封禅之事，数年没有理出个头绪，索性将儒生一律罢斥不用，参照传说的古礼筹备封禅。）

汉武帝元封元年（辛未，公元前 110 年）

冬季，十月，汉武帝发布命令说："南越、东瓯都已受到应有的惩罚，而西蛮、北夷尚未平服和睦。我将巡视边疆，亲自主持武道，设置十二路将军，由我统率。"于是，汉武帝离京出巡，自云阳向北，经上郡、西河、五原，出长城，再向北登单于台，直至朔方，来到北河，派使臣郭吉通告匈奴单于说："南越王的人头已经悬挂到大汉皇宫的北门阙上。如今单于如果能战，天子亲自率军在边境等候；如果不能战，就应归降大汉，为什么偏要远远地逃避到大沙漠以北的寒冷、困苦而又缺乏水草的地方呢？实在是没意思！”话音一落，单于大怒，立即将引见郭吉的官员斩首，同时扣留郭吉，将他迁移到北海之边。但此时匈奴也已丧失斗志，始终未敢出战。

于是，汉武帝起驾回朝，在桥山祭黄帝陵，行至须如，将征调的士兵遣散。汉武帝问道：“我听说黄帝长生不老，可如今有他的陵墓，这是为什么呢？”公孙卿回答说：“黄帝成仙升天以后，群臣想念他，所以建陵，将他的衣冠埋葬。”汉武帝叹道：“我将来升天后，群臣也会把我的衣冠葬在东陵吗？”回到甘泉宫，祭祀太一神。

汉武帝因卜式不善文辞，将其降为太子太傅，命兒宽代替卜式为御史大夫。

汉军进入东越，东越王余善早已派兵占据了险要地带，并命徇北将军镇守武林。杨仆部下士兵、钱塘人辕终古将徇北将军斩杀。原东越衍侯吴阳率领当地武装七百人背叛东越王，在汉阳进攻东越军队。名叫“敖”的东越建成侯与繇王骀居股杀死东越王余善，率众归降。汉武帝封辕终古为御侯，吴阳为卯石侯，骀居股为东成侯，敖为开陵侯；又封横海将军韩说为按道侯，横海校尉福为缭侯，东越降将多军为无锡侯。汉武帝因闽越地区地势险恶，其人反复无常，多次与汉朝为敌，终究是后世祸患，于是，命令各路将领将当地人全部迁到江淮一带。于是，闽越地区成为荒无人烟的地方。

春季，正月，汉武帝出巡到缑氏城，祭祀中岳太室，随从官员在山下似乎听到有声音连呼三次“万岁”。汉武帝命令主管祭祀的官员扩建太室祭祠，禁止砍伐山上草木，又将山下三百户百姓作为供奉太室的奉邑。

汉武帝东巡大海，祭祀八位神仙。齐人上书陈述神怪之事和奇异方术的数以万计，于是，汉武帝增派船只，命令声称海中有仙山的数千人出海寻找蓬莱神仙。公孙卿常携带天子符节，先行前往名山等候神仙驾临，行至东莱，声称：“夜中见一巨人，身高数丈，凑上前去，却又看不见了，所留脚印甚为巨大，类似禽兽的蹄迹。”群臣中又有人说道：“看到一位老翁，手中牵着一条狗，说：‘我想见天子。’说完，忽然踪迹全无。”汉武帝亲自察看了巨大脚印，但还未相信；及至听说老翁之事，才认定就是神仙，于是留宿海边，供给方士驿马车辆，随时访求神仙踪迹。寻仙之人，数以千计。

夏季，四月，汉武帝起驾还朝，到达奉高，在梁父祭祀地主神。

四月十九日乙卯，汉武帝令担任侍中的儒家学者戴鹿皮帽，将笏板用丝带系在腰间，参加射牛仪式。在泰山东坡之下祭祀天神，如同祭祀泰一神的礼仪。祭坛宽一丈二尺，高九尺，坛下埋藏着汉武帝给神仙的玉牒书，内容隐秘。祭祀仪式结束后，汉武帝独自与侍中、奉车都尉霍子侯一起登上泰山，再行祭天之礼，一切过程都秘不示人。第二天，君臣从北道下山。

四月二十日丙辰，汉武帝在泰山脚下东北部的肃然山祭祀地神，如同祭祀后土神之礼，汉武帝身穿黄色衣服，在音乐的伴奏下一一亲自磕拜，用江淮地区出产的三棱茅草作为供神祭品的衬垫，用五种颜色的泥土相间做祭坛。在祭祀天地的神祠中，夜间仿佛有光，白天有白云从坛中产生。

汉武帝祭完地神之后，回到奉高，坐在明堂中，众大臣轮番上前歌功颂德，上寿祝福。汉武帝下令说：“我以渺小的身躯，继承至尊高位，兢兢业业，唯恐德才不足，不懂得礼乐，所以供奉八神，祈求庇护。蒙天地神灵恩赐祥瑞，目有所见，耳有所闻，震惊于其事怪异，想阻止却又不敢，于是登泰山祭祀天神，至梁父，然后在肃然山升坛祭祀地神，反省自新，与士大夫一起吉祥地开始新的生活。十月，改年号为元封元年。此次巡行所到之博县、奉高、蛇丘、历城、梁父等地，一概免除百姓的田租及欠交的赋税，不收今年的算赋。并赐天下有爵百姓擢升一级。”又规定：“天子每五年巡游一次，至泰山祭祀，各诸侯封国都要在泰山脚下修建官邸。”

汉武帝在泰山祭祀了天地，并无风雨，而方士们更加强调蓬莱山的神仙大概能够请到，于是，汉武帝再次东至海边，兴高采烈地盼望能遇到神仙。汉武帝打算亲自乘船出海去寻找蓬莱仙山，群臣劝谏，但无人能够阻止。东方朔说：“与神仙相遇，要出于自然，不必急躁强求。若是有道，就不愁遇不到；如果无道，纵然是到了蓬莱山，见到神仙，也没有益处。我希望皇上只管回到宫中，安静地等待，神仙自会降临。”汉武帝这才打消了出海的念头。

正巧奉车都尉霍子侯突然生重病，一日之内死去。霍子侯是霍去病的儿子，汉武帝刘彻非常难过，于是，起驾离去，沿海岸北上至碣石，自辽西巡视北部边疆到九原，五月回到甘泉。此次出巡绕了一个大圈，行程共一万八千里。

（以上为第十一段，写汉军攻下东越，将民众迁到江淮地区；汉武帝巡边，向匈奴单于炫耀武力；派遣方士出海寻找蓬莱神仙；登泰山祭祀天神，至梁父，在肃然山升坛祭祀地神。）

当初，桑弘羊以治粟都尉的身份兼任大农令，主持全国的盐铁专营事务。桑弘羊创立平准法，令相距较远的地方官府以各自的特产作为贡赋，参考商人在不同时期向不同地区转贩不同商品的做法，相互转输。又在京师设立平准官，负责全国各地的转输事务。大农令所属各官，控制天下全部货物，价高时卖出，价低时买进，目的是让大商人无法牟取暴利，使各种货物的价格不能高涨。

如今，汉武帝出巡各地，所到之处，赏赐丝织品共一百多万匹，金钱以万万计，都由大农令充分供应。桑弘羊又奏请汉武帝批准，小吏可以用捐献粮食的办法升为官员，犯罪的人也可以用此法来赎罪。因此，崤山以东地区一年的漕粮比规定数目多出六百万石，一年之间，太仓、甘泉仓全部贮满，边塞地区的粮食也有盈余；各种物品互相转运，调剂余缺赢利，单丝织品每年就有五百万匹的赢利。民众的赋税没有增加，而国家的用度富饶有余。于是，汉武帝赐给桑弘羊左庶长爵位和二百斤黄金。

这时，发生小规模的旱灾，汉武帝命令官员求雨。卜式说道：“朝廷的衣食供应全靠赋税，如今桑弘羊却让官吏们坐在市场店铺之中，贩卖货物，追求利润。只有烹杀桑弘羊，老天爷才会下雨。”

秋季，有异星出现在井宿。十几天后，三台星旁又出现异星。善观星象的王朔说道：“观测时只看到土星独自出现，形状似瓜，一顿饭工夫后消失。”有关官员都说：“皇上开创汉朝天子封禅纪录，上天用‘德星’回报皇上。”

齐王刘闳去世，因没有儿子，封国被撤销。

（以上为第十二段，写汉武帝重用桑弘羊，以治粟都尉身份兼任大农令，主持全国盐铁专营事务，实行均输、平准，实施一年大有成效，“民不益赋而天下用饶”。）

【点评】

桑弘羊论。桑弘羊，是汉武帝时期的财政大臣。他出身于商人家庭，十三岁就以精于心算而入侍宫中，为朝廷做事。在汉武帝的大力支持下，他先后推行了算缗、告缗、盐铁官营、均输、平准、币制改革、酒类专卖等经济政策。这些措施的施行，都在不同程度上取得了成功，大大增加了政府的财政收入，为汉武帝继续推行文治武功事业奠定了雄厚的物质基础。对此，历来褒贬不一，否定者，说是汉武帝“用贾人桑弘羊之说，买贱卖贵，谓之均输，于时商贾不行，盗贼滋炽，几至于乱”；肯定者，说是“行均输、平准之法，尽笼天下之货，卖贵买贱，以均民用，而利国家，率收国饶民足之效”，是“益国利民，不朽之术”，“桑弘羊者，不可少也”。桑弘羊的历史功绩和是非功过，究竟如何评价？

首先，汉武帝推行文治武功，用兵四夷，需要桑弘羊这样杰出的理财能手。汉兴七十多年，实行无为而治，让民众休养生息，积累了大量的财富。汉武帝即位后，转换治国方略，对于北方曾经强盛一时而不断骚扰边境的匈奴民族，由战略防御转入战略进攻，主动出击，大将军卫青、骠骑将军霍去病率领军队数次深入匈奴境内，取得了辉煌的胜利。同时，进行了经略西南，攻灭南越、东瓯以及朝鲜的战争。这些，都需要国家财力来支撑，前期主要靠文景时期的积累，而到了中后期，国家财力到了捉襟见肘的地步，消耗无已，国库空虚，面临着力不能支、国将不国的窘境。这时候，桑弘羊等人应时而出，采取了一系列的财政经济措施，充实了国家财力，解除了财政危机，帮助汉朝度过了危机。由此可以看出，桑弘羊为国理财，是时代的需要，是国家的需要。

其次，桑弘羊具有杰出的经济思想和过人的理财能力，他所推行的各项财政措施，都取得了显著的效果。汉武帝进行全国总动员，采取了各种各样的理财措施，这其中有不少是御史大夫张汤的主张，也有些是孔仅、东郭咸阳等人所实施的，而桑弘羊则是继他们之后，应予以继续推行，并又采取了一些新的措施，如实行机构改革，推行盐铁官营、均输平准，实行纳粟拜爵、补官及赎罪政策，以及后来的酒类专卖，成效显著，有力地打击了富商大贾的势力，减轻了人民的负担，增加了政府的财政收入，在一定程度上做到了“民不益赋而天下用饶”。

再次，桑弘羊将国家理财做到这种登峰造极的地步，是源于他进步的财政经济思想。人们常说，思维决定作为，思路决定财路，诚然有理。在桑弘羊看来，农业并非是财富的唯一源泉，商业同样是财富的源泉。虽然商业不能直接创造财富，但它却可以带动和刺激其他产业的发展，在很大程度上有助于创造财富。桑弘羊认为，商品流通可以“均有无而通万物”，可以解决各地的资源过剩和短缺；如果商品缺乏流通，那么，许多物资无法交易，必然给人民生活带来极大的不便。桑弘羊在京师设立平准机构，稳定京师物价，当某种商品价格上涨时就贱价抛售；某种商品物价低廉时就加以购买，说明这已经开始运用市场价值规律来稳定物价了。

最后，桑弘羊具有经济改革的强烈意识，各种财政措施在汉武帝刘彻的强力支持下，进行了有力的实施。历史上秦国在秦孝公时的商鞅改革，促进了秦国的发展，为秦国的强盛以及后来的统一天下，奠定了坚实的基础。而桑弘羊，则是进行一系列的经济改革，首要的是进行产业方面的改革，将盐、铁、酒三大支柱产业收归国营，充实了国家财政；又进行了流通方面的改革，由国家来控制商品的批发与零售价格，进而控制商品的流通渠道，将流通过程中产生的利益归于国家财政。同时，进行了税制改革，征收财产税，鼓励告发漏税，有效地抑制了土地兼并。这几项改革措施，都是有利于平抑社会贫富悬殊的矛盾，壮大国家经济实力，从经济上加强中央集权，巩固统一，遏止了富商大贾和豪强兼并势力的发展。

改革，就是要做前人没有做过的事情，走前人没有走过的路，有时候需要“交学费”，改革者也需要付出沉痛的代价。纵观历史上的改革者，几乎都没有好的下场，改革事业成功了，个人却身败名裂了，或者是身败而名不裂。桑弘羊，也是如此。由于桑弘羊推行一系列官营政策，国家几乎完全控制了生产、销售和市场，地主官僚、贵族和商贾，以及一些思想观念陈旧的大臣，都对这些政策表现出强烈的反对和抵制。在当时，就有“烹弘羊，天乃雨”的恶言，好像桑弘羊是天下最恶毒的人，必欲置之死地而方休。在汉武帝去世后，桑弘羊的改革措施遭到清算，后来甚至被牵连到政变而被灭族。悲哉，哀哉！

总之，桑弘羊在长达近三十年的时间里，秉持工商富国思想，极力主张和践行工商官营，主持或参与制定一系列的财政经济政策和制度，为汉武帝的文治武功奠定了雄厚的物质基础，在中国是一个有着重要地位和影响的历史人物。即使是称之为“兴利之臣”，也应当是褒义的，应予以赞扬和肯定。当然，桑弘羊的经济举措，也带来了一些负面影响，这是不可讳言的。

汉纪十三

汉武帝元封二年至天汉二年（公元前 109—前 99）

【起玄默涒滩（壬申，公元前 109 年），尽玄默敦牂（壬午，公元前 99 年），凡十一年】

【大事提要】

本卷记事起于公元前 109 年，到公元前 99 年，凡十一年，当为汉武帝元封二年至天汉二年。本卷所载的大事，主要是以下几个方面：其一，平定朝鲜。朝鲜王卫右渠依仗地势险固，与汉朝发生冲突，不肯依附汉朝。公元前 109 年，汉武帝派遣荀彘、杨仆水陆两路大军，发动对卫氏朝鲜的大规模进攻，卫右渠据城防守，汉军攻入其首府王俭城，灭亡了卫氏朝鲜政权，设置玄菟、乐浪、临屯、真番四郡。其二，联姻乌孙。西域乌孙了解到汉朝国富兵强以后，愿与汉朝联姻，借汉朝以自重。汉武帝刘彻以宗室刘建之女细君为公主下嫁昆莫，赠送甚丰。细君为人懦弱，年事已高的昆莫出于善意，劝她改嫁孙子军须靡。细君请示汉武帝，汉朝廷命其遵照乌孙习俗行事。其三，西征大宛。大宛以产汗血马闻名。汉武帝欲改良马种，遣使求购而遭拒，便以李广利为贰师将军，率领数万人西攻大宛。因道远饥疲，半途被郁成王击败；后又二次西征，队伍庞大，大宛贵族杀王投降。汉军挑选了好马几十匹，李广利因远征封海西侯。其四，苏武牧羊。公元前 100 年，苏武奉命以中郎将身份持节出使匈奴，因匈奴上层发生内乱，牵连到苏武一行，苏武被扣留下来，单于许以高官厚禄，要求他背叛汉朝，臣服匈奴。苏武心比磐石坚，宁死不屈。匈奴单于就把苏武囚禁起来，后将他迁送到北海边牧羊。其五，李陵之祸。李广之孙、骑都尉李陵带领步兵五千人出居延，孤军深入浚稽山，与匈奴单于遭遇。匈奴以八万骑兵围攻李陵。经过八昼夜战斗，李陵斩杀了一万多匈奴骑兵，但由于没有后援，结果矢尽粮绝，不幸被俘，然后投降。司马迁为其说情，被判处宫刑。

世宗孝武皇帝下之上

汉武帝元封二年（壬申，公元前 109 年）

冬季，十月，汉武帝巡幸至雍地，于五畤祭祀天神。回长安后，祭祀泰一神，并跪拜“德星”。

春季，正月，公孙卿报告说："在东莱山看到神仙，他好像说要见天子。"于是，汉武帝前往缑氏城，封公孙卿为中大夫，到东莱住了几天，却没有见到神仙，只看到了巨人的足迹。汉武帝又派出数以千计的方士去寻访神仙，采摘灵芝。

当时，正逢旱灾，汉武帝外出巡游没有理由，便去祭祀万里沙神庙。夏季，四月，返回长安，中途祭祀泰山。

先前，黄河在瓠子决口，后二十多年没有将决口堵塞，梁、楚一带地方受害最深。这一年，汉武帝派大臣汲仁、郭昌二人征调数万人堵塞瓠子决口。汉武帝从泰山回长安途中，亲自到黄河决口处视察，将白马、玉璧沉入河中，命随驾群臣和扈从官员自将军以下一律背负柴薪，终于将决口堵住。汉武帝命人在原决口处兴建宫室一座，名叫"宣防宫"。又开挖两条渠道，将黄河导入北行的两条河渠，恢复大禹治水时的旧状，梁、楚地区又安宁了，从此不受水灾之害。

汉武帝回到长安。

汉武帝开始命令越族巫师祭祀上帝和众鬼，并使用杀鸡来进行占卜。

公孙卿说，神仙喜欢住在楼上。于是汉武帝命人在长安兴建蜚廉观、桂观，在甘泉兴建益寿观、延寿观，派公孙卿携带皇帝符节，布置好全部设备，恭候神仙降临。又兴建通天茎台，在台下摆设祭祀器具，兴建甘泉宫前殿，并对其他各处宫室进行扩建。

当初，燕国全盛之时，曾经占领真番、朝鲜为属地，设置官吏，修筑边防要塞。秦朝灭掉燕国之后，这一带成为辽东郡的外部边界。汉朝兴起后，因该地遥远，难于守御，所以只重修了辽东地区的原有边塞，以浿水作为边界，属燕国管辖。燕王卢绾谋反后，逃入匈奴，燕国人卫满聚集亲信一千多人，头梳发髻，身穿蛮夷服装向东逃出边塞，渡过浿水，占据秦时旧有空地，自立为王，逐渐将真番、朝鲜的蛮夷部族和从燕国逃出的人归于自己的统治之下，建都王俭。

到了汉惠帝、汉太后时期，因天下刚刚安定不久，辽东太守便与卫满约定：由卫满作为汉朝的外臣，保护汉朝边塞之外的蛮夷部族，不对汉朝边塞进行侵扰；如果各蛮夷部族的首领要到汉朝晋见天子，卫满不得禁止。因此，卫满得以利用兵威和财物侵略和降服周围弱小部族，真番、临屯都来臣服归属，使其统治地域扩大到方圆数千里。王位传到卫满的孙子卫右渠时，卫氏朝鲜招降的汉朝逃亡之人越来越多，而卫右渠又从来未到长安朝见过汉朝天子。辰国国君想要上书汉朝，晋见汉天子，也因卫氏朝鲜的阻隔而不得通行。

汉朝于这一年派使臣涉何前去劝诱卫右渠，但卫右渠却不肯接受命令。涉何离开朝鲜，来到边界，在浿水河边，命驾车人将护送他的朝鲜副王长官刺杀，然后立即渡过浿水，驰入汉朝边塞，回来报告汉武帝刘彻说："杀死了朝鲜将领。"汉武帝认为他有杀朝鲜人的美名，未加责问，任命他为辽东东部都尉。朝鲜怨恨涉何，派兵攻击辽东，将涉何杀死。

六月，甘泉宫斋房中长出九茎灵芝。为此，汉武帝下令实行大赦。

汉武帝因为旱灾而忧虑，公孙卿说："黄帝时，封祀后便出现大旱，使封土干了三年。"汉武帝于是发布命令说："天旱，其意旨是要使封土晒干吧！"

秋季，在汶水边兴建明堂。

汉武帝下令招募天下犯有死罪的人当兵，由楼船将军杨仆率领，从齐国渡过渤海；左将军荀彘从辽东出发，征讨朝鲜。

当初，汉武帝派王然于利用南越败亡的事例和诛平南夷的兵威劝告滇国国王入朝归附。滇王拥有数万部众，邻近的东北方又有与之同姓的劳深、靡莫两国相互支持，所以不肯听从汉朝的招呼。劳深、靡莫两国还多次侵袭汉朝使臣部下。于是，汉武帝派将军郭昌、中郎将卫广征调巴蜀地区的军队灭掉劳深、靡莫两国，兵临滇国。滇王举国投降，请求汉朝派置官吏，并亲自入朝。汉朝在该地设置益州郡，并赐给滇王王印，命他继续管辖他的百姓。

此时，汉朝先后灭掉了南越和东越，剿平了西南夷各部族，新增设了十七个郡，并仍按当地原有风俗习惯进行治理，不征收赋税。南阳、汉中等原有各郡，则各根据距离的远近，为新设各郡的官吏和士兵提供粮食、钱物、邮传车、马匹及配套用具。由于新设各郡时常发生小规模叛乱，杀死官吏，汉朝便征调南方各郡的官吏士兵前往镇压，一年间，征调的官吏士兵有一万多人，所需费用全部依靠大农。大农靠调剂各地的物资和盐、铁专卖的所得，补充赋税的不足，所以还可以供应。然而，军队所过之处，地方官府供应军需，只是不使缺乏而已，不敢再提专有赋税的法令了。

这一年，汉武帝任命御史中丞、南阳人杜周为廷尉。杜周外表宽厚，内心却苛刻至极，对事情的处理基本上是效法张汤。当时，长安天牢里的犯人日益增多，二千石官被逮捕囚禁的，旧的未去，新的已来，不下一百多人；廷尉一年要处理的案件达到一千多件。一件大案，受牵连被逮捕或作证的人有几百，小案也有数十人；远的数千里，近的数百里，都要前来对质。廷尉和京中各官府因办理皇帝交下的案件而逮捕的人有六七万，再经过法官狱吏的牵连攀扯，增加到十万多人。

（以上为第一段，写汉武帝派大臣汲仁、郭昌征调数万人堵塞瓠子决口，梁、楚地区又复安宁；卫氏朝鲜不愿臣服汉朝，汉朝派出两路大军前去征讨；汉朝继续实行严苛的法令、刑罚。）

汉武帝元封三年（癸酉，公元前 108 年）

冬季，十二月，打雷；天降冰雹，像马头一般大小。

汉武帝派遣将军赵破奴攻击西域车师国。赵破奴率领七百多名轻骑兵先到西域，生擒楼兰王，然后大破车师国，并乘机以兵威逼迫乌孙、大宛等国。

春季，正月，甲申（疑误），汉武帝封赵破奴为浞野侯。王恢因辅佐赵破奴攻袭楼兰国，被封为浩侯。于是，从酒泉到玉门都有汉朝设立的边防要塞。

角抵、鱼龙、曼延之类的杂技游戏开始兴起。

汉军进入朝鲜境内，朝鲜王卫右渠派兵占据险要之地进行抵抗。楼船将军杨仆率领齐国军队七千人先行抵达王险。卫右渠据城坚守，探知杨仆兵力单薄，便出城袭击杨仆。杨仆军兵败溃散，逃入山中十几天，后逐渐找回溃散的士兵，重新聚集起来。左将军荀彘率部攻击朝鲜浿水西面的军队，未能攻破。汉武帝因为两位将军未能取胜，便派卫山前往朝鲜，用军事压力劝谕卫右渠归顺。卫右渠会见卫山，磕头道歉，说道："我愿意归降，但害怕两位将军用诈术杀我；如今见到天子信节，所以请求再次归降。"卫右渠派太子前往汉朝谢罪，并献马五千匹，又为汉军提供军粮。朝鲜太子率众一万多人，手持武器，将要渡过浿水，卫山和荀彘疑心要生出变故，便对太子说："既然已经归降，应命你手下人不要携带兵器。"太子也怕卫山和荀彘用计杀他，于是不肯渡水，带人返回。卫山回京报告汉武帝刘彻，汉武帝将卫山诛杀。

荀彘攻破浿水岸上的朝鲜军队，于是向前推进，逼临王险城下，包围城西北。杨仆也率领部众前往会合，屯兵城南。卫右渠坚决守城，汉军一连数月未能攻下。荀彘率领的燕、代地区士兵大多强劲剽悍；而杨仆所率领的齐国士兵因曾遭到败亡困辱，全都心怀恐惧，将领也感到惭愧不安，所以在围困王险城时，常常主张和平解决。荀彘督军猛攻，朝鲜大臣们就暗中派人与杨仆私下商议投降之事。使者往来磋商，还未肯做出决定。荀彘几次和杨仆商约共同作战的日期，但杨仆想与朝鲜私订和约，所以不肯与荀彘会合。荀彘也派人寻找机会劝说朝鲜归降，而朝鲜不肯，而希望向杨仆投降，从而引起荀、杨两位将军的不和。荀彘认为，杨仆先前曾经兵败，犯下丧失所属部队之罪，而今与朝鲜私相友善，而朝鲜又不归降，所以怀疑他有背叛的阴谋，但未敢发动。

汉武帝因为荀彘、杨仆二人包围王险城后行动不一致，军队许久不决战，所以派济南太守公孙遂前往纠正，并授权公孙遂遇事可以相机行事。公孙遂到达后，荀彘说："朝鲜早就应当攻下，所以拖了这么久还未攻下，是因为楼船将军好几次不按照约定的日期会合。"又将平时自己对杨仆的怀疑一一告诉公孙遂，说道："现在这样还不先发制人，恐怕会成大祸。"公孙遂也同意荀彘的看法，便用天子符节召楼船将军杨仆来左将军营中议事，当即命令左将军帐下武士将楼船将军逮捕，并兼并了其所属部队。公孙遂将此事报告汉武帝，汉武帝将公孙遂处死。

左将军荀彘将两支部队合并后，随即加紧对朝鲜发动进攻。朝鲜国相路人、国相韩阴、尼溪相参、将军王唊等相互商议道："当初打算向楼船将军投降，今楼船将军已被逮捕，只有左将军一人指挥汉军，攻击越来越猛烈，恐怕我方无法抵挡，而国王偏又不肯向左将军投降。”于是韩阴、王唊、路人都逃亡，投向汉军大营，路人死于途中。

夏季，尼溪相参派人杀死朝鲜王卫右渠，前来投降。汉军尚未开进王险城时，原卫右渠的大臣成己降而复叛，再次进攻汉朝官吏。荀彘命卫右渠的儿子卫长、降相路人的儿子路最劝告朝鲜民众归顺汉朝，并诛杀成己。汉朝因此而平定朝鲜，设置乐浪、临屯、玄菟、真番四郡。封参为澅清侯，韩阴为荻苴侯，王唊为平州侯，卫长为几侯；路最的父亲路人为降汉而死，颇有功劳，封其为涅阳侯。

左将军荀彘被召回长安，汉武帝以争功相嫉、计谋乖戾的罪名将其当众斩首。楼船将军杨仆也因当初兵至列口时，本应等待与左将军会合，却擅自先行，造成很大伤亡，其罪本应斩首，赎身后成为平民。

> 班固评论说：玄菟、乐浪，本是箕子的封国。当初，箕子居住在朝鲜，用礼义教导他的百姓，掌握种田、养蚕、纺织的方法，并为他们制定八条法令。凡杀人的，当即以本人性命相抵；伤人的，用谷物赔偿对方的损失；盗窃的，男子给被盗者做奴，女子做婢；想要自赎其罪的，一人要交赎金五十万钱。虽被免罪为平民，但按风俗仍被人看不起，想结婚都找不到对象。因此，当地百姓始终不偷不盗，不必为防偷盗而关门闭户；女子都守贞节，没有淫乱行为。在乡间，人们都用竹器和木器盛放食物；在城市，人们都仿效官吏的做法，往往用杯盘器皿盛放食物。郡的官员，最初是来自辽东，其中有些人和前来经商的商人看到这里的民众不闭门户，便在夜间进行偷盗，使当地淳朴的风俗渐遭破坏，以致如今犯禁者日益增多，法令也增加到六十多条。由此可见，仁人圣贤的教化是多么的可贵啊！然而，东夷民族天性柔顺，与南、西、北三方各民族不同。所以孔子哀痛他的道理不能得到推行时，打算乘筏出海，要到九夷地区去居住，这种想法是有根据的。

秋季，七月，胶西王刘端去世。

武都郡氐族叛乱，汉朝将他们分批迁往酒泉。

（以上为第二段，写朝鲜据城而守，两路汉军将领杨仆和荀彘不合睦，因而久攻不下。后朝鲜内部叛乱，臣下杀其王卫右渠投降，平定朝鲜，以其地置乐浪、临屯、玄菟、真番四郡。荀彘争功被诛杀。）

汉武帝元封四年（甲戌，公元前107年）

冬季，十月，汉武帝巡游至雍地，于五畤祭祀天神。回中的道路已然打通，于是汉武帝北出萧关，经过独鹿山、鸣泽湖，到代地返回，途中巡察了河东郡。

春季，三月，汉武帝祭祀后土神，下令赦免汾阴、夏阳、中都地区死刑以下的囚犯。

夏季，大旱。

匈奴自卫青、霍去病率军穿越大沙漠以来，很少再对汉朝进行侵扰，迁往北方很远的地方，休养士兵马匹，进行射猎训练，并多次派使臣到汉朝来，用甜言蜜语请求和亲。汉朝派北地人王乌等前去窥探匈奴虚实，王乌遵从匈奴的风俗，放下使者的旄节，自己进入匈奴单于的毡帐之中。单于很喜欢他，假意用好听的话许诺，要为王乌派匈奴太子到汉朝做人质。

汉朝又派杨信为使者前往匈奴。杨信不肯遵从匈奴的风俗，单于说："据从前的盟约，汉朝曾将其藩王的女儿嫁到匈奴来，供给一定数量的缯絮、食物，用这种方式和亲；匈奴也不再侵扰汉朝的边境。如今却要违反以往的盟约，让我的太子去做人质，那还能剩下什么呢？"杨信回来后，汉朝再次派王乌前往匈奴，单于又用好话献媚，希望多得到汉朝的财物，骗王乌说："我想亲自到汉朝去面见天子，相互结为兄弟。"王乌回来后报告汉武帝，汉武帝下令在长安为单于修建宫邸。匈奴又表示："除非汉朝派地位尊贵的人作为使者前来，否则我们不说实话。"

匈奴派地位尊贵的人到汉朝来，来人生了病，汉朝给他药吃，想治好他的病，但他却不幸死去。于是，汉朝派路充国佩带二千石官员的印绶，出使匈奴，顺便将匈奴使臣灵柩送回，并致送丰厚的丧葬费，价值数千金，又对匈奴介绍路充国说："这是汉朝地位尊贵的人。"单于认为是汉朝将其尊贵的使臣杀了，所以将路充国扣留匈奴，不放他回国。以前所说的话，都是单于故意用空言欺骗王乌，他根本就无意到汉朝去，也无意派太子去。因此匈奴屡次派出奇兵，侵犯汉朝边界。于是，汉武帝任命郭昌为拔胡将军，与浞野侯赵破奴屯兵于朔方以东地区以防备匈奴。

（以上为第三段，写匈奴经过一段时间的休养生息，又逐渐强大起来，对汉朝不再毕恭毕敬，恰逢匈奴来使不幸去世，便借故生事，侵犯汉朝边界，汉朝派军驻边备胡。）

汉武帝元封五年（乙亥，公元前 106 年）

冬季，汉武帝向南巡游，到达盛唐，遥望九疑山，祭祀虞舜。又登上天柱山，然后从寻阳乘船游长江，在江中亲自射杀鲨鱼，并将其捕获。汉武帝的船队首尾衔接，连绵千里，接近枞阳时弃船登陆，向北行至琅邪郡，沿海前行，一路祭祀名山大川。

春季，三月，汉武帝于归途中经过泰山，命人将祭天神坛增大。二十一日甲子，汉武帝第一次在明堂中祭祀上帝，将汉高祖刘邦作为配祀，又命各诸侯王、列侯前来朝见，接受各郡国记载户口赋税的簿册。

夏季，四月，汉武帝下令实行大赦，凡此次巡游经过的各县一律免除今年的田租、赋税。回京后，巡幸甘泉宫，祭祀于泰畤。

长平侯卫青去世。汉武帝为他修建了一座像匈奴国中的庐山一样形状的坟墓。

汉武帝已经驱逐了北方的匈奴，消灭了南方的越人政权，开疆拓土，于是，设置交趾、朔方二州，以及冀州、幽州、并州、兖州、徐州、青州、扬州、荆州、豫州、益州、凉州，共将全国划分为十三州，全都设立刺史。

汉武帝因朝中有名的文武大臣都快要没有了，所以发布命令，求取贤才，说："凡是非同寻常的功业，必须等待非同寻常的人才去完成。所以有的马虽然凶暴不驯，却能一口气奔驰千里；有的士人虽然遭到世俗的诟骂，却能建功立业。无论是容易翻车之马，还是放荡不羁之士，都只看如何驾驭而已。命令各州、郡官长考察本地官吏和一般民众中，是否有才干优秀或不同凡俗，能够胜任将相的职位，或出使遥远国家的人，保荐给朝廷。"

（以上为第四段，写汉武帝向南巡游，向北至琅邪，沿海前行，一路祭祀名山大川；将全国划分为十三州，设立刺史；有感于朝中有名的文武大臣将尽，发布命令，求取贤才。）

汉武帝元封六年（丙子，公元前 105 年）

冬季，汉武帝巡幸回中宫。

春季，兴建首山宫。

三月，汉武帝巡游河东地区，祭祀后土神，赦免汾阴地区死罪以下囚犯。

汉朝打通西南夷后，增设五郡，希望在这一带找出一条通往大夏国的道路，每年都要派出十几批使者，从这些新郡出发，但都被困在昆明，使者被杀，财物被抢。于是，汉武帝赦免京师的死罪之徒，命令他们从军，派拔胡将军郭昌率领前往昆明地区进行攻打，共斩杀数十万人。可是，以后再派出使者，到底还是不能通过此地。

秋季，大旱，并发生蝗灾。

乌孙使臣看到汉朝地域广大，回国后向其国王报告，乌孙于是更加重视与汉朝的关系。匈奴听说乌孙与汉朝建立联系，感到恼怒，准备出兵攻打乌孙。而其旁边的大宛、月氏等国也都服从汉朝。乌孙国王害怕匈奴对其发动攻击，派使臣向汉朝表示愿意娶汉朝公主为妻，与汉结为兄弟。汉武帝刘彻与群臣商议，决定同意乌孙王的请求。

于是，乌孙王以一千匹马作为聘礼，派人去迎接汉朝公主。汉武帝封江都王刘建的女儿刘细君为公主，嫁给乌孙王，并赠以十分丰盛的陪嫁。乌孙王昆莫封汉公主为右夫人。匈奴也嫁给乌孙王一女，被封为左夫人。汉朝公主自建宫室居住，一年四季与乌孙王见面一两次，在一起饮酒吃饭。由于乌孙王年老，语言又不通，所以公主悲伤忧愁，思念家乡。汉武帝听说后很可怜她，每隔一年派使臣给她送去锦帐、绸缎等物。乌孙王对汉公主说："我年纪已老。"想让公主嫁给他的孙子岑娶军须靡。汉公主不肯依从，并上书汉武帝报告此事。汉武帝回复说："你应当遵从乌孙国的风俗，因为我国希望与乌孙共灭匈奴。"军须靡终于娶了汉公主。昆莫去世后，其孙军须靡即位，号为昆弥王。

此时，汉朝使者向西越过葱岭，抵达安息国。安息国也派出使者，并将大鸟蛋和精通魔术的黎轩人作为礼品献给汉朝。其他如欢潜、大益、车师、扜罙、苏薤等诸小国也都派人随汉使来长安进献礼品，朝见天子，汉武帝刘彻非常高兴。

西域各国派往汉朝的使臣此来彼去，络绎不绝，汉武帝刘彻每次到沿海地区巡游，都要将各国使臣全部带去，遇到大都会或人口稠密的地方，都要从中经过，散发财物丝帛进行赏赐，准备丰厚的物品充分供应，以显示汉朝的富有和宽厚。还进行大规模角抵游戏，演出奇戏，展示各种怪物等，聚集许多人观看。每逢赏赐，都要大摆酒宴，筑池蓄酒，悬肉为林；又让外国宾客到处参观各个仓库中储存的物品，以显示汉朝的广大富强，使他们倾慕惊骇。

大宛周围盛产葡萄，可以造酒，还盛产苜蓿，大宛出的天马最喜欢吃。汉使将葡萄、苜蓿的果实采集带回，汉武帝在行宫附近大量种植，一眼望不到头。然而，因西域各国靠近匈奴，常常对匈奴使者怀有畏惧，对他们比对汉使更为恭顺。

这一年，匈奴乌维单于去世，其子乌师庐即位，年纪幼小，号称儿单于。从此以后，匈奴单于更向西北方向迁移；匈奴左翼兵力只正对云中一带，右翼兵力只正对酒泉、敦煌郡地区。

（以上为第五段，写汉朝改善与西域诸国的关系。乌孙派使臣向汉朝表示愿意娶汉朝公主为妻，汉武帝封江都王刘建的女儿刘细君为公主，嫁给乌孙王，后又嫁给其孙岑娶军须靡。）

汉武帝太初元年（丁丑，公元前104年）

冬季，十月，汉武帝巡游泰山。

十一月初一甲子清晨，冬至。汉武帝在明堂祭祀上帝。然后东到海滨，考查入海寻仙和方士求神的结果，发现没有一个人的话应验。然而，汉武帝却派出更多的人，希望能够遇到神仙。

十一月二十二日乙酉，柏梁台遭到火灾。

十二月初一甲午朔，汉武帝在高里山亲自祭祀地神，又祭后土神，然后来到渤海边，准备遥祭蓬莱等仙山，希望能亲身到达神仙所在的仙庭。

春季，汉武帝返回长安，因柏梁台失火，所以在甘泉宫接受各诸侯王的朝拜和各郡国载录户口、赋税的簿册。在甘泉修建诸侯王住所。

有个名叫勇之的越人说："按照越人的风俗，如果火灾之后再建房屋，一定要比原来的大，以镇服火灾。"于是，汉武帝下令兴建建章宫，计有千门万户。东面为凤阙，高二十多丈。西面为唐中，有方圆数十里的养虎园。北面挖一大池，命名为"太液池"，池中渐台高二十多丈，还有蓬莱、方丈、瀛洲、壶梁等处胜景，象征海中的神山和龟鱼之类。南面建有玉堂、璧门、大鸟像等。另外，建章宫中还修有神明台、井干楼，各高五十丈。各景之间有皇帝专用的辇道相连接。

大中大夫公孙卿、壶遂、太史令司马迁等上奏说："历法、纪年都已坏废，应当改正朔。"汉武帝刘彻命兒宽与名叫"赐"的博士等共同商议，认为应使用夏朝历法。

夏季，五月，汉武帝下令，命公孙卿、壶遂、司马迁等共同制定汉朝《太初历》，以正月为一年的开始，崇尚黄颜色，以"五"为吉祥数字，重新定官名，协调音律，制定宗庙、百官的仪礼，作为国家常规，流传后世。

匈奴儿单于性好杀戮，使国中百姓不安，又发生天灾，很多牲畜死亡。匈奴左大都尉派人偷偷对汉朝说："我打算杀死单于，归降汉朝，但汉朝路远，如能派兵来接应，我马上就可以发动。"于是，汉武帝刘彻派因杅将军公孙敖在塞外修建受降城，驻兵接应。

秋季，八月，汉武帝巡游安定郡。

汉使到过西域的上奏说："大宛有好马，藏在贰师城中，不肯献给汉使。"于是，汉武帝派壮士车令等带着黄金千斤和金马前往大宛，请求交换。大宛国王与其群臣商议说："汉朝离我国很远，而盐泽中道路艰难，屡屡致人死亡；如从此北路来，有匈奴骚扰；从南路来，没有水草，又往往缺少城郭、食粮。汉朝派数百人作为使团前来，还常因缺乏粮食死亡过半，这怎么能派大军前来呢？所以，汉朝对我们无可奈何。贰师城的马，是我们大宛国的宝马。"于是，不肯给汉使。汉使恼怒，破口大骂，用锤击破金马而去。大宛众贵族生气地说："汉使太轻视我们！"让汉使离去，然后命驻守东部边境的郁成王率兵拦截，杀死汉使，夺取了汉使携带的财物。

于是，汉武帝大怒。曾经出使大宛的姚定汉等上奏说："大宛军事力量薄弱，只要派去三千人马，用强弩射杀，就可将其全部俘获。"汉武帝因曾经派浞野侯赵破奴率领七百骑兵生擒过楼兰王，认为姚定汉等说得对；况且，汉武帝此时正想封宠姬李夫人家为侯，于是，任命李夫人的哥哥李广利为贰师将军，征发附属国骑兵六千及各郡国品行恶劣的青年数万人，前往征讨大宛国。期望李广利到贰师城取得好马，所以称他为"贰师将军"。另外，又任命赵始成为军正官，原浩侯王恢为军前向导，李哆为校尉，负责军事指挥。

臣司马光评论说：汉武帝想封自己宠爱的姬妾李夫人的娘家为侯，所以派李广利率兵攻打大宛，他的意思是，没有为国立功就不能封侯，不想改变高祖皇帝的约定。但军务大事关系着国家的安危、民众的生死，如果不辨贤愚就授予军事大权，希望拿侥幸的微小功劳，作为封自己所喜欢的人为侯的借口，还不如无功就封侯好些。汉武帝在处理封国事务上颇有见地，却在任命将领方面有些失当。所以，说他能够遵守先帝的约定，我认为是过分了。

中尉王温舒被指控犯有奸诈贪利之罪，应当灭族，王温舒自杀。当时，王温舒的两个弟弟和两个亲家也分别因其他罪名被灭族。光禄勋徐自为说："可悲啊！古时候有灭三族的，而今王温舒的罪到了同时灭五族的地步！"

关东地区发生严重蝗灾，大批蝗虫向西飞去，到达敦煌。

（以上为第六段，写柏梁台遭到火灾，又建起规模更大的建章宫；汉武帝下令制定《太初历》；宠幸李夫人，派其弟李广利为贰师将军，率军攻打大宛国，以取善马。）

汉武帝太初二年（戊寅，公元前 103 年）

春季，正月，戊申（疑误），牧丘侯石庆去世。

闰正月，丁丑（疑误），汉武帝任命太仆公孙贺为丞相，封为葛绎侯。当时，国家多事，汉武帝对大臣督责严厉，自公孙弘之后，丞相连续被指控有罪而死。石庆虽然因为谨小慎微而得以善终，但也多次受到谴责。公孙贺被引来举行拜授丞相的仪式时，不接受印信，磕头在地上，哭着不肯起来。汉武帝不理他，起身而去。公孙贺不得已接受印信，出宫后叹道："我从此危险了！"

三月，汉武帝巡游河东郡，祭祀后土神。

夏季，五月，登记征用官吏和百姓的马匹，补充军马。

秋季，发生蝗灾。

贰师将军李广利率兵西征，过了盐泽后，沿途小国都据城自守，不肯供应汉军粮食，攻又攻不下；攻下之后，粮食自可得到补充；如不能攻破，数日后便离去。等到达郁成时，全军只剩下数千人，且全都饥饿疲惫。进攻郁成，反被镇守郁成的军队打得大败，伤亡惨重。李广利与李哆、赵始成等商议说："到了郁成尚且不能攻破，更何况到大宛的国都呢？"于是，领兵返回。到了敦煌时，士兵只剩下出征时的十分之一二。李广利派人上奏汉武帝说："道路遥远，粮食缺乏，将士们虽不惧战斗，但饥饿难忍；况且人数太少，不足以攻下大宛，希望能暂且罢兵，待征调更多的军队后再前往攻打。"汉武帝闻奏大怒，派使臣至玉门阻拦，同时下令："军队有胆敢退入玉门关的，一律斩首！"李广利大为惶恐，就留在敦煌。

汉武帝认为受降城仍离匈奴太远，又派浚稽将军赵破奴率领二万多骑兵从朔方郡出塞，向西北方向推进两千多里，准备到达浚稽山接应匈奴左大都尉后返回。赵破奴已经前来约会，匈奴左大都尉却在打算举事时被单于察觉。单于杀死左大都尉，派左翼军袭击赵破奴。赵破奴一路捕杀敌军，俘虏数千人，然后班师。行至距受降城四百里之处，被匈奴八万骑兵包围。赵破奴夜间亲自出营寻找水源，与匈奴侦察部队遭遇，赵破奴被俘。匈奴军乘势猛攻汉军，汉军军吏害怕回去后因丧失主将而被杀，所以无人劝同伴突围逃回，因而全军覆没。匈奴儿单于大喜，于是，派出奇兵攻打受降城，未能攻下，便侵入边界，掳掠后离去。

十二月，御史大夫兒宽去世。

（以上为第七段，写公元前 103 年史事，着重写贰师将军李广利进攻大宛失败，被汉武帝阻拦在玉门关；匈奴左大都尉欲行刺儿单于失败，汉武帝派去接应的二万军队全军覆没，汉将赵破奴被活捉。）

汉武帝太初三年（己卯，公元前 102 年）

春季，正月，胶东太守延广被任命为御史大夫。

汉武帝向东巡游海边，考查对神仙踪迹的寻访情况，发现都没有着落。命令祀官以礼祭告东泰山。

夏季，四月，汉武帝返回长安，途中在泰山祭天，在石闾祭地。

匈奴儿单于去世，因其子年纪小，匈奴部众共立儿单于的叔父右贤王呴犁湖为单于。

汉武帝派光禄勋徐自为从五原出塞数百里，最远处达千余里，修筑城墙、要塞、亭燧等，向西北直到庐朐，命游击将军韩说、长平侯卫伉屯兵庐朐附近；命强弩都尉路博德在居延泽筑城镇守。

秋季，匈奴大举侵入定襄、云中二郡，杀掠数千人，打败汉朝好几名二千石官后方才离去，沿途破坏光禄勋徐自为所筑的城墙、要塞、亭遂等；又派右贤王侵入酒泉、张掖二郡，掳掠数千人。正好汉军军正任文率兵前来救援，右贤王兵败，丧失了全部掳掠所得后退走。

这一年，睢阳侯张昌被指控身为太常官，掌管祭祀却有缺失，被废除封爵食邑。

起初，汉高祖刘邦分封功臣为侯，共一百四十三人。当时正是战乱之后，大城和著名都会的百姓散失，国家掌握的户口数字，只有从前的十分之二三。所以，汉初所封列侯，其食邑大的不过一万户，小的只有五六百家。分封时，汉高祖曾经立誓说："即使黄河变得像腰带一样狭窄，泰山变得像砥石一样矮小，各位列侯的封国食邑也将永存，传给后世子孙。"并将誓言用朱砂写下，杀白马祭告上苍，表示守信和郑重。到了汉太后时，厘定全体列侯的位次高低，将记录存在宗庙之内，副本存于有关官署。到了汉文帝、汉景帝时，已过了四五世，流民已经回归故里，户口也有增加，列侯中，大的食邑达到三四万户，小的也增加了一倍，财富的增长也与食邑相同。列侯的子孙们骄奢淫逸，多触犯国家法律，不仅本人丧命，祖宗留下的食邑也因而失去。到如今，现存的功臣侯只剩下四家，而法网也稍微严密了。

汉朝丧失了赵破奴这支部队后，议论此事的公卿大臣们都希望停止攻打大宛，集中全力对付匈奴。而汉武帝刘彻则认为，既然已出兵攻打大宛，如果连大宛这样一个小国都不能征服，那么，大夏等国将逐渐轻视汉朝，大宛的好马不会来，乌孙、轮台等国将随意虐待汉朝使团，从而使汉朝遭到外国的耻笑。于是，汉武帝处罚了认为征讨大宛不利的邓光等人，赦免正在服刑的囚徒，征发品行恶劣的青年和边塞地区的骑兵，一年多的时间里，派到敦煌增援贰师将军李广利的人达六万多，背负私人装备而跟从的人未计算在内。另外，又征调了牛十万头，马三万匹，驴、骆驼等数以万计，以及十分充足的粮食和兵器弓弩。全国都受到震动，从各地调到征讨大宛部队中的校尉军官也达五十多名。因大宛城中无井，靠汲引城外河水使用，所以，汉武帝派水工随军前往，准备将大宛城外河水引向别处，利用旧水道挖洞攻城。又增调了十八万士兵进驻酒泉、张掖以北地区，并在居延、休屠两地屯兵以卫护酒泉。汉武帝刘彻下令："全国犯罪的官吏、逃亡者、入赘妇家的男子、商人、原属商人户籍者、其父母或祖父母属商人户籍者，共七种人，一律贬罚为兵。"为贰师运送粮食的车辆和役夫络绎不绝。汉武帝还任命两名熟悉马匹情况的人充当执马校尉和驱马校尉，预备在攻破大宛后挑选好马。

于是，贰师将军李广利得到巨大的人力物力增援后，再次率兵出征。由于汉军兵多，所到之处，西域各小国无不迎接，为汉军提供粮食供应。行至轮台，轮台国不降，汉军攻城数日，在城中进行了一场大屠杀。自此向西，汉军一路平安推进，直达大宛城下，到达的士兵共三万人。大宛军队出城迎击汉军，汉军以箭射杀，大宛军大败，逃入城中拒守。

李广利本想攻取郁成城，又恐怕一时难于攻克，反使大宛生出其他计谋，于是先到大宛城，挖开水源，引向别处。城中的大宛军民本已忧愁困扰，汉军再将全城包围，攻击四十多天。大宛贵族密谋说："大王毋寡将好马隐藏起来，又杀死汉朝使臣，如今我们将大王杀死，把好马献出，汉军就会解围而去；如仍不解围退兵，我们再拼死力战，也为时未晚。"大家都表示同意，于是一起行动，将大宛王杀死。此时大宛的外城已破，大宛的贵族猛将煎靡被汉军俘获。大宛极为恐慌，逃入内城，派人手持大宛王毋寡的人头，前去见李广利，相约说："汉军如不进攻我们，我们将把所有的好马都拿出来，任凭汉军随意挑选，并为汉军提供粮食。如不接受我们的建议，我们将杀死所有的好马。康居的援兵又即将到达，援兵一到，我们居内，康居兵居外，两面夹击汉军。请将军仔细考虑，怎么办好？"

此时，康居探知汉军还很强盛，不敢前进。李广利闻知大宛城中新近抓到一些汉人，懂得了凿井技术，且城中粮食尚多，因而考虑："此次前来主要是为了诛杀罪魁祸首毋寡，而今毋寡的人头已然送到，这样再不接受他们的请求，他们必定会坚守城池，而康居等到汉军疲惫来援救大宛，汉兵必为其所败。"所以接受了大宛的求和条件。

于是，大宛将马献出，让汉军自己选择，并拿出大批粮食供给汉军。汉军挑选了数十匹好马，中等及以下的雌、雄马三千多匹，又扶立过去对汉朝态度友好的大宛贵族昧蔡登上大宛国王位，与其订立盟约后罢兵而还。

当初，李广利自敦煌起兵西进时，分兵数路，分别从南、北两条道路进兵。校尉王申生另率一千多人到郁成，被郁成王消灭。只有数人得脱，逃到李广利大军。李广利命搜粟都尉上官桀率兵前往攻打郁成，郁成王逃到康居，上官桀也追到康居。康居王听说汉军已打败大宛，便将郁成王献给上官桀，上官桀命四名骑兵将郁成王捆绑押送到李广利军营。上骑士赵弟怕郁成王在半路上逃跑，拔剑将郁成王的人头砍下后，追上李广利大军。

（以上为第八段，写汉高祖刘邦时所封的一百多个功臣侯，到此时只剩下了四个；贰师将军李广利再次率领大军进攻大宛，大宛贵族杀掉国王毋寡投降，汉军终于得到了大宛汗血马。）

汉武帝太初四年（庚辰，公元前101年）

春季，贰师将军李广利回到京城长安。沿途经过的西域小国听说大宛被汉军攻破，全都派其子弟跟随李广利来到长安向汉朝进贡，拜见汉武帝，并留在长安充当人质。大军回来时，入关的马有一千多匹。此番再次出征，并非缺乏军粮，战死的人也不太多，只因将领贪暴，不爱惜士兵，掠夺、虐待他们，因此死亡很多。汉武帝因李广利万里征战，不计其过失，下令封李广利为海西侯，赵弟为新畤侯，任命上官桀为少府，其他军官为九卿的三人，任命为诸侯国相、郡太守、二千石官职的一百多人，任命为一千石及以下官职的一千多人。凡自愿随军出征的人，所授官职都超出了他们自己的希望；凡因罪过而谪罚出征的人，一律免其罪而不记功劳；对士兵的赏赐价值四万钱。

匈奴听说李广利率兵攻打大宛，曾经企图拦截，后见汉军声势浩大，不敢与汉军交战，便派骑兵前往楼兰国，等候袭击在大军后面的汉朝使臣，要断其通道。当时汉军军正任文正率兵屯驻玉门关，抓到匈奴俘虏，得知这一消息后报告朝廷。汉武帝下令，命任文率兵捕捉楼兰王，押到长安问罪。楼兰王分辩说："楼兰作为一个小国，夹在汉朝与匈奴两个大国之间，如不两边听命，便无法自保平安，我愿率领本国百姓迁入汉朝境内。"汉武帝放他回国，也让他协助探听匈奴动静。从此，匈奴对楼兰国不十分信任。

自从大宛被打败后，西域各国十分震恐，派往西域的汉使因此越发顺利地完成使命。于是，从敦煌向西直到盐泽，处处建起亭燧，而轮台、渠犁等地都有汉朝的屯田士兵数百人，分别设置使者、校尉加以统领护卫，用以供给出使外国的使团所需。

一年多以后，大宛贵族认为昧蔡善于讨好汉朝，使本国遭受屠戮，于是联合杀死昧蔡，立毋寡的弟弟蝉封为大宛王，派蝉封的儿子到汉朝充当人质。汉朝因而派出使者赏赐蝉封，对他进行镇抚。蝉封与汉朝约定，每年向汉朝进献天马二匹。

秋季，汉武帝兴建明光宫。

冬季，汉武帝巡游回中地区。

匈奴呴犁湖单于去世，其弟左大都尉且鞮侯被立为单于。汉武帝打算乘攻打大宛的兵威困扰匈奴，便发布命令说："高皇帝给我留下平城的忧恨，太后时，匈奴单于给我朝的书信又悖逆无比。当年齐襄公报九世先祖之仇，《春秋》认为他的行为符合了大义。"且鞮侯单于刚刚即位，害怕汉军袭击他，便向汉朝表示："我是小孩子，岂敢和大汉天子相比，汉朝天子是我的长辈。"于是，将不愿投降而被扣留在匈奴的汉使路充国等全部放回，又派使臣前来进贡。

（以上为第九段，写贰师将军李广利得胜回来，封为海西侯；自从大宛被打败后，西域各国都十分震恐，派往西域的汉使因此越发能够顺利地完成使命。）

汉武帝天汉元年（辛巳，公元前 100 年）

春季，正月，汉武帝到甘泉，在泰畤祭祀天神。

三月，汉武帝巡游河东郡，祭祀后土神。

汉武帝嘉许匈奴单于的义举，派中郎将苏武将留在汉朝的匈奴使臣送回匈奴，顺便携带厚礼，答谢匈奴单于的好意。苏武与副使中郎将张胜及暂时充任使团官吏的常惠等一同前往，到达匈奴后，将礼品送给单于。单于却更加骄横，不是汉朝原来所希望的样子。

正在此时，曾经归降过汉朝的匈奴缑王和长水人虞常，以及卫律所率领的投降匈奴的原汉朝人暗中商议，企图劫持匈奴单于母亲阏氏回到汉朝。卫律的父亲原是长水地区的匈奴人，卫律本人则因与汉朝的协律都尉李延年关系很好，经李延年推荐，受汉朝派遣出使匈奴。卫律出使归来，听说李延年一家被收捕，便逃到匈奴投降。单于很喜欢他，与他商讨国家大事，封他为丁灵王，虞常在汉朝时一直与副使张胜关系密切，私下拜访张胜时说："听说大汉天子非常怨恨卫律，我可以埋伏弓弩手为汉朝将其射死。我的母亲和弟弟都在汉朝，希望他们能够得到赏赐。"张胜答应了虞常的要求，并送给他很多财物。一个多月以后，单于出外打猎，只有他母亲和部分子弟留在王庭。虞常等七十多人正准备发动政变，不料其中一人于夜间逃走，告发了虞常等人的政变计划。于是，单于子弟调兵与虞常等人交战，缑王等全部被杀，虞常被活捉。

匈奴单于派卫律处理此事。张胜听到消息后，害怕先前与虞常约定的事情被查出，便向苏武报告。苏武说："发生了这样的事情，肯定会涉及我，如受到侵犯再死，那就更加辜负国家了。"于是，准备自杀，被张胜、常惠一起阻止。而后，虞常果然供出张胜，单于大怒，召集贵族们商议，打算杀死汉使。匈奴左伊秩訾说："谋杀卫律就要处死，如果谋害单于，又应如何加重惩处呢？应让他们全部归降。"单于派卫律传话给苏武。苏武对常惠等人说："如果卑躬屈节，有辱我们的使命，即使活着，又有何面目再回到我们大汉呢？"说完，拔出佩刀刺入自己的身体。卫律大吃一惊，一把将苏武抱住，急忙召医生前来，在地上挖了一个土洞，点起炭火，形成暖炕，将苏武放在暖炕上，用手拍苏武的后背，使淤血流出。苏武气绝，半日才慢慢苏醒。常惠等痛哭，用车将苏武拉回驻地。单于很钦佩苏武的气节，早晚都派人问候，而将张胜逮捕。

苏武逐渐痊愈，单于派人来劝谕苏武，要苏武归降匈奴。正在此时，虞常被定为死罪，便打算借此机会逼苏武投降。用剑斩下虞常的人头之后，卫律说："汉使张胜想谋杀单于的亲信大臣，其罪当死，单于招募归降，降者赦免。"说完举剑要刺张胜，张胜请求投降。卫律又对苏武说："副使有罪，你作为正使，应连坐受罚。"苏武回答说："我本未参与其事，与张胜又没有亲属关系，为什么要连坐受罚？"

卫律又举剑威胁苏武，苏武纹丝不动。卫律说："苏先生！我以前背叛汉朝，归顺匈奴，有幸蒙单于大恩，赐号称王，并拥有数万人众，马匹牲畜满山，如此富贵！苏先生如果今日归降，明日就会和我一样，否则白白横尸荒野，又有谁知道呢？"苏武闭口大答。

卫律又说："你要是听我的话，归降匈奴，我与你就如兄弟一般；如今日不听我的建议，以后即使想再见我，还能够做得到吗？"苏武骂道："你身为汉朝臣子，却不顾恩义，背叛君王、亲人，投降蛮夷，我见你干什么？况且，单于信任你，让你决定别人的生死，你不但不公平处理，反而想挑动两国君王相互争斗，在一旁坐观成败。南越国杀死汉使，被汉灭掉后变为九郡；大宛王杀死汉使，其人头被悬于长安宫廷北门；朝鲜杀死汉使，立即招来灭国之祸。只有匈奴还没有干过这种事情。你明知我不会投降，却想借此挑起两国之间的战争，只怕匈奴的灾难，将会从我开始了。"

卫律明白苏武终究不会受他的胁迫，只得禀报单于。单于见苏武如此忠心，越发想争取他归顺，便将苏武囚禁于一个大地窖中，断绝苏武的饮食，企图逼其就范。当时正下大雪，苏武躺在地上，靠吞食雪片和衣服上的毡毛，一同咽下，几天后竟然未死。匈奴人以为有神灵庇护，便将苏武放逐到北海荒无人烟之处，让他放牧一群公羊，并对苏武说："等到公羊能生出小羊，你就可以回国了。"常惠等使团中不肯投降的官员，也被分别扣留在其他地方。

天空降下白毛。

夏季，大旱。

五月，汉朝实行大赦。

征发贬谪有罪的人到五原郡屯垦戍边。

浞野侯赵破奴从匈奴逃回汉朝。

这一年，济南太守王卿被任命为御史大夫。

（以上为第十段，写中郎将苏武持节出使匈奴遭扣留。匈奴贵族多次威胁利诱，欲使其投降，苏武决不屈服，被匈奴流放到北海边牧羊，扬言要公羊生小羊方可放他回国。）

汉武帝天汉二年（壬午，公元前 99 年）

春季，汉武帝巡游东海郡，在回京途中巡游回中。

夏季，五月，汉武帝派贰师将军李广利率领三万骑兵从酒泉出塞，在天山一带袭击匈奴右贤王，共擒斩匈奴一万多人后返回，途中被匈奴重兵包围。汉军一连几天缺乏粮食，伤亡惨重。代理司马的陇西人赵充国率领精壮士兵一百多人冲破匈奴的包围，李广利率领大军紧跟其后，才得以解脱困境。这次战役，汉兵阵亡了十分之六七，赵充国受伤二十多处。李广利上奏朝廷，汉武帝将赵充国召到住所，亲自接见，察看了他的伤势，叹息不已，命赵充国为中郎。

汉武帝又派因杅将军公孙敖率兵从西河郡出塞，与强弩都尉路博德会师于涿涂山，但毫无收获。

当初，李广的孙子李陵担任侍中，精通骑马射箭之术，爱护士兵，谦恭地对待贤士。汉武帝刘彻认为李陵颇有其祖父李广的风范，封他为骑都尉，命他带领丹阳和楚地人五千，在酒泉、张掖一带教习射箭之术，以防备匈奴。李广利出击匈奴时，汉武帝召见李陵，想命他为李广利押运粮草。李陵磕头请求说："我所率领屯戍边塞的人，都是荆楚地区的勇武之士和奇才剑客，论力量能够手扼猛虎，论箭术堪称百发百中，希望能让我率领一队人马，前往兰于山以南地区，用以分散匈奴单于的兵力，使其不能全力对抗贰师将军的部队。"汉武帝说："你不愿配合作别人的策应吗？这次我调动的军队太多，没有马匹分配给你。"李陵说："我用不着马匹，愿以少敌众，率领五千步兵直捣匈奴单于的王庭。"汉武帝赞赏李陵的豪情壮志，同意了他的请求，下令命路博德在半途中接应李陵。

路博德也耻于做李陵的后援部队，便上奏说："如今正值秋季，匈奴马肥，不宜于此时与匈奴交战，希望皇上命李陵稍等，到明年春天再一同出征。”汉武帝刘彻很生气，怀疑是李陵胆怯后悔，不想出征，而让路博德上书，便下令，命路博德率兵赴西河袭击匈奴，同时命李陵于九月自居延遮虏障出发，深入东浚稽山南面的龙勒水边巡回观察匈奴动静，如果不见敌踪，便退回受降城休息士兵。

于是，李陵率领步兵五千人，出居延向北推进，三十天后抵达浚稽山，停下扎营，沿途命人将所过之处的山川地形绘制成图，派部下骑兵陈步乐送回长安。汉武帝召见陈步乐，听他报告说李陵能使部下拼死效力，非常高兴，封陈步乐为郎官。

李陵在浚稽山与单于率领的匈奴军队相遇，匈奴约三万骑兵将李陵的部队包围。李陵屯兵两山之间，用大车围成营寨，亲自率领士兵在营外列下战阵，前排手持戟、盾，后排手持弓、弩。匈奴兵见汉军人少，便直逼营前阵地。李陵率部迎击，展开搏斗，汉军千弩齐发，匈奴兵纷纷应弦倒地，只得退回山上，汉军追击，杀死匈奴数千人。单于大惊，召左、右两翼军八万多名骑兵前来围攻李陵。李陵率部且战且走，向南撤退，数日后，来到一个山谷之中。汉军接连作战，士兵大多身带箭伤，仍顽强苦战，受伤三处的坐在车上，受伤两处的驾车，受伤一处的手持武器坚持战斗，又斩杀匈奴三千多人。

李陵率部沿着龙城旧道向东南方撤退，四五日后，退到一大片沼泽芦苇之中。匈奴在上风放火，企图烧死汉军；李陵也命部下放火烧光周围的芦苇以自救。汉军继续南行，来到一座山下。单于在南山上命他的儿子率领骑兵向汉军进攻。汉军在树林之中步战，又杀死匈奴数千人，并用连弩机射单于，单于下山逃避。

这一天，汉军抓到部分匈奴俘虏，据他们说：“我们听单于说：‘这是汉朝的精兵，猛攻也没有能将他们消灭，他们日夜引我们向南接近汉塞，莫非是有埋伏的军队吗？’各位当户、君长都说：‘单于亲率数万骑兵攻击汉军数千人而不能将他们消灭，以后将无法再号令边臣，还会使汉朝更加轻视匈奴。所以要在山谷中再次力战，还有四五十里才到平原地区，如仍不能取胜就返回。’”

此时，汉军处境越发凶险。匈奴骑兵多，一日交战数十回合，汉军又杀伤匈奴两千多人。匈奴作战不利，打算撤兵离去。然而，就在此时，李陵军中有一个名叫管敢的军候，因受到校尉的欺辱，逃到匈奴军中投降，一一说出汉军实情：“李陵部队并无后援，箭矢也即将用尽，只有将军部下和校尉成安侯韩延年所属部队各八百人在前面开路，以黄旗和白旗作为标志。应当派精锐骑兵用弓箭射杀他们，汉军立即就可击破。”

单于得到管敢，喜出望外，命令匈奴骑兵一齐向汉军发起进攻，同时令人大声喊叫：“李陵、韩延年快快投降！”又派兵截断汉军的道路，猛攻李陵。李陵的部队被困在山谷之中，匈奴军在山上，从四面射箭，箭如雨下。李陵继续向南退却，尚未到达汗山，一天中五十万支箭已全部用尽，于是放弃辎重车辆，继续前往。此时军中士兵还有三千多人，只能砍下车的辐条拿在手中做武器，军官也只有手持短刀加入战斗。汉军依靠山势退入狭谷之中，单于亲自率兵截断汉军后路，指挥匈奴士兵将山上巨石滚入谷中，汉军多数死去，不能前进。

黄昏以后，李陵独自一人身穿便衣走出大营，止住左右随从说："不要跟着我，我要独自一人生擒单于！"过了很长一段时间，李陵回到营中，叹道："我们已然兵败，即将死于此地了！"于是，将所有的旌旗尽行砍倒，与珍宝一起埋入地下。李陵叹了口气，对部下说道："如果再有数十支箭，我们就足以逃脱了。现在已经没有武器再战，天亮以后，就只能坐等被擒了，不如各自逃命，还有人能够侥幸逃脱回去报告天子。"

于是，李陵命将士每人身带二升干粮，一片冰，约定到遮虏障会合。半夜时，李陵命人击鼓叫醒将士们，但战鼓已破，敲不响。李陵与韩延年都跨上战马，十几名壮士跟随。匈奴数千名骑兵随后追击，韩延年战死。李陵说道："我已无面目报答皇上了！"于是投降。其他人分散突围，逃回边塞的有四百多人。

李陵兵败之处距边塞只有一百多里，边塞将领将此事报告朝廷。汉武帝刘彻本来希望李陵能死战，后听说李陵投降了匈奴，十分愤怒，责问陈步乐，陈步乐自杀而死。满朝大臣都说李陵有罪，汉武帝问太史令司马迁对此事的看法，司马迁竭力为李陵分辩说："李陵对父母孝顺，对士人讲信义，常常奋不顾身，赴国家急难，这正是他平时的志愿所在，颇有国士的风范。如今出征偶然不幸失败，那些保全自身性命和妻子儿女的臣子就跟着捏造他的短处，实在令人痛心！况且，李陵率领不到五千步兵，深入满是战马的匈奴腹地，抵挡数万敌军；匈奴被打得连救死扶伤都顾不过来，将全国所有能拉弓射箭的人全部调来围攻李陵。李陵率部转战千里，箭矢用尽，无路可走，将士们手拿着没有箭的空弩机，冒着敌人锋利的枪尖刀刃，仍然面向北方拼死力战，能够得到部下这样的拼死效力，即使是古代的名将，也不过如此！李陵虽然兵败，但他对匈奴的打击也足以使他名扬天下了。李陵之所以没有死节，当是想找机会报效国家。"汉武帝认为司马迁在欺骗君王，是为了诋毁李广利，为李陵游说开脱，将司马迁下狱施以宫刑。

很久以后，汉武帝才对原先使李陵陷入孤立无援的境地表示后悔，说道："应当在李陵率军出塞时，再让强弩将军路博德前去接应；而我预先就发下命令，而老将路博德生出奸诈之心，不肯接应李陵。"于是，派使臣对逃脱回来的李陵余部进行慰劳赏赐。

（以上为第十一段，写汉武帝派李广之孙、骑都尉李陵率领五千步兵出征匈奴，被匈奴八万骑兵围困，李陵进行了生死决战，所杀敌人很多，但全军覆没，李陵投降被俘获。）

汉武帝用法律来控制国家，喜欢任用执法严苛的官吏，各郡国的二千石官也大多以残暴的手段治理地方，而小吏和平民百姓对犯法却越发不当回事。东部地区盗贼兴起，大股数千人，攻打城邑，夺取府库的兵器，释放犯死罪的囚徒，捆缚、污辱郡太守、都尉，杀死二千石官；小股数百人，在乡村中劫杀抢掠，多得无法计算，致使道路断绝。汉武帝开始只派御史中丞、丞相长史负责督察镇压，但未能禁绝；于是，派光禄大夫范昆及曾经位居九卿的张德等身穿绣花官服，手持皇帝符节和调兵的虎符，调集军队进行围剿，有的大郡斩杀达到一万多人。另外，各郡因帮助盗贼通行、提供食物而受到牵连、犯法被杀的普通百姓多的也达数千人。

过了几年，抓获了大部分盗贼首领。一些被打散逃亡的人，往往重新聚集在一起，占据山川险要之处，官府无可奈何。于是，汉武帝命人制定《沉命法》，规定："凡有成帮结伙盗贼兴起，地方官不能及时发现，或虽然发现却未能全部擒获，自二千石官以下直至小吏，主持其事的一律处死！"从此以后，小吏畏惧朝廷治罪，即使发现有盗贼，也因害怕不能全部捕获而不敢报告；各郡长官因害怕受到牵连，也让下属不要报告。因此，盗贼越来越多，而地方官上下串通，隐瞒不报，空以虚文应付朝廷，逃避法网。

此时，暴胜之担任直指使者，经他之手处死的二千石以下官员尤其众多，因此，威镇各州郡。暴胜之来到渤海郡，听说当地人隽不疑贤明练达，便请来相见。隽不疑容貌庄重严肃，衣冠十分华丽整齐，暴胜之听说隽不疑到来，连鞋都没有顾上穿好就急忙起来拖着鞋相迎，让进客厅坐定，隽不疑以手按地，欠身说道："我虽生活在偏僻的海滨，但也久闻暴公子的大名，想不到今天有幸蒙公子接见指教。我认为，作为一名官吏，过于刚强容易折断，过于柔弱则法令难行，应既展示威严，又施以恩惠，才能建立功业，立身扬名，永远保持上天所赐的福禄。"暴胜之对他的告诫深为赞同，回到京城后，上奏推荐隽不疑。汉武帝召隽不疑前来，任命为青州刺史。

济南人王贺也曾担任绣花御史，负责驱捕魏郡的盗贼，他放过了很多人，因此被以不称职的罪名罢免。王贺叹道："我听说，救活一千人，子孙就可得到封爵，我救活的人有一万多，后代会有人兴起吧！"

这一年，汉武帝封归降汉朝的匈奴介和王成娩为开陵侯，命其率领楼兰军队袭击车师。匈奴派右贤王率领数万骑兵前往援救，汉军作战失利，退兵而去。

（以上为第十二段，写汉武帝刘彻用法律来治理国家，喜欢任用执法严苛的官吏，又命人制定"沉命法"，派出绣花御史，严厉督察，各郡长官因害怕受到牵连，隐瞒不报。）

【点评】

李陵之祸论。李陵，是李广之孙，颇得李广之风，善骑射，爱士卒，颇有美名。公元前99年，李陵奉汉武帝之命出征匈奴，率领五千步兵与八万匈奴骑兵战于浚稽山，最后因寡不敌众而兵败投降，一去无回。围绕李陵事情，汉朝发生了一系列的故事，令人慷慨嘘唏。

李陵孤军深入，没有救援，遭遇匈奴大军围困，而后兵败投降，汉武帝对此负有不可推卸的责任。贰师将军李广利统领三万骑兵从酒泉出发，攻击在天山一带活动的右贤王，汉武帝召见李陵，要他为大军运送粮草，做好后勤保障工作。这样的安排，对于一般人来说，倒也无话可说，而偏偏是李陵，他年少气盛，也比较轻狂，总觉得自己有一腔热血，也有一身本领，怎么就甘心当个后勤官呢？他便向汉武帝提出要求，愿意独当一面，用五千步兵直捣单于王庭。汉武帝非常佩服他的勇气，觉得他又是一个前途无量的霍去病，汉朝正缺少这样的将才！于是，就答应了李陵的请求，并且叫老将路博德作为他的后援和接应。哪知道，路博德不愿意，建议汉武帝待到明年春暖花开时再出征。汉武帝认为是李陵出尔反尔，心想，你李陵不是不想出兵吗？我偏要让你出兵，而且没有后援接应。换句话说，你李陵是生是死，全靠你的运气了！就这样，李陵走上了不归之路。

李陵深入匈奴，遭遇匈奴八万骑兵的围攻，箭尽粮绝，被匈奴俘虏，其初衷并不是真心投降，而是要保全性命，以得其机会而报效汉朝。可是，汉武帝断绝了他的报效之路，让他彻底绝望。李陵遭到十数倍匈奴大军的围攻，充分展示了他的高超的指挥才能和不屈不挠的气概。但是，这是一招死棋，无论他怎么英勇，怎么顽强，他都跳不出匈奴的包围圈，必死无疑。在汉武帝的心目中，李陵是个热血青年，如果冲不出敌人的包围圈，必将力战而死，以死报国。可是，李陵的想法却超出了汉武帝的想象范围，他还不愿意死，还想继续报国！在当时的情境下，只有一条生路，就是被匈奴活捉而去。而被活捉而去，不等于就是投降！而汉武帝却认为李陵丢了汉朝的脸面，怎么就不能以死报国呢？加上汉武帝有些误听传言，说李陵在帮助单于练兵以对付汉军。其实，帮助单于练兵的不是李陵，而是李绪！结果，汉武帝信以为真，将李陵全家处以族刑，他的母亲、兄弟和妻子都被诛杀。这真是天大的冤枉！这让李陵彻底失望，也彻底绝望，才真正投降了匈奴！如果汉武帝宽以待人，李陵也不至于如此走上绝路啊！

李陵被俘，汉朝君臣一个个都登上了表演的舞台。汉武帝听到李陵全军覆没的消息后，怎么也不敢相信，这支被李陵吹嘘得非常神勇的部队，就这样被打败了；怎么也不敢相信，李陵竟然没有战死，而是被匈奴俘获，汉朝的颜面到哪里去了？整天就像掉了魂一样，心中的一股怒气直往外冲。这时候的朝廷大臣，看到汉武帝脸色铁青，魂不守舍，一个个都呆若木鸡，小心翼翼地伺候着，即使汉武帝问话，也尽拣好听的话说，生怕戳到汉武帝的痛处。而对于李陵，一个共同的行为，就是落井下石，没有一个人肯说句公道话。这时候，司马迁看不下去了，汉武帝也注意到司马迁有着不同于常人的行为，就听听他的想法。司马迁大致说了两层意思，一是李陵的为人，不像大臣们说的那样，而是平时有国士之风，在出击匈奴中孤军奋战，杀伤了许多敌人，立下了赫赫功劳。在救兵不至、箭尽粮绝、走投无路的情况下，仍然奋勇杀敌，就是古代名将也不过如此。二是李陵的被俘，并不是真心投降，而是想寻找适当的机会再报答汉朝。汉武帝听了司马迁的话，就派公孙敖带兵到边境等候李陵回归，李陵被匈奴牢牢看死，公孙敖等了一年不见李陵回归，就误信抓捕的匈奴俘虏传言李陵帮单于练兵，这下，再次触怒了汉武帝，认为司马迁在替李陵游说，讽刺劳师远征、战败而归的李广利。这时已是天汉三年。汉武帝下令族灭李陵全家，将司马迁打入大牢，处以宫刑。

对于李陵事件、李陵之祸，我们不得不反思：李陵当初的狂野之心以及对匈奴形势不恰当的估计，是导致这次行动失败的首要因素。如果李陵根据汉武帝的安排，就去把后勤工作做好，也是可以为汉朝做出贡献的。汉武帝轻率下达命令，让只有五千步兵的一支队伍，行走在非常凶险的茫茫草原之中，又没有安排接应救援，一旦遇到敌军，则是“肉包子打狗，有去无回”。汉武帝的举措失当，是导致李陵部队失败的决定性因素。李陵孤军深入，决一死战的勇气可嘉，而轻弃士兵生命的行为则不可取。李陵被俘后，虽然开始没有真心投降，但后来受了刺激，还是投降了；虽然没有为匈奴做多少事情，但这种行为则也是不可取的，毕竟是成了真正的叛徒，辜负了司马迁的一番说辞。司马迁为李陵辩说，实事求是，出以公心，体现了司马迁的无畏精神和公正情怀；而遭李陵之祸，被处宫刑，则是体现了汉武帝的刚愎自用和专断昏暗！

资治通鉴（白话本） 卷第二十二

汉纪十四

汉武帝天汉三年至后元二年（公元前 98—前 87）

【起昭阳协洽（癸未，公元前 98 年），尽阏逢敦牂（甲午，公元前 87 年），凡十二年】

【大事提要】

本卷记事起于公元前 98 年，到公元前 87 年，凡十二年，当为汉武帝天汉三年至后元二年。本卷所载的大事，主要是以下几个方面：其一，巫蛊之祸。汉武帝宠臣江充奉命查巫蛊案，用酷刑和栽赃迫使人认罪；与太子刘据有隙，趁机与案道侯韩说、宦官苏文等诬陷太子，太子恐惧，起兵诛杀江充，后遭汉武帝镇压兵败，皇后卫子夫和太子相继自杀。后汉武帝醒悟，夷江充三族，烧死苏文。其二，田千秋拜相。田千秋，原为高寝郎，供奉高祖陵寝。戾太子刘据因江充谗害而死，他上书诉冤，认为是子借父兵，情非得已，阐明太子心迹。汉武帝感悟，认为是高庙显灵，公当为我辅佐，任命为大鸿胪。几个月后，丞相刘屈氂因罪被斩，任田千秋为丞相，封为富民侯。其三，贰师降匈奴。公元前 90 年，李广利率领七万大军出征匈奴。临行前，与丞相刘屈氂密谋推立李夫人之子刘髆为太子，后事发，刘屈氂被腰斩，李广利原想冒进，立功赎罪，后遭大败，便投降匈奴，其家被族灭。李广利投降后，被卫律忌妒，买通巫师，被杀。其四，轮台罪己诏。公元前 89 年，大司农桑弘羊等人上书汉武帝刘彻，建议在轮台戍兵以备匈奴，然而，汉武帝没有同意，驳回了桑弘羊等人的建议，下令反思，称“当今务在禁苛暴，止擅赋，力本农，修马复令以补缺，毋乏武备而已”。史称“轮台罪己诏”。其五，汉武帝辞世。汉武帝雄才大略，但在后期穷兵黩武，造成“巫蛊之祸”，公元前 87 年去世，享年七十岁，在位五十四年，谥号孝武皇帝，庙号世宗；死前立幼子刘弗陵为太子；任霍光为大司马、大将军，与车骑将军金日磾、左将军上官桀共同辅政。

世宗孝武皇帝下之下

汉武帝天汉三年（癸未，公元前 98 年）

春季，二月，王卿因罪自杀，汉武帝任命执金吾杜周为御史大夫。

开始实行酒类专卖。

三月，汉武帝巡游泰山，扩建祭天神坛，祭祀于明堂，并在此接受各郡国的户籍、财政簿册。回京途中，祭祀于常山，并将黑色玉石埋于祭坛之下。方士们在各地等候神仙降临和入海寻找蓬莱仙山等，始终没有结果，而公孙卿仍以所谓“巨人的足印”进行辩解，从而使汉武帝对方士们的奇谈怪论日益厌倦，但仍与他们保持联系，并不禁绝，希望能遇到真有本领的人。从此以后，方士们谈论神灵之事的虽然更加众多，但其效果是可想而知了。

夏季，四月，大旱。汉朝实行大赦。

秋季，匈奴入侵雁门。雁门太守因畏缩惧敌被朝廷处死。

汉武帝天汉四年（甲申，公元前97年）

春季，正月，汉武帝在甘泉宫接受各诸侯王的朝见。

汉武帝征发全国“七科”的贱民和勇敢之士，派贰师将军李广利率领骑兵六万、步兵七万自朔方出塞，强弩都尉路博德率领一万多人与李广利会合，游击将军韩说率领步兵三万自五原出塞，因杅将军公孙敖率领骑兵一万、步兵三万自雁门出塞，袭击匈奴。匈奴听到这一消息后，将其家属、财物等全部迁移到余吾水以北地区，然后由单于亲率十万大军在余吾水南岸迎战李广利率领的汉朝军队。李广利率兵与单于大军连续交战十多日，撤兵而还。韩说所部没有收获。公孙敖与匈奴左贤王作战失利，撤兵而回。

汉武帝派公孙敖率兵深入匈奴腹地去接李陵，公孙敖无功而回，便上奏说：“据擒获的匈奴俘虏说，李陵教单于制造兵器，以防备汉军，所以我无所收获。”于是，汉武帝下令将李陵的家属满门抄斩。不久听说，是投降匈奴的汉朝将领李绪所为，并非李陵。李陵派人将李绪刺杀。匈奴单于的母亲大阏氏要杀李陵，单于将他藏在北方，直到大阏氏死后，李陵才回到王庭。单于将自己的女儿嫁给李陵为妻，封其为右校王，与卫律同时都受到尊重，并握有权力。卫律经常在单于身边，李陵则在外地，有大事才到王庭会商。

夏季，四月，汉武帝封皇子刘髆为昌邑王。

（以上为第一段，写汉武帝发动数路大军攻打匈奴，结果都无功而返，攻打失利；汉武帝派公孙敖深入匈奴迎接李陵，误听俘虏之言，族杀李陵全家，李陵投降。）

汉武帝太始元年（乙酉，公元前96年）

春季，正月，公孙敖因其妻以“巫蛊”害人而被腰斩。

汉武帝强迫各郡国的富豪和有权势的人迁居茂陵。

夏季，六月，实行大赦。

这一年，匈奴且鞮侯单于去世。且鞮侯有两个儿子，长子为左贤王，次子为左大将。且鞮侯死后，左贤王没有及时赶到，匈奴贵族们认为左贤王有病，改立左大将为单于。左贤王听说后，不敢前来王庭。左大将派人将左贤王召来，让位给他。左贤王以自己有病为理由推辞不受，左大将不听，对他说："如果你不幸死去，再传位给我。"左贤王这才答应，即单于位，称为狐鹿姑单于。封左大将为左贤王。几年后，左贤王病死，其子先贤掸因不能继承左贤王之位，所以改封为日逐王。单于封自己的儿子为左贤王。

汉武帝太始二年（丙戌，公元前 95 年）

春季，正月，汉武帝巡幸回中宫。

杜周去世，汉武帝任命光禄大夫暴胜之为御史大夫。

秋季，干旱。

赵国中大夫白公奏请朝廷，从谷口至栎阳挖了一条长二百里的引水渠，将泾河水引到渭中地区，使四千五百多顷农田得到灌溉，因此命名为"白渠"。当地百姓因白渠而大大受益。

汉武帝太始三年（丁亥，公元前 94 年）

春季，正月，汉武帝前往甘泉宫。

二月，汉武帝巡游东海郡，捉到一只赤色大雁；又巡游琅邪郡，在成山拜日，并登上之罘山，然后乘船在海上巡游后返回长安。

这一年，皇子刘弗陵出生。刘弗陵的母亲是河间人，姓赵，受封为婕妤，住在钩弋宫，怀孕十四个月后生刘弗陵。汉武帝刘彻说："听说当年尧是十四个月才出生的，如今赵婕妤生这个孩子也是如此。"于是，下令将钩弋宫宫门改称尧母门。

臣司马光评论说：作为帝王，每一行动、措施都不能不慎重，内心想的事，外表必然会显露出来，天下人都会知道。那时，皇后、太子全部安然健在，汉武帝却下令将钩弋宫门称为尧母门，在名义上是不妥当的。正因为如此，才使奸猾之徒揣摩皇上的心意，认为他非常宠爱幼子，想立幼子为皇位继承人，于是，产生出危害皇后、太子之心，终于酿成巫蛊祸难，可悲啊！

赵国人江充被任命为水衡都尉。当初，江充本是赵敬肃王的门客，因为得罪了赵王太子刘丹，逃出赵国，来到朝廷告发了刘丹的隐私秘事，刘丹因此被废除赵国太子之位。汉武帝刘彻召江充入宫见面，见他仪表堂堂，身体魁梧，衣着轻暖而华丽，暗中称奇。与他谈论一番政事后，汉武帝大为高兴，从此宠信江充，封其为直指绣衣使者，让他督察皇亲国戚、天子近臣中的违背体制、奢侈不法行为。江充检举参劾，毫无避讳，汉武帝因此认为他忠正直率，所说的话都合汉武帝的心意。江充曾随汉武帝前往甘泉宫，正遇上太子刘据派遣去甘泉宫问安的使者坐着马车在皇帝专用的驰道上行走，江充便将其逮捕问罪。太子听说后，派人向江充求情说："我并非爱惜车马，实在是不愿让皇上知道后，认为我平时没有管教左右，希望江先生宽恕！”江充并不理睬，径自上奏。汉武帝说：“作臣子的，就应当这样！”对江充大加信任，从而使江充威震京师。

汉武帝太始四年（戊子，公元前93年）

春季，三月，汉武帝巡游泰山。二十五日壬午，在明堂祭祀高祖刘邦，以之配祀上帝，并在此接受各郡国记录户籍财政情况的簿册。二十六日癸未，在明堂祭祀汉景帝刘启。二十七日甲申，扩建祭天神坛。二十九日丙戌，在石闾祭祀地神。

夏季，四月，汉武帝巡游不其山。五月，返回长安，前往建章宫，下令实行大赦。

冬季，十月三十日甲寅晦，出现日食。

十二月，汉武帝巡游至雍，于五畤祭祀天帝。然后西行，到达安定、北地二郡。

（以上为第二段，写皇子刘弗陵出生，其母怀孕十四个月，汉武帝将其母的钩弋宫门命名为“尧母门”；这一举动开启了江充之流揣摩帝王心理而曲意逢迎种下巫蛊之祸，受到司马光的批评。）

汉武帝征和元年（己丑，公元前92年）

春季，正月，汉武帝返回长安，前往建章宫。

三月，赵王刘彭祖去世。刘彭祖娶的是江都易王刘非的宠姬淖姬，生了一个儿子，取名刘淖子。当时淖姬的哥哥在皇宫中当宦官，汉武帝刘彻便召他询问：“淖子为人如何？”淖姬的哥哥回答说：“他为人欲望太多。”汉武帝说道：“欲望太多的人不适合当国君管理百姓。”又问武始侯刘昌的情况，淖姬的哥哥说：“刘昌既无过错，也没有什么值得赞扬的地方。”汉武帝说：“这样就可以了。”于是，派使臣立刘昌为赵王。

夏季，大旱。

汉武帝住在建章宫，看到一个男子带剑进入中龙华门，怀疑是不寻常的人，便命人捕捉。该男子弃剑逃跑，侍卫们追赶，未能擒获。汉武帝大怒，将掌管宫门出入的门候处死。

冬季，十一月，汉武帝征调三辅地区的骑兵对上林苑进行大搜查，并下令关闭长安城门进行搜索，十一天后解除戒严。巫蛊事开始出现。

丞相公孙贺的夫人卫君孺，是卫皇后的姐姐，公孙贺因此受到宠信。公孙贺的儿子公孙敬声接替父亲担任太仆，骄横奢侈，不遵守法纪，擅自动用北军军费一千九百万钱，事情败露后被捕下狱。

这时，汉武帝正下令各地紧急通缉阳陵大侠客朱安世，于是，公孙贺请求汉武帝让他负责追捕朱安世，来为其子公孙敬声赎罪，汉武帝批准了他的请求。后来，公孙贺果然将朱安世逮捕。朱安世却笑着说："丞相将要祸及全族了！"于是，从狱中上书朝廷，揭发说："公孙敬声与阳石公主私通；他得知皇上将要前往甘泉宫，便让巫师在皇上专用的驰道上埋藏木偶人，诅咒皇上，口出恶言。"

（以上为第三段，写公孙贺的儿子公孙敬声担任太仆，骄横奢侈，不遵法纪，擅自动用军费，事情败露后被捕下狱；公孙贺追捕阳陵大侠客朱安世以赎子之罪，朱安世揭发公孙敬声用巫蛊术诅咒皇上，开户了巫蛊大案之祸。）

汉武帝征和二年（庚寅，公元前91年）

春季，正月，公孙贺被逮捕下狱，经调查，罪名属实，父子二人都死于狱中，并被灭族。汉武帝刘彻任命涿郡太守刘屈氂为丞相，封其为澎侯。刘屈氂，是中山靖王刘胜的儿子。

夏季，四月，狂风大作，房屋被掀起，树木被折断。

闰四月，诸邑公主、阳石公主及卫皇后之弟卫青的儿子长平侯卫伉，都因巫蛊案而被处死。

汉武帝巡游甘泉。

当初，汉武帝刘彻二十九岁时才有了戾太子刘据，对他非常喜爱。刘据长大后，性格仁慈宽厚、温和谨慎，汉武帝嫌他不像自己那样精明强干；汉武帝平日宠爱的王夫人也生了一子名叫刘闳，李姬生二子刘旦、刘胥，李夫人生一子刘髆。皇后、太子因皇上对他们的宠爱逐渐减少，常常有不能自安的感觉。

汉武帝察觉后，对大将军卫青说："我朝有很多事情都还处于草创阶段，再加上周围的外族对我国的侵扰不断，我如不变更制度，后代就将失去准则依据；如不出师攻打，天下就不能安定，因此不能不使民众们受些劳苦。但假如后代也像我这样去做，就等于重蹈了秦朝灭亡的覆辙。太子性格稳重好静，肯定能安定天下，不会让我忧虑。要找一个能够以文治国的君王，还能有谁比太子更强呢？听说皇后和太子有不安的感觉，难道真是如此吗？你可以把我的意思转告他们。"卫青磕头感谢。皇后听说后，特意摘掉首饰向汉武帝请罪。每当太子劝阻征伐四方时，汉武帝就笑着说："由我来担当艰苦重任，而将安逸留给你，不也挺好吗？"

汉武帝每次出外巡游，经常将留下的事情交付给太子，宫中事务交付给皇后。如果有所裁决，待汉武帝回来后就将其中最重要的向他报告，汉武帝也没有不同意的，有时甚至不过问。

汉武帝用法严厉，任用的多是严苛残酷的官吏；而太子待人宽厚，经常将一些他认为处罚过重的案子从轻发落。太子这样做虽然得民众之心，但那些执法大臣都不高兴。皇后害怕长此下去会获罪，经常告诫太子，应注意顺从皇上的意思，不应擅自有所纵容宽赦。汉武帝听说后，认为太子是对的，而皇后不对。

群臣中，为人宽厚的都依附太子。而用法严苛的则都诋毁太子。由于奸邪的臣子大多结党，所以为太子说好话的少，说坏话的多。卫青去世后，那些臣子认为太子不再有母亲娘家的靠山，便竞相陷害太子。

汉武帝很少与儿子们在一起，与皇后也难得见面。一次，太子进宫谒见皇后，太阳都转过去半天了，才从宫中出来。黄门苏文向汉武帝报告说："太子调戏宫女。"于是，汉武帝将太子宫中的宫女增加到二百人。后来，太子知道了这件事情，便对苏文怀恨在心。苏文与小黄门常融、王弼等经常暗中寻找太子的过失，然后再去添枝加叶地向汉武帝报告。对此，皇后恨得咬牙切齿，让太子禀明皇上杀死苏文等人。太子说："只要我不做错事，又何必怕苏文等人！皇上圣明，不会相信邪恶谗言，用不着忧虑。"

有一次，汉武帝感到身体有点不舒服，派常融去召太子，常融回来后对汉武帝说道："太子面带喜色。"汉武帝默然无语。及至太子来到，汉武帝观其神色，见他脸上有泪痕，却强装有说有笑，汉武帝感到很奇怪，再暗中查问，才得知事情真相，于是将常融处死。皇后自己也小心防备，远避嫌疑，所以尽管已有很长时间不再得宠，却仍能使汉武帝以礼相待。

这时，方士和各类神巫多聚集在京师长安，大都是以左道旁门的奇幻邪术迷惑众人，无所不为。一些女巫来于宫中，教宫中美人躲避灾难的办法，在每间屋里都埋上木头人，进行祭祀。因相互妒忌争吵时，就轮番告发对方诅咒皇上，大逆不道。汉武帝刘彻大怒，将被告发的人处死，后宫妃嫔、宫女以及受牵连的大臣共杀了数百人。

汉武帝产生疑心以后，有一次，在白天小睡，梦见有好几千个木头人手持棍棒想要袭击他，霍然惊醒，从此感到身体不舒服，精神恍惚，记忆力大减。江充自以为与太子及皇后有嫌隙，见汉武帝年纪已老，害怕皇上去世后被太子诛杀，便定下奸谋，说皇上的病是因为有巫蛊作祟造成的。

于是，汉武帝派江充为使者，负责查出巫蛊案。江充率领胡人巫师到各处掘地寻找木头人，并逮捕了那些用巫术害人，夜间守祷祝及自称能见到鬼魂的人，又命人事先在一些地方洒上血污，然后对被捕之人进行审讯，将那些染上血污的地方指为他们以邪术害人之处，并施以铁钳烧灼之刑，强迫他们认罪。于是，民众们相互诬指对方用巫蛊害人；官吏则每每参劾别人大逆不道。从京师长安、三辅地区到各郡国，因此而死的先后共有数万人。

（以上为第四段，写太子刘据性格仁慈宽厚，汉武帝却嫌其不类己，江充利用巫蛊祸起，诬陷太子，穷追治蛊，有数万人受到无辜牵连而死。）

这时候，汉武帝年事已高，怀疑周围的人都在用巫蛊诅咒他；而那些被逮捕治罪的人，无论真实情况如何，谁也不敢诉说自己有冤。江充窥探出汉武帝的疑惧心理，便指使胡人巫师檀何说："宫中有蛊气，不将这蛊气除去，皇上的病就一直不会好。"于是，汉武帝派江充进入宫中，直至宫禁深处，毁坏皇帝的宝座，挖地找蛊；又派按道侯韩说、御史章赣、黄门苏文等协助江充。江充先从后宫中汉武帝已很少理会的妃嫔的房间着手，然后依次搜寻，一直搜到皇后宫和太子宫中，各处的地面都被纵横翻起，以致太子和皇后连放床的地方都没有了。

江充扬言："在太子宫中找出的木头人最多，还有写在丝帛上的文字，内容大逆不道，应当报告皇上。"太子非常害怕，问少傅石德应当怎么办。石德害怕因为自己是太子的老师而受到牵连被杀，便对太子说："先前公孙贺父子、两位公主以及卫伉等都被指犯有用巫蛊害人之罪而被杀死，如今巫师与皇上的使者又从宫中挖出证据，不知是巫师放置的呢，还是确实有，自己是无法解释清楚的。你可假传圣旨，将江充等人逮捕下狱，彻底追究其奸谋。况且，皇上有病住在甘泉宫，皇后和您派去请安的人都没能见到皇上，皇上是否还在，实未可知，而奸臣竟敢如此，难道您忘了秦朝太子扶苏之事了吗？"太子说道："我这当儿子的怎能擅自诛杀大臣？不如前往甘泉宫请罪，或许能侥幸无事。"太子打算亲自前往甘泉宫，但江充却抓住太子之事逼迫甚急，太子想不出别的办法，于是，按着石德的计策行事。

秋季，七月初九日壬午，太子派门客冒充皇帝使者，逮捕了江充等人。按道侯韩说怀疑使者是假的，不肯接受命令，被太子门客杀死。太子亲自监杀江充，骂道："你这赵国的奴才，先前扰害你们国王父子，还嫌不够，如今又来扰害我们父子！"又将江充手下的胡人巫师烧死在上林苑中。

（以上为第五段，写江充与太子刘据有矛盾，于是色勾结案道侯韩说、宦官苏文等四人诬陷太子，太子自保，矫诏抓捕江充、胡巫处死。）

太子刘据派侍从门客无且携带符节乘夜进入未央宫长秋门，通过长御女官倚华将一切报告皇后，然后调发皇家马厩的马车运载射手，打开武器库拿出武器，又调发长乐宫的卫兵。长安城中一片混乱，纷纷传言："太子造反。"苏文得以逃出长安，来到甘泉宫，向汉武帝报告说太子很不像话。汉武帝说道："太子肯定是害怕了，又愤恨江充等人，所以发生这样的变故。"因而派使臣召太子前来。使臣不敢进入长安，回去报告说："太子已经造反，要杀我，我逃了回来。"汉武帝大怒。

丞相刘屈氂听到事变消息后，抽身就逃，连丞相的官印、绶带都丢掉了，派长史乘驿站快马奏报汉武帝。汉武帝问道："丞相是怎么做的？"长史回答说："丞相封锁消息，没敢发兵。"汉武帝生气地说："事情已经这样沸沸扬扬，还有什么秘密可言！丞相没有周公的遗风，难道周公能不杀管叔和蔡叔吗？"于是，给丞相颁赐印有印信的命令，说："捕杀叛逆者，我自会赏罚分明。应用牛车作为掩护，不要和叛逆者短兵相接，杀伤过多士兵！紧守城门，决不能让叛军冲出长安城！”太子发表宣言，向文武百官发出号令说：“皇上因病困居甘泉宫，我怀疑可能发生了变故，奸臣们想乘机叛乱。”

汉武帝于是从甘泉宫返回，来到长安城西建章宫，发布命令，征调三辅附近各县的军队，部署中二千石以下官员，归丞相兼职统辖。太子也派使者假传圣旨，将关在长安中都官狱中的囚徒赦免放出，命少傅石德及门客张光等分别统管；又派长安囚徒如侯持符节征发长水和宣曲两地的胡人骑兵，一律全副武装前来会合。侍郎马通受汉武帝派遣来到长安，得知此事后立即追赶前去，将如侯逮捕，并告诉胡人：“如侯带来的符节是假的，不能听他调遣！”于是，将如侯处死，带领胡人骑兵开进长安；又征调船夫，交给大鸿胪商丘成指挥。当初，汉朝的符节是纯赤色，因太子用赤色符节，所以，在汉武帝所发的符节上改加黄缨以示区别。

太子来到北军军营南门之外，站在车上，将护北军使者任安召出，颁与符节，命令任安发兵。但任安拜受符节后，却返回营中，闭门不出。太子带人离去，将长安四市的市民约数万人强行武装起来，到长乐宫西门外，正遇到丞相刘屈氂率领的军队，双方会战五天，死亡数万人，鲜血像水一样留入街边的水沟。民间都说“太子谋反”，所以人们不依附太子，而丞相一边的兵力却不断加强。

七月十七日庚寅，太子兵败，向南逃到长安城覆盎门。司直田仁正率兵把守城门，因觉得太子与皇上是父子关系，不愿逼迫太急，所以使太子得以逃出城外。丞相刘屈氂要杀田仁，御史大夫暴胜之对丞相说：“司直为朝廷二千石大员，理应先行奏请，怎么能擅自斩杀呢！”于是，丞相将田仁释放。汉武帝刘彻听说后大发雷霆，将暴胜之逮捕治罪，责问他道：“司直放走谋反的人，丞相杀他，是执行国家的法律，你为什么要擅加阻止？”暴胜之惶恐不安，自杀而死。

汉武帝下令，派宗正刘长、执金吾刘敢携带皇帝下达的命令，收回皇后的印玺和绶带，皇后自杀。汉武帝认为，任安是老官吏，见出现战乱之事，想坐观成败，看谁取胜就归附谁，对朝廷怀有二心，因此将任安与田仁一同腰斩。汉武帝因马通擒获如侯，封其为重合侯；长安男子景建跟随马通，擒获石德，封其为德侯；商丘成奋力战斗，擒获张光，封其为秺侯。太子的众门客，因曾经出入宫门，所以一律处死；凡是跟随太子发兵谋反的，一律按谋反罪灭族；各级官吏和士兵凡非出于本心，而被太子胁迫的，一律放逐到敦煌郡。因太子逃亡在外，所以开始在长安各城门设置屯守军队。

（以上为第六段，京师传言太子造反，汉武帝令丞相刘屈氂镇压造反者，调兵与太子大战长安城中，太子兵败外逃，长安各城门置屯兵戒严。）

汉武帝愤怒异常，群臣感到忧虑和恐惧，不知如何是好。壶关三老令狐茂上书汉武帝，说："我听说：父亲就好比是天，母亲就好比是地，儿子就好比是天地间的万物，所以只有上天平静，大地安然，万物才能茂盛；只有父慈，母爱，儿子才能孝顺。如今皇太子本是汉朝的合法继承人，将承继万世大业，执行祖宗的重托，论关系又是皇上的嫡长子。江充本为一介平民，不过是个市井中的奴才罢了，皇上却对他尊显重用，让他挟至尊之命来迫害皇太子，纠集一批奸邪小人，对皇太子进行欺诈栽赃、逼迫陷害，使皇上与太子的父子至亲关系隔塞不通。太子进则不能面见皇上，退则被乱臣的陷害困扰，独自蒙冤，无处申诉，忍不住愤恨的心情，起而杀死江充，却又害怕皇上降罪，被迫逃亡。太子作为皇上的儿子，盗用父亲的军队，不过是为了救难，使自己免遭别人的陷害罢了。我认为并非有什么险恶的用心。《诗经》上说：'绿蝇往来落篱笆，谦谦君子不信谗。否则谗言无休止，天下四方出乱子。'"以往，江充曾以谗言害死赵太子，天下人无不知晓。而今皇上不加调查，就过分地责备太子，发雷霆之怒，征调大军追捕太子，还命丞相亲自指挥，致使智慧之人不敢进言，善辩之士难以张口，我心中实在感到痛惜。希望皇上放宽心怀，平心静气，稍稍想一想父子亲情，不要对太子的错误耿耿于怀，立即结束对太子的攻打，不要让太子长期逃亡在外！我以对皇上的一片忠心，随时准备献出我短暂的性命，待罪于建章宫外。"奏章递上去，汉武帝刘彻见到后，受到感动而醒悟，但还没有公开发布赦免令。

太子向东逃到湖县，隐藏在泉鸠里。主人家境贫寒，经常织卖草鞋来奉养太子。太子有一位以前相识的人住在湖县，听说很富有，太子派人去叫他，于是消息泄露。

八月初八辛亥，地方官围捕太子。太子自己估计难以逃脱，便回到屋中，紧闭房门，自缢而死。前来搜捕的士兵中，有一山阳男子名叫张富昌，用脚踹开房门。新安县令史李寿跑上前去，将太子抱住解下。主人与搜捕太子的人格斗而死，二位皇孙也一同遇害。汉武帝感伤于太子之死，便封李寿为邘侯，张富昌为题侯。

当初，汉武帝专门为太子建立了博望苑，让他与宾客交往，顺从他的喜好。所以太子的宾客，多以异端求进，不是正统的儒者。

> 臣司马光评论说：古代明君教养太子，为他选择正派敦厚、品质优良的人作为老师和朋友，让他们朝夕相处，使太子的左右前后都是正人君子，出入起居都合于正道。但仍然有淫邪放纵而陷于灾祸，最终身败名裂的。而今，汉武帝竟让太子自己延揽门客，顺从他的喜好。而正直的人难于亲近，阿谀奉承的人却容易投合，这本是人之常情，难怪太子没有好结果！

八月二十日癸亥，发生地震。

九月，商丘成出任御史大夫。

汉武帝立赵敬肃王刘彭祖的小儿子刘偃为平干王。

匈奴侵入上谷、五原二郡，对当地的地方官和老百姓进行屠杀和劫掠。

（以上为第七段，写茂陵三老上书诉说太子刘据的冤情，汉武帝刘彻有所醒悟而犹豫未下达赦令；太子刘据逃到湖县，消息泄露，被围困而自杀，二位皇孙也一同遇害。）

汉武帝征和三年（辛卯，公元前 90 年）

春季，正月，汉武帝巡游至雍地，又到达安定、北地二郡。

匈奴侵入五原、酒泉，杀死二郡都尉。

三月，汉武帝派李广利率兵七万从五原出塞，商丘成率兵二万从西河出塞，马通率骑兵四万从酒泉出塞，袭击匈奴。

夏季，五月，汉武帝下令实行大赦。

匈奴单于得到汉朝大举出兵的消息，便将全部辎重向北转移到郅居水；左贤王驱赶他管辖的匈奴民众渡过余吾水，向北迁移六七百里，到兜衔山居住；单于亲自率领精兵渡过姑且水。商丘成率兵来到，走捷径追击匈奴，但未见匈奴人踪迹，撤兵而还。匈奴方面派遣大将与李陵一起率领骑兵三万多人追击汉军，双方转战九日，来到蒲奴水，匈奴军作战失利，退兵而去。马通部队来到天山，匈奴方面派大将偃渠率领骑兵二万多人拦截汉军，见汉军兵力强盛，只得退走。马通率领的汉军既没受什么损失，也没有什么收获。这时，汉朝怕车师国出兵阻截马通军，派开陵侯成娩率领楼兰、尉犁、危须等六国军队共同包围车师，将车师王及其民众全部俘获后返回。贰师将军李广利率兵出塞，匈奴方面派右大都尉与卫律率领骑兵五千在夫羊地区的句山的狭道上拦击汉军，李广利打败匈奴军，乘胜追击败兵到范夫人城。匈奴军奔逃，不敢再抗拒汉军。

当初，李广利出塞时，丞相刘屈氂为他祭祀路神，送行到渭桥。李广利说：“希望您早日奏请皇上立昌邑王为太子。如果昌邑王能即皇帝位，您以后还有什么可忧虑的呢？”刘屈氂应诺。昌邑王刘髆，为李广利的妹妹李夫人所生，李广利女儿又是刘屈氂的儿媳妇，所以二人都希望立昌邑王为太子。就在这时，内者令郭穰向朝廷告发说：“丞相夫人诅咒皇上，又与贰师将军一起祈祷神灵，要让昌邑王为帝。”汉武帝命人调查属实，定为大逆不道之罪。

六月，汉武帝下令逮捕丞相刘屈氂，将他放在装载食物的车上游街示众，然后押往长安东市腰斩，刘屈氂的妻子和儿子在华阳街斩首后，悬挂头颅示众；李广利的妻子儿女也被逮捕。李广利听到这一消息后，忧愁惊恐。一位因避罪而从军的幕僚胡亚夫劝说李广利道：“将军的夫人和家属都已被逮捕下狱，将军若是回去，稍不如皇上之意，就等于自投罗网。那时候，郅居水以北，可以再得见吗？归降匈奴就不可能了。”李广利于是狐疑不定，但仍然希望能够深入匈奴腹地立功，则皇上或许还能回心转意，于是，率军继续北进至郅居水畔。匈奴军已然退去，李广利命令护军将领率领骑兵二万渡过郅居水，与匈奴左贤王、左大将率领的二万骑兵遭遇，双方交战一日，汉军杀死左大将，匈奴兵死伤甚众。

汉军长史与决眭都尉辉渠侯商议道：“贰师将军已怀有二心，却想将全军置于危险境地，以求自己建立功绩，恐怕一定要失败。”于是，二人合谋共同将李广利擒住。李广利听到消息后，将长史处斩，率兵退至燕然山。单于知道汉军已疲劳不堪，便亲率骑兵五万拦击李广利，双方都伤亡惨重。入夜后，匈奴派人在汉军前进的路上挖了一条深达数尺的濠沟，然后在汉军背后发动猛烈攻击，汉军大乱，李广利于是投降。单于平时早就听说李广利是汉朝大将，便将女儿嫁给李广利为妻，对他的尊宠在卫律之上。汉武帝听说李广利投降匈奴，便将其满门抄斩。

秋季，发生蝗灾。

九月，原城父县令公孙勇与其门客胡倩等谋反。胡倩假称自己是光禄大夫，奉命缉捕盗贼。淮阳太守田广明发觉有诈，派兵将胡倩逮捕处死。公孙勇身穿绣衣，乘坐四匹马拉的车来圉县，被圉县守尉魏不害等杀死。汉武帝刘彻封魏不害等四人为侯。

官吏和百姓以巫蛊害人罪相互告发的，经过调查，发现多有不实。此时，汉武帝也颇知太子刘据是因被江充逼迫，惶恐不安，才起兵诛杀江充，并无他意，正好守卫汉高祖刘邦祭庙的郎官田千秋又上紧急奏章，为太子鸣冤，说：“当儿子的擅自动用父亲的军队，其罪应受鞭打。天子的儿子误杀了人，该怎么判罪呢？我梦见一位白发老翁，教我上此奏章。”于是，汉武帝霍然醒悟，召见田千秋，对他说：“我们父子之间的事，一般认为外人难以插言，只有你知道其间的不实之处。这是高祖皇帝的神灵派您来指教于我，您应当担任我的辅佐大臣。”立即任命田千秋为大鸿胪，并下令将江充满门抄斩，将苏文烧死在横桥之上。曾在泉鸠里对太子兵刃相加的人，最初被任命为北地太守，后也遭满门抄斩。汉武帝怜惜太子无辜遭害，便特修一座思子宫，又在湖县建了一座归来望思之台，天下人听说这件事后，都很悲伤。

（以上为第八段，写汉武帝令李广利等率军进攻匈奴，李广利兵败降匈奴，全家遭族灭；丞相刘屈氂被告诅咒皇上亦被族灭；高庙郎田千秋上紧急奏章，为太子鸣冤，汉武帝醒悟，平反太子冤狱，族灭江充，烧杀苏文。）

汉武帝征和四年（壬辰，公元前 89 年）

春季，正月，汉武帝巡游东莱，来到海边，想要乘船入海访求仙山。群臣劝阻，汉武帝不听。然而风势猛烈，吹得天昏地暗，海水像沸腾般汹涌。汉武帝在海边待了十几天，无法控制楼船，于是返回长安。

二月初三日丁酉，雍县上空没有乌云，却出现三声像打雷一样的声音，落下两块陨石，色黑如漆。

三月，汉武帝到巨定县亲自耕田。回京途中巡游泰山，扩建祭天神坛。二十六日庚寅，在明堂举行祭祀仪式。二十九日癸巳，在石闾山祭祀地神，并接见群臣。汉武帝说道："我自即位以来，干了很多狂妄荒谬的事情，使天下人愁苦，我后悔莫及。从今以后，凡是伤害百姓、浪费天下财力的事情，一律废止！"

田千秋说："很多方士都在谈论神仙之事，却都没有什么明显的功效，我请求皇上将他们一律罢斥遣散。"汉武帝刘彻说："大鸿胪说得对。"于是，将等候神仙降临的方士们全部遣散。此后，汉武帝常常对群臣自叹说："我往日愚惑，受了方士的欺骗。天下怎么会有神仙？全是胡说八道！节制饮食，服用药物，最多是可以少生些病而已。"

夏季，六月，汉武帝返回，前往甘泉。

六月二十五日丁巳，汉武帝擢升大鸿胪田千秋为丞相，封为富民侯。田千秋没有其他的才干，又没有什么资历和功劳，只因一句话使汉武帝醒悟，就在数月之中登上丞相高位，晋封侯爵，这是世上从未有过的。然而，田千秋为人敦厚，又有智慧，身居相位颇为称职，超过他前后的几位丞相。

在此之前，搜粟都尉桑弘羊与丞相、御史奏道："轮台东部有能够灌溉的农田五千顷以上，可派屯田兵前去屯田，设置校尉三人分别掌管，多种五谷；由张掖、酒泉派骑兵下级小吏担任警戒；招募民间强壮有力、愿意远赴边塞的人前往该地，垦荒灌溉；逐渐修筑亭燧，边墙向西延伸，用以威镇西域各国，辅助乌孙。"

为此，汉武帝专门发布诏令，对他已往的所作所为深表悔恨，说："前些时，有关部门奏请要增加赋税，每个百姓多缴三十钱，用以加强边防，这是加重老弱孤独者的负担。如今又奏请派遣士兵赴轮台屯田。轮台在车师西面一千多里，上次开陵侯成娩攻打车师时，虽然取得了胜利，迫使车师王归降，但因路途遥远，粮食缺乏，死于途中的尚有数千人，何况再往西呢！

"过去，是我一时糊涂，听信了一个名叫弘的军候上书所说：'匈奴人将马的四蹄捆住，扔到城下，扬言说："中国人，我给你马匹。"'再加上匈奴长期扣留汉使不让回朝，所以才派贰师将军李广利兴兵征讨，为的是维护汉使的威信。古时候，与卿、大夫商讨国家大事，要参照求神问卜的结果，如果不吉利，就不能行动。先前，我曾将军候弘关于'匈奴人捆缚其马'的奏书交给丞相、御史、二千石大臣、各位大夫、郎官、研究经典的官员等传阅，又下达到各郡、属国都太尉等，都认为'匈奴人捆缚自己的战马，是最大的不祥'，或者认为'匈奴是为向我国显示强大，而凡是力量不足的人，总爱向别人显示自己的强大'。方士、史官、星象家、望气家和负责求神问卜的官员也都认为'是吉兆，匈奴必败，时机不可再得'，又说：'遣将北伐，到达鬴山必胜。卦辞显示，诸将中，以派贰师将军前去最吉。'"因此，我亲自派遣李广利率兵前往鬴山，并下令他务必不要深入。如今计谋、卦兆全都与事实相反。重合侯马通曾擒获匈奴探马，才说出：'匈奴人捆缚战马，是为了对汉军进行诅咒。'匈奴人还常说：'汉朝极为广大，但汉人却不耐饥渴，放走一只狼，就要损失上千只羊。'从前李广利兵败，将士们或战死，或被俘，或四散逃亡，我每念及此，常感悲伤。

"如今，又奏请要派人远赴轮台屯垦，想修筑亭燧，这是使天下人困扰劳苦之举，而非对百姓的优待，这样的建议，我不忍听！大鸿胪等又建议招募囚犯护送匈奴使者返回，以封侯作为奖赏，让他们刺杀匈奴单于，以发泄我们的怨忿，而这样的事是春秋五霸都不肯做的。况且，匈奴得到汉朝归降的人，常常浑身上下，严密搜查，并加以盘问，此计又怎能施行呢！当今的急务，在于严禁官吏对百姓苛刻暴虐，废止擅自增加赋税的法令，全力务农，恢复为国家养马者免其徭役赋税的法令，用以补充战马损失的缺额，不使国家军备削弱而已。各郡国二千石官员要分别进呈本地畜养马匹补充边备的计划，与呈送户籍、财政簿册的人员一同赴京奏对。"

从此，汉武帝不再派兵出征，封田千秋为富民侯，以表示他要使民众休息，希望能增加财富，养育民众。汉武帝又任命赵过为搜粟都尉。赵过精通轮耕保持地力的代田之法，在土地耕耘技术和农具制造方面都有改良。赵过将这些技巧教给民众，使民众用力少而收获多，因此都感到很便利。

臣司马光评论说：天下果然并非没有人才。汉武帝先是喜欢征服四周蛮夷建功立业，便有许多武勇不怕死的人充满朝廷，使其开疆拓土，无不如民众耕耘，使民众获得很大的利益。同一位君王，前后的兴趣爱好迥然不同，而总有人才相应。假如汉武帝兼有夏禹、商汤、周文王的气度，来复兴商周时期的太平盛世，难道会没有夏、商、周三代的辅佐之臣吗？

秋季，八月三十日辛酉晦，出现日食。

卫律对李广利在匈奴受到的尊宠感到忌恨，正好单于的母亲大阏氏生病，卫律便指使胡人巫师声称："已故老单于生气地说：'我们匈奴以前在出征时祭祀，常说：如能生擒李广利，就用他来祭祀土地之神。如今为什么不用呢？'"于是，将李广利逮捕。李广利骂道："我死之后，做鬼也一定要灭亡匈奴！"于是，匈奴将李广利屠斩，用来祭祀。

（以上为第九段，写汉武帝深陈既往之悔，转换治国思路，以富民为纲，凡是伤害百姓、浪费天下财力的事情，一律废止，遣散求仙方士，停止轮台之戍，全力务农、养马。）

汉武帝后元元年（癸巳，公元前88年）

春季，正月，汉武帝前往甘泉宫，在泰山祭祀天神，然后巡游安定。

昌邑哀王刘髆去世。

二月，汉朝实行大赦。

夏季，六月，商丘成因被指控诅咒皇帝而自杀。

当初，侍中仆射马何罗与江充关系很好。太子刘据起兵时，马何罗的弟弟马通因奋力作战，被封为重合侯。后来，汉武帝诛灭江充全族之人及其同党，马何罗兄弟害怕牵连受害，便密谋反叛朝廷。侍中驸马都尉金日磾看到马氏兄弟的心思不同寻常，感到可疑，便独自在暗中注意他们的动静，与他们一起进出。马何罗也觉察到了金日磾的用意，所以过了很长时间没敢发动。

这时，汉武帝前往林光宫，金日磾因身体有些不舒服，躺在值班室休息。马何罗、马通和小弟马安成假传圣旨，乘夜出宫，一同将朝廷使者杀死，发兵造反。第二天早上，汉武帝尚未起床，马何罗在天亮没多久，从宫外进入宫中，金日磾正要去上厕所，忽然心中一动，立刻进入寝殿，坐在汉武帝的卧室前殿门下。不久，马何罗袖中藏着利刃从东厢房上殿，看见金日磾，脸色一变，便跑向汉武帝的卧室，想要进去，奔跑中撞到陈放的宝瑟，摔倒在地。金日磾抱住了马何罗，大声叫道："马何罗谋反！"汉武帝惊起，身边的侍卫要刺杀马何罗，汉武帝怕一并伤到金日磾，急忙加以制止。金日磾将马何罗摔到殿前，侍卫上前将其捆绑起来。经过严厉的追究和审讯，所有参与谋反的人全部认罪伏法。

秋季，七月，发生地震。

燕王刘旦认为自己按长幼次序应被立为太子，便上书请求回京侍卫皇帝左右。汉武帝刘彻大怒，将燕王的使者斩于皇宫北门。又因刘旦被指控私藏逃犯，汉武帝下令削去燕国封地中的良乡、安次、文安三县。汉武帝从此厌恶刘旦。刘旦聪明善辩，博学多才，其弟广陵王刘胥勇武有力，但二人的举动都不合法度，多有过失，所以二人都未被汉武帝立为太子。

此时，钩弋夫人所生的皇子刘弗陵，虽然只有几岁，却长得身体粗壮，聪明伶俐，汉武帝刘彻对他极为疼爱，想立他为太子，只因其年纪幼小，母亲也太年轻，所以一直犹豫不决。汉武帝想选择合适的大臣辅佐刘弗陵，观察群臣，只有奉车都尉、光禄大夫霍光为人忠厚，可以当此重任。于是，汉武帝让黄门官画了一幅周公背负周成王接受诸侯朝见的图画赐给霍光。几天后，汉武帝借故谴责钩弋夫人，钩弋夫人摘去首饰，叩头请求宽恕。汉武帝说："拉出去，送到掖庭狱中！"钩弋夫人回头看着汉武帝求饶，汉武帝说："快走，你不能活下去！"终于将她处死。

不久之后，汉武帝闲居无事，向周围的人们问道："外面对处死钩弋夫人一事怎么说？"被问者回答说："人们都说'将要立她儿子为太子，为什么还要杀他母亲呢’？”汉武帝说道：“是啊，这就不是你们这些愚蠢的人能够懂得的了。自古以来，所以出现乱国之事，都是因为国君年幼而其母青春正盛。女主一人独居，就会骄横不法，荒淫秽乱，为所欲为，而无人能够禁止。你没有听说过吕后之事吗？所以不能不先将她除掉。”

（以上为第十段，写汉武帝考虑接班人的继立问题，燕王刘旦聪明善辩，博学多才，广陵王刘胥勇武有力，但两人举动不合法度，均被汉武帝排除，欲立小儿子刘弗陵，于是将其母赐死。）

汉武帝后元二年（甲午，公元前 87 年）

春季，正月，汉武帝在甘泉宫接受诸侯王的朝见。

二月，汉武帝前往周至县五柞宫。

汉武帝病重，霍光哭着问道：“万一皇上不幸离去，应当由谁继承皇位呢？”汉武帝说：“你难道没有理解先前赐给你的那幅画的含意吗？立我最小的儿子，由你担任周公的角色！”霍光叩头推辞说：“我不如金日磾！”金日磾也说：“我是外国人，不如霍光。况且由我辅政，会使匈奴轻视我大汉！”

二月十二日乙丑，汉武帝发布命令，立刘弗陵为皇太子，时年八岁。

二月十三日丙寅，汉武帝任命霍光为大司马、大将军，金日磾为车骑将军，太仆上官桀为左将军，由他们三人接受遗诏，辅佐幼主，又任命搜粟都尉桑弘羊为御史大夫，全都在汉武帝卧室床下磕拜受职。

霍光出入宫廷二十多年，出外则陪同汉武帝乘车，入宫则侍奉在汉武帝的左右，小心谨慎，从未有过什么过失。他为人沉静仔细，每次出入宫廷、下殿门，止步和前进都有一定的地方，郎官、仆射们在暗中观察、默记，发现他尺寸不差。

金日磾在汉武帝身边几十年，从不看他不该看的东西，赐给他宫女，他也不敢亲近；汉武帝想将他女儿纳为后宫嫔妃，他也不肯；其诚笃谨慎如此，汉武帝感到特别奇异。金日磾的长子是汉武帝的玩伴，很受宠爱，长大后行为不检点，在殿下与宫女调情，正好被金日磾看到。金日磾对其子的淫乱行为非常厌恶，便将他杀死。汉武帝听说后勃然大怒。金日磾磕头请罪，陈述了杀死其子的缘由。汉武帝深感悲哀，为此落下眼泪，后来对金日磾却由衷敬重。

上官桀开始因臂力过人而得到汉武帝的赏识，被任命为未央厩令。有一次，汉武帝感到身体不舒服，等到痊愈后，检查御马，发现马匹大多瘦弱，于是，汉武帝大发雷霆，说：“厩令认为我再也看不到这些马了吗？”便要将上官桀逮捕下狱。上官桀磕头说：“我听说皇上圣体欠安，日夜忧愁害怕，实在没有心思照料马匹。”话未说完，已经流下几行眼泪。汉武帝认为上官桀爱自己，因此与他亲近，任命他为侍中，逐渐升到太仆。

霍光、金日磾、上官桀三人，都是汉武帝刘彻平时宠爱信任的人，所以特意将自己身后之事托付给他们。

二月十四日丁卯，汉武帝刘彻在五柞宫去世，遗体运到未央宫前殿入殓。

（以上为第十一段，写汉武帝临终，选立幼子刘弗陵为皇太子，任命霍光、金日磾、上官桀三人为顾命大臣，溘然长逝。）

汉武帝为人很聪明，遇事有决断，善于用人，执法严厉，毫不容情。隆虑公主的儿子昭平君娶了汉武帝的女儿夷安公主。隆虑公主病危时，进献黄金千斤、钱千万，请求预先为儿子昭平君赎一次死罪，汉武帝答应了她的请求。隆虑公主去世后，昭平君日益骄纵，竟在喝醉酒之后将公主的保姆杀死，被逮捕入狱。廷尉因昭平君是公主之子而请示汉武帝，汉武帝身边的人都为昭平君说话："先前隆虑公主又曾出钱预先赎罪，皇上应允了她。"汉武帝说："我妹妹年纪很大了才生下一个儿子，临终前又将他托付给我。"当时泪流满面，叹息了很久，说："法令是先帝创立的，若是因妹妹的缘故破坏先帝之法，我还有何脸面进高祖皇帝的祭庙！同时也对不住万民。"

于是批准了廷尉的请求，将昭平君处死，但仍然悲痛难忍，周围的人也一起跟着伤感不已。待诏官东方朔上前祝贺汉武帝说："我听说圣明的君王治理国政，奖赏不回避仇人，惩罚不区分骨肉。《尚书》上说：'不偏向，不结党，君王的大道坦荡平直。'这两项原则，古代的黄帝、颛顼、帝喾、尧、舜五帝非常重视，而夏禹、商汤、周文王三王都难以做到，如今皇上却做到了，这是天下的幸运！我东方朔捧杯，冒死连拜两拜为皇上祝贺！"开始，汉武帝对东方朔非常恼火，接着又觉得他说得对，将东方朔任为中郎。

班固评论说："汉朝承接了历朝帝王的积弊，高祖拨乱反正，汉文帝、汉景帝则致力于修养百姓，而在研习古代的礼节仪式方面，尚有很多缺失。汉武帝即位之初，就以卓越的气魄，罢黜了各家学说，唯独尊崇儒家的《诗》、《书》、《礼》、《易》、《乐》、《春秋》六种经典，于是咨询海内贤人，征召、选拔其中的优秀人才，共同建功立业。又兴办太学，整顿祭祀仪式，改变正朔，重新制定历法，协调音律，作诗赋乐章，到泰山封禅，祭祀天地，礼敬各种神灵，封赐周朝的后裔，等等。汉武帝的号令文章，都焕发光彩，值得称道，后继者得以继承他的大业，因而具有夏、商、周三代的遗风。如果以汉武帝的雄才大略，不改变汉文帝、汉景帝时的俭朴作风，爱护百姓，即使是《诗经》、《尚书》上所称道的古代圣王也不过如此！"

司马光评论说："汉武帝穷奢极欲，刑罚繁重，横征暴敛，对内大肆兴建宫室，对外征讨四方蛮夷，又迷惑于神怪之说，巡游无度，致使百姓疲劳凋敝，很多人被迫作了盗贼，与秦始皇没有多少不同。但为什么秦朝因此而灭亡，汉朝却因此而兴盛呢？是因为汉武帝能够遵守先王之道，懂得如何治理国家，守住基业，能接受忠正刚直之人的谏言，厌恶被人欺瞒蒙蔽，始终喜好贤才，赏罚严明，到晚年又能改变以往的过失，将继承人托付给合适的大臣，这正是汉武帝所以有造成秦朝灭亡的错误，却避免了秦朝灭亡的灾祸的原因啊！”

二月十五日戊辰，太子刘弗陵即皇帝位。因为只有八岁，所以他的姐姐鄂邑公主与他一起住在宫中，负责抚养照顾，霍光、金日磾、上官桀三人共同主管尚书事，负责主持朝政。霍光辅佐幼主，国家政令都由他自己发出，天下人都想一见他的风采。殿中曾出现怪物，一天夜里，群臣为怪物所惊，于是，霍光召见担任尚符玺郎的官员，想要取走皇帝的玉玺。尚符玺郎不肯给他，霍光便要强夺。尚符玺郎手持宝剑说道：“我的头你可以拿去，但玉玺不能拿走！”霍光对他这种态度甚为嘉许。第二天，便以汉昭帝的名义将这位尚符玺郎的品秩提升了两级，众人无不因此对霍光更加尊敬。

三月二十二日甲辰，将汉武帝安葬于茂陵。

夏季，六月，实行大赦。

秋季，七月，东方出现异星。

济北王刘宽因被指控行为如同禽兽而自杀。

冬季，匈奴侵入朔方郡，屠杀掳掠当地官员和百姓。汉朝廷征调军队屯驻西河郡，左将军上官桀巡视北部边防。

（以上为第十二段，写汉武帝严法，不避亲情；晚年改过，顾托得人，有亡秦之失而免亡秦之祸，受到班固和司马光的赞扬。）

【点评】

刘彻论。汉武帝刘彻，于公元前87年去世。一般说，盖棺论定，但对于刘彻来说，盖棺却论不了定。他的功过是非，两千多年来一直争论不休，见仁见智。如何正确评价？这的确是一个非常严肃的问题。我们试对他的几项重大事项做一些分析和评价。

首先，独尊儒术。刘彻在即位后的几年，就考虑寻求治国之材，实施新时期下的治国方略，下令举荐贤良、文学，并亲自策问，董仲舒上了“天人三策”，提出了“大一统”、“独尊儒术”的学说和主张，得到汉武帝的肯定和采纳，逐步成为治国的主导思想。所谓“大一统”，并不是单纯地指在地域上的统一，而更多的是指在国家政治上的整齐划一、经济制度和思想文化上的高度集中。所谓“独尊儒术”，也并非指春秋战国时期单纯的儒家思想，而是掺杂了道家、法家、阴阳五行家的一些思想，是一种与时俱进的新思想，使全国上下全体民众有一个共同的信仰，即使现代国家也是必需的。这种“大一统”和“独尊儒术”，维护了封建统治秩序，神化了专制王权，因而受到了汉武帝的推崇，历经了罢黜百家、议立明堂、增置博士、绌抑黄老、制策贤良和任用儒吏六个阶段，才得以确立和巩固，是一种适应了汉武帝时期政治、思想和社会转轨变型需要的重大举措，逐步成为中国历代统治者治国的正统思想。这对于封建时期有效治理国家，是一个重大贡献，其积极作用不可低估。当然，也带来了一些负面作用和影响。

其次，用兵四夷。汉武帝利用汉兴以来积累的国家财力、物力，在对外战略上，实行由战略防御转为战略进攻，主动出击，开展了对四夷的用兵，主要是击溃匈奴，收复南越，开拓西南，远征大宛，吞并朝鲜，还派遣张骞出使西域，开拓了连接欧亚大陆的丝绸之路。特别是开展攻打匈奴的战争。汉武帝在位五十四年，打了四十多年，分为前后两个时期。前期派名将卫青、霍去病三次大规模出击匈奴，收复河套地区，夺取河西走廊，封狼居胥，将当时汉朝的北部疆域从长城沿线推至漠北，取得了辉煌的胜利，基本上解决了来自北方匈奴对汉朝的威胁。历代对于汉武帝所采取的军事行动，一般用“穷兵黩武”四个字来概括。其实，这是不妥的，对于汉武帝的用事四夷，我们应当予以充分肯定。在当时的情势下，对四夷用兵是必须的，不可避免的。当敌人的屠刀指着你的鼻子，你只有奋力还击，才有生命和尊严，否则，你将不存在，或者敌人将无视你的存在！可以说，只有雄才大略的汉武帝才能做到这一点。至于在用兵四夷中所带来的负面作用，有些则是不可避免的，只要处理得当，相对于战争所带来的积极作用来说，则是微不足道的。后之赵翼评论说：“仰思汉武帝之雄才大略，正在武功！”可谓独具慧眼！

第三，轮台罪己诏。晚年的汉武帝，似乎与前期判若两人，变得比较刚愎自用，信奉神仙，垒筑高坛，多次封禅出游，令大批所谓“方士”入海求仙；还听信方士之言，建造铜柱仙人掌，追求长生不老；并且惧怕被人诅咒，宠幸江充，最终酿成“巫蛊之祸”，逼死太子刘据和卫子夫皇后，受到株连的有数万人。贰师将军李广利率领七万人出兵攻打匈奴，在出征的前夕，与丞相刘屈氂合谋立李夫人之子昌邑王刘髆为太子。后刘屈氂夫人被告有诅咒汉武帝的行为，汉武帝下令彻查，刘屈氂和李广利的阴谋彻底败露，刘屈氂被腰斩，李广利妻被下狱。此时李广利正在匈奴杀敌，听到消息后恐遭大祸，只得投降匈奴。汉武帝利用酷吏，严刑酷法，民众不安其生，出现了多起反叛事件。如此等等，国家几乎到了大乱的地步。后来，汉武帝对自己的施政主张开始反思，觉得不能再这样下去了，要改弦更张了。于是，在公元前89年，当桑弘羊等人上书汉武帝，建议在轮台戍兵屯田以备匈奴，汉武帝没有同意，下了“罪己诏”，提出“自今事有伤害百姓，糜费天下者，悉罢之！”“当今务在禁苛暴，止擅赋，力本农，修马复令以补缺，毋乏武备而已”。也就是说，要转变治国方略，重拾汉初息兵养民、轻徭薄赋的国策。其实，关于轮台戍兵屯田的建议，其本身并没有错，只是汉朝到了这种地步，实在是力不从心，没有能力去兴办这些事情而已。汉武帝的“罪己诏”，是中国历史上第一份帝王罪己文书。汉武帝敢于反思自己，检查过失，不怕引起国人批评，这样的心胸和胆量，无疑是中国第一人。汉武帝通过“罪己”这种方式调整国策，以缓和社会矛盾，为后世治国者奠定全新的治国方略，可谓明智矣！为接之而来的昭宣中兴打下了基础。非至伟之人，焉能如此？

第四，托孤霍光。晚年，汉武帝心力交瘁，太子刘据在巫蛊之祸中已经去世，之后数年一直没有再立太子。国家将由谁来继承皇位？如果不能妥善解决好，汉朝很有可能由此夭折，重新形成国家大乱。对此，汉武帝可谓煞费苦心。首先是立谁的问题。当时，汉武帝的次子刘旦、三子刘胥、四子刘髆，都想立为太子。这一问题，是非常棘手但又必须要面对的问题。汉武帝则看中了幼子刘弗陵，认为刘弗陵有贵兆，其母钩弋夫人怀孕十四个月而生，而尧母生尧也是十四个月，于是，就将刘弗陵母亲居住的钩弋宫门改为“尧母门”。而且刘弗陵自幼体格健壮、聪明伶俐，很像他的少年之时，他就特别宠爱，对刘弗陵寄托了很大期望。当汉武帝决定立其幼子刘弗陵为太子时，有感于历史上汉太后吕雉等人的干扰朝政而无人能制，便狠心地将其母亲钩弋夫人赐死，这一招虽然狠毒，但对于治国而言，则是不同凡响之举。幼子刘弗陵还是个娃娃，究竟托付给谁呢？汉武帝反复寻思，觉得奉车都尉霍光是个可托付之人，他侍奉皇帝左右，前后出入宫禁三十多年，未曾犯过一次错误。于是，汉武帝叫内廷画工绘制“周公辅成王”的图画，赐给霍光，对霍光寄予厚望。临终前，任命霍光为大司马、大将军，接受遗诏辅政；加封金日磾为车骑将军、太仆上官桀为左将军，搜粟都尉桑弘羊为御史大夫，共同辅佐少主。事实证明，霍光等人不负汉武帝所望，使汉朝继续向前，出现了“昭宣中兴”的可喜局面。可见，汉武帝顾托得人，是他在临死前所做出的重大贡献！

综上所述，汉武帝刘彻真正具有雄才大略，是中国封建王朝中最为杰出的帝王之一。他的功业，对中国历史进程和之后西汉王朝的发展影响深远。他奠定了汉朝强盛的局面，成为中国封建王朝的第一个发展高峰，还开辟了辽阔的疆域，其贡献大矣！其实，中国历史上的主流舆论将汉武帝与秦始皇相提并论，十分得体，而且汉武帝胜过秦始皇多矣！司马光评论说：“孝武能尊先王之道，知所统守，受忠直之言。恶人欺蔽，好贤不倦，诛赏严明。晚而改过，顾托得人。此其所以有亡秦之失而免亡秦之祸乎？”可谓确评矣！

汉纪十五

汉昭帝始元元年至元凤六年（公元前 86—前 75）

【起旃蒙协洽（乙未，公元前 86 年），尽柔兆敦牂（丙午，公元前 75 年），凡十二年】

【大事提要】

本卷记事起于公元前 86 年，到公元前 75 年，凡十二年，当为汉昭帝始元元年至元凤六年。本卷所载的大事，主要是以下几个方面：其一，盐铁会议。公元前 81 年，汉朝廷向贤良、文学询问、了解民间疾苦。他们希望取消盐、铁、酒类专卖，罢免均输官。御史大夫桑弘羊予以反对，认为这些措施是国家赖以控制四夷、保卫边疆，使财用充足的根本大业，不能废除。最后妥协，废除酒类专卖。其二，苏武荣归。苏武以中郎将持节出使匈奴，被扣留，历尽艰辛，北海牧羊十九年而持节不屈。汉昭帝刘弗陵即位后，匈奴和汉朝达成和议。汉朝寻求苏武，得知消息，匈奴放回。公元前 81 年，苏武归来，任为典属国。后列为麒麟阁十一功臣之一，彰显其节操。其三，上官桀谋反。汉昭帝刘弗陵即位，上官桀以左将军受遗诏辅政，封为安阳侯；儿子上官安，任为车骑将军，封为桑乐侯；孙女为皇后，一门贵显。公元前 80 年，上官桀父子与桑弘羊、盖长公主等人谋划，联合燕王刘旦，欲谋杀霍光，废汉昭帝，事败被族诛。其四，出兵乌桓。乌桓本役属于匈奴。汉武帝时击破匈奴，迁移乌桓至上谷、渔阳、右北平、辽东塞外，为汉朝侦察匈奴动静。汉置护乌桓校尉监领之。公元前 78 年，辽东乌桓反叛。汉朝派中郎将范明友为度辽将军，率领二万骑兵击之，斩杀了六千多人，获三王首级。其五，刺杀楼兰王。汉昭帝刘弗陵时，西域龟兹、楼兰均联合匈奴，杀汉使官，略劫财物。傅介子求出使大宛，以汉帝命令责问楼兰、龟兹，并杀死匈奴使者。公元前 77 年，奉命以赏赐为名，携带黄金、锦绣至楼兰，于宴席中斩杀楼兰王，另立在汉楼兰质子为王。

孝昭皇帝上

汉昭帝（刘弗陵）始元元年（乙未，公元前 86 年）

夏季，益州所属二十四个夷人村寨三万多人全部背叛汉朝。汉朝廷派水衡都尉吕破胡招募官吏和民众从军，又征调犍为、蜀郡的武勇精壮之人前往攻打，大破叛军。

秋季，七月，大赦天下。

天降大雨，一直持续到十月，渭桥被大水冲断。

汉武帝去世时，朝廷以印有皇帝玉玺的正式令书通知各诸侯王。燕王刘旦见到令书后不肯哭泣，说："令书的印封过小，我怀疑京师已发生变故。"于是，派他宠信的臣僚寿西长、孙纵之、王孺等前往长安，以询问祭悼汉武帝的礼仪为借口，暗中刺探朝廷动态。及至汉昭帝刘弗陵下令奖赏刘旦钱三十万，增加其封国人口一万三千户时，刘旦生气地说："本来就应当由我当皇帝，用不着谁来赏赐我！"于是，与皇室成员中山哀王之子刘长、齐孝王之孙刘泽等密谋共同反叛朝廷，还伪称在汉武帝生前曾得到令书，允许他掌握其封国内各级官吏的任免权，整顿封国的军队，防备非常事变。郎中成轸对刘旦说："大王失去皇位继承权，只能起来索取，坐着不动是得不到的。大王一旦起兵，燕国之内，即使是妇女也都会奋臂追随大王。"

于是，刘旦与刘泽密商，编制造谣文书，宣称："如今的小皇帝并非汉武帝之子，而是由朝中大臣共同拥立的，天下应当共同攻打！"派人到各郡国广为传发，以动摇民众之心。刘泽计划返回齐国后从临淄发兵，杀死青州刺史隽不疑。刘旦在燕国招揽各地奸邪之徒，征敛民间铜铁来制造铠甲武器，又多次检阅燕国的车骑、材官等各类军队，征调民众进行大规模行围打猎活动，以训练将士、马匹的作战能力，等待与刘泽约定的日期一到，共同举兵叛乱。郎中韩义等多次劝阻刘旦，刘旦将韩义等共十五名官员处死。

就在此时，瓶侯刘成得到刘泽谋反计划，便通知了隽不疑。八月，隽不疑逮捕了刘泽等人，并奏闻朝廷。汉昭帝派大鸿胪丞负责处理此事。审讯中，燕王刘旦被供出。汉昭帝下诏，以燕王为至亲，下令不许追究，而将刘泽等全部处死。隽不疑调任京兆尹。

隽不疑担任京兆尹，官吏和民众对他的威信都很敬服。每当他巡视各县，审查囚徒的判处情况归来，他的母亲总要问他："给受冤屈的人平反了吗？救活了多少人？"如隽不疑为很多受冤屈的人平了反，其母便比平时高兴；如没有平反之事，其母便生气得不肯吃饭。因此，隽不疑为官，虽然执法严格，却并不残忍。

九月初二日丙子，秺敬侯金日磾去世。

当初，汉武帝病危时，曾留下遗令，封金日磾为秺敬侯，上官桀为安阳侯，霍光为博陆侯，都是因为先前逮捕叛逆者马何罗等人之功而赐予封爵。金日磾以新皇帝年纪幼小为理由，不肯接受封爵，霍光等也不敢接受。等到金日磾病重时，霍光才将汉武帝临终时封他们三人为侯的事报告汉昭帝刘弗陵。

于是，金日磾躺在病床上接受了侯的印信和绶带，一天后去世。金日磾的两个儿子金赏、金建都担任侍中，与汉昭帝年龄差不多一般大小，起床、睡觉都在一起。金赏的官职是奉车都尉，金建是驸马都尉。后来金赏继承了父亲金日磾的侯爵，佩戴两种绶带，汉昭帝刘弗陵便对霍光说道："金氏兄弟二人，不能让他们都佩戴两种绶带吗？"霍光回答说："只能由金赏一人继承他父亲的侯爵。"汉昭帝笑着说："封侯不是由我和将军决定的吗？"霍光说："根据先皇的约定，对国家有功的人才能封侯。"于是，汉昭帝作罢。

闰十月，汉昭帝派前任廷尉王平等五人携带皇帝符节巡视各郡国，举荐贤良人士，察问民间疾苦、冤屈和地方官是否有失职行为。

冬季，气候温暖，没有结冰。

（以上为第一段，写燕王刘旦与皇室成员中山哀王之子刘长、齐孝王之孙刘泽等密谋共同反叛朝廷，阴谋败露，刘泽等伏诛，昭帝诏，燕王旦至亲，勿问。辅政大臣金日磾去世，临终前接受汉武帝遗命，封为秺敬侯。）

汉昭帝始元二年（丙申，公元前 85 年）

春季，正月，汉昭帝封大将军霍光为博陆侯，左将军上官桀为安阳侯。

有人劝霍光说："将军没有看到当初吕氏家族覆亡的教训吗？吕氏身处伊尹、周公的地位，主持朝政，专擅大权，却疏远皇族成员，不与他们共享朝权，因此，失去了天下人的信任，最终导致灭亡。如今将军身居高位，皇上年幼，应当纳用皇族成员，并多与大臣共商政事，与吕氏家族的做法相反。如果这样，便可以免除祸患。"霍光认为有道理，便在皇室成员中选择可以担任官职的人才，任命楚元王之孙刘辟彊和皇室成员刘长乐为光禄大夫，刘辟彊还兼任长乐宫卫尉。

三月，汉朝廷派使者向缺乏种子、口粮的贫苦农民发放赈贷。

秋季，八月，汉昭帝发布命令说："往年，灾害多有发生，今年的蚕桑、小麦也受到伤害。因此，朝廷赈贷给农民的种子和口粮都不必归还，并免除农民今年的田赋。"

当初，汉武帝派兵攻打匈奴，深入腹地，穷追猛打，前后二十多年，使匈奴的马匹牲畜不能正常孕育繁殖，受到严重消耗，民众贫苦疲惫到了极点，常常希望与汉朝恢复和亲关系，但却一直未能实现。匈奴狐鹿孤单于有一个同父异母的弟弟，担任匈奴左大都尉，很是贤明，民心归附于他。单于的母亲怕单于不立儿子为继承人而传位给弟弟左大都尉，便私自派人将左大都尉杀死。此事引起左大都尉的同母哥哥的怨恨，从此不再去单于王庭。

这一年，单于病重不起，临死前，对贵族们说："我的儿子年纪幼小，不能治理国家，我决定将单于之位传给弟弟右谷蠡王。"单于死后，卫律等人与单于的正室夫人颛渠阏氏密谋，隐瞒了单于去世的消息，并伪造单于命令，改立单于的儿子左谷蠡王为壶衍单于。左贤王、右谷蠡王心怀不满，打算率领部众向南归附汉朝，又怕自己的力量单薄，难以实现，于是胁迫卢屠王，打算与卢屠王一起向西归降乌孙。卢屠王将此事向壶衍单于告发，壶衍单于派人前去查问，右谷蠡王不肯承认，反将阴谋背叛之事推到卢屠王身上，匈奴人都认为卢屠王冤枉。于是左贤王和右谷蠡王离去，留居在自己的辖地，不肯再参与每年一次的龙城祭祀大典，匈奴从此衰落。

（以上为第二段，写汉昭帝刘弗陵封大将军霍光为博陆侯，霍光在皇室成员中选择可以任职者授以官，靠近皇室；匈奴狐鹿孤单于去世，儿子即位，左贤王和右谷蠡王不予拥戴，匈奴从此衰落。）

汉昭帝始元三年（丁酉，公元前 84 年）

春季，二月，西北方向出现异星。

冬季，十一月初一日壬辰朔，出现日食。

当初，霍光与上官桀关系亲密，每当霍光休假离朝，上官桀常代替霍光入朝裁决政事。霍光的女儿是上官桀之子上官安的妻子，生下一个女儿，只有五岁，上官安想通过霍光的关系使女儿进入后宫，霍光认为外孙女年纪还小，不肯答应。汉昭帝刘弗陵的姐姐盖长公主与她儿子的门客河间人丁外人私通，上官安平时与丁外人关系很好，便对丁外人说："我女儿容貌端正，如能得到长公主的帮助，入宫成为皇后，我与我父亲在朝为官就有皇后作为依靠，此事的成败全都在您。按汉朝的惯例，公主常常嫁给列侯，您又何愁不能封侯呢？"丁外人非常高兴，便将此事告诉长公主，长公主表示赞同，于是让汉昭帝刘弗陵发布命令，将上官安的女儿召入宫中，封为婕妤，并任命上官安为骑都尉。

汉昭帝始元四年（戊戌，公元前 83 年）

春季，三月二十五日甲寅，汉昭帝刘弗陵发布命令，立上官氏为皇后，大赦天下。

西南夷姑缯、叶榆两部族再次背叛汉朝，汉朝廷派遣水衡都尉吕辟胡率领益州军队前往攻打。吕辟胡屯兵不前，致使叛乱的蛮夷杀死益州太守，并乘胜与吕辟胡所部汉军交战，汉军战死及溺水而死的士兵达四千多人。冬季，汉朝廷派大鸿胪田广明率兵前往攻打。

廷尉李种因被指控故意为犯有死罪的人开脱罪名，被当众斩首。

这一年，上官安被任命为车骑将军。

（以上为第三段，写上官安想通过霍光的关系使五岁的女儿进入后宫当皇后，霍光没有同意；上官安又找到汉昭帝姐姐盖长公主的情人丁外人，通过盖长公主促成此事。）

汉昭帝始元五年（己亥，公元前82年）

春季，正月，汉昭帝追尊外祖父赵父为顺成侯。顺成侯有位姐姐名叫赵君，汉昭帝赐给她钱二百万以及奴婢、住宅等，以充实她的财产。兄弟们也都按着血缘的亲疏得到赏赐，但没有授予封爵、官职。

有一位男子，乘坐黄牛犊车来到未央宫北门，自称是汉武帝的卫太子刘据，公车官将此事奏闻朝廷。汉昭帝下令，命三公、九卿、将军、中二千石官等一同前往辨认。长安城中的一般官吏和民众前去围观的达数万人。右将军为防止发生不测之事，率兵守在宫门前面。前往辨认的丞相、御史、中二千石官等，谁也不敢发言。京兆尹隽不疑最后赶到，命手下官吏将该男子逮捕。有人劝他说："是否真是前太子还不能确定，暂且不要处理！"隽不疑说道："各位又何必怕他是卫太子！春秋时期，卫国太子蒯聩因违抗卫灵公之命出逃，后其子辄继位，拒不接纳其父回国，此事得到《春秋》的肯定。卫太子得罪了先帝，逃亡在外，当时没死，如今自己又回来了，也是国家的罪人。"于是将该男子押送到天牢。

汉昭帝与大将军霍光听说后，称赞隽不疑说："公卿大臣就应当由这种精通经典、明白大义的人来担任。"于是，隽不疑在朝中名重一时，其他身居高位的人都自认为比不上他。后经廷尉审讯核问那个人，竟然发现是一起骗案。那位自称是卫太子的人本是夏阳人，姓成，名方遂，住在湖县，以占卜为职业。卫太子刘据的一位侍从曾经请他占卜，并对他说："您的身材相貌都很像卫太子。"成方遂听到此言之后颇为动心，希望借此取得富贵。成方遂被定以诬罔不道之罪，腰斩。

夏季，六月，汉昭帝封上官安为桑乐侯。上官安日益骄纵淫乱，汉昭帝赐他在宫中饮宴，他回家后，对门客说："与我女婿一起喝酒，非常高兴。"看见汉昭帝的服饰，便派人回家，要将自己的东西烧掉。儿子因病去世，上官安竟仰面骂天。其顽劣狂悖到了如此地步。

汉朝撤销儋耳、真番二郡。

秋季，大鸿胪田广明、军正王平率兵攻打在益州叛乱的西南夷姑缯、叶榆两部族，共斩杀、捕获叛乱者三万多人，缴获牲畜五万多头。

谏大夫杜延年看到汉武帝的奢侈和屡次兴兵出征给国家留下的困难，多次对大将军霍光说："连年收成不好，离乡背井的民众还没有全部回到自己的家园，应当恢复孝文皇帝时的治国方针，提倡节俭，为政宽和，顺从天意，取悦民心，年景就会跟着好转。"霍光采纳了他的建议。杜延年，是前御史大夫杜周的儿子。

（以上为第四段，写有一位男子来到未央宫北门，自称是太子刘据，朝廷大臣前来辨认，都不敢发言，京兆尹隽不疑命将该男子逮捕审问，果然是假冒的。隽不疑名重一时。）

汉昭帝始元六年（庚子，公元前 81 年）

春季，二月，汉昭帝下令，命有关官员向各郡国举荐的贤良文学询问、了解民间疾苦和教化民众的要点，大家都建议："希望取消盐、铁、酒类的专卖制度，罢黜均输官，不要与天下人争利，向民众表示节俭，然后才可以振兴教化。"但桑弘羊表示反对，他认为："盐、铁、酒类的专卖制度和均输措施等，都是国家赖以控制四夷、保卫边疆，使财用充足的根本大业，不能废除。"于是，一场关于盐铁专卖等问题的辩论开始了。

当初，苏武被匈奴放逐到北海边以后，得不到粮食供应，便挖掘野鼠，吃鼠洞中的草籽。他手持汉朝的符节牧羊，无论睡卧还是起身都带着它，以致节杖上的毛缨全部脱落了。

苏武在汉朝时，与李陵同为侍中，李陵投降匈奴后，不敢求见苏武。过了很长时间，单于派李陵来到北海边，为苏武摆下酒筵，并以乐队助兴。李陵对苏武说："单于听说我与你一向情谊深厚，所以派我来劝你，单于愿意对你虚心相待。你终究不能再回汉朝，自己白白受苦在这荒无人烟的地方，你的信义节操，展现给谁看呢？你的两个兄弟，先前已都因罪自杀；我来此时，你母亲也已不幸去世；你的夫人年轻，听说已经改嫁别人了；只剩下两个妹妹、两个女儿、一个儿子，如今又过了十几年，是否还在人世，不得而知。人的一生，就像早晨的露水一般短暂，你又何必长久地如此自苦呢？我刚投降匈奴时，精神恍惚，像要发疯，恨自己辜负汉朝，还连累老母亲被拘禁牢狱。你不愿归降匈奴的心情，怎么会超过我？况且皇上年事已高，法令变化无常，大臣无罪而被抄杀满门的有数十家，安危不可知，你还要为谁这样做呢？"

苏武说："我父子本无才德功绩，全靠皇上栽培，才得以身居高位，与列侯、将军并列，且使我们兄弟得以亲近皇上，所以我常常希望能够肝脑涂地，报答皇上的大恩。如今得以杀身报效皇上，即使是斧钺加身，汤锅烹煮，我也心甘情愿！为臣的侍奉君王，就如同儿子侍奉父亲一般，儿子为父亲而死，没有遗憾。希望你不要再说了！"

李陵与苏武一连饮酒数日，又劝说道："子卿，你再听我一句话。"苏武说："我自己料想必死已经很久了，你一定要我苏武投降，就请结束今日的欢聚，让我死在你的面前！"李陵见苏武一片至诚，长叹道："唉！你真是义士！我与卫律的罪过上通于天！"不觉泪湿衣衿，与苏武告别而去，赐给苏武牛羊数十头。

后来，李陵又来到北海边，告诉苏武说："汉武帝已然去世。"苏武一连数月，每天早晚面对南方号啕痛哭，甚至吐血。壶衍单于即位后，其母阏氏行为不正，国内分崩离析，常常害怕汉军前来袭击，于是，卫律为单于定计，要求与汉朝和亲。汉使来到匈奴，要求放苏武等人回国，匈奴假称苏武已死。后来汉使又来到匈奴，常惠暗中面见汉使，教使者对单于说：“汉天子在上林苑射猎，射下一只大雁，雁脚上系着一块写字的绸缎，上面说苏武等人在某湖泽之地。”使者大喜，按常惠之言责问单于。单于环视左右侍从，大吃一惊，然后向汉使道歉说：“苏武确实还活着。”这才将苏武及马宏等人放还。马宏先前是汉朝派往西域各国的使者，光禄大夫王忠的副使，因受到匈奴军队的拦截，王忠战死，马宏被俘，也不肯投降匈奴。所以匈奴这次将苏武、马宏二人放回，是想向汉朝表示他们的善意。

于是，李陵摆设酒筵祝贺苏武，说：“如今你返回祖国，名声传遍匈奴，功劳显扬于汉朝，即使是史籍所记载、丹青所描画的人物，又怎能超过你？我虽然愚笨怯懦，假如当年汉朝能宽恕我的罪过，保全我的老母，使我能够忍辱负重，春秋时曹刿劫持齐桓公于柯盟的壮举正是我当时念念不忘的志向。谁知汉朝竟将我家满门抄斩，这是当世最残酷的诛杀，我还能再顾念什么呢？如今一切都已过去，现在不过是想让你知道我的心罢了！”李陵泪流满面，便与苏武告别。

单于召集当年随苏武前来的汉朝官员及随从，除先前已归降匈奴和去世的以外，共有九人与苏武一同回到汉朝。苏武一行来到长安后，汉昭帝下令，让苏武用牛、羊、猪各一头，以最隆重的仪式祭拜汉武帝的陵庙，封苏武为典属国，品秩为中二千石，并赏赐苏武钱二百万、公田二顷、住宅一所。苏武被扣留匈奴共十九年，去时正当壮年，归来时头发、胡须全都白了。

霍光、上官桀一向都和李陵关系很好，所以特派李陵的旧友、陇西人任立政等三人一同前往匈奴劝说李陵回国。李陵对他们说：“回去容易，但大丈夫不能两次受辱！”于是，老死于匈奴。

夏季，干旱。

秋季，七月，汉昭帝接受贤良文学们的建议，撤销负责酒类专卖的官员。汉武帝刘彻末年，国家财力虚耗，户口减少了一半。霍光了解当时的要务，减轻赋税和徭役，使民众得到休息。如今与匈奴恢复和亲，民众生活充实，渐渐恢复了汉文帝、汉景帝时期的定安、繁荣局面。

汉昭帝发布命令，因钩町侯毋波率领其所属部落的头人和部众镇压叛乱者有功，将毋波封为町王；赐田广明关内侯爵位。

（以上为第五段，写苏武在匈奴北海牧羊，度过了十九个岁月；匈奴与汉朝和亲，放回苏武，汉朝封为典属国；大将军霍光派人劝说李陵回来，李陵认为不能再次受辱，老死匈奴。）

汉昭帝元凤元年（辛丑，公元前 80 年）

春季，武都郡氐族人造反，汉朝派遣执金吾马适建、龙额侯韩增、大鸿胪田广明率领三辅地区及太常所属的刑徒，一律免其刑罚，前往镇压。

夏季，六月，汉朝实行大赦。

秋季，七月，乙亥（疑误），出现日全食。

八月，改年号为元凤。

上官桀父子的地位既已尊贵，对长公主非常感恩，便想为丁外人谋求封侯，但霍光不许。上官桀父子又请求任命丁外人为光禄大夫，想使其取得受皇帝召见的资格，霍光仍然不许。长公主因此怨恨霍光，而上官桀、上官安几次为丁外人谋求官爵都未能实现，也觉得脸上无光。上官桀的岳父所宠爱的一个叫充国的人，担任太医监，因私自闯入宫殿，被逮捕下狱，定为死罪。当时，处决犯人的冬季即将过去，长公主为充国交纳二十匹马赎罪，使其被免除死刑。

于是，上官桀、上官安父子深怨霍光而更加感激长公主。自从汉武帝时，上官桀已位列九卿，地位高于霍光，及至上官桀父子同为将军，皇后又是上官安的亲女儿，而霍光只是皇后的外祖父，却反而专制朝政，因此，上官安父子与霍光争权。燕王刘旦觉得自己是汉昭帝的兄长，未能继承皇位，所以常常心怀怨恨。御史大夫桑弘羊创立盐、铁、酒类专卖制度，为国兴利，自认为于国有功，想为其子弟求取官职，遭到霍光拒绝，因而也怨恨霍光。于是，盖长公主、上官桀、上官安、桑弘羊都与刘旦串通一气，密谋除掉霍光。

燕王刘旦派遣孙纵之等前后十多批人，携带大批金银、珠宝、快马等前往长安，贿赂盖长公主、上官桀、桑弘羊等人。上官桀等又命人伪造燕王上书，言称："霍光出外都校阅郎官及羽林军时，就仿佛皇上出巡一般，命人清道，驱赶行人，派太官为其预先安排饮食。"又称："苏武出使匈奴，被扣留二十年而不肯投降，回朝后只不过给了个典属国的官职；而大将军长史杨敞并无功劳，却被任命为搜粟都尉。另外，霍光还擅自增选大将军府的校尉。霍光独揽大权，为所欲为，是否会做出不利于朝廷的非常之举，令人怀疑。因此，我愿意交还燕王的印玺，进入宫廷，侍卫在皇上左右，监督奸臣的行动，以防有变。"

等到大将军霍光休假不在朝中时奏闻汉昭帝。上官桀本打算从朝廷中交给有关官员去查办，由桑弘羊与各大臣一起逮捕霍光，撤销其职。但上奏后，汉昭帝却扣留不发。第二天早晨，霍光入朝，听说此事后，停在画室中不敢贸然进殿。汉昭帝刘弗陵问道："大将军在什么地方？"左将军上官桀回答说："因燕王控告大将军的罪行，所以他不敢进殿。"汉昭帝下令："召大将军进来。"霍光进殿后，脱下官帽，叩头请罪。汉昭帝说："将军请戴上帽子。我知道这道奏章是假的，将军并没有罪。"霍光说："皇上是怎么知道的呢？"汉昭帝说："将军去广明校阅郎官，是最近的事情，选调校尉以来，也还不到十天，燕王怎么能知道这些事情呢！况且将军如要谋反，也用不着选调校尉！"

此时，汉昭帝年仅十四岁，尚书及左右官员全都震惊了。后发现呈递这奏章的人果然逃亡，汉昭帝下令紧急追捕。上官桀等人心中害怕，便对汉昭帝说：“区区小事，用不着穷追不放。”汉昭帝不听。而后上官桀的同党中有人说霍光的坏话，汉昭帝立即怒斥道：“大将军是忠臣，先帝托付他辅佐我，谁再胆敢诬蔑大将军，就问他的罪！”从此，上官桀等不敢再攻击霍光。

李德裕评论说：君王最大的德，莫过于明察秋毫，明察可以洞悉奸诈，那么任何邪恶就都无法将其蒙蔽，汉昭帝就是这样。这一点，不仅周成王应当惭愧，汉高祖、汉文帝、汉景帝也都不如。周成王听信了管叔、蔡叔的流言，致使周公进退两难，只好东征。汉高祖听说陈平离开魏国，又背叛了西楚，便要舍弃这位心腹之臣。汉文帝误认为季布爱发酒疯，难作天子近臣，便将其放回地方作郡太守；又怀疑贾谊专擅权柄，可能造成混乱，便又疏远了这位贤士。汉景帝相信杀死晁错能结束七国之乱，便将位列三公的晁错杀死。正所谓：“先有怀疑的心思，才召来奸贼的谗言。”假如汉昭帝能得到伊尹、吕尚的辅佐，那么周成王、周康王都不足以与之相比。

（以上为第六段，写上官桀父子为丁外人谋求官职，遭到大将军霍光阻止，桑弘羊欲为其子弟求职遭霍光拒绝，于是盖长公主、上官桀、上官安、桑弘羊连结成为倒霍光的集团，与燕王旦勾结，编织霍光谋反假案被昭帝识破未能得逞、昭帝时年十四，英明如此，唐李德裕评价超过高祖、文、景，惜时无阿衡、吕尚，否则成康都不足以之比。）

左将军上官桀等密谋由长公主设酒宴邀请霍光，埋伏武士将霍光杀死，然后乘机废掉汉昭帝，迎立燕王刘旦为皇帝。刘旦设置驿马传书，往来递送消息，许诺事成后封上官桀为王，并对外联络了数以千计的各郡国的豪杰之士。刘旦将这一计划告诉燕国丞相，名叫平的燕国丞相说道：“大王以前与刘泽合谋，事情还未成功，消息已然走漏，是因为刘泽平时性情浮夸，好欺凌属下。我听说左将军一向办事不稳重，车骑将军又年轻骄横，我担心他们与刘泽那时一样成不了大事，又担心他们事成之后背叛大王。”

燕王刘旦说：“前些日子，有一个男子到皇宫门前，自称是前太子，长安城中的民众纷纷上前，喧哗不绝。大将军感到害怕，派出军队，为的是保护自己。我本先帝长子，天下信任，还怕被人反对吗？”后又对其臣下说：“盖长公主告诉我，只是担心大将军霍光与右将军王莽。如今右将军去世，丞相又有病，希望大事必然成功，不久就可证实。”命臣下一律整治行装，随时准备出发。

上官安又密谋将燕王刘旦引诱前来杀死，然后再废掉汉昭帝，拥立其父上官桀为皇帝。有人问他："对皇后又当如何？"上官安说："追逐大鹿的猎狗，会顾及兔子吗？况且因皇后而获得尊贵的地位，一旦皇上移情别爱，即使想做一名普通民众，也不可能了。这是百世难逢一时的好机会！"

恰巧，盖长公主一位舍人的父亲、担任稻田使者的燕仓了解到上官桀等人的阴谋，将此事告诉了大司农杨敞。杨敞平时为人谨慎怕事，不敢奏报朝廷，便上书称病，卧居在家，同时将此事告知谏大夫杜延年。杜延年将此事奏闻朝廷。九月，汉昭帝下令，命丞相率领中二千石大臣缉捕孙纵之及上官桀、上官安、桑弘羊、丁外人等人，连同他们的宗族，全部诛杀。盖长公主自杀。

燕王刘旦得到消息后，召燕国丞相平前来商议说："事已败露，是否应随即发兵起事？"平说："左将军已被处死，民众都已知晓，不可发兵！"刘旦忧愤懊恼，摆设酒筵，与臣子和妻妾诀别。正好汉昭帝刘弗陵下达正式令书责问刘旦，刘旦便用王印的绶带将自己绞死，刘旦的王后、夫人等二十多人也随其一起自杀。汉昭帝加恩，赦免燕王太子刘建死罪，废为平民，赐刘旦谥号"刺王"。上官皇后因年纪幼小，未曾参与政变阴谋，又是霍光的外孙女，所以未被废免。

九月初二日庚午，右扶风王被任命为御史大夫。

冬季，十月，汉昭帝封杜延年为建平侯，燕仓为宜城侯，原任丞相征事任宫捕获上官桀，被封为弋阳侯，丞相少史王山寿引诱上官安进入丞相府，被封为商利侯。过了很久，文学、济阴人魏相在回答汉昭帝的策问时，认为："先前，燕王刘旦大逆不道，韩义挺身而出，强行劝阻，被燕王所杀。韩义不像商朝比干那样与纣王有亲属关系，但却有比干劝谏纣王一样的节义，应在天下人面前公开奖励韩义的儿子，以明确为臣的大义。"于是，汉昭帝擢升韩义之子韩延寿为谏大夫。

大将军霍光因为朝廷中缺少旧臣，而光禄勋张安世在汉武帝时就担任尚书令，心地纯正真诚，便奏请汉昭帝刘弗陵任命张安世为右将军兼光禄勋，作为自己的副手。张安世，为前御史大夫张汤的儿子。霍光又因杜延年志节忠诚，特擢升其为太仆、右曹、给事中。霍光执法严厉，杜延年则常常以宽厚辅之。每当官吏或民众上书朝廷有所建议，总是先交杜延年研究其是否当行，再上奏汉昭帝。凡参加朝廷考试合格的人，或派到地方，最高为县令，或交丞相、御史任用，一年后将其为官情况奏闻朝廷，有罪者依法惩治。

这一年，匈奴派左、右两部骑兵二万人，分为四队，同时侵入汉朝边境进行袭扰。汉朝派兵追击，斩杀、俘获匈奴兵九千人，生擒匈奴瓯脱王，汉军则没有什么伤亡。匈奴见瓯脱王为汉朝所擒，感到害怕，认为他将引导汉军袭击己方，便向西北方向远远退去，不敢再南下寻觅水草。汉朝征发民众屯戍瓯脱地区。

（以上为第七段，写昭帝隐忍，没有深究倒光集团，而倒光集团竟不收手，进一步欲发动宫廷政变废除汉昭帝，灭掉霍光，阴谋再次败露，倒光集团与燕王旦被一网打尽。）

汉昭帝元凤二年（壬寅，公元前 79 年）

夏季，四月，汉昭帝从建章宫迁居到未央宫。

六月，汉朝实行大赦。

这一年，匈奴又派遣九千骑兵屯驻于受降城，以防备汉朝袭击，又在受降城以北的余吾水上架设桥梁，使军队能够渡河，准备一旦失败时迅速奔逃。匈奴单于打算请求与汉朝和亲，而怕汉朝不肯答应，所以不愿意先提出来，而是常常命其左右官员向汉朝派往匈奴的使节暗示。不过，匈奴对汉朝的侵扰掳掠已越来越少，对汉朝使节越来越优待，希望通过这样的方法来逐渐达到和亲的目的。汉朝也对匈奴采取笼络的态度。

（以上为第八段，写汉朝与匈奴关系的新发展。匈奴势力逐渐削弱，对汉朝的侵扰掳掠越来越少，对汉朝使节越来越优待，希望与汉朝和亲；汉朝也对匈奴采取笼络的态度。）

汉昭帝元凤三年（癸卯，公元前 78 年）

春季，正月，泰山上有一块大石自己立了起来；上林苑中有一棵枯死倒地的柳树自己立起复活，又有虫子在其树叶上啃咬出“公孙病已立”的字样。担任符节令的鲁国人眭弘，上书说：“大石自己站立，枯倒柳树复起，当有一位平民民众成为天子。枯树复活，是不是预示着以前被废黜的公孙氏家族应当复兴呢？汉天子为帝尧的后代，有将国家传给别人的命运，应当访求贤明的人，将帝位禅让给他，自己退位，做一个拥有一百里封地的列侯，以顺应天命。”眭弘以制造妖言、蛊惑人心的罪名被处死。

匈奴单于派犁污王刺探汉朝边防情况。犁污王回报说，酒泉、张掖一带的汉军兵力日益衰弱，如果派兵作试探性攻击，有希望收复旧有地区。此时，汉朝已先从归降的匈奴人口中听到这个计谋，汉昭帝刘弗陵便下令，命边塞地区加强戒备。没过多久，匈奴右贤王、犁污王率领骑兵四千分为三队，侵入日勒、屋兰、番和三县。汉朝张掖太守、属国都尉发兵反击，匈奴军大败，仅数百人逃脱，属国的义渠部落王将匈奴犁污王射死，汉朝赏赐给他黄金二百斤，马二百匹，并因此封他为犁污王。从此以后，匈奴不敢侵犯张掖。

燕王刘旦和盖长公主等人谋反时，桑弘羊的儿子桑迁出逃，曾投靠过桑弘羊从前的部下侯史吴。后桑迁被逮捕处死，侯史吴投案自首，囚禁在监狱。适逢大赦，廷尉王平、少府徐仁共同负责审理谋反案件，都认为“桑迁受其父谋反的牵连，侯史吴窝藏他，并不是窝藏谋反者，而是窝藏连坐者”，于是，按大赦令赦免了侯史吴的罪过。后侍御史重新查处此事，认为“桑迁精通经典，明知其父背叛朝廷，却不加劝阻抗争，本身与谋反者并无两样。侯史吴原为三百石官吏，主谋窝藏桑迁，与一般民众窝藏连坐者不同，侯史吴不能赦免”。奏请朝廷重新处治侯史吴之罪，并弹劾廷尉、少府开脱谋反者。少府徐仁是丞相田千秋的女婿，所以田千秋几次为侯史吴说情，他怕大将军霍光不听，便在公车门召集中二千石官及博士官，商议应按法律判侯史吴什么罪名。参与商议的人知道大将军的意向，所以一致指控侯史吴为大逆不道。

第二天，田千秋将众人的意见上奏朝廷。于是，霍光因田千秋擅自召集中二千石及以下官员，朝内、朝外言论不一，将廷尉王平、少府徐仁逮捕入狱。朝廷上下都恐怕丞相会受到牵连。太仆杜延年致书霍光说：“官吏放纵罪人，有通常的处罚方法。如今进而诋毁侯史吴为大逆不道，只怕从法律上说是太过分了。再说，丞相平日并没有什么成见，而是一向爱为下面的人说情，至于擅自召集中二千石官员，则十分不对。但我觉得丞相在位已久，又是先帝任用的人，除非有什么重大过失，否则不可废弃。近来，不少民众说刑罚过重，官吏们执法苛刻，罗织罪名。而今丞相商议的又是有关刑罚的事情，如果因此案而连累丞相，恐怕与民心相背，势必造成属下喧哗，民众私议，流言四布。我怕将军因此事而在天下人面前名声受损。”霍光认为廷尉、少府玩弄法律，终于还是将他们下狱治罪。

夏季，四月，徐仁在狱中自杀，王平与左冯翊贾胜胡都被腰斩。丞相田千秋则未受牵连，终于与霍光共事到底。杜延年议论公平，使朝廷和睦，其所作所为，都类似于此。

（以上为第九段，写朝廷清理倒光集团政变的余波。桑弘羊的儿子桑迁逃到桑弘羊部下侯史吴家里，桑迁被杀，廷尉王平、少府徐仁按大赦令赦免侯史吴罪过，后被侍御史重审，牵连甚多，王平、徐仁被诛杀。）

冬季，辽东乌桓部落反叛。当初，匈奴冒顿单于击败东胡，东胡残余部众分别占据乌桓及鲜卑山，形成了两个部族，世代臣服于匈奴。汉武帝刘彻击破匈奴左翼地区，将乌桓迁移到上谷、渔阳、右北平和辽东的塞外地区，令其为汉朝侦察匈奴动静。汉朝还设置了护乌桓校尉一官，负责对乌桓人的监督和管辖，使他们不能与匈奴建立联系。此时，乌桓势力逐渐强大起来，于是起兵反叛汉朝。

先前，匈奴骑兵三千多人侵入五原，杀掠数千人；后又派骑兵数万南下，沿着汉朝边塞移动，一路进攻汉朝设于塞外的堡垒，掳掠边塞官吏和民众而去。当时，汉朝边疆各郡的烽火报警设施严密，匈奴扰边没有什么收获，所以很少再来侵犯。

后来，汉朝又获得归降的匈奴人，得知乌桓人曾经挖掘单于祖先的坟墓，引起匈奴的怨恨，匈奴正派出二万骑兵袭击乌桓。霍光打算发兵迎击匈奴军队，便询问护军都尉赵充国的意见。赵充国认为："乌桓连续几次进犯边塞，如今匈奴袭击他们，对我们很有利。再者，匈奴很少前来侵扰，我国北部边疆所幸无事。蛮夷之族自相攻击，而我们却发兵迎战，招他们前来生事，这不是好计策！"霍光又向中郎将范明友询问，范明友说可以迎击，于是，任命范明友为度辽将军，率领骑兵二万从辽东出塞，迎击匈奴军。匈奴得到汉军出塞的消息后，撤退而去。

当初，霍光曾告诫范明友说："大军不可空手而还，如落在匈奴军队后面，便袭击乌桓。"乌桓当时刚刚受到匈奴军的打击，范明友既然没能追上匈奴，便乘乌桓疲惫之机发动攻击，斩杀六千多人，取得乌桓三名首领的人头。匈奴从此大为惊恐，不敢再向汉朝出兵。

（以上为第十段，写乌桓反叛汉朝，而乌桓曾得罪匈奴，匈奴起兵攻打；汉朝乘机出兵，匈奴退走，汉军攻打乌桓，斩其首领，匈奴惊恐而不再骚扰汉边。）

汉昭帝元凤四年（甲辰，公元前 77 年）

春季，正月初二日丁亥，汉昭帝举行加冠典礼。

正月，甲戌（疑误），富民侯田千秋去世。当时的国家政事全部由霍光一人决定，田千秋身居丞相之位，只是谨慎稳重，自我保全而已。

夏季，五月，丁丑（五月无丁丑日，疑误），汉文帝祭庙正殿失火。汉昭帝刘弗陵与群臣一律身穿素服，并派中二千石官员率领左、右、前、后、中五校令所属工匠修复，六天后修复完毕。太常以及负责管理、守卫祭庙的令丞、郎及所属官吏等全部因此而被以大不敬的罪名遭到参劾。正巧遇到大赦，太常、阳侯德被免除官爵，贬为平民。

六月，汉朝实行大赦。

当初，杅罙国派太子赖丹到龟兹国去作人质，贰师将军李广利攻击大宛回朝时，将赖丹带到京城长安。霍光采用桑弘羊以前的建议，任命赖丹为校尉，率领军队前往轮台屯田。龟兹贵族姑翼对龟兹国王说："赖丹本来是我国的臣属，如今却佩戴汉朝的印信、绶带前来，在逼近我国边境的地方屯垦，必将给我国造成危害。"于是，龟兹王派人杀死赖丹，然后上书汉朝谢罪。

楼兰国王去世，匈奴最先听到这一消息，便将在匈奴充当人质的楼兰国王子安归护送回国，安归得以当上楼兰国工。汉朝派使臣前往楼兰国传达汉昭帝刘弗陵的命令，命新即位的楼兰王来长安朝见，楼兰王推辞不来。楼兰国位于西域的最东部，靠近汉朝，中间隔着白龙堆沙漠。此地缺乏水源、牧草，以往楼兰国经常负责派出向导，命人背水担粮，迎送汉朝派往西域各国的使者。因多次受到汉朝官吏和士兵的欺扰，楼兰国逐渐对汉朝产生了戒惧，不愿再与汉朝来往。

后来，楼兰国又受了匈奴的离间，多次截杀汉朝使臣。楼兰王安归的弟弟尉屠耆归降汉朝，将内情一一报告汉朝。担任骏马监的北地人傅介子出使大宛，汉昭帝刘弗陵下令，命其顺路去责问楼兰、龟兹两国。傅介子来到楼兰和龟兹，责问两国国王为何背叛汉朝，两国都表示道歉服罪。傅介子从大宛回来，又到龟兹，正好匈奴使臣从乌孙返回，正在龟兹，于是，傅介子率领其随从官兵一同将匈奴使臣杀死。回国后，傅介子向朝廷报告了此事，汉昭帝封傅介子为中郎，改任平乐监。

（以上为第十一段，写楼兰、龟兹两国惧于匈奴势力，对汉朝不够友好，汉使傅介子斩杀匈奴使者，责问楼兰王，楼兰表示道歉服罪。）

傅介子对大将军霍光说："楼兰、龟兹两国多次反复，不诛杀，就无所惩戒。我经过龟兹时，发现龟兹王接近外人，对付他容易得手。我愿意去刺杀他，以此向西域各国显示汉朝之威。"大将军说道："龟兹路远，且先到楼兰去试一试。"于是，霍光禀告汉昭帝，派傅介子前去刺杀楼兰国王。

傅介子率领卫士，携带金银财物，宣称要赏赐外国，借此名义来到楼兰。楼兰王不愿亲近傅介子，傅介子便假装离去，到达楼兰西部边界时，让翻译对楼兰国王说："汉朝使者携带黄金、绸缎等一路对各国进行赏赐，大王如不来接受，我就离开这里到西边国家去了。"随即拿出黄金、财宝等给翻译看。翻译回去向楼兰王报告，楼兰王贪图汉朝财物，便前来面见汉使。傅介子与其共坐饮酒，故意将金宝等陈列显示。一直喝到大家都醉了，傅介子对楼兰王说："汉朝天子让我秘密报告大王。"于是，楼兰王起身随傅介子进入后帐，屏退侍从人员密谈。突然，两名壮士从背后刺向楼兰王，利刃穿胸相交，楼兰王立即毙命。楼兰国的贵族大臣、侍从人员等四散逃亡。

傅介子宣告楼兰王背叛汉朝之罪，说道："天子派我诛杀楼兰王，应改立在汉朝的王弟尉屠耆为王。汉军立即就到，不要轻举妄动，否则将自己招来灭国之祸！"傅介子于是将楼兰王安归的人头割下，用驿马快速送到皇宫，悬于未央宫北门之外。

汉朝立尉屠耆为楼兰王，改国名为鄯善，并颁刻印章，赐给尉屠耆宫女做夫人，又为他准备了车马、辎重，由丞相率领文武百官送至长安横门之外，祭祀路神，置酒饯行，然后送其回国。尉屠耆向汉昭帝刘弗陵请求说："我久居汉朝，如今回国后势单力弱，况且前王之子尚在，恐怕被其报复杀害。我国有一处地方叫作伊循城，土地肥沃，希望汉朝能派一位将军，在伊循城一带屯田，聚积粮食，使我能够借重汉朝的兵威。"于是，汉朝派司马一名、部属四十人到伊循城屯田，以镇抚鄯善国。

秋季，七月二十三日乙巳，汉昭帝封范明友为平陵侯，傅介子为义阳侯。

臣司马光评论说：圣明的君王，对待戎狄外族的态度应当是：如果背叛，就发兵征讨；如果臣服，就不再追究。如今楼兰王既已服罪，却又加以诛杀，则以后再有背叛者，就不能使他们归附了。如果认为楼兰王有罪，一定要征讨，也应堂堂正正地派遣军队，公开地施行惩罚。而今竟派使臣用金宝财物进行引诱，然后乘机将其杀死，以后再有奉命出使各国的使者，还能再让人信任吗？况且，以大汉朝的强盛，竟然用盗贼的诡计来对付蛮夷外族，实在令人羞耻！有人评论此事，赞美傅介子立了一件奇功，未免太过分了。

汉昭帝元凤五年（乙巳，公元前 76 年）

夏季，大旱。

秋季，汉朝撤除象郡，将其地分别归属郁林、牂柯二郡。

冬季，十一月，天空响起大雷。

十二月初六庚戌，宜春侯王䜣去世。

汉昭帝元凤六年（丙午，公元前 75 年）

春季，正月，募集各郡国服劳役的人修筑辽东、玄菟二城。

夏季，汉朝实行大赦。

乌桓再次侵犯边塞，汉朝派度辽将军范明友率兵出击。

冬季，十一月二十七日乙丑，汉昭帝刘弗陵任命杨敞为丞相，少府、河内人蔡义为御史大夫。

（以上为第十二段，写傅介子出使楼兰，用利诱欺诈手段斩杀楼兰王，立新汉的王弟尉屠耆为楼兰王，行事不武，受到司马光的批评。）

【点评】

刘弗陵论。刘弗陵，是汉武帝刘彻的幼子，八岁被立为太子，汉武帝去世后继位为皇帝，由大司马、大将军霍光等人辅政，在位十三年，刚刚举行加冠典礼，就莫名其妙得病死了。

刘弗陵在位期间，政事都由霍光说了算，自己只是点头、附和而已，实际上是一个傀儡皇帝。但刘弗陵与历史上众多的傀儡略有不同的是，他是一个聪慧的傀儡，是一个精明的傀儡，也是一个憋屈的傀儡。

说刘弗陵聪慧，确实不虚。公元前 80 年，大臣上官桀勾结燕王刘旦，诬陷辅政大臣霍光，被十五岁的汉昭帝识破阴谋。事情的原委是这样的：上官桀袭用“清君侧”的伎俩，令人以燕王刘旦的名义上书汉昭帝，捏造说：霍光正在检阅京都兵备，京都附近道路已经戒严，他擅自调动所属兵力，目的是为了推翻汉昭帝，自立为帝，声称是为了防止奸臣变乱，要入朝宿卫。上官桀的如意算盘是，等到霍光外出休假时，将这封奏章送到汉昭帝手中，再由他根据汉昭帝的旨意，按照奏章的内容，来宣布霍光的“罪状”，由桑弘羊组织朝臣共同胁迫霍光退位，从而废掉汉昭帝。可是，他们的阴谋被刘弗陵识破了。当燕王刘旦的书信到达汉昭帝的手中后，就被汉昭帝扣压在那里，不予理睬。次日早朝，霍光上朝，已得知上官桀的举动，就站在那张张贴汉武帝时所绘“周公负成王图”的画室之中，不去朝见汉昭帝。汉昭帝没有见到霍光，就向朝臣打听，上官桀乘机回答说：“因为燕王告发他的罪状，他不敢来上朝了。”汉昭帝十分平静，随即召霍光入朝，果断地说：“我知道那封书信是在造谣诽谤，你是没有罪的”；“如果你要调动所属兵力，时间用不了十天，燕王刘旦远在外地，怎么能够知道呢？”“况且，你如果真的要推翻我，还需要这样大动干戈吗？”上官桀等人的阴谋被汉昭帝一语揭穿，其叛乱后来被平定。刘弗陵，真是冰雪聪明啊！一个十五岁的小孩子，就能通过时间的推论，揭穿了企图反叛者的阴谋；而那些企图反叛者怎么也没有想到啊！自己的谋划居然有如此的漏洞，智商居然不如一个小孩子，这反叛还能成功吗？其失败，是理所当然的了。可谓谋划疏漏，功亏一篑。史称“汉昭帝年十五，能知燕王上书之诈，后世称其‘明’”。

说刘弗陵精明，一点不错。刘弗陵八岁登基，还是个喜欢玩耍的小孩子，哪里管得了国家大事？因此，首辅大臣霍光总揽朝政，所有的权力集于一身，还有的辅政大臣，金日磾早就死了，上官桀、桑弘羊没有什么实际权力。这些，刘弗陵年纪虽然小，但非常清楚。也就是说，自己的命运掌握在霍光手上。以至于刘弗陵渐渐长大了，但还是两手空空，除了在龙椅上坐坐，做做样子，其他什么都没有。他有一点很清楚，就是任何人都能得罪，就是不能得罪霍光；如果得罪了霍光，别看自己是个皇帝，那就是自寻死路，当然也只有死路一条。因此，在他的思维中，只要是霍光说的，就是对的；只要是霍光说不对的，那就肯定是不对的，即使是对的也是错的。例如，上官桀等人的阴谋被揭穿后，就干脆赤膊上阵，准备发动武装政变。他们计划，由盖长公主设宴请霍光，命埋伏的士兵将霍光杀掉。在这危急关头，盖长公主门下一名官员将其阴谋告发。于是，刘弗陵毫不犹豫，支持霍光先发制人，将上官桀等主谋政变的大臣统统逮捕，诛灭全族。盖长公主、燕王刘旦自知不得赦免，也先后自杀身亡。当时，九岁的上官皇后，是上官桀的孙女，也是霍光的外孙女，刘弗陵仍然看在霍光的面子上，未被废免。当然，也是形同虚设。这样一来，霍光的权力更大了，刘弗陵自己想要做什么事情，那是根本不可能了，只能是一个聋子的耳朵，成了摆设。史书上写汉昭帝发布了许多诏书，这能够真正表达刘弗陵的意志吗？恐怕只是点点头而已。但是，只要不惹恼霍光，就足够了。其他的，还是从长计议吧。

刘弗陵二十一岁就生病去世了，这不得不让世人怀疑，好好的一个皇帝，幼年的时候，身体就很健壮，怎么就被疾病夺去生命了呢？这恐怕是一言难尽！随着时间的推移，刘弗陵长大成人了，应该到了亲政的时候了，也就是说，霍光要归政于皇上了。可是，霍光愿意归政吗？朝野上下都是霍光的人，霍光不归政，这权力能收得回来吗？恐怕是痴人说梦。刘弗陵自知无力与霍光摊牌，只能继续坐在龙椅上充当傀儡，这让心气甚高的他，能够心安吗？真是憋屈到家了！还有，刘弗陵似乎没有什么人身自由，即使是私生活，也被霍光严格控制了。皇后是反臣上官安的女儿，刘弗陵对她已经是了无兴趣，以至于一直没有怀孕，这让霍光很着急，毕竟皇后也是他的外孙女啊！于是，霍光想出了一个办法，就是让所有的宫女都穿上有裆的“穷裤”，再系上几条带子。他认为即使是皇上看到美妙的宫女，动了心思，一时半刻也解不开，而让刘弗陵专宠皇后。这种做法，想得倒是周到，但刘弗陵未必如此，而霍光认为刘弗陵可能如此。这实际上，霍光根本没有把皇上当作一个“人”来看待，是对刘弗陵人格尊严的一种践踏！而刘弗陵对于皇后的心扉已经关闭，这位不幸的皇后还是没有生下一男半女。可悲啊！这既是皇后的悲哀，当然也是刘弗陵的悲哀！刘弗陵贵为皇帝，却无任何权力。如此毫无尊严、毫无活力的生活，还不如一个平民百姓啊！时间一长，这活着还有什么意义呢？也只有生病的份了。走了，这也许是刘弗陵最好的一种人生的解脱！

资治通鉴（白话本） 卷第二十四

汉纪十六

汉昭帝元平元年至汉宣帝地节二年（公元前74—前68）

【起强圉协洽（丁未，公元前74年），尽昭阳赤奋若（癸丑，公元前68年），凡七年】

【大事提要】

本卷记事起于公元前74年至公元前68年，凡七年，当汉昭帝元平元年至汉宣帝地节二年。本卷所载大事，主要有五个方面。其一，昌邑王废立。这是西汉政治转折时期一件重大事件，是大将军霍光一手操控的宫廷政变。霍光权力，由此达于巅峰。其二，霍光夫人霍显毒害许皇后，为后来霍氏家族的覆灭埋下伏笔。其三，写宣帝孩提时的蒙难，丙吉、张贺、史氏外家养育保护宣帝立下功劳，特别是丙吉、杜延年举荐宣帝得以继位，以及大将军霍光采纳雅言，可以说是昭宣中兴的功臣。其四，宣帝初立，开展整治内务，惩贪，对外打击匈奴，为昭宣中兴夯实了基础。其五，辅佐宣帝治国的第一功臣魏相崭露头角。

孝昭皇帝下

汉昭帝元平元年（丁未，公元前74年）

春季，二月，汉昭帝下诏书，把口赋钱减收十分之三。

夏季，四月十七日癸未，汉昭帝死在未央宫，没有儿子。当时，汉武帝的儿子只有广陵王刘胥还在世，大将军霍光与群臣商议新皇帝的人选，大家都主张立刘胥。刘胥原就因为品行不好，武帝没有立他为继承人；霍光因此深感不安。一位郎官上书说："周太王废弃年长的儿子太伯，立太伯的弟弟王季；周文王废弃年长的儿子伯邑考，立伯邑考的弟弟周武王，这说明只要认为谁承继皇位最合适，就算是废长立幼也完全可以。广陵王刘胥不可以继承皇位。"这份奏章正合霍光的心意，霍光就把奏章传示给丞相杨敞等人观看，还把这位郎官提升为九江太守。当天由上官皇后颁下诏书，委派代理大鸿胪一职的少府乐成、宗正刘德、光禄大夫丙吉、中郎将利汉为朝廷专使，用七辆驿车的规格把昌邑王刘贺迎接到长安的官邸。霍光又禀报皇后，调转右将军张安世为车骑将军。

刘贺是昌邑哀王刘髆的儿子，他在封国内一向狂妄放纵，行为毫无节制。武帝去世时，刘贺仍旧外出游玩狩猎。刘贺曾到方与县游玩，不到半天时间就骑马奔驰了二百里。中尉琅邪人王吉上书劝说："大王不喜欢读书和儒术而喜欢安逸游乐，每天驾驭车马驰骋，口因吆喝而疲倦，双手因握缰挥鞭而疼痛，身体因车马颠簸而劳苦，清晨冒着露水雾气，白天顶着风沙尘土，夏季忍着烈日烤晒，冬天被刺骨寒风吹得抬不起头来，大王总是以自己柔弱的身体，去承受疲劳痛苦的煎熬，绝不是保全寿命的方法，更不能用以修养高尚的品德。在宽敞的殿堂之下，细软的毛毡之上，在博学多才的老师指导下，诵读经书，讨论上至尧舜之时，下至商周之世的兴衰，考察圣明君王的风范，学习治国安邦的道理，内心充满愉悦，发愤忘了饮食，自己的品德日益提高，这种快乐哪里是马背上奔驰所能比得了的！休息的时候，做些俯仰屈伸的动作锻炼身体，用散步或慢跑等运动充实下肢的筋骨，吸收新鲜空气，吐出腹中浊气清理五脏，专心诚意调和精神，用这种方法养生，怎能不长寿呢！大王真能留心这样做，心中就会产生尧舜的志向，身体也能像伯乔、赤松子一样长寿，美名远扬，并会上达天子，福寿利禄全都到来，封国也能稳如泰山。当今皇上仁爱圣明，至今追念先帝不已，对于巡游行宫别馆、园林池塘、狩猎享乐之事一样没做，大王应当日夜想到这些以讨好皇上。在各诸侯王中，大王和皇上的血缘关系最近，论亲属关系，大王是皇上的晚辈；论职位，大王是皇上的臣僚，这两种身份和责任，大王一身兼有，所以，大王的言行举止，若有一点细微的瑕疵，被人报告皇上，都不是国家之福。"刘贺因此下令说："我的行为不能说没有过失，中尉一片忠心，多次弥补我的过失。"委派一位侍从官谒者叫千秋的人前去赏赐中尉王吉牛肉五百斤，酒五石、干肉五束。事后，刘贺的行径依然放纵如故。

郎中令山阳人龚遂忠厚刚毅，为人讲究大原则，对内不断规劝刘贺，对外则责备封国丞相、太傅没有尽到责任，常常引述经义，陈说利害，甚至声泪俱下，十分恳切认真地当面指责刘贺的过失。刘贺总是捂着耳朵起身而去，并说："郎中令真会羞辱人！"刘贺经常与养马的奴仆、厨师在一起游戏娱乐，大吃大喝，赏赐无度，龚遂晋见刘贺，拜倒在地，膝行到刘贺面前痛哭，感动得左右侍从都下泪。刘贺说："郎中令为何啼哭？"龚遂说："我为封国危亡而痛心！希望您能赐给我一个说话的机会，让我尽一份愚忠！"刘贺命身边的人全部退下。龚遂说："大王可知道胶西王刘端叛逆而身死国亡的原因吗？"刘贺说："不知道。"龚遂说："我听说胶西王身边有一个专事阿谀的臣属名叫侯得，胶西王的行为和夏桀、商纣的暴行一样，而侯得却说像尧舜一样贤明。胶西王对侯得的奉承非常满意，经常和他睡在一床，胶西王只听得进侯得一个人的奸邪之言，才落得如此下场。如今大王亲近的也都是些奸佞小人，他们已经让大王您渐渐走上邪路，这可是生死成败的关键，不能不特别慎重！我请求挑选通晓经典、品行仁义的人与大王一同起居，坐则诵读《诗》、《尚书》，立则修习礼仪举止，对大王肯定大有益处。"刘贺点头称是。于是龚遂选择郎中张安等十人侍奉刘贺。但是没过几天，张安等人就全被刘贺赶走了。

刘贺曾经见到一只大白狗，脖子以下长得像人一样，没有尾巴，头戴一顶跳舞的人常戴的“方山冠”。刘贺拿这件事问龚遂，龚遂说：“这是老天的警告，说您身边的人都是头戴人帽的狗，如果赶走他们，尚能继续生存，否则就会灭亡。”后来，刘贺又听到一个人的声音叫喊：“熊！”刘贺果真见到一只大熊，但左右侍从却没看见。刘贺又拿这事向龚遂询问，龚遂说：“熊是山野之兽，竟然来到宫中，又只有大王一人看到，这是老天再次警诫大王，恐怕王宫即将变成空屋，是危亡的象征！”刘贺仰天长叹，说道：“不祥之兆为何接踵而来！”龚遂叩头说道：“我不敢隐藏忠心，因此多次提及老天对于国家危亡所垂示的警戒；使得大王不高兴。其实国家的存亡，难道仅仅是臣所说的这些征兆吗？希望大王在内心好好度量度量。大王如能诵读三百又五篇的《诗》，使言行合于诗中义理，就能使人事和洽，王道完备。现在大王的行为举止，与《诗》中哪一篇相符呢？大王身为诸侯王，行为比平民还要龌龊，以此生存下去是很难的，以此取败亡却很容易，大王应当深思！”后来又有血污弄到了刘贺的王座上，刘贺再问龚遂，龚遂大声惊叫道：“宫室不久将要荒废，妖孽征兆不断出现。血为阴暗中的凶险之象，大王应该有所畏惧，谨慎反省！”但是刘贺始终不改那些荒诞的行为。

等到征召刘贺到长安的诏书到来时，正值初夜，刘贺在火烛下打开诏书。中午，刘贺就动身去长安；下午申时，就到达定陶县，走了一百三十五里，以致沿途都是累死的侍从者的马匹。王吉上书劝诫刘贺说：“我听说殷高宗武丁在服丧期间，三年没有说话。如今大王因昭帝驾崩被征召入京，应当日夜哭泣，悲伤不止，千万不可发号施令！大将军仁爱、勇智、忠信的德行，全国无人不知；他侍奉孝武帝二十多年，没有什么过失。先帝临终时，把国家大事嘱托给他，要他辅佐幼君。大将军扶持尚在襁褓中的幼主即皇帝位，代行政事，施行教化，使天下太平，即便是周公和伊尹的政绩，也超不过他。如今昭帝逝世，没有儿子，大将军就考虑谁可以继承皇位，就依据宗室血缘的亲疏，选中了大王，他仁义忠厚的胸怀不可限量！我希望大王能依靠和尊敬大将军，国家政事全都听从大将军的安排，大王您就安心坐稳皇帝位子。请大王留心注意，时常记住我这番话！”

刘贺来到济阳，竟然去买长鸣鸡，还在途中购买了积竹杖。经过弘农县时，刘贺又派一个名叫善的奴仆将从民间弄来的美女藏在装载衣物的车上。行至湖县，朝廷使者拿这事责问昌邑国丞相安乐。安乐转告龚遂，龚遂进去问刘贺，刘贺说：“没有这事。”龚遂说：“既然没有这事，大王又何必为了一个奴仆而破坏礼义呢！请收捕善，交由官吏惩处，洗刷大王的名声。”便拉着善的头发，交由卫士长依法处置。

刘贺到了霸上，大鸿胪在郊外迎候，掌管车马的驺奴献上天子的坐车，刘贺就派他的太仆寿成驾车，郎中令龚遂也陪在车上。即将到达广明亭和长安东都门时，龚遂说："按照礼仪奔丧的人，看见了国都就要哭，前面就是长安城的东郭门了。"刘贺说："我咽喉痛，不能哭。"到了城门，龚遂又提醒刘贺，刘贺说："城门和郭门一样嘛。"即将到达未央宫的东门时，龚遂说："昌邑国吊丧的帷幕在宫门外御用大道的北边，帐前有一条南北通道，马匹不能走到跟前，大王应当下车步行，面向西方，伏地痛哭，极尽悲哀之情，才可停止。"刘贺说："好。"到了下车的地方，刘贺按照礼仪哭泣了一通。六月初一日丙寅，刘贺接受了皇帝的印玺，承继了皇帝的称号，尊奉上官皇后为皇太后。

六月初七日壬申，将孝昭皇帝葬在平陵。

（以上为第一段，写昌邑王刘贺，狂悖昏暴，阴差阳错被征为昭帝继承人，实乃朝廷大臣的一大失职。）

昌邑王刘贺被立为皇帝后，荒淫嬉戏，毫无节度。昌邑国的官员全都征调到长安，破格提升了他们。原昌邑国丞相安乐提升为长乐宫的卫尉。龚遂见到安乐，便流泪向他说："大王立为天子以后，日益骄纵，再也不听我的规劝了。眼下仍在居丧期间，却天天和亲信大臣一起喝酒作乐，观看虎豹搏斗，又传召皮轩车九旒，到各处巡游，所作所为违背了礼义和孝道。古制宽容，作大臣的如不得志，还可以辞职隐退；如今却想走走不了，想要装疯卖傻，又恐被人看穿，死后还要遭人唾骂，这该怎么办呢？您是陛下原来的丞相，应该极力规劝才是啊！"

刘贺梦见苍蝇的粪便堆积在皇宫西门的台阶边，大概有五六石，用大片的屋瓦盖着，刘贺就询问龚遂，龚遂说："陛下平素所读的《诗》中不是已经说过吗：'绿蝇纷纷落在了篱笆上，谦谦君子不要听信谗言。'陛下身边谗佞之人太多，就像陛下在梦中见到的苍蝇粪便一样。所以，应当挑选先帝大臣的子孙，作为陛下身边的亲信侍从。如果不忍心疏远昌邑国的那些故旧，信任那些阿谀之徒，一定会有灾祸发生。希望能转祸为福，把那些昌邑旧人全都驱逐！我当第一个被赶走。"刘贺不听。

太仆丞河东郡人张敞上书劝谏，说："孝昭皇帝早逝无子，大臣们都很担心，选择贤能圣明的人承继皇位，到东方迎接大王时，唯恐迎驾的车马走得慢，耽误了陛下的行程。现今陛下正当壮年，初登皇位，天下人无不拭目以观、倾耳而听，期待着看到听到美好的教化与风习。结果辅国的重臣没有得到褒奖，而昌邑国拉车的小吏反而先得到升迁，这是最大的过错。"刘贺不听。

大将军霍光忧愁烦恼，单独与以前的亲近旧属大司农田延年私下商议；田延年说："将军是国家的重臣，既然知道这个人不可以承担大任，为什么不去禀告太后，建议另外选一个贤能的人呢？"霍光说："现在就想这么办，不知古时有没有先例？"田延年说："伊尹辅佐商朝，曾经放逐了昏庸无道的太甲，用以安定国家，后世都称赞他的忠心。将军如能这样做，就是汉朝的伊尹。"霍光便引荐田延年兼任给事中，与车骑将军张安世秘密计划废黜刘贺。

刘贺出外巡游，光禄大夫鲁国人夏侯胜阻挡在车驾前面进谏说：“天气久阴而不下雨，预示臣下有不利于皇上的阴谋。陛下外出，想到哪里去？”刘贺大怒，认为夏侯胜妄作妖言，将他捆绑起来，交由主管官吏审理。官吏将这件事上报霍光，霍光命暂缓处理。霍光以为是张安世泄漏了消息，便责问他。但张安世并未泄密；就召夏侯胜来追问。夏侯胜说：“《鸿范传》说：‘君王有过失，上招天罚，就会使天气阴沉，预示臣下有人想谋害皇上。’我不敢明说，只说是‘臣下有逆谋’。”霍光、张安世闻言大惊，由此更加重视精通经书的学士。侍中傅嘉也因多次劝谏刘贺，被刘贺逮捕入狱。

霍光、张安世计划已定，就派田延年向丞相杨敞报告。杨敞听说十分惊恐，不知该说些什么，吓得汗流浃背，只能唯唯诺诺。田延年起身，到洗手间更衣方便。杨敞的夫人急忙从东厢房跑出来对杨敞说：“这是国家大事，而今大将军计策已定，派大司农来通知你，你不赶快答应，和大将军同心协力，还犹疑不决，是会首先被杀害的啊！”田延年从更衣处回来，杨敞夫人便参与讨论，答应“一切听大将军吩咐”。

（以上为第二段，写昌邑王入宫淫戏无度，不听龚遂、张敞等大臣劝谏，大将军霍光与张安世、田延年、丞相杨敞定计行废立。）

六月二十八日癸巳，霍光召集丞相、御史、将军、列侯、中二千石、大夫、博士在未央宫开会。霍光说：“昌邑王刘贺德行昏乱，只怕会危害国家安宁，怎么办呢？”群臣听后都大惊失色，不敢发言，只有唯唯诺诺。田延年就起身离席，走到群臣面前，手按剑柄说道：“先帝将幼弱的孤儿嘱托给将军，并把国家大事交由将军做主，是因为相信将军忠义贤明，能够保全刘氏的江山。现在昌邑王称帝以来，朝臣议论纷纷，人心不安，国家陷入危亡之境况；再说我汉朝先帝的谥号都有一个‘孝’字，为的就是江山永存，使宗庙祭祀不断，将军即便蒙难而死，又有什么面目去见先帝于九泉之下呢？今天议论的事情，必须当机立断，群臣中谁如果再犹豫不决，我请求立即用这把剑砍下他的头！”霍光谢罪说：“大司农责备得很对！国家不得安宁，我应当接受问责。”于是参加计议的人都叩头说道：“万民的命运，都掌握在将军手中，我们愿听从大将军的命令！”

霍光就与群臣一同晋见太后，向太后陈述了昌邑王不可以承继皇位的理由。皇太后就乘车前往未央宫承明殿，下令各处宫门的守卫，不许昌邑王手下的群臣进宫。当刘贺朝见太后之后，准备乘车返回温室殿，这时守门太监已接到太后诏令，宫门两边每人把持一扇宫门，刘贺进去，立即将门关闭，将跟在后面的原昌邑国臣属拦在宫外。刘贺问道：“这是做什么？”霍光跪着说：“皇太后有诏令，不许原昌邑国属臣进宫！”刘贺说：“慢慢来，何必搞得这样紧张吓人！”霍光派人把昌邑王的属臣都逐到了金马门外。车骑将军张安世率领禁卫骑兵拘捕了二百多人，把他们送到廷尉的特别监狱。又命令曾在昭帝宫中担任过侍中的太监看守着刘贺。霍光告诫属下说："务必要严加守护！谨防昌邑王被害或自杀，以免我在天下人面前背上杀主的恶名。"此时刘贺还不知道自己即将被废黜，就问身边的人说："我从前的臣僚犯了什么罪？大将军为什么将他们全都抓了起来？"

不一会儿，皇太后下诏召见刘贺。刘贺听说太后召见，心中惧怕，便说："我犯了什么罪？太后为什么召见我？"皇太后身披用珍珠串成的外套，盛装打扮，坐在武帐之中，数百名侍卫全部手持兵器，和持戟的期门武士列于殿下。文武群臣按照品位高低依次上殿，然后召刘贺上前伏于地下，听候宣诏。霍光与文武群臣连名上奏皇太后参劾刘贺，由尚书令宣读奏章，说："丞相杨敞等人，冒死向皇太后陛下进言：因孝昭皇帝早逝，派使臣召昌邑王来主持丧事，他身着丧服，却毫无悲哀之心，废弃了一切应当讲求的礼仪，入京途中不肯吃斋，甚至还派人掳掠民间女子藏于装载衣服的车上，在沿途驿站陪宿。初到京师，谒见皇太后之后，被立为皇太子，仍然时常私下派人购买鸡、猪肉等食物。在孝昭皇帝灵柩前接受皇帝的印玺，回到住处，打开取出后便不再封存。派侍从官手持皇帝符节，召引昌邑国僚属、管车夫、官奴等二百多人前来一同居住在宫禁之内，肆意嬉乐。曾给昌邑王府中的侍中致信说：'皇帝问候侍中君卿：特派中御府令高昌携带黄金千斤，赐给君卿娶十个妻子。'昭帝灵柩停放在前殿，却拿出乐府的乐器，引入昌邑国中的乐人打鼓、奏乐、演戏；还调来泰一祭坛和宗庙的歌舞艺人，遍奏各种乐曲。乘坐皇帝车驾，在北宫、桂宫等处往来奔驰，并玩猪、斗虎。擅自调用皇太后乘坐的小马拉的车，命奴仆骑乘，在后宫中嬉戏。与孝昭皇帝的宫女蒙等人淫乱，还下令给掖庭令：'谁敢泄露出去，就处以腰斩！'"太后说："停！做了人家的臣属儿子，怎敢这样狂悖胡来！"刘贺离开自己的坐席，伏地请罪。尚书令又接着念道："把朝廷赐予诸侯王、列侯、二千石大臣的各个等级的绶带赏给昌邑国郎官，以及被免除奴仆身份的人。把宫中库藏的金钱、刀钱、玉器、彩色绸缎等，赏给和自己一起游戏的人。还与侍从、奴仆长夜狂饮，沉迷在酒食当中。又私自在夜里摆下隆重的九宾大礼于温室殿，接见他的姐夫昌邑关内侯。在服丧期间，尚未在宗庙举行祭祀先祖的大礼，就颁发正式的皇帝文书，命使者携天子符节，用牛、羊、猪齐备的三份太牢祭祀大礼，去祭祀他的父亲昌邑哀王的陵墓，还自称：'嗣子皇帝'。即帝位以来，仅二十七天，就向四面八方派遣使者，携带皇帝符节诏令各官署为他办理各种事务、征调物资，达一千一百二十七件。如此荒淫无道，有失帝王礼仪，搅乱了汉室的制度。臣杨敞等人虽多次劝谏，但昌邑王非但不思悔改，反而日甚一日，一定会危害国家，以致天下不得安宁。臣杨敞等人与博士官商议，一致认为当今陛下承继孝昭皇帝，行为却如此荒淫邪僻不合规矩。在五刑之罪当中，以不孝之罪最重。从前周襄王不孝顺母亲，所以《春秋》上说他：‘天王出奔郑国’，因为不孝而出奔在外，这是自绝于天下。汉室的安危要比国君本身重要得多，陛下既然不能承继天命，祭祀祖庙，统治万民，就应当废黜！臣请求派出主管官员，预备一份牛、羊、猪齐备的太牢祭祀大礼，祭告于高祖皇帝的祭庙，向高祖说明废黜昌邑王之事。”皇太后下诏说：“可以。”霍光就要刘贺起来，跪拜接受皇太后诏书，刘贺说：“我听说‘天子只要有七位耿直敢言的臣子，纵使他荒淫无道，也不会丧失天下’。”霍光说：“皇太后已经下诏将你废黜，岂能还自称天子！”随即抓住刘贺的手，解下他身上佩戴的玉玺绶带，进呈给皇太后；继而将刘贺扶下殿，从金马门走出皇宫，群臣也随后相送。刘贺出宫后，面向西方跪拜道：“我太愚蠢，不能担当国家大事！”然后起身上了侍从车辆，大将军霍光送他到长安昌邑王官邸。霍光谢罪说：“大王的行为实属自绝于上天，我宁愿对不起大王，不敢对不起国家！诚望大王今后能自重自爱，臣不能再侍奉于大王的左右了。”说完洒泪离去。

文武大臣报奏太后说：“古时候凡是被废黜的人，都要放逐到边远的地方，使其不能再干预朝政。请将昌邑王刘贺迁徙到汉中房陵县。”太后下诏，令刘贺回昌邑居住，赐给他两千户的食邑和原昌邑王的家财；刘贺姐妹四人，各赐汤沐邑一千户；封国撤销，改为山阳郡。

（以上为第三段，写昌邑王被废的全过程，在皇帝位仅二十七日；大将军霍光大权独揽，在他掌控下，西汉政权上演了一场有惊无险、和平交接的宫廷政变。）

原昌邑王的臣僚被指控在封国时不能向朝廷举报昌邑王刘贺的罪过，使朝廷不了解实际情况，也无从辅助和诱导，使昌邑王刘贺陷入了罪大恶极，臣僚全部逮捕下狱，二百多人被杀；唯有中尉王吉、郎中令龚遂多次劝谏，忠正耿直，得免死罪，剃去头发，罚去筑城，作苦力。刘贺的老师王式也被逮捕下狱，罪当处死，审案官员责问王式说：“你身为刘贺的老师，为什么不上书规劝？”王式回答说：“我每日早晚都为昌邑王讲授《诗》三百零五篇，讲到忠臣、孝子的篇章，总是反复诵读；讲到陷入国家危亡的无道国君，也都声泪俱下地为他详细陈述。我是用这三百零五篇来规劝昌邑王，因此没有别的谏书。”审案官员将此话呈告上去，于是免除了王式的死罪。

霍光认为群臣既然向东宫奏事，由皇太后来决断国家政务，皇太后就应当通晓经学，于是便向太后奏请，由夏侯胜为太后讲授《尚书》，并提升夏侯胜为长信少府，赐给他关内侯的爵位。

当初武帝时，太子刘据的姬妾有一姓史的鲁国女子，被封为良娣，生了一个儿子名为刘进，号称史皇孙。史皇孙娶了涿郡女子王翁须为妻，生了儿子刘病已，号称皇曾孙。皇曾孙生下才几个月，便遭巫蛊案株连，太子刘据与其三子一女及其所有的妻妾全部被杀害，只剩下皇曾孙一人，也被关入大鸿胪所属的郡邸狱。原廷尉监鲁国人丙吉受武帝诏令，负责处理巫蛊一案，丙吉认为太子刘据涉嫌此案并无事实依据，十分可怜皇曾孙幼小无辜，便选择忠厚谨慎的女囚渭城人胡组、淮阳人郭征卿，命令她们住在宽敞洁净的地方哺养皇曾孙刘病已。丙吉也每天多次前往看望。

巫蛊案拖延数年不能结案，后来武帝病了，往来于长杨、五柞两宫，听星象家说，在长安的监狱中，有天子的气象，于是武帝便派遣使者，分别去通知京中各官府，凡各监狱在押的犯人，无论罪行轻重，一律处死。内谒者令郭穰当夜来到郡邸狱传达武帝诏令，丙吉紧闭大门，不让郭穰进去，说道："皇曾孙在里面，其他人尚且不得无辜被杀，何况是皇上的亲曾孙呢！"双方相持到天亮，郭穰始终未能进入。郭穰回去向武帝禀报，并参劾丙吉。武帝也已醒悟，说："这是上天命丙吉这样做的。"由此下诏大赦天下。被关在郡邸狱中的囚犯，得以保全性命。

事后丙吉对狱守丞谁如说："皇曾孙不应住在监狱之中。"让谁如写信给京兆尹，把皇曾孙与胡组一起送到京兆尹那里去；京兆尹不肯接受，又送还回来。等到胡组刑期已满，应当释放时，皇曾孙对她十分依恋，因此丙吉便拿出自己的钱来雇用胡组，让她留下，与郭征卿一同抚养皇曾孙，几个月后，才放胡组离去。后来，少内啬夫告诉丙吉说："没有皇上的诏令，不能供给皇曾孙饮食。"丙吉便从自己俸禄里拿出米和肉按月给皇曾孙。皇曾孙多次身患重病，几乎性命不保，丙吉经常告诫养育皇曾孙的乳母给他服药，精心照料，对待皇曾孙恩深义厚。丙吉听到说史良娣的母亲贞君和哥哥史恭还在，便用车将皇曾孙交给他们抚养。贞君年事已高，见这个曾孙孤苦无依，很可怜他，就留在身边亲自照顾他。

后来武帝下诏由掌理宫中事务的掖庭令养育皇曾孙，并命宗正将皇曾孙列入皇室的名册中。当时的掖庭令张贺，曾经侍奉过刘据，感念刘据的旧恩，哀怜皇曾孙，就很细心地养护他，还拿出自己的钱供他日用，教他读书。皇曾孙长大后，张贺想将自己的孙女嫁给他。此时昭帝刚举行加冠礼，身高八尺二寸。张贺的弟弟张安世为右将军，辅佐昭帝施政，听说张贺称赞皇曾孙，想把孙女嫁给他，就很生气地对张贺说："皇曾孙是卫太子刘据的后人，已经是一个平民身份的人由国家养着，很是幸运了，嫁女之事不要提了！"张贺于是就不再提这件事了。这时，暴室啬夫许广汉有一个女儿，张贺就备了酒食请许广汉来赴宴，到了酒酣耳热之时，张贺对许广汉说："皇曾孙是皇上近亲，将来就是命运再差也能封一个关内侯，可以把女儿嫁给他呀。"许广汉同意了。第二天，许广汉的妻子许老太太听说了，非常生气。但许广汉重新找人做媒，终于把女儿嫁给了皇曾孙；张贺拿出家财作为聘礼。皇曾孙自此就以许广汉兄弟和外祖母史家为依靠，又跟从东海人澓中翁学习《诗》，他资质很高，也很好学；但也喜爱游侠之事，斗鸡走狗，所以对下层社会的奸邪丑恶和一般官吏的良恶了解得十分清楚。他常常在各皇帝的陵庙间周游往来，足迹遍及整个三辅地区，也曾经在左冯翊莲勺县盐池一带被人困辱。他尤其喜欢到杜县、鄠县一带，经常住在长安南边的下杜城。有时被邀请参加朝会，就临时居住在长安尚冠里。

昌邑王刘贺被罢废后，霍光和张安世及各位大臣商议重新确定皇位继承人，但一时又找不到合适的人。丙吉便上书给霍光说："将军侍奉孝武皇帝时，接受了辅佐幼孤的嘱托，担负治理天下的重任。孝昭皇帝又过早去世，没有儿子，全国上下都十分忧愁担心，盼望早日确立继任的国君。给孝昭帝发丧时，将军秉承大义，立昌邑王为帝；然而后来发现所立之人不当，又以大义将他罢废，天下人无不由衷敬服。如今，国家、宗庙、百姓的命运全部系于将军的一言一行之中，我曾私下听到百姓们议论眼下身为诸侯和宗室的，没有一个使百姓们满意的，而奉遗诏养育在掖庭及外曾祖史家的孝武皇帝曾孙刘病已，我以前在郡邸狱时，见他年纪幼小；如今已十八九岁了，他通晓经学，资质很好，举止安详，性格平和。希望将军详加考察，再参考占卜的结果，是否适宜托付国家重任，先让皇曾孙入宫侍奉皇太后，使全天下的人都知道他的身世，这之后再决定大计，那天下百姓将蒙受大福了！"杜延年也知道皇曾孙品德很好，因而也劝霍光、张安世立他为帝。

秋季七月，霍光坐在殿廷之中，召集丞相以下的官员一同商议决定继立皇帝的人选，于是与丞相杨敞等人上奏皇太后，说："孝武皇帝曾孙刘病已，年十八岁，现从师学习《诗》、《论语》、《孝经》，持身节俭，仁慈爱人，可以作为孝昭皇帝的后嗣，承继皇位，治理天下百姓。臣等冒死奏明太后！"皇太后下诏说："可以。"霍光派遣宗正刘德到尚冠里皇曾孙家，请皇曾孙沐浴，给他天子府库中的衣服，并由太仆驾着轻便车辆将皇曾孙接到宗正府进行斋戒。二十五庚申日，皇曾孙进入未央宫，拜见皇太后，被封为阳武侯。随后，再由群臣奉上皇帝玉玺、绶带，即皇帝位，拜谒高祖庙；尊奉皇太后为太皇太后。

侍御史来延年上奏弹劾霍光："大将军擅自废立皇上，不守人臣的礼法，违背道义。"奏章尽管被压下去了，然而朝臣们对他无不肃然起敬。

八月，初五日己巳，安平敬侯杨敞去世。

九月，大赦天下。

十月，十五日戊寅日，蔡义被任命为丞相。

当初，许广汉的女儿嫁给皇曾孙，一年后生下一子，取名刘奭。几个月后，皇曾孙立为皇帝，封许氏为婕妤。这时霍光有一小女儿和皇太后有亲属关系，被聘为宣帝嫔妃，当公卿大臣商议立皇后时，心中都揣度应当是霍光的女儿，但谁也没有说出来。皇上就下诏寻找微贱时用的一把剑。大臣们知道皇上的心意，就奏请立许婕妤为皇后。十一月十九壬子日，立许氏为皇后。霍光认为皇后的父亲许广汉曾受过刑罚，不宜封侯，过了一年多，才封许广汉为昌成君。

太皇太后回到长乐宫居住。长乐宫开始有驻军守卫。

（以上为第四段，写汉宣帝刘病已幼时受巫蛊案株连，遭受厄难，否极泰来，被立为皇帝，成为西汉中兴之主。丙吉抚育与推荐，立下盖世之功。张贺抚育、杜延年推荐，亦功不可没。）

中宗孝宣皇帝上之上

汉宣帝本始元年（戊申，公元前73年）

春季，宣帝诏令主管部门商议对安定宗庙有功人员的奖励。大将军霍光加封食邑一万七千户，加之以前的，共享有二万户的赋税。车骑将军富平侯张安世以下，增加封邑户数的有十人，封为列侯的有五人，赐以关内侯爵位的有八人。

大将军霍光叩头请求归政皇上，宣帝谦让不肯接受；故而所有政务和大小事情仍是先向霍光报告，然后再奏报宣帝。从昭帝时起，霍光的儿子霍禹和霍光哥哥的孙子霍云就任中郎将，霍云的弟弟霍山被任命为奉车都尉、侍中，统领由胡人、越人组成的军队，霍光的两个女婿范明友、邓广汉分别担任东宫、西宫的卫尉，霍光的兄弟、女婿、外孙也都应邀参加朝会，分别担任诸曹、大夫、骑都尉、给事中等官，霍氏一家的亲戚骨肉连成一体，盘根错节占据了朝廷的要职。昌邑王被罢废之后，霍光权势更重，每次朝见皇上，皇上总是以谦恭的态度对待他，甚至有些过分礼遇。

夏季，四月初十日庚午，发生地震。

五月，凤凰飞集在胶东、千乘一带。宣帝下诏大赦天下，停止征收农业税。

六月，宣帝下诏说："先皇太子刘据葬在湖县，没有谥号，也没有按时去祭祀；应该为先皇太子议定谥号，建立陵园。"主管官员就上奏说："按照传统礼义，做了某人的继承人，就成了这个人的儿子，因此不能再祭祀他的亲生父母，这是尊崇祖先的大义。陛下作为孝昭帝的后嗣，承继他宗庙的祭祀，因此我认为陛下的亲生父亲的谥号可称为悼，亲生母亲称为悼后；祖父故皇太子谥号为戾，史良娣为戾夫人。"全部重新择地安葬。

秋季，七月，宣帝下诏立燕剌王刘旦的太子刘建为广阳王；广陵王刘胥的小儿子刘弘为高密王。

当初，上官桀与霍光争权，霍光诛杀了上官桀，便依照武帝时的法令制度，以刑罚来严格要求部属，因此，很多官吏都以用法严酷来表现自己的才能；而河南太守丞淮阳人黄霸却唯独以施政宽和而闻名。宣帝流落民间时，深知百姓都为官吏执法苛严而困苦，听说黄霸执法平和，就召他为廷尉；他屡次审决疑案，朝廷上都称赞他执法平正。

（以上为第五段，写宣帝初即位，霍光以废立昌邑王刘贺之威与拥戴宣帝即位之恩，大权独揽，一门贵盛。）

汉宣帝本始二年（己酉，公元前 72 年）

春季，大司农田延年畏罪自杀。处理昭帝丧事时，由田延年去租用民车，田延年就虚报租车的价钱，谎称租费增加，贪污了三千万钱，被他的仇人告发。霍光把田延年召来询问，原想替他开脱。田延年却抵赖说："没有此事！"霍光说："果真没有此事，那就让人彻底查清！"御史大夫田广明对太仆杜延年说："按《春秋》大义，可以将功补过。当初废昌邑王时，若不是田延年的一番话，大事将难以成功。现在便当作是他自己向朝廷乞求赐给他三千万钱，你看怎么样？希望把我的话转告给大将军！"杜延年就将这番话转告了霍光，霍光说："是啊，他确实是一名勇士！当初发表议论时，震动了朝廷。"霍光还抬起手按在胸口上说："使我至今还心有余悸。也请你代我向田大夫道歉，让他明白告诉大司农田延年，到监狱去，由朝廷秉公审理吧！"田广明派人告诉田延年。田延年说："指望朝廷宽恕我，我有什么面目进入牢房，让众人指指点点讥笑我，牢房差役们在背后唾骂呢！"随即紧闭阁门，独自待在斋舍，袒露着一只手臂，拿着刀在屋中徘徊。数天后，使者前来召田延年去见廷尉。田延年听到宣读诏书的鼓声，自刎而死。

夏季，五月，宣帝下诏说："孝武皇帝推行仁义，提振威武，功德茂盛，但祭祀时所用的音乐却与此不相称，朕感到非常难过。这需由列侯、二千石、博士们一同商议。"于是群臣集聚朝廷讨论此事，都说："应该按诏书的意思去做。"唯独长信少府夏侯胜说："武帝虽然有征服四夷、开拓疆土的功劳，但是死伤太多的士卒，耗尽了民力财力，奢侈无度，府库虚耗，百姓游离失所，损亡了大半人口，蝗灾大起，数千里不长五谷，以致出现了人吃人的景象，财力至今尚未恢复；武帝对百姓并无恩泽，所以不宜给他建庙奏乐。"公卿大臣们都责难夏侯胜说："这是诏书的意思。"夏侯胜说："诏书也不可全听。臣子的大义，应该直言进谏，持论公正，不可苟且去顺从旨意。我的意见已经说出来，即使死也不后悔！"于是丞相、御史都弹劾夏侯胜非议诏书，诽谤先帝，大逆不道；又指责丞相长史黄霸包庇纵容夏侯胜，不予检举；结果把二人都逮捕入狱。主管官员就奏请尊孝武帝庙为世宗庙，庙乐用《盛德舞》和《文始五行之舞》。武帝当年巡狩到过的郡国也都立了庙，和高祖皇帝、太宗文帝一样。夏侯胜、黄霸在监狱里关久了，黄霸想跟夏侯胜学习《尚书》，夏侯胜以犯下死罪为由推辞。黄霸说："早晨明白了真理，晚上死了也无遗憾。"夏侯胜很赞赏他的话，就教他学习《尚书》。在监狱里又过了一个冬季，一直讲论不止。

当初，远嫁乌孙的汉朝公主死了，汉朝又以楚王刘戊的孙女刘解忧为公主，嫁给乌孙王岑娶为妻。岑娶的胡人妻子所生的儿子泥靡年幼，岑娶临终前，就把国家让给了叔父的儿子翁归靡，并对他说："等泥靡长大了，要把国家还给他。"翁归靡继位乌孙王之后，号称肥王，仍旧娶汉公主刘解忧为妻，生下三男二女。长子叫元贵靡，次子叫万年，三子叫大乐。昭帝时，公主曾上奏汉朝说："匈奴与车师联合侵犯乌孙，只有汉朝天子才能救我们！”于是汉朝厉兵秣马，准备进攻匈奴。恰逢昭帝逝世，宣帝派光禄大夫常惠出使乌孙。汉公主及乌孙王都派使者上书汉朝，说：“匈奴又接连派出大军攻击乌孙，还派使臣告诉乌孙：‘速将汉公主交出来！’企图断绝乌孙与汉朝的联系。乌孙王愿结集精锐骑兵五万，全力抗击匈奴，请求汉天子派兵援救公主和乌孙王。”早先匈奴曾多次侵扰汉朝边塞，汉朝也正想出兵征讨。秋季，汉朝便大举出兵，派出御史大夫田广明为祁连将军，率四万多名骑兵，从西河出塞；度辽将军范明友率三万多骑兵，从张掖出塞；前将军韩增也率三万多骑兵，从云中出塞；后将军赵充国为蒲类将军，率三万多骑兵，从酒泉出塞；云中太守田顺为虎牙将军，率三万多骑兵，从五原出塞；约定各路大军前出到塞外两千多里地方。又以常惠为校尉，带着符节，监护乌孙的军队去攻打匈奴。

（以上为第六段，写宣帝内惩贪官，为汉武帝立庙，号世宗，外联乌孙，发五路兵大击匈奴，展现明主风采。）

汉宣帝本始三年（庚戌，公元前 71 年）

春季，正月十三日癸亥，恭哀许皇后去世。当时，霍光的夫人显想让她的小女儿霍成君为皇后，但没有借口。正巧许皇后怀孕，患病，有一名女医名叫淳于衍，被霍家所亲信，曾入宫侍奉许皇后之病。淳于衍的丈夫名赏担任掖庭护卫一职，对淳于衍说：“你可去串门霍夫人，专门走一趟，请求给我谋划一个安池监的官。”淳于衍便按赏的话去求显，显趁机心生一计，避开左右，称呼淳于衍的字号说：“多亏少夫有事托我，我也有事求少夫，可以吗？”淳于衍说：“夫人吩咐，还有什么事不可以呢！”显说：“霍将军一向很喜欢小女儿成君，想让她成为最显贵的人，希望少夫你能成全！”淳于衍说：“这话是什么意思？”显说：“妇女生产是件危险的大事，时常是十死一生。现今皇后就要生产，可趁机下毒药把她除掉，成君就可以当皇后了。如蒙尽力，事成之后，定与少夫共享富贵。”淳于衍说：“药是由多个医生共同调配的，还要命人提前品尝，怎么行呢？”显说：“这一切全看你的了。大将军掌管天下，谁敢议论！若有了急事，也有霍将军为你护着，只怕少夫无意帮忙罢了。”淳于衍犹豫很久，说：“愿意全力效劳。”淳于衍就把附子捣碎，带进了长定宫。皇后生产后，淳于衍取出附子，掺到御医为皇后开的丸药之中，给皇后喝下，过了一会儿，皇后说：“我头昏发闷，药中会不会有毒？”淳于衍说：“没有。”皇后更加烦闷痛苦，不一会就死了。淳于衍出来后，便拜见显，互相道贺慰问，但显也不敢立即重谢淳于衍。后来有人上书告发御医对皇后医护没有尽心尽力，便把他们都关进诏狱，弹劾他们未尽人臣之道。显很害怕，将此事全都告诉了霍光，并说：“既然已经做错了，就只好设法让官吏不要逼问淳于衍了！”霍光听了，大为惊讶，想自己举发，却又于心不忍，犹豫不决。恰好主管部门向朝廷奏报皇后逝世的处理意见，霍光就趁机批示不要追究淳于衍的罪。显就趁机劝霍光将女儿送进宫去。

（以上为第七段，写霍光夫人利令智昏，加害许皇后，为其灭顶之灾埋下伏笔。）

正月十八戊辰日，奉命出征匈奴的五位将领，从长安出发。匈奴听说汉军大举出击，就带着老弱，驱赶着牲畜向远方逃走，所以五位将军没有什么收获。夏天，五月，便撤兵了。度辽将军范明友出塞一千二百余里，到达蒲离候水，斩杀、俘虏匈奴七百多人。前将军韩增出塞一千二百多里，抵达乌员，斩杀、俘虏匈奴一百多人。蒲类将军赵充国出塞一千八百余里，向西到达候山，斩杀、俘虏匈奴单于使臣蒲阴王以下三百多人。三位将军因为听说匈奴已经退走，所以都没有到达预期相约的地点就撤了回来。宣帝认为他们的过失并不严重，因此从宽处理，未加处罚。祁连将军田广明出塞一千六百里，抵达鸡秩山，斩杀、俘虏匈奴十九人。恰好遇到从匈奴回来的汉朝使臣冉弘等人，冉弘说鸡秩山以西有匈奴军队，但田广明却警告冉弘，要他说这里没有匈奴人，想撤兵。御史下属官吏公孙益寿劝田广明不要撤兵，田广明不听，率兵而回。虎牙将军田顺出塞八百多里，抵达丹余吾水，停兵不再前行，斩杀、俘虏匈奴一千九百多人，领兵而回。宣帝认为田顺未达预定地方，还虚报战果；田广明知道敌人就在前面，却畏缩不进，因此把他俩交给了官吏审理，二人畏罪自杀。宣帝提升公孙益寿为侍御史。

乌孙王亲自率骑兵五万和校尉常惠，从西方攻击匈奴，直达匈奴右谷蠡王王庭，俘获单于父辈贵族及单于之嫂、公主、著名王侯、犁污都尉、千长、骑将等四万人，马、牛、羊、驴、骆驼七十多万头。乌孙人把他们虏获的人畜全都留下自用。宣帝因为五位将军劳师无功，只有常惠出使乌孙有收获，便封常惠为长罗侯。匈奴经此打击，伤残逃亡的民众和在转徙途中死亡的牲畜难以计算，损失惨重，国力衰耗，因此对乌孙十分怨恨。

汉宣帝又派常惠带着金币去赏赐有功的乌孙贵族。常惠于是奏报龟兹国曾经袭杀校尉赖丹，尚未受到惩处，请求顺便征伐。宣帝不同意。大将军霍光便暗示常惠可以相机行事。常惠率五百人前往乌孙，回来时，就调派途中经过的龟兹西边各国军队的二万人，又命副使征召了龟兹以东各国军队二万人，以及乌孙国军队七千人，从三面进攻龟兹。在三路大军与龟兹交战之前，常惠先派人去指责龟兹王从前袭杀汉使之事。龟兹王谢罪道：“这事是我先王在世时误听贵族姑翼的话犯下的罪，不是我的错。”常惠说：“既然如此，把姑翼捆绑送来，我就放了你。”龟兹王就将姑翼抓来，送到常惠军前，常惠将姑翼斩首后回国。

大旱。

六月十一日己丑，阳平节侯蔡义去世。

六月二十六日甲辰，长信少府韦贤担任丞相。

大司农魏相任御史大夫。

冬季，匈奴单于亲率数万骑兵袭击乌孙，俘获了一些老弱百姓。正准备撤军时，天降大雪，一天时间地上积雪已达一丈多厚，人和牲畜冻死了许多，生还的不到十分之一。于是，匈奴北面的丁令人乘匈奴衰弱之机攻其北部，乌桓人入侵东部，乌孙人攻击西部，这三国军队共斩杀数万匈奴人，马数万匹，牛羊不计其数；再加上饿死的，使匈奴人口减少了十分之三，牲畜损失了一半。自此匈奴更加虚弱，过去臣服于它的西域国家全部背叛，不断对匈奴进行攻杀抢掠，而匈奴却无可奈何。后来汉朝又派出三千多骑兵，分三路进攻匈奴，俘虏数千人而回；匈奴始终不敢报复，更加希望与汉和亲，汉朝边境战事大为减少。

这一年，颍川太守赵广汉调任京兆尹。颍川的风俗是地方上有势力的人往往互相勾结，拉帮结派。赵广汉为此设立了一个举报箱，接受官吏和民众的检举，使他们相互揭发。于是这些人相互结怨，那些为非作歹的团伙因此被拆散，盗贼也不敢出来作案。投降汉朝的一些匈奴人说，匈奴久闻赵广汉之名，由于名声赵广汉被调入长安任京兆尹。赵广汉对待下属官吏殷勤周到，遇有功劳或奖赏之事，往往归之于属下，他真心诚意与下属交往，因此下属都愿听他调遣，即使有生命危险也不躲避。赵广汉很精明，对下属的能力、特长以及是否尽力工作，他都知道得一清二楚；其中如有人欺瞒，便予以收捕，使他无法逃脱；审讯立即定案，很快受到制裁。赵广汉尤其擅长获取罪犯作案的真实情况，使得罪犯无法抵赖，市井中一些细小的不法之事他都能知道。有一次，长安城里几个年轻人集合在隐僻小巷的空屋里，商议一起去抢劫；他们的讨论还未结束，赵广汉就已派官吏去捉拿他们了，他们都承认有罪。赵广汉发现奸人，揭露阴私，很有本事，简直如神灵一般。首都长安，政治清明，官吏百姓对他赞不绝口。许多老年人认为，自从汉朝建立以来，治理京兆的官员，没有赶得上赵广汉的。

（以上为第八段，写公元前 71 年，汉朝五路大军与西方乌孙联军夹击匈奴，匈奴损失惨重，进一步削弱。颍川太守赵广汉调任京兆尹，京师政清，吏民称焉。）

汉宣帝本始四年（辛亥，公元前 70 年）

春季，三月十一日乙卯，册立霍光的女儿为皇后；大赦天下。当初，许皇后由于出身微贱，登上皇后之位的时间也不长，使用的随从、车马、服饰都很节俭。自霍成君任皇后以来，其车驾、侍从日渐盛大，对其属下的赏赐以千万计，与许皇后有天壤之别。

夏季，四月二十九日壬寅，四十九个郡国同一天发生地震，有的地方山崩，有的城郭、房屋被毁坏，共死亡六千多人，北海、琅邪两郡的祖宗祭庙也被震坏。宣帝下诏命丞相、御史与列侯、中二千石大臣等，向精通经书的学者广泛征询应付灾变的办法，不要有什么避讳。又命三辅、太常和内郡国各举荐一名贤良方正。大赦天下。宣帝身着素服，避开正殿五天。释放夏侯胜和黄霸；任用夏侯胜为谏大夫、给事中，黄霸为扬州刺史。

夏侯胜为人质朴正派，平易近人，没有官架子，有时竟称皇上为君，或在皇帝面前称呼别人的表字；宣帝也因为他质朴而信任他。有一次，他晋见宣帝，出宫后把宣帝的话转告给别人，宣帝听说后就责备夏侯胜，夏侯胜说："陛下所说的非常好，我才向外传扬。从前尧帝的话天下传布，至今人们还能背诵。臣认为陛下的话值得传诵，因此就加以传扬了。"每当朝廷讨论国家大事，宣帝知道夏侯胜一向正直，就对他说："先生想说什么尽管说，不必把从前的事放在心上！"后来，夏侯胜又被任命为长信少府，后又升为太子太傅。九十岁时去世，太后因而赐钱二百万，并为夏侯胜之死穿了五天素服，以报答老师的教育之恩。读书人都引以为荣。

五月，凤凰聚集在北海安丘、淳于二县。

广川王刘去被控告杀死自己的老师与姬妾十多人，有的是将熔化的铅汁、锡汁灌入口中致死，有的被分尸，再掺上毒药烹煮，使之糜烂。因而被废除王爵，放逐到上庸；刘去自杀而死。

汉宣帝地节元年（壬子，公元前 69 年）

春季，正月，西方天空出现孛星。

楚王刘延寿认为广陵王刘胥是武帝的儿子，天下万一出现变乱，一定会被拥立为皇帝，便暗中依附并帮助他，还替他的后母弟弟赵何齐娶了广陵王女儿为妻，因此派赵何齐送信给广陵王，说："希望您密切注意朝廷动向，争天下的事不要落在别人后面！"赵何齐的父亲赵长年上奏朝廷，告发此事，宣帝命有关部门审理，刘延寿供认不讳。冬天，十一月，刘延寿自杀。刘胥免予追究。

十二月三十日癸亥，出现日食。

这一年，于定国担任廷尉。于定国处理疑难案件，用法持平，十分同情那些鳏寡无依的人，只要罪证不确凿的，都从轻发落，务求谨慎小心。朝廷上下称赞他说："张释之当廷尉，天下没有蒙冤的人。于定国任廷尉，人们没有被冤枉的。"

（以上为第九段，写霍光小女入宫为皇后；广州王刘去、楚王刘延寿有罪有杀，国除。）

汉宣帝地节二年（癸丑，公元前 68 年）

春季，霍光病重。宣帝亲临慰问，并为之哭泣。霍光上书谢恩，又表示愿意分出自己的食邑三千户，封给哥哥霍去病的孙子奉车都尉霍山为列侯，以继承对霍去病的祭祀。当天，宣帝就任命霍光的儿子为右将军。三月初八日庚午，霍光去世。宣帝和皇太后都亲临霍光灵堂祭悼，命由中二千石的官员负责治丧事宜，赐谥号为宣成侯。调动三河地区的兵卒为霍光掘修坟墓，设置三百户人家的园邑，作为霍光的墓园，派长、丞去守墓护卫；又下诏免除霍光后代子孙的赋税，让他们承继霍光的封爵食邑，世世代代都无赋税之累。

御史大夫魏相上封事说：“国家最近丧失了大将军，应当提拔功臣来镇抚诸侯国，勿使那些显要的官位空缺，以免引发朝臣争权。我认为可任命车骑将军张安世为大将军，不要让他掌领光禄勋之事；可以任命他的儿子张延寿为光禄勋。”宣帝也想起用张安世。夏天，四月十七日戊申，任命张安世为大司马和车骑将军，兼领尚书令。

凤凰在鲁国聚集，成群的鸟都跟着凤凰。因此大赦天下。

汉宣帝想报大将军的恩德，便封霍光的哥哥霍去病的孙子霍山为乐平侯，让他以奉车都尉的职衔去掌领尚书事。魏相通过昌成君许广汉上奏封事，说：“《春秋》讥讽由贵族世代担任卿大夫的制度，厌恶春秋时宋国三代没有大夫和鲁国季孙氏专权，以致国家陷于危亡混乱之中。自从汉朝后元年以来，皇室不能控制各级官员的任免，政事都由职权最高的大臣决定。如今霍光死了，他的儿子又当右将军，侄儿掌管中枢要职，兄弟和女婿都身居要职，或担任带兵之官，霍光夫人显与几个女儿都在长信宫里录有名籍，有时在夜里也能出入宫门，骄奢放肆，恐怕渐渐难以控制，应当设法削弱他们的权势，消除他们可能生发的阴谋，以巩固汉朝的万世基业，保全功臣的后代。”按照旧例，所有的上书都要写上二份，其中一份标明为副本，掌领尚书的人先打开副本来看，所言之事不妥当，就不予上奏。魏相又通过许伯向宣帝建议，取消副本，防止奏书被压下来，蒙蔽皇上。宣帝认为很对，便下令任用魏相为给事中，一切都听从他的意见。

汉宣帝在民间长大，知道下层民众的疾苦。霍光死后，就亲自主持朝政，励精图治，每隔五天就要亲自听取群臣对朝政事务的意见。因而从丞相以下，都要各依自己的职位，上奏所掌理的事宜，陈述见解，从中考察他们的功德才能。侍中、尚书中有功者，给予升职，有特殊功绩的，从优封赏，而且延及子孙，长久不改变。完善朝廷的决策部门，规章制度十分详备。君臣上下关系和睦，没有人抱着敷衍行事的态度。任命刺史、郡守、封国丞相时，宣帝往往亲自召见询问，了解他们的抱负和打算，再在事后考察他们的所作所为，以征实他们的言论，有言行不一致的，一定要探知原因。宣帝常说：“民众之所以能安居乐业，没有叹息怨愁，主要就在于为政公平清明，处理诉讼之事合情合理。能和我共同治理这个国家的，不正是这些优秀的二千石官员们吗！”宣帝认为郡太守是治理民众的关键，时常更换他们则容易引起治下民众的不安；民众知道他们的郡太守将长期在任，就不敢存有欺罔蒙蔽的侥幸心理，才能使他们服从教化，各安本分。因而凡二千石官员有了治理成效时，宣帝总是颁布诏书去勉励他们，提升他们的品位俸禄，赏赐给他们黄金，有的甚至封为关内侯；若公卿位缺，就从嘉勉的二千石官员中，依次选用。因而，汉朝的优秀官吏以这时最多，世人称这时为汉室中兴。

匈奴壶衍鞮单于死后，其弟左贤王被拥立为虚闾权渠单于，封右将军的女儿为大阏氏，而废黜了前单于宠爱的颛渠阏氏。颛渠阏氏的父亲左大且渠便心生怨恨。此时汉朝认为匈奴已无力侵扰边境，便将塞外各城的屯守士卒取消，让民众得以休养生息。单于听到这个消息，十分欣喜，召集贵族一起商议，想恢复与汉和亲。左大且渠想破坏这件事，说："以前汉使到来，往往大军就在后面。而今我们也效法汉朝的办法，先派使臣前往汉朝，随后进军偷袭。"并请求派他和呼卢訾王各率领一万骑兵，向南沿边塞一带打猎，然后会合，一起攻入汉朝。匈奴两路大军尚未到达汉边境，就有三名骑兵逃亡，归降汉朝，说匈奴想入侵汉边境。于是宣帝下诏征调边境骑兵，驻扎各要害地区，又派了大将军的军监叫治众的等四人，率五千名骑兵，分为三队，出塞数百里抵御，各捕获匈奴数十人而返。当时由于三个匈奴骑兵逃亡汉朝，大军不敢进入汉境，当即撤退回去。这一年，匈奴闹饥荒，百姓和牲畜死亡十分之六七，又调集两处驻屯的骑兵各一万骑以防备汉朝袭击。秋天，过去被匈奴征服，被安置在匈奴东部地区的西嗕族部落，数千人在他们的君长带领下，驱赶着自己的牲畜向汉朝边境靠拢，与匈奴边界守军交战，杀伤很多，然后南奔归降汉朝。

（以上为第十段，写大将军霍光辞世，魏相崭露头角。匈奴分裂内斗，进一步削弱。）

【点评】

霍光行废立之意义。本卷记事只七年，写宣帝初立时期的政治，大权系于霍光一身，自昌邑王废立之后，霍光权力达于巅峰，霍氏一门贵盛，正如大将军夫人显所说："将军领天下，谁敢言者。"霍光乃汉室忠臣，没有异心，由于权力过大而发生了夫人毒害皇后的事件，由此可见，权臣势大，即使是忠臣，于国不利，若是奸佞或野心家，国家就要蒙难了。昌邑王被废，所列举的过失，多是一些鸡毛蒜皮的事，昌邑王也能听一些劝谏，还不至于被废；但个性顽皮固执，宠信群小，若不改正，不宜在皇位。昌邑王个性的发展，即为昏暴之君。若昌邑王为汉之太甲，霍光为汉之伊尹，亦可继昭帝为中兴之主。当时的霍光加皇太后尚能控制昌邑王，但能否引导他为善，霍光没有信心。昌邑王最大之过，是尚未褒奖霍光等功臣集团，却先大肆提升昌邑王旧属。正如太仆丞张敞所谏："国辅大臣未褒，而昌邑小辇先迁，此过之大者也。"霍光最担心的是权力丧失，趁昌邑王立朝未稳，仅仅二十七日即采取果断措施，所以不费力气就把昌邑王拉下马来。霍光既然敢废皇帝，其他臣僚谁敢与之争锋。就昌邑王与宣帝两人相较，昌邑王在贵胄温室里成长，不知稼穑之艰难，宣帝少年时代的坎坷经历，"是以具知闾里奸邪，吏治得失"，能够成为明主。宣帝继位，是霍光行废立为刘姓天下立下的最大功勋。

汉纪十七

汉宣帝地节三年至元康四年（公元前 67—前 62）

【起阏逢摄提格（甲寅，公元前 67 年），尽屠维协洽（己未，公元前 62 年），凡六年】

【大事提要】

本卷《资治通鉴》卷第二十五，汉纪十七，记事起公元前 67 年到公元前 62 年，凡六年，当汉宣帝地节三年至元康四年。本卷所载大事，主要有四个方面：其一，霍光家族覆灭；其二，京兆尹赵广汉不避贵戚以悲剧终；其三，宣帝报恩；其四，丞相魏相、御史大夫丙吉，同心协力辅政，宣帝任贤使能，任用廉洁宽平官吏，中兴气象，日益显现。其中，彰显一大批精英能吏的事迹。如立功绝域的冯奉世，为任一方造福一方的地方官黄霸、尹翁归、龚遂等。

中宗孝宣皇帝上之下

汉宣帝地节三年（甲寅，公元前 67 年）

春季，三月，宣帝下诏说："朕听说有功而不奖赏，有罪而不诛罚，即使是唐尧、虞舜也无法教化天下的黎民大众。如今胶东国丞相王成，勤勉不怠，使得各地流民前来申报户籍的达八万多人，政绩十分显著。特加封王成关内侯，并将其秩禄提高到中二千石。"但王成还没等到朝廷征用，就病死在任上。不久，宣帝诏令丞相、御史向各郡国的上计长史、守丞等官员询问朝廷政令的得失。有人便说："前胶东丞相王成，谎报户籍，擅自增加户口数，以获取表彰和奖赏。"此后，一些庸碌无能的官吏便靠虚报成绩来骗取名誉。

夏天，四月二十二日戊申，宣帝册立儿子刘奭为皇太子；任命丙吉为太傅，太中大夫疏广为少傅；封太子刘奭的外祖父许广汉为平恩侯；又封霍光的侄孙中郎将霍云为冠阳侯。

霍显听说立了太子，气得吃不下饭，吐血，说："刘奭是皇上作平民时生的儿子，怎能立为太子！若今后皇后生了儿子，反倒只能做诸侯王吗？"因而她教唆皇后去毒杀太子。皇后几次召来太子赐给他食物，保姆和奶妈就先试吃，所以皇后虽每次拿着毒药，却无机会下手。

五月二十九日甲申，丞相韦贤因年老多病，请求退休。宣帝赐给他黄金一百斤以及一辆四马拉的高级马车，把他送回家去。丞相退休，韦贤是第一个。

六月初七日壬辰，委任魏相为丞相。六月十六日辛丑，任丙吉为御史大夫，疏广为太子太傅，疏广哥哥的儿子疏受为少傅。

太子刘奭的外祖父平恩侯许伯，认为太子年幼，就向宣帝请求让自己的弟弟中郎将许舜管理太子的生活起居。宣帝询问疏广的意见，疏广回答说："太子是国家的储君，他的师友必须由天下的精英人才来充任，不应只与外祖父许氏一家亲密。况且太子自有太傅、少傅，各类官员已经齐备，如今又让许舜去监护太子家，只能使天下人感到见识浅陋，这不是增益太子德行的好办法。"宣帝很欣赏他的话，就把这件事告诉了魏相，魏相摘下帽子，请罪说："这样的见解是臣万万想不到的。"疏广因此受到宣帝的器重。

京师长安下了很大的冰雹，大行丞东海人萧望之上疏，说这是因为大臣当政，由一姓专权所致。宣帝早就耳闻萧望之的名声，便任命他为谒者。此时宣帝正广招贤能，许多人上书朝廷，对国家政事建言献策，宣帝将这些建议都交付给萧望之；萧望之把比较高明的建言转请丞相、御史试行试用，其次的交由中二千石大臣试行试用，待满一年后，将试行情况奏报朝廷；没有采纳价值的建言不予试行，建言人不予录用。经萧望之处理的情况上奏后，都符合宣帝的旨意。

冬天，十月，宣帝下诏说："九月十九日壬申发生的地震，朕非常忧虑。凡能指出朕的过失，以及各郡国举荐的敢说真话的贤良方正，要补救朕的过失，对有关高级官员的错误也不必回避！由于朕的恩德不足，不能使远方的夷狄顺服，因而边境的屯戍事务一直不能停止。现今又要调兵去边境屯守，长久地劳苦百姓，这不是安定天下的好办法。现将车骑将军张安世、右将军霍禹所属的屯兵撤回。"又下诏说："凡是没有开发巡幸的皇室池塘、禁苑等，一律出租给贫民去生产使用。布列郡国的行宫别馆，也不准再修建。返回原籍的流民，一律由官府出租给公田，贷给种子，免除他们的农业税和徭役。"

（以上为第一段，宣帝奖励招抚流亡的地方官吏，举贤良文学，任用魏相为丞相，丙吉为御史大夫，开启政治宽平的时代。）

霍氏家族日益骄奢放纵。太夫人显，大兴土木，广筑府第，还修造人力坐车，车的坐垫上有绣花，车的扶手处有彩画，车身涂上黄金，车轮用熟皮和棉絮包裹，让侍女们用五彩丝带拉着车子，在府第中游玩。显还和家奴总管冯子都淫乱。霍禹和霍山也都在修建房宅，时常在上林苑中的平乐馆里骑马驰骋。霍云多次称病不上朝，只派奴仆去支应报到，自己则带领众多门客私自出游，到黄山苑中去张围打猎，朝中竟没有人敢责备他。显和她的几个女儿不分日夜，任意出入上官太后居住的长信宫，毫无顾忌。

汉宣帝早年在民间时，就听说霍氏家族因长期显贵，其德行已不善美。亲临朝政以后，就任命御史大夫魏相兼给事中。显对霍禹、霍云、霍山说："你们从不考虑如何继承大将军的基业，现在御史大夫兼任给事中，一旦有人在他面前说你们的坏话，你们还能保全自己的身家性命吗！"后来，霍、魏两家的奴仆因为在路上相争谁先走，霍家奴仆便冲进御史府，要踢御史大夫府门；经御史叩头致歉，霍家奴仆才离去。有人把这件事告诉了霍家主人，显等才感到忧虑。

正巧魏相又当了丞相，多次被宣帝召入内廷谈话；平恩侯许广汉和侍中金安上等人也都可以直入宫廷。当时霍山为尚书令，宣帝又下令凡官吏和百姓如有上奏，可用密封的方式直接呈奏，不必经尚书转达，群臣如要觐见皇上，也可以单独来去，为此霍氏一家极为恼火。宣帝隐约听说霍显毒杀许皇后的事，但是还没有查明，就改任霍光的女婿度辽将军、未央卫尉、平陵侯范明友为光禄勋，把霍光的二女婿诸吏、中郎将、羽林监任胜调动出京任安定太守。几个月之后，又把霍光的姐夫给事中、光禄大夫张朔调动出京任蜀郡太守，让霍光的孙女婿中郎将王汉调动出京任武威太守。不久，又把霍光的大女婿长乐卫尉邓广汉调任少府。八月十四日戊戌，宣帝调动张安世为卫将军，未央、长乐两宫卫尉以及长安十二门、北军的部队都由他统辖。任命霍禹为大司马，但不让他戴应戴的武弁大冠，只戴平常的小冠，又没有印绶，撤除以前统领的屯戍部队和僚属，只有官名和霍光一样，叫作大司马罢了。又收回苑明友度辽将军的印绶，只让他担任光禄勋一职；霍光的三女婿赵平，本是散骑、骑都尉、光禄大夫，统领屯戍重兵，如今也把赵平的骑都尉印绶收回了。凡是统领胡人和越人骑兵、羽林军，以及担任未央、长乐两宫卫尉以及率领驻屯军的那些人，一律都换成宣帝所亲信的许、史两家子弟担任。

（以上为第二段，写宣帝抑制霍氏家族势力，先解除霍氏集团盘根错节的领兵职权，改任亲信的许、史子弟以代之，保留霍氏的政务职位，权力亦被架空，有名无实。）

当初，武帝时，频繁征调，百姓穷困，贫穷的人犯法，干为非作歹的事说不完，因此，武帝让张汤、赵禹等人制定苛严法令，他们制定了一部知情不检举罪犯的刑法，一旦落实知情不举，以纵容犯罪论处，本人及主管上官都要连坐判罪。对于犯有轻罪重判，甚至栽赃陷害的官吏，放宽惩处，而对疑罪从无、宽待罪犯的官吏加重惩处，乃至诛杀。此后，许多奸猾的官吏，玩弄法令而引用案例辗转比附，导致法网日趋严密，律令日加繁苛，法律文书堆满房屋书桌，主管官员无法阅尽。故各郡国在引用法令时出现混乱，有的罪行一样而惩罚不同，一些奸猾官吏借机徇私舞弊，索取贿赂。想使罪犯活命，就引用能让他活命的法令；想使罪犯死，就引用使他必死的条文，人们谈论到这些都感到冤屈悲伤。

廷尉史巨鹿人路温舒上书宣帝说："臣听说春秋时齐国姜无知杀死齐襄公的祸难，却使齐桓公由此兴起，晋国发生骊姬祸国的灾难，却使晋文公后来称霸于诸侯；近世的汉朝赵王不得善终，吕氏一家为害作乱，却造就了孝文皇帝成为汉室太宗。由此看来，祸乱的发生，往往能成就圣人。一般在大乱之后，必定会出现与以前不同的变革，这就是贤人圣哲彰显的天命。从前昭帝去世因无后嗣，立了昌邑王刘贺，但他荒淫、悖言乱辞，这正是替上天造就至圣明君啊！臣听说依照《春秋》义法十分重视正常即位，君王一统天下，即位之始就必须谨慎小心。现今陛下刚即帝位，这是顺应天意，因此应该改掉前代的过失，要在刚接受天命之时，就使一切政教合乎正道，删除那些烦琐的法令条文，解除民众的疾苦，用以顺应上天的旨意。臣听说秦朝有十大过失，其中一项保留至今，即司法官吏过于残酷。审判定罪，是治理国家的一项要务，死人不能复生，截去肢体的人无法复原。《尚书》里说：'与其枉杀无罪的人，宁可偶尔失之宽容。'现在那些办案人员却不是这样，他们上下彼此互相加码，都争相以严苛为贤明，判刑愈重，越能获得公正无私之名，执法宽平却后患无穷。因此那些办案官吏都愿意置人于死地，这并非他们憎恶某人，而是由于他们想要求得自身平安就要把别人处死。因而死人的血，在满街流淌，受刑的囚犯，比比皆是，被判死刑的人，每年有好几万。这是仁人圣贤十分忧伤的事，天下之所以未能太平，原因在此。依人之常情，都是安全则乐于生存，惨痛就想去死，严刑拷打之下，什么口供都可得到！故而囚犯因为忍受不了刑罚的痛苦，就屈招以满足官吏的需要。官吏为了便于取得囚犯的供词，便引导着他去做不实的招供。有时官吏怕向朝廷奏报时遭到批驳，便想方设法弥补漏洞，务必使定案的理由充足。因此向上奏报的罪状，即使让古代审案能人皋陶听了，也会认为这个人死有余辜。为什么是这样呢？因为屈打成招的人太多，罗织捏造的罪行就非常明显。因而俗话说：'即使在地上画成一个牢狱，无论如何也不能进去；即使用木头刻成一个审判官，也一定不要去对证。'这都是人们对严刑酷法痛心疾首的悲愤之词。希望陛下能减省法令，宽大刑罚，那太平盛世就会出现。"宣帝很赞赏路温舒的话。

十二月，宣帝下诏说："近来官吏们舞文弄法的问题越发严重，这是由于朕的寡德造成的。官吏们对一些案件处理不当，使有罪的人继续逍遥法外，而使无罪的人遭到刑戮，造成父子间的悲伤，朕深感难过！如今派廷尉史巡视各郡的复审案件，但职位低、俸禄少，要设置廷尉平，官秩为六百石，员额四名，务必达到执法公平，以符合朕的心意。"于是每年秋天，到了申报定罪的时候，宣帝就经常到未央宫的宣室殿去斋戒，亲自裁决，讼案的审理号称平正。

涿郡太守郑昌上奏书，说："现今圣明的君主亲自到法庭听审案，哪怕不设置廷尉平，刑案的审理也将自然公平；但若是为后代着想，不如删除那些不利于平民的法律。各项法令一经确定，百姓知道怎样才能不触犯国家法律，那些奸猾官吏也就没有要手段的机会了。现在不从根本上加以纠正，仅靠设置廷尉平来做一些细枝末节的事，一旦将来朝政衰败，官吏处理案件也就懈怠，那么，廷尉平便会专权弄法，成为祸乱之首了。”

（以上为第三段，写宣帝约法，削除苛酷的法律条文，审案趋向宽平。）

昭帝时，匈奴派了四千名骑兵到车师国去田猎。汉朝委派五位将军出击匈奴，在车师田猎的匈奴骑兵惊恐逃离，车师国又与汉朝通好，匈奴得知后大怒，召车师国太子军宿前往匈奴，想将他扣作人质。军宿是焉耆王的外孙，不愿去匈奴作人质，就逃到焉耆，车师王就改立另一个儿子乌贵为太子。后来乌贵继位为车师国王，与匈奴通婚，唆使匈奴去拦截路经乌孙的汉朝使者。

这一年，侍郎会稽人郑吉和校尉司马憙，率领被赦免除刑罚的罪囚在渠犁屯田，积存谷物，又征发西域各城中的诸国军队一万多人，连同所带领的一千五百名屯田兵士一同攻打车师国，结果车师大败，车师王请求归降。匈奴随即发兵进攻车师，郑吉、司马憙率兵北上迎击，匈奴不敢向前。郑吉、司马憙留下一名下级军官和二十名兵卒守护着车师王，郑吉等则率兵返回渠犁。车师王害怕匈奴又会带兵来犯遭到杀害，就率领轻骑飞奔乌孙。郑吉随即把车师王的妻子儿女用驿马送至长安。匈奴改立车师王的弟弟兜莫为车师王，聚集余下的车师国民向东迁徙，不敢再居留在原住地；于是郑吉就开始派三百名士兵到车师屯田，以充实这一空虚之地。

汉宣帝自从即位以来，多次派遣使者四处寻访外祖父一家；然而，由于时间久远，寻访到的人家，大多初看相像，实际都不是。这一年，终于找到了外祖母王老太太和她的儿子王无故和王武。宣帝就赐给王无故和王武关内侯的爵位。仅十天时间，对王家赏赐就多达一亿钱。

（以上为第四段，写汉匈在西域的角力，匈奴势力被逐除对车师的掌控。宣帝报恩，优抚外家。）

汉宣帝地节四年（乙卯，公元前 66 年）

春季，二月，宣帝赐给外祖母博平君称号；封舅父王无故为平昌侯，王武为乐昌侯。

夏季，五月，山阳、济阴两地下了像鸡蛋一般大小的冰雹，深达二尺五寸厚，死亡二十多人，飞鸟都被击死。

汉宣帝颁诏说：“今后，凡属儿子隐匿父母罪状，妻子隐匿丈夫罪状，孙子隐匿祖父母罪状，一律不予治罪。”

册立广川惠王的孙子刘文为广川王。

霍显及霍禹、霍山、霍云看到自己的权力日益削弱，常常相对而泣自我埋怨。霍山说："眼下丞相魏相执政，受到朝廷的信任，完全改变了大将军时定下的法令，反倒举发大将军的过失。还有，那些儒生都出身贫贱，远离家乡，客居京城，饥寒交迫，专爱胡说，不知避讳，大将军先前很痛恨这班人。如今皇上却喜欢和这班人讨论事情，不管什么人都可以上奏，议论国事，纷纷指责我们霍家。曾有人上奏，称我们兄弟骄横霸道，言辞十分激烈，我将这封奏章压下，没有转呈。后来，上奏都越来越狡猾，都改成秘密奏章，由中书令直接收取进呈，不再通过尚书，使我越发不被信任。我又听到民间纷纷传言'霍氏毒死许皇后'，真有这件事吗？"霍显十分焦急恐惧，只好将实情告诉霍禹、霍山、霍云。他们听后非常吃惊，说道："既然如此，为什么不早告诉我们！皇上把霍家女婿都贬斥放逐在外，原来都是这个缘故。这是大事，若事发，必遭严惩，这该怎么办呢？"因此霍氏开始图谋不轨了。

霍云的舅舅李竟有一位知交朋友叫张赦，看见霍云家的人惶惶不安，就告诉李竟说："眼下是丞相魏相和平恩侯许广汉掌权，可以让显太夫人去向上官太后进言，把这两个人杀掉。能够左右或废掉皇帝的，全仰赖太后了。"这件事被长安男子张章告发，案子交由廷尉和执金吾处理，逮捕了张赦等人。后来宣帝下诏，停止收捕。霍山等人越发惊恐，商议说："这是皇上看在太后的面子上，所以没有深究。但双方敌对的苗头已经显露，时间一长，就会爆发，一旦爆发，就要灭族，不如我们先下手。"于是就让霍家女儿各自回家告知自己的丈夫，他们都说："此祸一来，我们谁也躲不过。"

恰好此时李竟因被指控结交诸侯王而被治罪，在供词中牵涉了霍氏，宣帝就下诏说："霍云、霍山不宜宿卫宫禁，免职回家。"山阳太守张敞就向宣帝上呈一道秘密奏章说："臣听说春秋时，公子季友有功于鲁国，赵衰有功于晋国，田完有功于齐国，都因此得到应有的酬劳，恩惠延及子孙。结果，田氏子孙篡夺了齐国政权，赵氏子孙瓜分了晋国，季氏则世代专权于鲁国。因此，孔子作《春秋》，最注重反映各国的兴衰存亡，极力讥刺世卿把持朝政，认为这是国家招致衰乱的原因。以前，由于大将军霍光决定国家大计，才使宗庙和国家得到安定，功劳也不小。然而当年周公辅佐成王，不过七年就归政成王，而大将军霍光执政却长达二十年，国家命运都掌握在他的手中。在他权势鼎盛时，简直可以惊动天地，侵逼日月。因而，朝廷中应有人出来明确提出这样的处置建议，说：'陛下褒扬、宠信已故大将军，报答他的功德已很尽心了。但是近来有些辅佐大臣专擅朝政，外戚势力过大，君臣之间名分没有区别，请求解除霍氏三侯的职务，送他们回家。还有卫将军张安世，也应当赐给他几案与手杖，让他退休，然后经常召见慰问他，以列侯的身份充任天子的老师。'皇上再公开颁诏回应说，因他们对国家有大功，因而大臣奏请他们退休的建议不宜听从，群臣依循义理再三力争后，陛下才同意，这样一来，天下人必定会认为皇上是一位不忘大臣功德的君主，而群臣也都通达礼义，霍家也可以世世代代没有什么忧患和苦难。但现今朝廷上无人直言进谏，却由陛下亲自下诏解除霍云、霍山的职务，这是很失策的。现在霍氏两侯已被逐出朝廷，一般人的心情大致相同，因而依臣的揣测，大司马霍禹和他的亲属一定会产生畏惧心理。让皇上的近侍臣子恐慌自危，总不是一个万全之计。臣愿意在朝中带头发表这一意见，只是我远在山阳为太守，无法实现。只能请陛下仔细审察！”宣帝很赞同他的建议，但却不召见他。

霍禹、霍山等人家中多次出现妖怪，全家人都很忧虑。霍山说：“丞相擅自减少宗庙祭祀用的羊羔、兔子和青蛙，可借此事向他问罪。”因而密谋让上官太后为博平君王媪设宴，召丞相魏相和平恩侯许广汉等以下的大臣来作陪，让范明友和邓广汉假借太后的命令，把他们杀死，趁此机会废掉宣帝，改立霍禹为帝。密谋已定，尚未动手，霍云被任命为玄菟太守，太中大夫任宣为代郡太守。恰好这一阴谋被人发觉，秋季，七月，霍云、霍山、范明友自杀。霍显、霍禹、邓广汉等人被捕，霍禹被处腰斩，霍显及霍氏兄弟姐妹都被判在闹市处斩；凡与霍家有牵连而被满门抄斩的共有几十家。太仆杜延年由于是霍氏的旧人，也被株连免官。八月初一日己酉，皇后霍成君被废，移居昭台宫。八月十七日乙丑，下诏封举报霍氏谋反的男子张章、期门董忠、左曹杨恽、侍中金安上和史高为列侯。其中杨恽为丞相杨敞的儿子，金安上是车骑将军金日磾弟弟的儿子，史高是史良娣哥哥的儿子。

当年，因为霍家生活奢侈，茂陵人徐福说：“霍氏一定会灭亡。凡奢侈无度，必然傲慢不逊，不逊就一定会冒犯主上。犯上的人，就是违反常道，一个位在众人之上的人这样做，那大家一定会嫉恨他。霍氏掌权的时间已很久了，遭到了很多人的嫉恨，众人嫉恨，又做出大逆不道之事，哪有不灭亡的呢！”于是，徐福就上奏说：“霍氏的地位太显赫了，陛下如宠爱他们，就应及时去节制他们的行为，不要让他们发展到招致灭亡的地步。”徐福一连上了三次奏章，都未被采用。后来霍家被满门抄斩，那些告发霍氏谋反的人都受到封赏，有人便上书为徐福鸣不平说：“臣听说有一名客人去拜访一家主人，看到主人家炉灶的烟囱是直的，旁边又堆满了木柴，客人便告诉主人：‘您这个烟囱应改为弯曲的，并将木柴搬远一点，不然会发生火灾！’主人听了不予理会。不久，这家果真失火了，幸得邻居们共同抢救，才将大火扑灭。于是这家人杀牛摆酒，酬谢邻居，被火烧得皮肉焦烂的人被请坐在上席，其余则按出力大小依次而坐，却没有把建议改装烟囱的人列在邀请的名单内。有人便对这家主人说：‘从前要是听了那位客人的劝告，就不会发生这场火灾，也不必杀牛摆酒费事了。如今论功请客，建议改装烟囱、搬走木柴的人却没得到什么好处，只将救火时被烧得焦头烂额的人列为上宾，这是什么道理呢？’主人方才恍然大悟，将那位客人也请了来。茂陵人徐福，几次上书说霍氏可能会叛乱，应预先防备制止。假若陛下采纳徐福的建议，国家就不必破费土地和爵位去封赏那些告密的人，大臣也可避免谋逆叛乱、满门抄斩的大祸。事情已过，只有徐福的功绩没有得到奖赏，希望陛下明察，嘉许他提出的‘曲突移薪’之策，让他居于焦头烂额的人之上！”宣帝这才赏赐徐福绸缎十匹，后来又任命他为郎官。

宣帝初即位时，去拜祭高祖庙，大将军霍光同车陪乘，宣帝心中十分害怕，好像芒刺在背。后来车骑将军张安世代替霍光陪乘，宣帝才觉得自然舒坦，安全亲近。等到霍光死后，其宗族全遭杀灭，因此民间就传说霍氏的灾祸源于霍光与宣帝同车陪乘。十二年后，霍皇后又被迁往云林馆，于是自杀。

（以上为第五段，写宣帝族灭霍氏集团，霍皇后亦被迫自杀。）

班固评论说：霍光身受武帝托孤的重任，承担着汉朝安危存亡的职责，匡扶国家，安定社稷，辅佐昭帝，拥立宣帝，就是周公和伊尹也不过如此！但是霍光不学无术，不明大理，隐瞒妻子的邪恶阴谋，立自己的女儿为皇后，沉溺于权势地位的欲望之中，致使灭亡的灾难不断加剧，身死不过三年，宗族便遭诛灭，真是令人悲哀啊！

臣司马光评论说：霍光辅佐汉朝，可谓是忠心尽职；但却不能庇护自己的宗族免遭刑戮，这是为什么呢？说到作威作福的权柄，只属于国君统御臣民的利器；臣下掌握了它，且长久不归还国君，就很少有不遭受祸害的。凭昭帝的聪明，十四岁就知道上官桀的奸谋，原本可以亲理朝政了。况且宣帝十九岁即位，聪明刚毅，明察民间疾苦，而霍光却久掌大权，不知避让，还在朝中广植私党，分置朝廷各要职，使得上则被君主所愤恨，下则为吏民所埋怨，大家对霍氏咬牙切齿，侧目而视，等待时机，准备除掉他，霍光自己能够幸免，已是很侥幸了，何况其子孙更加骄横奢侈！即便如此，如果宣帝只用官阶和俸禄赏赐给他的子孙，让他们去享用大县的赋税，定期朝见皇帝，也就足以报答霍光对汉室的恩德了。然而宣帝仍旧让霍氏主持朝政，授以兵权，等到事故丛生，积怨日益增加，才对他们的职权加以裁夺，以致他们恐惧怨恨，终于产生反叛朝廷的邪念，这难道只是霍氏自己招来的灾祸吗？也是宣帝放纵逐渐造成的。春秋时，斗椒在楚国作乱，楚庄王诛灭了他的宗族，却赦免了担任箴尹一职的斗克黄，认为如果不给有功于国的斗谷于菟留下后人，就不利于勉励人们行善立功。说到霍显、霍禹、霍云、霍山等人所犯的罪，虽应诛灭，但是出于霍光对汉室的忠心和功勋，却不应当让他无后人。现在竟使霍家没有一人生存，孝宣帝也太过于刻薄不恩。

（以上为第六段，写班固、司马光两对霍氏集团覆灭的评论，两位史家认为霍光有大功于汉，然不学无术，贪恋权位，久久不当政于宣帝，祸由自取。然宣帝诛灭霍氏遗类，亦少恩矣。）

九月，宣帝下诏降低全国盐价。又令各郡国将本地因被拷打或疾病而死于狱中的囚犯籍贯、姓名、爵位、所居邑里，由丞相和御史大夫考核成绩优劣报告天子。

十二月，清河王刘年因被控乱伦，被废去王爵，迁居房陵。

这一年，北海太守庐江人朱邑因政绩和品行居第一，被提升为大司农，渤海太守龚遂也调入朝中担任水衡都尉。先前，渤海周边的邻郡因为闹饥荒，盗贼并起，二千石的大官也无法制服他们。宣帝征选能治理这些乱贼的人，丞相、御史便推荐前昌邑国郎中令龚遂，因此宣帝任命龚遂为渤海太守。召见龚遂时，宣帝问他：“你将如何去治理渤海，平定那些盗贼呢？”龚遂回答说：“渤海地处海边，远离京师，得不到皇上的教化，当地民众饥寒困苦，而官吏却不去体恤他们，因而迫使那些原本善良的子民不得不盗取陛下的兵器，作乱为寇。现今陛下是要派臣去平定他们呢，还是去安抚他们呢？”宣帝说：“我任用贤良大臣，当然是要安抚他们。”龚遂说：“臣听说治理乱民就像整理乱绳一样，不可操之过急，只有慢慢来，才可治理。臣希望丞相、御史暂且不要用法规来拘束臣，让臣能相机行事。”宣帝同意了这一请求，还赏赐黄金来勉励龚遂。龚遂乘坐驿车来到渤海郡边界，郡中官员听说新太守到了，便派军队前往迎接。龚遂让迎接的军队回到郡中，随即下达文书给所属各县说：“撤销所有负责缉捕盗贼的官吏，凡是手持锄头、镰刀和其他农具的，一律视为良民，官吏不得刁难他们，唯独拿兵器的人才是盗贼。”于是，龚遂不用随从，单人驾车去太守官邸就职。盗贼们听到新太守的命令后，纷纷解散，丢弃了兵器弓箭，改拿镰刀、锄头，就此平息了全部盗贼，百姓重又安居乐业。龚遂又下令打开官仓救济贫民，选派品行优良的官吏对百姓进行安抚、管理。龚遂发现齐地风俗奢侈，人们喜好经营商业，不愿耕作，便以身作则，提倡节俭，劝导百姓从事农桑，规定每人必须种多少树，养多少牲畜。若发现有人带刀持剑，一律让他们卖剑买耕牛，卖刀买牛犊，说：“与其带刀剑，不如带牛佩犊！”经过龚遂的辛勤劝勉，身体力行，郡中民众大多有了积蓄，再也没有讼案发生了。

嫁给乌孙国王的汉朝公主刘解忧的女儿是龟兹国王绛宾的夫人。绛宾上书宣帝说：“很高兴能娶到汉朝外孙女，我希望与乌孙公主的女儿一同去朝见天子。”

（以上为第七段，写宣帝选贤用能，任用廉平官员为地方官，重视民生。）

汉宣帝元康元年（丙辰，公元前65年）

春季，正月，龟兹王及其夫人来朝见天子，宣帝颁赐给他们印信、绶带，夫人封为公主，赏赐非常优厚。

开始在京兆杜县兴建宣帝的陵墓，并改杜县为杜陵。把丞相、将军、列侯、二千石官员和拥有百万以上家财的人迁往杜陵。

三月，宣帝下诏，因为有凤凰聚集于泰山、陈留一带，未央宫也降了甘露，故大赦天下。

管理杜陵的官员再次奏请，宣帝先父的悼园，应该尊称为皇考。夏季，五月，建立皇考庙。

冬季，设置建章卫尉。

赵广汉喜欢任用那些世代为吏的子孙中刚入仕途的年轻人，他们身体强壮，朝气蓬勃，办事雷厉风行，不避权贵，大都果敢决断，绝对听从没有异议，但最终因此而败亡。赵广汉为报私仇，借故将一个名叫荣畜的男子杀死。有人上书朝廷告发此事，宣帝命丞相、御史负责查处。赵广汉怀疑丞相魏相的夫人曾杀死府中婢女，就打算用此事来威胁丞相，但丞相不怕胁迫，反而加紧调查。赵广汉便带着吏卒闯入丞相府，把丞相夫人找来跪在院中接受审问，还抓走了十多名奴婢。丞相便上书宣帝，宣帝命廷尉处理。结果，事实是丞相因为一名保姆犯了过错，就责罚鞭打了她，被责罚的保姆到外宅自杀了，不像赵广汉所说的那种情况。宣帝便讨厌赵广汉，把他关进廷尉掌管的牢狱。长安城中数万吏民听到这个消息后，纷纷来到皇宫门前号泣，说："臣等活着对朝廷毫无用处，情愿替赵京兆去死，让他继续治理百姓！"但赵广汉最终被处以腰斩。赵广汉担任京兆时，廉洁清明，抑制豪强，使得百姓能安居乐业，深受老百姓的怀念和歌颂。

这一年，少府宋畸因乱发议论被判罪，他说："凤凰飞集彭城，未到京师长安，不值得赞美。"宋畸被贬为泗水国太傅。

汉宣帝征选通达政务的博士和谏大夫，到各郡国去担任郡守或封国丞相，任命萧望之为平原太守。萧望之上奏说："陛下哀怜百姓，唯恐教化不能遍及天下，因而把谏官都派往各郡国掌管地方政务，以致朝中缺少直言劝谏的大臣，不利于陛下了解朝政的缺失，这就是常说的只知忧虑细微末节，却忘记了根本大事。"宣帝就征召萧望之担任少府一职。

东海太守河东人尹翁归，因为治理政绩突出被评为高第，调入京中担任右扶风。尹翁归为人公正廉洁，明察秋毫，对郡中的官吏百姓的好坏以及奸邪之徒的罪状清清楚楚。他对属下各县的情况都有簿籍记载，常常亲自审察各县案件，凡是紧急的重大案件，他总是稍加宽缓。而吏民办事稍有怠慢，他就查阅有关记录督促。尹翁归逮捕犯人，总是在秋冬考核官吏时或出巡各县时，从不在无事时进行。这样做的目的，就是要以一儆百。因而官吏百姓无不敬服，恐惧犯罪，并能改过自新。他在右扶风任上，选用清廉公正、嫉恶如仇的部属担任重要的职务。他待人十分注重礼节，无论自己喜欢还是厌恶的人，一律相同对待；对违抗命令的，必加处罚。尹翁归为人温和谦让，从不把自己凌驾于别人之上，因而在朝中尤其受人赞誉。

（以上为第八段，写赵广汉任京兆尹，治理京师不避权贵，万民拥戴，但过于任性，公报私仇，惜身败名裂以悲剧终。）

当初，乌孙公主的小儿子万年很得莎车王的宠爱。莎车王死后没有儿子，当时万年正在汉朝，莎车人商议，既想得到汉朝的保护，又想取得乌孙的欢心，就上书汉朝，请求让万年来当莎车王。汉朝同意了，派使者奚充国送万年到莎车。万年当了国王后，非常残暴凶恶，莎车百姓很不满意。

宣帝命群臣举荐可以出使西域的人，前将军韩增推举上党人冯奉世以卫候身份持节为使者，护送大宛等国客人回到伊循城。恰好遇到莎车王万年的弟弟呼屠征与邻国合计杀死莎车王万年和汉使奚充国，自立为王。这时，匈奴又出兵进攻车师城，未能攻下，撤兵而还。莎车派出使者四处扬言，说："西域北路各国已归属匈奴了。"于是派兵攻打南路各国，强迫各国背叛汉朝，使鄯善国以西的国家都与汉朝绝交，西行之路不通。这时都护郑吉、校尉司马憙都在北路各国之间，冯奉世与其副使严昌商议，认为若不立即攻击莎车，必使其日渐强盛，难以控制，一定会危及整个西域，便以皇帝符节告谕各国国王，征调各国军队，聚合南北两路共一万五千人进攻莎车，攻下莎车城。莎车王自杀，把他的首级传送到长安，改立他的另一个兄弟为莎车王。于是西域各国都平定了，冯奉世威震西域，这才收兵，报奏朝廷。宣帝召见韩增说："恭贺将军举荐之人十分出色。"

冯奉世又向西到达大宛，大宛王听说他杀了莎车王，对他非常恭敬，礼遇大大超过其他使臣，大宛王赠送了一匹名叫象龙的宝马，冯奉世将马牵回长安，宣帝很高兴，和朝臣商议要封赏他。丞相、将军都认为应该，只有少府萧望之认为："冯奉世作为朝廷使臣，其使命只是护送各国客人，却擅自假借君命，调发西域各国的军队去攻打莎车国，虽然立了功，但不足为后人效法。若因此而封赏他，以后奉命出使的人必定以他为榜样，争相征调各国军队，以图建功于万里之外，使国家在夷狄间惹是生非，此风断不可长，所以冯奉世不应受封赏。"宣帝赞同萧望之的建议，只任命冯奉世为光禄大夫。

（以上为第九段，写冯奉世出使西域，立功边陲。）

汉宣帝元康二年（丁巳，公元前 64 年）

春季，正月，大赦天下。

汉宣帝打算重立皇后，当时馆陶公主的母亲华倢伃以及淮阳宪王的母亲张倢伃、楚孝王的母亲卫倢伃都受到宣帝的宠爱。宣帝想立张倢伃为皇后。过了很久，又吸取前皇后霍成君企图害死皇太子的教训，改选后宫中没有儿子而且行为谨慎的人为皇后。二月二十六日乙丑，宣帝立长陵人王倢伃为皇后，命她当皇太子的母亲，担负养育太子的责任；封其父王奉光为邛成侯。新皇后不受宠爱，因此很少见到皇上。

五月，宣帝下诏说："刑狱，关系到万民的性命。要使被判刑的人不抱怨，判死刑的人不怀恨，才是精通法律的官吏。目前的情形却并非如此。有的官吏用心巧诈，玩弄法令，随意解释法律条文模棱两可，判案轻重不公，上奏也不如实，就连天子都无法了解真相，那天下四方的百姓还有什么可仰赖呢！因而二千石郡国守相要督察自己的部属，不得任用上面说的那种人。还有的官吏擅自征发徭役，装饰宾馆驿站，大摆酒宴，招待过往使者和官员，超越职权，违反规定，谋取名誉，这就如同站在薄冰上等待太阳出来，岂不危险！现在全国疾病和瘟疫流行，朕深为同情，所以，各郡国中受灾严重的地区，免除今年的赋税。"

诏书还说："听说古代天子的名字，民间都不常用，容易避讳，因而朕现在更名为刘询。"

匈奴的大臣们都认为，"车师国土地肥沃，又靠近匈奴，若被汉朝长期占领，在那里大力垦荒屯田，积聚谷物，一定危害我国，所以不可不争夺车师"，因此多次派兵袭击在车师屯田的汉朝军民。郑吉就率领在渠犁屯田的汉朝兵卒七千余人前来援救，遭匈奴围困。郑吉上书报告说："车师离渠犁一千多里，在渠犁的汉军兵力单薄，无法援救车师，希望能增派屯田兵卒。"宣帝与后将军赵充国等人商量，打算趁匈奴国力衰弱的机会，出兵袭击匈奴西部地区，迫使其无力再骚扰西域各国。

丞相魏相上书劝谏，说："臣听说救乱诛暴的军队，叫作义兵，兵行仁义，可以称王于天下；自己受到敌人侵犯，被迫起兵应敌，叫作应兵，应兵可以取胜；为了一点小仇恨，忍不住心中的愤怒而出兵，叫作忿兵，忿兵往往失败；为了贪求别人的土地和财宝而出兵掠夺，叫作贪兵，贪兵也一定败亡；依仗国家强大，人口众多，企图靠武力在对方显示自己的威力，叫作骄兵，骄兵一定会被对方消灭。这五种情况，并不只是人为的因素，实为上天的意志。近年，匈奴曾对我们表示了善意，所掳掠的汉人，也都送回来了，并且也未再侵略我国边疆。尽管与我朝争着在车师屯田，那也不足介意。如今听说诸位将军计划出兵攻入匈奴境内，恕我愚昧，不知如此兴兵的名义在哪里！如今边塞各郡都很困乏，连一件狗皮羊皮之衣都是父子二人轮流穿，吃的是野草野果，经常担心活不下去，不可以征召动员百姓从军杀敌。所谓'一场战争之后，一定会有灾年'，说的就是民众的愁苦怨恨之气伤害了天地间的阴阳协调，即使打了胜仗，也会有随之而来的忧患，只怕天灾、民变由此产生。现今各郡守、各诸侯丞相多不称职，风俗非常不好，水旱之灾不时发生。按今年统计，子弟杀父兄、妻子杀丈夫的，就有二百二十二人，臣认为这种情况绝不是小事。如今皇上左右的人不为此担忧，却想发兵到遥远的蛮夷之地去报复细小的仇恨，这恐怕就像孔子所说：'我担心季孙氏的忧患，不在外患颛臾，而在内忧他家的屏风之内。'"宣帝采纳了魏相的建议，只派长罗侯常惠率领张掖、酒泉的骑兵前往车师，迎接郑吉率领的军队退回渠犁。又召回正在焉耆的前车师太子军宿，立他为车师王；把车师百姓都迁移到渠犁去；将原属车师的那一片土地送给了匈奴。任命郑吉为卫司马，派他负责鄯善以西南路地区的安全事务。

（以上为第十段，写宣帝省狱薄赋以治内，外和好匈奴，将车师地退还匈奴掌控。）

魏相喜欢阅读有关汉朝掌故和前人建方利害得失的奏章，将汉朝建立以来推行的对国家有益的措施以及贤臣贾谊、晁错、董仲舒等人所提建议，归纳成若干条，奏请宣帝施行。魏相又命令丞相属吏前往各郡国巡视，以及休假回家时，他们返回相府后，都要把各地发生的奇闻异事报告给他。若遇叛贼或风雨灾害，郡守按下不报，总是由魏相上报朝廷。魏相与御史大夫丙吉同心辅佐宣帝，宣帝对二人也很器重。

丙吉为人沉稳忠厚，从不夸耀自己的功劳。自宣帝即位以来，丙吉绝口不提以前救助宣帝的恩德，因而朝中无人知道。正巧一个名叫则的掖庭婢女，她让在民间的丈夫上书宣帝，陈述自己对皇帝有过养育之功，宣帝命掖庭令负责调查这件事，婢女便说丙吉知道此事。掖庭令将婢女带到御史府请丙吉证实，丙吉认识她，对她说："你当年抚育皇曾孙时，因为照顾不周，我曾鞭打过你，你还有什么功劳！只有渭城人胡组、淮阳人郭征卿才对当今皇上有恩。"于是将胡组等人当年共同辛勤抚养的情况上奏宣帝。宣帝下诏命丙吉寻访胡组、郭征卿，但二人已死，留有子孙，都被赐以丰厚赏赐。又下诏恢复则的平民身份，赐她十万钱。皇上还亲自召问她，这才知道丙吉对自己有恩，却一直没有说出来，宣帝不禁对丙吉的贤德大为赞赏。

汉宣帝认为萧望之熟悉经典，行为持重，善发表议论，才华足以担任丞相，想仔细考察他处理政务的能力，就再次任命他为地方官左冯翊。萧望之已任职少府，如今降为左冯翊，以为自己的言行有不合皇上的心意，就上书称病。宣帝听说后，派侍中成都侯金安上转达自己的用意，说："将你调职，是为了考察你治理百姓事务的能力。你从前虽当平原太守，但时间太短，所以再调你到三辅地区试用，并不是听到你有什么过失。"萧望之立刻动身赴任。

当初，掖庭令张贺时常在他的弟弟车骑将军张安世面前称赞皇曾孙的才干，并谈到与皇曾孙有关的一些奇异征兆。张安世总是制止他说这些，认为少主昭帝在上，不应当称赞皇曾孙。等宣帝即位后，张贺已死，宣帝对张安世说："掖庭令生前称赞我，将军阻止他是对的。"宣帝追念张贺的恩惠，想追封他为恩德侯，派二百户人家为他守墓。张贺的儿子去世很早，过继张安世的小儿子张彭祖为养子。张彭祖幼年曾和宣帝一起读书，所以宣帝想封赏他，先赐给他关内侯，张安世极力辞谢，又请求减少守墓户数，减为三十户。宣帝说："我这是为了掖庭令，并不是为了将军你！”张安世这才不敢再推辞。

汉宣帝心中对废居在山阳郡的前昌邑王刘贺十分惧怕，就下敕书给山阳太守张敞，命他严防盗贼，密切注意来往的人，并命张敞不得将所下敕书泄露出去。张敞就将刘贺被废以后的情况以及现在的起居行止一一向宣帝奏报：“前昌邑王肤色青黑，眼睛很小，鼻梁塌陷，眉毛胡须都很稀少，身材高大，因为中风而身体萎缩，行走不便。臣敞曾和他交谈，想试探他的内心活动，就用一种恶鸟引诱他说：‘昌邑地区有很多猫头鹰。’前昌邑王说：‘是啊，以前我到西边的长安去，一只猫头鹰也见不到。回来后，东行至济阳，才重新听到猫头鹰的叫声。’观察他的服饰、言谈、举止，如同一个白痴。我曾对他说：‘令尊昌邑哀王的宫中歌舞女张修等十人都没有儿女，一直留守在哀王的墓地，请你放她们回家吧。’他听了之后说：‘对于这些守墓的人，有病的不必医治，相互杀伤也不必依法处置，任由她们早点死完算了。太守为什么要放她们走呢？’可见他天性喜好由乱而亡，不懂得什么叫仁义。”宣帝因此知道刘贺不足忌怕了。

（以上为第十一段，写丞相魏相、御史大夫丙吉二人互相配合，尽心辅政，宣帝中兴气象日益显露。宣帝报恩，不忘丙吉、张贺，下及仆庶。）

汉宣帝元康三年（戊午，公元前 63 年）

春季，三月，宣帝下诏封前昌邑王刘贺为海昏侯。

三月初二日乙未，宣帝下诏说：“朕当年身份低微时，御史大夫丙吉，中郎将史曾、史玄，长乐卫尉许舜，侍中、光禄大夫许延寿都对朕有旧恩，已故掖庭令张贺对朕辅佐引导，帮助朕研修文学、经典，恩惠尤深，功劳最大。《诗经》上这样说：‘没有不应报的恩情。’因而现在特封张贺的养子、侍中、中郎将张彭祖为阳都侯，追赐张贺谥号为阳都哀侯、丙吉为博阳侯、史曾为将陵侯、史玄为平台侯、许舜为博望侯、许延寿为乐成侯。”张贺有一孤孙名叫张霸，年仅七岁，也被任命为散骑、中郎将，赐给关内侯爵。凡是过去曾帮助过宣帝的人下至郡邸狱中的囚犯，凡曾经保护抚养他的，都被赐予官禄、土地、财物，宣帝分别按照恩德的深浅予以报答。

丙吉在将要受封时生病了，宣帝担心他一病不起，想派人将印信送到他的病床前，让他能够在世时受封。太子太傅夏侯胜说：“这病不会使他死的！臣听说积有阴德的人，一定会享受到他应有的荣华富贵，并且会荫及子孙。如今丙吉尚未得到报偿，因而即使病重，也不会死的。”不久，丙吉的病果然好了。

张安世感到自己父子都被封侯，身居高位过于引人注目，就向宣帝请求辞去俸禄，宣帝下诏掌管藏钱财的都内，为张安世储存了上百万的无名钱。张安世为人谨慎周详，每次参议国家大事，做出决定后，就称病外出。等诏令颁布后，张安世又表示惊异，派人到丞相府去询问，因而朝臣都不知他曾参与此事的决策。张安世曾向朝廷推荐过某人，此人来道谢，张安世很生气，认为："为国家举荐贤能，怎可私相酬谢！"就与这个人断绝了来往。有一位郎官功劳很大，却未升迁，就向张安世说了，张安世说："您的功劳很大，宣帝是知道的，作为君主的人臣，怎可自己说长道短呢！"于是拒绝了他的请求。但不久这位郎官得到了升迁。张安世见自己父子地位显赫，内心深感不安，就替儿子张延寿请求出任地方官，宣帝便任命张延寿为北地太守。一年多后，宣帝体谅张安世年老，又将张延寿调回朝廷，担任左曹、太仆。

夏季，四月十四日丙子，宣帝立皇子刘钦为淮阳王。皇太子刘奭已有十二岁，通晓《论语》、《孝经》，太傅疏广对少傅疏受说："我听说'知道满足就不会受到屈辱，知道适可而止就不会有危险'，现在我们身居二千石高位，功成名就，再不肯离去，只怕将来一定会后悔。"当天，叔侄二人便称病，上书请求退休。宣帝批准了，赏给他们黄金二十斤，皇太子也赠送黄金五十斤。一些和他们长期共事的公卿故交在东都门外摆设酒宴，为他们饯行，前来相送的官员的马车达几百辆之多。道路旁围观的人都说："这两位大夫实在是贤明啊！"有人甚至为之感叹流泪。

疏广、疏受回到故乡，每天都让他们的家人去卖些黄金来置办酒席，宴请族人、故旧、宾客，和他们一同饮酒作乐。有人就劝疏广拿些黄金去替子孙置办一些产业，疏广说："不是我年迈昏庸，不顾子孙，我家本来就有土地房屋，子孙们只要勤劳耕作，足够他们衣食所需，和普通人过同样的生活。现今再给他们增加产业，让他们有盈余，只会使子孙们懈怠堕落。贤能的人，若财产太多，就会损害他们励志奋进；愚笨的人钱太多，就会助长他们犯更多的错。况且富有的人，常是众人怨恨的对象，我既然没有教化好子孙的才能，也不希望可能助长他们犯错而留下怨恨。再说这些金钱，乃是皇上用来赡养老臣的，因而我愿与邻里、族人一起来分享皇上的恩赐，以颐养天年，岂不是很恰当吗！"于是族人都很敬服。

颍川太守黄霸命郡内驿站和乡官都要养鸡畜猪，用以赡养光棍汉、寡妇和穷苦无依的人。然后又订立制度，设立父老、师帅、伍长等地方属官，在民间广泛推行，教育百姓行善去恶，务农种桑、讲求节俭、增加财富、种树、饲养牲畜，戒除奢侈浪费。黄霸治理政务，既杂又细，像柴米油盐一般，粗粗一看似乎是很琐碎的事务，黄霸却能有条不紊地贯彻推行。与吏民相见，总是从谈话中反复推敲，再参考旁敲侧击总能问出一些隐秘的事，加上他聪明多识，吏民们想象不到他怎么知道那么多的事情，大家都称赞他的神奇明察，对他不敢有丝毫欺瞒之心。奸邪坏人纷纷逃到别的郡，当地盗贼日益减少。黄霸对下属官吏首先致力于教育感化，如果不从，然后才用刑罚，尽量不轻易换人，使他们尽职终生。许县县丞年老，耳聋，郡督邮告诉黄霸想将其免职。黄霸说："许县县丞是一廉洁好官，尽管年老，但还能进退应对，接送宾客，只不过耳聋，又有什么关系呢！姑且好好照顾他，不要使贤能的人失望。”有人问他为什么这样做，黄霸说：“频繁地变动重要官吏，会增加送旧迎新的费用，也会给奸猾官吏藏匿账簿、盗取财物造成可乘之机，公私费用耗费过多，全都出自民脂民膏。再说新换的官吏也未必贤能，甚至可能不如前任，更是徒然增加混乱。治理之道，不过是罢免太不称职的官吏而已。”黄霸外宽内明，得到吏民的爱戴，户口年年都有增加，政绩全国第一，被征调为京兆尹。不久，因被控有违法行为，连连降级。不久宣帝下诏将他调回颍川当太守，俸禄为八百石。

（以上为第十二段，写宣帝治政，任贤使能，一大批清廉官吏尽职尽忠，扬人之善，不留痕迹，不夸功矜能，功成身退，善始善终。车骑将军张安世、御史大夫丙吉、太傅疏广、少傅疏受、颍川太守黄霸，以及右扶风尹翁归，堪为楷模，世所敬仰。）

汉宣帝元康四年（己未，公元前62年）

春季，正月，宣帝下诏说：“年纪在八十岁以上的人，如果不是因为诬告罪，或是杀伤了人，其余的过失概不论罪。”

右扶风尹翁归去世，家无积蓄。秋季，八月，宣帝下诏说：“尹翁归为人廉洁清贫，办事公正，政绩优良。故赐尹翁归儿子黄金一百斤，作为祭祀之用。”

宣帝命令有关部门查访汉高祖功臣的子孙中失去侯爵的人，结果查出槐里人爵位为公乘的周广汉等一百三十六人，各赐黄金二十斤，免除其家徭役赋税，命他们负责祭祀祖先，世世不绝。

八月十一日丙寅，富平敬侯张安世逝世。

当初，扶阳节侯韦贤去世，其长子韦弘因罪被逮捕下狱，韦家怕失去爵位，就假托韦贤的遗命，要以二儿子大河都尉韦玄成作为承袭爵位的后嗣。韦玄成深知这不是父亲的本意，就假装疯癫，躺在粪尿中，胡言乱语，又哭又笑。安葬了韦贤之后，韦玄成本当承袭爵位，但他却继续装疯，不肯应召去袭爵。大鸿胪向宣帝报告了此事，宣帝命丞相、御史去调查核实，负责查办此事的丞相属官就给韦玄成写信说：“古人辞让爵位的，一定著有文章，可供观览，因而能流芳百世。现今你却只是毁坏容貌，忍受耻辱，假装疯癫，光彩不彰，这实在没什么意义，只能得到微小的名声！我这个人向来愚昧浅陋，只在相府充当一名执事小吏，但我希望你稍微听听外界对你的议论。不然的话，只恐你会因清高而受到纠举，我也不得不做检举你的小人。”韦玄成的朋友、侍郎章也上奏说：“圣明的君王尊崇以礼治国，应当厚待韦玄成，不要违背他的意志，让他能安贫乐道，悠游自得。”而丞相、御史则以韦玄成实际上没有疯癫之病为由弹劾他。宣帝下诏免劾，让他接受爵位。韦玄成无奈，只得奉命受爵，宣帝嘉勉他的高风亮节，任命他为河南太守。

车师王乌贵逃到乌孙后，乌孙将其收留。汉朝派遣使者前去责备乌孙，乌孙就把乌贵送回长安。

当初，武帝开设了河西四郡，断绝了羌和匈奴之间的通道，还驱逐了羌人，不让他们居住在湟中地区。宣帝即位后，派光禄大夫义渠安国出使羌人各部。羌人先零部族首领说："希望能让我们时常渡过湟水，到没有人耕种的地方去放牧。"义渠安国同意，并上报朝廷。后将军赵充国就弹劾义渠安国奉使在外，处事不谨慎。后来羌人就以汉使曾经同意为由，强行犯禁渡过湟水，郡县也无力禁止。

后来，先零部落与其他羌人部族首领二百多人宣布从前的怨仇一笔勾销，彼此交换人质，订立盟约，宣帝听到这一消息，便询问赵充国，赵充国回答说："羌人之所以容易控制，就是因为羌人各部都有自己的首领，相互间多次发生争战，形势不能统一。三十多年前，西羌反叛汉朝时，也是先化解自身内部的矛盾，然后合力进攻令居，同汉朝抗衡，历时五六年才平定。匈奴多次引诱羌人，企图和羌人一起攻击张掖、酒泉等地，然后就让羌人住在那里。近来匈奴被困在西方，臣疑心匈奴可能又派了使都到羌中去和他们勾结。臣担心羌人变乱并不止于此，还会和其他部族再次联合，我们应设法事先防备他们。"一个多月后，羌侯狼何果真派使者到匈奴去借兵，企图进攻鄯善、敦煌，断绝汉朝到西域的道路。赵充国认为："狼何不可能单独定出此计，臣怀疑匈奴使者已到羌中，先零、罕、幵等羌人部落才化解仇恨，订立盟约。到秋天马肥之时，必有大规模变乱发生。应派出使臣，巡视边塞防御情况，并且设法阻止羌人各部化解仇恨，密切注意羌人的阴谋。"于是两府又向宣帝建议，派义渠安国前去观察诸羌动态，视善恶分别对待。

此时，农业连年丰收，谷子一石仅卖五钱。

（以上为第十三段，写韦玄成谦让显于世。先零诸羌解仇、交质、盟诅，等动叛汉，因行使诸诸羌用人不当所致。）

【点评】

赵广汉之死论。本卷记事最值得深思的一件事是京兆尹赵广汉因滥杀无辜触犯法律被腰斩，此事带给人们多重反思。京兆尹是二千石高官，赵广汉因公报私仇，冤杀一人也要偿命。丞相夫人，如因施暴杀一奴婢，也要判处极刑。这说明即便是专制政体，如在清明时期，大有王子犯法与庶民同罪的气象。昭宣中兴，汉法有此境界，才有赵广汉被处以腰斩，丞相夫人被受审的事件发生。此其一。赵广汉治京兆，不避贵戚，京师整肃，万民景仰。赵广汉有大功于国，数万市民为之请命，但未获蒙恩减罪，树立了法治榜样。此其二。赵广汉获极刑，不是被赐死，而是处以极刑中较为酷烈的腰斩，实属过分。这或许是他执法过严，得罪诸多贵戚而遭报复所致。丞相夫人施暴，被罚奴婢死于外宅而获免，两相对照，严于彼而宽于此，显现法治受人情干预的迹象。此其三。

资治通鉴（白话本） 卷第二十六

汉纪十八

汉宣帝神爵元年至三年（公元前 61—前 59）

【起上章涒滩（庚申，公元前 61 年），尽玄默阉茂（壬戌，公元前 59 年），凡三年】

【大事提要】

本卷《资治通鉴》卷第二十六，汉纪十八，记事起公元前 61 年至公元前 59 年，凡三年，当汉宣帝神爵元年到神爵三年。本卷所载大事主要有五个方面。其一，写王褒、张敞、王吉上奏，陈说治国根本是任用贤才，宣明礼义教化，倡导节俭，宣帝从善纳谏。其二，写盖宽饶直言犯上，蒙冤而死，宣帝宽仁不足，治道有方。其三，写赵充国安羌，采用分化敌人、屯田安边的策略，代价小，收效大，西汉一代，从此免除了羌祸。其四，写匈奴内乱，郑吉抓住时机，攻破车师，立功西域，出任首任西域都护。其五，写循吏韩延寿历任颍川太守、东郡太守、左冯翊，为政宽缓，实施礼义教化，仁爱治政。韩延寿只是众多地方官的一个代表者。昭宣中兴，至是显现政通人和新气象。

中宗孝宣皇帝中

汉宣帝神爵元年（庚申，公元前 61 年）

春季，正月，宣帝第一次进住甘泉宫，到泰畤祭祀天神。三月，巡幸河东郡，祭祀地神。宣帝效法武帝追求神仙，小心谨慎地遵守斋戒祭祀之礼，又听取方士的建议，增设了很多神祠。宣帝还听说益州有金马神和碧鸡神，可以通过设坛祭拜请到，就派遣谏大夫蜀郡人王褒带着符节前去祈求。

当初，宣帝听说王褒很有才干，就召见了他，要他写一篇《圣主得贤臣颂》，文中写道："贤能的人，是国家的工具。任用贤人，国家可以减少举措，而能收到广博良好的功效；使用的器具锋利，就可以用力少而收效大。如果工匠使用了不锋利的工具，即使终日辛勤劳动，也收效甚微；如果使用精巧的工具，就能铸造出干将宝剑。假如派视力好的离娄来正绳墨，由鲁国的公输班来削度长短正斜，那么，即使修建长宽各一百丈的五层高台也不会有差错，这就是由于用人得当。愚笨的人骑着劣马，纵使勒破马嘴，抽坏马鞭，也难以前进；而由千里宝马拉车，精于骑术的王良执辔，善于造车的韩哀赶车周游天下，就是万里之遥，也不过瞬间就可到达。为什么区别这么大呢？由于人马相得益彰。因而，身着凉爽葛布衣服的人，就不会苦于盛夏的炎热；身穿温暖的貂狐皮衣的人，就不必担心严冬的寒苦。为什么呢？因为有了抵御寒暑的衣服了。贤人、君子，正是圣明君王治理天下的工具。从前周公为了接待宾客，吃一餐饭要停顿三次，沐浴一次要束起三次头发，因而才会出现监狱空闲的盛世。齐桓公在庭院中燃起火堆，为的是不分昼夜地接待贤士，由此成就了他九合诸侯，一匡天下的霸业。如此看来，作为君主，只有不辞辛劳地访求贤才，才能享受这些贤才给他带来的安逸。为人臣子也是这样。从前，贤能的人士在没有得到君主的赏识之前，贡献策略，君王不用；陈述建议，君王不听。做官后不能施展他的抱负，遭逐斥也并非有什么过失。因此，伊尹曾屈就于庖厨鼎俎之间，姜太公曾在街市上杀牛卖肉，百里奚曾被以五张羊皮的价格卖到秦国，宁戚曾养过牛。他们都曾经历过忧患时期，一旦遇到圣主明君，出谋划策符合圣主的心意，规劝进谏立即被明君接受，不管进退都能显示出他的忠诚，居官任职也能施展出他的才干，于是功名立，接受君主赐给的爵位、土地，光宗耀祖。可见，国家必须要有圣主明君，然后才会有贤明的臣属。因而老虎长啸，风声便凛冽；飞龙兴起，云气便涌出。蟋蟀到秋天才鸣叫，蜉蝣只在阴暗处才出现。《易》说：'飞龙在天，有利于贤才见大人。'《诗》说：'美哉众多贤士，生在周王的国度里。'故而世道清平，君主明圣，才俊之士自会来临；君主明智聪察于朝，人臣仪容端庄布列于廷，聚精会神，相得益彰。即使用伯牙演奏他的递钟名琴，逢蒙使用他的乌号神弓都不足以比喻君臣之间关系融洽的完美。所以圣主必须靠贤臣来辅佐，才能光大功业，俊贤之士只有得到圣主的赏识，才能显示出他的德。君臣相互信任，欢欣无憾，实为千载难逢，没有什么论说值得怀疑，犹如羽毛遇到顺风，巨鲸纵横大海。君臣之间如此投合，还有什么弊端不能禁止，有什么政令不能推行，如此教化传播四海，永无穷尽。所以，圣主不必观察四方就能看清万事万物，不必竭力倾听就能听到所有议论，既尽了使天下太平的责任，又满足了过安乐悠闲生活的愿望，吉兆自然到来，寿命因而无疆，何必费力地俯仰屈伸，呼吸吐纳，像彭祖、王侨、赤松子那样去寻觅与世隔绝的仙境呢！”此时，宣帝正喜好神仙之术，因而王褒在文中便提到此事。

京兆尹张敞也上奏规劝宣帝，说：“希望明主能放弃对车马的爱好，排斥方士那些荒唐的言论，潜心研究帝王统治的艺术，太平盛世才可能出现。”宣帝于是全部遣散了那些炼长生不老药的方士。当初，赵广汉死后，担任京兆尹一职的人都不称职，唯有张敞能继续奉行赵广汉的做法。他的谋略、聪明虽不如赵广汉，但他能以儒家经术和温文雅正的性格来弥补。

（以上为第一段，写宣帝修武帝故事，崇方士，好神仙，王褒、张敞上书陈说治国的根本，选贤远佞，宣明礼仪教化，宣帝采纳，罢退尚方待诏。）

汉宣帝十分重视仪容，所使用的宫室、车辆、服饰都比昭帝时华丽。外戚许、史、王氏家族又很受尊宠。谏大夫王吉上奏宣帝说：“陛下以圣明的资质总理万机，专心世事，以实现天下太平，每次颁诏，万民欢欣，如获新生。臣埋头深思，这可以说是陛下对百姓的最大恩德，但还没有达到治理政务的根本。能使国家长治久安的圣主并不经常出现，如今，公卿大臣有幸遇到圣主，言听计从，但未能制定出建立万世基业的长远规划，以使圣君的治国能与夏、商、周三代一样隆盛。如今的政务主要侧重于朝会、审理簿书、断案、听讼等，这并不是治国出现太平盛世的基础。臣听说，民众尽管是弱势群体，但不可以压服，虽然愚昧，却不可以欺骗他们。圣主独处深宫，所做决定，正确的就受到天下人的称颂，错误的就被天下人议论，因而应谨慎地选择身边参与决策的大臣，严格选拔执行政令的官员。使身边的决策大臣能够辅佐君主以身作则，执行政令的官员能够宣示圣德，这才是君主治理政务的根本。孔子说：‘要让君主安逸，百姓得到治理，没有比推行礼义教化更好的了。’这不是一句空话。作为君王，在未制定新的礼仪之前，应当把先前君王制定的适宜于当前情况的礼仪予以实施。臣希望陛下能上承天意，发扬祖宗大业，与公卿大臣以及儒生一起研究古代贤王的礼仪、制度，加以实施，使全体百姓都能生活安逸，长命百岁。如此，国家的风俗怎会不像周朝的成康之治，寿命达到殷高宗武丁那样长寿呢！臣私下见闻所及，当前政务中不合于先王之道的谨条录呈奏，恭请陛下裁定。”王吉认为：“如今世间娶妻、嫁女的费用没有节制，使穷困的人无力负担，故不敢育子。再则，我朝列侯娶天子的女儿，诸侯国中人娶诸侯王的女儿，让男子服侍妇女，丈夫屈服于妻子，颠倒了阴阳位置，因此才发生许多女人违礼乱规的情况。古人在服饰、车马方面，严格规定了尊卑贵贱，如今却上下混乱，毫无节度，使得人人只知贪图财物，追求利禄，甚至连死都不怕。周朝之所以大治，能把刑罚搁置而不使用，是因为他们将邪恶杜绝在萌芽之前。”王吉又说：“虞舜、商汤王不用三公、九卿的后嗣，而重用皋陶、伊尹，疏远不仁不义的人。如今却使庸官子弟因其父兄任高官得以恩荫任职，他们大多骄横傲慢，不通古今，无益百姓，应当公开选贤求才，废除这一恩荫子弟为官的任子令。对于外戚和故旧，可以赏赐他们丰厚的财物，但不应让他们身居要职。禁止角抵游戏，减少乐府艺人，节省宫廷用度，在全国范围提倡节俭。古代工匠不雕琢细致的装饰，商贾不贩卖奢侈品，不只是古代的工匠和商贾才贤明，而是政令教化造成的。”宣帝认为王吉的话过于迂腐，不切实际，并不重视。王吉就称病回到老家。

（以上为第二段，写宣帝颇尚修饰，贵宠外戚，王吉上书，圣主明君不尚奢靡，提倡节俭，抑制外家任权，宣帝不以为然，王吉谢病罢归。）

义渠安国到达羌中，召集先零各部首领三十余人前来，将其中桀骜不驯的都杀了。还纵兵袭击先零人，斩首一千多级，因此引起原已归附汉朝的各羌人部落以及归义羌侯杨玉的怨恨，认为汉朝不可依赖，就胁持其他弱小民族，背叛汉朝侵犯边塞，攻打城池，杀死官吏。义渠安国以骑都尉身份率领两千骑兵防备羌人，到达浩亹，遭遇羌人袭击，损失了很多军需装备和武器。义渠安国率兵撤退，回到令居，将战况呈奏了朝廷。

此时，赵充国已经七十多岁了，宣帝认为他年事已高，派丙吉询问他谁可担任大将。赵充国回答说："谁也不如我老臣合适！"宣帝又派人问他："你估计羌人会怎样？应当派多少兵力？"赵充国说："百闻不如一见，行军打仗之事难以远距离猜度，臣愿驰至金城，画上地图，拟定方略。羌人不过是戎夷小种，逆天背叛，不久就将灭亡，希望陛下把这一任务交给老臣，不要忧虑！"宣帝笑着说："好吧。"于是派出大兵直抵金城。夏季，四月，派赵充国率领金城军队，进攻西羌。

六月，东方天空出现彗星。

赵充国到了金城，集结了一万骑兵，想渡过黄河，又怕遭到羌人拦击，就趁夜晚派出三校军队，士兵口中衔枚，先行偷渡，没有声息，渡过黄河后，立即屯设大营。天亮后，全军依次渡过了黄河。约有近百名羌人骑兵出现在汉军附近，赵充国说："我军现在兵马劳乏，不能飞驰追击，眼前这些是敌人的精锐骑兵，不易制服，又怕是敌人的诱兵。我们此战的目标是要将敌军全部消灭，不可贪图小利！"命令汉军不得出击。赵充国派人到四望峡侦察，发现峡中没有敌军。夜里，赵充国率军穿过四望峡，抵达落都山后，便召集各位军校、司马说："我就知道羌人不善用兵！如果羌人派几千军士堵住四望峡，我军哪能这么顺利进入呢！"

赵充国时时向远处派出侦察兵，行军时随时做好战斗准备，扎营后重视营垒的坚固。尤其是他办事老成持重，爱惜士卒，战前一定先制订好计划，然后再战。他率军向西来到西部都尉府，每天都让军士们吃好，军士们都愿为他效劳。羌人多次挑衅，赵充国坚守不出。汉军从俘获的羌人口中得知，羌人各部首领多次相互指责说："告诉你不要造反，现在天子派赵将军率军前来，他八九十岁了善于用兵，现在我们就是想与他拼死一战，有这个机会吗？"起初，罕幵两部首领靡当儿派他的弟弟雕库告诉西部都尉说："先零人企图造反。"几天后，先零果真造反。雕库同族人有不少在先零部落中，西部都尉就将雕库留作人质。赵充国认为雕库无罪，将他放走，让他转告羌人各部首领说："大军前来只是诛杀有罪的人，请你们自相区别，不要和有罪者一同自取灭亡。天子要我转告各部羌人：犯法者只要能主动捕杀同党，就可免去罪责，仍按功劳大小赐给钱财，并将捕杀之人的妻子和财物送给他。"赵充国想先凭借威信招降罕幵及被先零胁迫的羌人部落，瓦解羌人联合叛汉的计划，等待羌人疲困时，再去攻击他们。

（以上为第三段，写西羌反叛，赵充国为主将带兵安羌。充国身临前线察知，独先零羌叛汉，罕、幵、西部被胁迫尚在观望。赵充国制定缓攻叛羌，先做分化工作，招降罕、幵，孤立先零的方略解散虏谋。）

此时，宣帝已征发内地郡国的军队共六万人屯戍边塞。酒泉太守辛武贤上奏说：“各郡军队都屯备在南山，北边空虚，这种形势不可持久。如等到秋冬时再进兵，这是羌虏远在边境之外的策略，现在羌人日夜不停地侵扰，气候寒冷，汉军马匹不耐寒冬，何不就在七月上旬，携带三十天的粮食，从张掖、酒泉分路出兵，合击鲜水一带的罕幵两部羌人。虽不能全部剿灭，但可夺其牲畜，俘虏他们的妻子，然后领兵退回，冬天到了再次出击，大军多次如此出击，羌人必定恐惧震惊。”宣帝把辛武贤的奏章交给赵充国，征求他的意见。赵充国认为：“一匹马要载负一名战士三十天的粮食，计米二斛四斗，麦八斛，再加上衣服、武器，很难再去追逐羌虏。羌虏一定会计算我军进退的时间，暂时撤退，沿着有水草的地方遁入山林。汉军如果随之深入，羌虏便会依据前方险要，扼守后方通路，断绝我军粮道，一定会使我军陷入危亡境地，被夷狄嘲笑，且永远无法报仇。而辛武贤认为可以因此得到羌人的牲畜，俘虏他们的妻子，这恐怕只是一句空话，并非上策。先零是叛逆祸首，其他部族不过是被其胁迫，所以，愚臣的计划是，捐弃罕幵愚昧不明的过错，暂不公开发布，先诛伐先零，以震惊羌人，迫使他们改过自新，再赦免其罪，挑选了解羌人风俗的贤良官吏加以安抚，这才是保全兵力，获取胜利，安定边境的良策。”

汉宣帝把赵充国的奏章交由群臣讨论，公卿大臣都认为：“先零的兵力强盛，又依仗罕幵的帮助，如不首先击破罕幵，那么对先零是没有办法的。”宣帝就任命侍中许延寿为强弩将军，又任命酒泉太守辛武贤为破羌将军，颁赐盖有皇帝印信的文书，嘉勉辛武贤的建议。又下诏书责备赵充国说：“如今运输繁忙，百姓为此深受困扰，将军率领一万大军，不及早利用秋季水草茂盛之机，争夺羌人的牲畜粮食，却准备等到冬季再行出击，那时羌人做好了牲畜粮食的储备，人都藏匿在山里，据守险要之地，而将军率领的士兵，却受着寒苦，手足皲裂，难道有利于作战吗？将军不考虑国家的巨大耗费，只想拖延年岁而取胜，这样的将军，谁不愿当，现今诏令破羌将军辛武贤等率兵于七月攻击罕幵，将军要率军同时进击，不可再有迟疑！”

赵充国又上书说：“陛下以前曾赐下书信，想派人劝谕罕羌，告诉他们大军前来，并不是讨伐罕羌，借此瓦解羌人联合叛汉的计划。所以臣派罕羌首领雕库回去宣扬天子的恩德，罕、幵两部羌人都已得知了天子的明诏。现今先零羌首领杨玉凭借山中树木岩石自保，并寻机出山骚扰，而罕羌并无冒犯行为，如今要放过有罪的先零，先去攻击罕羌，放过有罪者，诛伐无辜者，打了一场仗，对双方造成伤害，这并非陛下的本意啊！臣听《兵法》上说：‘发动进攻兵力不足，用于防守则有多余。’又说：‘善于打仗的人，能主动引诱敌人，而不被敌人所引诱。’现今罕羌企图进犯敦煌、酒泉，应整顿兵马，训练战士，等待敌人前来，坐获制敌之法，以逸击劳，这才是取胜之道。如今担心二郡兵力单薄，不足防守，却反倒出兵进攻，放弃引诱敌人的战术，反被敌人所引诱，愚臣认为十分不利。先零羌虏想背叛汉朝，所以才与罕、幵化解怨仇，结成盟约，但其内心深处也担忧汉军一到，罕、幵又会背叛他们。臣认为先零的策略是想让罕、幵先受到攻击，然后再去救助罕、幵，用以坚定与罕、幵的联盟。先攻罕羌，先零一定会去救助。如今羌人的马匹正肥，粮食正多，攻击他们，只怕不但不能伤害他们，反而有机会让先零施恩德给罕羌，坚定其联盟，团结其族党。羌虏联盟巩固之后，能聚集精兵两万多人，再胁迫其他弱小种羌，附合他们的人日渐增多，像莫须这类小部族，便不会轻易背盟离去。这样一来，羌人的兵力就会越来越多，要想再去诛伐他们，就需增加几倍的兵力。臣担心那时，国家的忧劳疲累要拖延十来年，而并非两三年。依臣的意见，先诛灭先零，那罕、幵之羌用不着再出兵，就可屈服。万一先零已被诛灭，而罕、幵等仍不屈服，等到明年正月再去攻击他们，将是合理和适时的。如果现在进兵，实在是看不出有什么好处！”六月二十八日戊申，赵充国上了奏章。秋季，七月初五甲寅，宣帝颁赐有印玺的诏书，同意了赵充国的计划。

赵充国率兵进抵先零所在地区。羌虏因为屯驻太久，戒备松弛，忽见汉朝大军到来，便抛弃车辆辎重，企图渡过湟水，但道路狭窄，赵充国率兵缓缓进逼。有人对赵充国说：“扩大战果，应快速推进。”赵充国说：“这些是走投无路的敌人，不可逼之过急。缓缓追击，他们只顾逃跑，追急则会回头死战。”军校们都说：“有理。”羌虏落入水中淹死数百人，投降及被杀的有五百多人，缴获马、牛、羊十万多头，车四千多辆。汉军来到罕地，赵充国下令不可焚烧罕羌人部落，不得在罕羌人牧地中割草放牧。罕羌听说后，高兴地说：“汉军果然不打我们！”其首领靡忘派人来说：“希望能允许我们回到原住地去。”赵充国报告朝廷，还未得到答复。靡忘亲自前来归降，赵充国赐给他酒食，要他回去劝告本部羌人。护军以下军官都说：“靡忘是汉朝叛逆，不能随便放走！”赵充国说：“各位的想法是只图自己有利，却不是忠心为国的计划。”话音未落，皇帝诏书已到，命靡忘将功赎罪。后来果然未用兵就平定罕羌了。

（以上为第四段，写朝廷采纳酒泉太守辛武贤立即进攻叛羌，先击弱小的罕、幵，最后集中打击先零的方略，朝廷已调集六万之众屯于前贤。赵充国释有罪，讨无辜，把所有羌人推向为敌人，是错误的万略。赵充国紧急奏报，朝廷复议，支持赵充国的方略。）

宣帝诏令破羌将军辛武贤、强弩将军许延寿进兵到赵充国驻地，于十二月与赵充国合兵进攻先零。此时，羌人投降的已经有一万多人，赵充国估计羌人肯定要失败，打算撤走骑兵，只留步兵在当地屯戍，等待羌人疲惫。草拟好奏章，还未呈报之时，接到宣帝命他进兵的诏令。赵充国的儿子中郎将赵卬十分恐惧，让门客去劝赵充国说：“假若此次出兵，真的会使我们损兵折将，使国家蒙受损失，那将军是可以固守不出的。但现在只是利与弊的差别，又有什么可争执的呢！一旦违背了皇上心意，派绣衣御史前来问罪，将军自身尚不能自保，又怎会保证国家的安全！”赵充国叹息说：“你怎能说出这种不忠之言！若当初采纳我的意见，羌人怎能发展到这一步！从前皇上命推举出使羌的人选，我举荐了辛武贤，但丞相、御史却请皇上改派义渠安国，最终坏了大事。金城、湟中地区谷物一斛八钱，我对司农中丞耿寿昌说：‘只要我们购买三百万斛谷物储备，羌人一定不敢轻举妄动。’但耿寿昌只请求购买一百万斛，实际不过四十万斛。义渠安国再次出使，将近用去一半。未派辛武贤为使者未购三百万斛谷物储备，是两大失策，这才造成羌人敢于反叛。因此说失之毫厘，差以千里，就是如此。现在战事迟迟不能结束，如果四方蛮夷突然动摇，借机相继造反，即使有才智的聪明人出来，也无法收拾，那时就不只是羌人值得忧虑了！我宁肯去死也要坚持正确的主张，圣明的君主会知道我这是一片忠言。”

于是赵充国上奏屯田的主张说：“臣带领的将士、马牛食用的粮食、草料数量极大，目前兵事又久持不下，力役征调不息，恐怕会因此发生其他变故，为贤明的君主增加忧虑，这确实不符合朝廷制定的胜敌之策。况且羌人容易用计谋瓦解，难于以武力征服，因而愚臣内心认为进攻不是上策！据估计，从临羌向东至浩亹，原羌人的土地及无人开垦的荒地，约有两千顷以上，这中间的驿站大多已遭破坏。臣在进兵之初就派士卒进山砍伐树木六万多棵，存放于湟水之滨。臣希望撤走骑兵，只留步兵一万零二百八十一人，分别屯戍在要害地区，等到河水解冻后，让木材顺流而下，正好用以修治亭驿，疏浚沟渠，整治湟水四望峡以西的七十处道路桥梁，使交通运输可通达到鲜水周围。明年春天，每名兵卒分给三十亩田地。四月草木长出后，集结郡中骑兵和归附的胡人骑兵各一千名，追随水草为屯田者巡逻警卫，收获的粮食运入金城郡，增加积蓄，以节省大量费用。现在大司农运来的粮食，足够一万人食用一年，谨呈上屯田区划及需用器具清册。”

汉宣帝批复说：“依照将军的计划，羌人叛乱何时可以平定？战事何日能够结束？你深思熟虑制定出最佳方案，重新上奏！”

赵充国上奏说：“臣听说帝王的军队，应当取得完全胜利，因此重视谋略，拼杀战斗是第二位的。‘百战百胜，并不是最好的策略，所以应当先使自己立于不败之地，再等待可以制敌的机会。’蛮夷习俗，虽然不同于我们礼义之邦，但他们希望避开危险，获取利益，爱护亲属，畏惧死亡，却和我们一样。如今羌人失去了他们肥沃的土地和茂盛的牧草，逃到遥远的荒山野地，为自己的栖身之处而发愁，骨肉之间离心离德，人人都想反叛。若此时陛下能还师休兵，留下万人在此屯田，顺应天时，利用地利，以等待制服羌虏的机会，虽不能立即平定羌虏，但可望在一个月内结束战事。现在羌虏已在瓦解，前后共有一万零七百人归降，接受我方劝告，回去劝说同族不再与汉军为敌的又有七十批人，静观这些人都将成为瓦解羌虏的工具。臣谨归纳了不出兵而留兵屯国的十二项好处：九校步兵共有万名官兵留此屯田，以为战备，耕田积粮，威德并行，此其一。运用屯田来排斥羌人，不让他们回到原先肥沃的土地上去，使他们贫困破产，造成羌人互相叛离，此其二。当地人民能够安于农业生产，不失农时，此其三。军马一个月的食用，可以支付屯田士卒一年所需，因而撤去骑兵，可省下一笔很大的费用，此其四。春天以后，调集士卒演习，沿黄河和湟水将粮食运到临羌，向羌人显示威力，为以后平定或谈判奠定基础，此其五。农闲时，将先前砍伐的木材运出，修治驿站，充实金城，此其六。如现在出兵，是怀着侥幸心理而冒险；暂不出兵，使反叛的羌虏流窜于风寒之地，遭受霜露、瘟疫、冰冻的祸患，我们坐等必胜的机会，此其七。不出兵可以免除遇到险阻、深入追击、将士伤亡的灾难，此其八。不出兵对内不使朝廷的威严受到损害，对外不给羌人以可乘之机，此其九。不出兵还不会惊动黄河南岸的大幵部落，致使发生新的变故，增加陛下的忧虑，此其十。整治湟狭中的道路桥梁，使至鲜水道路畅通，以控制西域，扬威千里，使得行军就如从枕席上经过一样，此其十一。节省大量军费，停止徭役，以防止出现意想不到的变故，此其十二。留兵屯田，可得到这十二项利益，请贤明的皇上下诏采纳。”

汉宣帝又批复说：“你说战争可望在一个月内结束，是指今年冬季，还是何时？将军想没想过羌人听说我们要撤回骑兵，将会集结壮丁勇士，攻袭骚扰屯田士卒和沿途守军，再次杀掠民众，那时，我们将用什么来制止？将军再次深思熟虑后上奏！”

赵充国又上奏说：“臣听说军事行动以谋略为根本，所以多谋的人胜过少谋的人。先零羌的精兵，如今剩下不过七八千人，失去了原有的土地，分散在远离家乡的地区，挨饿受冻，不断有人逃回家乡。愚臣以为羌虏败亡指日可待了，最迟也不过明年春天，所以说结束战争可望在一个月内。我国北部边塞自敦煌直到辽东，共一万一千五百多里，守卫边塞的将士有几千人，羌人多次派出大批部众攻击他们，都未取胜。如今我们虽撤掉骑兵，可羌虏还将看到一万名屯田精兵。从现在起三个月内，羌人的马匹正是瘦弱时，一定不敢把妻儿安顿在其他部族中，远涉山河前来侵扰，也不敢把家属拖累送回家乡。因而愚臣预计羌虏将就地瓦解，这是不战而灭羌虏的策略。至于羌人的那些小骚扰，或杀了我们的民众，这原本就难以突然禁绝。臣听说打仗如无必胜的把握，就不要与敌人短兵相接；进攻如无必取的把握，就不要轻易兴师动众。如果真的要出兵，虽然不能灭亡先零，也要能禁绝羌人小规模的侵扰，做到这一步就可以出兵。如果出兵仍和现今一样不能禁绝羌虏侵扰，而放弃坐而取胜的机会，采取冒险的行动，不仅得不到好处，还白白使自己陷于疲困不堪的境地，自损大汉的威严，这不是对付蛮夷的好办法。此外，大军一出，无论胜败，收兵时必然人心思归，不愿留下来，而湟中又不可无人防守，如果这样，徭役又将兴起。愚臣认为这样太不划算了。愚臣私下想：如果尊奉陛下的诏令，率军出战，远袭羌人，用尽天子的精兵，将车马、兵甲散落在山野之中，纵使没有立下一丝一毫的战功，也可避免嫌疑，事后还可不负责任，不担罪责，这只是打个人的小算盘，但这些个人的好却是对皇上的不忠，不是贤明君主和国家之福！”

赵充国每次上奏，宣帝都交公卿大臣们讨论。起初，认为赵充国意见正确的人不过十分之三，中间占到十分之五，最后变成十分之八。宣帝责问这些人为什么改变看法，这些人都叩头认错，说自己原来的看法不对。魏相说：“臣对军事上的利害关系不熟悉，后将军赵充国多次筹划军事方略，他的意见通常都正确，臣担保他的建议一定是可行的。”宣帝于是回复赵充国，嘉勉并采纳了他的计划，又因破羌将军辛武贤、强弩将军许延寿多次建议出兵，故采纳了两方面的意见，下令两位将军和中郎将赵印出兵。许延寿出击，降服了四千多人；辛武贤斩杀两千人；赵印斩杀招降也有两千多人；而赵充国也招降了五千多人。宣帝下诏撤兵，只留下赵充国在那里屯田。

大司农朱邑去世。宣帝认为他是个奉职守法的官员，很惋惜他，下诏赐给他儿子一百斤黄金，用以祭祀。

这一年，前将军、龙頟侯韩增被任命为大司马、车骑将军。

丁令国近三年来常出兵劫掠匈奴财物，杀死及掳掠几千人。匈奴派一万多骑兵前去攻击，但毫无所获。

（以上为第五段，写赵充国建议屯田安羌的策略，与朝廷反复讨论，朝中大臣最初赞成十才二三，最后十之七八均赞成。汉军用极小的代价，获得了最大的利益，西汉从此解除了羌祸，赵充国之力也。）

汉宣帝神爵二年（辛酉，公元前60年）

春季，正月，京师长安有凤凰飞集，同时还降下甘露，于是大赦天下。

夏季，五月，赵充国上奏说：“羌上军队原本有五万，先后被斩杀达七千六百人，归降三万一千二百人，在黄河、湟水中淹死和后来饿死的有五六千人，计算起来，跟随其首领煎巩、黄羝一起逃亡的不过四千人。已投降的羌人首领靡忘等人保证可以擒获这些人。因此，请求撤回屯田士兵！”宣帝批准，赵充国于是班师回朝。

赵充国的好友浩星赐前去迎接赵充国，劝他说：“大家都认为是因为破羌、强弩两将军出击，多有斩获、招降，才使羌人败亡。但有见识的人则认为羌人已穷途末路，即使不出兵攻击，很快也会自动投降。将军见到皇上时，应表示归功于破羌、强弩两位将军的出击，愚臣不能和他们相比，这样说，也无损于将军的屯田计划。”赵充国说：“我年事已高，爵位已到顶了，难道为了避免自夸功劳的嫌疑而欺瞒皇上？军事措施是国家大事，应当垂法后世。老臣不惜余命，应当毫不保留地为皇上明白分析军事上的利害，一旦我死了，谁还能对皇上说这些呢？”终于把自己的看法奏明宣帝。皇上赞同他的意见，就罢免了辛武贤破羌将军之职，仍旧任酒泉太守，赵充国仍旧任后将军之职。

秋季，羌人若零、离留、且种、儿库共同将先零首领犹非、杨玉斩首，羌人各部首领弟泽、阳雕、良儿、靡忘共同率领煎巩、黄羝所属的四千多人投降汉朝。宣帝便封若零和弟泽两人为帅众王，其余的人都被封侯、封君。首次设置金城属国，安置投降的羌人。

汉宣帝诏令各方举荐可担任护羌校尉一职的人选。这时赵充国正在生病，四府共同推举辛武贤的小弟弟辛汤。赵充国听说后，急忙从病床上起来，上奏说：“辛汤酗酒成性，不可让他去掌理蛮夷事务。不如派辛汤的哥哥辛临众担任此职。”此时辛汤已经拜受任命，将持节赴任，宣帝下诏改任辛临众。后来由于辛临众生病免职，五府又推举辛汤。辛汤多次在酒醉之后虐待羌人，导致羌人再度反叛，果然如赵充国预料的一样。辛武贤非常记恨赵充国，上书朝廷，告发中郎将赵印泄露宫中机密。结果交由官吏审理，赵印自杀身亡。

司隶校尉魏郡人盖宽饶，为人正直公正，几次冒犯宣帝。此时，宣帝正重用刑法，信用宦官。盖宽饶便奏上封事，说：“如今圣贤之道逐渐衰微，儒家教化难以推行，以致将刑余之人的宦官当作周公、召公，把法律当作《诗》、《尚书》。”又引用《易传》说：“五帝将政权视为公有，三王将政权视为私有。视为私有就传给子孙，视为公有则传给圣贤。”奏章呈上去后，宣帝认为盖宽饶是怨恨诽谤朝廷，把他的奏章交由中二千石官员处理。当时的执金吾认为：“盖宽饶是想让皇上把皇位禅让给他，实属大逆不道！”谏大夫郑昌同情盖宽饶忠直忧国，因议论违背皇上旨意而遭人诋毁陷害，就上书为盖宽饶辩解说：“臣听说山中有猛兽，就没有人敢去采摘野菜；国家有忠臣，奸邪之徒就不敢抬头。司隶校尉盖宽饶居不求安，食不求饱；仕进有一片忧国的忠心，退居有守节赴死的正气；上无许、史两家与陛下的亲属关系，下无金日磾、张安世两家的近幸依托。身负监察职责，秉公行事，因而仇人多而朋友少。现今他上书陈述对国家大事的看法，竟然受到死罪的弹劾。臣既然有幸名列各位大夫之后，作为谏官，不敢不说出自己的看法！”宣帝没有采纳。九月，把盖宽饶交官吏审判；盖宽饶就用佩刀自刎于未央宫北门之下，大家都为之叹惜。

（以上为第六段，写赵充国安羌胜利班师，此为宣帝时最大的军事胜利。由于战略分歧，辛武贤挟嫌报复，举报与赵充国子赵印私秘语，迫其下吏自杀；盖宽饶直言犯上，蒙冤而死。此为宣帝寡恩之短也。）

匈奴虚闾权渠单于率领十多万骑兵沿着汉朝边境进行围猎，企图入侵汉境抢掠。尚未入侵时，正巧有一位名叫题除渠堂的匈奴人逃到汉朝投降，报告了这件事，汉朝就封他为言兵鹿奚卢侯，并派右将军赵充国率骑兵四万多人驻扎在沿边境的九个郡，以防备匈奴。一个多月后，单于重病吐血，故而不敢入侵汉境，收兵退回。匈奴又派题王都犂胡次等人前来汉朝，请示和亲，尚未得到答复，单于就死了。虚闾权渠单于刚即位，就罢废了颛渠阏氏。颛渠阏氏便与右贤王屠耆堂私通，右贤王准备去参加龙城大会时，颛渠阏氏告诉他单于病重，不要走远。几天后单于死了，掌权的贵族郝宿王刑未央派人召各位王前来，还未到达，颛渠阏氏就与其弟左大将且渠都隆奇谋划，立右贤王为握衍朐鞮单于。握衍朐鞮单于是乌维单于的曾孙。

握衍朐鞮单于即位后，性情凶劣，杀了刑未央等人，任用都隆奇，又将虚闾权渠单于的子弟近亲全部罢免，由自己的子弟代替。虚闾权渠单于的儿子稽侯狦没当上单于，就逃亡到岳父乌禅幕那里。乌禅幕本为康居、乌孙之间一个小国的国王，常被邻国侵凌，就率其百姓几千人投降了匈奴，狐鹿姑单于把他的侄儿日逐王的姐姐嫁给乌禅幕为妻，命他为所率部众的首领，居住在右翼地区。日逐王先贤掸的父亲左贤王本当立为单于，他让位给狐鹿姑单于，狐鹿姑单于许诺传位给他。所以匈奴人都认为日逐王应作单于。日逐王向来与握衍朐鞮单于有矛盾，就想率其部众投降汉朝，派人前往渠犂，与骑都尉郑吉取得联系。郑吉征发渠犂、龟兹等国五万人迎接日逐王率领的一万两千人和小王将十二人，跟从郑吉来到河曲，中途有很多人逃亡，郑吉追杀了他们，于是带领日逐王等来到长安。汉朝封日逐王为归德侯。

郑吉攻破车师，招降日逐王，威震西域，于是就兼管车师以西南北两路各国，所以称为都护。都护的设置，就是由郑吉开始的。宣帝封郑吉为安远侯。郑吉在西域中部设立莫府，修治乌垒城，距阳关有两千七百多里。匈奴日益衰弱，不敢争夺西域，汉朝便撤销了僮仆都尉。由都护督察乌孙、康居等三十六国的动静，如发生变乱，就报告朝廷，能安抚则安抚，不能安抚就讨伐，汉朝的号令自此得以颁行于西域。

握衍朐鞮单于改立其从兄薄胥堂为日逐王。

乌孙昆弥王翁归靡通过长乐侯常惠上奏宣帝说：“我愿立汉朝外孙元贵靡为继承人，希望让他再娶汉公主为妻，结成两重姻亲，自此永远断绝和匈奴的关系。”宣帝诏命公卿大臣合议。大鸿胪萧望之认为：“乌孙离汉朝太远，变化不定，不可答应他。”宣帝赞赏乌孙新立大功，又拒绝了与匈奴的婚姻，就封乌孙公主刘解忧的妹妹刘相夫为公主，送了很多嫁妆，让她到乌孙，派常惠护送她到敦煌。尚未出塞，听说翁归靡去世，乌孙贵族都遵循原来的协定，立岑娶之子泥靡为昆弥王，号称狂王。常惠上奏说：“希望将少公主暂时留在敦煌。”常惠迅速赶到乌孙，责问为什么不立元贵靡为昆弥王，既如此，就将把少公主送回长安。宣帝仍诏命公卿大臣合议，萧望之又提出“乌孙脚踏两条船，难以用婚姻进行约束。如今不把少公主召回来，又将兴起徭役”。宣帝接受了萧望之的意见，召回了少公主。

（以上为第七段，写匈奴内乱；郑吉破车师，立功西域，任首任西域都护。）

汉宣帝神爵三年（壬戌，公元前59年）

春季，三月十六日丙辰，高平宪侯魏相去世。夏季，四月戊辰日，丙吉被任命为丞相。丙吉主张宽大，讲究礼让，不大过问小事；当时很多人都认为他识大体。

秋季，七月二十六日甲子，大鸿胪萧望之被任命为御史大夫。

八月，宣帝下诏说：“官吏如不清廉公正，国家就不能得到很好的治理。如今下级官吏事务繁忙，而俸禄微薄，让他们不侵夺百姓利益，实在很难！现今，俸禄在百石以下的官吏，增加十分之五。”

这一年，东郡太守韩延寿被任命为左冯翊。当初，韩延寿担任颍川太守，颍川郡在前任太守赵广汉鼓励民众相互告发之后，结怨甚多。韩延寿改变这种做法，教导民众礼让为先；又召集年纪大、阅历广的人，一起商议决定嫁娶、丧祭的仪式和礼品，基本上依从古代礼制，不得超过标准。百姓都遵从韩延寿的教化。那些贩卖祭祀用的假车马和各种陪葬用的假器物，都被抛弃在街市上。此后黄霸接替韩延寿任颍川太守，继续遵循这些做法，使颍川治理得很出色。韩延寿为官，崇尚礼义，喜好古时礼法教化，所到之处，必聘当地贤士，待之以礼，量才录用请他们出谋划策，听取诤言；他还留意表扬孝顺父母、友爱兄弟的品行高尚的人，修整学校，每年春秋两季都举行乡射之礼，以此选拔人才，赛场上陈设钟鼓、管弦，讲求比射时升降、揖让的古礼；又很重视军队考课，考场上设置斧钺、旌旗，学习射箭、驾御等本领；修治城池，收取赋税，都在事前告知日期，把指定期限作为一件大事，因而下级官吏和百姓都很敬畏他，顺服他。又在民间基层设置乡正、里正和伍长，彼此都以孝悌为榜样；禁止收容奸邪之人，街巷、村落中有突发事件，官吏立即报告，所以坏人不敢进入颍川。起初，各项事务似乎有些烦琐，但后来官吏没有了追捕盗贼之苦，百姓也没有了犯法受鞭刑的痛苦，因此吏民都感到安全便利。韩延寿对待下级官吏，既施以深恩厚德，又加以严格管束。如有人欺瞒、辜负于他，韩延寿总是首先深深地自我责备：“难道是我亏待了他，不然他怎么能干这种事呢？”使属吏听到都很后悔，他的一位县尉武官竟因此自杀。又有一位门下官吏也因此而自刎，被人救活，韩延寿感动得流下了眼泪，派医生前去治疗，厚送财物，还免除了他家的赋税徭役。韩延寿在东郡三年，令行禁止，刑狱大为减少，所以升迁为左冯翊。

韩延寿出外巡视各县，到了高陵县，民众中有两兄弟，因争夺田产而相互控告，并在他面前申诉。韩延寿由此觉得十分伤心，说道：“我有幸任官左冯翊，本应作为全郡的表率，现今却不能宣明教化，使得民间出现亲骨肉争夺田产而告状的事，不但有伤风化，更使贤德的地方长官及啬夫、三老、孝悌等民众乡官蒙爱耻辱，责任在我，我应当首先停职反省！”当天，就称病不理政事，躺在驿站闭门思过。全县官民都不知如何是好，县令、县丞、啬夫、三老也都把自己关了起来，等待处罚。于是争讼的两兄弟的族人，都去责备他俩；两兄弟也很悔恨，自己剃去头发，袒露身体，前去请罪，表示愿将土地让给对方，终生不相争。全郡和睦，都把这件事互相转告引以为戒，不敢再犯。韩延寿的恩德威信遍及所属二十四县，无人再敢挑起争讼。因为韩延寿能以诚待人，故吏民不忍心欺骗他。

匈奴单于又杀死先贤掸的两个弟弟；乌禅幕为其求情，单于不听，因而很气愤。后来，匈奴左奥鞬王去世，单于立自己的小儿子当奥鞬王，留居王庭。奥鞬部落贵族共同拥立已故奥鞬王的儿子为王，率领部众东迁。单于派右丞相率万余骑兵追击。损失几千人，也没能取胜。

（以上为第八段，写循吏韩延寿历任颍川太守、东郡太守、左冯翊的政绩，以及以古礼和仁爱治政的故事。）

【点评】

赵充国安羌。西汉宣帝甘露三年（公元前 51 年）图画于麒麟阁的十一位中兴名臣中，有一位甘肃历史人物，排序第四，他就是安羌名将赵充国。

赵充国，安翁孙，生于公元前 137 年，卒于公元前 52 年，享年 86 岁。他原籍陇西上邽（在今甘肃省天水市西南）人，随汉武帝开发河西而移居令居县。令居在今甘肃永登西北庄浪河右岸，这是一个冲要地方。汉朝在这里屯兵储粮，它既是支援河西的补给基地，又是控制湟水流域羌人的战略要地。匈奴联合羌人反汉就多次合约攻令居。公元前 121 年汉得河西地初置令居塞。从令居到酒泉，沿线千余里建置障塞亭燧，屏绝羌胡交通。公元前 115 年，汉武帝移民令居置县，赵充国家大约在此时移居令居。这时赵充国 23 岁，投军为骑士。他骁勇善战，因“善骑射补羽林郎”，入卫京师。

杰出人物的产生，首先取决于社会的需要和条件。赵充国历仕武、昭、宣三朝，正当西汉鼎盛时期，也是汉匈斗争最严酷的历史时期。从公元前 133 年到公元前 51 年，汉匈处于战争状态达 83 年之久，民族融合总是以民族斗争为前提的。西汉时期汉匈斗争正为汉匈民族融合创造了条件。赵充国的一生恰与这场伟大的斗争相始终。令居又是一个控扼羌胡交通的要塞。它为赵充国的成长提供了理想的舞台。《汉书》本传称赵充国“为人沉勇有大略，少好将帅之节，而学兵法，通知四夷事”。时代的需要和生活历练锻造了赵充国的品德和才干。

神爵元年，赵充国受命安羌是宣帝时期最重大的一次军事行动。赵充国四月从京师出发，他到金城亲赴前线做了详细调查，直到六月才出兵，他认为率领一万骑兵突入湟水就可以平定羌乱。赵充国的策略是用兵示威，立足于抚，力争不战安羌。赵充国不汲汲于一时的战功，力排众议，坚决贯彻以抚为主的安羌策略。具体方略是，孤立打击叛汉的先零羌，团结没有反汉的罕、幵羌，分化瓦解羌人的盟约，并用屯田御敌的战略封锁叛羌于高山老林之中，汉军可持久，叛羌丧失水草只有困死在高山老林中，不可持久。按赵充国的估计，一个月后先零羌就可瓦解，最多坚持半年，熬过寒冬到来年的正月叛羌必然溃败。但朝廷内部，主剿派占了上风，宣帝调集了六万多步骑于前线，命令主剿派的中坚人物酒泉太守辛武贤为破羌将军，侍中许延寿为强弩将军。辛武贤提出由他率领河西精骑一万两千人，带三十日粮，从酒泉、张掖翻越祁连山，赵充国沿湟水西进，两路大军在七月上旬合期攻击湟水流域的罕、幵羌，"夺其畜产，虏其妻子"，完全颠倒了赵充国的抚羌方针。按此策略，把全体羌人都推到了反汉的敌对一边，将是兵连祸结长期不得安宁。赵充国陈说利害，反复上奏力争，丞相魏相等公卿大臣由最初的反对转向支持赵充国。宣帝妥协，两策并用，命令辛武贤等立即进兵，但放过罕、幵，只打击先零羌，赵充国筹备屯田事宜。剿抚并用，迅速取得战果，五万多先零叛羌，在强大汉军攻击下，三分之一被剿杀，半数归降，只有不到一成叛羌四千多人远逃。六万多步骑汉兵，只留万人步兵屯田，修整道路，其余大军全部撤回。第二年，罕、幵羌已有能力吞灭叛羌，赵充国率领屯田士兵也凯旋回京。

赵充国安羌已是 76 岁高龄，他毛遂自荐，勇挑重担，"年迈加疾"而始终如一地坚持正确意见，表现出国家栋梁的大臣风节。

赵充国是西汉杰出的军事家，他的大臣风节尤其应该得到高度的评价。

资治通鉴（白话本） 卷第二十七

汉纪十九

汉宣帝神爵四年至黄龙元年（公元前 58—前 49）

【起昭阳大渊献（癸亥，公元前 58 年），尽玄黓涒滩（壬申，公元前 49 年），凡十年】

【大事提要】

本卷记事起公元前 58 年到公元前 49 年，凡十年，当汉宣帝神爵四年至黄龙元年。本卷所载十年大事，为汉宣帝晚年政治。汉宣帝晚年仍然励精图治，受到史家的高度赞誉。主要有五个方面。其一，宣帝任人，选贤使能，赏罚分明，此其所长，如酷吏严延年之死，罪有应得；但诛杀大臣过严，有失宽仁，此其所短，如韩延寿、杨恽之死，受到司马光的批评。其二，汉宣帝不喜欢太子刘奭仁弱崇儒，训导谓“汉家制度霸王道杂之”，可视为武帝政治的余波。其三，匈奴十年内乱，由五位单于的争斗，到剩下郅支、呼韩邪两位单于的角力，宣帝抓住时机安抚西域，挤压匈奴，大获成功。甘露三年，呼韩邪来朝，郅支西迁，结束了汉匈长达八十三年的战争状态，象征着西汉极盛。其四，宣帝不忘中兴汉室的文武大臣，甘露三年于匈奴呼韩邪来朝之后，图画十一位功臣于麒麟阁，画上了昭宣中兴的句号。其五，宣帝逝世，班固高度评价宣帝中兴汉朝的功绩，真正达到了贤人治国，民安其乐的境界。

中宗孝宣皇帝下

汉宣帝神爵四年（癸亥，公元前 58 年）

春季，二月，凤凰飞集于京师长安，又降了甘露，因此大赦天下。

颍川太守黄霸在颍川郡治事八年，政治越来越清明；这时，凤凰和神雀多次飞集各郡国，以颍川郡最多。夏季，四月，宣帝下诏说：“颍川太守黄霸，明确宣示各项诏令，大力推行，治下百姓向往礼义教化，子女孝顺、兄弟友爱、妇女贞节、尊敬老人的子孙日益增多，耕田的农夫不再争夺田界，道路上遗失的东西也没人贪心拾取，奉养照顾孤寡老人，主动帮助贫弱的人，有的监狱连续八年没有重罪囚犯。特别赐黄霸关内侯爵位，黄金一百斤，俸禄提升为中二千石。”对颍川郡中孝顺、友爱和其他有仁义的民众，以及三老、力田等乡官都赏赐给不同的爵位和布帛。几个月后，宣帝又提升黄霸为太子太傅。

五月，匈奴单于派他的弟弟呼留若王胜之到京师朝见宣帝。

冬季，十月，十一只凤凰飞集在杜陵。

河南太守东海人严延年施政狠毒残暴，一般认为应当处死的人，往往被他突然放出；认为不该处死的人，却常被他无端找借口处死，下属、百姓无法揣知其心意，都战战兢兢不敢犯法。每到冬季，严延年就把各县的囚犯集中到郡衙判罪，血流数里，河南郡的人都称他为"屠伯"。严延年一向看不起黄霸的为人，两人在相邻两郡担任太守，看到朝廷对黄霸的褒赏反而多于自己，心中很不服气。河南郡中出现蝗虫，名叫义的府丞出外巡视蝗灾，回来后，去见严延年，严延年说："这些蝗虫难道不正好是凤凰的食物吗？"义年老，有些荒悖糊涂，平素对严延年就很畏惧，生怕遭到严延年的中伤陷害。本来，严延年曾和义是同事，一起当过丞相史，对义很亲近，送过他许多东西。义却反而更加恐惧，自己算了一卦，得的是死卦，闷闷不乐，请假前往长安，控告严延年十大罪状，上奏后就服毒自杀了，以表明自己没有欺骗朝廷。这件事交由御史丞调查核实，证实严延年曾说过怨恨和诽谤朝政的话。十一月，严延年被控为大逆不道，处在闹市斩首的死刑。

当初，严延年的母亲从东海郡来探视，想和严延年一起进行腊祭；到了洛阳，正遇到处决囚犯，他的母亲大惊，便留在驿站中，不肯到郡府去。严延年到驿站谒见母亲，他的母亲闭门不见，严延年摘下冠帽，在门外叩头请罪，过了很长时间，他的母亲才肯与他相见，并一再责备严延年说："你有幸当郡太守，负责治理千里地区，从没听说你用仁爱之心教育、感化民众；反而利用刑罚，多多杀人，用来树立威望，难道为民父母官是这样的吗？"严延年认错，又叩头谢罪，为母亲驾车回到府衙居舍。严延年的母亲待腊祭之后，对严延年说："要遵循天道，敬畏神明，人的管理不只是用杀的办法。我不想到了晚年，却看到正当壮年的儿子遭受刑杀！我走了，离开你回到东海郡，替你打扫墓地！"于是离去，回到东海郡，见到兄弟、族人，又跟他们提起了这件事。一年多后，严延年果然被判了死刑，东海郡的人无不称赞他的母亲贤明智慧。

（以上为第一段，写酷吏河南太守严延年刑杀过度，不得善终。）

匈奴握衍朐鞮单于残忍暴虐，喜好杀人，国人都不依附他。加上太子和左贤王又多次诬陷左翼地区的大小贵族，引起这些人的怨恨。恰好这时乌桓派兵袭击位于匈奴东部边疆的姑夕王，俘获了大批匈奴人口，握衍朐鞮单于大怒。姑夕王惶恐单于降罪，就与乌禅幕及左翼地区贵族拥立稽侯狦为呼韩邪单于，并征发左翼地区军队四五万人，向西进攻握衍朐鞮单于，直抵姑且水北岸。尚未交战，握衍朐鞮单于的军队就自惊溃逃，只好派人联络他的弟弟右贤王说："匈奴人都来围攻我，你肯派兵来帮助我吗？”右贤王说：“你不爱怜别人，屠杀兄弟和各位贵族，你就死在那里吧，不要来污损我！”握衍朐鞮单于十分愤恨，自杀而死。左大且渠都隆奇逃到右贤王住地，部众全部归降呼韩邪单于。呼韩邪单于回到王庭；数月后，也撤了兵，让各部匈奴各自回到故地。呼韩邪单于找到了在民间的哥哥呼屠吾斯，立为左谷蠡王，又派人煽动右贤王属下贵族，想让他们杀死右贤王。这一年冬天，都隆奇和右贤王拥立日逐王薄胥堂为屠耆单于，集结数万士兵向东袭击呼韩邪单于，呼韩邪单于兵败逃走。屠耆单于返回，立其长子都涂吾西为左谷蠡王，小儿子姑瞀楼头为右谷蠡王，让他们留在单于王庭。

（以上为第二段，写匈奴握衍朐鞮单于残忍暴虐引发匈奴内乱，握衍朐鞮单于兵败自杀。）

汉宣帝五凤元年（甲子，公元前 57 年）

春季，正月，宣帝巡幸甘泉宫，祭祀天神。

太子刘奭举行加冠典礼。

秋季，七月，匈奴屠耆单于派先贤掸的哥哥右奥鞬王与乌藉都尉各率二万骑兵驻扎在东部地区，用以防备呼韩邪单于。这时匈奴西部呼揭王找到唯犁当户，共商一起陷害右贤王，想自立为单于。屠耆单于杀死右贤王父子；事后得知右贤王冤枉，又将唯犁当户处死，于是呼揭王心中害怕，叛逃而去，自立为呼揭单于。右奥鞬王听说后，就自立为车犁单于。乌藉都尉也自立为乌藉单于。由此匈奴一共有了五位单于。屠耆单于亲自率兵向东进攻车犁单于，派都隆奇带兵进攻乌藉单于，乌藉、车犁单于都被击败，向西北方向逃走，与呼揭单于一起合兵四万。乌藉、呼揭二人去掉单于称号，合力辅佐车犁单于。屠耆单于听说后，派左大将、都尉率领骑兵四万分头驻扎在东方，以防备呼韩邪单于，自己率领四万骑兵向西进攻车犁单于。车犁单于被击败，向西北方逃走。屠耆单于随即率兵向西南来，留驻在闟敦地区。

汉朝大臣讨论当前形势，多数人认为：“匈奴为害汉朝多年，可趁匈奴分崩离析的时候，派兵去消灭他们。”宣帝颁诏询问御史大夫萧望之，萧望之说：“《春秋》上说，晋国士匄带兵进攻齐国，听说齐侯去世，立刻带兵退回，君子非常称赞士匄不乘敌国丧乱的时候去征伐，并认为唯有如此，恩德才足以使孝子心服，情义才足以使诸侯感动。先前单于仰慕汉朝的教化，一心向善，曾自称是汉的弟弟，派使者来请求和亲，全国民众非常高兴，四方夷狄没有不知道的。可惜还没有达成和亲之约时，单于不幸被贼臣杀害；如今去讨伐匈奴，是乘人之乱而幸灾乐祸，他们一定会逃亡远方。没有合法的理由而兴兵，就可能劳而无功。应派使者前去吊丧慰问，并在他们衰弱时扶助一把，为他们解除灾祸；四方夷狄听说后，一定钦服我国的仁义行为。如能因为大汉的恩惠，使其子孙复位，一定会臣属我们，这是一种盛德啊。”宣帝采纳了他的建议。

冬天，十二月初一日乙酉，发生日食。

韩延寿接替萧望之担任左冯翊。萧望之听说韩延寿在任东郡太守时，擅自向穷人发放官府之钱一千多万，就派御史去调查。韩延寿听说后，也派人调查萧望之在任左冯翊时，擅自把廪牺衙门的钱一百多万放债取利的事。萧望之上奏自辩说：“臣的职责是总领天下监察事务，听到有人检举，就不敢不问，可现在却因此受到韩延寿的要挟。”宣帝因而认为韩延寿不正派，分别下令追查到底。结果，对萧望之的追查没有实据，倒是萧望之派御史去东郡，查出韩延寿在考试骑兵之日，铺张排场，超越礼制；又动用官府中的铜器，趁月食时铸成刀剑，仿照宫中尚方铸剑的方法；还取用公钱，私自利用役使下属；又因整治车辆、甲胄，耗资三百万以上。韩延寿终于被判有狡猾不道之罪，斩首示众。那时，几千吏民一直将他送到渭城，不论老小，都扶着囚车车轴不放，争着给他送酒肉。韩延寿不忍拒绝，一一饮下，一共喝了一石多的酒，并让属下官吏向前来送他的吏民一一致谢说：“辛苦各位远程相送，我韩延寿虽死无憾。”百姓们都痛哭流涕。

（以上为第三段，写萧望之非忠直之士。他任御史大夫，对外引经据典，假借仁义，不趁匈奴内乱讨伐敌人，用以树立声名；而对内忌妒韩延寿声名，滥用职权，冤杀韩延寿。）

汉宣帝五凤二年（乙丑，公元前 56 年）

春季，正月，宣帝巡幸甘泉，祭祀泰畤。

车骑将军韩增逝世。五月，将军许延寿升任为大司马、车骑大将军。

丞相丙吉年事已高，宣帝很敬重他。萧望之时常看不起丙吉，宣帝为此很不高兴。丞相司直上奏弹劾萧望之对丞相傲慢无礼，还派属吏给自己家买东西，个人收入无形增加了十万三千，请求将萧望之逮捕治罪。秋天，八月初二日壬午，宣帝下诏将萧望之贬为太子太傅；任命太子太傅黄霸为御史大夫。

匈奴呼韩邪单于派他的弟弟右谷蠡王等人向西进攻屠耆单于的屯军，杀死掠走一万多人。屠耆单于得知，立即率六万骑兵袭击呼韩邪单于。屠耆单于兵败自杀。都隆奇与屠耆单于的小儿子右谷蠡王姑瞀楼头逃到汉朝投降。车犁单于向东投降呼韩邪单于。冬季，十一月，呼韩邪单于的左大将乌厉屈与其父呼遬累乌厉温敦看到匈奴内乱不止，便率领几万部众投降了汉朝；宣帝封乌厉屈为新城侯、乌厉温敦为义阳侯。此时，李陵的儿子又拥立乌藉都尉为单于，被呼韩邪单于捕杀；于是呼韩邪又回到都城单于王庭，但所属人口仅有几万人。屠耆单于的堂弟休旬王在匈奴西部自立为闰振单于；呼韩邪单于的兄长左贤王呼屠吾斯也在匈奴东部自立为郅支骨都侯单于。

光禄勋平通侯杨恽，廉洁无私；但他自恃有才，加之性情刻薄，喜好揭发别人隐私，因而在朝中结怨不少。他与太仆戴长乐交恶，有人上书控告戴长乐有罪，戴长乐怀疑是杨恽指使，也上书告杨恽，说：“杨恽上书为韩延寿辩护，郎中丘常问杨恽说：‘听说你为韩延寿辩护，能不能救他一命？’杨恽说：‘谈何容易，正直的人未必就能安全！我只怕也难以自保，这简直就像人们说的：“老鼠进不了洞，是因为它嘴里衔了个大东西。”’又曾对我戴长乐说：‘正月以来，天气久阴不雨，这类事在《春秋》上记载过，夏侯胜也说过。’”宣帝把两人交恶的事批交给廷尉审理。廷尉于定国上奏说杨恽心怀怨愤，散布妖言邪说，大逆不道。宣帝不忍心杀他，便下诏将杨恽和戴长乐一起贬为平民。

（以上为第四段，写匈奴内乱不止。光禄勋杨恽与太仆戴长乐交恶，互相上书揭短，双双被宣帝贬为庶人。）

汉宣帝五凤三年（丙寅，公元前55年）

春季，正月二十六日癸卯，博阳定侯丙吉逝世。

班固评论说：古代给一件事物取一个名称，一定依据这个事物的形貌来取定，远的取之于类似的事物，近的取之于自身。因而在儒家经典中，将君王比喻为头颅，臣下比喻为大腿和手臂，表明君臣是一体、相辅相成的。所以君臣之间互相配合，是古今的常理，自然形成的。考察汉朝建立以来的各位丞相，汉高祖创立基业的丞相萧何和曹参功居第一位；宣帝中兴，丙吉和魏相著闻当世。这些贤相在位时，官员的升降井然有序，各类机构健全，官员朝气蓬勃，公卿大臣多数都很称职，天下盛行礼让风气。观察各级官员的所作所为，就可知道当时的盛世，绝不是一句空话。

二月壬辰日，黄霸任职为丞相。黄霸的才能长于管理民众，当了丞相以后，声誉比不上作郡守。这时，京兆尹张敞住所上的鹖雀飞集在丞相府的屋顶上，黄霸认为是神雀，便商议在奏报给皇上。张敞上奏弹劾黄霸说：“臣看到丞相约同中二千石大臣、博士一起，对各郡国派来呈进计簿的长史、守丞发出各种有关为民兴利除害，推行教化的问题，要他们一一作答。凡报告当地农民不争地界，男女不同行在一条路上，以及道不拾遗，还有能举出当地孝顺子孙、贞节妇女人数的，列为第一等，首先在厅堂接见；虽然能列举出孝子顺孙、贞节妇女，但不知道有多少人的，列为第二等；说不出这方面政绩的，列为末等，他们要向丞相叩头请罪。丞相虽未明言，心中却是希望他们也能举出标志政绩的例子。长史、守丞对答时，一群鹖雀从臣家中屋顶上飞到丞相府的屋顶上，自丞相以下有几百人都看见了。从边郡来的官吏，都知道这是产自羌中的鹖雀，但丞相问他们，却都佯装不知。丞相打算联合众大臣上奏说：‘臣正在询问各郡国派来呈进计簿的长史、守丞有关兴举教化的条目时，上天派神雀下来，昭示陛下的盛德。’后得知是从臣敞家屋顶飞来，这才作罢。各郡国官吏都在暗笑丞相虽然仁厚有智，却轻信奇闻怪事。并非臣敞敢于诋毁丞相，只是怕群臣都不敢上报这件事，而各郡国的长史、守丞又畏惧丞相，回到郡国后不依法令，各依私自制定的教令，层层追加一些额外要求，破坏了纯厚朴实的风气，变得浅薄浮夸，甚至虚伪造假，有名无实，而对实质性事务则敷衍懈怠，甚至以妖言惑众。若京师率先大力倡导民众谦让不争，男女分路行走，道不拾遗等，这实际上对区分廉洁与贪污、贞节与淫乱的行为并无益处，反倒以虚伪的外表处于天下第一，这当然是不可行的，即便是各郡国先这样做，竞相以虚名欺瞒朝廷，这不是小事。汉朝承接了秦朝留下的烂摊子和各种弊端，适应形势而变通改革，制定了法令，目的在于鼓励善行，禁止奸恶，条理分明而系统，不可以再有所增加。应该派位尊之臣明确指示各郡国长史、守丞，转告各地二千石官员，推举任命三老、孝弟、力田、孝廉以及廉吏时，务必要任人得当，处理郡中事务都要以法令为依据，不得擅自增改；如有敢于弄虚作假，用来盗取名誉的人，一定遭受刑戮，以明辨是非善恶。”宣帝对张敞的建议十分赞赏，立即采纳，就召集那些到京师来呈进计簿的官员议事，派侍中现场把张敞的建议转告了他们。黄霸因此非常惭愧。

此外，乐陵侯史高凭外戚的身份和过去对宣帝的恩义，担任侍中，地位尊贵显赫，黄霸推荐史高担任太尉。宣帝就派尚书令宣召黄霸问事，说：“太尉一职早已撤销。宣明教化，沟通上下，使诉讼无冤狱，城乡无盗贼，这是你的职责。将相一级官员的任免是朕的责任。侍中、乐陵侯史高，是朕的左右近臣，也是朕的近亲，你为什么再越权保举呢？”命尚书令听取黄霸的回答。黄霸脱帽，请求宽恕，几天后，才得免罪，自此以后，黄霸再不敢奏请任免官吏。然而，自汉朝建立以来，作为治理民众的官吏，应推黄霸第一。

三月，宣帝巡视河东郡，祭祀后土神。下诏减少各地皇室收取的少年人头税；赦免天下死刑以下的罪犯。

六月十六日辛酉，任命西河太守杜延年为御史大夫。

设置西河、北地附属国，安置从匈奴来投降的人。

广陵厉王刘胥请巫师李女须诅咒宣帝，求神灵保佑他当皇帝。事情败露，刘胥把巫师李女须及宫女二十余人毒死，杀人灭口，公卿大臣请求将刘胥处死。

（以上为第五段，写班固对西汉中兴名臣魏相、丙吉的高度评价，可与开国名相萧何、曹参相提并论。黄霸作为地方官，有很高的声望，称为第一治民官，而作为丞相，治事虚冒浮华，名不副实。）

汉宣帝五凤四年（丁卯，公元前 54 年）

春季，刘胥自杀。

匈奴呼韩邪单于向汉朝称臣，派他的弟弟右谷蠡王到长安来侍奉宣帝作人质。汉朝因边境上无寇贼之患，就将戍边部队减少了十分之二。

大司农中丞耿寿昌上奏说："由于连年丰收，谷物价格便宜，农民收益减少。按照惯例：每年从函谷关以东地区转运粮食四百万斛以供应长安，需调用差役六万人。应趁谷价便宜可以从三辅、弘农、河东、上党、太原等郡购买粮食，就足够长安消费，可以节省函谷关以东转运差役一半以上。"宣帝采纳了他的建议。耿寿昌又禀报说："命令边塞各郡都修筑粮仓，在谷价低时，加价购买，谷价贵时，减价卖出，称作常平仓。"百姓因此深感方便。宣帝于是下诏赐耿寿昌关内侯爵。

夏天，四月初一日辛丑，发生日食。

杨恽失去爵位后，在家经营产业，以追逐财富为乐。杨恽的朋友安定太守西河人孙会宗写信劝诫他说："大臣被免职贬退，应闭门谢客，惶恐思过，表现出可怜的样子；不应当营治产业，交接宾客，获取名声。"杨恽是前丞相杨敞的儿子，很有才干，年少时就在朝廷中崭露头角，一时受到暗昧语言的中伤，遭贬废，心中怨愤不平，就回信给孙会宗说："我自个思量，自己的罪过太大，行为已有亏损，只能做一个农夫来过完一辈子，因此我才带着妻儿，努力耕田种桑，想不到又因此遭到讥评议论！人之常情要做的事，连圣人也不加禁止；即使是国君和父亲这样至尊至亲的人，子女为他们送终，也有一定的时限。臣得罪皇上，已有三年了，田间劳动很辛苦，每年的三伏、腊月，烹烤羊羔，喝些酒来自我犒劳，当酒酣耳热时，仰面朝天，敲打瓦盆，放声高歌，那歌辞是：'在那南山耕作啊，荒草杂乱实难锄；在那里种一顷的豆子啊，想不到只剩下豆茎。人生行乐当及时，等待富贵那要到什么时候！'即使是荒淫无度，也不知有何不可。"另外，杨恽的侄儿安平侯杨谭对杨恽说："你的罪并不大，又曾经对国家有功，将来还会受到任用。"杨恽说："有功有什么用！这样的天子不值得去替他效力。"杨谭说："皇上确实如此。司隶校尉盖宽饶、左冯翊韩延寿都是尽力国事的大臣，还不是都被找借口杀了！"恰好这时出现了日食，一个名叫成的马夫头上书控告杨恽说："杨恽骄横奢侈，不思改过。这次发生日食，就是由于他的缘故。"奏章交由廷尉处理，查证核实，发现了杨恽写给孙会宗的信，宣帝看了以后更加憎恨杨恽。廷尉判处杨恽大逆不道之罪，处以腰斩；妻儿贬到酒泉郡；杨谭贬为平民，所有和杨恽要好的现任官员，如未央卫尉韦玄成和孙会宗等人，都被免除官职。

臣司马光评论说：依宣帝的圣明，加上魏相、丙吉为丞相，于定国为廷尉，而赵广汉、盖宽饶、韩延寿、杨恽之死，都不能服众，这实在是宣帝善政的最大污点！《周礼》上关于司寇职责的规定，有议贤与议能两条，像赵广汉、韩延寿在治理民众方面，可以说是很有才能；像盖宽饶、杨恽的刚直性格，可以说是很贤明！就是犯了死罪，也应宽恕，何况罪不当死！扬雄认为，韩延寿诬告萧望之是咎由自取，其实韩延寿冒犯上官，则是萧望之所逼。宣帝不能明察，使韩延寿独自遭受罪刑，确实太过分了！

匈奴闰振单于率兵向东进攻郅支单于。郅支单于和他交战，杀死闰振单于，兼并了他的兵众；于是转过头来进攻呼韩邪单于。呼韩邪单于兵败退走，郅支单于建都在单于王庭。

（以上为第六段，写匈奴内乱，五单于火并，最后剩下两单于，郅支单于得势，呼韩邪单于败逃东方。写杨恽之死，司马光评论汉宣帝诛杀大臣有失宽仁。）

汉宣帝甘露元年（戊辰，公元前53年）

春季，正月，宣帝巡幸甘泉，在泰畤祭祀太一天神。

杨恽被杀以后，公卿大臣奏劾京兆尹张敞，认为他是杨恽的党友，不应再继续任职。宣帝爱惜张敞的才能，便将奏章留下不发。张敞部属絮舜外出调查案件，絮舜私自回家说："张敞任京兆尹最多还有五天，哪有时间办什么案子！"张敞听到此话，当即派人逮捕絮舜下狱，昼夜审讯，竟将他罗织成死罪。絮舜被杀之前，张敞派主簿送给絮舜一席讥刺的话，说："只任五天京兆尹又怎么样？冬天即将过去，你想拖延求生吗？"于是将絮舜斩首于闹市示众。恰好立春到了，巡视冤案的朝廷使者外出察巡，絮舜的家属用车载着絮舜的尸体，还把张敞讽刺絮舜的话编成顺口溜，拦路向使者控告张敞。使者上奏指控张敞妄杀无辜。宣帝想对张敞从轻发落，就先行批下张敞先前为杨恽的事被纠举的奏章，贬为平民。张敞到宫门前交还印绶后，立即从宫门前逃走。几个月以后，京师官员因懈怠职守，治安废弛，致使追捕匪盗的鼓声频传，冀州还出现了大盗，宣帝想起敞治理盗匪的功劳，就派使者到张敞的家征召他。张敞身遭重罪弹劾，听说朝廷使臣到来，他的妻儿家属都吓得大哭起来，只有张敞笑着说："我是一个逃亡的平民，郡吏就可以来捕捉我了。现今朝廷使者到来，这是天子想任用我啊。"于是整理行装，随使者来到接他的公车前，上书皇上说："臣从前有幸位列九卿，任职京兆尹，被控杀死属吏絮舜。絮舜本是臣平日厚待的官吏，曾几次加恩宽恕他的过失；他认为臣受到弹劾，即将免官，所以我派他查办案件，他竟然回家睡觉，还说臣只能担任五天京兆尹了，实在是忘恩负义，伤风败俗。臣认为絮舜背义弃礼，就擅用法令把他杀了。臣滥杀无辜，判案不公，现今即便遭受法律的制裁，处以死刑，也无遗憾！"宣帝召见张敞，任命他为冀州刺史。张敞到任后，盗贼就收敛起来，不敢外出。

皇太子刘奭性格温柔仁厚，喜好儒术，看到宣帝所任用的多半是精通法令的官吏，常用刑法来控制百姓，就在一次与宣帝一同进餐时，从容建议道："陛下过于依赖刑法，应当任用儒生。"宣帝生气地说："汉家自有制度，本来就是兼采王道和霸道；怎么能独用道德教化，采用周朝的政治呢！何况俗儒迂腐不识时务，喜欢古人古事，总认为今不如昔，令人们在名分与实际之间感到迷惑，不知如何去遵行，这种人怎能委以重任！"因而叹息说："败坏我汉家基业的人将是太子！"

臣司马光评论说：王道和霸道并没有什么区别。从前在夏、商、周三代昌盛时，礼乐、征伐的权力，掌握在天子手中，称为王道。天子地位衰弱，不能控制诸侯时，若有诸侯出头率领同盟国，一起去征讨那些悖逆王廷的人，以尊奉王室，这就称为霸道。无论遵行哪一种道，都在遵循仁义根本，任用贤能，赏善罚恶，禁止暴乱；王道霸道两者只不过在名位上有尊卑之差，德泽上有深浅之别，功业上有大小之分，政令上有广狭之异，并不是像白与黑、甜与苦那样截然相反。汉朝之所以不能恢复夏、商、周三代那样的治世，是由于君主未朝那个方向努力，并不是古代先王的道统不能再行于后世。说到儒生，其中有君子，也有小人。像宣帝所说的俗儒，当然不能依靠他们治理天下，但难道就不能访求真儒而任用吗！稷、契、皋陶、伯益、伊尹、周公、孔子，都是大儒，假若汉朝能得到并且重用，汉朝的功业岂能只像现在这样！宣帝说太子懦弱不能自立，不懂得治国之法，必然将败坏刘氏基业，这还说得过去；假若说王道不可实行，儒生不可任用，岂不是太过分了！这话不能用来训示子孙，也不能留给后人效法。

淮阳宪王刘钦喜好法律，聪明通达，很有才干；他的母亲张倢伃特别受宣帝宠爱。宣帝因此疏远太子而喜欢宪王刘钦，多次称赞宪王刘钦说："这才真是我的儿子！"经常有意要立宪王刘钦为太子，但由于太子生于自己微贱之时，那时自己是依靠刘奭的母亲许氏家生活的，即位之后，许皇后又被人毒死，所以不忍心罢废太子。过了很久，宣帝任命韦玄成为淮阳中尉，因为韦玄成曾让侯爵给他的哥哥，想以此事来感悟劝解刘钦；从此，太子的地位才稳固了。

（以上为第七段，写甘露元年京兆尹张敞滥杀属吏未受惩处；太子刘奭好儒性格柔弱，受到汉宣帝的训斥，申明汉家制度霸王道杂之。司马光批评汉宣帝施政仁义有亏，故有霸王道杂治之论。）

匈奴呼韩邪单于被郅支单于击败后，左伊秩訾王为呼韩邪单于献计，劝他向汉称臣，归顺汉朝，请求汉朝援助，这样，才能平定匈奴内乱。呼韩邪询求大臣们的意见，大臣们都说：“不行。匈奴的风俗，历来是崇尚勇力，耻于服侍别人，从马背上征战建立国家，所以威名才震服蛮夷各国。沙场战死，是壮士分内的事。现今兄弟争国，不是兄死，就是弟亡，即使因此而分裂，但威名尚在，子孙永远统治蛮夷各国。汉朝虽然强大，尚不能吞并匈奴；为什么要败坏先祖的体统，臣服汉朝，使历代单于蒙羞九泉之下，让各国耻笑！就算能因此获得安定，又将如何再去统帅蛮夷各国！”左伊秩訾说：“不是这样的，强弱的形势，随时间而改变。现今汉朝正强盛，乌孙等各个国家都已向汉朝称臣。匈奴从且鞮侯单于以来，力量日益衰弱，无力恢复全盛时的匈奴，尽管坚强不屈，却不能得到一日的安宁。如今若能事奉汉朝，便可安全生存，不肯事奉汉朝，则濒于危亡，没有比这更好的策略了！”各位大臣争议许久，呼韩邪采纳了左伊秩訾王的建议，率众南下靠近汉朝边境，派儿子右贤王铢娄渠堂到长安入侍汉朝。郅支单于也派儿子右大将驹于利受入侍汉朝。

二月二十一日丁巳，乐成敬侯许延寿逝世。

夏季，四月，新丰县发现黄龙。

四月初一日丙申，太上皇祭庙失火；四月初九日甲辰，孝文帝祭庙失火；宣帝穿了五天素服。

乌孙狂王泥靡再把楚公主刘解忧娶以为妻，生一男孩鸱靡，狂王与公主感情不好；又暴戾凶恶，失去民心。汉朝派卫司马魏和意为使臣，卫侯任昌为副使来到乌孙。公主刘解忧说：“狂王给乌孙带来很多灾祸，杀他很容易。”因而密谋，在酒宴时，派武士拔剑杀之。结果剑刺歪了，狂王受伤，上马逃走。狂王的儿子细沈瘦率兵将魏和意、任昌以及公主包围在赤谷城中；几个月后，都护郑吉征调西域各国军队前往救助，细沈瘦才解围而去。汉朝派中郎将张遵带医药给狂王治疗，赐给他许多黄金、布帛；又将魏和意、任昌锁拿，从尉犁用囚车押回长安处死。

当初，乌孙肥王翁归靡与胡人妻子生的儿子乌就屠，在狂王受伤时，惊恐不安，与乌孙诸翎侯一起逃走，住在北部山中，声称他的娘家匈奴要派兵来，所以乌孙人都归附于他；随后乌就屠攻杀狂王，自立为昆弥王。这一年，汉朝派破羌将军辛武贤率兵一万五千到敦煌，疏通渠道，囤积粮食，准备讨伐乌就屠。

当初，刘解忧的侍女冯嫽，因为能通史书，熟悉汉与西域各国事务，曾携带汉朝符节充当公主的使节，出使城邦各国，城邦各国对她十分尊敬信任，称她为冯夫人，她是乌孙右大将的妻子。右大将与乌就屠关系要好，都护郑吉就让冯嫽劝说乌就屠，告诉他汉军即将出击，乌孙一定会被汉军所灭，不如归降汉朝。乌就屠大为惊慌，说：“希望能封我一个小昆弥的王号，使我能安身。”宣帝召见冯夫人，亲自询问情况；然后派谒者竺次、期门郎甘延寿充当冯夫人的副使，护送冯夫人。冯夫人乘坐锦车，带着汉朝符节，诏令乌就屠到赤谷城去拜见长罗侯常惠。立元贵靡为大昆弥，乌就屠为小昆弥，各赐印信、绶带。破羌将军未曾出塞，就撤回。后来，乌就屠不肯将民众全部交给诸翎侯，汉朝又派长罗侯常惠率领三校部队屯兵赤谷城，给他们划分地界和民众，大昆弥统辖六万多户，小昆弥统辖四万多户；但民心都向着小昆弥。

（以上为第八段，写匈奴五单于内斗，到甘露元年只剩下两单于皆称臣于汉；西域乌孙分裂为二。）

汉宣帝甘露二年（己巳，公元前52年）

春季，正月，宣帝立皇子刘嚣为定陶王。

宣帝下诏大赦天下，本年减少百姓赋税三十钱。

珠厓郡叛乱。夏季，四月，派护军都尉张禄率军镇压。

杜延年年老多病，被免职。五月初一日己丑，廷尉于定国任职为御史大夫。

秋季，七月，宣帝巡幸萯阳宫、属玉观。

这一年，营平壮武侯赵充国逝世。先前，赵充国因年老请求退休，宣帝赐给他安车、驷马、黄金，送他回家休养。每当朝廷处理有关四方夷狄的重大事件，赵充国仍参与兵事决策，朝廷总是向他征询方略。

匈奴呼韩邪单于抵达五原郡边塞，表示愿意奉献本国珍宝，在甘露三年正月到长安朝见宣帝。宣帝下诏商议朝见礼仪。丞相和御史大夫说："按照古代圣王的礼制，京师王室之礼重于各诸侯国，各诸侯国之礼重于四方夷狄。匈奴单于来朝天子，其礼仪应该与诸侯王相同，位次排在诸侯王之后。"太子太傅萧望之提出不同建议，说："单于并非汉朝的臣属，所以称为敌对国，不应以对臣属的礼仪对待他，位次应在诸侯王之上。外夷向我国叩头，自称藩属，我国谦让，应以客礼而不以臣属之礼相待，为的是笼络他，我国谦逊可带来亨通的福气。《尚书》说：'戎狄荒服很难驯服。'说明戎夷反复无常。如果将来匈奴的后代像飞鸟远窜、老鼠潜伏一般不来朝见，那也不能算背叛我国的臣子，这样做就是为子孙万代着想的长远计策。"宣帝采纳了这一建议，下诏说："匈奴单于自称我国北方藩属，将于明年正月初一前来朝见。因为朕的恩德不够，不能广施荫庇。所以应以待客的礼仪来接待他们，让单于位于诸侯王之上，谒见时，只称臣而不称名。"

荀悦评论说：依照《春秋》大义，君主统辖天下，不分内外，为的是天下一统。戎狄外族因相距遥远，人事隔绝，中国的历法政令无法颁行贯彻，礼仪教化也无法施加给他们，这并不是尊重他们，而是形势使然。《诗经》说："那些氐、羌的夷狄小国，谁敢不来朝见天子。"距离再远的外族君主，也不能不向天子朝贡；不来朝贡，应当先以文辞责问，继之严令申斥，强迫其来朝，而不应称之为敌对之国。萧望之想不以臣属之礼对待，使单于位在王公之上，实属僭越制度，丧失秩序，扰乱伦常，是不合礼仪的！如果只是一时的权宜之计，就另当别论了。

宣帝诏令车骑都尉韩昌前去迎接单于，征调沿途七郡二千骑兵列于道路两旁表示隆重欢迎。

（以上为第九段，写甘露二年安羌名将赵充国辞世，匈奴呼韩邪单款五原塞上表入朝，汉宣帝与大臣朝议特制接待礼仪，单于入朝位在诸侯王上，称臣不拜，也不称名，待以客礼。荀悦评论认为，规格高于诸侯王，丧失秩序，扰乱伦常，只是一个权宜之计，不可为常法。）

汉宣帝甘露三年（庚午，公元前 51 年）

春季，正月，宣帝巡幸甘泉宫，在泰畤祭祀天神。

匈奴呼韩邪单于来到京师朝见宣帝，仅称藩臣而不称名；宣帝赐给他冠带、衣裳、黄金印玺、盭绶带，用玉石装饰的剑、佩刀，一张弓，四支箭，十支用于仪仗的木戟，安车一辆，马鞍一副，十五匹马，二十斤黄金，二十万钱，衣衫被褥七十一套，锦绣、绸缎、布帛八千匹，丝绵六千斤。朝见典礼完成，宣帝派使者导引单于先到长平阪休息。宣帝也从甘泉宫移往池阳宫。宣帝登上长平阪，下诏让单于不必参拜，随同单于朝见的匈奴大臣左右当户等人，以及各蛮夷国的君王、各诸侯王、列侯等几万人，都来到渭桥下，夹道欢迎。宣帝登上渭桥，大家都高呼万岁。随后单于又移住长安。宣帝在建章宫设宴款待单于，向他展示很多国家珍宝。二月，送单于回国。单于请求“希望能留居大沙漠以南的光禄塞；遇有紧急情况，退入汉受降城自保”。汉朝派长乐卫尉、高昌侯董忠，车骑都尉韩昌率领一万六千名骑兵，又征调边郡数以千计的马匹，护送单于从朔方郡鸡鹿塞出塞。下诏令董忠等人留下护卫单于，帮助单于诛杀不驯服的人，又转运边塞的粮食、干粮，一共三万四千斛，供给单于部众食用。从前，从乌孙以西直至安息与匈奴亲近的西域各国，都惧怕匈奴而轻视汉朝；等到呼朝邪朝见汉朝后，就都尊重汉朝了。

宣帝因为戎狄已经平定，念及朝廷大臣辅佐的功劳，就命人在麒麟阁上，为汉朝中兴做出重大贡献的大臣绘制画像，既依仿容貌，又注明官爵、姓名；唯独霍光不注名字，只写：“大司马、大将军、博陆侯，姓霍氏”，依次为张安世、韩增、赵充国、魏相、丙吉、杜延年、刘德、梁丘贺、萧望之、苏武，共十一人，都有功劳和德行，在当世享有盛誉，因而表扬他们，以彰明他们对中兴汉朝的辅佐之功，可以与古代的方叔、召虎、仲山甫等功臣相提并论。

凤凰飞集新蔡县。

三月己巳日，建成安侯黄霸去世。五月十二日甲午，于定国任职为丞相，封西平侯。太仆沛郡人陈万年任职御史大夫。

宣帝下诏命儒家学者分别讲述五经的异同，由萧望之等人辨析，做出公正评议，然后上奏，再由宣帝做最后的裁决。最后，决定以梁丘贺注解的《易经》，夏侯胜、夏侯建注解的《尚书》，谷梁赤注解的《春秋》为标准本，都设置博士。

乌孙大昆弥元贵靡及鸱靡都已病死，公主刘解忧上奏宣帝说："我年纪已老，思念故乡，希望能让我返回家乡，埋在汉朝的土地上！"宣帝颇感悲怜，派人将其接回汉朝。冬，刘解忧回到长安，所受待遇与公主相同。两年后死去。

元贵靡的儿子星靡继立为大昆弥，年纪尚幼。冯夫人就上书说："我愿作为汉使到乌孙去，辅佐星靡。"汉朝就派她去。都护郑吉上奏说，乌孙的大臣大禄、大监都可以按丞相待遇赐给金印和紫绶，让他们尊重和辅佐大昆弥。汉朝同意了。后来，段会宗当都护，就招抚那些流亡在外和叛逃的人回国，用以安抚乌孙。星靡死后，其子雌栗靡继位。

皇太子刘奭宠爱的司马良娣病重，临终前，对太子说："我的死不是天命将尽，而是因为那些娣妾、良人诅咒我，害死我的。"太子认为有理。司马良娣死后，太子悲伤过度，也生了病，郁郁不乐。宣帝就令皇后到后宫去挑选可以让太子高兴起来的宫女，找到元城人王政君，送到太子宫中。王政君是从前绣衣御史王贺的孙女，太子在丙殿接见了她；骤加宠爱，有了身孕。甘露三年，在甲馆画堂生下成帝，为嫡皇孙。宣帝十分疼爱，亲自为他取名叫骜，字大孙，经常带在身边。

（以上为第十段，写甘露三年，匈奴呼韩邪来朝，结束了汉匈之间长达八十三年的战争状态，西域各国也从此敬重汉朝，标志西汉极盛。由是汉宣帝图画十一位中兴名臣于麒麟阁，画上了昭宣中兴的句号。随着西汉对西域的掌控，乌孙也赢来了国内安定。）

汉宣帝甘露四年（辛未，公元前 50 年）

夏季，广川王刘海阳因为被控有乱伦行为，滥杀无辜，被罢废，流放到房陵。

冬季，十月，未央宫宣室阁发生火灾。

这一年，改封定陶王刘嚣为楚王。匈奴呼韩邪、郅支两位单于都派使者来朝贡，汉朝对呼韩邪单于的使臣，礼敬高于郅支单于的使臣。

汉宣帝黄龙元年（壬申，公元前 49 年）

春季，正月，宣帝巡幸甘泉宫，在泰畤祭祀天神。

匈奴呼韩邪单于再次来朝见天子；二月，回国。起初，郅支单于认为呼韩邪兵力衰弱，已归降了汉朝，不会再返回匈奴王庭，就率部西进，想攻取匈奴右地。又，屠耆单于的小弟弟原本侍奉呼韩邪单于，也逃到匈奴西部右地，收编了他两个哥哥的余兵，集聚了几千人，自封为伊利目单于；路上遇到了西进的郅支单于，双方大战，郅支杀掉了伊利目，兼并了他的部众，合并有五万多人。郅支单于听说汉朝调出兵粮护卫呼韩邪回匈奴，就留居在右地；估计自己的兵力足以统一匈奴，就继续西迁，接近乌孙，想和乌孙合作，就派遣使者去见小昆弥乌就屠，乌就屠杀死来使，出动八千骑兵迎接郅支。郅支察觉乌孙的偷袭阴谋，率兵迎战，大破乌孙军；郅支又向北攻击乌揭、坚昆、丁令，兼并了这三国。其后又多次派兵攻击乌孙，大多获胜。坚昆东距匈奴单于王庭七千里，南距车师国五千里，郅支就以坚昆作为他的都城。

三月，有彗星出现在王良、阁道两星座间，后进入紫微宫。

宣帝病重，挑选可以托付后事的大臣，宣召外戚侍中乐陵侯史高、太子太傅萧望之、少傅周堪进到宫中病卧榻前，封史高为大司马、车骑将军，萧望之为前将军、光禄勋，周堪为光禄大夫，共同接受遗诏辅佐太子，主管尚书事。冬季，十二月初七日甲戌，宣帝在未央宫逝世。

班固评论说：孝宣皇帝治理国家，有功必赏，有罪必罚，统筹安排，追查施政成效。无论是政事、文学、法理等各方面的人才，都是当时的英杰，个个干练。说到技巧、工匠、器械方面的成就，自元帝、成帝期间，很少有人赶得上的。这可以足够说明官员尽忠职守，百姓安居乐业。又遇匈奴内乱，排斥郅支加速灭亡，帮助呼韩邪发展生存，威震北方夷狄，使单于慕义归顺，叩头称臣。光宗耀祖，业留子孙，可以说是汉室中兴，功德堪与殷高宗、周宣王相比了！

十二月二十六日癸巳，太子刘奭即位，进谒了高祖刘邦祭庙，尊奉皇太后为太皇太后，皇后为皇太后。

（以上为第十一段，写匈奴郅支单于西迁远离汉朝。宣帝逝世，班固高度评价宣帝中兴汉朝的功绩，贤人治国，民安其乐。）

【点评】

昭宣中兴论。宣帝甘露三年，呼韩邪单于来朝，宣帝图画中兴名臣十一位于麒麟阁，这两件事是昭宣中兴的标志，两年后，宣帝逝世。

昭宣中兴，指汉昭帝、汉宣帝两代历史时期，公元前86至前49年，共历时38年，是西汉历史的一个重要转折时期。霍光受托孤之重，拥昭立宣，摄政20年，遵循汉武帝轮台诏令的政策转变，“知时务之要，轻徭薄赋，与民休息”，使“百姓充实”（《汉书·昭帝纪》），西汉经济获得了恢复和发展。宣帝刘询自幼生长民间，少时出入三辅，上下诸陵，“具知闾里奸邪，吏治得失”（《汉书·宣帝纪》），亲政十八年，“励精为治，五日一视事，自丞相以下各奉职而进”（《汉书·循吏传》），“吏称其职，民安其业”（《汉书·宣帝纪》），使一度萧条衰败、风雨飘摇的西汉王朝又兴盛强大起来，遂成中兴之业。

宣帝后期十年，匈奴内乱，宣帝君臣抓住时机安抚西域，压迫匈奴，国势达于巅峰。甘露三年，匈奴呼韩邪来朝，臣服西汉，上距汉武帝元光二年，公元前133年设谋马邑，汉匈对峙，处于战争状态长达83年。战争使汉匈两族人民都付出了沉重的代价。战争使匈奴失去了漠南以及河西地区的广大水草牧场，远遁漠北，国家四分五裂，人口锐减，处于灭绝境地。汉朝也付出了“海内虚耗，户口减半”（《汉书·昭帝纪》）的代价。民族斗争最后带来的是民族融合。甘露三年（公元前51年），呼韩邪单于来朝，结束了汉匈的战斗状态，汉匈和平相处，进入了融合的历史新时期。汉宣帝不忘文武功臣的贡献，图画十一位名臣于麒麟阁。第一位是“大司马、大将军、博陆侯，姓霍氏”，即霍光。画像下注明官爵、姓名，唯独霍光只称姓，不称名，表示崇高的尊重，霍光下依次为：张安世、韩增、赵充国、魏相、丙吉、杜延年、刘德、梁丘贺、萧望之、苏武，让千秋万代记住他们的名字。

汉纪二十

汉元帝初元元年至永光二年（公元前48—前42）

【起昭阳作噩（癸酉，公元前48年），尽屠维单阏（己卯，公元前42年），凡七年】

【大事提要】

本卷记事起公元前48年，讫公元前42年，凡七年，当汉元帝初元元年至永光二年。汉元帝是一位典型的昏君，说得好听一点是一位中庸之君，其特点是可与为善，也可与为恶。汉元帝亲近宦官弘恭、石显，以及外戚史高、许嘉等人，则办出糊涂事，可以逼杀自己尊敬的老师大儒萧望之；汉元帝亲近萧望之、周堪、刘向等人，则可以举贤、纳谏，并克己奉公，做出表率。本卷所载大事，主要有三个方面：其一，汉元帝举贤纳谏。王吉、贡禹是所举贤者之一，两人均为大儒。汉元帝启用萧望之、周堪、刘向、张猛等人，亦皆大儒。汉元帝采纳贡禹之言，为政节俭，下诏御厨房不要每天杀牲，省膳，减少饮食一半，立即停止宫殿的修缮，减少御用马匹，撤销角抵游戏，释放上林苑行宫中难以见到皇上的宫女回家，撤销齐地的皇家织造厂，裁撤北假的军事屯田，废除刑法七十多条判例，发放赈济，扩大太学和郡国学校招收生徒的名额，能精通一经的士人免除田租差役。汉元帝又采纳贾捐之上书，停止征讨海南岛珠崖郡夷人的叛乱。这些都是善政。其二，以主要篇幅记载权臣斗争。中官弘恭、石显，外戚史高、许嘉，两派勾结对付朝官，中坚人物为石显。朝官以萧望之、周堪、刘向、张猛等人为中坚，志在除恶，刘向是朝官派的急先锋，他的上书刀光剑影，直指对立面石显，但仍隐晦其辞，不敢直呼其名。纯儒派官僚贡禹、薛广德、韦玄成、匡衡等依违其间。钻营派官僚郑朋、诸葛丰、贾捐之、扬兴等人，推波助澜，他们奔走于权贵之门，策划阴谋诡计于密室，寡廉鲜耻巧言钻营，一副小人嘴脸。常语说，疏不间亲。汉元帝偏听偏信中官和外戚，石显有恃无恐，朝官派事事先发难而常败北。萧望之自杀，刘向，周堪、张猛等人被罢官。其三，汉元帝羁縻北匈奴郅支单于，过于妥协，送还质子，派大臣直送至郅支王庭，示人以弱，郅支反而不买账，杀汉使而西走，大为失计。冯奉世果决平定陇西羌人叛乱，巩固了边防，稳定了西域，这为后来西域都护斩杀郅友奠定了基础。

孝元皇帝上

汉元帝初元元年（癸酉，公元前 48 年）

春季，正月初四日辛丑，安葬汉宣帝于杜陵，下诏大赦天下。

三月初十日丙午，册立皇后王氏，册封皇后父亲王禁为阳平侯。

诏令京师三辅、太常、郡国所掌公田，以及皇室禁苑可以节省的土地借贷给贫民耕作；资产不到一千钱的贫民，赈济或借贷给种子、食粮。

册封外祖父平恩戴侯许广汉的同胞弟弟的儿子中常侍许嘉为平恩侯。

夏季，六月，因为民间流行传染病，下诏命令太官节省宫中膳食费用，裁减乐府人员，减少禁苑养马，用来赈济贫困缺吃少穿的民众。

[秋九月]，函谷关以东有十一个郡和诸侯国发生大水灾，闹饥荒，有的地方人吃人；于是转运相邻郡县的钱谷进行赈救。

汉元帝听说琅邪郡人王吉、贡禹都是精通经术、德行高洁的人，就派遣使者征召他们。王吉不幸病死在途中，贡禹来到京师，被任命为谏大夫。汉元帝经常向贡禹虚心询问治理国家的问题，贡禹上奏说："古代的国君崇尚节俭，只征收十分之一的赋税，没有其他的赋税徭役，因此家家富裕，人人满足。高祖皇帝、孝文皇帝、孝景皇帝，宫女不过十多个人，圈里的养马只有一百多匹。到了后代，争相奢侈，越来越厉害；就连臣子，也在仿效，臣下个人认为，虽然回到太古时代太难，但应该稍稍仿效古人，自行节俭就可以了。如今宫室已成定制，没有办法裁减，但其他方面还留有减省的余地。从前齐国的三服官，每年供奉衣物不过十箱而已。如今齐国的三服官，制作工匠各有几千人，每年费用几个亿。御用马圈里用粮食喂养的马上万匹。武帝时，又多方选取美人几千人，用来充填后宫。等到他去世后，殉葬的金钱、财物、鸟兽、鱼鳖等多达一百九十种；又把后宫宫女全部安排去守护园陵。等到孝宣皇帝去世时，皇上您厌恶节葬的言论，群臣依循旧例厚葬，这真是令人痛心啊！由此演化成社会风气，聘娶女子都无节制，诸侯的妻妾有的多达几百人，豪绅富民和官吏畜养的歌伎多到几十人。因此，宫室内和豪民家里多有未嫁的怨女，社会上多有光棍汉。以至于普通老百姓丧葬时，也都把地上有用的东西用来殉葬死人埋在地下。这种厚葬陋习是从皇上做起，而大臣又都依循旧例造成的罪过啊！只有皇上深深考察古代淳朴治国的道理，效法他们的节俭；大大减损车乘衣物和御用器物，三分去二；选择后宫贤淑的女子，留下二十人，其余的都放她们回家，至于守护先帝各个园陵的女子，应当全部遣送回家；马圈里喂养的御用马匹不要超过几十匹，只留下长安城南的苑囿，供做打猎用地。由于现今天下饥荒，怎能不大大的减省费用来救灾，顺合天意呢？上天降下圣上，正是为了万众百姓，并不是要让他独享快乐啊？"汉元帝赞赏并采纳贡禹的建议，颁下诏书，命令各离宫别馆，凡不常去居住游幸的闲置宫殿，不必整修；太仆减少养马的粮食，掌管禁苑的水衡都尉，减少喂养野兽的肉食。

臣司马光说：忠臣事奉国君，职责是建言国君先做难做的事，这样，那些容易做的事不费力气就可上正轨；弥补了国君的短处，那么国君的长处不用劝谏也能充分发挥。孝元皇帝即位之初，既然虚心询问贡禹，贡禹应该首先提出皇上急需办理的事，然后提出缓办的事务。什么是急务呢？孝元皇帝优柔寡断，谗佞之人专权，这才是当时的大祸害。可是贡禹不针对这些提出建议；而恭谨节俭，本是孝元皇帝一向的操守，贡禹却絮絮叨叨地说这些。这是为什么呢？如果贡禹的智慧认识不到，怎么能称为贤者？如果贡禹知道而不敢言，那他就犯了大罪！

匈奴呼韩邪单于再次上书汉天子，诉说匈奴民众生活困乏。汉元帝下诏云中、五原两郡转运两万斛粮食供给。

这一年，首次设置镇抚西域各国的戊己两校尉，命令在从前车师国境内屯田。

（以上为第一段，着重写汉元帝初即位，征召贤者，问政于贡禹。贡禹畏难避祸，不言急务而言枝节，受到司马光的批评。）

汉元帝初元二年（甲戌，公元前 47 年）

春季，正月，汉元帝行幸甘泉宫，祭祀天帝泰一神。乐陵侯史高因为是外戚，掌领尚书事，前将军萧望之、光禄大夫周堪任副职。萧望之是当时名儒，他和周堪都由于有教导天子的旧恩，很受信任，汉元帝多次宴请接见，讨论兴衰治乱的事务，陈说天子治国的大事。萧望之举荐皇室中精通经术又有德行修养的散骑常侍、谏大夫刘更生任给事中，让刘更生与侍中金敞两人一起在皇上左右拾遗补阙。萧望之、周堪、刘更生、金敞四人齐心协力谋议政事，劝导孝元皇上依从古代的仪则制度，想多方面纠正缺失，汉元帝上都信赖采纳。史高只是在职充数罢了。因此，史高与萧望之有了嫌隙。

中书令弘恭和仆射石显，自宣帝时起，就长久地掌管中枢机要，精通各种典章法制。汉元帝即位后身体多病，又因石显长期职掌政事，加之是宫中宦官，在外朝设有党羽，精力专一，可以信任，于是孝元皇帝把政事托付给石显，无论大小，均由石显来通报上奏由皇上决断，石显受到的尊宠，震动了外朝，文武百官都敬重奉承石显。石显为人聪明狡猾，办事干练，能够深刻领会皇上心意，内心阴险狠毒，善于运用诡辩来中伤别人，谁违背他的心意，即使瞪眼睛一样的小小过失，也用重刑惩治。石显与车骑将军史高内外呼应，每每议政，经常坚持按旧例办事，不听从萧望之等人的意见。

萧望之等既为许嘉和史高的放纵而苦恼，又痛恨弘恭和石显的专权，就向汉元帝上提出建议，认为：“中书省是施政的根本机关，国家的权力中枢，应当选用通明公正的人担任中书令。武帝时因在后宫游乐宴会，所以用宦官担任中书令，不符合古代制度。应当罢免在中书省任职的宦官，人君应遵守不接近刑人的古制。”因此萧望之等与史高、弘恭、石显产生很大的嫌隙。孝元皇上因为刚即位，做事谦让，不愿有大动作，很久也不能对萧望之的建议做出决断，散骑常侍、给事中刘更生也被排挤出宫担任外朝的宗正官。

萧望之、周堪多次举荐名儒、茂才去担任谏官，会稽郡人郑朋想暗中依附萧望之，就上奏说车骑将军史高派遣宾客到郡国去谋私利，还揭发许嘉、史高子弟的罪过。汉文帝把奏章批转周堪审阅处理。周堪批示：“命令郑朋在金马门待诏。”郑朋又打报告给萧望之说：“如今将军想成就的规模，是想做到管仲、晏婴那样的业绩，还是要忙得连午饭都没时间去吃，达到周公、召公那样的顶点才肯罢休呢？如果只想做到管仲、晏婴那样的业绩，在下我就回到延陵的岸边，颐养天年算了；如果将军要重振周公、召公那样的功业，亲自接待贤士，连中午饭都顾不上吃，那么在下我就跟随您，竭尽全力奉献我的微薄之力！”萧望之初见郑朋的时候，很诚心地接待他；后来知道他是一个奸邪的小人，就断绝和他来往。郑朋是轻薄无行的楚地人，怨恨萧望之疏远他，就转而投靠许嘉、史高，还推脱自己揭发许嘉、史高丑事的行为，说：“这都是周堪、刘更生教唆我做的，我是关东人，怎么知道这些事情呢？”于是侍中许章向汉元帝建言接见郑朋。郑朋出宫以后，扬言说：“我朝见皇上报告了前将军萧望之有五件小过错，一件大罪。”待诏华龙品行卑污，想依附周堪等人，周堪等也不接纳他，于是华龙就和郑朋勾结在一起。

弘恭、石显让郑朋、华龙两人告发萧望之等人谋划要罢退车骑将军，离间汉元帝与外戚许、史的关系，等到萧望之休假出宫的时候，要郑朋、华龙上奏给汉元帝。汉元帝批示弘恭去查处此事，萧望之回答说：“外戚在位多奢侈放荡，我们想纠正国家的过失，并不是邪恶。”弘恭、石显上奏说：“萧望之、周堪和刘更生结成朋党，互相抬举，多次诬陷大臣，诽谤离间亲戚，想专权弄势。为人臣而不忠，诬罔皇上而陷于不义，请求派谒者宣召把他们交给廷尉依法治罪。”当时汉元帝刚即位，不知道交给廷尉治罪就是关进牢狱，就批准了这个奏章。后来汉元帝要召见周堪和刘更生，身边的人告诉说：“已经关进牢狱了。”汉元帝大吃一惊地说：“不是送交廷尉对质吗？”汉元帝责问弘恭、石显，两人只好叩头谢罪。汉元帝说：“立即释放恢复职务办公。”弘恭、石显要史高去向汉元帝建言说；“皇上刚刚即位，天下的人还没听到皇上的德治，那就首先从皇上的师傅做起，既然把九卿宗正刘更生、光禄大夫周堪关进了监狱，就应当一律免职。”于是下诏给丞相和御史大夫，说：“前将军萧望之，辅导朕八年，没有其他罪过，如今年事已高，记忆力衰退，说不清事理，可赦免萧望之的罪过，收回前将军、光禄勋的印绶，周堪和刘更生都免职为平民。”

（以上为第二段，写汉元帝初即位，以萧望之为首的外朝官与以弘恭、石显为首的中朝官，展开了激烈的斗争，外戚许、史集团投入中官集团，无行官僚郑朋辈推波助澜，第一回合，萧望之等败下阵来。）

二月二十七日丁巳，册封汉元帝的弟弟刘竟为清河王。

二月二十八日戊午，陇西郡发生地震，震坏城墙、房屋，压死许多民众。

三月，册封广陵厉王刘胥的儿子刘霸为广陵王。

下诏裁撤黄门寺所掌管的车驾狗马，还有水衡都尉掌管的皇家花园、宜春宫所属的御花园、少府佽飞管理的外池、皇家射鸟园林中的空地，都借贷给贫民去耕种。又下诏赦免天下，选举茂才异等和直言极谏的人士。

夏季，四月，册封皇子刘骜为皇太子。待诏郑朋举荐太原郡太守张敞，因为他是先帝的名臣，适宜辅导皇太子。汉元帝询问萧望之，萧望之认为张敞是一位很能干的官员，能治理繁杂的政务，但行为轻佻，不适宜做皇太子的师傅。汉元帝征召张敞，想任用他为左冯翊，不巧他却病死了。

下诏赐爵萧望之为关内侯，拜给事中，规定每月初一和十五可以进宫朝见天子。

关东闹饥荒，齐地发生人相食之事。

秋季，七月，己酉日（七月无己酉日，疑误），再次发生地震。

汉元帝重新征召周堪、刘更生，想任用为谏大夫，由于弘恭、石显打小报告，又都改任为中郎。

汉元帝十分器重萧望之，想倚重他担任宰相职务，弘恭、石显以及许嘉、史高兄弟、侍中、诸曹都忌恨萧望之等人。刘更生就让他的外亲上奏封事，说：“地震之所以发生，大概是警示弘恭等人的专权，并不是为了萧望之、周堪、刘更生三个孤独的人。臣个人认为应当罢免弘恭、石显用来表明对妒贤害能的小人的惩罚，进用萧望之等人打通贤人效力的道路，如能这样，那么就打开了太平盛世之门，堵塞了灾异发生的根源。”封事文书上奏以后，弘恭、石显怀疑是刘更生指使的，就报告皇上，请求调查其中的诡诈，刘更生的那位外亲，在拷问之下供出了真相，果然是刘更生的指使，于是抓捕了刘更生，将其投入监狱，并赦免其为平民。

恰好，萧望之的儿子散骑常侍、中郎萧伋也上奏申诉萧望之前次被弘恭、石显诬告的事，这事被批转给主管官吏去审理。主管官吏回奏说：“萧望之先前所犯的罪过十分清楚，没有被人诬告，而萧望之却教唆儿子上书，引用无罪的诗句来为自己辩护，有失大臣的体统，是大不敬的行为，请求逮捕治罪。”弘恭、石显等人深知萧望之向来节操高尚刚烈，不能接受屈辱，就向汉元帝建言说：“萧望之前次侥幸没被判罪，又赏赐给他爵邑，却不悔过服罪，还深怀怨恨，教唆儿子上书，归罪皇上，自认为是皇上的师傅，不会治他的罪。现今如果不把萧望之关进牢狱让他稍微吃些苦头，压一压他怨恨不服的心理，那么皇上将没什么恩惠可施加给他。”汉元帝说：“萧太傅一向刚强，怎肯去对簿公堂遭受牢狱的屈辱？”石显等人说：“人对生命最看重，萧望之所犯的罪过，只是说话不当的轻微过错，皇上没有必要替他担忧。”汉元帝批准了石显等人的建议。冬季，十二月，石显等人密封了汉元帝的诏书交付谒者，敕令宣召萧望之的谒者亲手交给萧望之。又命令太常紧急调发执金吾的车骑迅速包围萧望之的住宅。敕令使者到达，宣召萧望之，萧望之向门生鲁国人朱云询问对策。朱云是一个很有节操的士人，他劝萧望之自裁。于是萧望之仰天长叹，说：“我曾经任职将相，现今年过六十，老年进入监狱，苟且求活，难道不是很丢脸的事吗？”萧望之叫着朱云的字说：“朱游，赶快去拌和毒药送来，不要延长我等死的时间！”于是就喝了鸩酒自杀。汉元帝听到消息，大吃一惊，拍着手说：“我早先就怀疑他不肯去对簿公堂受牢狱之辱，果真是我杀了我的贤良太傅。”这时，太官刚好送来午饭，汉元帝拒绝用膳，为了萧望之哭泣，悲伤的情景感动了身边的人。于是宣召石显等人责问，追究他们处事不周的罪责，石显等人都摘下顶戴叩头谢罪，过了很长时间才作罢。汉元帝追念萧望之，始终不能忘情，每年过节，按时派遣使者去祭奠萧望之的坟冢，一直到汉元帝去世，才终止。

臣司马光评论说：真是太过分了，汉元帝这个国君，竟然是如此容易受骗，而又难以醒悟啊！那弘恭、石显诬告萧望之，他们的邪说诡计，确实有些难以分辨。可是原先就考虑到萧望之不会屈辱接受监禁，弘恭、石显认为不必担忧，结果萧望之真的自杀了，这时弘恭、石显的欺骗也就昭然若揭了。即使是一个中等智力的国君，也会感情冲动拍案奋发而惩办奸臣之罪！孝元皇帝却不是这样，尽管他痛哭不已，甚至伤心得吃不下饭，但始终没有诛杀弘恭、石显，只是让他们摘掉官帽，叩头请罪罢了。这样，对奸臣哪有什么惩戒呢？倒是让弘恭、石显更加放肆要奸，不再有所顾忌害怕了啊！

这一年，弘恭病死，石显任中书令。

（以上为第三段，着重写萧望之之死。这是中朝与外朝权臣之争的第二个回合，外朝官再度败阵，折了核心主将萧望之。）

当初，汉武帝灭掉了南越，设置珠崖、儋耳两郡，全都在海南岛上；官吏士兵都是中原人，常常侵犯欺凌当地平民。当地平民也很凶恶，自认为有大海隔绝，多次违反官吏的禁令，隔几年就要反叛一次，杀死官吏；汉朝每次都要出兵攻打才能平定。二十多年间，一共反叛了六次。到汉宣帝时，又一次反叛。汉元帝即位的第二年，珠崖郡山南县反叛，汉朝派兵攻打，各县相继叛乱，连年不断，局势很不稳定。汉元帝广泛征求群臣的意见，打算大规模出兵征讨。待诏贾捐之说："臣听说尧、舜、禹的圣德教化，方圆领土不过几千里，西部边界到达沙漠，东部边界到了海洋边，朔方以南蒙受中原声威的教化，公开宣布说乐意接受中原声威的教化，便去治理他们；不愿意接受中原声威的教化，便不强求治理。所以，君王和臣僚都被歌功颂德，所有的生灵都能各得其所。殷朝武丁、周朝成王，是殷周时代伟大的仁德之君，然而疆土仍然很小，东部不过界江国、黄国，西部不过界临氐族、羌族部落，南部边界只到达荆州，北部边界只到达朔方，可是却赢得了四面八方的歌颂之声，所有能看能听的生物都快乐地生存，极南边的越裳氏经过重重翻译，来向中原朝贡，这不是凭借干戈征战所能达到的。然而到了秦朝，兴师动众，远征外地，贪图开拓边外的领土，使国库空虚，造成天下崩溃叛乱。孝文皇帝，放弃武力征伐，注重文德治理，在那个时候，判处死刑的囚犯每年只有几百人，赋税轻，徭役少。孝武皇帝磨利兵器，喂养战马，征战四方蛮夷，全国每年判处死刑的有几万人，赋税重，徭役频繁，盗贼四面涌起，军队经常出征，父亲战死在前，儿子受伤在后，以至于征发妇女戍守边塞亭障，失去父母的孤儿在路上号哭，老母、寡妇在里巷痛哭，这都是开拓的疆土太大，连年征战不停的缘故啊！如今关东人民久处困境，四处流亡。人的性情，最亲莫过于父母，快乐莫过于夫妇，不但这些天伦之乐不能享受，甚至出嫁自己的妻子，出卖自己的子女，法令难以禁止，道义无法谴责，这是国家的忧患啊！如今陛下不能忍受一时的怨愤，想要驱赶士兵到大海中去，一定要夺取那个荒芜黑暗的海岛才甘心，这绝不是拯救饥荒，保全百姓的好办法。《诗经》说：'蠢蠢妄动的荆蛮，敢与我大国为仇。'意思是说贤圣之君出现，外族自然归服；但如果中国衰落，那么外族首先叛乱，这是自古以来的祸患，更何况珠崖是在南方之南远隔万里的蛮夷之地呢？骆越的民众，父子同时在河里洗澡，习惯用鼻子饮水，与禽兽没有两样，本来就不值得去设置郡县。一个孤立在海中的环形小岛，雾大露重，气候潮湿，到处是毒草、毒蛇、毒虫以及水土不适之害，还没看到敌人，战士就得病死亡。再说，又并不是只有珠崖郡才产生珍珠、犀牛、玳瑁。丢弃这种地方，不值得可惜，不去征伐也不会损害国家威望。那里的人民就如同鱼虾，不值得去贪求。臣个人认为可以用先前皇帝征讨西羌做例证，出兵不到一年，兵出之地距离长安京师不足千里，却耗费了四十多亿，大司农所藏国库的钱财用光了，以至于调用少府的禁钱来补贴。西羌那一个角落出了问题，用费却如此之多，何况用兵万里之外，只会死亡战士而不会成功。比照往古不合时宜，当今执行又不便利，臣十分愚昧，认为不是用冠带、习礼义的国家，《禹贡》没有收入，《春秋》没有记载，都可以暂且不去理会。希望果断地放弃珠崖郡，全力体恤关东受灾的饥民。"汉元帝询问丞相、御史大夫的意见。御史大夫陈万年认为应该征讨，丞相于定国认为："先前连年用兵攻击，出征的护军都尉、校尉以及丞共十一人，只有两人生还，战士和后勤运输死了一万多人，费用三亿多，仍然没有完全平定。如今关东困乏，不可使民心动摇，贾捐之的意见是对的。"汉元帝听从了。贾捐之，是贾谊的曾孙。

（以上为第四段，写汉元帝纳谏，与前一段对照形成鲜明反差，汉元帝判若两人。由此可见，汉元帝是一个中庸之君，可与为善，亦可以为恶。汉元帝听信谗佞小人弘恭、石显，杀逐忠臣萧望之、周堪等，表现昏庸；汉元帝纳谏，罢珠崖郡用兵，表现仁德。）

汉元帝初元三年（乙亥，公元前 46 年）

春季，汉元帝下诏说："珠崖郡叛虏杀害官吏和民众，背叛造反。经过朝廷讨论，有的人主张征讨，有的人主张坚守城堡，有的人主张放弃海岛，意见不一，各有理由。朕日夜思考大臣们提出的各种意见，耻于威信不行于海岛，就想发兵去征讨；迟疑不决，避难就易，而施行屯田驻守；按时势变通，就要忧虑战争给千万人民带来困苦。现在面临的决策是：千万人民的饥荒与远方蛮夷的叛乱，哪一件事危害更大？况且宗庙的祭奠，因为荒年祭品不丰，哪里还能顾及区区边境的一点小辱呢？如今关东人民非常困苦，仓库又空虚，没办法去救济，如果再兴兵作战，不只是劳民伤财，荒年还会随之而来。现在只能裁撤珠崖郡，那里的民众有向往中原礼义要求内迁的，便妥善安置；不愿迁移的，不要勉强。"

夏季，四月十一日乙未，天昏地暗。茂陵白鹤馆发生火灾；诏令赦免天下。

夏季，发生旱灾。

册封长沙炀王刘旦的弟弟刘宗继嗣为长沙王。

长信少府贡禹上奏说："各处离宫和长乐宫的护卫队，可以减少三分之二，用以减轻人民的劳役。"六月，下诏说："朕忧虑广大黎民饥寒交迫，青壮远离父母妻子，从事非农业的劳作，守卫君王不去居住的行宫，恐怕这不是调和阴阳的办法。应该撤销甘泉宫、建章宫的护卫队，让他们回家从事农耕。所有的官员都要节省用费。凡有好的建议，分条上奏不要有什么顾虑。"

这一年，汉元帝重新起用周堪任光禄勋，周堪的学生张猛被任用为光禄大夫、给事中，大受信任。

汉元帝初元四年（丙子，公元前 45 年）

春季，正月，汉元帝行幸甘泉宫，祭祀上天太乙神。三月，巡幸河东郡，祭祀土地神；特赦在汾阴的苦狱犯。

（以上为第五段，写汉元帝初元三年裁撤珠崖郡，停止用兵，削减宿卫，厉行节俭以赈灾。初元四年继续休养生息无大事。）

汉元帝初元五年（丁丑，公元前 44 年）

春季，正月，册封周子南君为周承休侯。

汉元帝巡幸雍邑行宫，祭祀五帝祠。

夏季，四月，在参星之旁，出现孛星。

汉元帝采纳儒生和贡禹的建言，下令太官不得每天宰杀牲畜，按规定供给的膳食菜肴数量减少一半；供皇帝乘用的御车御马，只需维持巡狩、祭祀之用就够了。裁撤角力的杂技游戏，释放上林苑离宫中难以见到皇上的宫女回家，撤销齐地三服官、北假田官、铁官、常平仓。博士弟子的员额不加限制，以便广罗人才；下令只要能精通一经以上的士人，免除徭役。又简化刑法，减少了七十多条刑法案例。

御史大夫陈万年去世。六月二十日辛酉，任用长信少府贡禹为御史大夫。贡禹前后上奏数十篇，陈述治理措施的得失，汉元帝欣赏他的坦率正直，多数建议都采纳了。

匈奴郅支单于呼屠吾斯自认为道路遥远，又怨恨汉朝扶助呼韩邪单于稽侯珊而不扶助自己，于是困辱汉朝使者江乃始等人，又派使者到汉朝进贡，要求入侍汉朝的儿子栾提驹于利受回匈奴。汉朝商议派卫司马谷吉护送栾提驹于利受回匈奴，御史大夫贡禹、博士东海人匡衡认为："郅支单于还没有诚心归附，又在离汉朝绝远的地方，应当命令使者送他的儿子到达边界就回来。"谷吉上奏说："汉朝对于蛮夷应当笼络不要断绝关系，如今已经养育了郅支单于的儿子十年，恩德十分深厚，经过荒寒的绝域而不护送，只护送小段路程到边塞就回来，这表示汉朝遗弃了他们，不再畜养，那更会使他们失去归顺的心意，丢弃了先前的恩德，结下往后的怨恨，是很不利的。提议不远送的人，看到先前江乃始缺少应敌的策略，没有智慧，没有勇气，遭致羞辱，于是替我的安全担忧。臣有幸担任强大汉朝的使节，承接皇上圣明的诏书，去宣扬晓谕皇上深厚的恩德，料想郅支单于不会逞凶。如果郅支单于真的怀有禽兽心肠，对臣蛮横无礼，那么郅支单于就犯下了大罪，一定会畏罪跑得更远，不敢接近汉朝的边界。丢了一个使臣而安定了天下百姓，国家最合算，也是臣的意愿。因此，我愿意把郅支单于的儿子送到王庭。"汉元帝准许了谷吉的请求。谷吉送达匈奴王庭，郅支单于忿怒不已，竟然杀害了谷吉等人。郅支单于自知辜负了汉朝的恩义，又听说呼韩邪单于更加强大，害怕遭受打击，想逃到远方。正巧康居王多次受到乌孙国的侵扰，康居王便和他的大臣翕侯商议，认为："匈奴是大国，乌孙一向附属匈奴，如今郅支单于被排斥在外，处境艰难，可以迎接到我国的东边居住，联合起来消灭乌孙，就让郅支单于在乌孙立国。这样，我国永远也不会担忧匈奴了。"康居王当即派使臣到昆坚去，传话给郅支单于。郅支单于一向害怕乌孙，又怨乌孙，听到了康居王的计划，十分高兴，于是与康居王勾结，领兵西去。郅支单于的部众，因天寒地冻，不少人死在路上，最后只剩下了三千人。到了康居，康居王把女儿嫁给郅支单于为妻，郅支单于也把女儿嫁给康居王。康居王十分敬重郅支单于，想借重他的声威去威胁邻国。郅支单于也多次借兵去攻击乌孙，深入到乌孙的赤谷城，杀死掳掠乌孙民众，抢夺乌孙的牛马财物离去，乌孙不敢追击，西部有五六千里地方空无一人。

冬季，十二月初九日丁未，贡禹去世。十二月十九日丁巳，长信少府薛广德被任用为御史大夫。

（以上为第六段，写郅支单于远遁康居。）

汉元帝永光元年（戊寅，公元前43年）

春季，正月，汉元帝巡幸甘泉宫，祭祀天帝泰一神。行过祭礼，便留下打猎。薛广德上奏书说："臣看到关东地区困苦到了极点，人民流离失所；陛下却每天敲着亡秦的丧钟，听着郑国、卫国的靡靡之音，臣下实在痛惜担忧。如今护卫士兵露宿在野外，随从的官员也疲惫不堪，希望陛下赶快回到宫中，想着与百姓同乐同忧，这才是天下之福。"汉元帝当天就返回长安。

二月，汉元帝下诏说："丞相、御史大夫要推荐质朴、敦厚、逊让、品德良好四种人才，光禄勋每年要依照这四科考核各曹的郎官和侍从官。"

三月，赦免天下。

雨雪交加，又降霜，冻死了桑树。

秋季，汉元帝祭祀祖庙，出了长安南城的便门，准备乘楼船。薛广德挡住汉元帝的车驾，摘掉官帽叩头劝谏说："应当从桥上走。"汉元帝下令说："御史大夫戴上官帽。"薛广德说："陛下不听从臣的劝谏，臣就自杀，用血污染车轮，陛下就进不了祖庙。"汉元帝很不高兴。车队前导官光禄大夫张猛上前奏说："臣听说皇上圣明臣下就刚直。乘船危险，桥上走安全；圣明的皇上不去冒险。御史大夫的建议可以听从。"汉元帝说："劝导别人应该像这样把道理讲明白。"于是从桥上过了护城河。

九月，天降霜冻死了庄稼，全国闹灾荒。丞相于定国，大司马、车骑将军史高，御史大夫薛广德畏惧天灾都引咎辞职。汉元帝允准，赐给他们安车、驷马、金六十斤。任命太子太傅韦玄成为御史大夫。薛广德回到老家，把安车悬吊起来，留传给子孙，以示荣耀。

汉元帝做皇太子的时候，师从太中大夫孔霸学习《尚书》；等到即位为皇帝，赏赐孔霸爵位为关内侯，号褒成君，任用为给事中。汉元帝想提升孔霸为丞相，孔霸为人谦逊，不喜好权势，经常说："爵位太高，我有何德去胜任啊！"御史大夫多次空缺，汉元帝每次都想任用孔霸，孔霸让位，亲自陈述谦让好几次。汉元帝确实知道他的诚心，于是不用，但十分敬重他，给他赏赐更厚。

九月二十四日戊子，任用侍中、卫尉王接为大司马、车骑将军。

石显惧怕周堪、张猛等人，多次在汉元帝面前说他们的坏话。刘更生担心周堪、张猛遭到陷害，就上书奏说："臣听说虞舜任命九位大臣，济济一堂互相谦让，十分和谐。群臣在朝廷和睦相处，万事万物在朝外欣欣向荣。所以洞箫演奏《韶》乐九遍，凤凰就飞来朝拜。到了周幽王、周厉王的时候，朝廷失和，互相排斥怨恨，那么日食、月食相继发生，江河水涨泛滥，山谷崩裂变样，寒暑霜降失去了节令。由此看来，和睦招徕祥瑞，相争导致灾祸，祥瑞多的国家安定，怪异多的国家危险，这是天地不变的法则，古今一贯的道义。如今陛下要开创夏商周三代的盛业，就应招致文学才士，给他们优厚的待遇，宽松的环境，使得贤士都得到任用。可现在贤能之士与不贤的坏人混杂在一起，黑白不分，邪正错乱，忠奸并用。上访的奏章堆集在公车府，北军的监狱人满为患。朝中群臣互相仇恨，意志不合，互相说坏话，辗转生出是非，因而蛊惑皇上视听，动摇皇上主见，真是不可胜记。他们又各自结成帮派，往往共同陷害正直的大臣。正直的大臣被重用，是政治开明的表现；正直的大臣遭陷害，是国家混乱的苗头。在治乱的紧要关头，不知道任用谁，于是灾异屡屡发生，这是臣寒心的原因。从初元以来已有六年，按《春秋》的记载，每六年发生的灾异，没有像今天这样密集。究其原因，是邪恶的人得到任用，邪恶的人之所以得到任用，是因为皇上多疑，既然用了贤人去推行善政，如果贤人受到陷害，那么贤人就被罢退而善政就要终止。因为有猜忌多疑之心，所以招致谗言之口；又由于不能当机立断，才给群小邪恶之徒打开了方便之门；谗邪之徒被任用，而群贤就会被斥退，群小邪恶的人多了，那么正人君子就减少。因此，《易经》有《否卦》和《泰卦》，小人的一套受到重视，君子的道义就要消退，那么政治日益混乱；反之，君子的道义受到重视，小人的一套消退，那么政治日益昌盛。从前鲧、共工、驩兜与舜、禹同在尧的朝廷做官，周公与管叔、蔡叔同在周朝做官，当时，他们之间互相诽谤，流言四起，真是有说不完的事。由于帝尧、周成王能够肯定舜、禹、周公贤能而重用他们，而排除了共工、管叔、蔡叔，所以天下大治，荣耀直到今天。孔子与季孙斯、孟孙何忌同在鲁国做官，李斯和叔孙通同在秦朝做官，鲁定公和秦始皇认为季孙斯、孟孙何忌、李斯贤能而重用他们，排斥了孔子、叔孙通，因此国家大乱，恶名一直流传到今天。所以国家的治与乱，荣与辱，关键就在于皇上信任什么样的人，既然信任了贤人，关键就在于坚持而不动摇。《诗经》说：'我心虽然不是石头，却是不可以转动的。'这说的是坚持善行十分执着。《易经》说：'王者发号令，涣然如汗水涌出。'说的是令从口出，如同汗从体出，不可再返回体内。现今颁布的善政号令，不一会就被取消，是一种返汗现象；任用贤能的人才，不到三十天就被斥退，如同转动石头。《论语》说：'看见不好的事，就像是手伸到开水里一样。'现今两府弹劾的巧言逢迎不当在位的那些人，可是历经数年还没离去。发出号令却即刻收回，如同要收回流出的汗水，任用贤才立马被斥逐，如同转动石头；而排除邪恶小人，简直像搬动一座大山一样艰难。在这种情况下，希望阴阳调和，不也是很难吗？因此，一群小人，到处寻找漏洞，专在文字游戏上下功夫，造谣陷害，散布流言，在民间大众广为传布。《诗经》说：‘我心忧如焚，只因触怒了一群小人。’小人拉帮结派，确实令人愤怒。从前孔子与他学生颜渊、子贡，互相赞扬夸奖，没有人诋毁他们结党营私；大禹、后稷与皋陶，互相推荐引用，没有人攻击他们勾结为奸。为什么呢？因为他们忠心为国，没有私心邪念。如今奸佞小人，混杂在贤人中间，小人们勾结在一起，共设阴谋，离善从恶，叽叽喳喳，花言巧语，设置一重又一重的圈套，想用此来改变皇上的主意，如果皇上贸然听信，这样就会导致天变先行警告，大灾大害不断发生。自古以来的圣明君王，从来没有不用诛杀就可以治理好国家的啊！所以虞舜有放逐四凶的惩罚，孔子有在两观诛杀少正卯的事件。只有这样，圣明的教化才得到推行。现今，以陛下的圣明睿智，如能真诚的深思天地的旨意，观览《易经》上《否》、《泰》两卦的卦辞，再效法西周、唐尧时代进用贤人的方法，追根秦国、鲁国贤人消退的原因以为鉴戒，考求那些祥瑞给国家带来幸福，灾异给国家带来祸害，用来对照评估当前的局势，放逐奸佞邪恶的小人，打散专门从事阴谋构陷的集团，堵塞群小钻营之门，大开引进正人君子的途径，杜绝犹疑，区别善恶，让是非光明可知，那么，成百上千的奇异灾害都将消散，而众多的祥瑞都会来临，这是太平盛世的基业，万世的长远利益。”石显看到这份奏章，更加与许、史皇亲朋比为奸，且愈益怨恨刘更生等人。

（以上为第七段，记载汉元帝纳言，薛广德拦路跪谏和刘向上书请诛奸佞。薛广德疏谏，拦阻汉元帝出行不要摆渡过河，而要从桥上行路，小题大做，表演热爱君王，汉元帝乐得有纳谏之名而听从。刘向上书言国家大事，汉元帝舍不得左右亲信，下不了诛除奸佞的决心，于是稀里糊涂装呆，甚至把刘向上书捅给政敌看，于是石显等人对刘向恨之入骨。）

这一年夏天，天气突然变冷，太阳呈现青色，暗淡无光，石显和许嘉、史高一起说，这都是周堪、张猛执政引起的天变。汉元帝内心敬重周堪，又忧虑众口不停地絮絮叨叨，无法取得大家的信任。当时长安县令杨兴凭着才干得到汉元帝宠爱，经常称赞周堪。汉元帝想得到杨兴的帮助，就召见杨兴，向他询问说：“朝中一些大臣时常激动地非议光禄勋，这是怎么回事？”杨兴是一个见风使舵的奸诈小人，他误会了汉元帝的意思，以为汉元帝不信任周堪了，就顺着自己误解的旨意说：“周堪这人，不但没能力担任朝中大臣，即使做一个州里地方官也不胜任。臣先前听说，周堪和刘更生等挑拨离间陛下的骨肉亲情，应当诛杀；所以臣先前上书说不可诛杀周堪等人，只是为国家培养恩德。”汉元帝说：“那么应当用什么罪名诛杀呢？如今又如何处置呢？”杨兴说：“臣愚昧的个人意见认为，可以赐爵关内侯，封给三百户采邑，而不要掌权。这样，圣明的皇上既不失回报师傅的恩德，又可以说是最高明的办法。”汉元帝于是对周堪起了疑心。

司隶校尉琅邪人诸葛丰，起先由于刚强正直，特立独行，闻名于朝廷，多次执法冒犯了皇亲国戚，致使很多权贵说他的坏话；后来因诸葛丰在春夏季节逮捕犯人，遭到控告，被降职为城门校尉。诸葛丰于是上书控告周堪、张猛有罪。汉元帝不认为诸葛丰有理，就下诏书给御史大夫说：“城门校尉诸葛丰，先前与光禄勋周堪、光禄大夫张猛同在朝廷为官，多次称赞周堪、张猛的美德。诸葛丰先前任司隶校尉，不遵顺四时天意，不遵守法律制度，专门用苛刻凶残的手段来树立个人的威望，朕不忍心法办，降职用为城门校尉，可是诸葛丰却不自我反省，反而怨恨周堪、张猛，找茬报复，告发的全是没有证据的事，揭发的全是无法证明的罪，想毁谤就毁谤，想赞誉就赞誉，完全是随心所欲，不顾先前赞誉周堪、张猛的言辞，这是最不诚信的行为。朕可怜诸葛丰是年过七十的老人，不忍心法办，解除他的官职做一个平民。”汉元帝诏书又说：“诸葛丰揭发周堪、张猛缺失忠贞和信义，朕也怜悯两人，不予追究，又惋惜两人的才干不能为国效力，就降职任用，周堪为河东太守，张猛为槐里县令。”

臣司马光评论说：诸葛丰对于周堪、张猛，先前赞扬而后毁谤，目的不是为国家进贤除奸，而是借此结党营私，亲近皇上，企图升官罢了。诸葛丰也是郑朋、杨兴一路货色，哪能是一个刚直的人物啊？作为一个国君，要能考察善恶，明辨是非，用奖赏鼓励善行，用刑罚惩治邪恶，这样才能把国家治理好。如果诸葛丰说的是真话，那么诸葛丰不应当遭贬黜；如果是诬陷，那么周堪、张猛有什么罪过？而今各打五十大板，双方都受到责罚被罢官降职，那么善与恶，是与非，区别在哪里呢？

贾捐之与杨兴两人交好。贾捐之多次抨击石显，因此没有被委任做官，很少有机会见到汉元帝。杨兴最近因自身才干而得到汉元帝赏识。贾捐之对杨兴说：“京兆尹空缺，您安排我见到皇上，凭我的言辞推荐您杨君兰，您立马得到京兆尹。”杨兴说：“您贾君房下笔成文，言语精妙天下第一；如果您贾君房任尚书令，比五鹿充宗强多了。”贾捐之说：“如果我替代五鹿充宗为尚书令，您杨君兰为京兆尹，那么京兆是首都，尚书是百官的根本，天下真的太平，士人将不会遭到弃用隔离了。”贾捐之又揭发抨击石显。杨兴说：“石显正处于得势的时候，汉元帝非常信任重用他；如今我等想要升官，定要依从我的安排，暂且投靠石显，便能入朝做官。”贾捐之就与杨兴一起上书汉元帝，大肆称赞石显美德，认为应当给石显赐爵关内侯，还推荐石显的兄弟为诸曹官员。然后，两人又一起谋划推荐杨兴的奏章，认为可以让杨兴代理京兆尹。石显得到消息，看穿两人的阴谋，就报告汉元帝，将杨兴、贾捐之两人逮捕下狱。汉元帝命令石显治两人的罪。石显上奏说：“杨兴、贾捐之心怀奸诈，彼此推荐称誉，企图谋取重要官职，欺骗皇上，大逆不道。”贾捐之被判处死刑，杨兴被判处五年徒刑。

臣司马光说：正人君子以正压邪，还忧虑不能取胜；何况贾捐之以邪攻邪，怎能免除灾祸呢？

改封清河王刘竟为中山王。

匈奴呼韩邪单于所领民众，日益壮大，边塞的飞禽走兽几乎绝灭，单于也足以自卫，不再害怕郅支单于。呼韩邪单于的臣子、部属大多来劝单于北归。过了一阵，呼韩邪单于终于回到北方的王庭，民众又渐渐地归附了他，国家终于稳定。

（以上为第八段，写诸葛丰、贾捐之、杨兴等一般钻营官吏的嘴脸。他们奔走于权门，策划于密室，寡廉鲜耻，随风转舵，不择手段往上爬，揣摩人主说鬼话，到头来竹篮打水一场空。诸葛丰被罢官，贾捐之掉了脑袋，杨兴被判刑，可以说是罪有应得。）

汉元帝永光二年（己卯，公元前 42 年）

春季，二月，大赦天下。

二月初五日丁酉，任命御史大夫韦玄成为丞相，右扶风郑弘为御史大夫。

三月初一日壬戌，发生日食。

夏季，六月，赦免天下。

汉元帝询问给事中匡衡关于地震、日食的天变情况，匡衡上奏说：“陛下身体力行致力于德政，开拓太平盛世的大道，怜悯那些愚昧的官吏、民众触犯法律，连年大赦，给犯法民众一个改过自新的机会，真是国家之福。但臣个人认为每次大赦之后，为非作歹的事没有减少和停止，今天刚刚被释放出狱，明天就又犯法，一个接一个重新坐牢，这大概是教导没到位的原因吧！现今社会的风气，贪图财利，轻视道义，喜欢音乐美色，崇尚奢侈，亲情关系日益淡薄，而对婚姻裙带关系却十分看重，以利勾结钻空子，不顾以身试法图谋取利，本性不改，虽每年都在大赦，但仍免不了使用刑法。臣认为要实施专项整治，大力变更风俗。中央政府朝廷是全天下的根本，好比是筑墙的模板。朝中大臣有变脸色的争论，那么在下位的官民就有争斗的隐患；上面有专权弄势的人，下面就有争斗不让之民；上面有争强好胜的官僚，下面就会兴起暗害他人的群小；上面有贪利之臣，下面就会有偷盗之民；因为朝廷是天下的根本。治理天下的国君，只需考察人民崇尚的风气就可以了。教化的推行，并不是要到每个家庭对每一个人进行劝说；只要让贤能的人在位，能干的人任职，朝廷崇尚礼义，文武百官互敬互让，推行道德，由内及外，并从最接近皇上的朝廷开始，然后人民就知道了效法的榜样，努力实行，就会在不知不觉中日益增进善行。《诗经》说：‘商王京都的淳厚风气，是全国四方的榜样。’现今长安是天子的都城，皇上亲自推行圣王的教化，但是京都的习俗与远方没有差别，地方郡国的人来到京都，找不到效法的榜样，甚至有的人学会了奢侈荒淫，可见首都的社会风尚是一切教化的根本，是开风气之先的基础，应当首先端正。臣听说天与人的关系，是阴阳精气互相浸润激荡，善恶的德行也会互相影响，事物在下面兴起，而迹象早在上面就有显现，阴气变动就产生地震，阳气衰弱就要发生日食，水旱的灾害也就随之到来。陛下敬畏上天的警示，怜悯天下的人民，应当节省开支，杜绝奢侈，完善制度，引进忠直的人，排斥奸巧小人，崇尚仁德，矫正败坏的风气，让高尚的道德弘扬于京师，美好的声誉播扬到国境之外，然后教化可成，礼让可兴。”汉元帝很欣赏匡衡的建言，升迁匡衡为光禄大夫。

荀悦评论说：赦免囚犯的罪恶，是一种权宜的措施，不是正常的法典。汉朝兴起，承继暴秦战乱之后，也是人民极为昏愚的时代，几乎每家每户都触犯了刑法，所以汉高祖约法三章，颁布大赦命令，用来洗刷当时社会的罪恶、污秽，让人民开始新的生活，这是当时的局势造成的。但是后世继承的人，沿袭这个制度不变革，就不合时宜。在汉惠帝、汉文帝时，就没有什么大赦。在汉景帝时，发生了七国之乱，人心浮动，奸诈百出；到了汉武帝末年，赋税重，徭役繁，盗贼四起，加上皇太子被杀事件，巫蛊之祸兴起，导致天下纷乱，百姓不得安宁。等到光武帝中兴，平息祸乱，以这时的形势与前代相比，应当颁布赦令。

（以上为第九段，着重载述汉元帝永光二年，匡衡上奏，论地震、日食、月食等天地灾变发生，与其颁布赦令，不如改变社会风气，构建和谐社会。具体措施是，生活上厉行节俭，政治上亲忠良、远奸佞，倡导仁义道德，矫正败坏的社会风气。汉元帝十分欣赏，提升了匡衡的职务。匡衡的进言是传统儒家劝导人主畏天以达到节制帝王权力随意膨胀的办法。但是往往收效甚微，汉元帝始终就未能斥逐奸佞。）

秋季，七月，陇西羌人彡姐部落的分支叛乱，汉元帝召集丞相韦玄成等入宫商议。当时，连年歉收，朝廷正为此忧虑，又碰上羌人叛变，韦玄成等不知怎么办，一个个默不作声，没有人回答汉元帝的质询。右将军冯奉世说：“羌人部落近在国境之内，发动反叛，如不及时诛讨，就无法控制远方的少数民族，臣愿率兵讨伐。”汉元帝问需要多少兵力，冯奉世回答说："臣听说善于用兵的人，打仗不用再次追加兵力，粮饷运输不超过三年，所以出兵不会长久地露宿在外，而是速战速决。从前我方多次对敌情判断不准确，导致大军遭受创伤，不得不一而再，再而三地增派援军，不但拖延了战争，导致军费增加，而且使国家威望也受到损害。现今反叛的敌人大约有三万人，征讨的军队应当加倍，需要六万人。不过羌人使用的武器，无非是长矛、弓箭罢了，而且不锋利，所以我们只需派出四万兵力，一个月就足以平定。"丞相韦玄成、御史大夫郑弘、车骑将军王接、左将军许嘉一致认为"时值秋收，民间正忙，不可以征调大批民众入伍，只要派出一万人去屯守就足够了"。冯奉世说："不可以。天下百姓受到天灾饥馑，兵士战马不仅消瘦，而且减员，防守攻战的训练长久废弛，夷狄都有轻视边吏的心思，羌人只不过是首先叛乱的蛮夷。如今只派出一万兵力，分散防守几个地方，羌虏看见兵少，根本就不害怕。官兵出战，则一定受挫丧师；只是防守，则救不了百姓，真是这个局面，我军衰弱胆怯的形象，就暴露无遗。羌人趁势攻击得利，其他夷狄部落就会四起响应，到那时，我汉朝派出的兵力，恐怕不只是四万，更不是多花钱就能解决的事了。所以，派兵少了一定会拖延时间，比起多派兵一战就能迅速灭敌，利与害要相差万倍。"尽管冯奉世据理力争，但是得不到支持。汉元帝下诏，增加二千兵力。于是派冯奉世率领一万二千兵马，声称开荒屯田，任命典属国任立、护军都尉韩昌两人为副将，进兵到达陇西郡，分兵屯守三个地方。韩昌首先派出两个校尉出兵迎战羌人，由于羌人众多，两校尉都被打败，被羌人杀害。冯奉在向朝廷呈报山川地理形势和兵力部署的计划，要求增兵三万六千人，才能决战胜利。奏章上达汉元帝，汉元帝大发兵六万余人。八月，任命太常弋阳侯任千秋为奋武将军增援冯奉世。冬季，十月，大军在陇西集结完成，十一月，各路大军全线出击，大破羌虏，斩杀了数千人，羌人的残余部众，全都逃出边塞。在胜负还没有分晓时，汉朝又征召加派了一万援军，任命定襄太守韩安国为建威将军，援军还没有进兵到目的地，听到羌人大败，就撤了回来。汉元帝下诏，前线大军也撤兵回朝，但留下足够守御的士兵屯田，防守边塞要地。

（以上为第十段，冯奉世讨平陇西羌。）

【点评】

三种类型的朝官。本卷史事，给评史者提供三大反思。其一，贡禹上书，表现了儒家圆滑政治带来的思考。汉元帝求言，贡禹上书以"婚"、"丧"两点说事，建言为政节俭。汉元帝说"好"，身体力行做了一番政治秀，诸如停修宫室、减膳、发放赈济等。司马光批评贡禹耍滑头，言小不言大。司马光认为，汉元帝是仁弱之君，其特长爱好就是标榜节俭，即使是皇帝奢侈浪费，于国家大政是其小者。而汉元帝优柔寡断，信用奸佞邪恶，小人专权，才是国家大政，贡禹不言。如果贡禹不知，就不是一个贤者，如果知而不言，就是罪人。司马光的批评，可以说是一半对，一半错。首先，汉元帝初即位，弘恭、石显等尚未专权，贡禹不可能预推以揭奸。其次，汉元帝昏庸，他虽然听得进忠言，但不能果决除奸，师傅萧望之、宗室刘向等人展开与奸人斗争，下场如何？以师傅、宗室之亲，尚不能撼动奸小分毫，怎么可能要求一个刚刚被征召的布衣大儒来建言除奸呢？但贡禹确实又是耍滑头，他专挑汉元帝能听得进的或允许说的小题大做，言之谆谆，如说裁减宫女只留二十人，这是帝王不可能做到的事，但这种无关痛痒的话说说无妨。贡禹取得高位以后，对石显等人谗害忠良之事，不闻不问，独善其身，尸位素餐，高居显位而圆滑世故，无视国计民生，当然是罪人，司马光又说得对。但专制政体，只要独善其身，如贡禹，也就是一个好官了。其二，萧望之疾恶如仇，代表了耿直朝官派的风采，敢与奸人奋战，不顾个人安危，确实做到了杀身成仁，是儒家的忠臣榜样。但萧望之也争权好胜，拉帮结派，党同伐异，他也不能避免专制官僚的恶行。如果萧望之一身正气，郑朋就无缝钻营，郑朋推荐张敞，萧望之一本正经指斥张敞轻佻，张敞不过是走马章台，为妇画眉而已，以今天观点看，张敞恰恰是一位性情直率可以信赖的人。在宣帝朝，萧望之也曾陷害韩延寿，并企图夺丙吉之位。萧望之受陷害遭到审查，却指使儿子上书呼冤，有滥用汉元帝信任之嫌，结果被政敌抓住把柄，枉送了性命。看来萧望之也不是一个宽厚善良之辈。其三，郑朋、贾捐之、杨兴之流，虽然钻营弄巧，却也有为善的一面，如郑朋想投靠萧望之，又举荐张敞，贾捐之、杨兴狼狈为奸，却也有施展才华、治理国家的梦想。纵观贡禹、萧望之、郑朋这三类官僚，似乎既可以为大善，也可以为大恶。大概人之性均有善恶两面，在昏君之朝，专政之体的政治场景中，也是摇摆不定的。那么如何才能使人弃恶扬善？和谐的政治场景是关键，的确给人留下深深的思考。

资治通鉴（白话本）　卷第二十九

汉纪二十一

汉元帝永光三年至竟宁元年（公元前41—前33）

【起上章执徐（庚辰，公元前41年），尽著雍困敦（戊子，公元前33年），凡九年】

【大事提要】

本卷记事起公元前41年，讫公元前33年，凡九年，时当汉元帝永光三年到竟宁元年。本卷所载大事，着重两个方面。其一，详述中官权臣石显的种种奸诈手段，善于自保，邀宠固位。石显结纳贡禹，掩盖逼杀萧望之的恶行，而世故官僚贡禹也卖身投靠，互相利用。韦玄成、匡衡等均为世故官僚，他们替奸邪小人护身，也分得了一块自享的蛋糕。其二，西域都护甘延寿、副校尉陈汤，审时度势，抓住战机，矫诏一战功成，诛灭了郅支单于，一雪汉使谷吉被杀之耻，高扬大汉国威，建立了盖世之功，而迎接功臣的却是堆积案头的刑法条文，以及被夸大了的过错，审查没完没了，拖了两年多才论功行赏，拘泥迂腐观念的腐儒政治，到了是非不明的程度，令人悲叹！

孝元皇帝下

汉元帝永光三年（庚辰，公元前41年）

春季，二月，冯奉世回到京师，调任左将军，赐爵位关内侯。

三月，册立皇子刘康为济阳王。

夏季，四月，平昌考侯王接去世。秋季，七月壬戌日，任命平恩侯许嘉为大司马、车骑将军。

冬季，十一月初八日己丑，发生地震，降雨。

恢复盐铁官，规定博士弟子限额一千人。朝廷开支出现赤字，因为很多民户免除了赋役，收入无法供给内外徭役用度的缘故。

汉元帝永光四年（辛巳，公元前40年）

春季，二月，大赦天下。

三月，汉元帝巡幸雍县，祭祀五天帝。

夏季，六月二十六日甲戌，孝宣皇帝陵园东门发生火灾。

六月三十日戊寅，发生日食。汉元帝宣召先前那些说天变都是因周堪、张猛而发生的官员，责令他们解释。他们都叩头请罪；于是汉元帝下诏称赞周堪、张猛的美德，征召周堪、张猛到行在所，任用周堪为光禄大夫，秩禄中二千石，兼职尚书事务；张猛官复原职任太中大夫、给事中。当时，中书令石显主管尚书，尚书五人：石显、牢梁、五鹿充宗、伊嘉、陈顺，都是石显死党。周堪很少见到汉元帝，有事常常是通过石显陈奏汉元帝，有了决定，也由石显亲口传达。碰巧周堪得了失音症，不能说话，最后病死。石显又诬陷张猛罪过，逼迫张猛在公车府自杀。

起初，贡禹上奏说："孝惠帝、孝景帝的祭庙，都因血亲已到尽头，应当毁弃，还有各郡国所立的皇帝祭庙，凡不合古礼的，都应当定制后撤毁。"汉元帝批准了贡禹的上奏。秋季，七月初十日戊子，汉元帝下诏撤裁高祖的母亲昭灵后、高祖哥哥武哀王刘伯、高祖姐姐昭哀后、武帝的皇后卫思后、元帝的高曾祖父戾太子、元帝的高曾祖母戾后等人的陵园，都不再按时奉祭，只派少数官兵防卫。

冬季，十月十九日乙丑，裁撤设置在各郡国中那些不合典制的宗庙。

将太常直属管理的各个皇陵，分别隶属三辅管理。又划定渭城北原上的寿陵亭一带为元帝寿陵园地，但下诏不置陵邑，也就不迁移郡国百姓到那里。

（以上为第一段，写汉元帝永光三年、四年之事，为政节俭，限额博士弟子员，裁撤不合典制的皇家陵园，不给自己寿陵置邑，不烦扰百姓。但是元帝信用群小，石显及许、史党羽子弟布满朝廷，虽然重新启用了能吏廉吏周堪、张猛，但并不信任，反而被奸佞谗逼至死。汉元帝亲小人，远贤臣，于此可见。）

汉元帝永光五年（壬午，公元前 39 年）

春季，正月，汉元帝巡幸甘泉宫，祭祀天帝太一神。三月，巡幸河东，祭祀土地神。

秋季，颍川郡发生水灾，淹死百姓。

冬季，汉元帝巡幸长杨宫射熊馆，在那里进行大规模围猎。

十二月十六日乙酉，汉元帝采纳韦玄成等人的建议，拆毁太上皇刘执嘉和孝惠帝刘盈两座祖庙及陵园。

汉元帝喜好经学和文学，更改了许多宣帝时的施政办法，凡对施政提出建议的人，往往被召见，人人都自以为给皇上留下了好印象。傅昭仪和她生的皇子济阳王刘康特别受到汉元帝的宠爱，超过了皇后和太子。太子少傅匡衡上奏说："臣听说国家治乱安危的关键，在于人主谨慎的用心。承受天命的开国之君，尽力于开创基业，流传后世，以至于无穷。继承祖业的君主，要一心一意承接先王的功业而发扬光大。从前周成王继承王位以后，追思周文王、周武王的治国大道，用以修养自己的心性，有了伟大的功业和美好的赞誉都归功于文、武二王，而不敢自己居功。因此，上天接受周成王的祭享，鬼神也都保佑周成王。陛下的圣明恩德像天一样覆盖天下，陛下的爱心像爱儿女一样爱护天下人民，但是阴阳仍未调和，奸邪没能禁止，这大概是那些议论政事的臣子没能发扬光大先帝的盛大功业，反而争先恐后地抨击行之有效的规章制度，致力于改变法令，而更改后不合时宜又倒回来实行旧章，导致群臣争论是非，互相攻击，使得下面的官民无法遵循。臣个人十分痛恨国家废弃了大家乐于接受的制度，而推行让人争论不休的新令。希望陛下详细观览创业垂统的大事，全神贯注遵守先帝的法规，光大先帝的功业，用以安定朝臣的心理。《诗经·大雅》说：'怀念你的先祖，继承和发扬他们的功德。'这是圣德的根本。《诗传》说：'能审察好恶，顺应情性，那么就达到了治理国家的圣王之道。'陶冶性情的方法是，一定要了解自己的长处和短处，聪明通达的人，切忌苛求别人的短处；见闻浅薄的人，切忌自己壅塞蒙蔽；勇猛刚强的人，切忌性子暴烈；仁爱敦厚的人，切忌优柔寡断；恬淡安静的人，切忌迟疑而失去机会；胸襟广阔的人，切忌疏忽大意而有遗漏。一定要解剖自己，警惕不足，修养道义，然后才能保持中庸以应对变化，而那些奸巧伪善的人，才不敢结党营私，钻营升迁。恳请陛下知所戒惧而崇尚圣王之德。

"臣又听说，能使家庭和睦安详，那就找到了治理天下的道理。所以《诗经》以《国风》起始，《礼经》以冠礼、婚礼起始。以《国风》起始，追溯性情之原，用以揭示人伦之间的关系；以冠礼、婚礼起始，就是要培植根本防患于未然。所以圣明的君主，一定要慎重地处理好与皇后及嫔妃之间的关系，区别好嫡子与庶子的地位，这是将礼用之于家内。卑贱的不能超过尊贵的，新来的不能超过旧有的，这样才能顺乎人情，合于阴阳。那么尊重嫡子而卑贱庶子怎么做呢？嫡子成人，要在高台上举行加冠典礼，设置座位，用甜酒祝福，各位庶子举行加冠礼，不能享有这等规格，这样做的目的，就是要尊贵正干主体，把嫡子放在不可置疑的地位。隆重的仪式并不是表面的形式，而是要把嫡庶的尊卑根植于人心中，所以礼仪不过是把内心的真情表现出来罢了。圣人的一举一动，甚至与最亲近的人在一起欢宴娱乐，均要合于大小尊卑的秩序，那么，全天下的人都会自然效仿，老百姓蔚然成风。如果应当亲近的反而疏远，应当尊贵的反而卑贱，那么奸巧邪恶之徒就会钻空子兴风作浪，扰乱国家。所以圣人谨慎小心，一有苗头就要防患于未然，决不以个人的私情损害大义。《易传》就这样说：'端正了家庭，那么天下就安定了。'"

当初，汉武帝在元封二年堵塞了黄河瓠子决口，盖了一座宣房宫，后来黄河又在北岸馆陶决口，从这里分流出屯氏河，向东北流入渤海，河床的宽度、深度与黄河相等，所以就让这条河顺其自然发展，不再堵塞。这一年黄河在清河郡灵县鸣犊口决口，屯氏河下游因失水而干涸断绝。

（以上为第二段，详载汉元帝永光五年匡衡上书，反复申说尊卑等级秩序是国家大政，不可须臾怠慢，用以维护太子独尊的地位，封杀济阳王刘康可能产生的觊觎之心。这一年黄河决口改道。）

汉元帝建昭元年（癸未，公元前38年）

春季，正月二十九日戊辰，有陨石坠落在梁国。

三月，汉元帝巡幸雍县，祭祀五天帝。

冬季，河间王刘元因滥杀无辜被废除王位，流放到房陵。

撤除汉文帝母薄太后的寝宫陵园。

汉元帝游幸虎圈观看野兽搏斗，后宫嫔妃在座陪同。有一只熊窜出了兽圈，攀住栅栏，眼看就要爬上看台，汉元帝身边的后宫贵人和傅婕妤都惊恐逃走，而冯婕妤却迎上去，挡在熊的前面。幸亏汉元帝左右的护卫杀死了熊。汉元帝问冯婕妤说："大家见了熊都惊恐害怕，这是情理，你为什么敢挡在熊的前面？"冯婕妤说："猛兽野性发作，抓到了人就会停止前进，我怕熊扑到陛下跟前，所以用我的身体去阻挡。"汉元帝听了，感叹有声，加倍敬重冯婕妤。傅婕妤感到惭愧，由此怨恨冯婕妤。冯婕妤是左将军冯奉世的女儿。

（以上为第三段。元帝建昭元年无大事，特记冯婕妤舍身护帝，贤淑忠勇反遭妒嫉。）

汉元帝建昭二年（甲申，公元前37年）

春季，正月，孝元皇上巡幸甘泉宫，祭祀泰一神。三月，巡幸河东，祭祀土地神。

夏季，四月，赦免天下。

六月，册立皇子刘兴为信都王。

东郡人京房，拜梁国人焦延寿为老师，学习《易经》。焦延寿经常说："由于得到我的学问而招致杀身之祸的人，就是京房。"焦延寿解说《易经》，擅长推算天灾人祸，共分为六十卦，轮换交替当作日期，用来推占每日的善恶祸福，又用风雨冷热的气象变化作验证，十分准确。京房推占的功力，至为深厚，当他由孝廉而被任用为朝廷郎官时，多次上书谈论天象变异，十分灵验。汉元帝很高兴，多次召见询问。京房回答说："古代帝王按能力成效举用贤人，那么兴办万事都有成就；衰世按人云亦云的诋毁或赞誉用人，因此功业尽废，甚而导致使灾异时常发生。最好是命令文武百官，考核他们每人实际才能和政绩，按才能大小使用，天变灾异才会停息。"于是汉元帝就下诏让京房负责主持这一事务，于是京房就拟定《考功课吏法》上奏。汉元帝下令公卿大臣和京房在温室宫进行讨论，公卿大臣都认为京房的考绩法过于细碎烦琐，又让上下官吏相互监督，这个办法不可使用；可是汉元帝内心却赞同，有意采用。恰好各州的巡察刺史回京向朝廷做例行报告，汉元帝就召见他们，让京房向他们说明“考绩条例”的实行细则，刺史们也认为行不通。只有御史大夫郑弘、光禄大夫周堪，起初认为行不通，后来又赞同这个办法。

这时，中书令石显专权，石显的好友五鹿充宗任尚书令，二人掌管朝中大事。京房曾找机会单独入宫见汉元帝，问汉元帝说：“周幽王、周厉王为什么把国家弄得那么糟？他们所任用的都是些什么人？”汉元帝说：“君王昏庸，所任用的都是巧诈佞邪的小人。”京房说：“君王是明知他们巧诈佞邪而任用他们？还是误以为他们是贤能人才而任用他们？”汉元帝说：“当然是认为他们是贤能人才而任用他们。”京房说：“那么如今我们为什么说他们不是贤能人才呢？”汉元帝说：“如今看到当时局势很混乱，君王又身处险境，这才明白了。”京房说：“由此可见，任用贤能的人，国家一定太平；任用不贤的人，国家一定混乱，这是必然的规律。为什么幽王、厉王不明白这道理而任用贤能，却始终任用奸佞，以致亡国呢？”汉元帝说：“面临乱世的国君，都认为他所任用的人是贤臣；假若都能觉悟到自己的错误，那天下哪还有亡国的昏君呢？”京房说：“齐桓公、秦二世也都曾听说幽王、厉王的无道而讥笑过他们，但他们却任用竖刁、赵高，致使政局日益混乱，盗贼满山遍野。为什么他们不能把周幽王、周厉王当作一面镜子，而觉悟到用人不当呢？”汉元帝说：“只有圣明的君王才能知往鉴今。”京房脱下官帽叩首说：“《春秋》一书，记载二百四十二年的天变灾异，用来警告后世君王。现今陛下即位以来，太阳、月亮失去了光明，星辰运行混乱，山崩泉涌，地震不断，下流星雨，夏季降霜，冬天打雷，春天草木凋枯，秋天草木茂盛，霜雪不能冻杀害虫，水灾、旱灾、蝗灾接二连三，民间饥荒、瘟疫流行，盗贼横行，满大街是坐过牢的人，《春秋》记载的天灾人祸，现今全都齐备。陛下你看看今天，国家是太平盛世呢，还是乱世？”汉元帝说：“可以说是乱世达到了极点，还有什么好说的！”京房说：“当今任用的都是些什么人呢？”汉元帝说：“还好，幸亏今天的政治还是要比前朝的乱世好一些，再说，今天的混乱，责任也不全在所用的人身上。”京房说：“其实，前世君王也都是这个想法。臣担心后世的君王看待今天，就像我们今天看前代一样。”汉元帝沉默了很长一阵，才说道：“那么导致今天混乱的人是谁呢？”京房说：“圣明的君主应该自己觉察。”汉元帝说：“朕就是不知道啊，如果知道了，为什么还用他呢？”京房说：“汉元帝所最信任的人，每天在宫内与他谋划国家大事，任免天下官吏的那个人就是啊！”京房指的是石显，汉元帝也知道，于是对京房说：“已经知道了。”京房告退出宫，可是后来汉元帝并没有罢退石显。

臣司马光评论说：君王的德行料事不明，那么臣僚即使想竭尽忠心，也是白费力气！看到京房对孝元帝的节节诱导，一片苦心，把道理说得十分透彻，而元帝始终不能觉醒，简直是一场悲剧！《诗经》说：“不只是当面提醒你，还提着你的耳朵教导你。不只是亲手提你耳朵说话，还亲自摆出事实。”又说：“规劝的人苦口婆心，听的人全当耳边风。”汉元帝正是这种人！

汉元帝让京房推荐他的学生中熟悉“考绩条例”并懂得行政事务的人，准备试行条例。京房上奏说：“中郎任良、姚平，请求委派他们做刺史，试行考功法；臣留在朝中能够通名籍于宫中，为的是及时转报他们的奏章，以防止被人隔阻。”石显、五鹿充宗非常忌恨京房，想让京房远离汉元帝，便向汉元帝建议，应当任命京房去试任郡守职务。汉元帝于是任命京房为魏郡太守，一定要用考功法来治理魏郡。

京房请求说：“在年终的时候，请皇上允许我乘坐驿站的车马回到京师直接上奏。”汉元帝同意了。京房自己知道因多次讨论朝政，遭到大臣的非议，又与石显等人有矛盾，所以不想远离皇上，于是上了一封密奏说：“臣离开京师之后，担心被执政大臣隔蔽，会遭到杀身导致功业半途而废，所以盼望年终时能够乘坐驿车，亲自回京向皇上奏报，幸而蒙受皇上应允。可是二月十八日辛巳，阴云蔽日，阳光暗淡。昭示上大夫蒙蔽皇上，导致皇上疑惑。二月十六日己卯、十七日庚辰之间，一定有人打小报告隔绝臣，使臣不能乘驿车回京向皇上奏事。”

京房还没出发，汉元帝就命令阳平侯王凤传达皇上的口头诏令，禁止他年终乘驿马车回京奏事。京房心中十分惊恐。秋季，京房离长安出发到新丰县，用邮亭传送又上了一件密封奏章说：“臣先前在六月间上书陛下，所说《遁卦》虽没有效验，但占候之法说：‘有道行的人才一离去，天气骤然寒冷，大水涌出成灾。’到七月，果然大水涌出。臣的学生姚平对臣说：‘京房先生可说是一位能知晓大道的人，但也不能过于相信大道。京房先生所预测的灾异，没有不被言中。大水已经涌出，可是有道行的人却被放逐，还有什么话可说呢？’臣回答说：‘陛下非常仁慈，对臣尤其宽厚，即使因进言而死，臣还是要说的。’姚平又说：‘京房先生只能算小忠，不算大忠。从前秦朝赵高当权，有一位叫正先的人，如果没有他讥讽赵高而被处死，那么赵高的权势威望不会从此高涨，所以秦朝的衰乱，是正先促成的。’如今臣被派任郡守，自责为国效力，只怕还没有着手，就被害死，只有请求陛下不要让我去应验大水上涌的预言，充当正先的角色，而被姚平所笑。”

京房到了陕县，又一次上密封奏章说：“臣先前推荐任良负责官员考绩制度，臣留在朝廷。那些决策朝政的大臣知道这样对他们不利，而且也不能隔绝臣与朝中的联系，所以他们说：‘与其学生去，不如老师亲自试行。’但是臣如果去当刺史，就可以亲自向皇上当面奏事，他们于是又说：‘京房担任刺史，恐怕各郡太守不肯配合用心，不如索性让京房当太守。’目的在于隔绝臣，无法面见陛下。陛下忽视了他们的用心，采纳了他们的建议，这正是阴蒙的昏气所以不散，太阳失去光芒的原因。臣离首都长安越远，太阳的暗灰颜色就越重，希望陛下不要以召臣还京师为难，却轻易去违背天意！邪说虽然能蒙骗陛下而不省悟，天象却一定有反应而改变它的常规。因此，可以欺人，不可以欺天，请求陛下详察。”

京房离开京师月余之后，被捕入狱。起初，淮阳宪王刘欣的舅舅张博，是一个投机取巧又毫无品行的人，曾多次向淮阳宪王伸手要钱，自称替宪王活动去京师晋见天子。张博曾求学于京房，而且将女儿嫁给京房为妻。京房每次朝见回家以后，就把和汉元帝的谈话都告诉张博。张博就暗中记下京房的机密言语，拜托京房代淮阳宪王刘欣写了一份入朝的奏章草稿，然后把这些机密言语、奏章草稿带回淮阳国，送给淮阳宪王刘欣作为凭证。石显听说这些情况后，就向汉元帝指控：“京房和张博通谋，毁谤朝廷，把罪恶归于皇上，欺骗诸亲王。”所以京房和张博一起被关进监狱，并都被腰斩弃市，妻、子被放逐到边塞。御史大夫郑弘因和京房是好友，也被牵连免职，贬作平民。

御史中丞陈咸多次抨击石显，后来因和槐里令朱云是好友，就将在省中听到的话告诉朱云，被石显侦察得知上奏皇上，说他泄漏省中的谈话，结果陈咸、朱云都被捕入狱，被剃光头，判了五年苦刑。

（以上为第四段，写京房建言《考绩官吏条例》，还未来得及推行，自身就遭不测。此为汉元帝时中外权臣交争的第四个回合，仍是外朝失败，这回换成了京房成替罪羊。）

石显的权威日益隆盛，公卿以下，对他都很害怕，连走路站立都小心翼翼。石显与中书仆射牢梁、少府五鹿充宗结成了死党，凡依附他们的人，都得到了高官厚禄。民间有歌谣说：“牢姓啊，石姓啊，五鹿客啊，官印何其多，绶带何其长。”

石显自知专权，一手遮天，深恐汉元帝一旦听信左右耳目的挑拨而失宠，于是找机会表示忠诚，设局做一件表示忠心的事给汉元帝看。石显曾奉命出宫到各官府办事，他事先向汉元帝请求：“要是回宫太晚，恐怕宫门关闭，小臣可不可以说奉陛下之命，叫他们开门。”汉元帝同意了。石显故意回宫很晚，宣称皇帝命令，唤开宫门。不久，果然有人上奏告发“石显专擅命令，假传圣旨，私开宫门”，汉元帝看了笑着把奏章拿给石显看。石显抓住这机会，就流泪诉说：“陛下过分宠爱小臣，将朝廷政事委任给小臣办理，很多人因此嫉妒小臣，随时随地想陷害小臣，类似这种事情，已不止一次，只有圣明的皇上，才知道小臣的忠心。小臣出身微贱，实在不能以小臣一身去使万人称快，担负起天下所有的怨恨；请允许小臣辞去中枢机要工作，只负责宫廷清洁洒扫的差役，死而无恨。只求陛下可怜，让小臣能保全性命！”汉元帝以为事情果真如此，就很同情他，多方安慰他，又给他加重赏赐，价值一亿之多。当初，石显逼死前将军萧望之，人情激愤，他唯恐招来天下的指责。石显认为谏大夫贡禹经学通达，名节显著，于是托人向贡禹表达他的敬慕，和贡禹密切交往，又向天子举荐，使贡禹升到九卿的职位，对贡禹的礼遇非常周备。因此舆论便转而称颂石显，认为他对萧望之不应该有陷害的行为。石显善于谋略变诈，为自己解困，并取得汉元帝的信任，所用手法，大都如此。

荀悦评论说：奸佞迷惑君王的手法真是厉害呀。所以孔子说："远离奸佞的人。"不只是不用他而已，还要把他们隔离得远远的，断绝关系，塞住源头，高度警惕。孔子说："政字的意思就是端正。"治理国家最基本的一条，就是端正自己。正直诚实，是正身的主干。所以，对于一个人的品德，一定要考核无误，才能授给他官职；对于能力，要经过实际考验，然后才能把国家大事交由他处理；对于功劳，也要经过核实，然后才颁发奖赏；对于犯罪，要经过核实，然后才能给予他应得的惩罚；对于行为，要经过考评，然后才能给他应有的显贵；对于言论，要经过核实，而后才能信任；器物要核实精确，然后才可以使用；事务工作要经过核实，然后才去实施。所以，大众的公正廉明，在上位的人做出表率，在下位的臣子要实干真干。古代帝王施政的道理，不过如此罢了。

八月初三日癸亥，任命光禄勋匡衡为御史大夫。

闰八月初八日丁酉，太皇太后上官氏去世。

冬季，十一月，齐国、楚国两诸侯国地区发生地震，大雨大雪交加，树木折断，房屋倒塌。

（以上为第五段，写石显奸诈的机心，善于自谋固宠之术，非常人所及。荀悦评论，认为汉元帝自己未能正身，喜欢听谗言，给奸佞之人留下了活动空间。）

汉元帝建昭三年（乙酉，公元前 36 年）

夏季，六月十九日甲辰，扶阳共侯韦玄成去世。

秋季，七月，匡衡出任丞相。七月十四日戊辰，卫尉李延寿升任御史大夫。

冬季，派西域都护、骑都尉北地人甘延寿与副校尉山阳人陈汤共同征讨，在康居诛杀了匈奴郅支单于。

当初，郅支单于自认为是大国，他的威名受到邻国尊重，又因一连串的军事胜利而骄傲，不仅对康居王无礼，而且因忿怒杀了康居王的女儿、贵族大臣以及几百名平民，还肢解一些人的尸体投到都赖水中；又征发平民筑城，每天役使五百名苦工，历时两年才完成。又派使臣苛责阖苏王国、大宛王国等国每年进贡，各国害怕不敢不给。汉朝先后派出了三批使臣到康居，前往郅支单于处查问谷吉等人的死因，郅支单于竟然困辱汉使，不肯接受汉朝的诏令，还要求通过西域都护上书汉朝，说：

“匈奴居处困难，愿意归附强大的汉朝听候差遣，还打算遣送一个儿子到汉朝侍奉天子。”态度傲慢到这个地步。

陈汤为人沉着勇敢，很有谋略，想要建立非常之功。陈汤与甘延寿商量说：“夷狄敬畏归服强大的部落和国家，是他们的天性。西域各国，本来都臣属匈奴，如今郅支单于威名远播，不断侵略乌孙、大宛，经常给康居出谋划策，想吞并乌孙和大宛；一旦把这两国征服，只要几年时间，西域城邦各国都要受到严重威胁。况且郅支单于性格强悍，喜好战争，又不断取得胜利。长久容忍他，他一定成为西域的祸害。郅支单于虽然距离汉朝遥远，但这些蛮夷没有坚固的城堡和坚利的弓箭，无法固守。我们如果调派在车师的屯田官兵前往，驱使乌孙的官兵跟从，长驱直入郅支单于城下，他们要逃没有地方可逃，要守又守不住，这种千载难逢的功业，可以一朝完成啊！”甘延寿很同意他的意见，打算奏请汉元帝批准。陈汤说：“皇上定会召大臣一起商议，这样重大的计策，不是平庸之辈所能了解、商议的，结果一定不会得到允许。”甘延寿迟疑不决。恰好不久，甘延寿有病，一时不能痊愈，陈汤就单独行动，假传圣旨，调派西域各城邦小国的士兵，以及在车师国由戊己校尉率领的屯田士兵。甘延寿听到这消息，大惊失色，从床上爬起来，想要劝止。陈汤很生气，手按剑柄，大声呵斥甘延寿说：“大军已发，你小子是不是想破坏大军的士气！”甘延寿只能顺从陈汤。于是，结集部署汉兵、胡兵共四万多人。甘延寿、陈汤上奏自我弹劾假传圣旨之罪，并陈述之所以这样做的理由，当天就率大军出发，共分属六个校尉，成为六路纵队。其中三路由各自指挥官率领，从南道越过葱岭，穿过大宛；另三路由都护甘延寿亲自率领，从温宿国出发，经过北道进入乌孙国首都赤谷城，穿过乌孙国，进入康居国的边界，到达阗池的西岸。而此时，康居国的副王抱阗，也率领数千骑兵，在赤谷城东边，攻击乌孙国大昆弥地区，屠杀和俘虏千余人，又掳掠了乌孙很多的马牛羊等牲畜，随后尾追汉军，从背后攻击，夺取了汉军的大批辎重。陈汤指挥西域兵全线出击，回头迎战康居兵，斩杀四百六十人，夺回被他们劫走的乌孙人四百七十人，还给大昆弥，又缴获了那些马牛羊，留下做汉军的补给。还俘虏了抱阗手下贵族伊奴毒。汉军进入康居东境，禁令汉军不得烧杀抢掠。暗中召见康居国的贵族屠墨，晓谕汉朝的威力与诚信，设宴喝酒盟誓，然后送他回去。汉军长驱直进，离郅支单于城约六十里的地方，扎下营寨。这时，汉军又活捉了康居另一位贵人具色的儿子开牟，让他做向导。具色的儿子，原来是屠墨母亲的弟弟，也就是屠墨的舅父，他们都怨恨郅支单于，汉军因此得知郅支单于内部的详细情况。第二天，汉军继续前进，在离郅支单于城三十里的地方，扎下营寨。

郅支单于派使者来询问：“汉兵为什么到这里来？”汉军回答说：“因为郅支单于曾上奏给汉天子，说他：‘处境艰苦，很愿意归附强大的汉朝，而且想亲自到长安朝见天子。’汉天子很同情郅支单于，他丢弃那么大的国家，委曲求全地住在康居国，因此派西域都护将军率军前来迎接郅支单于和他的妻小。担心惊动单于左右，所以没敢直接到达城下。”双方使节交涉了好几次，甘延寿、陈汤责备郅支单于的使节说：“汉军为了郅支单于，不远万里而来，至今没有一位有名望的王爵、大臣来拜见将军，迎候接待。郅支单于怎么这样疏忽，竟然不懂得主人待客的礼节！汉军从遥远之地到来，人困马乏，粮草也快用完，恐怕是回不去了，希望郅支单于与大臣们商量一个办法啊！”

第二天，汉军前进到郅支城都赖水上，逼近城墙只有三里远，安营布阵。汉军望见单于城上扬起五彩旗帜，有几百名士兵披甲守城；郅支单于又派出一百多骑兵在城下往来奔跑，有步兵一百多人在城门两边排成鱼鳞阵势，正在做战斗演习。

城上守军向汉军挑战说：“来攻城啊！”这时，一百多匈奴骑兵直奔汉营，看到汉营张满弓弩指向他们，匈奴骑兵不敢攻击，只好退回。汉军出动大批吏士射杀在城门的骑兵和步兵，骑兵、步兵都退入城内，城门紧闭。甘延寿、陈汤传下总攻击令：“听到鼓声时，都要直奔城下，四面包围单于城，各部记住所分配的位置，挖掘壕沟，堵塞门户，盾牌在前，戈矛和弓弩手在后，弓弩手负责朝上射击城楼上的敌人。”攻击开始，城上的敌人不能立足，就向下逃走；土城之外，还有两层坚固的木墙，匈奴兵由木墙内向外射箭，杀伤了很多汉兵。于是，木墙外的汉兵就搬来木柴引火，烧毁木墙，到夜晚，有几百匈奴骑兵突围，汉兵由外向内迎面射击，消灭了他们。

当初，郅支单于听说汉兵到达，想立即逃走，因为疑心康居王对他怨恨，替汉兵做内应，又听说乌孙等西域各国，都派出军队，参与汉兵攻击，四面都是敌人，自料无处可以投奔。郅支单于已经逃出单于城，却又返回，说：“不如坚守。汉兵从远方而来，绝不可能持久攻城。”郅支单于亲自披着战甲，登上城楼指挥作战，他的妻、妾数十人，也都用弓箭向城外射击。汉兵一箭射中郅支单于的鼻子，夫人也死了不少，郅支单于只好跑下城楼。过了半夜，木墙全被烧毁，在木墙内的守兵都退入土城，登上城墙呼号呐喊。此时，康居国救援郅支单于的军队一万多人，分为十多支，从四面环绕单于城反包围汉军，与城内匈奴单于兵相互呼应。到了夜晚，康居兵多次发起对汉军营的攻击，战斗不利，又都退了回去。天刚亮时，汉军四面围攻，放火攻城，官兵斗志高昂，大喊杀敌，趁势奋勇，征鼓之声震天动地。康居兵见势远远退走。四面攻城的汉兵跟在持盾士兵的后面，涌入攻破的土城中。郅支单于率领男女百余人退入宫城。汉兵放火，官兵争先冲入，郅支单于受了重伤死亡。担任军候兼任都护丞的杜勋，砍下单于的人头。汉兵在单于王宫找到了两位汉朝使节以及谷吉等带来的书信，其他所有的虏获均归虏获者所有。共计斩杀阏氏、太子、名王以下共五百一十八人，活捉一百四十五人，投降的有一千多人，都分给西域十五个发兵参战的城邦国王。

（以上为第六段，详载汉元帝建昭三年西域都护剿灭郅支单于的战斗过程。此战消除了西域边患，大长日渐衰落的大汉国威，意义十分重大。此役功臣首推西域都护副校尉陈汤，他审时度势，抓住西域各国怨怒郅支单于的时机，矫诏一战功成。西域都护甘延寿虽然是因人成事，但他最后时刻支持了陈汤，建立功名，也是应当的。）

汉元帝建昭四年（丙戌，公元前35年）

春季，正月，郅支单于首级送达首都长安。甘延寿、陈汤上奏说："臣听说，天下的大义，最高就是天下统一，从前有唐尧、虞舜，现在有强大的汉朝。匈奴呼韩邪单于已归顺，称为北藩，只有郅支单于背叛汉朝，没有伏罪，他逃亡到大夏国的西边，自以为强大的汉朝也没办法使他臣服。可是，郅支单于对人民暴虐狠毒，罪恶上通于天。臣甘延寿、陈汤率仁义之师，替天征讨，幸赖陛下威灵，阴阳配合，天气晴朗，因此克敌陷阵，斩杀郅支单于以及名王以下，应当把他们的首级悬挂在长安城内稾街各蛮夷客馆之间，用来昭示万里之外的蛮夷，让他们明确知道，胆敢冒犯强大的汉朝，即使距离再远，也一定遭诛杀！"丞相匡衡等人认为："现在正是春天，应当是掩埋白骨的时候，不应悬挂人头。"汉元帝下诏悬挂示众十日，然后埋葬；依例祭告天地宗庙，赦免天下。满朝大臣设宴庆祝，为皇帝祝寿。

六月初五日甲申，中山哀王刘竟去世。哀王是汉元帝最小的弟弟，和皇太子刘骜从小就在一起游玩、读书，一同长大。逝世后，太子前往吊丧。汉元帝看见太子，想起小弟的去世，悲哀不能自已。太子却像没事一般，一点也没有悲容，汉元帝很生气地说："哪有一个人连一点慈心仁爱都没有，而能够继承宗庙香火，做人民的父母呢？"这时，驸马都尉、侍中史丹，兼职护太子家，汉元帝责备史丹，史丹摘下官帽请罪说："臣看见陛下哀痛中山王，内心伤痛导致神气损耗。刚才，太子要来觐见皇上，臣特地劝诫太子，不要流泪悲泣，怕引起陛下伤感；罪责在臣，臣该死。"汉元帝认为史丹说得有道理，心情才平静下来。

蓝田县发生地震，山体崩塌，阻塞霸水，景帝坟安陵边的泾水河岸崩塌，阻塞泾水，使泾水倒流。

汉元帝建昭五年（丁亥，公元前34年）

春季，三月，赦免天下。

夏季，六月十七日庚申，修复戾园。

六月二十九日壬申，发生日食。

秋季，七月二十八日庚子，恢复太上皇陵寝庙园、原庙，昭灵后、武哀王、昭哀后、卫思后陵园。当时，汉元帝正患病卧床，久治不愈，就认为是祖宗在怪罪他，因而又把园庙都恢复，只有在郡国内的那些园庙不再恢复。

这一年，改封济阳王刘康为山阳王。

匈奴呼韩邪单于听说郅支单于被杀的消息，又高兴，又害怕；因此，上书请求入京朝见。

（以上为第七段，写汉元帝平庸，于国家大政无所建树，建昭四年、五年竟无事可述。西域都护诛灭郅支，何等大事，元帝君臣也祭告天地宗庙，设宴弹冠相庆，却把功臣将士冷落一旁。呼韩邪单于来朝，才又引发一番争论，年历已跨入竟宁元年。）

汉元帝竟宁元年（戊子，公元前 33 年）

春季，正月，匈奴呼韩邪单于来长安朝见汉天子，请求娶妻汉室，愿做女婿，亲近大汉。汉元帝把一个后宫良家女子王嫱，字昭君，赏赐给了呼韩邪单于。呼韩邪单于非常高兴，上书汉元帝说："愿意替汉朝防守边塞，防护从上谷郡以西直到敦煌，一代接一代，永远归顺无穷期。请求撤裁边境的士兵，让天下的人民得以休养生息。"把呼韩邪的建议下达有关部门讨论，都认为很好。只有熟悉边塞事务的郎中侯应认为不可采纳。汉元帝问他原因，侯应说："从周、秦以来，匈奴桀骜不驯，不断侵犯边境。汉朝兴起，尤其受到匈奴的伤害。据臣了解，北方边境，东起辽东，西到阴山，东西边界线长一千多里，草木茂盛，禽兽成群，原本是冒顿单于盘踞的地方，他们制造弓矢，进出抢掠，当作是一个苑囿。直到武帝时代，出师征伐，开拓领土，夺取了这片地方，把匈奴赶到沙漠以北，建筑了防守的要塞、哨卡，设置亭障、熢燧，又建筑塞外边城，派驻屯兵防守，然后边境才得到些许安定。沙漠以北，土地平坦，草木稀少，很多大沙丘，匈奴若来侵扰，少有隐蔽之地。边塞之南，山高谷深，交通运输十分不便。边塞上的老年人说：'匈奴失去阴山之后，每次经过那里，都伤心流泪。'我们如果撤走边塞的守兵，恰恰昭示给夷狄卷土重来的可乘之机，这是理由之一。如今皇恩圣德广被天下，像上天一样庇护着匈奴，匈奴才得以保全性命，因此才俯首称臣。不过夷狄的性情，穷困时谦卑恭顺，强大时骄横叛逆，天性如此。此前，我们已撤除塞外诸城，裁减了一些亭燧，所留下的勉强能够担任瞭望、烽火罢了。自古以来的人，都知道居安思危，我们对于边塞的守卫，再也不能撤除，这是理由之二。中原是礼义之邦，有制度，有刑法，有诛杀，但是一般愚民还要犯禁；更何况是匈奴单于，他能约束部民不会冒犯禁约吗？这是理由之三。在中原本土，我们还要修筑水陆关卡，以控制封国王侯，以断绝臣属的非分之想。边境一带，设立要塞城堡，置军屯戍，不仅仅是为了防备匈奴，也是为了防备那些属国的降民，他们原是匈奴人，难道不怕他们因思念故旧而逃亡吗？这是理由之四。接近边塞的西羌部落，与汉人来往做生意，吏民贪利图财，强占他们的牛羊牲畜，甚至强占他们的妻子儿女，由此激起他们的怨恨，奋起叛变。如果我们现在全部撤除边防守备，那么就会使夷狄日渐生出轻慢欺侮之心，而引发纷争，这是理由之五。

从前从军的人，许多人都沦陷在匈奴，没有回来，他们的子孙都很贫苦，一旦有了机会，便会大批逃亡出塞去投亲靠友，这是理由之六。沿边各地，奴仆婢女，身世悲苦，想要逃离的人很多，都说：'听说在匈奴那里生活得很快乐，无奈边境守护很严。'即使这样，但仍经常有人逃亡出塞，这是理由之七。盗贼都很凶恶奸诈，他们犯了法，被追捕得急了，一定会北逃匈奴，就要出现无法控制的局面，这是理由之八。自从沿边设置要塞以来，已经有了一百多年，并不全都是土筑边墙，有的利用悬崖绝壁，有的利用大石瓦木，有的利用深沟险谷，有的利用水峡渡口，稍稍平整，征发役卒罪徒修筑，经年累月，耗费的人力经费，无法计算。臣担心主张撤除边塞的人，没有深思前因后果，就想用快刀斩乱麻的手段，免除一切徭役。十年之后，百年之内，突然发生变故，要塞破坏，亭燧毁绝，就要重新征发屯卒修建，可是百余年累积下来的边防工程，不可能一下修复，这是理由之九。如果撤裁戍边的士卒，省去守望戒备，匈奴单于自认为替汉朝保卫了边境，有大恩大德，就会索求无度；只要有丁点不满足，后果就难以预测。这样一来，开启了匈奴的野心，毁坏了中国的防卫，这是理由之十。可以说，裁撤边塞和守卫士兵，不是保持永久太平，控制外夷的长远策略啊！"

侯应回答汉元帝的奏章上去后，天子颁下诏书说："停止讨论撤除边塞的事。"并派车骑将军许嘉，口谕呼韩邪单于说："单于上书，请求汉朝撤除北方边塞的守卫士卒，愿子子孙孙、世世代代替汉朝保卫边境。单于向礼慕义，为中原百姓打算的一番好心善意，的确是使国家长治久安的好策略。朕非常感谢！但是中原四面八方边境，都设有关卡、津梁、亭障、边塞，并不仅为了防备塞外的侵扰，也是用来防止中原境内的奸邪坏人，逃离边境，出塞为害，所以使他们了解法度，专心一意，不敢为恶。单于的美意，朕决不怀疑。恐怕单于误会中原为什么不撤去边防，因此派许嘉向你说明。"呼韩邪单于感谢说："我愚昧不知汉天子的周详大计，有幸派大臣来告诉我，待我这么优厚！"

当初，左伊秩訾王曾向呼韩邪单于建议依附汉朝，匈奴竟因此而安定。后来，有人谗毁伊秩訾，说伊秩訾自以为有安定国家的大功，没有封赏，心里很不高兴。呼韩邪单于对伊秩訾有了疑心。伊秩訾害怕被杀，就率领部众一千多人投降汉朝。汉朝封他为关内侯，封邑三百户，令其佩戴王印、保留王号。等到呼韩邪单于来京朝见汉天子，与伊秩訾会面，呼韩邪单于道歉说："大王为我设计的策略，实在很好，使得匈奴能有今天的太平安定。这都是大王的功劳。恩德岂能相忘！由于我使大王失望，离我而去，不再有所顾念，这都是我的过失。如今我想向天子禀告，请大王重回单于王庭。"伊秩訾说："单于有幸承受天命，自行归顺汉朝，获得安宁，这是单于明智，也是汉天子的保护，我哪里有什么功劳！我既然已经归降汉朝，如果又回到匈奴，便是有二心。愿意充当单于的使者，留侍在汉朝，不敢听命返回匈奴。”尽管单于坚决请求，最终也无法说动伊秩訾，就自己回国。

单于封号王昭君为宁胡阏氏，生一男孩，取名叫伊屠智牙师，封为右日逐王。

（以上为第八段，写呼韩邪单于入朝，请求和亲，愿为汉家守边。这是因为郅支单于被消灭，在匈奴社会引起震荡。汉元帝改元竟宁以示和平，派宫女王昭君和亲。郎中侯应驳斥撤边防守备的错误建议，列举十要说明边防守备为国家大政，透彻至明，连糊涂的汉元帝也被折服了。）

皇太子刘骜举行加冠礼。

二月，御史大夫李延寿去世。

当初，中书令石显，看到冯奉世父子身为公卿且名声显著，女儿又被封为昭仪，住在后宫；石显存心要依附冯氏权贵，就向汉元帝举荐“冯昭仪的哥哥谒者冯逡，有良好的道德修养，最好进宫在皇上左右侍奉”。于是，汉元帝召见冯逡，想任命他为侍中，冯逡请求能单独进言，却在进言时向汉元帝抨击石显窃弄权力。汉元帝听到冯逡说石显专权，非常生气，立即停止提升，仍让他任郎官。等到御史大夫出缺，很多大臣推举冯逡的哥哥、大鸿胪冯野王继任，汉元帝就派尚书在中二千石品级的官员中，选拔品行能力最优秀的，冯野王又名列第一。汉元帝询问石显的意见，石显说：“在九卿中，无论品德才能，没有比冯野王更恰当的人选，问题是，冯野王是冯昭仪的亲哥哥，我担心后世议论起来，认为陛下一定压制了其他人才，由于后宫亲情，才破格选用了冯野王担任三公的职务。”汉元帝说：“对，我怎么想不到这一点。”因此，告诉群臣说：“我若用冯野王为三公，后世必定抨击我重用后宫亲属，就会把冯野王的事拿出来，引为例证。”三月，丙寅日，汉元帝下诏：“刚强正直、清白无私，大鸿胪冯野王就是这样的人。反应敏捷，善于辞令，可奉使四方，少府五鹿充宗就是这样的人。廉洁而又节俭，太子少傅张谭就是这样的人。现在就任命少傅张谭为御史大夫。”

河南太守、九江郡人召信臣，被任命为少府。召信臣先为南阳太守，后调任河南太守，治绩在全国常列第一。他热心为人民兴办公利，亲自劝导人民耕种，开通沟渠，用以灌溉，人户倍增。官吏和百姓，都敬爱他，称他“召父”。

癸卯日修复在永光五年被毁的汉惠帝寝庙墓园，恢复建昭元年罢废的孝文太后、孝昭太后的寝庙墓园。

当初，中书令石显曾想把自己的姐姐嫁给甘延寿，被甘延寿拒绝。等到甘延寿战胜郅支单于，返回长安，丞相匡衡、御史李延寿对甘延寿假传圣旨这件事，非常不满，加上陈汤又一向贪财，把非法掳获的财物，都带回中原。司隶校尉便行文到陈汤所经过的沿途各郡县，要他们逮捕陈汤的部下，查办审问。陈汤就上书说：“臣与官吏士兵一起，共同奋战，攻击郅支单于，幸而击灭了他们，从万里以外，凯旋班师，应当派使臣在道路上迎接慰劳。如今，非但没有使臣迎接慰劳，司隶校尉反而逮捕大批官吏和士兵，拷问口供，这可是在替郅支单于报仇！”汉元帝命令立即释放所有被捕官吏和士兵，还命沿途各郡县准备酒食迎候过境大军。等回到长安，论功行赏，石显、匡衡认为：“甘延寿、陈汤假传圣旨，擅自征调军队，侥幸胜利归来，不诛杀他们，已是宽大，若是再给他们加封爵土，那么以后派出的使节，恐怕都要争先恐后地采取冒险行动，以图侥幸成功，在蛮夷中间，惹是生非，给国家招来灾祸。”汉元帝内心很想嘉奖甘延寿、陈汤，但又不愿违背匡衡、石显的意见，这事很久没有做出决断。

前任宗正刘向上奏说：“郅支单于囚禁及杀害汉朝的使臣和官吏、士兵上百人，这种事情已传播外国，严重地损害了汉朝威信，群臣无不痛心悲悯。陛下要诛杀郅支的意念，一直没有忘记。西域都护甘延寿、副校尉陈汤，秉承圣上的旨意，依赖神灵的庇佑，统率西北各蛮夷的君王，集结各城邦的军队，出生入死，深入遥远荒凉的绝域，终于击破康居国，攻陷郅支单于据守的三重坚城，夺取康居歙侯的大旗，砍下郅支单于的首级，悬挂在万里之外的汉朝首都长安，令国家声威传到昆仑山之西，洗刷掉谷吉被杀的耻辱，建立了显赫的功勋，所有蛮狄，无不慑服恐惧。呼韩邪单于看到郅支单于被杀，既高兴，又害怕，就向风慕义，驱驰而来，叩头顺从，愿为汉朝守卫北方边疆，世代称臣。立千载之功，建万世之安，群臣中所建立的功勋，没有能超出甘延寿和陈汤的。以前周朝的大夫方叔、尹吉甫，为周宣王诛杀猃狁，使蛮夷归顺，因此《诗经》赞美说：‘军容壮盛，好似雷霆。英明方叔，讨伐猃狁。北方获胜，南蛮归顺。’《易经·离卦》上九爻辞说：‘斩杀敌首，俘获凶丑，这样的人应受奖励。’说的就是要嘉奖诛杀了首恶的人，这样才能使叛逆不服的人都来归顺。如今甘延寿、陈汤诛杀首恶引起震动，即便是《易经》上说的诛杀敌首之功，《诗经》中说的雷霆之势，都没法与之相比。评价有大功劳的人，不能斤斤计较他的小过错，赞扬最美的事物，不能挑剔细小的瑕疵。《司马法》说：‘对军人的奖赏不要拖延超过一个月。’目的是使功效立竿见影，得到应有的利好，鼓励士气。看重军人的武功，表示重用人才。尹吉甫班师的时候，周宣王给予重赏，《诗经》赞美说：‘周宣王为尹吉甫设下盛大筵席，给予很多的祝福，他应当领受，因为他从镐地回来，行得远，时间久。’千里之镐，尚说很远，何况万里之外的康居，艰辛悲壮达到顶点。甘延寿、陈汤非但没有获得祝福与奖赏，反而被抹杀了冒着生命危险取得的功劳，受到舞文弄墨的文吏的长久压制，这不是奖励、劝勉战士为国尽忠的办法。从前齐桓公有尊崇周朝的功劳，后有灭亡项国的过失，学士君子认为他功大过小有意掩饰。汉武帝时，贰师将军李广利，牺牲了五万士兵，耗费了上亿钱财，经过了四年的辛苦征战，而战果不过是仅得到三十匹骏马，尽管斩了宛王母寡的首级，还是不足以抵销他的耗费，而且他自身罪过很多。汉武帝仍然认为万里征伐劳苦，不追究过失，于是封了两名侯爵，三名为九卿，获得二千石高官的有一百多人。而现今的康居国，比大宛强大，郅支单于的称号，比宛王威重，而且郅支单于杀害汉朝使节的罪过，远远超过宛王不献汗血马的过失，再说甘延寿、陈汤并没有劳烦汉朝的军士，也没有花费汉朝的一斗粮食，比起贰师将军李广利的功勋，要超出几百倍。况且当年的常惠，未经宣帝同意，随机进攻乌孙，郑吉没有得到命令，擅自接受匈奴日逐王的归降，他们都享有采邑，受封侯爵。甘延寿、陈汤的威武功勋，大于方叔、尹吉甫，论功补过，则优于齐桓公、贰师将军李广利，比起近来的事功，更高过安远侯郑吉、长罗侯常惠，想不到立下的大功劳没有被显扬，微小的过失反被不断传播，臣深感痛心！我认为应该立即了断这桩悬案，恢复他们的名籍，不再审治他们的过失，应当赐给他们以爵位，用来奖励有功的人。”于是汉元帝下诏赦免甘延寿、陈汤的过失，不再追究，还令公卿商议如何封赏他们。参与讨论的大臣认为，应按军法所规定的捕斩单于的法令奖赏。但是，匡衡、石显仍阻挠，说：“郅支本是一个亡命失国的人，而只在荒凉边远的绝域称号单于，并不是真正的单于。”汉元帝援引安远侯郑吉前例，封他们千户，匡衡、石显又力争以为不可。夏季，四月三十日戊辰，封甘延寿为义成侯，陈汤为关内侯，食邑各三百户，赏赐黄金各一百斤。任命甘延寿为长水校尉，陈汤为射声校尉。

于是，杜钦上书追述冯奉世从前击破莎车国的功绩。汉元帝认为那是先帝时的事情，不再去考虑。杜钦是前御史大夫杜延年的儿子。

荀悦评论说：如果冯奉世的功劳足以值得封爵赐赏，就应该追认前功。《春秋》大义：鲁文公因毁坏先祖所修的泉台，应当受谴责；鲁昭公撤销中军，则应受褒扬，各有各的原因。假传圣旨这件事，从前的国君看得非常严重，只有在不得已的情况下，方可那样做。如果假传圣旨事件重大，而所得的功勋较小，处罚他当然应该；如果假传圣旨的事件较小，而功勋却很大，就应该赏赐；如果是功过相等，保持原位不奖不罚算了。这是需要权衡两者的轻重，而后才可做出适当的处理。

（以上为第九段，长篇摘载刘向上疏为甘延寿、陈汤申冤，汉元帝终于醒悟，奖励西域立功将士，封甘延寿为义成侯，封陈汤为关内侯。）

当初，太子刘骜从小喜欢读经书，学习广博，待人宽厚，处事小心谨慎；长大后却喜欢饮酒，沉迷于宫中音乐，汉元帝认为他没有治国的才能。而另一位皇子山阳王刘康，很有才艺，母亲傅昭仪十分得宠，汉元帝因此有意立山阳王刘康为太子。汉元帝晚年多病，不亲理政事，特别喜欢音乐，有时在殿下放置鼙鼓，亲自到走廊上，靠着栏杆，用铜丸投击鼙鼓，声调激扬短促如同战鼓之声。汉元帝宫妃和左右懂得音乐的人投击不出这般声音，而山阳王刘康却能这样，汉元帝多次夸奖刘康有才干。史丹进言说："一般所说的才干，是指思虑敏捷而爱好学习，温习旧知识而有新意，皇太子是这样的人。如果用演奏音乐的水平来衡量一个人的才能，那么陈惠、李微这些能吹善弹的人，难道比匡衡还要高明，可以做丞相？"汉元帝沉默，一笑了之。

后来，汉元帝卧病在床，傅昭仪和山阳王刘康经常陪伴在左右，而王皇后和太子刘骜却很少觐见皇上。汉元帝病情日益严重，心情烦闷不平静，多次向尚书询问汉景帝改立胶东王刘彻为皇太子的故例。这时，太子的大舅父王凤为卫尉、侍中，同皇后、太子都感到忧虑，想不出怎样才能保护太子。史丹由于是汉元帝最亲密的大臣，能够直接进寝殿探病，等到偶有单独的机会，史丹就直入汉元帝的卧室，叩头匍匐在青色的蒲席上，哭泣说："皇太子以嫡长子的身份，册立为太子，已经十多年，名号已为天下百姓所熟知，万众归顺，自愿当他的臣子。由于山阳王刘康平素受到皇上的宠爱，现今流言纷起，十分关切国事，以为太子的地位将有动摇。果真这样，那么公卿以下的大臣，誓必以死进谏，拒绝接受改变太子的诏命。臣请求陛下先赐臣死，用来昭示群臣。"汉元帝向来心肠软弱，不忍看见老臣史丹泣不成声，而他的话又恳切中肯，很是感动，长叹说："我的病一天比一天沉重，太子和刘康、刘兴两王年纪都小，我的心中非常挂念他们，十分放心不下，并没有改立太子的念头和议论。况且皇后一向谨慎小心，先帝又很喜欢太子，我怎能违背先帝的旨意！驸马都尉是在哪里听到这些话呢？"史丹听后，马上退出青蒲席，叩头说："臣误信传闻，罪当处死！"汉元帝接受了史丹的意见，告诉他说："朕已病入膏肓，恐怕无法再恢复健康，你要用心辅助太子，切莫辜负我的重托！"史丹呜咽抽泣着起身告退。太子因此最终被定为储君。同时，右将军、光禄大夫王商，中书令石显，也都拥护太子，他们也都出了力。夏季，五月二十四日壬辰，汉元帝在未央宫逝世。

班彪评论说：臣的外祖兄弟，曾任元帝的侍中，告诉臣说："元帝多才多艺，尤其写得一手好书法，还会弹琴鼓瑟，吹演洞箫，自己谱写曲调，能够放声演唱，可以分切曲谱节拍，精妙无比，从小喜好儒学，即位后任用儒生，把国家大政交给儒生办理，贡禹、薛广德、韦玄成、匡衡，依次为宰相。但是，皇上拘泥于文义，凡事优柔寡断，宣帝中兴的大业，日渐衰退。然而待下宽厚，言行恭俭，态度温和，有古代帝王的风范。"

匡衡上奏说："前些时因皇上身体欠安，因此把废除的祭庙又先后恢复，最终仍不能蒙受祖先的赐福。依礼教，卫思后、戾太子和戾后墓园，亲属关系尚未疏远，不应撤除。而孝惠帝、孝景帝的庙园，亲属关系疏远，应该撤除。还有太上皇、孝文帝、孝昭太后、昭灵后、昭哀后、武哀王的祠庙，也请不再奉祭。"皇太后批准。

六月二十二日己未，太子刘骜即位，拜谒汉高祖陵庙。尊奉祖母皇太后张氏为太皇太后，皇后王氏为皇太后，任命大舅父侍中、卫尉、阳平侯王凤为大司马、大将军、领尚书事。

秋季，七月丙戌日（疑误），葬孝元皇帝于渭陵。

大赦天下。

宰相匡衡上奏说："陛下天性孝顺，对先帝的哀伤思念，永存内心，从没有过弋射娱乐。谨慎地对父母送终，追念远代的祖先，尽孝没有止境。臣个人认为陛下尽孝的忠诚本性，虽然得自上天，但臣仍希望陛下还要加强圣心。《诗经》说：'孤孤单单，痛在心头。'这是形容周成王办完周武王丧事后的心情仍不平静，这也正是追思周文王、周武王的伟大德业以作为教化的本源。臣又听老师说过：'夫妻匹配，是人生的开始，万般幸福的源头。婚姻的礼仪端正，然后万事万物齐备，完成天命。'孔子编纂《诗经》，以《关雎》为首，以此昭示婚姻居于礼法的首位，是推行教化的起点。自上古以来，夏商周三代兴替，没有不是从婚姻开始。希望陛下详细考察前代得失兴衰的经验，用来奠定基业，录用贤德人才，警惕靡靡之音和女色，亲近庄重自尊的人，远离诡计多端的小人。臣又听说，'六经'是圣人用来统一天下人心，归类善恶，分辨吉凶，指示怎样做人的大道，使人不违背本性的经典啊！还有《论语》、《孝经》，是圣人言行的摘要，应当探究其中的意义。臣还听说圣王的作为，一举一动，都要敬畏上天，奉祀祖宗，上朝听政，接见臣僚，凡事都有规章法度，以此发扬人伦的美德。恭敬战栗，小心翼翼，这才是敬天的仪容；温顺恭敬，是侍奉父母双亲的礼仪；修饰仪容，表情严肃，是驾驭百官的仪表；和颜悦色，是对待臣下的态度。举止行动，都要遵守一定的规定，所以仪容服饰，要合于仁义；举动措置，要合于法则。现今，正月元旦，皇上要到双亲寝宫门外请安，然后驾临大殿接受群臣朝贺，设置酒宴，慰劳各方来朝见的臣民。古书上说：'君子要谨慎地开个好头。'希望陛下留心一举一动的节度，使群臣得以看到天下伟大品德的光彩，为国家奠定坚固的基础，那么天下大幸！"汉成帝谦恭地接受了匡衡的建议。

（以上为第十段，写汉元帝临终，储君之位的争斗过程。史丹等大臣护卫太子刘骜，渡过险关，成帝即位，采纳匡衡的建言，节制放纵的品性。）

【点评】

汉元帝昏庸误国。汉元帝是西汉第八任国君，也是承继昭宣中兴之后的第一位国君，其时西汉鼎盛，强敌匈奴衰落，内政国库充盈，人民安居，朝中大臣，贤人居多，可以说是太平盛世，正由于此，尽管汉元帝昏庸，奸佞当道，中官石显专权，国家尚无大事，还有余威诛杀郅支。但是汉元帝的昏庸误国，忠奸不辨，是非不明，导致西汉政治走了下坡路。汉元帝是西汉盛衰的一个分水岭。

大体昏庸之君，多是才艺之人。汉元帝善音乐，好文学，若在当世做一个大学教授，可能是一个优秀的博士生导师。南唐后主李煜，写得一手绝妙好词。宋徽宗是一员足球健将，又是一位字画双绝的艺术家。但他们都是误国昏君。论智商，他们不低；论心眼，他们也不为恶，还可以说是宽厚待人，一心想做一个明君。汉元帝采取许多节俭措施，心系百姓，想的是要把国家治好。但是生性仁弱，即所谓妇人之仁，看不得眼前亲近的人悲伤落泪。石显做了坏事，只要叩头落泪，就可大事化小，小事化了。汉元帝这份菩萨心肠，遮蔽了双眼，使他是非不明，忠奸不分，有时明白了，也没有果断能力去邪远佞，要不就各打五十大板，诬告者诸葛丰免官，受诬者周堪、张猛被降职，是非善恶一锅煮。如此这般的难得糊涂，不被群小包围才是怪事。汉元帝看出太子刘骜不成器，临终想更换太子，却又不敢触动宗法制度，最终只好在遗憾中瞑目。继位的成帝、哀帝沿着汉元帝开创的下坡路继续下滑，西汉的灭亡已无可救药了。